Das Unternehmen aus Sicht der Wirtschaftsinformatik

Rolf Böhm, Cornel Müller, Claude Siegenthaler,
Christoph Spahr, Michael Ulrich, Sven Wenger

Das Unternehmen aus Sicht der Wirtschaftsinformatik

v/d/f
Hochschulverlag AG an der ETH Zürich

Die Deutsche Bibliothek – CIP-Einheitsaufnahme

Das Unternehmen aus Sicht der Wirtschafts-informatik / Rolf Böhm ... – Zürich : vdf, Hochsch.-Verl. an der ETH, 1998
ISBN 3-7281-2481-8

ISBN 3 7281 2481 8

Der vdf auf Internet: http://vdf.ethz.ch

Inhaltsverzeichnis

TEIL A

1

Spannungsfeld Unternehmung

1.1 Was ist eine Unternehmung?

Eine Unternehmung ist ein zweckorientiertes, offenes, dynamisches und sozio-kulturelles System.

„Zweckorientiert“, weil das System Unternehmung nicht von einem Selbstzweck geleitet wird, sondern eine Funktion für die Gesellschaft erfüllt. Es stiftet für die betroffenen Anspruchsgruppen einen Nutzen.

„Offen“, weil die Unternehmung sich im Wirkungsfeld unterschiedlicher Anspruchsgruppen und Umweltsphären befindet, die deren Erfolg oder Misserfolg massgeblich bestimmen. (Genau genommen handelt es sich dabei um einen Pleonasmus, denn jedes System ist in der Realität per se offen und mit anderen vernetzt.)

„Dynamisch“, weil das System Unternehmung einem konstanten Wandel unterliegt und sozusagen das Programm zu seiner eigenen Veränderung in sich trägt. („Das einzig Konstante in unserer Wirtschaft ist der Wandel“ [Vester 1983: 20].)

„Sozio-kulturell“, weil das System Unternehmung von Menschen geschaffen ist, von Menschen geprägt wird und wiederum Menschen beeinflusst.

„System“, weil die Unternehmung aus mehreren verschiedenen Teilen besteht, die durch einen bestimmten Aufbau miteinander vernetzt sind, und als Ganzes mehr als die Summe seiner Teile ist. Das „Mehr“ resultiert aus der Struktur, der Organisation bzw. dem Netz der Wechselwirkungen [Vester 1983: 17 ff.].

Diese Definition basiert auf den Begriffen und Vorstellungen der allgemeinen Systemtheorie und wurde insbesondere von den geistigen Vätern und Vordenkern des St. Galler Management-Modells, Hans Ulrich und Walter Krieg, entwickelt (vgl. dazu [Ulrich/Krieg 1974]).

Das System Unternehmung kann nicht anhand einer einzigen Wissenschaft analysiert, erklärt und begründet werden. Dazu sind insbesondere die Betriebswirtschaftslehre, die Volkswirtschaftslehre, die Rechtslehre und die Ökologie, aber auch Politologie, Ethik, Soziologie, Psychologie, Statistik, Technologie, Kulturwissenschaften sowie andere Disziplinen von Bedeutung. Folgende Headlines aus der HandelsZeitung sollen dies illustrieren:

> *Öko ja, aber ohne Kosten – die Rezession hat den Öko-Boom jäh gebremst*

(Zusätzlich zur Betrachtung von volkswirtschaftlichen Entwicklungen werden im Rahmen einer modernen Betriebswirtschaftslehre ökologische Überlegungen immer wichtiger.)

> *Reorganisationen schaffen Unsicherheit, auch bei denjenigen, welche ihre Stelle behalten*

(Nebst technologischen, volkswirtschaftlichen und ethischen Aspekten steht immer auch der Mensch im Mittelpunkt betriebswirtschaftlicher Überlegungen.)

> *Um Marktanteile zu gewinnen, setzen die Casinos in Las Vegas auf Rekorde und Nervenkitzel*

(Eine marktorientierte Unternehmensführung benötigt Grundlagen aus der Statistik, der Psychologie, der Soziologie, den Kulturwissenschaften usw.)

> *Dinosaurier haben die besten Chancen – Der zukünftige Pharmariese (Novartis) steckt mitten im Umbruch, stösst überzählige Firmenteile ab, kauft andere dazu. Meist freiwillig, teils auch unter Vorwegnahme allfälliger Behördenauflagen.*

(Im Zuge der hiesigen Fusionen, Akquisitionen und Restrukturierungen machen sich auch rechtliche und wirtschaftspolitische Grenzen bemerkbar.)

Exkurs: Abgrenzung zwischen Betriebswirtschaftslehre (BWL) und Volkswirtschaftslehre (VWL)

Sowohl die BWL als auch die VWL sind Wirtschaftswissenschaften, und die Wirtschaftswissenschaften gehören zu den Sozialwissenschaften. Im Zentrum der BWL steht die Unternehmung (mit ihren Aktivitäten) und ihr Zusammenspiel mit der Umwelt. Ziel der BWL ist es, wirtschaftliche Vorgänge und Zusammenhänge zu beschreiben und zu analysieren, um daraus Gesetzmässigkeiten herzuleiten, die es dem Management ermöglichen, Unternehmensprobleme zu erkennen und zu beseitigen. Die Volkswirtschaftslehre befasst sich mit Problemen der Gesamtwirtschaft, d.h. mit dem Zusammenwirken von mehreren Unternehmen, Haushalten und dem Staat. Das Ziel der VWL ist vergleichbar mit dem der BWL, allerdings auf einer höheren Systemebene.

1.2 UMWELTSPHÄREN

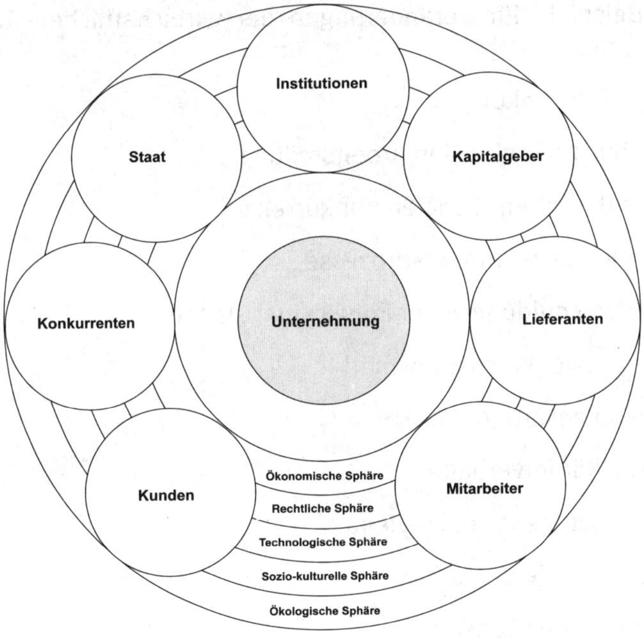

Abb. 1.1: Umweltsphären

Gemäss den einleitenden Ausführungen steht das System Unternehmung in einem dynamischen Kontext (Zusammenhang, Umgebung) mit seiner Umwelt. Die Unternehmung wird beeinflusst und ist abhängig von den Entwicklungen der Umwelt. Umgekehrt kann die Unternehmung kaum relevanten Einfluss auf die Entwicklung dieser Rahmenbedingungen nehmen. Um die Vielfältigkeit und Komplexität dieser Entwicklungen darzustellen, drängt sich eine Unterteilung in sogenannte Umweltsphären auf:

- Ökonomische Umweltsphäre
- Rechtliche Umweltsphäre
- Technologische Umweltsphäre
- Sozio-kulturelle Umweltsphäre
- Ökologische Umweltsphäre

Die meisten Ereignisse lassen sich nicht zwingend einer einzigen Umweltsphäre zuordnen (siehe Headlines aus der HandelsZeitung). Trotzdem ist die Unterteilung sinnvoll, da jede Veränderung ihren Ursprung in einer bestimmten Umweltsphäre hat (vgl. Abb. 1.1).

1.2.1 Ökonomische Umweltsphäre

Einige Beispiele für Veränderungen der wirtschaftlichen Rahmenbedingungen sind:

- Währungsschwankungen
- Verschiebung der globalen Arbeitsteilung
- Zunahme der internationalen Konkurrenz
- anhaltende Konzentrationsprozesse
- enorme Verschuldung vieler Entwicklungsländer
- Verlagerung der Wachstumsmärkte
- zunehmend gesättigte Märkte
- Wandel im Käuferverhalten
- unüberschaubare Produktevielfalt
- Deregulierung vieler Märkte
- Verknappung der Rohstoffe
- Grenzen des quantitativen Wirtschaftswachstums

1.2.2 RECHTLICHE UMWELTSPHÄRE

Wollte der ambitionierte Manager[1] bei der Führung seiner Unternehmung deren rechtliche Umgebung ausser acht lassen, so wäre dies wohl vergleichbar mit einem Autofahrer, der sich nicht um geltende Verkehrsregeln kümmert. Ob Manager oder Autofahrer, beide sind eingebunden in ein umfassendes System verschiedenster Rechtsnormen – Leitplanken ähnlich – die ihnen den Weg vorgeben und an deren Einhaltung sie nur dann vorbeikommen, wenn sie sich nicht „erwischen" lassen.

Es gibt wohl kaum eine Beziehungsebene in einer Unternehmung, die nicht in irgendeiner Weise durch rechtliche Gesichtspunkte beeinflusst wird. Recht ist in diesem Sinn allgegenwärtig, und man wird die gesetzlichen Bestimmungen – bewusst oder unbewusst – in die zu treffenden Entscheidungen einfliessen lassen bzw. einfliessen lassen müssen.

Mit dem Aspekt „Recht" verbinden die meisten Personen negative Assoziationen. Häufig empfinden sie Recht als unnötige Einschränkung ihrer persönlichen oder geschäftlichen Möglichkeiten, als unnütze Schikane oder als sture Prinzipienreiterei. Hinzu kommt, dass die Durchsetzung von Recht meist mit endlosem Prozessieren vor Gerichten, unübersehbaren Kosten und nicht zuletzt immer auch mit einem faden Beigeschmack einer gewissen „Willkürlichkeit" einhergeht. Ob diesem negativen Image erstaunt es deshalb nicht, dass man mit dem Recht möglichst wenig zu tun haben will und sich erst dann mit ihm beschäftigt, wenn es unvermeidbar wird.

Wie alles, kann jedoch auch das Recht noch aus einem anderen Blickwinkel betrachtet werden: Ein Rotlicht unterbricht nicht nur die flüssige Fahrt des eiligen Automobilisten, sondern es ermöglicht gleichzeitig einem anderen Verkehrsteilnehmer die sichere Benützung der Kreuzung. So verstanden, zeigt sich Recht nicht nur als ein unerwünschter *Stör-* und *Hemmfaktor*, sondern eröffnet immer auch ein *Chancenpotential*. Erst wenn einer Unternehmung gewisse Rechtspositionen (staatliche) gewährleistet werden und sie sich dadurch gegen unerlaubte Eingriffe in ihren Stand wehren kann, lohnt es sich, überhaupt Investitionen zu tätigen. Gerade in der Softwareindustrie offenbart sich etwa in bezug auf den Schutz von Computerprogrammen in aller Deutlichkeit, welche – auch betriebswirtschaftliche – Bedeutung dem Faktor Recht beizumessen ist. Nach Schätzungen werden durch das illegale Kopieren von Programmen allein in der Schweiz Schäden von jährlich rund 170 Mio. Franken (weltweit sogar 6–7 Mia. US-Dollar [Govoni 1993: 575]) verursacht. Das Recht bietet hier den Betroffenen die Plattform, sich gegen solche Missbräuche zu

---

[1] Die Managerin möge verzeihen, aber aus Gründen der einfacheren Lesbarkeit wird im folgenden auf die Erwähnung der weiblichen Form bewusst verzichtet, was die Stellung der weiblichen Personen aber in keiner Weise abwerten soll.

wehren. Auch das *Datenschutzgesetz* trägt diesen typischen Charakterzug eines Verteidigungsmittels gegen unberechtigte Eingriffe durch Dritte. Recht birgt somit auch immer ein gewisses *Haftungs- und Risikopotential*, dann nämlich, wenn unerlaubterweise in fremde Rechtspositionen eingegriffen wird.

Recht ist aber nicht nur etwas von aussen Vorgegebenes, sondern häufig werden Rechtspositionen durch die Betroffenen selbst erst geschaffen und gestaltet. Die Möglichkeit dazu bieten in erster Linie Verträge, wie sie jede Unternehmung tagtäglich in vielfacher Art eingeht. Hier sind die involvierten Personen weitgehend frei, ihre Position selbst zu bestimmen. So verstanden, ist Recht zu einem gewissen Teil immer auch selbst zu verantworten.

Die rechtliche Sphäre einer Unternehmung ist also nicht nur geprägt durch starre Regelungen, denen man sich widerspruchslos zu fügen hat, sondern kann in einem gewissen Umfang auch selbst gestaltet werden. In diesem Sinne sollte man Recht als Managementaufgabe verstehen, die – richtig wahrgenommen – einer Unternehmung viele Möglichkeiten eröffnen, schlecht wahrgenommen aber auch zum Desaster führen kann.

1.2.3 Technologische Umweltsphäre

Veränderungen der technologischen Rahmenbedingungen umfassen alles, was in die Bereiche der Technik und der Naturwissenschaften fällt, z.B.:

- Entwicklung von revolutionären Basistechnologien
- zunehmende Bedeutung der Mikroelektronik
- rascher Wandel in der Informations- und Kommunikationstechnologie
- frappant zunehmende Bedeutung der Gentechnologie
- bahnbrechende Entwicklungen in der Robotik und der Automation
- zunehmende Miniaturisierung
- Wandel der Zahlungsmöglichkeiten
- wesentlich kürzer werdende Produktlebenszyklen

1.2.4 Sozio-kulturelle Umweltsphäre

Veränderungen der sozio-kulturellen Rahmenbedingungen betreffen den Menschen mit seinen Wünschen und Wertvorstellungen als Einzelperson, in der Familie bzw. Gemeinschaft und umfassen Bereiche wie Gesundheit, Bildung, Politik und Religion:

- anhaltend hohe strukturelle Arbeitslosigkeit
- steigende Bedeutung der kontinuierlichen Weiterbildung
- neue Arbeits(zeit)modelle
- vermehrte Individualisierung und Einsamkeit
- subjektiver Zeitmangel
- gesundheitsbewussteres, genuss- und lustbetonteres Leben
- zunehmende Informationsüberlastung
- Suche nach dem Kauferlebnis
- Ausgleichung der Geschlechterrollen
- mehr junge bzw. junggebliebene Senioren

1.2.5 Ökologische Umweltsphäre

Veränderungen der ökologischen Rahmenbedingungen beinhalten Problemkreise wie Rohstoffe, Energie, Wasser und Luft sowie Abfallbeseitigung:

- verstärktes Ökologiebewusstsein breiter Kreise der Öffentlichkeit
- beschränkter Einsatz gefährlicher Stoffe
- Drängen auf ökologische Produktion
- strengere Produktzulassungsvorschriften
- striktere Entsorgungsvorschriften
- Verschärfung der Störfallvorschriften
- schärfere Luftreinhalteverordnungen

Aufgabe der Unternehmensführung ist es, neue Lösungen als Antwort auf diese und andere Veränderungen der Rahmenbedingungen zu finden.

Folgende Tabelle zeigt den Einfluss der Unternehmensumwelt auf einen Teilbereich der Unternehmung, die Informatik:

Umweltsphäre	Entwicklung	Auswirkungen auf die Informatik
Ökonomie	zunehmender Kostendruck	vermehrter Einsatz von Standard-Software
	Konzentration auf die Kernkompetenzen	Outsourcing der Informatik
Recht	strengerer Datenschutz	Verschlüsselung von Daten bei der Datenkommunikation
	strengeres Urheberrecht	strengere Kontrolle der Lizenzberechtigungen
Technologie	schnellere Datenkommunikation	Client-/Server-Architekturen Internet-Anwendungen
	zunehmende Speicherkapazitäten	Data-Warehousing
Gesellschaft	Auflösung der klassischen Rollenverteilungen in der Familie	Home-Working
	Zunahme der Mobilität	Dezentralisierung der Arbeitsplätze
Ökologie	strengere Sondermüllregelungen	vorgezogene Recyclinggebühren
	Einführung von Energiesteuern	Entwicklung verbrauchsarmer HW-Komponenten

1.3 Anspruchsgruppen

Gemäss den einleitenden Ausführungen ist eine Unternehmung ein zweckorientiertes, offenes, dynamisches und sozio-kulturelles System. Mit der Betrachtung der Zweckorientierung stellt sich die Frage: „Welchen Zweck bzw. Wert und für wen soll die Unternehmung wirtschaftend schaffen?“ Wer erhebt somit Anspruch auf die geschaffenen Werte bzw. auf die Wertschöpfung? Und wer „bezahlt“ für den Wertverzehr [Ulrich 1996: 17]? Wirtschaften führt nicht nur zu erwünschten Resultaten in Form von Umsatz, Gewinn oder Marktanteilen, sondern ist immer auch mit unerwünschten Ergebnissen in Form von Umweltbelastung, menschlichen Schicksalsschlägen, fehlerhaften Produkten usw. verbunden. Somit müssen auch vermehrt die Ansprüche derjenigen Betroffenen diskutiert werden, die durch unerwünschte Begleiterscheinungen „bestraft“ werden. Zu den Anspruchsgruppen gehören also zusätzlich zu den an der wirtschaftlichen Leistung Interessierten auch gesellschaftlich, rechtlich, technologisch oder ökologisch Betroffene. Der Zweck der Unternehmenstätigkeit besteht nicht ausschliesslich in der Gewinnmaximierung, sondern in der Befriedigung verschiedenster Interessen aller Anspruchsgruppen. Man spricht in diesem Zusammenhang auch von den Shareholdern und den Stakeholdern. Während es den Shareholdern lediglich um die kurzfristige Gewinnmaximierung geht, ist für die Stakeholder eine langfristige – und v.a. vernünftige – Nutzenoptimierung von Interesse (vgl. Abb. 1.2).

Anspruchsgruppen (Shareholder/Stakeholder)	**Interessen (Ziele)**
I Interne Anspruchsgruppen 1. Eigentümer • Kapitaleigentümer • Eigentümer-Unternehmer 2. Management (Manager-Unternehmer)	• Einkommen/Gewinn • Erhaltung, Verzinsung und Wertsteigerung des investierten Kapitals • Entscheidungsautonomie • Macht, Einfluss, Prestige • Entfaltung eigener Ideen und Fähigkeiten, Selbstverwirklichung
3. Mitarbeitende	• Einkommen • soziale Sicherheit • flexible Arbeitszeiten • sinnvolle Betätigung • zwischenmenschliche Kontakte (Gruppenzugehörigkeit) • Status, Anerkennung, Prestige
II Externe Anspruchsgruppen 4. Fremdkapitalgeber	• sichere Kapitalanlage • befriedigende Verzinsung • Vermögenszuwachs
5. Lieferanten	• konstante Liefermöglichkeiten • termingerechte Begleichung der Rechnungen
6. Kunden	• qualitativ und quantitativ befriedigende Marktleistung zu günstigen Preisen • Service, Beratung, Betreuung usw.
7. Konkurrenten	• Befolgung fairer und konstruktiver Wettbewerbsgrundsätze • Zusammenarbeit auf branchenpolitischer Ebene

ANSPRUCHSGRUPPEN (SHAREHOLDER/STAKEHOLDER)	INTERESSEN (ZIELE)
8. Staat und Gesellschaft • lokale und nationale Behörden • ausländische und internationale Organisationen • Verbände und Interessengruppen aller Art • politische Parteien • Bürgerinitiativen • allgemeine Öffentlichkeit	• Steuern • Sicherung der Arbeitsplätze • Sozialleistungen • positive Beiträge an die Infrastruktur • Einhalten von Rechtsvorschriften und Normen • Teilnahme an der politischen Willensbildung • Beiträge an kulturelle, wissenschaftliche und bildende Institutionen • Erhaltung einer lebenswerten Umwelt

Abb. *1.2: Anspruchsgruppen der Unternehmung und ihre Interessen [Ulrich 1996: 18]*

Im Gegensatz zu den Entwicklungen in den einzelnen Umweltsphären kann die Unternehmung sehr wohl Einfluss auf die Anspruchsgruppen nehmen. Die verschiedenartigen Interessen der Anspruchsgruppen stellen die Führungskräfte von Unternehmen vor eine Vielzahl von Entscheidungssituationen. Die Erwartungen und Forderungen der Unternehmung an die Anspruchsgruppen erschweren die Entscheidungen zusätzlich. Da immer nur eine Auswahl von Zielen verfolgt werden kann, entstehen zwangsläufig Zielkonflikte. Erfolgreiche Unternehmen lösen diese Zielkonflikte möglichst zum Vorteil aller direkt oder indirekt betroffenen Gruppen.

BEISPIEL: FUSION VON CIBA UND SANDOZ ZUR NOVARTIS

Marc Moret, Präsident der ehemaligen Sandoz AG, schreibt in den „Erläuterungen für Aktionäre“: „Die Globalisierung der Märkte – und damit auch der Konkurrenz – schreitet ständig schneller voran, die Forschungsaufwendungen, insbesondere in dem für uns zentralen Pharmabereich, nehmen immer gewaltigere Ausmasse an, (...)“ und macht damit deutlich, dass diverse Entwicklungen der einzelnen Umweltsphären diese Fusion bewirkt haben. Andererseits haben sehr schnell nach der Bekanntgabe der Fusion verschiedene Anspruchsgruppen ihre Interessen signalisiert. Die Aktionäre erinnerten die Entscheider der zukünftigen Novartis daran, dass ihr Kapital nicht an Wert verlieren dürfe, die Mitarbeiter, dass sie weiterhin ihren Arbeitsplatz behalten wollten, die lokalen Behörden und Parteien, dass die Novartis eine wirtschafts- und gesellschaftspolitische Funktion innehabe und weder den Standort Basel verlassen, noch grosse Entlassungen vornehmen dürfte usw.

ZUSAMMENFASSUNG

Eine Unternehmung ist ein zweckorientiertes, offenes, dynamisches und sozio-kulturelles System. Sie hat nur dann eine Existenz- und Erfolgschance, wenn sie sich permanent mit den ständig ändernden Rahmenbedingungen der einzelnen Umweltsphären befasst und den Konsens mit den Anspruchsgruppen sucht, um daraus die Grundlagen für ihr eigenes Verhalten abzuleiten. Während die Unternehmung zu den Anspruchsgruppen direkten Kontakt hat, wirken die Umweltsphären indirekt auf die Unternehmung ein. Das heisst, die Unternehmung kann die Anspruchsgruppen beeinflussen, während die einzelnen Umweltsphären ausserhalb des Einflussbereiches der Unternehmung sind.

2

Typologie der Unternehmung

Die Ausführungen dieses Kapitels sollen einen Überblick über die Begriffe und Merkmale von Unternehmen und deren Attribute geben und schlussendlich zu einer einheitlichen Typologie führen. Die Typologie ist als Werkzeug zu verstehen, um in einem Prozess anhand der gleichen Grundlagen und Vorstellungen miteinander kommunizieren zu können.

2.1 Unterscheidungsmerkmale von Unternehmen

Die Gliederung oder Unterscheidung von Unternehmen kann hauptsächlich nach folgenden Kriterien vorgenommen werden:

- Art der Leistung, Wirtschaftssektor
- Grösse
- Eigentümer
- Rechtsform
- Standort
- Zweck

2.1.1 Unterscheidung nach Art der Leistung

Aufgrund der Art der Leistung, die eine Unternehmung erbringt, wird sie in einen der drei klassischen Wirtschaftssektoren eingeteilt:

- Primärer Wirtschaftssektor (Rohstoffgewinnung)
- Sekundärer Wirtschaftssektor (Fabrikation und Materialverarbeitung/-veredelung)
- Tertiärer Wirtschaftssektor (Dienstleistungen)

Interessant ist dabei vor allem, dass sich in der Schweiz und in anderen Ländern das Verhältnis der drei Sektoren in den vergangenen Jahren stark verändert hat, insbesondere durch die Zunahme des tertiären Sektors, wo sich die Vielfalt der sogenannten Dienstleistungsgesellschaft in unzähligen Branchen widerspiegelt (vgl. Abb. 2.1 und 2.2). Branchen sind Untergruppen der Sektoren.

Primärer Wirtschaftssektor	**Sekundärer Wirtschaftssektor**	**Tertiärer Wirtschaftssektor**
Rohstoffgewinnung	**Fabrikation/ Materialverarbeitung**	**Dienstleistungen**
Branchen: • Landwirtschaft • Forstwirtschaft • Energiewirtschaft • Bergbau	Branchen: • Nahrungs-/ Genussmittel • Textil/Bekleidung • Chemie • Metalle • Uhren • Elektronik • Gewerbe (insb. Baugewerbe) • usw.	Branchen: • Handel • Banken • Versicherungen • Beratung • Tourismus • Unterrichtswesen • usw.

***Abb.** 2.1: Die drei Wirtschaftssektoren und ihre Branchen*

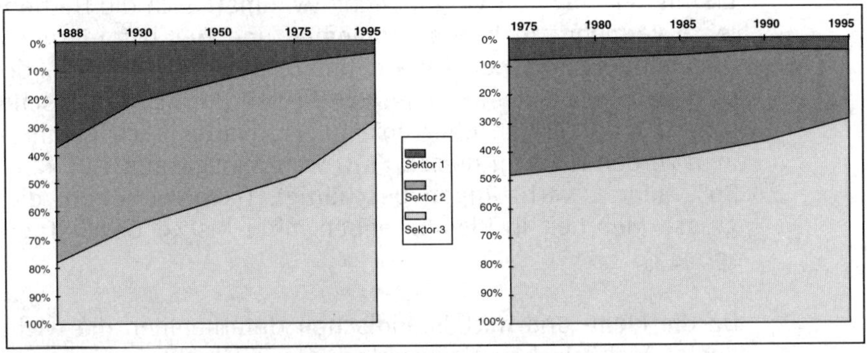

Abb. 2.2: Entwicklung der drei Wirtschaftssektoren im 20. Jahrhundert/Schweiz (Quelle: Bundesamt für Statistik)

2.1.2 UNTERSCHEIDUNG NACH GRÖSSE

Ein Vergleich der Grösse einer Unternehmung ist meist nur innerhalb derselben Branche aussagekräftig. Die am häufigsten zum Vergleich herangezogenen Kriterien sind Umsatz, Gewinn, Cashflow, Anzahl Mitarbeiter, Bilanzsumme (z.B. Banken und Versicherungen), die produzierte Menge (z.B. Elektrizitätswerke) oder eine Kombination aus diesen Grössen, z.B. Cashflow in Prozenten des Umsatzes (vgl. Abb. 2.3).

FIRMA	UMSATZ (in Mia. Fr.)	VERÄNDERUNG ZU 1994	CASHFLOW (in Mia. Fr.)	REINGEWINN (in Mia. Fr.)	ANZAHL BESCHÄFTIGTE
Nestlé	56	–0,7%	3,9	2,9	220'000
Metro	55	+4,6%	2	0,7	180'000
ABB	39	–0,3%	2,7	1,5	209'000

Abb. 2.3: Die drei grössten Unternehmen der Schweiz 1995 [Bahnmüller 1996: 43]

Alljährlich vergleichen die Medien die grössten Unternehmen der Schweiz, Europas oder weltweit und erstellen Ranglisten in bezug auf die Branchenbesten, die Verlierer, die grössten Arbeitgeber, die Rentabelsten, die grössten Investoren usw.

Aufgrund der Grösse lassen sich Unternehmen auch einfach in Klein-, Mittel- und Grossunternehmen oder in klein- und mittelständische Unternehmen (KMU) und in Grossunternehmen einteilen. Kleinunternehmen beschäftigen weniger als 50 Mitarbeiter, Mittelbetriebe zwischen 50 und 500 und Grossunternehmen über 500 Mitarbeiter.

Erst in der jüngeren Vergangenheit widmete sich die Betriebswirtschaftslehre vermehrt auch den Problemen und Herausforderungen der klein- und mittelständischen Unternehmen. Berechtigterweise, denn die KMU sind nach wie vor die wichtigste Stütze der schweizerischen Volkswirtschaft. 1985 zählten über 99% aller privatrechtlich geführten Unternehmen zu den KMU. In diesen KMU waren insgesamt 1,85 Mio. bzw. knapp 80% aller Erwerbstätigen beschäftigt. Davon arbeitete die überragend grosse Mehrheit in Kleinbetrieben mit 1 bis 49 Beschäftigten [Neuhaus 1992: 3].

Da die klein- und mittelständischen Unternehmen die wichtigste Stütze der schweizerischen Volkswirtschaft sind, richten wir unser Augenmerk kurz auf die typischen Merkmale dieser Unternehmen.

- In der Vergangenheit waren KMU mehrheitlich traditionelle, vielleicht sogar konservative Unternehmen. Sie produzierten vornehmlich spezialisierte Produkte mit hoher Wertschöpfung oder richteten die Produkte stark nach den Bedürfnissen ihrer Kunden aus. Oft waren sie als Zulieferer auch abhängig von Grossunternehmen; eine Tendenz, die auch heute noch anhält. Viele davon waren und sind im Dienstleistungssektor tätig.

- Die Tatsache, dass viele solcher Unternehmen in jüngster Zeit vom Verschwinden bedroht waren, stellte Ende der achtziger und Anfang der neunziger Jahre allgemein die Überlebensfähigkeit von KMU in Frage. Viele wurden von Grossunternehmen übernommen.

- Die heutige Wirtschaftslage spricht allerdings eine andere Sprache. Noch nie in der Geschichte der Schweiz gab es so viele Neugründungen von klein- und mittelständischen Unternehmen wie im Jahr 1996. Aus heutiger Sicht ergeben sich wieder vermehrt Chancen für KMU. Gründe dafür sind u.a.:

  - Flexibilität und Fähigkeit, schneller und individueller auf Veränderungen des Marktes reagieren zu können als Grossunternehmen
  - Überschaubarkeit und Transparenz
  - kurze Informations- und Entscheidungswege
  - Kundennähe
  - Ausstrahlung der Persönlichkeit des Inhabers oder der Führung (Herzblut, Commitment)

- Nichtsdestotrotz wollen wir demgegenüber auch die Gefahren für KMU und deren klassische Problembereiche nennen:

- Finanzierungsengpässe
- Stellung auf dem Beschaffungsmarkt
- Managementfähigkeiten des Inhabers
- Abhängigkeit von einzelnen Kunden (ca. 80% des Umsatzes wird oft mit wenigen Grosskunden erzielt), Märkten oder Mitarbeitern
- Strategie-Defizite (infolge operativer Überlastung)
- Konkurrenz von grossen Unternehmen im gleichen Markt
- beschränkte Informations- und Entscheidungsgrundlagen
- Effizienzprobleme

Über 80% aller klein- und mittelständischen Unternehmen erleben ihr 11-jähriges Geschäftsjubiläum nicht, 61% geben bereits nach dem 5. Jahr auf, und 99% der in Konkurs geratenen Unternehmen gehören zur Gruppe der KMU [Clasen 1992: 21].

Die Anforderungen an KMU werden in Zukunft eher grösser als kleiner, denn auch die Grosskonzerne haben sich inzwischen die ursprünglichen Stärken der KMU wie beispielsweise Flexibilität und Kundenorientierung zu eigen gemacht. Die Chancen für KMU bestehen vor allem darin, in neuen Marktnischen Fuss zu fassen oder sich auf ihre ureigenen Vorteile (siehe weiter oben) zu besinnen. Vielfach haben KMU auch in Form von sogenannten Netzwerken, Kompetenzzentren (Competence Centres) oder virtuellen Unternehmen eine bessere Chance, indem sie sich zusammenschliessen, ohne ihre Eigenständigkeit zu verlieren. Auf einzelne dieser Formen wird später noch eingegangen.

2.1.3 UNTERSCHEIDUNG NACH EIGENTÜMER

Die Unterscheidung von Unternehmen nach deren Eigentümer ist nicht immer ganz einfach. Gerade in den neunziger Jahren stellen wir eine Tendenz zur „Privatisierung" oder zum „Abbau von staatlichen Monopolen" fest. Eindrückliches europäisches Beispiel dafür ist der Börsengang der Deutschen Telekom im letzten Quartal 1996. Nach dem Eigentümer werden folgende drei Unternehmenstypen unterschieden:

- Private Unternehmen
- Öffentliche Unternehmen

- Gemischtwirtschaftliche Unternehmen

Währenddem die Swissair oder die Schweizerische Nationalbank beispielsweise gemischtwirtschaftliche Unternehmen sind, stehen Betriebe wie die SRG und die PTT vollständig unter der Kontrolle des Bundes. Dabei spielt es keine Rolle, nach welchen Managementprinzipien eine Unternehmung geführt wird. Hingegen kann man zur Abgrenzung folgende Aspekte in die Beurteilung mit einbeziehen [Thommen 1996: 34 f.]:

- Rechtliche Grundlagen: Private Betriebe unterstehen dem privaten, öffentliche Betriebe dem öffentlichen Recht.

- Kapitalbeteiligung: Dem Bund ist es freigestellt, Anteile an privaten Unternehmen zu kaufen, oder umgekehrt Anteile an bundeseigenen (also öffentlichen) Unternehmen zu verkaufen. Wenn die Beteiligung der öffentlichen Hand über 50% liegt oder wenn sie die Hauptaktionärin ist, so spricht man tendenziell von öffentlichen Unternehmen, darunter zählen z.B. viele Elektrizitätswerke. Andernfalls sind es private Unternehmen unter Beteiligung der öffentlichen Hand.

- Selbstbestimmungsgrad: Wenn die öffentliche Hand die Entscheidungsfreiheit eines Betriebes massgeblich einschränkt, so spricht man ebenfalls von einem öffentlichen Betrieb. Ist der Selbstbestimmungsgrad jedoch nur teilweise eingeschränkt, wie dies zum Beispiel bei der Swissair der Fall ist, so gehört das Unternehmen eher der Kategorie „gemischtwirtschaftlich" an.

- Gewinnorientierung: Öffentliche Unternehmen streben im Gegensatz zu privaten Unternehmen häufig nicht nach einem Gewinn, sondern nach einer Deckung der Kosten.

Viele öffentliche Unternehmen haben bis anhin als Unternehmensziel ein vom Bund festgelegtes Erfüllungssoll verfolgt. Dabei wird zwischen profitorientierten und nicht-profitorientierten Betrieben unterschieden. Da diese Formen auch in der Privatwirtschaft vorkommen, werden wir später noch einmal darauf zurückkommen.

Bis anhin fanden öffentliche Unternehmen ihre Berechtigung dort, wo das „Wohl der Allgemeinheit" im Vordergrund stand. Überall dort, wo man befürchtete, dass mit privatwirtschaftlichen Unternehmen bestimmte Allgemeingüter nicht für alle Bewohner eines Landes erschwinglich wären oder die privatwirtschaftliche Preisgestaltung mit sozialen Maximen nicht vereinbar wäre, wurden diesbezügliche Aufgaben unter die Obhut der öffentlichen Hand gestellt. So garantieren die PTT dieselben Leistungen für Bewohner von abgelegenen Bergdörfern wie für Stadtbewohner. Oder die

SRG verfolgt eine Programmgestaltung, die einen kulturellen Ausgleich garantiert, der aus betriebswirtschaftlicher Sicht vermutlich nicht zu finanzieren wäre.

2.1.4 Unterscheidung nach der Rechtsform

Die Rechtsform ist nach der Leistungsart, der Grösse und dem Eigentümer ein weiteres Kriterium der Unterscheidung. Unternehmen gehören entweder der Gruppe der Personengesellschaften oder der Kapitalgesellschaften an. Personengesellschaften sind Vereinigungen natürlicher Personen (die Person an sich steht im Vordergrund), wogegen Kapitalgesellschaften Vereinigungen natürlicher oder juristischer Personen sind (die finanzielle Leistung der Person steht im Vordergrund). (Weitere Ausführungen siehe Teil D.)

2.1.5 Unterscheidung nach dem Standort

Unter der Unterscheidung nach dem Standort versteht man eine Kategorisierung nach dem Grad der geografischen Ausbreitung. Die Aufstellung in Abbildung 2.4 soll dies verdeutlichen.

Ausbreitungsgrad	Beschreibung	Branchen (Beispiele)
lokal	Tätigkeit innerhalb einer Gemeinde oder einer Stadt	örtliches Gewerbe, Bäckereien, Cafés
regional	Tätigkeit in einer bestimmten Region	Kantonalbanken, Kraftwerke, Busbetriebe
national	Produktion und/oder Vertrieb innerhalb eines Landes	Detailhandel, Stückguttransport, Medien
international	Produktion mehrheitlich im Inland, Verkauf aber stark ausland-/exportorientiert	Tourismus, Maschinen und Genussmittel, Uhren
multinational	Produktion und Vertrieb in mehreren Ländern (v.a. durch Tochtergesellschaften und Niederlassungen)	Gross- und Mischkonzerne wie Nestlé, Chemie, zum Teil auch Grossbanken

***Abb.** 2.4: Die Unterscheidung nach Standort: Übersicht*

Insbesondere die Orientierung der Unternehmen in Richtung „international" und „multinational" ist im Zuge der Schaffung neuer Wirtschaftsräume (z.B. EU) und Zollverträge (z.B. GATT) zu einem entscheidenen Wettbewerbsfaktor geworden. So sind beispielsweise die Eintrittsbarrieren für eine Schweizer Unternehmung, die einen Standort in der EU hat, wesentlich niedriger als für Unternehmen, die von der Schweiz aus exportieren; Grund: EU-Normen, Protektionismus usw. Weiter ist die Frage, in welchem Land, welche Wertschöpfung erbracht werden soll, für viele – insbesondere grosse – Unternehmen von vorrangiger Bedeutung. Unternehmen aus Ländern mit hohem Preis- und Lohnniveau sind nicht selten gezwungen, Produktionsstandorte in billigere Länder zu verlegen, um im Preis- und Qualitätskampf mithalten zu können.

Die Standortwahl wurde zu einem zentralen strategischen Entscheid. Aspekte wie die politische Lage, der Steuersatz, Distributionsvorteile oder die Nähe zum Kunden können für das Überleben einer Unternehmung ausschlaggebend sein. Zusätzlich bemüht sich auch die Politik bzw. die öffentliche Verwaltung vermehrt um die Ansiedlung von Betrieben in der entsprechenden Region, um Arbeitsplätze zu erhalten oder aber, um überhaupt Arbeitsplätze zu schaffen.

Beispiel Nike

Der amerikanische Sportartikelhersteller hat in Belgien in nur drei Jahren 900 Arbeitsplätze geschaffen. Nike liess sich in der Region mit der höchsten Arbeitslosigkeit nieder. Grund: Dort gab es neben gut ausgebildeten Fachkräften auch Schulen, die das hohe Ausbildungsniveau langfristig gewährleisten konnten. Ziel war allerdings weniger eine hochqualifizierte Belegschaft als eine, die engen Kontakt zur Kundschaft pflegt, die Initiative ergreift und Teamgeist entwickelt. Mit diesem Rezept bietet Nike jetzt insgesamt 1'300 Menschen einen sicheren Arbeitsplatz. Einziger Wermutstropfen: Die Mitarbeiter müssen flexibel sein. In Stosszeiten arbeiten sie bis zu elf Stunden am Tag.

Beeinflussende Faktoren	Beispiele
arbeitsbezogen	Ausbildungsniveau der Arbeitskräfte, Lohnkosten, Bevölkerungsverteilung
materialbezogen	Materialkosten, Qualität des Materials, quantitatives Vorkommen, Transportwege und -kosten, Zuliefersicherheit
absatzbezogen	Kundennähe, Konkurrenz, Transportwege und -kosten
verkehrsbezogen	Verkehrsinfrastruktur und Zugänglichkeit des Standortes

BEEINFLUSSENDE FAKTOREN	**BEISPIELE**
struktur-/abgabenbezogen	Steuern und Zölle, Immobilien-, Strom-, Wasserkosten etc., politische Stabilität
umweltbezogen	Gesetzliche Vorschriften, Image und Politik

***Abb.** 2.5: Beeinflussende Faktoren für den Standortentscheid [Thommen 1996: 96 f.]*

Aufgrund der enormen Vielfalt an Faktoren, die einen Standortentscheid beeinflussen (vgl. Abb. 2.5), ist es der Normalfall, dass kein Standort alle Faktoren wunschgemäss erfüllt. Vielfach wird eine systematische Standortanalyse durchgeführt, z.B. häufig mit Hilfe der Nutzwertanalyse, die zur Entscheidungsfindung beitragen kann. Bei der Nutzwertanalyse sind die für das Unternehmen wichtigen Standortfaktoren zu bestimmen und zu gewichten, danach nach derselben Skala zu bewerten und mit der Gewichtung zu multiplizieren.

Bei Abbildung 2.6 handelt es sich um ein ausländisches Konsumgüterunternehmen, das beschlossen hat, in der Schweiz vorerst mit nur einem Verkaufslokal Fuss zu fassen, bevor eine weitere Expansion geplant wird. Die Frage lautete daher, wo dieses „Testlokal" am besten eröffnet wird. Die Gewichtung ist von der Geschäftsleitung vorgenommen worden. Würde man die Gewichtung leicht verschieben, würde der Entscheid ebenso unterschiedlich ausfallen. Dies zeigt, dass eine Nutzwertanalyse nur ein Hilfsmittel ist und nicht für sich in Anspruch nehmen kann, objektiv zu sein. Lediglich der Trend, basierend auf der subjektiven Gewichtung der Standortfaktoren, kann damit eruiert werden.

Standortfaktoren		Gew.	Standort A Zürich		Standort B Glattbrugg		Standort C Luzern		Standort D Weinfelden	
			Note	Punkte	Note	Punkte	Note	Punkte	Note	Punkte
arbeitsbezogen	hohe Bevölkerungsdichte	15	5	75	4	60	4	60	2	30
	Lokalgrösse	5	3	15	5	25	4	20	5	25
	Sichtbarkeit des Lokals	5	4	20	4	20	5	25	5	25
	Nähe der Konkurrenz	5	1	5	2	10	2	10	4	20
	Betriebe im Umfeld	5	5	25	3	15	3	15	2	10
	Zugang für Behinderte	4	4	16	5	20	4	16	5	20
verkehrsbezogen	Parkplätze	8	1	8	5	40	1	8	5	40
	öffentliche Verkehrsmittel	6	5	30	4	24	5	30	2	12
struktur-/ abgabenbezogen	Mietpreis	20	3	60	3	60	4	80	4	80
	Nebenkosten	3	2	6	2	6	3	9	4	12
	Steueraufkommen	12	2	24	2	24	3	36	3	9
umweltbezogen	Auflagen	3	5	15	5	15	5	15	3	9
	Gebiets-Atmosphäre	9	5	45	5	45	5	45	2	18
	Punktezahl total:	100		344		364		369		337
	Rang:		3		2		1		4	

***Abb.** 2.6: Beispiel einer Nutzwertanalyse (Standortanalyse)*

2.1.6 Unterscheidung nach dem Zweck

Ein ebenfalls wichtiges Unterscheidungskriterium ist der Zweck oder das Ziel einer Unternehmung. Zielformulierungen können sich auf eine Sache oder eine Form beziehen. Man spricht deshalb auch von Sach- und Formalzielen. Häufig verwendete Formalziele sind Wirtschaftlichkeit, Produktivität, Rentabilität und Gewinn (vgl. Abb. 2.7).

Die Produktivität wird meist spezifisch gemessen, z.B. in Form von Arbeitszeit, Energie, Maschinen, Materialproduktivität, usw. Analog dazu wird auch die Wirtschaftlichkeit in Teilwerten berechnet. Sie hat ferner keine Dimension, sondern beschreibt ein Verhältnis.

$$\text{Produktivität} = \frac{\text{Output der Produktion}}{\text{Input der Produktion}}$$

$$\text{Wirtschaftlichkeit} = \frac{\text{Ertrag}}{\text{Aufwand}}$$

$$\text{Rentabilität} = \frac{\text{Gewinn}}{\text{durch. eingesetztes Kapital}}$$

$$\text{Return on Investment} = \frac{\text{Gewinn}}{\text{Umsatz}} \times \frac{\text{Umsatz}}{\text{durch. Kapital}} \times 100$$

***Abb.** 2.7: Formalziele*

Sachziele können beliebig nach den verschiedenen Aufgabenstellungen, Teilbereichen und Funktionen der Betriebswirtschaft unterteilt werden:

- Marktbeherrschung, Marktleadership
- Umsatz bzw. Cashflow
- langfristige Existenzsicherung
- Sicherheit der Arbeitsplätze
- Wahrung der Unabhängigkeit
- Fortführung einer Tradition
- Umweltverträglichkeit der Produktion und der Produkte

Die Definition der Ziele und deren Kommunikation gegen aussen, das heisst gegenüber den Anspruchsgruppen, ist sichtbar nicht mehr nur auf Zahlen und quantifizierbare Grössen, sondern auch auf die betriebswirtschaftlich „weichen“ Faktoren ausgerichtet.

Weiter existieren Unternehmen, die einen bestimmten, aber nicht gewinnorientierten Zweck verfolgen. Diese Unternehmen gehören der Familie der Non-Profit-Organisationen an. Das Management von NPO, wie sie abgekürzt häufig genannt werden, hat insbesondere in der öffentlichen Verwaltung an Bedeutung zugenommen. Aus diesem Grund liest man vermehrt von New Public Management.

2.2 NON-PROFIT-ORGANISATIONEN (NPO)

2.2.1 MERKMALE

Wo der Preismechanismus versagt und kein Markt besteht, aber trotzdem Handlungsbedarf aus politischer oder ideologischer Überzeugung vorhanden ist, stehen zwei Möglichkeiten im Vordergrund, dieses Dilemma zu lösen. So kann man dem Staat die Aufgabe übertragen, diesen Markt zu erschliessen, mit Hilfe der Steuereinnahmen. Wenn der Staat nicht aktiv wird, können private Initiativen solche Lücken schliessen. Diese Initiativen basieren nicht auf der Grundlage von gewinnorientiertem Wirtschaften, sondern meist auf einem ideologischen Hintergrund einzelner Personen. Persönlichkeiten können Gruppen von Menschen um sich scharen und sie von einer bestimmten Notwendigkeit überzeugen. Daraus resultieren Organisationen, Stiftungen, Vereine und andere Verbände, welche die Erreichung eines bestimmten Sachzieles in den Vordergrund stellen und nicht primär finanziellen Profit aus ihrer Tätigkeit schlagen wollen. Diese Form wird Non-Profit-Organisation genannt, oder auch Hilfs- bzw. Selbsthilfeorganisation. Die Tabelle in Abbildung 2.8 gibt eine Übersicht, wie sich Non-Profit-Organisationen einteilen lassen.

Insbesondere die Trägerschaft, d.h. die Trennung zwischen Staat und Privaten, gewinnt an Bedeutung und bedarf einer genaueren Betrachtung (vgl. Abb. 2.9).

Merkmale	Ausprägungen				
Trägerschaft	staatlich		privat		
Rechtsform	öffentlich-rechtlich	Verein	Genossen-schaft	Stiftung	
Finanzierungsart	Produkt-verkauf	Mitglieder-beiträge	Spenden	Subven-tionen	Staats-beiträge
Nutzniesser	Mitglieder	Dritte	Allgemeinheit		
Organisations-teilnehmer	Profis, Funktionäre	gemischt	Ehrenamtlich		

***Abb.** 2.8: Merkmale von Non-Profit-Organisationen [Schnyder 1995: B5]*

staatliche NPO	private NPO
gemeinwirtschaftliche NPO • öff. Verwaltungen • öff. Betriebe (PTT, VBZ, Unis, Museen, Spital)	wirtschaftliche NPO • Arbeitnehmerorganisationen • Berufsverbände • Konsumentenorganisationen
	sozio-kulturelle NPO • Sportvereine • Kirche • Privatclubs
	politische NPO • Parteien • Natur-, Heimat- und Umweltschutzorganisationen
	karitative NPO • Hilfsorganisationen • Entwicklungshilfe-Organisationen • Selbsthilfegruppen

***Abb.** 2.9: Unterscheidung von staatlichen und privaten Non-Profit-Organisationen [Schwarz 1992: 18]*

Auf den ersten Blick scheint sich der Zweck der NPO von dem der gewinnorientierten Unternehmung wesentlich zu unterscheiden (vgl. Abb. 2.10). Eine NPO ist jedoch ebenfalls ein zweckorientiertes, offenes, dynamisches und sozio-kulturelles System. Die Voraussetzungen bzw. Herausforderungen sind allerdings in folgenden Punkten unterschiedlich:

- NPO haben meist keine Märkte.
- NPO besitzen (oft) keinen Motor zur Innovation.
- NPO verfügen über keine Indikatoren für die Erfolgskontrolle.
- Das Management von NPO zeigt oft Defizite.

Beispiele zeigen hingegen, dass auch mit diesen speziellen Herausforderungen Erfolge erzielt werden können. Während die Präsenz erfolgreicher NPO im europäischen Wirtschaftsraum eher dürftig ist, haben diese beispielsweise in den Vereinigten Staaten eine längere Tradition. Das bekannteste Beispiel, das auch bei uns breit verankert ist, ist Greenpeace.

STRUKTURMERKMALE		UNTERNEHMEN	NPO
Hauptzweck	⇨	Dominanz der Formalziele	Dominanz der Sachziele
Zielgruppe	⇨	Kunden bzw. Konsumenten	Mitglieder
Entscheidungsgrundlagen	⇨	Markt, Kunden- und Konkurrenzverhalten	Mitgliedergerechte, demokratische Entscheidungen
Produzierte Güter	⇨	Private, marktfähige Individualgüter	Kollektivgüter für eine ganze Gruppe von Personen
Mitarbeiter	⇨	Im Anstellungsverhältnis	Ehrenamtlich
Erfolgskontrolle	⇨	Gewinn, Cashflow, Umsatz, Marktanteil usw.	Kaum Indikatoren für die Erfolgskontrolle

***Abb.** 2.10: Strukturmerkmale von gewinnorientierten Unternehmen und NPO im Vergleich*

2.2.2 NEW PUBLIC MANAGEMENT (NPM)

Vor allem im Zusammenhang mit den steigenden Defiziten der öffentlichen Hand ist die Forderung nach einer neuen oder neuzeitlichen Verwaltungsführung, dem sogenannten New Public Management, immer lauter geworden. Das Prinzip des New Public Management verfolgt eine wirkungsorientierte Verwaltungsführung und bezweckt die Überführung der bürokratischen Struktur von staatlichen NPO in eine bürger- bzw. kundennahe und effiziente Unternehmung. An die Stelle von Verwaltungsvorschriften, gesetzlichen Regelungen und Verordnungen in dicken, unübersichtlichen Büchern treten bewährte Konzepte und Instrumente aus der privatwirtschaftlichen Managementlehre. Verwaltungseinheiten erhalten so zum Beispiel Globalbudgets, über deren Verwendung sie selbst bestimmen können. Oder sie erhalten ein Leitbild und werden in Form von Profit Centers geführt.

Beispiel: NPM in einer Schule

Die Kantonsschule mit über 500 Schülerinnen und Schülern hatte bis anhin einen im Gesetz verankerten Auftrag zu erfüllen, ohne dass der Gesetzgeber auch die Effektivität des Lehrplans oder die Effizienz der Lehre überprüfen liess. Damit solche Kontrollen in Zukunft möglich sind, kann mit Hilfe von privatwirtschaftlichen Methoden und Instrumenten eine Schule quasi wie ein Unternehmen geführt werden, ohne dabei die ideelle und soziale Wertausrichtung zu verlieren:

- Entwicklung von Führungskonzepten und -grundsätzen („[...] Wir informieren offen und vermeiden so Gerüchte und Klatsch. [...] Wir haben den Mut, konstruktive Kritik offen, aber unaggressiv vorzutragen [...]")

- Erstellung eines Leitbildes und einer Strategie („[...] Wir vermitteln Bildung, unsere Arbeit stiftet echten Nutzen, wirkt oft schicksalsbestimmend auf die Mitmenschen, die sich uns anvertrauen. Wir müssen Leistung erbringen und verlangen, [...]")

- Erarbeitung einer Organisationsstruktur

- Entwicklung eines Informations- und Kommunikationskonzeptes (nach innen und aussen)

- Erarbeitung von Controlling-Instrumenten und Qualitätsstandards (z.B. Kennzahlen, Beurteilungsinstrumente)

- Schaffen von Voraussetzungen für ein dynamisches Innovationsmanagement (damit die Widerstände einer innovationshemmenden Bürokratie eliminiert werden können)

Teil B

1

Die Unternehmung aus Sicht des Managements

1.1 Die Ebenen des Managements

Übergeordnetes Ziel sämtlicher Wirtschaftswissenschaften ist es, wirtschaftliche Vorgänge und Zusammenhänge zu beschreiben und zu analysieren, um daraus Gesetzmässigkeiten herzuleiten, die es den Entscheidern ermöglichen, wirtschaftliche Probleme zu erkennen und zu lösen. In der Folge konzentrieren wir uns insbesondere auf die Aufgabe des Managements, das zweckorientierte, offene, dynamische und sozio-kulturelle System Unternehmung zu gestalten, zu lenken und zu entwickeln. Folgender (stark vereinfachter) Ansatz, um das oben beschriebene „Spannungsfeld Unternehmung" darzustellen und zu analysieren, basiert auf dem St. Galler Management-Modell. Darin werden drei Betrachtungs- und Gestaltungsebenen unterschieden und detailliert besprochen (vgl. Abb. 1.1):

- Normatives Management
- Strategisches Management
- Operatives Management

Das normative Management hat begründenden Charakter. Es umfasst das Entwickeln der übergeordneten Werte, der Verhaltensnormen und des Sinnsystems. Es legitimiert das unternehmerische Handeln und zielt auf eine vernünftige Unternehmensentwicklung bzw. auf die Überlebensfähigkeit ab. Zum normativen Management gehören die Vision bzw. das Leitbild, die Unternehmensverfassung, die Unternehmenspolitik und die

Unternehmenskultur. Dem strategischen Management kommt hingegen eine richtungsweisende Funktion zu. Im Rahmen des strategischen Managements werden die zukunftsgerichteten Ziele, Ressourcen und Massnahmen bestimmt, sodann Erfolgspotentiale aufgebaut, gepflegt und ausgebeutet. Dies ist nicht möglich ohne die entsprechende Struktur und das entsprechende Verhalten aller Unternehmensmitglieder. Im Rahmen des operativen Managements schliesslich werden die konkreten Massnahmen der Unternehmung zielorientiert und mittelgerecht umgesetzt. Man spricht in diesem Zusammenhang auch vom „Daily Business“.

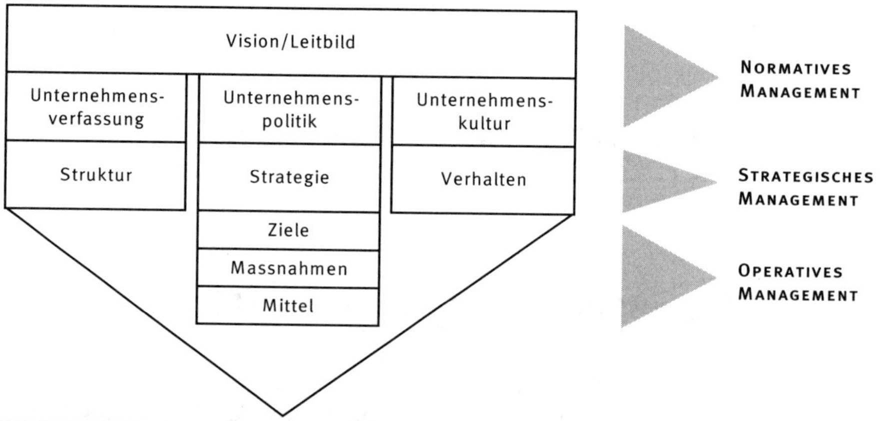

	Ziel	Heraus-forderung	Aufgabe	Inhalt
Normatives Management	Responsive-ness	Konsens	Verständigung und Glaubwürdigkeit bei den Anspruchsgruppen gewährleisten	Begründung, Legitimation
Strategisches Management	Effektivität[1] (doing the right things)	Innovation und Komplexität	Wettbewerbsfähigkeit sichern und Unternehmenswert steigern	Ausrichtung
Operatives Management	Effizienz[2] (doing things right)	Kosten, Zeit und Qualität	Wirtschaftlichkeit optimieren	Umsetzung

***Abb.** 1.1: Die Ebenen des Managements (in Anlehnung an [Ulrich 1987: 28])*

[1] Unter Effektivität wird die wirksame Aufgabenerfüllung verstanden.

[2] Mit Effizienz ist die wirtschaftliche Zielerreichung im Sinne des optimalen Kosten-Nutzen-Verhältnisses gemeint.

2

Normatives Management

Das normative Management befasst sich mit den grundsätzlichen Zielen, Normen, Werten, Prinzipien und Spielregeln der Unternehmung, die darauf ausgerichtet sind, die Lebens- und Entwicklungsfähigkeit der Unternehmung sicherzustellen. Es hat einen konstitutiven Charakter und wirkt begründend („Responsiveness") bzw. legitimiert Handlungen der Unternehmung gegenüber sämtlichen Anspruchsgruppen [Bleicher 1991: 53]. Zentrale Funktion des normativen Managements ist die Konsensorientierung und der damit verbundene Spannungsausgleich von Zielkonflikten sowohl zwischen der Unternehmung und der Umwelt als auch innerhalb der Unternehmung. Die Vision bzw. das Leitbild, die Unternehmensverfassung, die Unternehmenskultur und die Unternehmenspolitik sind Elemente des normativen Managements.

2.1 Vision/Leitbild

Ursprung unternehmerischer Tätigkeit ist eine Vision. Die Vision ist eine Momentaufnahme der Zukunft, die aufzeigt, in welche Richtung die Unternehmung sich entwickeln soll. „Die Vision ist ein konkretes Zukunftsbild, nahe genug, dass wir die Realisierbarkeit noch sehen können, aber schon fern genug, um die Begeisterung der Organisation für eine neue Wirklichkeit zu erwecken" [BCG 1988: 7].

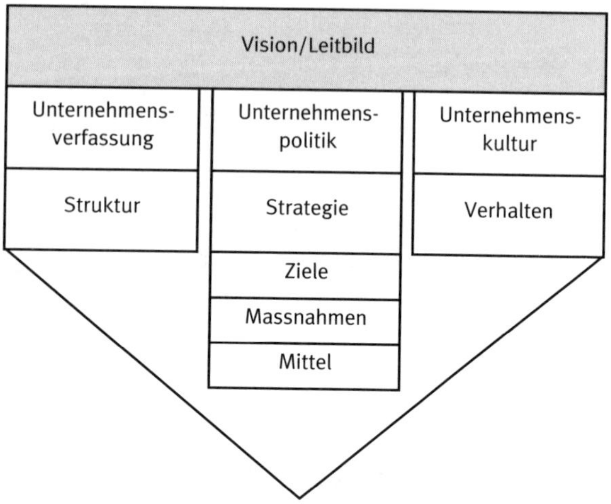

Visionen erfüllen nicht nur eine Kompass- oder Leuchtturmfunktion, sondern erzeugen vielmehr Sinnvermittlung, Faszination, Impulsgebung, Identifikation und damit Motivation der Mitarbeiter [Magyar 1989: 5 f.]. Hinterhuber vergleicht die unternehmerische Vision mit dem Polarstern: Er ist nicht das Ziel einer Reise, gibt aber die Richtung an, die in der Unternehmung das Denken, Handeln und Fühlen der Mitarbeiter bestimmt [Hinterhuber 1989: 42].

In der Praxis lauten Visionen etwa wie folgt: „Wir wollen in der Schweiz Marktführer für (...) werden und (...)“ oder „Wir wollen international zu den drei wichtigsten Anbietern von (...) gehören.“ oder „Unsere Mitarbeiter sind unser wichtigstes Erfolgspotential (...)“ usw.

Beispiel: Swissair
Wir tragen ein Stück Schweiz in die Welt und ein Stück Welt in die Schweiz.

Einmaligkeit erreichen wir durch unsere Mitarbeiterinnen und Mitarbeiter.

Wir bieten ein Reiseengagement von A nach B und machen Reisen zu einem persönlichen Erlebnis höchster Qualität.

Im Luftverkehrsgeschäft sind wir unter den ersten: Sicher, pünktlich, zuverlässig, freundlich. Ausserordentliche Situationen meistern wir mit ausserordentlicher Leistung.

Die wirtschaftliche Selbsterhaltung ermöglicht uns, unsere Verantwortung gegenüber Personal, Kapitalgebern, Staat und Wirtschaft wahrzunehmen.

Wir sind ein nach innen und aussen fortschrittliches und glaubwürdiges Unternehmen.

Beispiel: Hug AG, Zwieback + Biscuits
Herzlich bedeutet für uns:
Menschlichen Umgang miteinander pflegen, Freude bereiten, optimistischen Geist verbreiten, persönliches Engagement zeigen

Unternehmerisch handeln heisst für uns:
Bedürfnisse des Kunden erkennen und befriedigen, Kosten und Nutzen abwägen, führen und arbeiten mit Zielen, Neuem gegenüber offen sein

Gewissenhaft soll unser Handeln sein, d.h.:
Verantwortung gegenüber Mensch und Umwelt, zuverlässig sein, qualitätsbewusst handeln, Fairness pflegen

BEISPIEL: THE RITZ-CARLTON-CREDO
In einem Ritz-Carlton-Hotel ist das aufrichtige Bemühen um das Wohlergehen unserer Gäste unser oberstes Gebot. Wir sichern unseren Gästen ein Höchstmass an persönlichem Service und Annehmlichkeiten zu. Stets geniessen unsere Gäste ein herzliches, entspanntes und dennoch gepflegtes Ambiente. Das Erlebnis Ritz-Carlton belebt die Sinne, vermittelt Wohlbehagen und erfüllt selbst die unausgesprochenen Wünsche und Bedürfnisse unserer Gäste. „We Are Ladies and Gentlemen Serving Ladies and Gentlemen."

Gute Visionen zeichnen sich durch folgende Attribute aus:

- klar, prägnant, leicht verständlich
- einprägsam
- begeisternd und inspirierend
- herausfordernd
- stabil und trotzdem flexibel
- realisierbar

In der Praxis wird oft nicht zwischen Vision und Leitbild unterschieden. Gelegentlich werden auch andere Begriffe verwendet, wie beispielsweise „Credo", „Handlungsmaximen" oder „Unternehmensphilosophie". Im Gegensatz zur Vision, die sich ausschliesslich an Führungskräfte, Mitarbeiter und Mitarbeiterinnen richtet, ist das Unternehmensleitbild auch für Aussenstehende einsehbar. Es beinhaltet in der Regel:

- die Beziehungen zu den Anspruchsgruppen
- finanzwirtschaftliche Leitvorstellungen (Erfolg, Eigentumsstruktur, Finanzierung)
- leistungswirtschaftliche Leitvorstellungen (Produkt-/Marktkonzept)
- soziale Leitvorstellungen (Mitarbeiterführung, Human Resources)

Konkreter:

- Welche Bedürfnisse wollen wir mit unseren Produkten/Dienstleistungen befriedigen?
- Welchen Anforderungen bezüglich Qualität, Preis, Aussehen usw. sollen unsere Produkte/Dienstleistungen genügen?
- Welche Marktstellung wollen wir erreichen?
- Welches sind unsere Ziele bezüglich Wachstum, Unabhängigkeit, Flexibilität, Eigentumsstruktur und Finanzierung?
- Welche Werte bezüglich Führung und Zusammenarbeit sind bei uns wichtig?
- Wie verhalten wir uns gegenüber den Anspruchsgruppen, insbesondere den Kunden, den Kapitalgebern und der Konkurrenz?
- Wie sind wir gegenüber gesellschaftlichen Anliegen eingestellt (Umweltschutz, Entwicklungshilfe usw.)?

Beispiel: Leitbild einer Kleinstunternehmung
„Wir identifizieren uns voll und ganz mit unserer Arbeit und unseren Produkten. Wir sind der Ansicht, dass glaubwürdiges persönliches Engagement wichtiger als betonte Professionalität ist. Wir wollen unabhängig bleiben und unseren erwirtschafteten Gewinn in zukunftsträchtige Produkte investieren. Unsere Produkte sind konzeptionell, inhaltlich, optisch und preislich einzigartig und entsprechen den Bedürfnissen unserer Kunden in den nordamerikanischen, in den europäischen und den asiatischen Ländern. Diese überdurchschnittliche Leistung erreichen wir nur durch das Commitment aller Geschäftspartner, Mitarbeiter und Mitarbeiterinnen."

2.2 Unternehmenspolitik

Unternehmensverfassung und Unternehmenskultur tragen die Unternehmenspolitik, wie umgekehrt die Unternehmenspolitik die „harte" Gestaltung der Unternehmensverfassung und die „weiche" Entwicklung der Unternehmenskultur prägt [Bleicher 1991: 74]. „Aufgabe der Unternehmenspolitik ist es, die Vision des Unternehmers oder der obersten Führungskräfte auszudrücken, damit alle Mitarbeiter an einem Strick und gemeinsam in eine Richtung ziehen" [Hinterhuber 1989: 27].

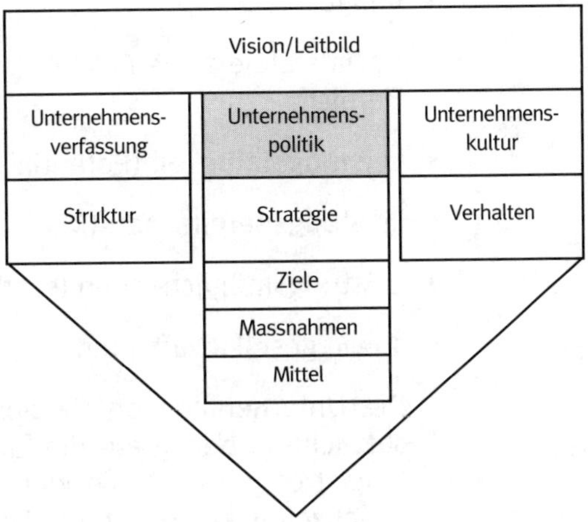

Die Unternehmenspolitik regelt die Handlungsgrundsätze punkto Umgang mit den Anspruchsgruppen. Man spricht in diesem Zusammenhang auch von einem unternehmenspolitischen Dialog zwischen Management und allen Stakeholdern. Zudem beinhaltet die Unternehmenspolitik leistungswirtschaftliche, finanzwirtschaftliche und soziale Ziele sowie die Mittel und Massnahmen zur Erreichung dieser Ziele. Aufgrund der Ziele (was?) lassen sich die erforderlichen Ressourcen (womit?) und die notwendigen Massnahmen (wie?) ermitteln.

Leistungswirtschaftliche Ziele orientieren sich an Quantitäten und Qualitäten und umfassen insbesondere Produkt- und Marktziele:

- Bedürfnisse
- Märkte bzw. Marktsegmente
- Marktstellung
- Umsatzvolumen
- Art und Qualität der Produkte
- Sortiment
- Mengen

Finanzwirtschaftliche Ziele drehen sich um Ertrag, Aufwand, Gewinn und Kapitaleinsatz:

- Rentabilität
- Liquidität
- Sicherheit
- Unabhängigkeit
- Steueroptimierung
- Flexibilität

- Image

Soziale Ziele setzen Akzente auf den menschlichen und gesellschaftlichen Bereich:

- Leistungsfähigkeit (Potential bzw. Qualifikation)
- Leistungsbereitschaft (Motivation)
- Leistungsmöglichkeiten (strukturelle Bedingungen)
- sowie gesellschaftspolitische Anliegen

Die Unternehmenspolitik beschränkt sich auf das Wichtige und Grundsätzliche in bezug auf die langfristige, zukünftige Unternehmensentwicklung, trotzdem soll sie klar, vollständig, realistisch, allgemeingültig und gleichzeitig konkret formuliert sein, ohne jedoch einzuschränken; ganz nach dem Motto: So konkret wie nötig, so allgemein wie möglich!

2.3 Unternehmensverfassung

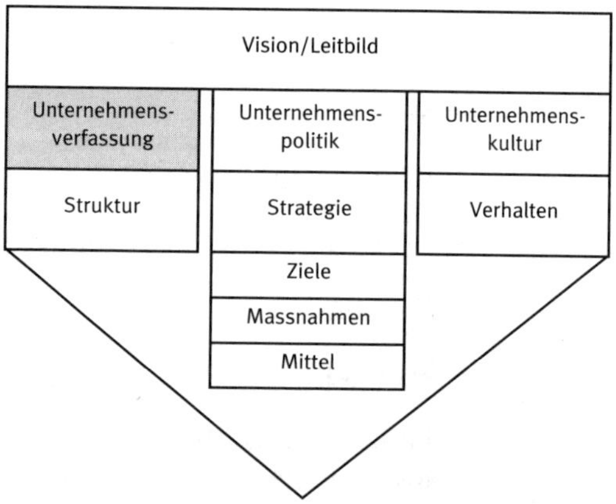

Die Unternehmensverfassung stellt die Grundsatzentscheidung über die gestaltete Ordnung der Unternehmung dar. Man könnte die Unternehmensverfassung sehr allgemein auch als die Summe der Rechtsformen beschreiben. Im einzelnen geht es um [Ulrich 1996: 21]:

- die Frage des Unternehmensbestandes (Gründung und Auflösung)
- die Frage der Begründung der Zugehörigkeit von Mitgliedern (durch Kapitalbesitz, Arbeitsvertrag, Kooperationsvertrag) und der Grundrechte aller Beteiligten und Betroffenen (z.B. Informationsrechte)
- die Frage der Organisation der Willensbildung (Organe, ihre Befugnisse, Wahl- und Kontrollverfahren)
- die Frage der Verantwortlichkeit gegenüber den Mitgliedern sowie gegenüber der Allgemeinheit (Rechenschaftsablegung, Publizität, Haftung).

BEISPIEL: STATUTEN DER NOVARTIS AG, ARTIKEL 25
Der Verwaltungsrat hat insbesondere folgende unübertragbare und unentziehbare Aufgaben:

a) die Oberleitung der Gesellschaft und die Erteilung der nötigen Weisungen

b) die Festlegung der Organisation

c) die Ausgestaltung des Rechnungswesens, der Finanzkontrolle sowie der Finanzplanung

d) die Ernennung und Abberufung der mit der Geschäftsführung und der Vertretung betrauten Personen

e) die Oberaufsicht über die mit der Geschäftsführung betrauten Personen, namentlich im Hinblick auf die Befolgung der Gesetze, Statuten, Reglemente und Weisungen

f) die Erstellung des Geschäftsberichtes sowie die Vorbereitung der Generalversammlung und die Ausführung ihrer Beschlüsse

g) ...

2.4 UNTERNEHMENSKULTUR

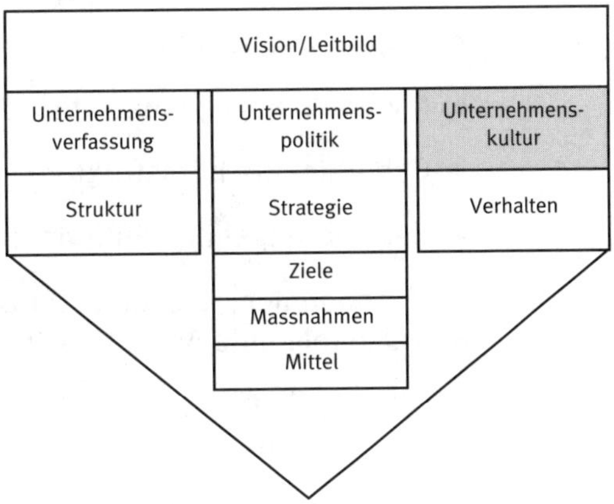

Genauso wie ein Volk durch eine oder mehrere Kulturen geprägt ist, besitzen Unternehmen individuelle Unternehmenskulturen. In diesem Sinne kann man eine Unternehmung als eine Art „Miniaturgesellschaft" verstehen. Die Unternehmenskultur bildet gemeinschaftlich verhaltensprägende Standards und gibt dadurch den Unternehmensmitgliedern Sinn und Begründung für ihre Tätigkeit. Die Unternehmenskultur prägt das Verhalten sämtlicher Mitarbeiter und somit das Erscheinungsbild einer Unternehmung. Wie das Unternehmen tatsächlich denkt, lebt und funktioniert, ist Ausdruck der Unternehmenskultur. Sie drückt aus, wie man miteinander umgeht, wie man arbeitet, welche Wert-

und Normenvorstellungen vorherrschen, welche Umgangsformen, Rituale, Bekleidungsgewohnheiten usw. von Bedeutung sind.

Gemäss Doppler/Lauterburg [1994: 311 ff.] prägen insbesondere folgende Aspekte eine Unternehmenskultur:

- Kundenorientierung
- Mitarbeiterorientierung
- Qualität
- Ergebnisorientierung
- Innovationsbereitschaft
- Handlungsorientierung
- Kommunikation
- Teamarbeit
- Konfliktbewältigung
- Beschäftigungssicherheit
- Gemeinschaft im Unternehmen

aber auch:

- Persönlichkeit und Verhalten der Führungskräfte
- Organisationsform
- Mythen und Legenden aus der Unternehmensgeschichte
- Gebäude und Infrastruktur
- Beförderungs- und Entlohnungspraxis

Massnahmen, die eine Unternehmenskultur stärken, können beispielsweise folgende Aspekte beinhalten:

- Führungskräfte leben entsprechende Verhaltensweisen vor (Führungskraft als „Vorturner“)
- Leistungsziele mit den Mitarbeitern gemeinsam vereinbaren und konsequent deren Erreichung fordern
- Beförderung und Belohnung von engagierten und herausragenden Mitarbeitern

- Entlassung oder Versetzung von energielosen, leistungsschwachen Mitarbeitern
- Mitarbeiter bei Problemlösungen involvieren
- Freiraum für Selbstmotivation und Eigeninitiative gewähren
- usw.

Eine ausgeprägte Unternehmenskultur bietet entscheidende Chancen, allerdings auch mögliche Gefahren:

CHANCEN	GEFAHREN
• hohe Motivation und Loyalität	• blockiert Innovationen
• Identifikation und grosses Engagement	• erzwingt Konformität
• effiziente Kommunikation	• behindert kreatives Problemlösen
• rasche Informationsweitergabe • geringer Kontrollaufwand	• fixiert auf Erfolgsmuster der Vergangenheit
	• Starrheit

BEISPIEL: 3M
Wenn die Frage nach innovativen Unternehmen auftaucht, kommt man nicht an 3M vorbei. 3M gilt als innovativste Unternehmung schlechthin („Master of Innovation"; „Best of the Best Awards"). Über 60'000 Produkte stammen aus dem Hause 3M, meist Nischenprodukte. Dazu gehören aber auch bekannte Produkte wie Post-it oder das neue Nasenpflaster für Sportler. Im Schnitt kommt pro Tag ein neues 3M-Produkt auf den Markt. 30% des Umsatzes macht 3M mit Produkten, die jünger als vier Jahre sind. Wie diese herausragende Leistung zustandekommt? Bei 3M können Mitarbeiter (insbesondere Techniker und Forscher) über 15% ihrer Arbeitszeit völlig frei verfügen.

BEISPIEL: BRITISH AIRWAYS
Ein weiteres Beispiel für eine spezielle Unternehmenskultur bietet British Airways. Dem Top-Management steht ein Firmennarr („corporate jester") zur Verfügung. Dieser Firmennarr dient nicht etwa der Belustigung, sondern hat die Aufgabe, seine Nase überall hineinzustecken, Entscheide zu hinterfragen, querzudenken usw. Kurz: Ungewöhnliche Gedanken, Kreativität und Innovationen durch Verminderung der Konformität und der Routine zu ermöglichen.

BEISPIEL: MCKINSEY
McKinsey ist die wohl renommierteste Unternehmensberatung weltweit. Typisch für diese Unternehmung ist der „McKinsey-way" – eine sehr stark ausgeprägte Unternehmenskultur. Dies beginnt beispielsweise bereits bei

der Auswahl von neuen Mitarbeitern. In Stellenanzeigen heisst es dann (hier etwas übertrieben): Wir suchen leistungsbereite Akademiker mit überdurchschnittlichen Leistungsausweisen, Zweitstudium und/oder Doktortitel, die viersprachig sind, mehrjährige Praxiserfahrung besitzen und nicht älter als 28 Jahre jung sind!

Insbesondere in grossen Unternehmen setzen sich oft Subkulturen durch, die aufgrund aufgabenspezifischer, räumlicher oder anderer Unterschiede ihre „eigene" Unternehmenskultur leben.

Beispiel: Credit Suisse
Während für Frontmitarbeiter Anzug und Krawatte selbstverständlich sind, sind für viele EDV-Mitarbeiter Jeans und Pullover normal.

Machen sich Unternehmen an die Arbeit, ihre Kultur bewusst zu gestalten, wird oft folgendes Vorgehen gewählt: Ressortübergreifende Projektgruppen werden gebildet, eine Bestandesaufnahme vorgenommen, das angestrebte Idealbild wird diskutiert und als Unternehmensleitbild oder -philosophie zu Papier gebracht. In einem nächsten Schritt bemühen sich die Unternehmen um ein einheitliches Erscheinungsbild und beschliessen Corporate-Identity-Massnahmen. Für Unternehmen gibt es eine Lösung für das „Problem" mit der Kultur: eine lebendige, mitarbeiterorientierte Corporate Identity.

2.5 Corporate Identity (CI)

Corporate Identity ist die aktive Selbstdarstellung einer Unternehmung. Corporate Identity hat das Corporate Image zum Ziel (vgl. Abb. 2.1).

Die einzelnen Elemente des Corporate-Identity-Mix definieren die Art und Weise, wie ein Unternehmen auftritt. Folgende Elemente sind dabei vertreten:

• Corporate Design (visuelles Erscheinungsbild)	Logo, Gebäude, Briefpapier, Fahrzeugbeschriftung, Kleidung usw.
• Corporate Communication (sprachliches Erscheinungsbild)	Marketing-Kommunikation nach innen und nach aussen
• Corporate Behavior (Unternehmensverhalten)	soziales, ökologisches, ökonomisches Verhalten, Führungsverhalten und Verhalten gegenüber den Kunden

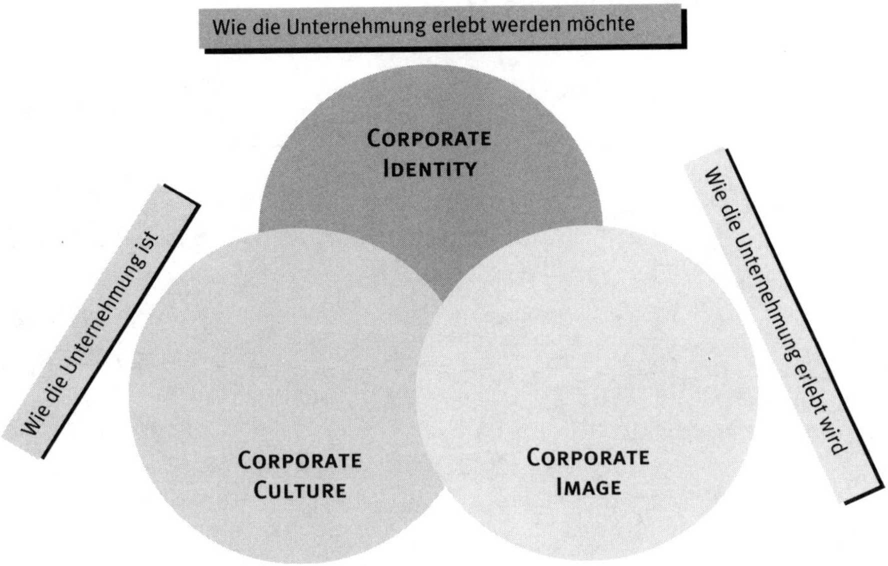

***Abb.** 2.1: Die Unternehmung, wie sie ist, wie sie sein möchte und wie sie erlebt wird*

BMW schreibt in ihrem BMW-Identity-Programm: „(…) Wer sich nicht unterscheidet, verliert im Wettbewerb um Aufmerksamkeit. Wer Beliebigkeit vermittelt, wird nicht mehr registriert. Gefragt ist Konzentration – im Inhalt auf durchgängige Botschaft und in der Form als Ausdruck überzeugender Unternehmenspersönlichkeit. (…) Wann immer Menschen heute auf die Symbolik des Unternehmens treffen, erkennen sie BMW. Das Unternehmen unterscheidet sich vom Wettbewerb; seine Identität ist Orientierungshilfe und damit ‚Türöffner' zu einem Angebot, das man gerne entgegennimmt."

Zusammenfassung

Das normative Management hat begründenden Charakter. Es umfasst das Entwickeln der übergeordneten Werte, der Verhaltensnormen und des Sinnsystems. Es legitimiert das unternehmerische Handeln und zielt auf eine vernünftige Unternehmensentwicklung bzw. Überlebensfähigkeit ab. Die Vision und die Unternehmenspolitik sind über Leitbilder, die Unternehmensverfassung über Geschäftsreglemente und die Unternehmenskultur über ungeschriebene Codes und das vorgelebte Führungsverhalten erkennbar [Bleicher 1991: 178]. Während die Corporate Identity die angestrebte Unternehmenspersönlichkeit ist, entspricht das Corporate Image dem von der Aussenwelt erlebten Bild der Unternehmung.

3

Strategisches Management

Während das normative Management Werte, Normen und Sinn der Unternehmenstätigkeit begründet, hat das strategische Management richtungsweisende Funktion (vgl. Abb. 3.1). Die Strategie legt die zukünftige Marschrichtung der Unternehmung fest, die als Leitplanke die Massnahmen und Ressourcen auf ein gemeinsames Ziel hin konzentriert [Pümpin/Geilinger 1988: 6]. Die Strategie beantwortet somit die Frage, was die Unternehmung in Zukunft aus welchen Gründen sein will resp. das strategische Management plant und gestaltet die zukünftige Unternehmensentwicklung. Ziel des strategischen Managements ist die Gewährleistung des langfristigen Unternehmenserfolges und somit letztendlich der Überlebensfähigkeit.

Unterscheidungs-merkmale		Unternehmens-politik	Unternehmensstrategie
Zeithorizont	⇨	unbestimmt	klarer Zeitbezug
Konkretisierung	⇨	allgemein, qualitativ	konkret, qualitativ und quantitativ
Orientierung	⇨	Werte, Normen, Vorstellungen	Ziele, Massnahmen und Mittel
Adressaten	⇨	in der Praxis: oft nur das Top-Management in der Theorie: die gesamte Unternehmung	Führungskräfte
Überarbeitung	⇨	allenfalls geringe Anpassungen	kontinuierliche Anpassungen

Abb. *3.1: Unterschiede zwischen Unternehmenspolitik und Unternehmensstrategie*

Strategisches Management bedeutet, die für die Unternehmung relevanten Veränderungen in der Umwelt wahrzunehmen und zukunftsgerichtete Ziele sowie die zu deren Erreichung notwendigen Ressourcen und Massnahmen festzulegen, damit durch eigene Stärken Chancen optimal genutzt und Gefahren infolge eigener Schwächen gemieden werden können. „Es gibt keinen günstigen Wind für den, der nicht weiss, wohin er segeln soll." Oder in der betriebswirtschaftlichen Terminologie formuliert, geht es um den Aufbau, die Pflege und die Ausbeutung von strategischen Erfolgspositionen. Unter strategischen Erfolgspositionen (SEP) versteht man „die Fähigkeit, die es der Unternehmung erlaubt, im Vergleich zur Konkurrenz auch längerfristig überdurchschnittliche Ergebnisse zu erzielen" [Pümpin/Geilinger 1988: 11]. In der Praxis spricht man gelegentlich auch von Wettbewerbsvorteilen, strategischen Erfolgsfaktoren, Schlüsselerfolgsgebieten oder USP („Unique Selling Propositions"). Strategische Erfolgspositionen lassen sich entlang der gesamten Wertschöpfungskette entwickeln [Pümpin/Geilinger 1988: 14]:

im Bereich der Produkte und der Dienstleistungen

- Fähigkeit, Kundenbedürfnisse rascher und besser als die Konkurrenz zu erkennen und damit die Sortimente bzw. Produkte und Dienstleistungen schneller den Marktbedürfnissen anpassen zu können.
- Fähigkeit, eine hervorragende Kundenberatung und einen überlegenen Kundenservice zu bieten.
- Fähigkeit, einen bestimmten Werkstoff in der Herstellung und der Anwendung besser zu kennen und zu beherrschen.

im Bereich Markt

- Fähigkeit, einen bestimmten Markt bzw. eine bestimmte Abnehmergruppe gezielter und wirkungsvoller als die Konkurrenz zu bearbeiten.
- Fähigkeit, in einem Markt ein überlegenes Image aufzubauen und zu halten.

im Bereich der Unternehmensfunktionen

- Fähigkeit, bestimmte Distributionskanäle am besten zu erschliessen und zu besetzen.
- Fähigkeit, durch laufende Innovationen schneller als die Konkurrenz neue, überlegene Produkte auf den Markt zu bringen.
- Fähigkeit, überlegene Beschaffungsquellen zu erschliessen und zu sichern.

- Fähigkeit, effizienter und kostengünstiger als die Konkurrenz zu produzieren.
- Fähigkeit, die bestqualifizierten Mitarbeiter zu rekrutieren und zu halten.

Herausragende Beispiele von strategischen Erfolgspositionen sind u.a.:

DIE INNOVATIONSFÄHIGKEIT VON 3M
„Der international tätige Konzern zählt seit langem zu den innovativsten Firmen der Welt. Ein Grund für die überdurchschnittliche Kreativität der Mitarbeiter liegt im Freiraum, der ihnen gewährt wird. 3M-Wissenschafter und Techniker haben das Recht, 15% ihrer Arbeitszeit für Projekte nach eigener Wahl einzusetzen" [Rietmann 1996: 9].

DIE KOOPERATIONSFÄHIGKEIT VON SWISSAIR
Die Swissair geht Kooperationen in unterschiedlichsten Unternehmensbereichen ein. Bei der Flugzeugbeschaffung kooperiert die Swissair sowohl mit den Flugzeugherstellern als auch mit andern Fluggesellschaften zwecks Optimierung der technischen Ausstattung. Die Kooperationen mit andern Fluggesellschaften in den Bereichen Flugzeugwartung, Pilotenausbildung und Mahlzeiten bewirken in erster Linie eine Reduktion hoher Fixkosten. Schliesslich bearbeitet Swissair auch die Märkte in Kooperation mit führenden Fluggesellschaften und erhöht dadurch ihr Marktpotential. Sie ist an einem Reservationssystem beteiligt, sie unterhält mit ihren Partnern gegenseitige Zubringersysteme usw. [Pümpin/Imboden 1991: 17].

MCDONALD'S FÄHIGKEIT, OPTIMALE STANDORTE ZU BESETZEN
McDonald's ist u.a. bekannt für seine fundierte und gezielte Auswahl von Standorten. McDonald's-Filialen befinden sich entweder an Verkehrsknoten, in zentralen Fussgängerzonen oder neben Einkaufszentren.

MARKE COCA-COLA
Die Marke Coca-Cola ist wahrscheinlich die wertvollste Marke weltweit und stellt für viele Millionen Menschen, insbesondere in den USA, wesentlich mehr dar als ein gesüsstes Mineralwasser.

Zu den erfolgreichsten Wettbewerbsvorteilen unserer Zeit zählen:

- Individualisierung (infolge immer unterschiedlicherer Kundenanforderungen)
- Schnelligkeit (als Folge der zunehmenden Veränderungsgeschwindigkeit)
- Lernfähigkeit (infolge Komplexität, d.h. Vielschichtigkeit)
- Innovationsfähigkeit (als Folge der Wettbewerbsintensität, d.h. Zahl und Stärke der Konkurrenten)
- Kommunikation (als Folge der Informationsüberlastung)

- Multikulturalität (als Folge der Globalisierung)
- Kostenvorteile (als Folge des Preisbewusstseins der Kunden)

  Echte und nachhaltige SEPs zu schaffen, ist in der heutigen Zeit kein einfaches Unterfangen. Es ist daher auch kaum möglich, mehrere SEPs gleichzeitig aufzubauen. Ferner bedingen sie Zeit, die zielorientierte Ausrichtung sämtlicher Ressourcen und Massnahmen, den Beitrag sämtlicher Unternehmensbereiche, das Commitment aller Mitarbeiter und das glaubwürdige „Vorturnen" des Managements [Pümpin/Geilinger 1988: 15].

  Damit alle Unternehmensmitglieder wissen, welche Zukunft die Unternehmung anstrebt, und somit am gleichen Strick in die gleiche Richtung ziehen können, bedarf es einer schriftlich formulierten Unternehmensstrategie. Diese soll dabei als Basis dienen,

- um die Zukunft aktiv mitzugestalten.
- um Anpassungen aktiv zu lenken.
- um alle Unternehmensmitglieder zu involvieren, zu motivieren und damit die Identifikation der Mitarbeiter zu erreichen („aus Betroffenen Beteiligte machen").
- um Mut für Veränderungen aufzubringen.
- um die Unternehmensentwicklung nicht ausschliesslich vom operativen Geschäft bestimmen zu lassen.
- um die Umsetzung zu gewährleisten, zu steuern und zu kontrollieren.

  Der schriftlich formulierten Unternehmensstrategie geht die Beantwortung folgender Fragen voraus:

- Wie ist unsere derzeitige Ausgangslage?
- Welche Ziele wollen wir in 3 bis 5 Jahren erreichen?
- Welche Stärken sollten wir zusätzlich forcieren, und welche Schwächen gilt es zu vermeiden, um unsere Ziele zu erreichen?
- Welche Chancen sollten wir wahrnehmen?
- Welche Gefahren sollten wir umgehen?
- Welche Mittel setzen wir effizient ein?

3.1 ANALYSE DER AUSGANGSLAGE

Bevor eine Strategie entwickelt und formuliert werden kann, muss die Ausgangslage bzw. die Situation analysiert werden. Die Ausgangslage lässt sich sinnvollerweise in eine externe Analyse (Umweltanalyse) und eine interne Analyse (Unternehmensanalyse) unterteilen.

3.1.1 EXTERNE ANALYSE

Für eine Unternehmung ist es wichtig, Entwicklungen in der Umwelt möglichst frühzeitig zu erkennen, um agieren bzw. sofort reagieren zu können.

> *„Nicht die Grossen werden die Kleinen fressen, sondern die Schnellen die Langsamen."* (Heinz Peter Halek)

Bei der Umweltanalyse interessieren

- die Entwicklungen in den einzelnen Umweltsphären
- der Markt
- die Branche und
- (bestimmte) Konkurrenten.

Der erste Teil der Umweltanalyse besteht darin, die eingangs behandelten Umweltsphären auf neue Entwicklungen und zukünftige Trends zu untersuchen (siehe Kapitel 2 „Normatives Management").

Ziel einer Marktanalyse ist es, herauszufinden, welche Märkte oder Marktsegmente einer Unternehmung Gewinn- oder Wachstumschancen bieten und wie gross diese sind. Sehr oft spricht man in diesem Zusammenhang von der Marktattraktiviät, die es zu analysieren gilt (siehe Kapitel 3.4.1.1 „Marketingstrategien").

Bei der Branchenanalyse steht die Frage im Vordergrund, wohin sich die Branche bewegt. Folgende Aspekte gilt es zu beurteilen [Pipp 1990: 15]:

- Ist die Branchenrentabilität eher schlecht, mittel oder gut? Ist der Wettbewerb fair, oder wird er destruktiv, also nur über den Preis, geführt?
- Wie viele Wettbewerber teilen sich welche Marktanteile? (Branchenstruktur)
- Sind potentielle neue Konkurrenten vorhanden, und sind die Eintrittsbarrieren für diese neuen Konkurrenten tief oder hoch? (Branchendynamik)

- In welcher Phase befindet sich die Branche, und welche Wettbewerbsstellung hat unsere Unternehmung heute erreicht? (Branchenreife)

Beispiel
Eine Branche ist attraktiv, wenn die durchschnittliche Rendite hoch ist, wenige Wettbewerber ein grosses Marktvolumen fair unter sich aufteilen, die Eintrittsbarrieren für potentielle Eindringlinge hoch sind und sich der Markt in einer Wachstumsphase befindet.

Bei der Konkurrenzanalyse interessieren in erster Linie ausgewählte Wettbewerber wie beispielsweise die Besten der Branche, die härtesten Konkurrenten oder neue „Eindringlinge", d.h. Branchenfremde, die einem die Marktanteile streitig machen. Inhalt dieser Analyse sind die Strategien, die Annahmen, von denen die (potentiell) härtesten Wettbewerber ausgehen, und deren Stärken bzw. Schwächen.

In diesem Zusammenhang fällt oft der Begriff „Benchmarking". „Benchmarking ist der systematische Vergleich von Geschäftsprozessen zwischen Unternehmen oder Unternehmensteilen mit dem Ziel, Ursachen für Leistungsunterschiede zu verstehen und daraus Ansatzpunkte für markante Verbesserungen abzuleiten" [STG 1994: 3]. Benchmarking könnte man kurz als „von den Besten lernen, um selber Bester zu werden" definieren. Beim Benchmarking geht es um einen kontinuierlichen Prozess, der die Lücke zwischen der eigenen Wertschöpfung und derjenigen des „Klassenbesten" aufzeigt. Die drei Kernfragen des Benchmarking lauten: Wo können wir besser werden? Wer ist auf welche Weise besser? Wie können wir dieses Niveau erreichen?

3.1.2 Interne Analyse

Während bei der Analyse der Unternehmensumwelt die Chancen und Risiken für die Unternehmung unter die Lupe genommen werden, betrachtet man bei der Unternehmensanalyse die Stärken und Schwächen der Unternehmung bzw. die relativen Wettbewerbsvorteile; „relativ" im Verhältnis zu den übrigen Wettbewerbern. Grundsätzlich sollten in einem ersten Schritt alle Unternehmensaspekte in die Analyse miteinbezogen werden (vgl. Abb. 3.2). In der Literatur finden sich deshalb unterschiedlichste Kriterienkataloge.

Allgemeine Unternehmens-entwicklung	• Umsatzentwicklung
	• Cashflow-Entwicklung
	• Entwicklung des Personalbestandes
	• Entwicklung der Kosten
Marketing	• Marktleistung
	– Sortiment
	– Breite des Sortiments
	– Tiefe des Sortiments
	– Bedürfniskonformität
	– Qualität
	• Preis
	– Preislage
	– Rabatte
	• Marktbearbeitung
	– Werbung
	– PR
	– Verkaufsförderung
	– Verkauf
	• Distribution
Produktion	• Produktionsprogramm
	• Produktionstechnologie
	• Produktionskapazitäten
	• Produktivität
	• Produktionskosten
Forschung und Entwicklung	• F&E-Aktivitäten und -Investitionen
	• Leistungsfähigkeit
	• Know-how
	• Patente und Lizenzen
Finanzen	• Kapitalvolumen und -struktur
	• Stille Reserven
	• Finanzierungspotential
	• Working Capital
	• Liquidität
	• Kapitalumschlag
	• Investitionsintensität
Personal	• Leistungsfähigkeit und -potential
	• Arbeitseinsatz
	• Salär- und Sozialpolitik
	• Betriebsklima
	• Unité de doctrine

Führung und Organisation	• Planung • Geschwindigkeit der Entscheidungen • Kontrolle • Führungsqualität • Organisationsstruktur • Innerbetriebliche Information
Innovationsfähigkeit	• Einführung neuer Marktleistungen • Erschliessung neuer Märkte • Erschliessung neuer Absatzkanäle
Know-how in bezug auf	• Kooperation • Beteiligungen • Akquisitionen
Synergiepotentiale	• Marketing, Produktion usw.

***Abb.** 3.2: Checkliste zur Unternehmensanalyse [Pümpin/Geilinger 1988: 58 f.]*

In einem nächsten Schritt muss es darum gehen, die aus der Unternehmensumwelt resultierenden Chancen und Gefahren den Stärken und Schwächen der Unternehmung gegenüberzustellen und sie miteinander in Übereinstimmung zu bringen. Dazu dient die SWOT-Analyse (vgl. Abb. 3.3):

S ⇨ **S**trength (Stärken)

W ⇨ **W**eaknesses (Schwächen)

O ⇨ **O**pportunities (Chancen)

T ⇨ **T**hreats (Gefahren)

	INTERNE STÄRKEN (S)	**INTERNE SCHWÄCHEN (W)**
EXTERNE CHANCEN (O)	Wie die Stärken einsetzen, um Chancen zu nutzen?	Wie an den Schwächen arbeiten, um Chancen zu nutzen?
EXTERNE GEFAHREN (T)	Wie die Stärken einsetzen, um Gefahren zu meistern?	Wie an den Schwächen arbeiten, um Gefahren zu meistern?

***Abb.** 3.3: SWOT-Analyse*

Die SWOT-Analyse verbindet die Erkenntnisse der externen und internen Analyse und bildet die Ausgangslage für die Entwicklung der strategischen Ausrichtung einer Unternehmung bzw. für die Definition der strategischen Erfolgspositionen (vgl. Abb. 3.4). Eine Strategie kann nur erfolgreich sein, wenn die Stärken und Schwächen des Unternehmens in Einklang stehen mit den prognostizierten Chancen bzw. Gefahren.

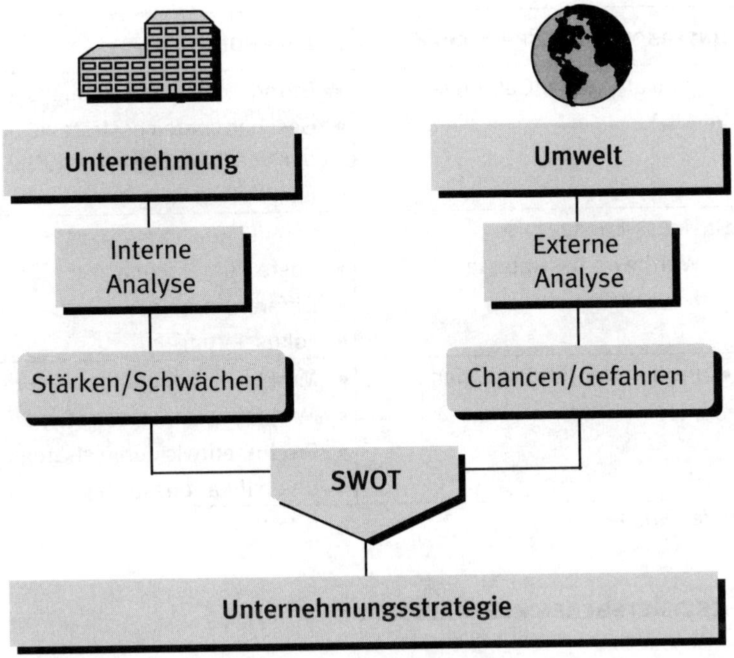

***Abb.** 3.4: Analyse der Ausgangslage*

3.2 STRATEGIE-TYPEN

Strategien lassen sich nach unterschiedlichen Kriterien einteilen. In der Folge werden die in der Praxis am häufigsten verwendeten Strategie-Typen beschrieben (vgl. Abb. 3.5).

Die einzelnen Strategie-Typen klar voneinander abzugrenzen, ist unmöglich, weil sie verschiedene Perspektiven verfolgen. Selbst der Versuch, diese nach dem organisatorischen Geltungsbereich zu unterscheiden, scheint willkürlich und unvollständig. Bei kleineren oder mittelgrossen Unternehmen kann die Grund- oder Unternehmensstrategie Fragen der Entwicklungsrichtung, des generellen Verhaltens, der Produkt-Markt-Strategien und der Wettbewerbsstrategie beinhalten. Vor allem für grosse Multiprodukt-Unternehmen hat es sich als notwendig erwiesen, Strategien auf der Ebene der Geschäftseinheiten (SGE oder SBU/„Strategic Business Unit“) aufzuteilen.

Unterscheidungskriterium	**Bezeichnung**
Organisatorischer Geltungsbereich	• Grund- oder Unternehmensstrategie • Geschäftsbereichsstrategie oder Strategie der Geschäftseinheiten (SGE) • Funktionsstrategien
Business-Ebene • Wettbewerbsstrategie	• Kostenführerschaft • Differenzierung • Fokussierung
• Produkt-Markt-Strategien	• Marktdurchdringungsstrategie • Marktentwicklungsstrategie • Produktentwicklungsstrategie • Diversifikationsstrategie

Abb. *3.5: Strategie-Typen*

3.2.1 Geschäftsbereichsstrategien

Strategische Geschäftseinheiten sind weitgehend selbständige, homogene Bereiche oder Segmente, die sich über die gesamte Unternehmensorganisation erstrecken [Hentze/Brose 1985: 170]. Zur Bestimmung der SGEs werden folgende Kriterien angewandt [Dunst 1983: 61]:

- Jede SGE verfolgt ein eigenes Ziel, unabhängig von anderen SGEs.
- Die Konkurrenz-Situation ist durch SGE-typische Wettbewerber determiniert.
- Die SGE ist als Wettbewerberin im Markt vertreten und nicht in erster Linie als interne Zulieferantin tätig.
- Die Entscheidung, eine SGE zu liquidieren oder auszubauen, sollte das Geschäft der anderen SGEs nicht massgebend beeinflussen.
- Die Entscheidung, Preis, Qualität oder Kundenorientierung innerhalb einer SGE zu verändern, sollte die Strategie der anderen SGEs nicht massgebend beeinflussen.

Eine Unternehmung mit strategischen Geschäftseinheiten zu führen, hat u.a. die folgenden Vorteile [Hentze/Brose 1985: 173]:

- Entlastung der Geschäftsleitung bei der Gewinnverantwortung
- Steuerung der SGEs bleibt in der Verantwortlichkeit der Unternehmensleitung

- Entlastung der Unternehmensleitung vom Tagesgeschäft
- Verbesserung der Produkt-/Markt-Entscheidungen durch Zusammenarbeit aller Funktionsbereiche
- Steigerung der Flexibilität durch Dezentralisierung von Produkt-/Markt-Entscheidungen
- Verzicht auf personelle Aufblähung

BEISPIEL
In der Versicherungsbranche sind folgende strategische Geschäftseinheiten sinnvoll: Privatkundengeschäft, KMU-Geschäft, Industrie-Geschäft, Internationales Geschäft.

Im Ansatz vergleichbar ist die Profit-Center-Organisation. Profit Centers sind unabhängige Teilsysteme, bei denen der Gewinn oft als einzige Steuerungsgrösse dient und die dadurch sehr kurzfristig geführt werden. Weil die Praxis zeigte, dass mit diesem Ansatz eine Reihe von Problemen auftreten (z.B. ungenügende Ausrichtung der Gesamtstrategie, Spartenegoismus, Vernachlässigung von Synergien), versucht das SGE-Konzept diesen Problemen Rechnung zu tragen. Für die Gesamtunternehmensleitung steht im Vordergrund, dass langfristige Entscheidungen zu einer sinnvollen, optimalen Kombination von SGEs führen sollten.

3.2.2 STRATEGIEN AUF DER BUSINESS-EBENE

Insbesondere die von Michael Porter (Wettbewerbsstrategie) und Igor Ansoff (Produkt-Markt-Strategie) entwickelten Strategie-Ansätze geniessen ein hohes Ansehen in der heutigen Management-Praxis. Deshalb und zum besseren Verständnis für die weiteren Ausführungen ist es wichtig, diese beiden Strategie-Typen genauer zu betrachten.

3.2.2.1 WETTBEWERBSSTRATEGIEN

Wie bereits früher erwähnt, sollte jede erfolgreiche Strategie auf Wettbewerbsvorteilen bzw. strategischen Erfolgsfaktoren aufbauen. Michael Porter [Porter 1980: 31] nennt drei unterschiedliche Wettbewerbsstrategien, anhand deren sich eine Unternehmung gegenüber der Konkurrenz und den anderen Wettbewerbskräften durchsetzen kann (vgl. Abb. 3.6):

- Strategie der Kostenführerschaft
- Strategie der Differenzierung
- Strategie der Fokussierung oder Konzentration auf Schwerpunkte

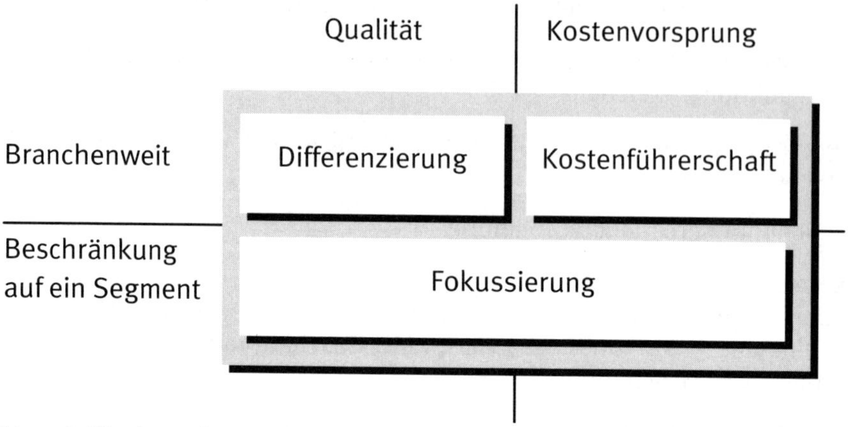

***Abb.** 3.6: Wettbewerbsstrategien*

KOSTENFÜHRERSTRATEGIE

Die Strategie der Kostenführerschaft zielt auf den Aufbau eines umfassenden Kostenvorsprungs ab. Niedrigere Kosten im Vergleich mit den übrigen Wettbewerbern werden zum roten Faden der Unternehmensstrategie. Wichtige Voraussetzungen dazu sind:

- Grössenvorteile (Economies of scale, tiefe Stückkosten aufgrund hohen Volumens)
- Erfahrungsvorteile
- Kostenminimierung (Vermeidung von unnötigen Kosten, strenge Kontrolle der variablen Kosten)
- hohe Marktanteile

(Beispiele: Media-Markt, IKEA)

Risiken:

- technologische Veränderungen, die Erfahrungsvorteile oder Investitionen unbedeutend machen
- Wettbewerber können Kostensenkungspotentiale imitieren
- zu einseitige Konzentration auf die Kosten und damit Vernachlässigung von Produkt- oder Marktveränderungen
- Kostensteigerungen (z.B. bei Rohstoffen, Löhnen etc.)

DIFFERENZIERUNGSSTRATEGIE

Die Strategie der Differenzierung zielt darauf ab, sich mit der eigenen Unternehmung von den Wettbewerbern möglichst abzuheben und vom Markt als einzigartig anerkannt zu werden. Die Differenzierung schirmt gegen den Wettbewerb ab, indem sie Abnehmer an die Marke bindet und die Preisempfindlichkeit verringert. Ansätze zur Differenzierung lassen sich entlang der gesamten Wertschöpfungskette finden: Design, Marke, Technologie, Service usw. (siehe SEP). Voraussetzungen für die Differenzierung sind demzufolge:

- Einzigartigkeit in der Branche
- Bindung des Abnehmers an die Marke
- Verringerung der Preisempfindlichkeit
- Exklusivität des Images

(Beispiele: Lacoste, Porsche)

Risiken:

- Nutzenvorteil rechtfertigt aus der Optik der Kunden den hohen Preisunterschied zu Standardprodukten nicht mehr
- steigende Preissensibilität der Zielgruppe
- Differenzierungsmerkmal kann einfach und schnell von Nachahmern imitiert werden

FOKUSSIERUNGSSTRATEGIE

Die Strategie der Fokussierung ist gekennzeichnet durch Konzentration auf Marktnischen, also auf eine bestimmte Abnehmergruppe, einen bestimmten Teil des Produktprogrammes oder einen geografisch abgegrenzten Markt. Voraussetzungen für die erfolgreiche Konzentration auf Schwerpunkte sind:

- ausreichende Grösse der Marktnische oder ausreichendes Wachstumspotential
- Fähigkeit, die potentiellen Kunden in dieser Marktnische überhaupt zu erreichen bzw. zu bearbeiten
- Effektivität, d.h. Fähigkeit, die konkreten Bedürfnisse dieser Marktnische zu befriedigen

(Beispiel: Reisebüro, das nur Kreuzfahrten anbietet)

Risiken:

- zu grosser Kostenunterschied zu Standardprodukten, der die Fokussierung nicht mehr rechtfertigt
- vernachlässigbare Unterschiede zwischen Marktnische und Massenmarkt
- Eindringen von Wettbewerbern (wenn die bearbeitete Nische rentabel ist, lockt dies die Konkurrenten an, und die Rentabilität sinkt)

3.2.2.2 PRODUKT-MARKT-STRATEGIEN

Als besonders geeignet zur Beschreibung von strategischen Alternativen im leistungswirtschaftlichen Bereich erweist sich die Produkt-/Markt-Matrix von Ansoff [Ansoff 1957: 113 ff.]. Unternehmen können dabei zwischen folgenden Strategien unterscheiden (vgl. Abb. 3.7):

- Marktdurchdringung
- Marktentwicklung
- Produktentwicklung
- Diversifikation

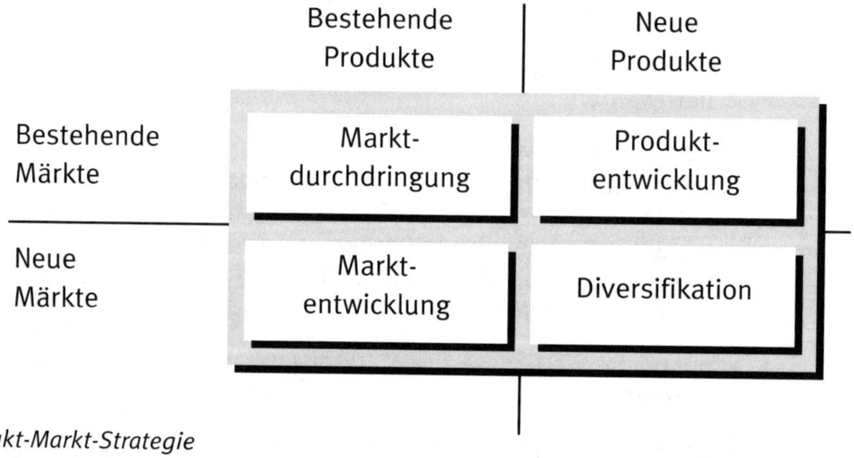

***Abb.** 3.7: Produkt-Markt-Strategie*

MARKTDURCHDRINGUNGSSTRATEGIE

Die Marktdurchdringung (Marktintensivierung, -penetration bzw. -ausschöpfung) strebt eine Vergrösserung von Umsatz- bzw. Marktanteilen an

- mit den Produkten, welche die Unternehmung bereits im Sortiment hat,
- auf den Märkten, welche die Unternehmung bereits bearbeitet.

Mögliche Massnahmen:

- Intensivierung der Marktbearbeitung
- Relaunching
- neue Kunden gewinnen
- Bedürfnisse bisheriger Kunden besser erfüllen
- neue Kundenbedürfnisse schaffen
- Effizienz verbessern, Kosten und damit Preise senken

MARKTENTWICKLUNGSSTRATEGIE
Die Marktentwicklung (Markterweiterung bzw. -expansion) zielt auf eine Erschliessung neuer Märkte mit den bisherigen Produkten ab.

Mögliche Massnahmen:

- neue Zielgruppen erschliessen (Regionen, Abnehmergruppen)
- neue Verwendungszwecke in anderen Märkten erkennen

PRODUKTENTWICKLUNGSSTRATEGIE
Bei der Produktentwicklung steht die Entwicklung neuer Produkte für bisherige Märkte im Vordergrund.

Mögliche Massnahmen:

- zusätzliche Kundenbedürfnisse erfüllen
- Produkte weiterentwickeln
- Produkte durch einen Mehrwert ergänzen

DIVERSIFIKATIONSSTRATEGIE
Die Diversifikation bedeutet eine generelle Neuorientierung bestimmter Unternehmensbereiche, da es um die Entwicklung neuer Produkte und neuer Märkte geht. Folgende Formen der Diversifikation können unterschieden werden:

- Horizontale Diversifikation: Erweiterung des Absatzprogrammes, die z.B. hinsichtlich des Materials, des Herstellungsprozesses, des Vertriebssystems oder der Abnehmer eine Verwandtschaft mit dem bisherigen Programm aufweist. Beispiel: Ski-Hersteller produziert neu Wasserskis.
- Vertikale Diversifikation: Leistungen von vorgelagerten Marktstufen (Lieferanten) oder nachgelagerten Marktstufen (Kunden) werden nun selbst erbracht. Beispiel: Buchverlag vertreibt nicht nur, wie bis anhin,

sondern druckt die Bücher auch (rückwärts) bzw. eröffnet neu eine Buchhandlung (vorwärts).

- Laterale Diversifikation: Diversifikation i.e.S., also Vorstoss mit (für die Unternehmung) völlig neuen Produkten in (für die Unternehmung) völlig neue Märkte. Beispiel: Kaugummi-Produzent steigt ins Waffengeschäft ein.

Vergleich der Produkt-Markt-Strategien
Weil bei einer Marktdurchdringungsstrategie Synergien ausgenützt werden können, ist die Erfolgswahrscheinlichkeit wesentlich höher und der damit verbundene Aufwand wesentlich geringer als beispielsweise bei der Diversifikationsstrategie (vgl. Abb. 3.8):

	Erfolgsaussichten	Aufwand
Marktdurchdringungsstrategie	50%	100%
Marktentwicklungsstrategie	20%	400%
Produktentwicklungsstrategie	33%	800%
Diversifikationsstrategie	5%	1200%–1600%

***Abb.** 3.8: Vergleich der Produkt-Markt-Strategien [Weis 1993: 55]*

3.3 Strategische Planungstechniken

In der Management-Literatur werden unterschiedliche Planungstechniken behandelt. Die folgende Aufzählung beschränkt sich auf einige für die Praxis relevante Ansätze.

3.3.1 Marktwachstum-Marktanteil-Portfolio/Produktlebenszyklus

Das Marktwachstum-Marktanteil-Portfolio („Boston Consulting Group"-Matrix) ermöglicht eine übersichtliche Kategorisierung der einzelnen Produkte anhand der Kriterien Marktwachstum und Marktanteil (vgl. Abb. 3.9). Diesem Portfolio liegt das Konzept der Produktlebenskurve zugrunde. Die idealtypisch flachliegende S-Form der Produktlebenskurve ergibt sich dadurch, dass jedes Produkt, unabhängig von der Lebensdauer, bestimmte Phasen mit zunächst steigenden und dann sinkenden Grenzumsätzen durchläuft.

Dieses Instrument unterstützt die Analyse von Umsatz und Erfolg der einzelnen Produkte sowie die Entscheidung bezüglich Einführung, Verbesserung und Elimination von Produkten. Die abhängige Variable ist der Cashflow (bzw. die Rendite). Das Modell des Produktlebenszyklus (vgl. Abb. 3.10) ist stets kritisch anzuwenden. Es ist nicht nur Grundlage *für*, sondern auch das Resultat *von* Marketing-Massnahmen. Die Aussagekraft hängt zudem sehr stark von der Bezugsgrösse ab (Produktlinie, -typ oder ein bestimmter Artikel).

Zudem variiert die Länge des Produktlebenszyklus von Produkt zu Produkt sehr stark (vgl. Abb. 3.11). Bei Unternehmen in der Informationstechnologie z.B. zeigt sich, dass die Produktentwicklungszeit heute sogar durchschnittlich länger als die Produktlebenszeit ist. Dadurch entsteht für solche Unternehmen der Druck, in möglichst kurzer Zeit möglichst grosse Mengen auf dem Markt abzusetzen.

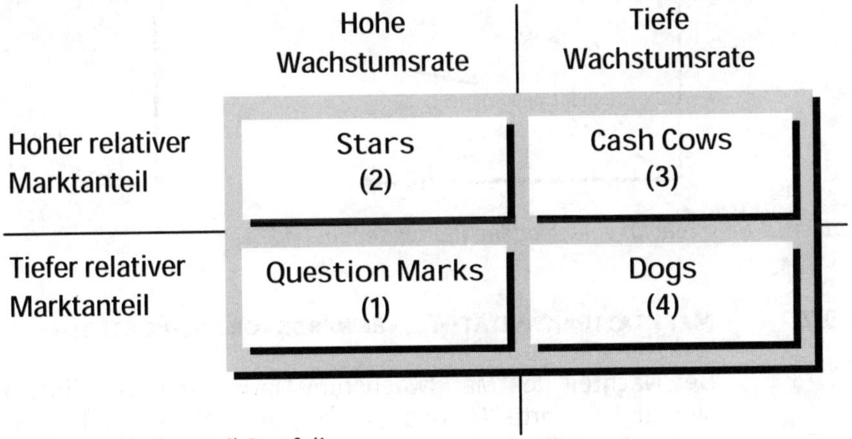

***Abb.** 3.9: Marktwachstum-Marktanteil-Portfolio*

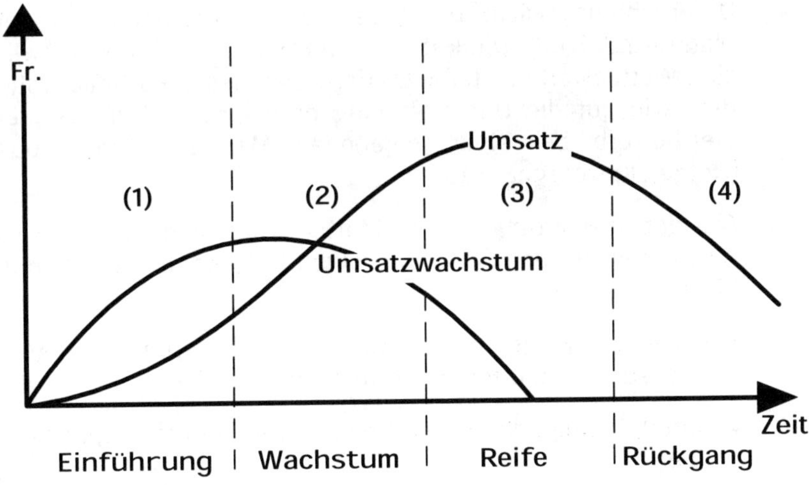

***Abb.** 3.10: Produktlebenszyklus*

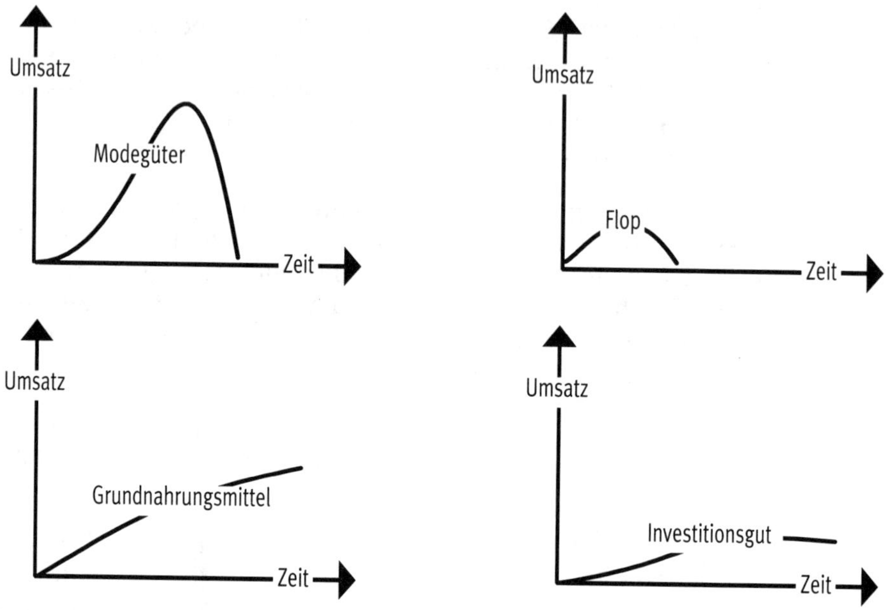

***Abb.** 3.11: Beispiele für verschiedene Produktlebenszyklen*

3.3.2 Marktattraktivität-Wettbewerbsvorteil-Portfolio

Der Nachteil des Marktwachstum-Marktanteil-Portfolios, die Zweidimensionalität, führte McKinsey dazu, das Marktattraktivität-Wettbewerbsvorteil-Portfolio zu entwickeln vgl. Abb. 3.12). Die Hauptelemente dieser Matrix sind die externen und internen Faktoren, die den Erfolg einer Unternehmung beeinflussen. Die kritischen externen Faktoren sind von der Unternehmung nicht beeinflussbar und erscheinen in der Dimension Marktattraktivität. Die kritischen internen Faktoren werden in die Dimension Wettbewerbsvorteil integriert. Ziel dieses Portfolios ist, herauszufinden, wie gut die Unternehmung oder eine SGE im Vergleich mit dem Wettbewerb bei einer gegebenen Marktattraktivität positioniert ist [Notger/Kiesel 1996: 120].

Aus der Auswertung der Marktattraktivität und der Wettbewerbsvorteile resultieren je nach Situation folgende Handlungsanweisungen [Notger/Kiesel 1996: 124]:

- Mittelfreisetzung, d.h. Desinvestition aufgrund geringer Attraktivität oder zu unbedeutender Wettbewerbsvorteile
- Mittelbindung, d.h. Investition aufgrund erfolgversprechender Perspektiven
- selektive Strategie

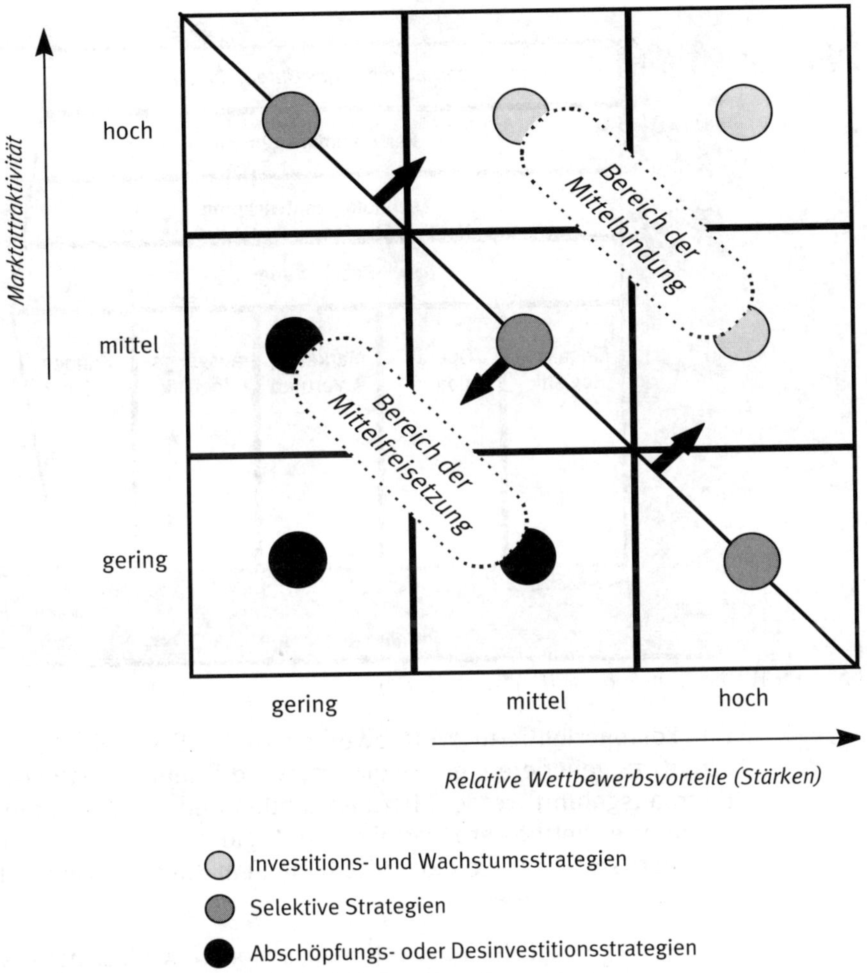

Abb. *3.12: Marktattraktivität-Wettbewerbsvorteil-Portfolio [Hinterhuber 1989: 73]*

3.3.3 Wertketten-Analyse

Die Wertketten-Analyse gliedert eine Unternehmung bzw. eine strategische Geschäftseinheit (SGE) in die strategisch relevanten Tätigkeiten, die Quellen für Kosten- und Positionierungsvorteile gegenüber Wettbewerbern sein können (vgl. Abb. 3.13). Ziel dabei ist die Identifikation möglicher Ansatzpunkte zur Schaffung von kosten- oder nutzenorientierten Wettbewerbsvorteilen. Die Wertkette besteht aus den primären Aktivitäten, den unterstützenden Aktivitäten und der Gewinnspanne. Die primären Aktivitäten beschäftigen sich mit der Versorgung des Marktes mit Produkten und Dienstleistungen. Die unterstützenden Aktivitäten gewährleisten die Versorgung der Unternehmung selbst.

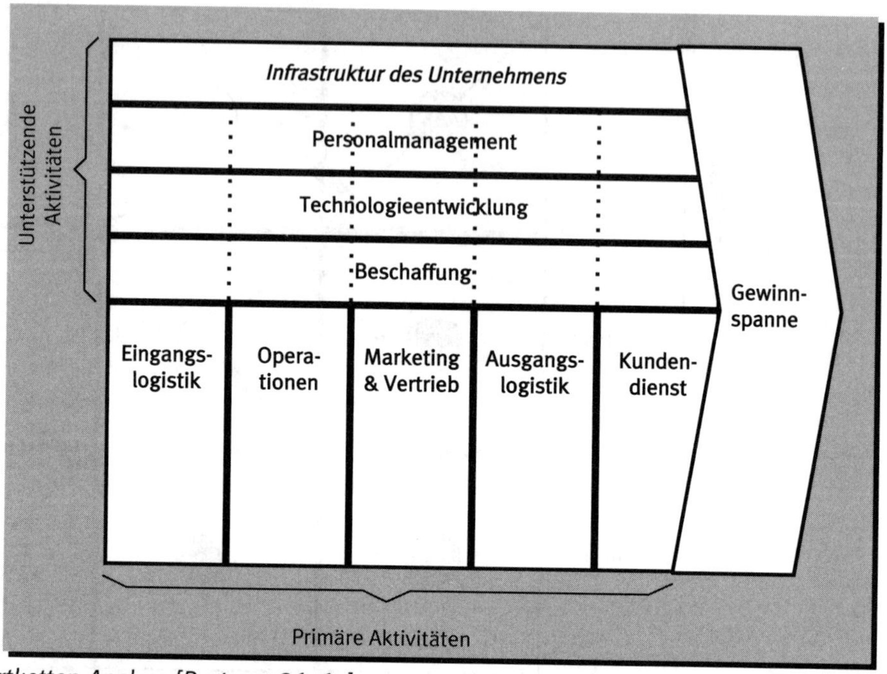

***Abb.** 3.13: Wertketten-Analyse [Porter 1986: 62]*

Um kostenorientierte Wettbewerbsvorteile (Strategie der Kostenführerschaft) zu generieren, gilt es die Art, wie effizient und effektiv diese Aktivitäten ausgeführt werden, herauszufinden und zu optimieren. Um nutzenorientierte Wettbewerbsvorteile (Strategie der Differenzierung) zu schaffen, werden primär die Aktivitäten, die dem Kunden einen Nutzen bringen, analysiert und verbessert.

Die Wertkette ist ein konzeptionell anspruchsvolles Instrument, das auf eine umfassende Weise ermöglicht, die Unternehmung als Ganzes sowie ihre Schnittstellen zu betrachten und zu optimieren. Da dieses Modell die komplexe Wirklichkeit sehr rudimentär abbildet, bleibt die Wertketten-Analyse vielfach lediglich eine flexible Checkliste zur Überprüfung, ob alle potentiell relevanten Bereiche und Verknüpfungen in die strategischen Überlegungen miteinbezogen wurden [Elbling/Kreuzer 1994: 182].

3.3.4 Strukturanalyse von Branchen

Ein detailliertes Instrument zur Analyse der Struktur einer Branche stellt Michael Porter vor. Ziel seines Konzeptes ist, die Triebkräfte des Wettbewerbs in einer spezifischen Branche aufzuzeigen bzw. zu erklären, weshalb in einer Branche Unternehmen unterschiedlich erfolgreich sind. Im

Rahmen dieser Branchenstrukturanalyse gilt es, die folgenden fünf Wettbewerbskräfte zu identifizieren und zu bewerten:

- Markteintritt(sbarrieren)
- Bedrohung durch Ersatzprodukte
- Verhandlungsstärke von Kunden
- Lieferantenmacht
- Rivalität

Der Markteintritt ist abhängig von den bestehenden Eintrittsbarrieren und den erwarteten Reaktionen der etablierten Wettbewerber. Die Markteintrittsbarrieren werden u.a. bestimmt durch Grössenvorteile, Kapitalbedarf, Zugang zu Distributionskanälen, Käuferloyalität oder staatliche Restriktionen. Beispiel: Die Barrieren für den Eintritt in die Personalberatung sind sehr tief. Es braucht dazu nicht viel Kapital, Grössenvorteile spielen keine ausschlaggebende Rolle, und staatliche Restriktionen (z.B. Erwerb eines Berufszertifikates „Personalberater“) sind keine vorhanden.

Die Bedrohung durch Ersatzprodukte (Substitution) ergibt sich durch das relative Preis-/Leistungsverhältnis, die hohen Gewinne bei Herstellern von Ersatzprodukten oder durch die Existenz von Produkten, die die gleiche Funktion erfüllen. Beispiel: Margarine ist ein echtes Substitut von Butter. Bei Preiserhöhungen der Butter wechseln viele Konsumenten zu Margarine über.

Die Verhandlungsstärke der Kunden wird z.B. bestimmt durch die Markttransparenz, die Wichtigkeit von Qualität und Leistung des Produktes für die Kunden, den Grad der Standardisierung oder den durch die Produkte verursachten Anteil an den Gesamtkosten der Kunden. Beispiel: Bei Produkten, die für den Kunden wichtig sind und bei denen sich dieser keinen oder kaum einen Überblick über die Qualität und das Preis-Leistungs-Verhältnis verschaffen kann; z.B. in der Beratungsbranche.

Die Verhandlungsmacht der Lieferanten ergibt sich u.a. aus der Konkurrenz durch Ersatzprodukte, der Möglichkeit der Lieferanten zur Vorwärtsintegration, dem Konzentrationsgrad der Lieferanten oder dem Differenzierungsgrad der Lieferanten. Beispiel: Microsoft mit Windows besitzt eine enorme Verhandlungsstärke, weil es kaum vergleichbare Produkte gibt.

Die Rivalität unter den bestehenden Wettbewerbern resultiert u.a. aus der Anzahl und Homogenität der Unternehmen in dieser Branche, der Grösse des Branchenwachstums oder dem Differenzierungsgrad. Beispiel: Der Markt der Video-Leerkassetten ist geprägt durch eine unendliche Vielzahl von gleichartigen Produkten, die sich teilweise lediglich im Preis unterscheiden. Zudem ist diese Branche hart umkämpft und der Markt mehr oder weniger gesättigt.

Diese Analyse kann als Voraussetzung für die Formulierung einer Wettbewerbsstrategie benutzt werden und bildet die Grundlage für die Einschätzung des Gewinnpotentials und der zukünftigen Branchenentwicklung [Elbling/Kreuzer 1994: 145].

3.3.5 Szenario-Technik

Mittels der Szenario-Technik sollen alternative Zukunftsentwicklungen prognostiziert und beschrieben werden. Die antizipierten Entwicklungspfade werden dabei durch aufeinander folgende Einzelereignisse festgehalten. Die Szenario-Technik beinhaltet folgende Schritte [Daschmann 1996: 10 f.]:

1. Problemanalyse
2. Umfeldanalyse
3. Projektionen (zukünftige Entwicklungen der Einflussfaktoren werden dargestellt)
4. Bündelung (verschiedene Ausprägungen der Einflussfaktoren werden zusammengefasst)
5. Interpretationen (pessimistisch, optimistisch)
6. Störfallanalyse („Was passiert, wenn plötzlich positive oder negative Ereignisse auftreten?“)
7. Massnahmenplanung

3.4 Strategie-Umsetzung

Nachdem aufgrund einer fundierten Analyse eine Strategie formuliert wurde, muss diese nun auch umgesetzt werden. Weil die Strategie noch keine operationalen Informationen und Handlungsanweisungen für die Mitarbeiter enthält, müssen entsprechende Massnahmen getroffen werden.

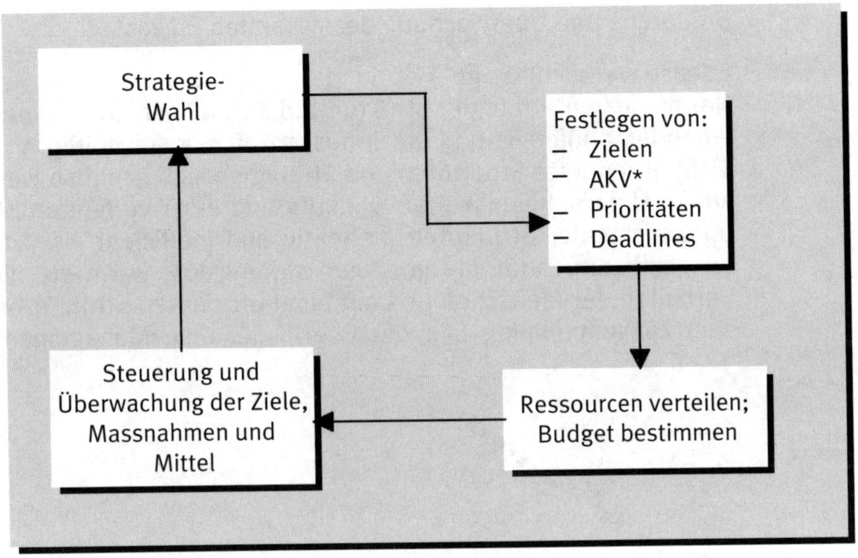

*Aufgaben, Kompetenzen und Verantwortung

***Abb.** 3.14: Prozess der Strategieumsetzung*

Da Strategien nur so erfolgreich sein können, wie sie „gelebt" werden, ist ihre Umsetzung oder Anpassung von zentraler Bedeutung. Die Praxis zeigt, dass für viele Unternehmen nicht die Strategieentwicklung, sondern die Strategieumsetzung die grosse Herausforderung ist. Dies ist u.a. darauf zurückzuführen, dass sich die Mitarbeiter mit neuen Strategien und insbesondere den damit verbundenen Veränderungen schwer tun. Um diese Barrieren zu überwinden, gilt es, einige Grundsätze zu befolgen:

- genaue Definition der Strategie
- Betonung der Bedeutung der Strategie
- Initiative und Unterstützung durch die Unternehmensleitung
- „Vorturnen" des Managements
- Beteiligung der Betroffenen durch frühzeitiges und regelmässiges Involvieren sowie stufengerechtes Informieren aller Mitarbeiter
- Massnahmenkataloge für Produkt- und Marktbereiche
- Festsetzen von Zielen, Aufgaben, Kompetenzen und Verantwortlichkeiten der einzelnen Abteilungen und Personen
- Festlegen von Prioritäten, Budgets, Zwischen- und Endterminen
- Zuteilung von Ressourcen

- Steuerung und Überwachung des gesamten Prozesses

Ebenso vernachlässigt wird in der Praxis die immense Bedeutung der Harmonie von Strategie, Struktur und Kultur. Alle drei Elemente sind voneinander abhängig und beeinflussen sich gegenseitig. Von Menschen nicht akzeptierte Strukturen und Strategien sind genauso wertlos wie eine starke Unternehmenskultur, die aufgrund einer verfehlten Strategie oder unzureichender Strukturen ineffektiv und ineffizient ist. Analog ist eine ausgeklügelte Strategie genauso wirkungslos, wenn sie nicht auf dem Verhalten der Menschen und auf einer effizienten Struktur basiert. In diesem Zusammenhang fällt der Begriff „Change Management“ (vgl. Abb. 3.15).

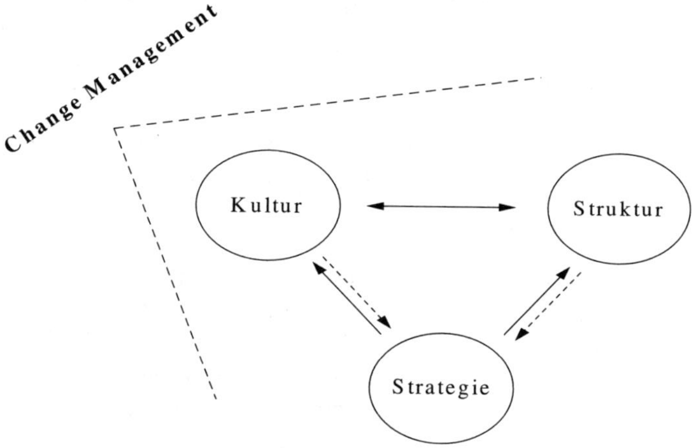

***Abb.** 3.15: Change Management*

Change Management steht für Veränderungsmanagement und setzt Akzente insbesondere auf den mentalen Wandel rund um die strategische Ausrichtung und die damit verbundene Neuorganisation. Ein Strategie-Papier kann mehr oder weniger problemlos erstellt, ebenso kann die Organisationsform einfach angepasst werden. Die Schwierigkeit bei Veränderungsprozessen liegt in der Praxis allerdings klar darin, dass das Denken und Handeln der Menschen nicht so einfach auf eine bestimmte Strategie und Struktur ausgerichtet werden kann.

Abschliessend ist zu erwähnen, dass der Prozess der Strategieentwicklung und v.a. der Strategieumsetzung selten so idealtypisch abläuft, wie in der Theorie beschrieben. Folgende – z.T. etwas überspitzte – Behauptungen illustrieren diese Aussage:

Strategien in der Praxis

- basieren eher auf Vergangenheits- als auf Zukunftserkenntnissen

- basieren sehr oft auf Intuition
- werden oft erst beschlossen, wenn sie schon im Gange sind
- sind vielfach reine Reaktionen auf Sachzwänge
- sind nicht immer das Ergebnis von systematischer Planung bzw. gehen aus planmässiger Gestaltung sowie Versuch und Irrtum hervor

Strategische Fragestellungen gehen im hektischen Tagesgeschäft oft unter. Insbesondere das Management von kleinen oder mittelständischen Unternehmen, die keine Strategie- oder entsprechende Stabsabteilungen haben, erledigt in erster Linie das Dringende – und für das Wichtige bleibt dann kaum mehr Zeit. Aber: „Wer nicht mit der Zeit geht, wird mit der Zeit gehen, und wer seine Zukunft nicht aktiv steuert, steuert in eine ungewisse Zukunft“ [Pipp 1990: 5].

3.4.1 FUNKTIONSSTRATEGIEN

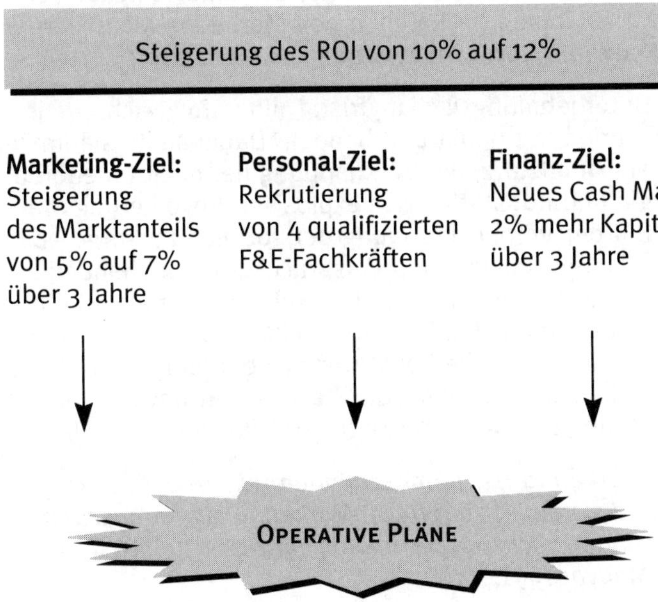

***Abb.** 3.16: Beispiel für Fachbereichsziele*

Auf der Ebene der Funktionsstrategien werden Ziele, Mittel und Massnahmen pro Fachbereich festgelegt (vgl. Abb. 3.16).

3.4.1.1 MARKETINGSTRATEGIEN

Es reicht bei weitem nicht, ein gutes Produkt herzustellen oder anzubieten. Weit wichtiger ist es, einen Markt dafür aufzubauen, auszubauen und

– bei dem notwendigen Wachstum einer Unternehmung – auch immer wieder neue Märkte zu erschliessen [Lettau 1992: 12].

> *„Es ist besser, einen Markt zu haben als eine Fabrik!"*
> *(Peter Drucker)*

Marketing – das sind alle Massnahmen und Methoden einer Unternehmung, ihr Marktkapital zu erhalten und zu vermehren. Marketing umfasst daher die Planung, Gestaltung, Koordination und Kontrolle der Transaktionen zwischen einer Unternehmung und ihren Märkten.

Marketing auf strategischer Ebene kann charakterisiert werden als langfristiger globaler Verhaltensplan, in dem (vgl. dazu [Kühn 1995: 16])

a) die zu bearbeitenden Marketing-Zielbereiche definiert,

b) die zu erreichenden Marketingziele vorgegeben

c) und die Art sowie die Gestaltung der dafür einzusetzenden Ressourcen und Massnahmen im Rahmen des Marketing-Mix fixiert werden (der Begriff Marketing-Mix wird in Kapitel 4.1.2 erläutert).

Eine Unternehmung ist langfristig nur erfolgreich, wenn sie markt- und kundenorientiert denkt und handelt. Dabei sollte sie im Zeitalter der Umweltverschmutzung, der Verknappung der nicht erneuerbaren Ressourcen (Energie und Rohstoffe), des explosiven Bevölkerungswachstums, der Armut und der Vernachlässigung der sozialen Fürsorge ebenso auch im Interesse ihrer Umwelt und Anspruchsgruppen handeln. Somit liegt der Schlüssel zur Erreichung von Unternehmungszielen darin, die Bedürfnisse des ausgewählten Marktes zu ermitteln und diese dann wirksamer und wirtschaftlicher als die Konkurrenz zu befriedigen, und zwar auf eine Weise, die die Lebensqualität der Gesellschaft bewahrt oder verbessert (vgl. dazu [Kotler/Bliemel 1995: 40 ff.], [Hill/Rieser 1993: 9]).

> *„Marketing ist, herauszufinden, was die Kunden gerne haben, und sie damit zu füttern! Marketing ist, herauszufinden, was die Kunden nicht gerne haben, und das tunlichst zu vermeiden!"*
> *[Magyar 1991: 44]*

Marktorientierung
heisst, die unternehmerische Tätigkeit als Prozess der Bedürfnisbefriedigung von Kunden und nicht – wie in der Praxis leider allzu oft – als Prozess der Herstellung von Produkten zu sehen. Produkte sind vergänglich, doch die Bedürfnisse der Kunden bleiben bestehen.

> *„In der Fabrik stellen wir Kosmetika her. Über die Ladentheke verkaufen wir Hoffnung auf Schönheit!"*
> *(Charles Revson, Altpräsident von Revlon)*

Folgende Beispiele von Unternehmungen, die ihre Tätigkeit marktorientiert definieren, sollen diese Aussage unterstreichen:

- BP (British Petrol) sorgt für Mobilität.
- IBM unterstützt und rationalisiert Arbeitsprozesse und steigert damit die Produktivität, die Effizienz und die Wirtschaftlichkeit.
- Die SBB transportiert Personen und Güter pünktlich und mit geringer Umweltbelastung.
- Microsoft verbindet die Welt.

KUNDENORIENTIERUNG
ist deshalb so wichtig, weil der Umsatz einer Unternehmung aus zwei Quellen stammt: Von neuen Kunden und von bestehenden Kunden. Die Akquisition von neuen Kunden ist immer um einiges kostenintensiver als die Pflege und Bindung bestehender Kunden. Ein sicherer Weg zur Kundenbindung bzw. zu einer grossen Anzahl von Stammkunden ist die Kundenzufriedenheit.

> *„Wir richten's wie Sie's wollen!" (Burger King)*
>
> *„Bei uns sind Sie der Boss." (United Airlines)*
>
> *„Ein Kunde ist nicht die Unterbrechung unserer Arbeit – er allein ist Ziel und Zweck derselben. Wir tun ihm keinen Gefallen, indem wir ihm zu Diensten sind, er tut uns einen Gefallen, indem er uns die Gelegenheit dazu gibt!" [Ebeling 1996: 14]*

Als entscheidend für den nachhaltigen Markterfolg gilt, dass der Kunde mit dem Produkt so zufrieden ist, dass er bei erneutem Kauf wiederum auf das gleiche Produkt, ein allfälliges Nachfolgeprodukt oder auch auf andere Produkte der gleichen Unternehmung zugreift. Langfristiger Markterfolg hängt somit ab von der Wiederverkaufsrate. Produktmängel, falsche Versprechungen, ein Missverhältnis von Preis und Leistung lassen die Wiederverkaufsrate schrumpfen, sprechen sich herum und halten so andere potentielle Kunden vom Kauf ab. Eine Unternehmung sollte also in ihrem eigenen Interesse an dauernder Zufriedenheit ihrer Kunden interessiert sein [Hill/Rieser 1993: 15].

> *„Die Treue des Käufers muss, wie die Liebe in der Ehe, immer neu erstritten werden." (Gottlieb Duttweiler)*
>
> *„Gesicherte Arbeitsplätze in unserem Unternehmen gibt es nur durch Qualität, Produktivität und zufriedengestellte Kunden." (Lee Iacocca)*

Ein zufriedener Kunde [Kotler/Bliemel 1995: 27]

- kauft mehr und bleibt länger „treu“,
- kauft bevorzugt von der gleichen Unternehmung, wenn diese neue oder verbesserte Produkte bringt,
- denkt und spricht gut über die Unternehmung und ihre Produkte,
- beachtet Marken, Werbe- und Preisangebote der Konkurrenz weniger stark,
- bietet der Unternehmung gerne neue Ideen zu Produkt und Service an,
- ist kostengünstiger zu betreuen, da Transaktionen mit ihm zur Routine werden.

Somit muss eine Unternehmung den Zufriedenheitsgrad der Kunden laufend überprüfen. Die alleinige Überprüfung reicht jedoch bei weitem nicht aus. Aufgrund der daraus erzielten Erkenntnisse müssen konkrete Massnahmen zur Verbesserung definiert und umgesetzt werden. Enorm wichtig ist die sofortige und konstruktive Reaktion bei Beschwerden. Von den Kunden, die sich beschweren, wird eine grosse Anzahl wieder bei der Unternehmung einkaufen, wenn ihre Beschwerden seriös und rasch bearbeitet werden.

Markterfassung

Damit eine Unternehmung vom Markt her operieren, also marktorientiert handeln kann, muss sie ihre Märkte und deren Grösse kennen. Dazu sollten wir erst die Bedeutung des Begriffs Markt klären: Im Gegensatz zur volkswirtschaftlichen Sicht, aus welcher der Markt die Gesamtheit der Anbieter und Nachfrager beim Austauschprozess eines bestimmten Guts umfasst, versteht der Unternehmer unter dem Markt die Gesamtheit aller potentiellen Käufer eines bestimmten Produkts. Aus betriebswirtschaftlicher Sicht steht somit die Nachfrageseite im Vordergrund. Die Anbieterseite, d.h. das eigene Angebot und dasjenige der Konkurrenz, wird vom Unternehmer als Branche oder Wirtschaftszweig bezeichnet. Die Grösse eines Marktes – gemessen in Geld- oder Mengeneinheiten – hängt also unmittelbar von der Zahl der möglichen Käufer eines bestimmten Produkts ab.

Im alltäglichen Sprachgebrauch wird der Begriff Markt – je nach Gesichtspunkt – unterschiedlich verwendet: Man spricht von einem Markt für ein bestimmtes Bedürfnis (z.B. dem Diätmarkt), vom Produktmarkt (z.B. dem Biermarkt), vom demografischen Markt (z.B. dem Seniorenmarkt) und vom geografischen Markt (z.B. dem schweizerischen Markt). Für eine Unternehmung ist eine solche Beschreibung eines Marktes in den meisten Fällen viel zu weit gefasst. Um eine aussagekräftige Prognose über die

Marktgrösse zu erhalten, muss der untersuchte Markt deshalb immer anhand von mehreren Dimensionen charakterisiert werden. So ist z.B. für eine Brauerei die Vorhersage über die langfristige nationale Nachfrage in Polen und Rumänien nach einem bestimmten Bier ein wichtiges Kriterium bei möglichen Expansionsplänen in neue Länder Osteuropas. In Abbildung 3.17 wird der Markt durch die drei wichtigsten Dimensionen Produkt, Raum und Zeit charakterisiert (vgl. dazu [Kotler/Bliemel 1995: 14 ff. und 394]).

Um die zukünftigen Absatzchancen ihrer Produkte abschätzen zu können und eine Entscheidungsgrundlage für die übrigen unternehmerischen Bereiche zu haben, ist die Kenntnis der verschiedenen Marktgrössen für die Unternehmung von fundamentaler Bedeutung (vgl. Abb. 3.18).

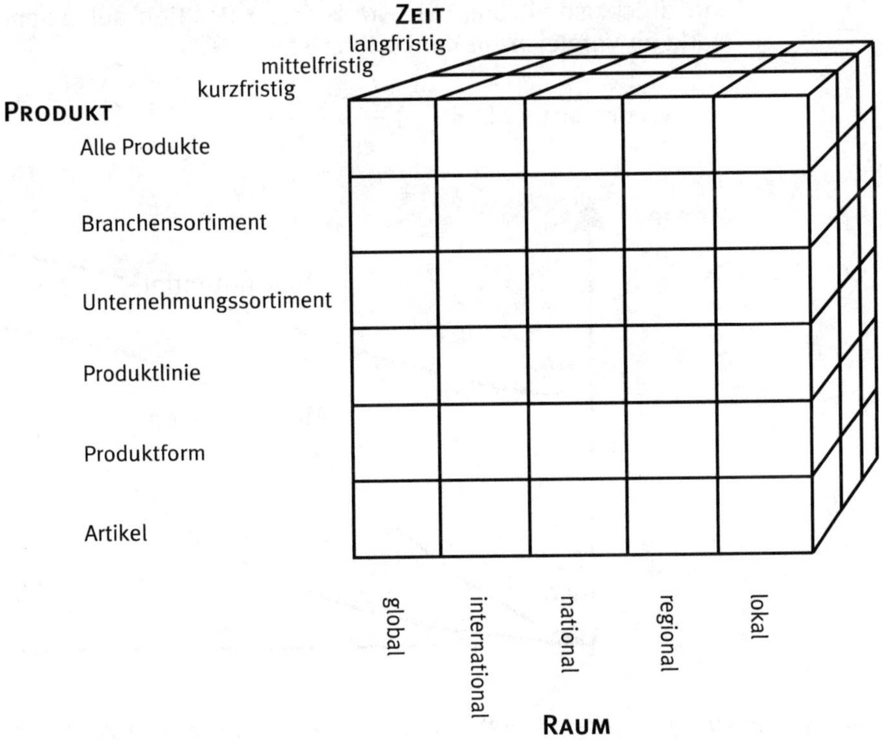

Abb. *3.17: Dimensionen des Marktes*

- Das Marktpotential
  entspricht der theoretisch maximalen Aufnahmefähigkeit eines bestimmten Marktes für ein bestimmtes Produkt.

- Das Marktvolumen
  stellt den effektiv realisierten Umsatz (Ist) oder den prognostizierten Umsatz (Soll) für ein bestimmtes Produkt in einem bestimmten Markt dar.

Das Marktvolumen kann neben dem Umsatz auch in Stückzahlen gemessen werden.

- Die Marktsättigung
  zeigt den Anteil des Marktvolumens am Marktpotential auf. Man spricht von einem gesättigten Markt, wenn das Marktvolumen nahezu dem Marktpotential entspricht. Solange das Marktvolumen um einiges kleiner ist als das Marktpotential, spricht man von einem ungesättigten Markt:

$$\text{Marktsättigung} = \frac{\text{Marktvolumen}}{\text{Marktpotential}} * 100$$

- Der Marktanteil
  zeigt den prozentualen Anteil einer Unternehmung am Marktvolumen auf und drückt somit aus, wie stark deren Position auf einem bestimmten Markt im Vergleich zur Konkurrenz ist:

$$\text{Marktanteil} = \frac{\text{Unternehmungsumsatz}}{\text{Marktvolumen}} * 100$$

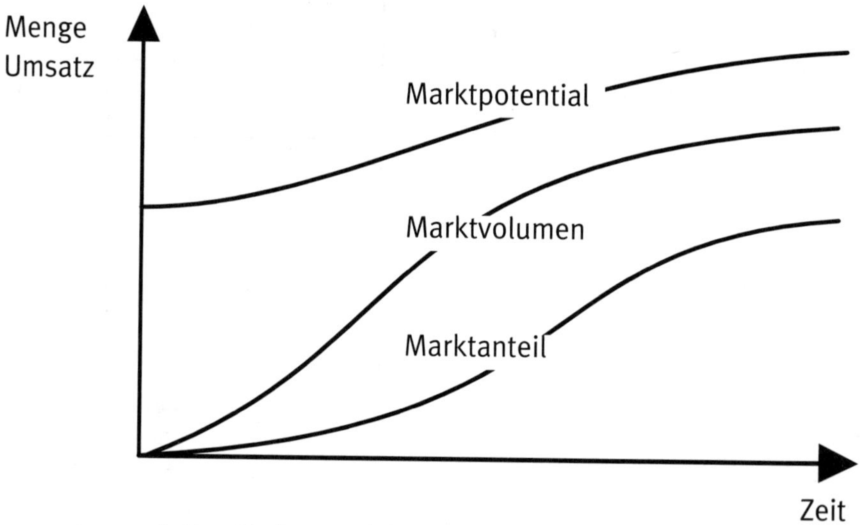

Abb. *3.18: Zusammenhang zwischen Marktpotential, Marktvolumen und Marktanteil*

Als Beispiel für die verschiedenen Marktgrössen schauen wir uns den PC-Markt Schweiz 1996 an. Gemäss einer Studie von Robert Weiss wurden im Jahr 1996 633'000 neue Personal Computer verkauft (vgl. Abb. 3.19). Das sind lediglich 3,9% mehr als im Vorjahr. In den Jahren zuvor waren regelmässig zweistellige Zuwachsraten zu beobachten, 1995 noch 12,3%. Robert Weiss spricht denn auch von einem eigentlichen Einbruch des Stückzahlenwachstums und deutet dies als Anzeichen einer Marktsättigung für PCs – ein Trend, der sich auch dieses Jahr fortsetzen wird: Weiss prognostiziert für 1997 einen weiteren Wachstumsrückgang auf 2,7%, was 650'000 verkauften Geräten entspricht. Gemäss Studie stehen an den Schweizer Arbeitsplätzen rund 1,4 Mio. PCs im Einsatz, womit heute beinahe jeder zweite Erwerbstätige einen PC zur Verfügung hat. Aber auch des Schweizers Heim ist zunehmend computerisiert: 1,1 Mio. PCs (inklusive ältere Videospiel- und Heimcomputer sogar 1,8 Mio.), was einem Gerät auf jeden zweiten Haushalt entspricht. Der Heimbereich bekam zwar die Rezession zu spüren, dennoch sieht Weiss in diesem Segment nach wie vor ein grosses Potential für moderne Multimedia-PCs. Der Markt für portable Geräte wächst dagegen deutlich stärker als der Gesamtmarkt: 350'000 Mobil-PCs sollen heute im professionellen Einsatz stehen, 90'000 mehr als noch vor Jahresfrist (Tages-Anzeiger, Zürich, 24. Februar 1997).

MARKE	STÜCKZAHLEN 1996	VERÄNDERUNG ZU 1995	MARKTANTEIL 1996
1. Compaq	112'500	–5,2%	17,8%
2. IBM	61'000	+8,9%	9,6%
3. Apple	49'750	–16,4%	7,9%
4. DEC	28'100	+21,3%	4,4%
5. Highscreen	27'700	+14,9%	4,4%
6. HP	25'680	+17,8%	4,1%
7. AST	23'170	–16,4%	3,7%
8. Dell	22'100	+37,2%	3,5%
9. SNI	21'555	+7,4%	3,4%
10. Microspot	21'190	–26,6%	3,3%
Rest	240'255	+14,5%	37,9%
Total	**633'000**	**+3,9%**	**100,0%**

***Abb.** 3.19: PC-Markt Schweiz – Top 10 nach Stückzahlen (Quelle: Weissbuch 97, Robert Weiss Consulting, Männedorf)*

Eine Unternehmung kann kaum alle Kunden eines Marktes für sich gewinnen. Die Kunden sind zu zahlreich und unterscheiden sich in mehreren Merkmalen voneinander. Zudem steht eine Unternehmung in den meisten Fällen im Wettbewerb mit mehreren Konkurrenten, von denen einzelne in einem gewissen Bereich des Gesamtmarktes die besseren Chancen haben. Eine Unternehmung sollte demzufolge diejenigen Marktsegmente ermitteln, die erfolgversprechend bearbeitet werden können.

MARKTSEGMENTIERUNG
Unter Marktsegmentierung versteht man die Aufteilung des Gesamtmarktes in homogene Käufergruppen bzw. -segmente. An jedes Segment wird die Forderung gestellt, dass es in sich möglichst ähnlich, im Vergleich zu anderen Segmenten hingegen möglichst unähnlich ist. Hauptzweck der Marktsegmentierung ist es, Unterschiede zwischen den Käufern darzulegen und daraus Schlussfolgerungen im Hinblick auf eine differenzierte Marktbearbeitung zu ziehen, in dem Sinne, dass einzelne Angebote an die besonderen Ansprüche und Erwartungen einer genau definierten Käuferschicht angepasst werden [Meffert 1986: 241].

Für die Segmentierung von Konsummärkten sind die folgenden Kriterien üblich:

- Statistische Kriterien (vgl. Abb. 3.20)
  - Geografische Kriterien
    - Gebiet: Nation, Region, Kanton, Gemeinde
    - Bevölkerungsdichte: städtisch, ländlich
    - Klimazonen
  - Demografische Kriterien
    - Geschlecht: männlich, weiblich
    - Altersgruppe
    - Haushaltsgrösse (Anzahl Personen)
    - Nationalität
    - Religion
  - Sozioökonomische Kriterien
    - Ausbildung
    - Berufsgruppe
    - Stellung im Beruf
    - Einkommen, Vermögen und Kaufkraft
    - Soziale Schicht
- Psychografische Kriterien
  - Einstellungen, Erwartungen und Präferenzen gegenüber einem Produkt oder einer Produktgruppe
  - allgemeine grundlegende Persönlichkeitsmerkmale (Charaktereigenschaften, Werthaltung)
  - Verhaltensmerkmale (Lebens- und Kaufgewohnheiten)

Erst die Kombination von mehreren Kriterien ergibt eine sinnvolle und aussagefähige Marktsegmentierung.

Die Segmentierung institutioneller Kunden ist aus Sicht der Unternehmung leichter und präziser zu bewerkstelligen als die Segmentierung von Konsummärkten. Die Kriterien müssen jedoch sinngemäss angepasst werden (vgl. dazu [Kotler/Bliemel 1995: 442 ff.]; [Hill/Rieser 1993: 107 ff.]):

- Statistische Merkmale wie Standort, Branche, Rechtsform, Grösse, Eigentumsverhältnisse, Position im Markt usw.
- Psychografische Merkmale wie Unternehmungskultur, Einkaufspolitik, Lieferantentreue usw.

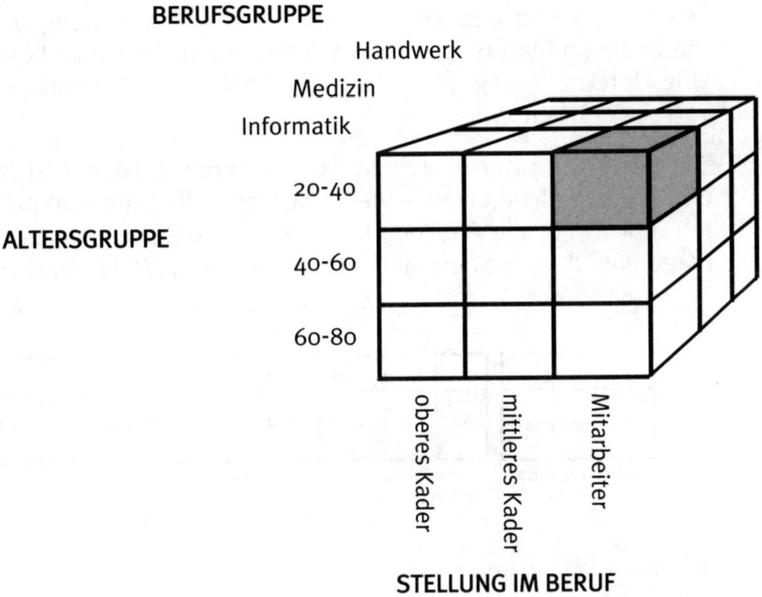

Abb. *3.20: Beispiel einer Marktsegmentierung nach drei statistischen Kriterien für die berufsbegleitende Ausbildung zur Berufsprüfung in Wirtschaftsinformatik*

Auswahl von Zielmärkten

Die Marktsegmentierung zeigt der Unternehmung mögliche Chancen auf. Nun muss sie die Attraktivität der unterschiedlichen Segmente bewerten und entscheiden, wie viele und welche sie wie bearbeiten will. Bei der Bewertung der verschiedenen Marktsegmente muss die Unternehmung drei Aspekte berücksichtigen [Kotler/Bliemel 1995: 448 ff.]:

- Grösse und Wachstum des Segments
  Grössere Unternehmungen bevorzugen meistens Segmente mit hohem Umsatzvolumen. Kleinere Unternehmungen dagegen meiden grosse Segmente eher, da deren Bearbeitung zu viele Ressourcen erfordert. Nur in einem wachsenden Segment können Umsatz und Gewinn gesteigert werden.
- Strukturelle Attraktivität des Segments
  Laut Michael Porter [Porter 1990: 25 ff.] sind es fünf Wettbewerbskräfte, die die langfristige strukturelle Attraktivität eines Marktes bzw. eines je-

den Segments bestimmen: Die bestehenden Konkurrenten, potentielle neue Konkurrenten, Ersatzprodukte, Käufer und Lieferanten.

- Zielsetzungen und Ressourcen der Unternehmung
  Auch wenn ein Marktsegment positive Grössen- und Wachstumsmerkmale aufweist und strukturell attraktiv ist, muss es mit den Zielsetzungen, den Ressourcen und den Kompetenzen der Unternehmung übereinstimmen. Um in einem Marktsegment wirklich erfolgreich sein zu können, muss sich eine Unternehmung gegenüber der Konkurrenz besondere Wettbewerbsvorteile erarbeiten.

Die Bewertung der einzelnen Marktsegmente ist die Grundlage für den Entscheid, welche und wie viele Segmente die Unternehmung zu Zielmärkten macht. Für die Auswahl kommen grundsätzlich folgende Varianten in Frage (vgl. dazu [Kotler/Bliemel 1995: 451 ff.], [Weis 1993: 49]):

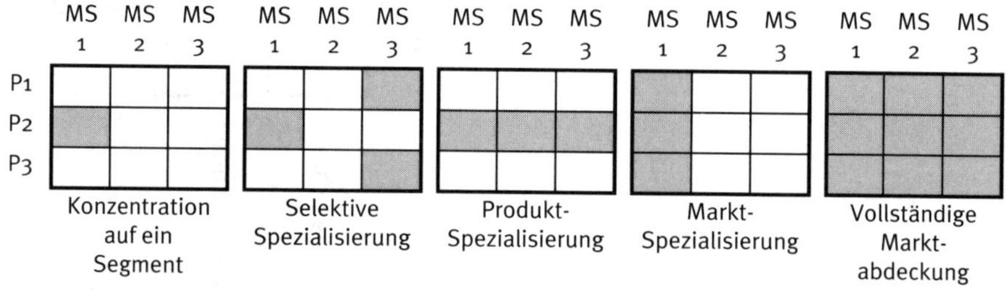

P = Produkt; MS = Marktsegment

***Abb.** 3.21: Die fünf Ansätze zur Zielmarktbestimmung*

- Konzentration auf ein einzelnes Segment
  Die Unternehmung konzentriert sich auf die Vermarktung eines bestimmten Produkts an eine bestimmte Kundengruppe. Porsche z.B. konzentriert sich auf ein einzelnes Segment.

- Selektive Spezialisierung
  Die selektive Spezialisierung auf mehrere Segmente unterschiedlicher Priorität weist gegenüber der Konzentration auf ein einzelnes Segment den Vorteil der Risikostreuung auf.

- Produkt-Spezialisierung
  Die Unternehmung spezialisiert sich auf ein bestimmtes Produkt, das an mehrere Kundengruppen vermarktet wird. Eine der wesentlichen Gefahren dabei ist die Verdrängung des Produkts – z.B. durch eine völlig neue Technologie.

- Markt-Spezialisierung
  Die Unternehmung spezialisiert sich auf eine bestimmte Kundengruppe und befriedigt dabei unterschiedliche Bedürfnisse – mit verschiedenen Produkten.

Vollständige Marktabdeckung
Nur grosse Unternehmungen wie z.B. IBM, General Motors oder Coca-Cola sind in der Lage, das Ziel einer vollständigen Marktabdeckung zu verfolgen. Ob man sich bei der Auswahl von Zielmärkten primär an Marktsegmenten oder produkttechnisch definierten Teilmärkten orientiert, hängt wesentlich von der allgemeinen Marketing-Einstellung der Unternehmung und von ihren speziellen Stärken in Produktion und Marketing ab. Eine bedürfnisorientierte Unternehmung mit ausgebautem Marketing wird mit Vorzug eine segmentorientierte Schwerpunktbildung wählen. Eine Teilmarktorientierung kommt insbesondere dann in Frage, wenn die Unternehmung über grosse Produktionserfahrung oder Produktionskostenvorteile verfügt und sich deshalb Vorteile davon verspricht, in allen Marktsegmenten als Spezialist für eine bestimmte Produktgruppe aufzutreten [Kühn 1995: 35].

> *„Die Wahl eines totgesagten Marktsegments für unser Zukunftsprodukt war der erste und wohl mutigste innovative Schritt." (Ernst T. Thomke, Swatch-Initiant)*
>
> *„Die ‚Dinkies' (Double income, no kids) haben die ‚Yuppies' (Young urban professionals) als angehimmelte Zielgruppe verdrängt!" [Magyar 1991: 77]*

MARKTBEARBEITUNG
Die Auswahl der Zielmärkte beeinflusst unmittelbar den Entscheid über die Art und Weise der Marktbearbeitung (vgl. dazu [Meffert 1986: 253 ff.], [Weis 1993: 48], [Kotler/Bliemel 1995: 453 ff.]).

- Undifferenzierte Marktbearbeitung
  Die Unternehmung kann die Unterschiede zwischen den Marktsegmenten ignorieren und dem gesamten Markt ein einziges Angebot vorlegen. Sie stellt somit die Gemeinsamkeiten der Kunden – und nicht deren Verschiedenheiten – in den Vordergrund und konzipiert ein Produkt sowie ein Marketing-Programm, das die grösstmögliche Anzahl der Kunden ansprechen soll. Coca-Cola z.B. setzte in seinen Anfangszeiten nur eine einzige Cola-Sorte in einer Standardflasche ab.

- Differenzierte Marktbearbeitung
  Die Unternehmung bearbeitet mehrere Segmente mit unterschiedlichen – kundenorientierten – Marketing-Programmen und Produkten. IBM bietet z.B. für die verschiedenen Segmente des Computermarktes zahlreiche Hard- und Software an.

- Konzentrierte Marktbearbeitung
  Bei einer konzentrierten Marktbearbeitung ist die Unternehmung bemüht, eine starke Stellung in einem oder mehreren Segmenten zu erreichen. Dieses Vorgehen entspricht dem „Marktnischenkonzept" und eignet sich

v.a. für kleine und mittlere Unternehmungen, die nicht über ausreichende Ressourcen verfügen, um den Gesamtmarkt abzudecken.

> *„Massenmarketing praktiziert das Schrotflintenprinzip, differenziertes Marketing das Scharfschützenprinzip."*
> *(Jochen Becker)*

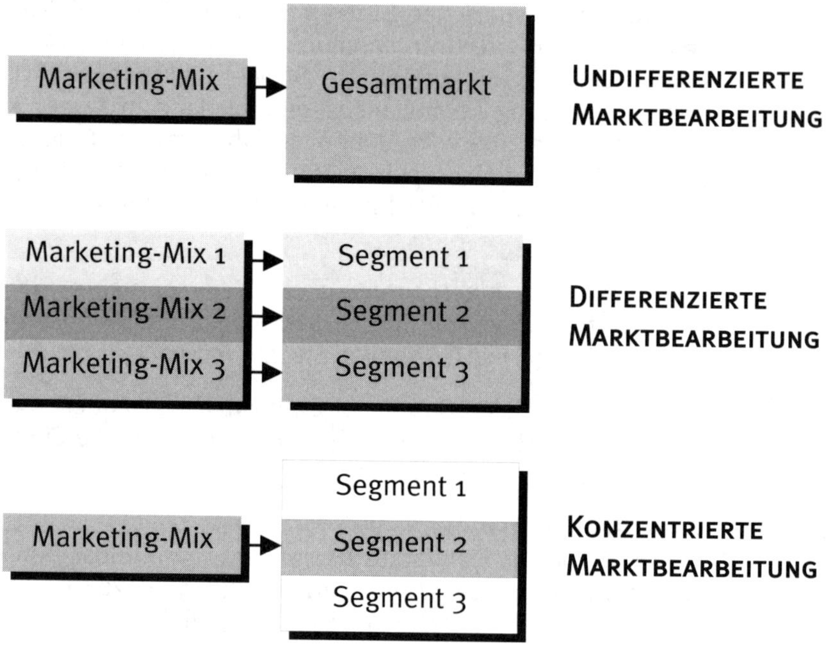

***Abb.** 3.22: Drei mögliche Ansätze zur Marktbearbeitung*

FESTLEGUNG DER MARKETINGZIELE

Die Marketingziele werden aus den Unternehmungszielen abgeleitet, wobei vielfach – gerade wegen der grossen Bedeutung des Marketings für die ganze Unternehmung – keine klare Grenze zwischen Unternehmungszielen und allgemeinen Marketingzielen gezogen werden kann [Thommen 1996: 121].

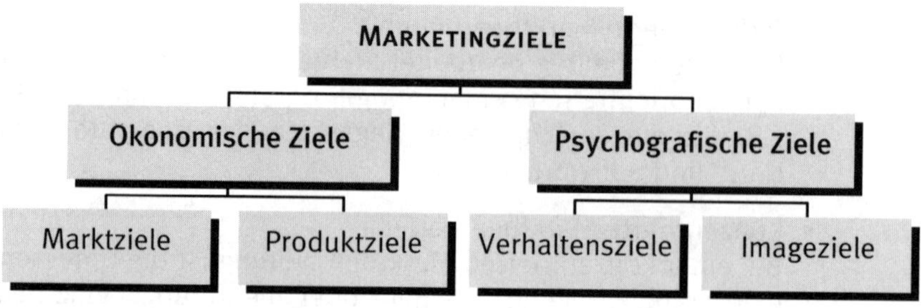

***Abb.** 3.23: Überblick über Marketingziele*

Die ökonomischen Marketingziele sind quantitative Ziele und lassen sich wie folgt weiter unterteilen:

- Marktziele
  legen fest, in welchen Märkten welcher Umsatz, Deckungsbeitrag oder Marktanteil erreicht werden soll.
- Produktziele
  umschreiben die anzustrebende Art, Qualität und Menge der Produkte.

Die psychografischen Marketingziele sind qualitative Ziele und beziehen sich auf das Verhalten und die Einstellung des potentiellen Käufers:

- Verhaltensziele
  sind z.B. die Erkennung von bis anhin nicht abgedeckten Bedürfnissen, die Schaffung von zusätzlichem Nutzen oder die Verstärkung der Kaufabsicht.
- Imageziele
  sind z.B. die Erhöhung des Bekanntheitsgrades eines Produkts oder die Bildung eines Markenimages.

POSITIONIERUNG
Falls mehrere Wettbewerber im gleichen Zielmarkt tätig sind und ihre Produkte sich nicht wesentlich voneinander unterscheiden, wird eine grosse Anzahl der Käufer das Produkt – und damit den Anbieter – mit den tiefsten Preisen wählen. Die anderen Anbieter sind somit gezwungen, ihre Preise zu senken oder sogar aus dem Markt auszusteigen. Will sich eine Unternehmung diesem Preiskampf entziehen oder vielleicht sogar höhere Preise verlangen, muss sie ihr Angebot – im Vergleich zur Konkurrenz – differenzieren bzw. abheben, z.B. bezüglich

- Produktgestaltung
  Funktionsumfang, Leistung, Qualität, Zuverlässigkeit, Haltbarkeit, Design usw.
- Serviceleistungen (produktbegleitende Dienstleistungen)
  Lieferung, Installation, Schulung, Beratung, Wartung usw.
- Kommunikation
  Markenimage, wiedererkennbare Symbole, Werbebotschaften usw.

Kein Angebot ist demjenigen der Konkurrenz in allen Belangen überlegen, sondern jedes weist mit einer sinnvollen Differenzierung unterschiedliche Vorzüge für unterschiedliche Käufer auf. Nicht alle Käufer werden aber daran interessiert sein, die Unterschiede zwischen dem Angebot der einen Unternehmung und dem Angebot einer anderen Unternehmung bis ins letzte Detail zu eruieren. Deshalb sollte eine Unternehmung ihr Angebot gegenüber der Konkurrenz klar positionieren, indem sie aus den bestehenden Differenzen nur diejenigen herausstellt, die für den Zielmarkt sinnvoll und erfolgversprechend sind (vgl. Abb. 3.24).

„Make it better, make it different, make it cheaper, make it faster." (Philip Kotler)

Man spricht in diesem Zusammenhang auch vom Aufbau einer sogenannten USP („unique selling proposition"), also einer einzigartigen Leistungsdifferenz, die auf dem Zielmarkt explizit – teilweise sogar aggressiv – und langfristig herausgestellt wird. So steht z.B. Mercedes für herausragende Qualität und Langlebigkeit oder Volvo für höchste Sicherheit.

Die Positionierung findet „in den Köpfen der Käufer" statt. [Wehrli 1995: 41]

Unter Positionierung verstehen wir somit die Bemühungen einer Unternehmung, ihr Angebot durch Differenzierung so individuell zu gestalten und dementsprechend zu kommunizieren, dass es im Zielmarkt vom potentiellen Käufer positiv wahrgenommen und gegenüber dem Angebot der Konkurrenz bevorzugt wird (vgl. dazu [Hill/Rieser 1993: 189], [Kotler/Bliemel 1995: 489 ff.]).

„Positionierung ist nicht das, was man mit einem Produkt tut, sondern das, was man mit der Gedankenwelt des potentiellen Käufers tut. Das heisst, ein Produkt wird in der Gedankenwelt des potentiellen Käufers positioniert." (Al Ries und Jack Trout in „Positionierung: Der Kampf um die Gedankenwelt")

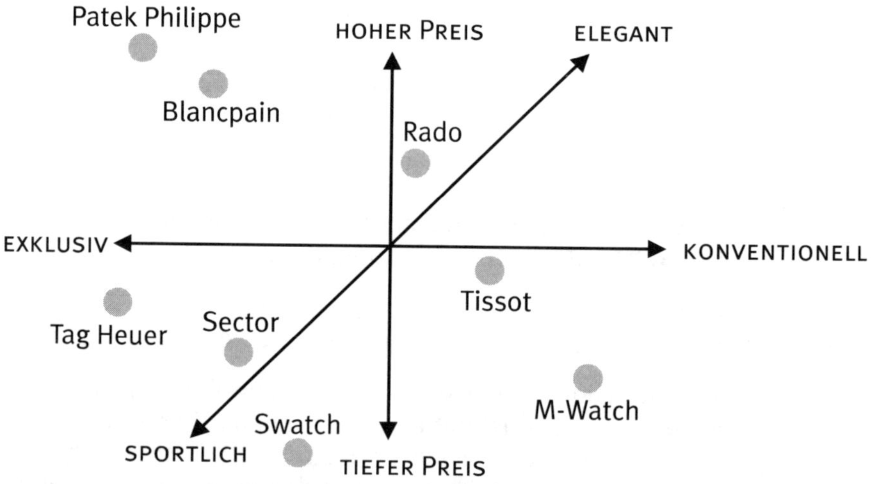

***Abb.** 3.24: Beispiel für die Positionierung von Uhren in einem 3-dimensionalen Eigenschaftsraum*

Eine moderne Marketingstrategie beantwortet damit zusammenfassend die folgenden Fragen (vgl. dazu [Kühn 1995: 16]):

- Welche Zielgruppen sprechen wir in welchen Zielmärkten mit welchem Angebot wie an (Marktsegmentierung, Zielmarktfestlegung, Grundsatzentscheid über Marktbearbeitung)?
- Welche Marketingziele wollen wir erreichen?
- Wie positionieren wir unser Angebot gegenüber dem Angebot unserer Konkurrenz (Positionierung)?
- Wie und mit welcher Intensität gestalten und kombinieren wir die einzelnen Marketing-Instrumente zu einem erfolgversprechenden Marketing-Mix (siehe dazu Kapitel 4.1.2 „Marketing-Mix")?

Oder mit den Worten von Philip Kotler: „Im wesentlichen beinhaltet modernes strategisches Marketing das sogenannte STP-Marketing (segmenting, targeting, positioning)" [Kotler/Bliemel 1995: 421].

ZUSAMMENFASSUNG
Beim strategischen Management geht es darum, die für die Unternehmung relevanten Veränderungen in der Umwelt (externe Analyse) und die relativen Wettbewerbsvorteile der Unternehmung (interne Analyse) einander gegenüberzustellen und miteinander in Übereinstimmung zu bringen sowie entsprechende Ziele, Ressourcen und Massnahmen festzulegen.

Die strategische Ausrichtung ist eine Absichtserklärung, in der festgehalten wird, mit welchen Leistungen welche Märkte bearbeitet werden, welche Investitionen und Aktivitäten notwendig sind und mit welchen Wettbewerbsvorteilen, welchem Mehrwert und welchen strategischen Erfolgsfaktoren der Unternehmenserfolg erzielt werden soll. Eine gute Strategie soll letztlich den wirtschaftlichen Erfolg der Unternehmung langfristig sichern.

4

Operatives Management

Auf operativer Ebene geht es nun darum, die normativen und strategischen Vorgaben umzusetzen. Kurz und prägnant formuliert, ist das operative Management die effiziente Problemlösung im Einzelfall [Bleicher 1991: 306]. Im Mittelpunkt dieses Problemlösungsprozesses steht die dispositive und effiziente Lenkung einzelner Aufträge, also das „Daily Business“. Der Zeithorizont des operativen Managements ist dementsprechend kurzfristig.

In der Folge werden die Unternehmung und ihre Wertschöpfungskette bzw. die Funktionsbereiche durchleuchtet. Da sich normatives, strategisches und operatives Management selten klar voneinander trennen lassen, wird darauf verzichtet, jedesmal darauf hinzuweisen, um welche Managementebene es sich gerade handelt.

Die Schwierigkeit – sowohl in der Praxis als auch in der Theorie – besteht darin, die Unternehmung als Ganzes zu betrachten und zu verstehen. Jeder Funktionsbereich der Unternehmung hat zwar seine Zielsetzung anzustreben, im Vordergrund stehen aber eindeutig die Gesamtunternehmensziele. In der Praxis kommt es häufig vor, dass infolge von Bereichszielkonflikten sachliche, aber auch emotionale Konflikte entstehen. Dies gilt es zu vermeiden.

4.1 Marketing

Marketing auf operativer Ebene umfasst die detaillierte Ausarbeitung und Umsetzung der im Rahmen der Marketingstrategie bestimmten Ressourcen und Massnahmen zur Erreichung der festgelegten Marketing-Ziele.

Für die Gestaltung der dazu erforderlichen Massnahmen stehen verschiedene Marketing-Instrumente zur Verfügung, die miteinander kombiniert den Marketing-Mix bilden. Als Grundlage für die Erstellung eines wirksamen Marketing-Mix dienen die Informationen aus Marktuntersuchungen.

4.1.1 Marktuntersuchung

Marktgerichtete und damit marktgerechte Unternehmensführung heisst:

a) sich an den Gegebenheiten orientieren, die der Markt zeigt, und

b) sich an den Chancen orientieren, die der Markt bietet.

Marktuntersuchung alleine bedeutet jedoch noch nicht Marktorientierung, sondern liefert nur die notwendigen Unterlagen für marktorientierte Entscheide.

Richtige und zielgerichtete Entscheide über den Einsatz und die Kombination von Marketing-Massnahmen sind ohne objektive, umfassende Informationen über den Markt kaum mehr möglich. Die Marktuntersuchung umfasst somit alle Aktivitäten der Suche, Sammlung, Aufbereitung und Interpretation von Informationen über den Markt zur Schaffung von Entscheidungsgrundlagen im Marketing.

Mit Marktuntersuchungen will eine Unternehmung v.a. folgende Frage beantworten: Wer benötigt was, in welcher Menge, wo, warum, über welche Kanäle, zu welchem Preis und zu welchen sonstigen Konditionen in der näheren und ferneren Zukunft [Dubs 1993: 15]?

Diese Frage lässt sich aus verschiedenen Gründen jedoch nur schwierig beantworten [Thommen 1996: 129]:

- Der Markt unterliegt einer grossen Dynamik. Das Konsumentenverhalten in bezug auf Produkt, Kaufort, Kaufzeit usw. kann sich schnell ändern.
- Die Konsumenten sind selten eine homogene Gruppe, die sich durch ein gleichartiges Kaufverhalten auszeichnet.
- Die Unternehmung sieht sich Konkurrenten gegenüber, die mit ihren Marketing-Massnahmen ebenfalls versuchen, das Verhalten der Konsumenten zu beeinflussen. Daneben gibt es andere externe Einflüsse, (z.B. Einkom-

mensentwicklung, Modeströmungen), auf welche die Unternehmung wenig Einfluss nehmen kann.

Wie Abbildung 4.1 zeigt, werden verschiedene Formen von Marktuntersuchungen unterschieden.

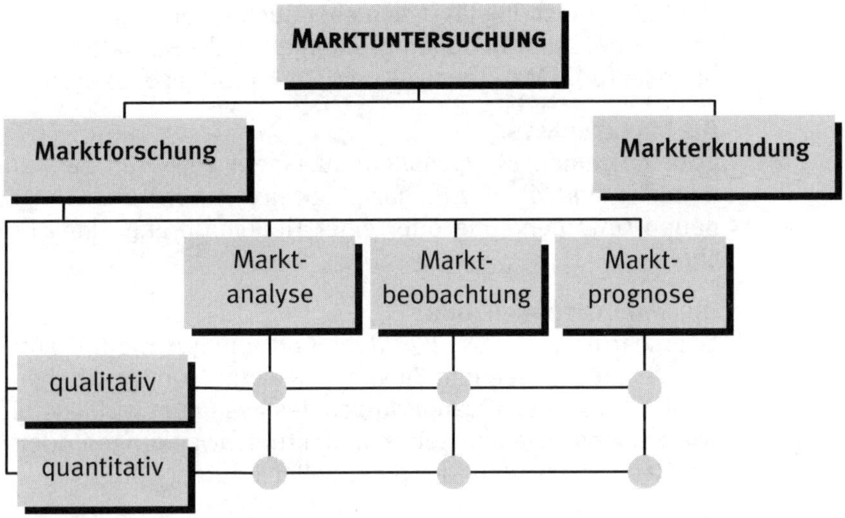

Abb. 4.1: Formen der Marktuntersuchung

4.1.1.1 MARKTERKUNDUNG

Mit der Markterkundung versucht die Unternehmung, sich durch Gespräche mit Lieferanten und Kunden, durch den Besuch von Messen und Ausstellungen, durch Berichte und Mitteilungen von Vertretern und Verkaufspersonal, durch die Lektüre von Tages- und Fachpresse, durch das Studium von Werbematerial, Preislisten usw. der Konkurrenz ein Bild von der gegenwärtigen Situation des Markts zu machen.

4.1.1.2 MARKTFORSCHUNG

Im Gegensatz zur Markterkundung, die gelegentlich, unsystematisch und vielfach zufällig geschieht, erfolgt die Marktforschung systematisch und beruht auf wissenschaftlichen Methoden.

Die Marktforschung lässt sich – abhängig vom Untersuchungsgegenstand – unterteilen in qualitative und quantitative Marktforschung (vgl. dazu [Weis 1993: 86], [Meffert 1986: 183 ff.]).

- Die Aufgabe der quantitativen Marktforschung besteht darin, objektive, messbare Grössen des Markts (z.B. Marktvolumen, Umsätze, Mengen, Preise, Zahl und Struktur der potentiellen Käufer usw.) zu ermitteln.

- Die Aufgabe der qualitativen Marktforschung besteht darin, bestimmte Motive für bestimmte Verhaltensweisen bei den potentiellen Käufern aufzuzeigen bzw. deren Einstellungen und Erwartungen zu ermitteln. In diesem Zusammenhang spricht man auch von Meinungs- und Motivforschung, deren Verfahren der Psychologie und Soziologie entstammen.

Die Marktforschung lässt sich aber auch – abhängig vom Zeitraum, in dem und für den Informationen gesammelt und aufbereitet werden – in Marktbeobachtung, Marktanalyse und Marktprognose unterteilen.

Die Marktanalyse
erforscht einen *Marktzustand* zu einem gewissen Zeitpunkt. Sie erfolgt einmalig und dient z.B. dazu, Aussagen über die Erfolgschancen einer neuen Unternehmung oder einer Neueinführung eines Produkts zu machen.

Die Marktbeobachtung
erforscht eine *Marktentwicklung* und umfasst die fortlaufende Erfassung der Veränderungen und Entwicklungen im Marktgeschehen, aber auch die Beobachtung der Veränderungen des gesamten wirtschaftlichen Umfeldes wie Saisonschwankungen, Konjunkturschwankungen oder Änderungen in der Bedürfnisstruktur der potentiellen Käufer.

Die Marktprognose
beinhaltet Vorhersagen über die wahrscheinliche zukünftige Entwicklung, insbesondere von Marktgrössen, aber auch über mögliche künftige Trends. Marktprognosen beruhen auf den Erkenntnissen und Ergebnissen aus Marktbeobachtung und -analyse. Prognosen können mit unterschiedlichen Methoden erarbeitet werden:

- Intuitive Methoden:
  Schätzung durch Verkaufsmitarbeiter oder Produktmanager; Befragung von Händlern oder Endverbrauchern.

- Systematische Methoden:
  Darunter fallen v.a. statistisch-mathematische Verfahren, wie z.B. Trendextrapolationen, Regressionsanalysen.

4.1.1.3 Erhebungsmethoden der Marktforschung

Je nach Zweck der Marktforschung stehen verschiedene Erhebungsmethoden zur Verfügung (vgl. Abb. 4.2). In erster Linie erfolgt die Informationsbeschaffung in der Marktforschung über Primär- und Sekundärerhebungen.

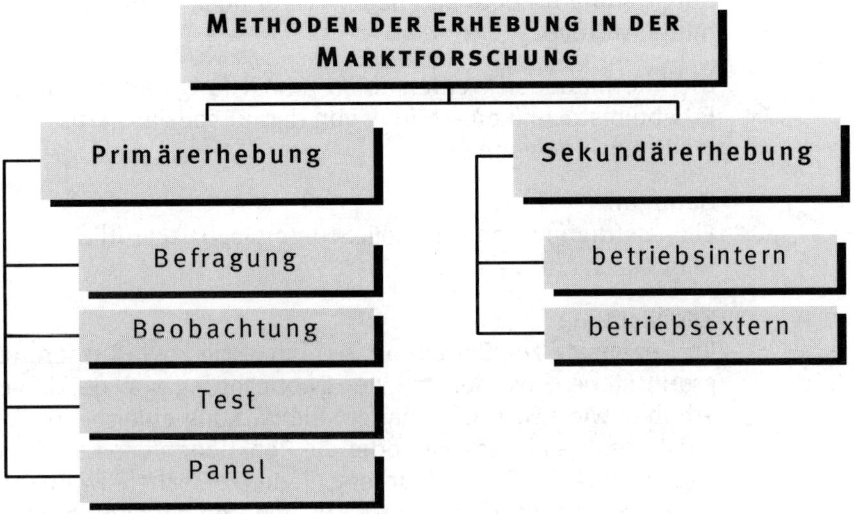

Abb. *4.2: Überblick über Erhebungsmethoden in der Marktforschung*

SEKUNDÄRERHEBUNG

Als Sekundärerhebungen bezeichnet man alle Auswertungen bereits vorhandener Daten, sogenannter Sekundärinformationen, die ursprünglich für andere Zwecke erhoben wurden. Da Sekundärerhebungen wesentlich günstiger sind als Primärerhebungen, sind in der Marktforschung grundsätzlich immer zuerst vorhandene sekundäre Quellen zu konsultieren und auszuwerten [Weis 1993: 89].

Für die Sekundärerhebung kommen sowohl betriebsinterne als auch betriebsexterne Quellen in Frage (vgl. dazu [Thommen 1996: 131]):

- Betriebsinterne Quellen
  z.B. Absatzstatistiken, Auftragseingangsstatistiken, Informationen des Rechnungswesens, Rapporte über Kunden- und Messebesuche, Planungsunterlagen

- Betriebsexterne Quellen
  z.B. Veröffentlichungen und Auskünfte staatlicher und halbstaatlicher Institutionen (statistische Ämter, BIGA, SNB, EVD), von Verbänden (Wirtschaftsverbände, Konsumentenverbände, Gewerkschaften), von Marktforschungsinstituten; Firmenhandbücher und Adressbücher, Tages- und Fachpresse, Forschungsberichte, Dissertationen

PRIMÄRERHEBUNG

Die Sekundärerhebung bildet vielfach den ersten Schritt, bevor Primärerhebungen durchgeführt werden. Kann man aus den vorhandenen Sekundärquellen die erforderlichen Informationen nicht gewinnen, so müssen durch Primärerhebungen neue, bisher noch nicht erfasste Marktdaten ermittelt werden.

Die Informationen werden somit primär (originär) mit Hilfe von speziellen Erhebungstechniken – häufig von darauf spezialisierten Marktforschungsinstituten – gewonnen:

- Befragung
  Eine Befragung kann mündlich (Interview), schriftlich (Fragebogen) oder telefonisch erfolgen.
- Beobachtung
  Im Gegensatz zur Befragung, bei der subjektive Äusserungen im Vordergrund stehen, werden mit der Beobachtung v.a. objektive Sachverhalte erhoben wie z.B. Kaufverhalten, die Wirkung einer bestimmten Plazierung von Produkten in Regalen oder die Reaktionen des Käufers bei einem Verkaufsgespräch. Es wird unterschieden zwischen Feldbeobachtung (verdeckte Beobachtung unter natürlichen Bedingungen am Verkaufsort) und Laborbeobachtung (offene Beobachtung unter künstlich geschaffenen Bedingungen, z.B. Blindtest von Getränken).
- Test
  Die versuchsweise Einführung eines neuen Produkts in einem relativ eng abgegrenzten Markt, der nur einen Teil des zukünftigen Markts darstellt, wird Markttest genannt. Dabei können das Produkt selbst, die Verpackung oder der Preis im Vordergrund stehen.
- Panel
  Ein Panel ist eine wiederholte, über einen längeren Zeitraum hinweg durchgeführte schriftliche Befragung eines ausgewählten, gleichbleibenden Kreises von Personen. So werden z.B. im Detailhandelspanel der Firma Nielsen aus Luzern alle zwei Monate die Umsätze von 240 Detailhandelsgeschäften im Food-Bereich erhoben. Oder das Haushaltspanel der Firma IHA aus Hergiswil erfasst 2'250 Haushalte, die über ihre Einkäufe Tagebuch führen (Mengen, Preise, Einkaufsort).

4.1.2 Marketing-Mix

Die absatzfördernden Massnahmen, die eine Unternehmung zur aktiven Bearbeitung und Beeinflussung eines Markts trifft, resultieren v.a. aus den Antworten auf folgende Fragen:

- Wie sollen wir unsere Produkte gestalten (Eigenschaften, Qualität, Design, Markenname, Verpackung, Serviceleistungen usw.), damit sie den Bedürfnissen der potentiellen Käufer gerecht werden?

- Wie hoch sollen wir die Preise für unsere Produkte ansetzen, damit diese den Erwartungen der potentiellen Käufer entsprechen und uns einen Gewinn erbringen?
- Wie sollen wir die potentiellen Käufer über uns und unsere Produkte informieren und zum Kauf veranlassen (Werbung, Public Relations, Persönlicher Verkauf usw.)?
- Wo und wie sollen wir unsere Produkte verkaufen (Verteildichte, Bezugsquellen und deren Lage usw.)?

Da solche absatzfördernden Massnahmen – Marketing-Instrumente oder auch absatzpolitische Instrumente genannt – gegenseitige Abhängigkeiten aufweisen, dürfen sie nicht isoliert betrachtet werden, sondern müssen vielmehr in einem Marketing-Mix so miteinander kombiniert werden, dass ein Optimum an Wirkung erzielt wird.

In der Literatur findet man unterschiedliche Ansätze zur Gliederung der Marketing-Instrumente. Am bekanntesten ist wohl der Ansatz der „four P's" (product, price, place, promotion – vgl. Abb. 4.3). Im deutschsprachigen Raum trifft man auch auf die gleichbedeutenden Bezeichnungen Produktpolitik, Preispolitik, Distributionspolitik und Kommunikationspolitik.

Die relative Bedeutung der einzelnen Marketing-Instrumente hängt wesentlich vom Typ der Unternehmung, vom Produkt und vom Käuferverhalten ab.

Marketing-Instrumente im Marketing-Mix			
product (Produkt)	**price** (Preis)	**place** (Distribution)	**promotion** (Kommunikation)
• Produkt-gestaltung • Programm-gestaltung	• Preis • Rabatte • Liefer- und Zahlungs-bedingungen	• Distributions-kanal • Distributions-logistik	• Werbung • Direct Marketing • Public Relations • Sales Promotions • Persönlicher Verkauf

***Abb.** 4.3: Gliederung der Marketing-Instrumente*

So spielt bei manchen Produkten die Preispolitik eine wesentliche Rolle (Alltagsgüter), während diese bei anderen Produkten von untergeordnetem Interesse ist (Luxusgüter). Bei einigen Produkten sind die Leistungen des Kundendienstes wichtig (z.B. Automobil, PC), bei anderen Produkten bestehen dagegen diesbezüglich keine Anforderungen (z.B. Seife, Zahnpasta, Mehl). Die Produktpolitik ist dann kaum von Bedeutung, wenn es sich um standardisierte oder gleichartige Produkte handelt (z.B. Benzin, Salz), dagegen ist diese dann bedeutsam, wenn die Produkte sich wesentlich voneinander unterscheiden (z.B. Brotsorten, Fernsehgeräte). Die Bedeutung der Werbung variiert auch sehr stark in Abhängigkeit vom jeweiligen Produkt (z.B. Brötchen oder Automobil).

Alle vier Marketing-Instrumente werden in den folgenden Kapiteln beschrieben.

4.1.3 Produktpolitik

Meist denken wir beim Begriff Produkt an Waren in Form von materiellen Objekten wie Autos, PCs, Bücher usw. Aber auch Dienstleistungen wie ein Bankkonto, ein Haarschnitt, ein Konzert oder eine Ausbildung sind Produkte. Ebenso kann man Personen als Produkte sehen. Ein Filmschauspieler, ein Musiker oder ein Sportler lassen sich sehr wohl „vermarkten" – nicht in dem Sinne, dass wir sie tatsächlich kaufen können, sondern indem wir ihnen Beachtung schenken, ihre Filme, Konzerte und Veranstaltungen besuchen oder ihre Schallplatten kaufen. Ein Ort wie St. Moritz, eine Organisation wie das Rote Kreuz oder eine Idee wie rücksichtsvolles Autofahren lassen sich ebenfalls vermarkten. Kurzum, ein Produkt ist alles, was vermarktet werden kann: Waren, Dienstleistungen, Personen, Orte, Organisationen und Ideen [Kotler/Bliemel 1995: 659].

> *„A product is what the buyer thinks it is, not what the seller thinks it is!" (Rom J. Markin)*

> *„Wer seine besten Ingenieure im Hause hat und nicht beim Kunden, der hat noch nicht verstanden, dass der Kunde heute Problemlösungen kauft, nicht Produkte!" (Thomas Laukamm)*

Die Produktpolitik wird vielfach als „Herz des Marketing-Mix" bezeichnet, denn nur über verkaufte Produkte erzielt die Unternehmung Umsatz und letztlich auch Gewinn.

Die Produktpolitik umfasst

- die Produktgestaltung (funktionale Eigenschaften, Design, Verpackung, Markierung, Kundenservice) und

- die Gestaltung des Produktprogramms (Produktinnovation, Produktvariation und Produktelimination, Breite und Tiefe des Programms).

4.1.3.1 PRODUKTGESTALTUNG

Ein Produkt besteht aus den Elementen Produktkern, Marketingüberbau und Zusatzleistungen (vgl. Abb. 4.4). Die Produktgestaltung umfasst alle Elemente (vgl. dazu [Thommen 1996: 140]):

DER PRODUKTKERN
stellt das eigentliche Produkt dar und bietet dem Käufer den Grundnutzen mit den funktionalen Eigenschaften in einer bestimmten Qualität (Summe der Eigenschaften wie Haltbarkeit, Gebrauchstüchtigkeit, Störanfälligkeit, Wertbeständigkeit usw.).

DER MARKETINGÜBERBAU
vermittelt den Zusatznutzen durch:

- Design (Gestalt, Material, Farbe usw.)
- Verpackung (übernimmt Funktionen wie Schutz, Lagerung, Transport, Information, Identifikation, Werbung usw.)
- Markierung (Kennzeichnung des Produkts mit einem Namen und einem Symbol; unterschieden wird zwischen Markenartikeln wie z.B. Mercedes und Stern und Eigenmarken wie z.B. Migros oder anonymer Ware – den sogenannten No-Name-Produkten)
- Umweltverträglichkeit (z.B. Vermeidung oder Minimierung von Emissionen beim Betrieb, Einsatz von umweltverträglichen, rezyklierbaren Rohstoffen für Produktmaterial und Verpackung, Verringerung des Verpakkungsmaterials usw.)

DER KUNDENSERVICE
umfasst die Zusatzleistungen wie:

- Beratung beim Verkauf
- Inzahlungnahme eines alten Produktes
- Zustellung und Installation
- Ausbildung
- Reparatur-, Unterhalts- und Ersatzteildienst
- Entsorgung von Rückständen, Abfällen, Schadstoffen und des ausgedienten Produkts

> *„Der Service ist der leichteste und beste Weg, sich Treue und Zufriedenheit der Kunden zu sichern.“ (Peter Drucker)*

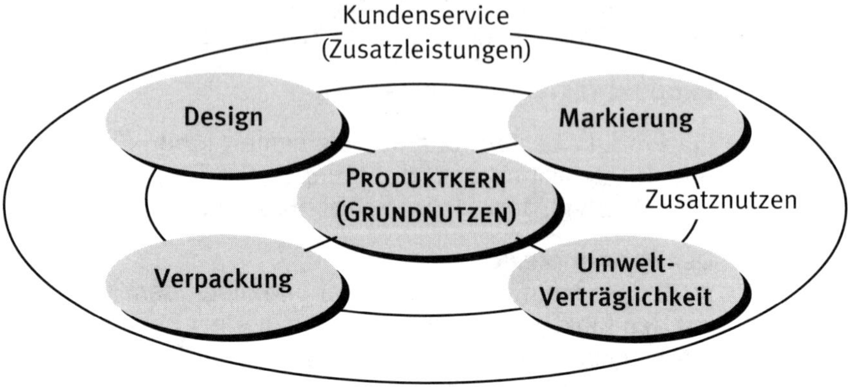

Abb. *4.4: Die Elemente eines Produkts*

4.1.3.2 GESTALTUNG DES PRODUKTPROGRAMMS

Die Gesamtheit aller angebotenen Produkte einer Unternehmung wird als Produktprogramm oder Produkt-Mix (im Warenhandel versteht man darunter das Sortiment) bezeichnet. Das Produktprogramm lässt sich wie folgt unterteilen:

EINE PRODUKTLINIE
umfasst mehrere Produkttypen, deren Produkte in enger Beziehung zueinander stehen, da sie die gleiche Funktion erfüllen (z.B. führt BMW die zwei Produktlinien Personenwagen und Motorräder, oder Mercedes führt die zwei Produktlinien Lastwagen und Personenwagen).

EIN PRODUKTTYP
umfasst Produkte gleicher Art (z.B. der Produkttyp 3er-Reihe von BMW oder der Produkttyp C-Klasse von Mercedes innerhalb der Produktlinie Personenwagen).

EIN ARTIKEL
ist eine ganz bestimmte Ausführung eines Produkttyps, der sich in Details wie z.B. Farbe, Grösse, Preis, Leistung, Ausstattung usw. von den anderen Artikeln desselben Produkttyps unterscheidet (z.B. Personenwagen 328i Touring von BMW oder C200 von Mercedes).

In diesem Zusammenhang spricht man auch von der Programmtiefe und -breite:

- Die Programmbreite gibt Auskunft darüber, wie viele Produktlinien im Leistungsprogramm enthalten sind. So hat z.B. Porsche ein schmales Leistungsprogramm (Sportwagen), während Mitsubishi ein sehr breites Leistungsprogramm aufweist (Satelliten, Halbleitertechnologie, Kommunikations- und Informationstechnologie, Equipment zur Erzeugung und

Verteilung von Elektrizität, Transportmittel jeglicher Art, Unterhaltungselektronik, Haushaltsgeräte usw.).

- Die Programmtiefe gibt Auskunft darüber, wie viele verschiedene Ausführungen (Produkttypen und Artikel) innerhalb einer Produktlinie enthalten sind (vgl. Abb. 4.5).

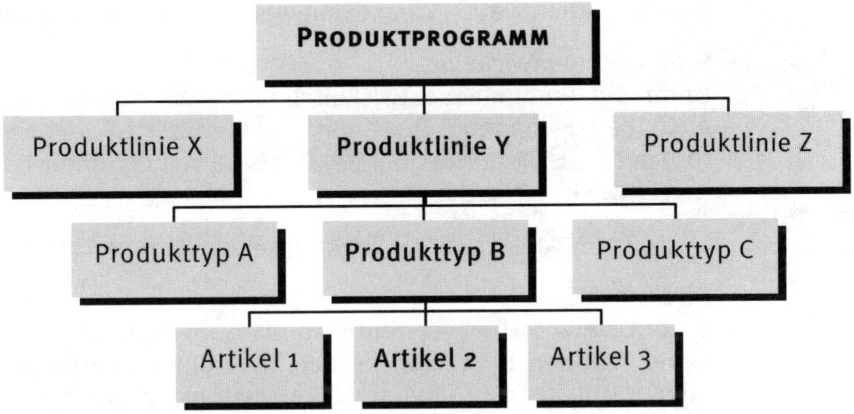

***Abb.** 4.5: Hierarchische Zusammensetzung eines Produktprogramms*

Die wesentlichen Möglichkeiten bei der Gestaltung des Produktprogramms sind (vgl. dazu [Weis 1993: 158], [Meffert 1986: 364 ff.]):

DIE PRODUKTINNOVATION
Die Entwicklung, Aufnahme und Einführung neuer Produkte bezeichnet man als Produktinnovation.

Für den Begriff „neues Produkt" besteht sowohl in der Literatur als auch in der Praxis keine einheitliche Definition. Einerseits versteht man darunter wirklich neue Produkte (echte Innovationen wie seinerzeit der PC, die Sofort-Bild-Kamera, der CD-Player, die Quarz-Uhr usw.; d.h. Produkte, die aus Marktsicht neu sind), andrerseits spricht man auch dann von neuen Produkten, wenn diese bereits auf dem Markt erhältlich sind, jetzt aber von einer bestimmten Unternehmung erstmals angeboten werden (sogenannte Me-too-Produkte, die eine Nachahmung [Produktimitation] eines bereits bestehenden Produkts darstellen; d.h. Produkte, die aus Unternehmungssicht neu sind).

Die Produktinnovation spielt eine zentrale Rolle bei der Sicherung des Überlebens und des Wachstums einer Unternehmung. In fast allen Branchen werden Umsatz- und Gewinnzuwachs überwiegend nur noch durch neue Produkte erzielt. Eine kontinuierliche Erneuerung des Produktprogramms bedeutet jedoch noch keine Lebensversicherung für die Unternehmung. Dem Überlebensrisiko aufgrund unzureichender Produktinnovation steht das allen Neuprodukteinführungen immanente Risiko der Fehlentwicklung gegenüber. Die „Versagerquote" neuer Produkte ist sehr hoch. Man schätzt, dass ca. 70% der Aufwendungen für die Entwicklung und Einführung neuer Marktleistungen auf Produkte entfallen, die entweder niemals auf den Markt gelangen oder nicht den zur Kostendeckung notwendigen Markterfolg aufweisen [Meffert 1986: 379].

Die Produktinnovation kann damit weiter unterteilt werden in:

- Produktneuentwicklung
  Unter die Produktneuentwicklung fallen die echten Innovationen oder auch die sogenannten Quasi-Innovationen wie z.B. der tragbare PC (Laptop) oder flüssiges Waschmittel. Dabei ist v.a. der Bereich F&E (Forschung und Entwicklung) gefordert.

  „Try it, you like it!" (Produktentwicklungsgrundsatz von 3M)

- Diversifikation
  Unter Diversifikation versteht man die Aufnahme neuer Produkte, die auf neuen Märkten angeboten werden. Man unterscheidet zwischen horizontaler, vertikaler und lateraler Diversifikation (siehe dazu Kapitel 3.2.2.2 „Produkt-Markt-Strategien").

Die Produktvariation

Die Modifikation gewisser Eigenschaften eines bereits im Programm enthaltenen Produkts bezeichnet man als Produktvariation (auch Produktmodifikation genannt). Es wird unterschieden zwischen:

- Produktverbesserung
  Der technische Fortschritt, neue Bedürfnisse und Modeströmungen erfordern die periodische Anpassung des Funktionsumfangs oder der Ausstattung, der Qualität, der Benutzerfreundlichkeit, des Designs oder der Verpackung eines Produkts; z.B. verbesserte Versionen von Software.

  „Qualität ist kein Zufall. Es gehören Intelligenz und Wille dazu, um ein Ding besser zu machen." (John Ruskin)

- Produktdifferenzierung
  Wird ein Produkt oder ein Produkttyp um weitere Ausführungen ergänzt, so spricht man von Produktdifferenzierung. Diese erlaubt eine bessere Abstimmung des Produktprogramms auf die unterschiedlichen Bedürfnisse potentieller Käufer (z.B. Cabriolet, Coupé, Kompakt oder Kombi in der 3er-Reihe von BMW).

  „Ich kann freilich nicht sagen, ob es besser wird, wenn es anders wird; aber soviel kann ich sagen, es muss anders werden, wenn es gut werden soll." (Georg Christoph Lichtenberg)

DIE PRODUKTELIMINATION

Da auch Produkte altern, muss das Produktprogramm periodisch überprüft werden. Produkte werden als „schwach“ bezeichnet, wenn z.B. deren Umsatz, Marktanteil oder Deckungsbeitrag sinkt. Als problematisch gelten Produkte, deren Verkauf wegen voraussehbarer Änderungen der Vorschriften nicht mehr möglich ist, die aus diversen Gründen (Leistung, Qualität, Design) den Anforderungen der Kunden nicht mehr standhalten, durch gänzlich neue Technologien substituiert werden (z.B. Schreibmaschine durch den PC) oder den vergleichbaren Produkten der Konkurrenz unterlegen sind.

> *„Alte Produkte sterben zu lassen, ist ein trauriges Geschäft. Es hat viel von der Traurigkeit eines definitiven Abschieds von alten, vertrauten Freunden an sich.“ (Ralph Alexander)*

Eine Ausscheidung solcher Produkte, Produkttypen oder sogar ganzer Produktlinien steht an, wenn gezielte Massnahmen wie z.B. Produktdifferenzierung eine „Rettung“ nicht vermögen und auch keine weiteren Gründe für die Beibehaltung im Produktprogramm sprechen (z.B. Verarbeitung von Zwischenprodukten und Abfallstoffen, die ohnehin anfallen; Auslastung freier Kapazitäten und damit Verhinderung eines allfälligen Personalabbaus; oder eine Vielzahl von Kunden, die „komplette“ Systemlösungen bei nur einem Lieferanten beziehen wollen). Einhergehend mit einer Elimination muss auch entschieden werden, wie umfangreich ein Ersatzteillager und die Serviceleistungen zur Versorgung der bisherigen Kunden sein sollen.

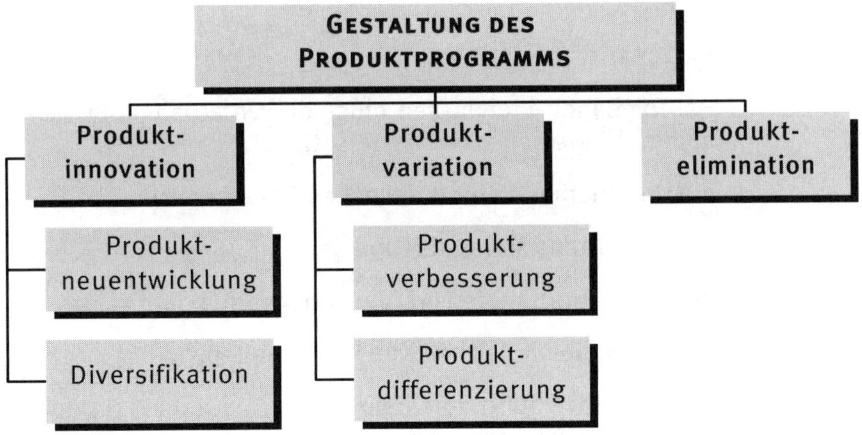

***Abb.** 4.6: Möglichkeiten bei der Gestaltung des Produktprogramms*

Zur Unterstützung der Entscheide bei der Gestaltung des Produktprogramms (vgl. Abb. 4.6) kann das Modell des Produktlebenszyklus eingesetzt werden (siehe dazu Kapitel 3.3 „Strategische Planungstechniken“).

4.1.4 Preispolitik

In der freien Marktwirtschaft hat man den Preis lange Zeit als das wichtigste Marketing-Instrument angesehen. Für ärmere Bevölkerungsschichten und bei Massengütern gilt dies auch nach wie vor. Die Industrialisierung, das gestiegene Pro-Kopf-Einkommen und damit der höhere Lebensstandard führten jedoch bei den Konsumenten zu Veränderungen im Konsumverhalten. Deshalb hat bei den meisten Gütern der Preis, oder vielmehr der tiefe Preis, als primäres Verkaufsargument an Bedeutung verloren.

Trotzdem ist und bleibt der Preis ein sehr wesentliches Element mit grossem Einfluss auf Marktanteil und Gewinn einer Unternehmung. Der Preis ist das einzige Instrument im Marketing-Mix, das für die Unternehmung keine Ausgaben mit sich bringt; alle anderen Instrumente erfordern Ausgaben. Im Gegensatz zu Produktmerkmalen und Distributionswegen kann der Preis schnell geändert werden. Die Preisfestsetzung und der Preiswettbewerb sind somit ständig aktuelle Themen für die Unternehmung [Kotler/Bliemel 1995: 744].

Die Gestaltung der Preispolitik ist somit nicht individuell und losgelöst zu betrachten, sondern in optimaler Abstimmung auf die anderen Marketing-Instrumente möglichst wirkungsvoll in den Marketing-Mix zu integrieren.

Die Preispolitik umfasst

- die Preisgestaltung (Preisbestimmung und Preisdifferenzierung) und
- die Festlegung von Rabatten und Konditionen (Liefer- und Zahlungsbedingungen).

4.1.4.1 Preisbestimmung

Bei folgenden Ereignissen muss die Unternehmung sich mit der Bestimmung von Preisen auseinandersetzen:

- die Unternehmung führt ein neues Produkt ein,
- die Konkurrenz ändert ihre Preise,
- die Produktionskosten erhöhen oder vermindern sich,
- die Abnehmer ändern ihr Konsumverhalten,
- oder der Staat führt eine indirekte Steuer auf ein Produkt ein, das die Unternehmung im Angebot hat.

Die Preisbestimmung kann aus markttheoretischer und aus praxisorientierter Sicht erfolgen. Die Markttheorie beruht auf idealtypischen Annahmen, die in der betrieblichen Praxis nur höchst selten zutreffen, und vermag deshalb nur allgemeine Aussagen zu machen. Von Interesse sind dabei v.a. die Preiselastizität der Nachfrage und die gegenwärtige Organisationsform des Marktes (die Markttheorie wird in Kapitel 2 von Teil E erläutert). Diese Aussagen stellen aber trotzdem eine wesentliche Grundlage bei der Festlegung von Preisen dar. Wir konzentrieren uns in der Folge auf die praxisorientierten Verfahren der Preisbestimmung.

KOSTENORIENTIERTE PREISBESTIMMUNG
Das Verfahren der kostenorientierten Preisbestimmung basiert auf der Grundidee, dass der Preis eines Produkts die Kosten aus dessen Herstellung und Vermarktung decken und darüber hinaus auch einen angemessenen Gewinn einbringen soll.

Bei diesem in der Praxis weit verbreiteten Verfahren, das auf der Kostenrechnung des betrieblichen Rechnungswesens beruht, kennt man zwei Ansätze:

- beim Zuschlagsverfahren
  ergibt sich der Preis eines Produktes aus dessen Selbstkosten, auf die ein vorbestimmter Prozentsatz für den Gewinn zugeschlagen wird. Üblich ist dieses einfache Verfahren im Einzelhandel (Einstandspreis plus Marge) sowie bei der Kalkulation von Einzelaufträgen, beispielsweise in der Bauwirtschaft oder der Maschinenindustrie [Hill/Rieser 1993: 330].
- beim Vorgabeverfahren
  ergibt sich der Preis eines Produkts aus der Vorgabe eines bestimmten Gewinns oder einer bestimmten Rentabilität. Dieses Verfahren beruht auf der Break-even-Analyse (vgl. Abb. 4.7) und bedingt eine zuverlässige Schätzung der künftigen Absatzmenge in einer bestimmten Periode. Die Ableitung des Preises aus der Absatzmenge, die jedoch selbst wiederum unmittelbar vom Preis abhängt, ist aber nicht unproblematisch. Denn so kann der ermittelte Preis schnell zu hoch oder zu tief sein, um die geschätzte Menge wirklich absetzen zu können.

Exkurs: Break-even-Analyse

Die Break-even-Analyse geht von linearen Kosten- und Umsatzfunktionen aus. Ausgangslage bildet die Grundgleichung für die Ermittlung des Gewinns (G) anhand der Totalkosten (K_{tot}) und des Umsatzes (U):

a) $G = U - K_{tot}$

Der Umsatz (U) berechnet sich anhand der Absatzmenge (x) und dem Preis pro Stück (p); die Totalkosten (K_{tot}) anhand der Fixkosten (K_{fix}), der variablen Stückkosten (k_{var}) und der Absatzmenge (x) (es wird angenommen, dass die Produktionsmenge gleich der Absatzmenge ist):

b) $U = x*p$ c) $K_{tot} = K_{fix}+k_{var}*x$

Die Grundgleichung für den Gewinn aus a) kann somit überführt werden in die folgende Gleichung:

d) $G = x*p-(K_{fix}+k_{var}*x)$

Beispiel:

- Fixkosten (K_{fix}) = 70'000 Fr.
- variable Stückkosten (k_{var}) = 40 Fr.
- geschätzte Absatzmenge (x) = 5000 Stück
- angestrebter Gewinn (G) = 30'000 Fr.

1) Wie hoch ist der Preis pro Stück?

$P = (G+K_{fix})/x+k_{var}$
= (30'000 Fr.+70'000 Fr.)/5000+40 Fr.
= 60 Fr.

2) Welche Menge muss bei diesem Preis mindestens abgesetzt werden, damit kein Verlust eintritt?

$x = (G+K_{fix})/(p-k_{var})$
= (0 Fr.+70'000 Fr.)/(60 Fr.-40 Fr.)
= 3500 Stück

3) Wie hoch muss der Preis mindestens sein, damit mit der geplanten Menge kein Verlust eintritt?

$p = (G+K_{fix})/x+k_{var}$
= (0 Fr.+70'000 Fr.)/5000+40 Fr.
= 54 Fr.

Konkurrenzorientierte Preisbestimmung

Bei diesem Verfahren richtet sich die Unternehmung bei der Bestimmung des Preises für ein Produkt nach dem sogenannten Leitpreis – dem Preis des Marktführers oder dem Durchschnitt der Branche. Der Preis wird gleich hoch, höher oder tiefer als der Leitpreis angesetzt. Die eigene Kosten- und Nachfragesituation spielt dabei eine untergeordnete Rolle. Dass dieses Verfahren relativ beliebt ist, ergibt sich aus dessen Einfachheit und dem Umstand, dass die Ermittlung der eigenen Kosten oft schwierig und aufwendig ist.

Nach allgemeiner Auffassung repräsentiert der Leitpreis den Preis, zu dem eine Branche als Ganzes einen angemessenen Gewinn erwirtschaftet und sich nicht in „ruinöse Preiskämpfe“ einlässt [Kotler/Bliemel 1995: 771].

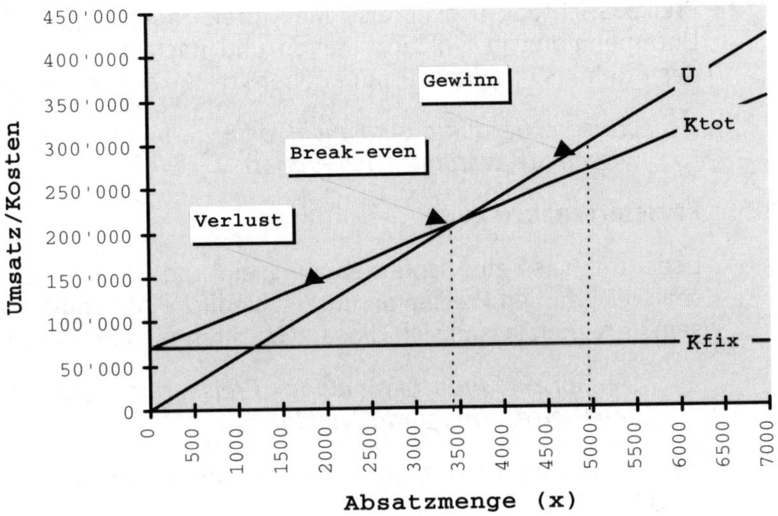

***Abb.** 4.7: Break-even-Analyse (grafische Lösung)*

Wertempfindungsorientierte Preisbestimmung

Bei diesem Verfahren orientiert sich die Unternehmung an der subjektiven Wertempfindung der Abnehmer. Der empfundene Wert eines Produktes hängt von der Nutzenerwartung und der Kaufkraft der Abnehmer, aber auch vom Image der Unternehmung oder des Produkts und der Qualität des Produkts ab. Dadurch ergibt sich eine gewisse Preisvorstellung bei den Abnehmern. Oft sind dabei auch psychologische Auswirkungen des Preises zu berücksichtigen wie z.B. Rückschlüsse auf die Produktqualität oder auf das Image eines Produkts („Was billig ist, ist nichts wert." gilt z.B. bei Kosmetika und Parfums, bei Spirituosen und Weinen, bei Kleidern oder bei Uhren).

Dieses Verfahren entspricht einem konsequenten Marketingdenken, mit dem die Unternehmung deutlich zum Ausdruck bringt, dass ihre Möglichkeiten durch die Kräfte des Markts beeinflusst und beschränkt werden. Die praktische Umsetzung bringt allerdings erhebliche Schwierigkeiten mit sich, da der Informationsbedarf enorm ist. Die notwendigen Daten sind in der Realität oft nicht vorhanden oder können nur mit grossem Aufwand ermittelt werden [Hill/Rieser 1993: 333].

> *„Qualität hat ihren Preis! Es macht mir nichts aus, wenn man mir sagt, wir seien zu teuer. Wenn man mir sagen würde, wir seien nicht gut, ja, das würde mich stören." (Pierre Burelle)*

Bei der Entscheidung über den Preis eines Produkts besteht somit ein grosser Spielraum. Jeder aus den obigen Verfahren – auch in Kombination angewandt – abgeleitete Preis muss auf jeden Fall mit der grundsätzlichen Preisausrichtung (Hochpreis-, Marktpreis- oder Tiefpreisausrichtung) der Unternehmung in Einklang stehen und nach dem gegenwärtigen Stand des Produkts in seinem Produktlebenszyklus ausgerichtet sein.

„Unsere Produkte sind nicht billig, aber beim ersten Versuch wissen Sie, warum!“ (Ueli Prager)

4.1.4.2 Preisdifferenzierung

bedeutet, dass eine Unternehmung ein und dasselbe Produkt zu unterschiedlich hohen Preisen an unterschiedliche Abnehmer verkauft. Mit diesem Vorgehen lassen sich Umsatz, Marktanteil oder Gewinn vergrössern.

„Arme Leute brauchen niedrige Preise, reiche Leute lieben niedrige Preise.“ (Bernardo Trujillo)

Die Preisdifferenzierung funktioniert nur, wenn folgende Bedingungen erfüllt sind:

1. Die potentiellen Käufer müssen sich in klar voneinander abgegrenzte Gruppen unterteilen lassen, d.h., der Gesamtmarkt muss segmentierbar sein (siehe dazu auch Kapitel 3.4.1.1 „Marketingstrategien“).
2. In den einzelnen Marktsegmenten muss ein unterschiedliches Nachfrageverhalten vorliegen (d.h. unterschiedliche Preiselastizitäten der Nachfrage; siehe dazu auch Kapitel 2.5 „Die Preiselastizität von Nachfrage und Angebot“ in Teil E).

Man kennt in der Praxis verschiedene Arten von Preisdifferenzierung:

Die räumliche Preisdifferenzierung
basiert auf der geografischen Aufteilung des Marktes in verschiedene Gebiete (z.B. Stadt – Land, Regionen, Länder). Eine erfolgreiche Durchführung bedingt, dass die Kaufkraft in den einzelnen Gebieten unterschiedlich hoch ist und die Transport- oder Zollkosten höher als die Preisunterschiede sind.

Die zeitliche Preisdifferenzierung
basiert auf den Schwankungen der Nachfrage über den Zeitablauf und zeigt sich z.B. in unterschiedlichen Telefontarifen (Tag, Nacht, Wochenende) oder Hotelpreisen (Haupt- und Zwischensaison). Mit der Festlegung unterschiedlicher Preise je nach Saison, Jahreszeit, Tag oder sogar Stunde können gewisse zeitliche Präferenzen der Abnehmer (Geschäftszeiten, Urlaub während der Schulferien usw.) ausgenutzt und die Auslastung der Kapazitäten besser verteilt werden.

DIE PREISDIFFERENZIERUNG NACH KUNDENSEGMENTEN
basiert auf der Unterteilung der potentiellen Käufer nach bestimmten Merkmalen wie z.B. Lebensalter oder Erwerbssituation (reduzierte Preise für AHV-Berechtigte, Schüler und Studenten bei Veranstaltungen oder SBB). Oft haben die tieferen Preise nur während bestimmter Zeiten Gültigkeit.

DIE PREISDIFFERENZIERUNG NACH PRODUKT- UND VERWENDUNGSFORM
basiert darauf, dass dasselbe Produkt mit nur geringfügigen Veränderungen unterschiedlich verwendet werden kann. Deshalb werden für nur geringfügig verschiedene Produkte unterschiedliche Preise festgelegt, obwohl die Herstellkosten gar nicht oder nur marginal variieren. Beispiele dafür sind die Unterscheidung von Industrie- und Haushaltsstrom, Speise- und Viehsalz, Heiz- und Dieselöl oder Drucksachen und Briefpost beim Versand durch die PTT.

4.1.4.3 RABATTE

Viele Unternehmen variieren ihre Preise durch die Gewährung von Rabatten, um die Abnehmer (Handel oder Konsumenten) zu einer bestimmten Handlung (sofortiger Kauf, frühzeitige Zahlung, Barzahlung, Abnahme grösserer Mengen, Aufträge ausserhalb der Saison, Übernahme von Funktionen wie Vertrieb, Lagerhaltung usw.) zu bewegen.

Im wesentlichen werden mit der Gewährung von Rabatten die folgenden Ziele verfolgt [Meffert 1986: 347]:

- Umsatz- bzw. Absatzausweitung,
- Erhöhung der Kundentreue,
- Rationalisierung der Auftragsabwicklung,
- Steuerung der zeitlichen Verteilung des Auftragseingangs,
- Image hochpreisiger Güter sichern und trotzdem preiswert anbieten.

Zur Erreichung dieser Ziele stehen die verschiedensten Rabattarten zur Verfügung (vgl. Abb. 4.8).

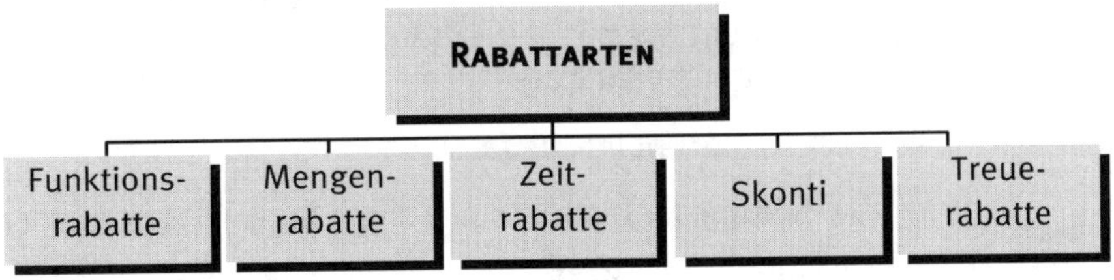

Abb. 4.8: Übersicht über Rabattarten

4.1.4.4 Die Liefer- und Zahlungsbedingungen

haben mit dem Preis direkt nichts zu tun. Damit werden Kosten und Leistungen des Waren- und Geldflusses geregelt. Eine Freihauslieferung z.B. verursacht zwar Kosten bei der Unternehmung, kann aber gleichzeitig – falls die Konkurrenz dies nicht bietet – ein Verkaufsargument darstellen.

Lieferbedingungen
sind im wesentlichen Bestimmungen hinsichtlich des Umfangs der Lieferverpflichtungen des Lieferanten (Hersteller, Handel) und ihrer Erfüllung durch den Lieferanten (Warenübergabe bzw. -zustellung [Ort und Zeit], Umtausch- und Rücktrittsmöglichkeiten, Konventionalstrafen bei Lieferverzug, Berechnung von Porti, Frachten und Versicherungskosten) [Meffert 1986: 352].

Zahlungsbedingungen
regeln die Zahlungsweise (Vorauszahlung, Barzahlung, Zahlung nach Erhalt der Ware, Gesamtzahlung oder Teilzahlung, Höhe der Raten bei Teilzahlung) und die Zahlungsfristen (z.B. „Zahlung innert 30 Tagen ab Rechnungsdatum").

4.1.5 Distributionspolitik

Für viele Menschen ist es selbstverständlich, dass Sie z.B. beim täglichen Einkauf von Lebensmitteln praktisch neben der Haustür aus einem grossen Warensortiment – frisch und von guter Qualität – auswählen können. Die dafür notwendigen Leistungen der Distribution sind ihnen nicht bewusst oder bekannt. Lediglich ein Lastwagen an der Rampe, an der man gerade vorbeigeht, erinnert gelegentlich daran, dass Ware bewegt und verteilt werden muss.

Da der Verkauf eines Produkts unmittelbar von dessen Erhältlichkeit abhängt, muss eine Unternehmung gewährleisten, dass jeder Abnehmer – ob Konsument oder anderweitige Unternehmung – dieses so kaufen kann, wie es seinen Bedürfnissen entspricht (Ort, Zeit und Art des Einkaufs).

Der Begriff Distribution bezieht sich in Anlehnung an die neuere Marketingliteratur auf alle Entscheidungen und Handlungen, die im Zusammenhang mit dem Weg eines Produkts zum Verbraucher oder Verwender stehen [Meffert 1986: 421].

Die Distributionspolitik umfasst

- die Gestaltung der Distributionskanäle (Absatzwege und -organe) und
- die Distributionslogistik (Auftragsabwicklung, Lagerhaltung und Transport).

4.1.5.1 DIE GESTALTUNG DER DISTRIBUTIONSKANÄLE

umfasst die Wahl der Absatzwege (direkt oder indirekt), die Entscheide über Zahl und Art der auf verschiedenen Stufen einzuschaltenden Absatzorgane und die Art der Zusammenarbeit mit letzteren.

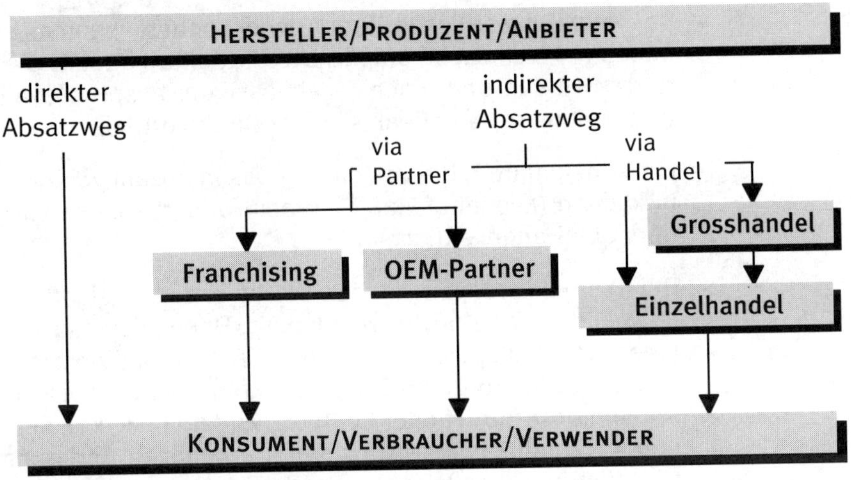

Abb. *4.9: Schema möglicher Distributionskanäle*

ABSATZWEGE

Von einem direkten Absatzweg spricht man, wenn die Unternehmung ihre Produkte direkt an die Konsumenten verkauft. Der Direktvertrieb erfolgt v.a. über

- eigene Verkaufsniederlassungen wie z.B. bei Eduscho (Kaffee) oder Bata (Schuhe),
- Telefon- und Versandhandel wie z.B. bei Dell (Computer),
- Aussendienstmitarbeiter,
- Fabrikläden, wie z.B. bei Stöckli (Ski) und Strellson (Bekleidung), oder über Factory Outlets – eine neuere Form des Fabrikladens, der im Gegensatz zu der klassischen Form an einem vom Produktionsort entfernten Standort liegt. Im Industriegebiet von Mendrisio (Tessin) steht das Foxtown – ein grosses Center, in dem nur Factory-Outlets wie z.B. diejenigen von Nike, Gucci oder Diesel untergebracht sind.

Von einem indirekten Absatzweg hingegen spricht man, wenn die Unternehmung ihre Produkte über verschiedene Arten von Zwischenstufen (Absatzorgane des Handels oder Kooperationspartner wie Franchisenehmer oder OEM-Partner) an die Konsumenten verkauft.

Die Entscheidung, ob die Unternehmung ein Produkt direkt, indirekt oder auch kombiniert vertreiben soll, hängt von verschiedenen Kriterien ab (vgl. dazu [Weis 1993: 284], [Thommen 1996: 154]):

- Art und Besonderheiten des Produkts
  - Bei vielen Investitionsgütern – insbesondere wenn es sich um kapitalintensive, technisch komplizierte Produkte handelt, die im Auftrag gefertigt werden und einen regelmässigen, anspruchsvollen Kundenservice bedingen – empfiehlt sich der Direktvertrieb.
  - Für Konsumgüter, die von einer grossen Anzahl von Abnehmern oft und in kleinen Mengen gekauft werden, drängt sich der indirekte Vertrieb über den Handel auf.
  - Bei Dienstleistungen ist der Direktvertrieb viel öfter anzutreffen, ja teilweise sogar eine Notwendigkeit. Denn Dienstleistungen sind nicht lager- und transportfähig, werden häufig simultan produziert und konsumiert und erfordern oft den direkten Kontakt zwischen Anbieter und Abnehmer (z.B. Arzt oder Coiffeur). Zudem bewirken neue Informations- und Kommunikationstechnologien erhebliche Änderungen in der Distribution im Dienstleistungsbereich. Auf elektronischen Märkten im Internet (Reisebüros, Ausbildungsstätten, Versicherungen) oder an Kundenterminals von Banken werden Dienstleistungen direkt und in „Selbstbedienung" angeboten.
- Anzahl und Struktur der Abnehmer
  - Ein grosse Zahl von Abnehmern mit unterschiedlichem Einkaufsrhythmus und geringem Einkaufswert pro Kauf spricht für den indirekten Vertrieb. Andererseits begünstigt eine geringe Zahl von Abnehmern mit hohem Einkaufswert pro Kauf und geringer Einkaufshäufigkeit den Direktvertrieb.
  - Je breiter die geografische Streuung der Kunden ist, um so eher wird ein indirekter Vertrieb gewählt.

Beim indirekten Vertrieb ergeben sich für die Unternehmung verschiedene Vorteile (vgl. dazu [Weis 1993: 288], [Thommen 1996: 155]):

- Für die Distribution fallen geringere Kosten an, da die Unternehmung einer beschränkten Anzahl von Kunden gegenübersteht (z.B. Grosshändler).
- Der Handel verfügt über gute Marktkenntnisse, von denen die Unternehmung profitieren kann, und übernimmt v.a. diverse wichtige Funktionen beim Verkauf (siehe dazu unten die Erläuterungen zum Handel).

Als Nachteile des indirekten Vertriebs für die Unternehmung können folgende Punkte genannt werden:

- Den geringeren Kosten stehen auch geringere Erlöse wegen tieferer Verkaufspreise gegenüber.
- Da der Kontakt zu den Konsumenten wegfällt, werden evtl. Marktveränderungen zu spät erkannt.
- Die Unternehmung könnte in eine Abhängigkeit zu den Händlern geraten – v.a. wenn sie nur wenige beliefert.
- Es besteht kein oder nur wenig Einfluss auf die Präsentation des Produkts beim Verkauf.

DER HANDEL
spielt in der Distribution – insbesondere im Konsumgüterbereich – als Bindeglied zwischen Hersteller und Verbraucher eine zentrale Rolle. Zu den Handelsunternehmen zählen

- der Grosshandel,
  der Waren an Wiederverkäufer oder gewerbliche Verwender (Weiterverarbeitung oder Grossverbrauch) verkauft,
- und der Einzelhandel,
  der Waren direkt an Verbraucher für deren persönliche, nicht gewerbliche Verwendung verkauft. Seine Betriebsform hängt im wesentlichen von den folgenden Kriterien ab:
  - Sortimentsbreite und -tiefe
    (ein Warenhaus wie Globus oder ein Fachmarkt wie Media-Markt haben ein breites und zugleich tiefes Sortiment, wogegen ein Spezialgeschäft wie eine Konditorei ein schmales, dafür aber tiefes Sortiment führt)
  - Preisniveau
    (z.B. Discounter oder Boutique)
  - Serviceleistung
    (in einem Fachgeschäft wie z.B. einer Drogerie wird der Kunde bedient und kompetent beraten, wogegen in einem Supermarkt die Waren in Selbstbedienung und ohne Beratung verkauft werden)
  - Standort
    (als Laden in einem Quartier, als Boutique an zentraler Lage in der City, als Shop-in-the-Shop in einem Warenhaus oder als Fachgeschäft in einem Einkaufszentrum in der Agglomeration; möglich ist auch der ladenlose Verkauf über Versand oder Automaten).

Warum wird überhaupt vielfach der Grosshandel eingeschaltet? Die Hersteller könnten ihre Produkte ja auch direkt an den Einzelhandel oder die Verbraucher verkaufen und damit wahrscheinlich auch höhere Preise erzielen. Sowohl der Einzelhandel und der gewerbliche Verwender als auch der Hersteller haben jedoch gute Gründe dafür, den Grosshandel einzuschalten, insbesondere wenn dieser eine oder mehrere der folgenden Funktionen wirtschaftlicher wahrnehmen kann (vgl. dazu [Kotler/Bliemel 1995: 881]):

- Markterschliessung
  Über Grosshändler kann ein Hersteller zu vergleichsweise niedrigen Kosten eine grosse Zahl von kleineren Abnehmern erreichen. Ein Grosshändler hat zudem engeren Kontakt mit den Abnehmern, die seinem Rat eher vertrauen als einem weit entfernten Hersteller, der nicht so häufig präsent ist.
- Mengenausgleich
  Grosshändler nehmen den Herstellern grosse Mengen ab und verkaufen diese in kleinere Mengen aufgeteilt an ihre Abnehmer weiter. Damit können sie Kosteneinsparungen für alle Beteiligten erzielen.
- Sortimentszusammenstellung
  Grosshändler treffen eine Vorauswahl aus dem Angebot vieler Hersteller und können damit ihren Abnehmern das Sortiment auf Wunsch zusammenstellen.
- Lagerhaltung und Transport
  Mit der Lagerhaltung und dem Transport überbrücken Grosshändler Zeit und Distanz sowohl für Hersteller als auch für Abnehmer.
- Finanzierung
  Grosshändler können ihre Abnehmer durch Verkauf auf Kredit und ihre Lieferanten durch Vorauszahlung finanzieren.
- Risikoübernahme
  Grosshändler übernehmen mit dem Erwerb des Eigentums an der Ware einen Teil des Risikos und der damit verbundenen Kosten, die durch Diebstahl, Beschädigung, Verderb oder Alterung anfallen können.
- Bereitstellung von Marktinformationen
  Grosshändler stellen ihren Lieferanten und Abnehmern Informationen über Massnahmen der Konkurrenz, neue Produkte oder Preisentwicklungen zur Verfügung.
- Betriebsschulung und Beratung

Einzelne der oben aufgeführten Funktionen kann aber auch der Einzelhandel teilweise – also nur in geringem Umfang – übernehmen.

Franchising
ist eine durch Vertrag geregelte Zusammenarbeit zwischen rechtlich selbständigen Unternehmen – dem Franchise-Geber und den Franchise-Nehmern.

Die Franchise-Nehmer treten dabei unter dem Firmen- oder Markennamen des Franchise-Gebers auf und vertreiben ausschliesslich Produkte aus dessen Sortiment unter Einhaltung von vertraglich festgelegten Pflichten (z.B. in bezug auf Preise, Ladenausstattung, Warenpräsentation, Kundenservice usw.). Bei Aussenstehenden wird damit der Eindruck erweckt, es handle sich um Filialen des Franchise-Gebers.

Der Franchise-Geber stellt somit seinen Firmen- und Markennamen, technische Einrichtungen, Produktionsverfahren, Rezepturen und Dienste wie Managementberatung und Personalschulung zur Verfügung. Dafür entrichten ihm die Franchise-Nehmer Eintrittsgebühren, Umsatz- oder Gewinnbeteiligung oder Lizenzgebühren.

Franchising bringt für alle Partner Vorteile:

- Für den Franchise-Geber ist eine schnelle Expansion möglich, ohne dass dafür hohe Kosten anfallen. Er verlagert das unternehmerische Risiko auf den Franchise-Nehmer, der allerdings über die notwendigen lokalen Marktkenntnisse verfügt. Trotzdem bleibt ein hoher Grad an Kontrolle erhalten.
- Für die Franchise-Nehmer ist die Unterstützung und Beratung in der Unternehmungsführung eine wertvolle Hilfe. Sie können durch die Nutzung des Firmen- und Markennamens schnell einen hohen Bekanntheitsgrad erreichen. Dabei bewahren sie im Rahmen des Vertrags weitgehend ihre Selbständigkeit.

Franchising ist ein Vertriebssystem, das zunehmend an Bedeutung gewinnt. Bei Autovermietungen (Avis, Hertz, Sixt), Fast-Food-Ketten (McDonald's, Burger King), Hotelketten (Holiday Inn), Bekleidungsfirmen (Benetton, Stefanel), im Computerhandel (Vobis, Computerland) und vielen anderen Produkt- und Dienstleistungsbereichen ist das Franchising mit grossem Erfolg eingeführt worden. Auch Coca-Cola arbeitet auf den verschiedenen Absatzmärkten mit Abfüllbetrieben (Grosshändler) als Franchise-Nehmer zusammen, die das Sirupkonzentrat kaufen, es mit Wasser und Kohlensäure versetzen und dann in Flaschen abgefüllt an die Einzelhändler vertreiben.

OEM
steht für Original Equipment Manufacturer und bedeutet die Entwicklung und Herstellung von Produkten, die von einer anderen Unternehmung – dem OEM-Partner – unter deren eigenem Namen weiterverkauft werden. Viele Hersteller von Informationstechnologien gehen sogenannte – vertraglich geregelte – OEM-Partnerschaften ein (so verkauft z.B. IBM die Diskspeichersysteme Iceberg, Kodiak und Arctic von StorageTek unter den eigenen Namen IBM RAMAC Virtual Array Storage, Scalable Storage und Electronic Array Storage). Ein OEM-Partner kann die eingekauften Produk-

te auch in seine Produkte einbauen. (So ist z.B. das PC-Betriebssystem Windows 95 von Microsoft auf den PCs vieler Hersteller bereits installiert und wird somit als fester Bestandteil der gesamten PC-Konfiguration – als Packaged Software ohne separate Aufführung im Verkaufspreis – weiterverkauft.)

Mit OEM-Partnerschaften kann ein Hersteller auf Exportmärkten schnell Fuss fassen oder vom bestehenden Kundenstamm und vom Image des OEM-Partners profitieren – ohne dass dafür Kosten anfallen. Der OEM-Partner profitiert dafür von einer attraktiven Erweiterung seiner Produkte oder seines Sortiments.

Gerade bei der Vermarktung von Informationstechnologien sind solche Partnerschaften von enormer Bedeutung für den umfassenden Markterfolg der Beteiligten, denn die technisch bedingten Abhängigkeiten von Hardware, Software und Services (Infrastruktur-Betreiber wie Telecom und Service-Anbieter wie Internet-Provider) und die integrierte Sichtweise des Produktes durch die Verwender (was nützt dem Anwender ein PC ohne Betriebssystem und Software oder umgekehrt?) führen zu einer marketingrelevanten Abhängigkeit, die weit über die hier diskutierte Frage der optimalen Distribution hinausgeht. Man spricht in diesem Zusammenhang von Joint-Marketing (vgl. dazu [Backhaus/Späth 1995], [Levinson/Rubin 1996: 118]).

4.1.5.2 Distributionslogistik

Die Distributionslogistik umfasst alle Aktivitäten, die die physische Überführung der Produkte einer Unternehmung zu ihren Kunden bezwecken, und wird deshalb auch oft als physische Distribution bezeichnet.

Die oberste Zielsetzung der Distributionslogistik besteht somit darin, dass das richtige Produkt zur gewünschten Zeit in der richtigen Menge zu optimalen Kosten an den gewünschten Ort gelangt.

Mit einer geeigneten Distributionslogistik werden Wettbewerbsvorteile erzielt, denn

- Zuverlässigkeit und Termintreue bei der Auftragsabwicklung, eine hohe Lieferbereitschaft, kurze Lieferzeiten und ein entsprechender Lieferservice sind heute unumgängliche Leistungen für die Zufriedenstellung von Kunden.
- Kostensenkungen durch Rationalisierung, Optimierung oder Verbesserungen bei den erforderlichen Prozessen führen zu erhöhten Margen oder Preissenkungen.

Die Distributionslogistik ist Bestandteil der Logistik einer Unternehmung vgl. Abb. 4.10). Die Logistik befasst sich mit allen physischen Warenbewegungen innerhalb des güterwirtschaftlichen Umsatzprozesses, d.h., neben der Distributionslogistik sind auch die Beschaffungslogistik (Materialbeschaffung bei Lieferanten für die Produktion) und die Produktionslogistik (innerbetriebliche Warenbewegungen in der Produktion, deshalb auch innerbetriebliche Logistik genannt) Bestandteile der Logistik. Nur durch eine optimale Abstimmung aller Komponenten der Logistik kann die erforderliche Verfügbarkeit der Produkte für den Markt – und somit letztendlich der Markterfolg – erreicht werden.

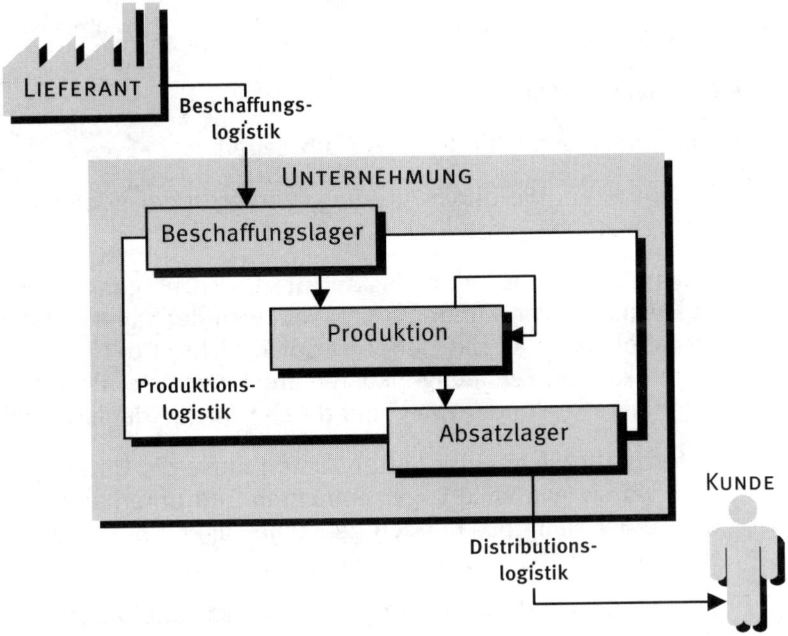

***Abb.** 4.10: Die Distributionslogistik als Bestandteil der Logistik einer Unternehmung*

Zu den wichtigsten Aufgaben der Distributionslogistik zählen die Auftragsabwicklung bei Bestellungen von Kunden sowie die Lagerhaltung und der Transport der Produkte.

DIE AUFTRAGSABWICKLUNG
ist die administrative Komponente der Distributionslogistik. Die Betreuung, Koordination und Überwachung einer Bestellung von deren Eingang bis zu deren Auslieferung muss rationell, wirtschaftlich, termingerecht und zuverlässig erfolgen, denn der Kunde muss zufriedengestellt und überzeugt werden, dass er bei einer leistungsfähigen Unternehmung einkauft. Die Auftragsabwicklung umfasst den Zyklus von der Entgegennahme einer Bestellung bis zur Überprüfung des entsprechenden Zahlungseingangs.

Die Lagerhaltung
der Produkte soll die jederzeitige und sofortige Belieferung der Kunden ermöglichen. Das Kernproblem bzw. der Zielkonflikt bei der Lagerhaltung besteht somit darin, die geforderte Lieferbereitschaft sicherzustellen, dabei aber die entstehenden Kosten zu minimieren.

Mit der Lagerhaltung fallen insbesondere die folgenden Kosten an:

- Raumkosten (Miete, Abschreibungen, Kosten für Infrastruktur wie Beleuchtung, Heizung oder Kühlung usw.)
- Zinskosten für das im Lager gebundene Kapital
- Versicherungskosten
- Unterhaltskosten für die Pflege des Lagers
- Risikokosten, die durch Alterung, Verderb oder generelle Wertverminderung entstehen
- Fehlmengenkosten, d.h. Kosten, die durch entgangene oder annullierte Bestellungen von Kunden entstehen, weil der Lagervorrat eines Produkts erschöpft war und die Lieferung somit nicht in der gewünschten Frist erfolgen konnte. Fehlmengenkosten entstehen also nicht unmittelbar durch Lagerhaltung, sondern vielmehr durch Fehler in der Lagerhaltung.

Unter Berücksichtigung dieser Kosten muss die Unternehmung entscheiden, wo sie wie viele Lager einrichten und unterhalten will. Viele kleine und in der Nähe der Kunden gelegene Lager z.B. verkürzen die Lieferzeiten, erhöhen aber die Kosten markant.

Exkurs: Beschaffungsplanung und Lagerbestandhaltung
Zur Optimierung der Lagerbestände, d.h. zwecks Aufrechterhaltung der Lieferbereitschaft bei gleichzeitiger Kostenminimierung, muss eine Unternehmung entscheiden, wann und wie sie ihre Lager ergänzt bzw. „auffüllt“, d.h., welche Mengen sie wann bei ihren Lieferanten oder in ihrer eigenen Produktionsabteilung bestellt. Dazu bestehen zwei Ansätze:

- Optimale Bestellmenge

  Dieser Ansatz beruht auf Annahmen, die in der Praxis nicht oder nur teilweise zutreffen:

  – Der Bedarf und somit der Lagerabgang ist stetig gleichbleibend linear (vgl. Abb. 4.11).

  – Die Einstandspreise sind unabhängig von der Höhe der Bestellmenge.

Die Kosten der Bestellabwicklung pro Stück vermindern sich bei grösseren Bestellmengen. Die Lagerhaltungskosten pro Stück nehmen bei grösseren

Bestellmengen hingegen zu. Die optimale Bestellmenge ist somit diejenige Menge, bei der die bestellmengenabhängigen Gesamtkosten pro Stück minimal sind.

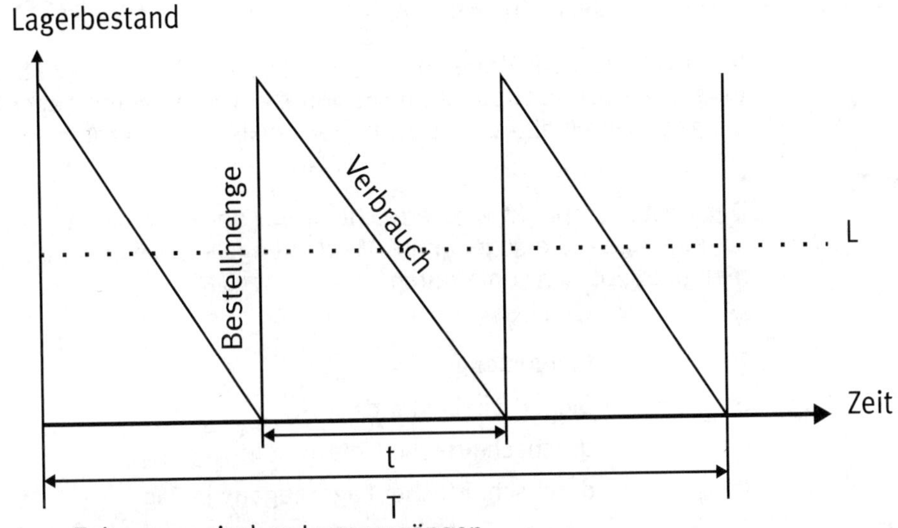

t = Zeitraum zwischen Lagerzugängen
T = gesamter Zeitraum (z.B. Jahr)
L = durchschnittlicher Lagerbestand

***Abb.** 4.11: Lagerbewegungen im Modell der optimalen Bestellmenge*

Mathematische Berechnung:

x	=	Bestellmenge
M	=	gesamte Menge (z.B. Jahresbedarf)
b	=	fixe Kosten pro Bestellung
p	=	Einstandspreis pro Stück
q	=	Zins- und Lagerkostensatz (%)

Jede Lieferung füllt das Lager von 0 auf x auf, so dass der durchschnittliche Lagerbestand bei x/2 liegt. Das durchschnittlich im Lager gebundene Kapital beträgt somit p*x/2. Damit entstehen jährliche Zinskosten in der Höhe von q*p*x/200 (da q in % verwendet wird, muss durch 100 geteilt werden, deshalb wird aus x/2 neu x/200). Dem stehen die Beschaffungskosten gegenüber: Jährlich sind M/x Bestellungen durchzuführen, die jeweils b an fixen Kosten verursachen. Das führt zu den jährlichen Gesamtkosten von K=M*b/x+p*q*x/200. Durch Differentialrechnung lässt sich nun das Minimum dieser Gesamtkostenfunktion bestimmen, daraus resultiert die folgende Formel für die Ermittlung der optimalen Bestellmenge:

$$X_{opt} = \sqrt{\frac{200 * M * b}{p * q}}$$

- Ermittlung des Bestellzeitpunkts

  Im Gegensatz zum Modell der optimalen Bestellmenge wird bei der Ermittlung des Bestellzeitpunkts nicht von einer konstanten Lagerabgangsrate ausgegangen (vgl. Abb. 4.12). In der Praxis ist dieser Ansatz weit verbreitet.

  Der Bestellzeitpunkt wird erreicht, wenn der Lagerbestand auf eine kritische Menge – die sogenannte Meldemenge – abgesunken ist. Die Meldemenge ergibt sich somit durch

M	=	S + l * v
M	=	Meldemenge
S	=	Sicherheitsbestand
l	=	durchschnittliche Lieferfrist in Tagen
v	=	durchschnittlicher Lagerabgang je Tag

Sowohl Bestellmenge als auch Sicherheitsbestand sind über eine bestimmte Periode in der Regel jeweils fix. Die Ermittlung beider Grössen ist ein Optimierungsproblem, auf das an dieser Stelle aber nicht näher eingegangen wird.

Mit einem Sicherheitsbestand kann die Belieferung von Kunden trotz möglicher Liefer- oder Produktionsverzögerungen erfolgen. Auch eine plötzlich auftretende Mehrnachfrage kann durch einen Sicherheitsbestand gedeckt werden.

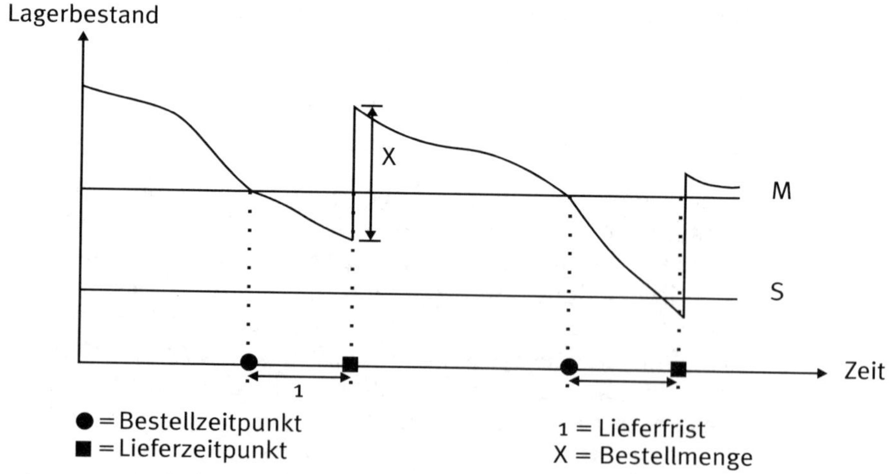

***Abb.** 4.12: Lagerbewegungen beim Verfahren mit Bestellzeitpunkt*

DER TRANSPORT
der Produkte zu den Kunden muss unter Berücksichtigung der Kriterien Lieferzeit, Sicherheit und Zuverlässigkeit, Eignung, Verfügbarkeit, Umweltverträglichkeit und Kosten in Abhängigkeit zu den gewählten Transportmitteln und -wegen (Strasse, Schiene, Wasser, Luft, Leitungssysteme wie Pipelines oder Datenübertragungsleitungen) erfolgen.

FAZIT
Die Distributionslogistik bietet viele Möglichkeiten, die Kundenzufriedenheit zu erhöhen und dabei auch noch Kosteneinsparungen zu erzielen. Mit der Nutzung von neuen Informationstechnologien können diese Einsparungs- und Verbesserungspotentiale auch wirklich ausgeschöpft werden.

4.1.6 KOMMUNIKATIONSPOLITIK

Produkte verkaufen sich leider nicht von selbst – auch wenn sie noch so gut und preiswert sind. Daher muss eine Unternehmung die potentiellen Käufer über die Existenz ihrer Produkte sowie deren Merkmale und Vorzüge in Kenntnis setzen und ihnen mitteilen, wo und zu welchen Preisen und Konditionen diese Produkte erhältlich sind. Dies alleine reicht aber noch nicht. Wenn eine Unternehmung im Wettbewerb bestehen will, muss sie gegenüber allen ihren Anspruchsgruppen auch ein positives Verhältnis auf der Basis von Bekanntheit, Vertrauen und Glaubwürdigkeit aufbauen und aufrechterhalten, d.h., sie muss mit allen ihren Anspruchsgruppen kommunizieren.

> *„Kommunikation ist das Sprachrohr des Marketing."*
> *(Kasimir M. Magyar)*

Die Aufgabe der Kommunikationspolitik besteht somit darin, die Anspruchsgruppen über die Unternehmung und deren Produkte aktiv, bewusst und gezielt zu informieren, um damit den Absatz der Produkte mehr oder weniger direkt zu fördern.

Die Kommunikationspolitik umfasst

- die Werbung,
- das Direct Marketing,
- die Verkaufsförderung (Sales Promotions),
- die Öffentlichkeitsarbeit (Public Relations) und
- den persönlichen Verkauf.

Jedes dieser Kommunikations-Instrumente hat aufgrund des AIDA-Modells spezifische Wirkungen zu erzielen. Das AIDA-Modell ist ein einfaches, hierarchisches Wirkungsmodell, das vier aufeinanderfolgende Phasen der erwünschten Wirkung bei einer Zielperson umfasst:

- A(ttention): Aufmerksamkeit erzeugen
- I(nterest): Interesse gewinnen
- D(esire): Wunsch wecken
- A(ction): Handlung auslösen

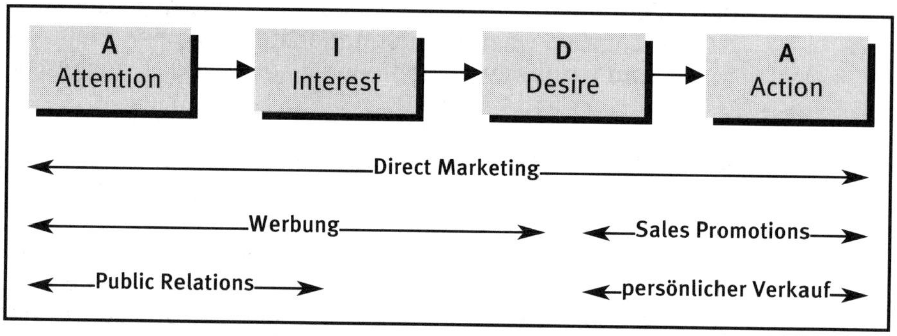

***Abb.** 4.13: AIDA-Modell und primäre Wirkungsweisen der Kommunikationsinstrumente*

Aber nur zufriedengestellte Kunden kaufen wiederholt bei der gleichen Unternehmung. Erst AIDAS – Attention, Interest, Desire, Action and Satisfaction – bedeutet deshalb wirkliches kundenorientiertes Marketing.

4.1.6.1 Werbung

Wir leben im Zeitalter des „Information-Overloadings" – der totalen Informations- und Reizüberflutung: Frühmorgens bereits präsentieren Zeitung, Radio und Frühstücksfernsehen ihre Informationen. Auf dem Weg zur Arbeit werben Radio, Plakate und Fahrzeugbeschriftungen um unsere Aufmerksamkeit. Im Büro geht es dann erst richtig los: Ein Tag für Tag mit Fachzeitschriften, Broschüren, Katalogen und Werbebriefen vollgestopfter Briefkasten will verarbeitet werden. Abends zu Hause erwartet uns von neuem ein von Werbematerial überquellender Briefkasten und natürlich das abendliche Fernsehprogramm. Und täglich werden wir mit neuen Formen der Werbung konfrontiert. Wer z.B. in Schweden mit seinen Liebsten telefoniert, bezahlt keinen Rappen dafür, denn die Verbindung ist kostenlos. Einen Haken hat die Sache: Beim Wählen, nach einer Minute und dann alle drei Minuten müssen die Telefonierenden einen Zehn-Sekunden-Werbespot über sich ergehen lassen.

> *„Werbung verfolgt einen höchst unschuldigen Zweck: Sie erzeugt das Bedürfnis nach Dingen, die die Menschen sich ohnehin wünschen." (Theodore Levitt)*

Die Einstellung der Konsumenten gegenüber der Werbung ist deshalb kritisch geworden. Aussagen wie „Werbung fördert die Kommerzialisierung der Gesellschaft", „Werbung verführt und manipuliert den Konsumenten", „Werbung verteuert die Ware unnötig" oder „Werbung ist Verschwendung" sind allgegenwärtig. Solche Kritik trifft aber bei weitem nicht für jede Werbung zu. Vor allem informative Werbung verschafft dem Konsumenten Übersichtlichkeit und leistet Entscheidungshilfe im riesigen, nicht mehr überschaubaren Angebot von Produkten und Dienstleistungen.

> *„Werbung ist die Kunst, auf den Kopf zu zielen und die Brieftasche zu treffen." (Vance Packard)*

Unter Werbung verstehen wir jede Form der Vorstellung von Produkten über unpersönliche Medien und in räumlicher Distanz zum Verkaufsort.

> *„Werbung ist wie Stallmist: sie wirkt nur, wenn sie breit gestreut wird." (Francis Bacon)*

Die volkswirtschaftliche Bedeutung der Werbung zeigt sich in den grossen jährlichen Aufwendungen für die wichtigsten Werbemedien (vgl. Abb. 4.14).

WERBEMEDIUM	**1994**	**1995**
Presse:		
• Zeitungen	1'829	1'962
• Publikumszeitschriften	237	251
• Fachpresse	340 *	356 *
Kinowerbung	30	34
Radiowerbung	87	90
Fernsehwerbung	297	318
Aussenwerbung	391	446
Adressbücher	121	121
Total	**3'332**	**3'578**

* Teilerhebung — Beträge in Mio. Fr. (gerundet)

***Abb.** 4.14: Netto-Werbeumsätze der Schweiz, ohne Produktionskosten (Quelle: Stiftung Werbestatistik Schweiz, Zürich)*

Die Werbung erfüllt im wesentlichen drei Funktionen:

a) Information,
indem das Produkt mit seinen Vorzügen bekanntgemacht und Wissenswertes darüber wie Anwendung oder Funktionsweise mitgeteilt wird. Die Werbung reduziert sich auf die sachliche Orientierung.

b) Beeinflussung,
indem eine Werbebotschaft so gestaltet ist, dass sie bei den Konsumenten Triebe, unbewusste oder unterdrückte Gefühle freisetzt. So verkauft man z.B. nicht mehr nur das Produkt, sondern man suggeriert dem Konsumenten ein Idealbild oder Image, das mit dem Produkt in Verbindung gebracht wird. So steht z.B. nicht mehr die Zigarette, sondern das Lebensgefühl von Abenteuer und Freiheit im Vordergrund; oder der Prestigewert eines Autos, und nicht dessen Qualitäten, wird zum entscheidenden Kaufkriterium. Auf diese Weise versuchen Unternehmen auch, neue Bedürfnisse zu schaffen.

c) Erinnerung,
indem die Konsumenten immer wieder darauf aufmerksam gemacht werden, dass sie ein bestimmtes Produkt benötigen. Damit wird der Bekanntheitsgrad eines Produkts aufrechterhalten oder gefördert.

Allerdings kann Werbung in ihrer besten Schöpfung auch die Grenzen des reinen Kommerzes sprengen und sogar für Unterhaltung und Entspannung sorgen.

Die Werbekonzeption
beinhaltet die Bestandteile und Massnahmen zur Planung, Durchführung und Kontrolle einer Werbeaktion:

1. Die Werbeziele
leiten sich aus den Marketingzielen und der Funktion der Werbung ab. Mit Werbezielen werden aber keine Aussagen über ökonomische Grössen wie Marktanteil, Umsatz oder Gewinn gemacht, sondern vielmehr erwünschte Wirkungen der Werbung bei den Zielgruppen definiert (siehe AIDA-Modell). Als weitere mögliche Werbeziele können
   - die Bekanntmachung eines Produkts,
   - die Information über ein Produkt,
   - die Erinnerung an ein Produkt
   - die Stärkung des Vertrauens in ein Produkt,
   - die Verbesserung des Images eines Produkts,
   - und die Unterstützung der Absatzchancen eines Produkts

   aufgeführt werden.

2. Die Zielgruppe
umfasst alle Personen und Institutionen, auf welche die Werbung ausgerichtet ist. Die Umschreibung der Zielgruppe erfolgt nach den Kriterien der Marktsegmentierung (siehe dazu in Kapitel 3.4.1.1 das Unterkapitel „Marktsegmentierung“).

3. Die Werbebotschaft
stellt die zentrale, konkrete Werbeaussage dar. Eine Werbebotschaft be-

steht in der Regel aus rationalen und emotionalen Informationen.

„Clausthaler – Alles, was ein Bier braucht."

4. Die Werbemedien
   bestehen aus Werbemitteln und Werbeträgern. Ein Werbemittel ist die verbale, akustische und visuelle „Verpackung" einer Werbebotschaft. Mit den Werbeträgern werden die Werbemittel „transportiert" (vgl. Abb. 4.15).

   Bei der Wahl der Werbemedien sind primär das zu bewerbende Produkt und die Zielgruppe zu berücksichtigen. Als weitere Kriterien sind die Reichweite, Erscheinungshäufigkeit und -frequenz, Verfügbarkeit und Kosten eines Werbemediums zu nennen.

5. Die Werbeperiode
   umfasst sowohl den zeitlichen Beginn und das Ende einer Werbeaktion als auch die Streuung und den Erscheinungsrhythmus der eingesetzten Werbemittel innerhalb der festgelegten Zeitdauer.

6. Der Werberaum
   stellt die geografische Ausdehnung (lokal, regional, national, international, global) der Werbung dar.

Werbemittel	Werbeträger
Inserate	Zeitungen, Zeitschriften, Veranstaltungsprogramme
Plakate, Leuchtschriften, Signete	Anschlagflächen an Verkehrswegen, privaten und öffentlichen Gebäuden, Verkehrsmitteln, in Veranstaltungszentren (z.B. Sportstadien oder Konzertsäle), Ladengeschäften, an Messen und Ausstellungen
Individuell zu tragende Abzeichen, Signete, Kleber, Kleidungsstücke, Tragtaschen	Firmenzugehöriges Personal, Käufer und Verbraucher, irgendwelche Dritte, Teilnehmer an Sportveranstaltungen
Diapositive, Werbefilme	Kinos, Theater, Veranstaltungen, Videokassetten
Fernsehspots, Videoclips	TV, Videokassetten
Gesprochene, vertonte Werbetexte	Radio, Sport- und Unterhaltungsveranstaltungen, Autos mit Lautsprechereinrichtung, Ladengeschäfte

Abb. *4.15: Wichtige Werbemittel und -träger [Hill/Rieser 1993: 382]*

7. Das Werbebudget
fasst alle Werbeausgaben – finanzielle Aufwendungen für Gestaltung, Produktion und Streuung der Werbemittel – über eine bestimmte Periode zusammen. Es kann sich am Umsatz, am Gewinn, an der Konkurrenz oder an den Werbezielen orientieren.

8. Die Werbewirkungskontrolle
soll überprüfen, in welchem Mass die Werbeziele erreicht worden sind. Da eine Werbeaktion aber nur eine von vielen Massnahmen im Rahmen des Marketings darstellt, ist deren Isolierung zur Messung ihres Erfolgs enorm schwierig. Zudem ist die Wirkung einer Werbeaktion auch nicht unmittelbar im Verkaufserfolg ersichtlich. Die Messung der Werbewirkung kann deshalb in der Regel nur über die Befragung der Zielgruppe oder zumindest einer repräsentativen Gruppe erfolgen – z.B. über Pretests (Beurteilung der Marketingwirkung *vor* der Werbung) oder über Posttests (Beurteilung der Marketingwirkung *nach* der Werbung).

4.1.6.2 Direct Marketing

Die „klassische“ Werbung soll primär für die Bekanntheit der Produkte und das Interesse bei den Konsumenten sorgen. Sie erfolgt über unpersönliche Massenmedien (TV, Radio, Zeitungen, Zeitschriften, Plakatwerbung) ohne unmittelbaren Kontakt zum potentiellen Käufer, bei dem der Anbieter eine direkte Reaktion auf sein Angebot beobachten könnte. Mit Direct Marketing wird dagegen versucht, unmittelbar, direkt und individuell mit den potentiellen Käufern in Kontakt zu treten, um diesen Angebote mit einer konkreten Aufforderung zur Handlung (z.B. Bestellung) zu unterbreiten.

Direct Marketing soll somit über den Einsatz von Werbemedien und Kommunikationstechniken eine *interaktive* Beziehung zu potentiellen Käufern aufbauen, um sie zu einer *individuell messbaren* Reaktion zu veranlassen.

Das Ziel des Direct Marketing muss nicht zwingend der sofortige Verkauf, sondern es kann auch die Erwirkung eines mehrstufigen, beeinflussenden Dialogs mit einem potentiellen Käufer sein. Deshalb wird in der Literatur oft der Begriff Dialog-Marketing synonym zu Direct Marketing verwendet. Im Direct Marketing werden die vielfältigsten Instrumente eingesetzt. Die wesentlichsten werden nachfolgend kurz erläutert (vgl. auch übernächste Abb. 4.17).

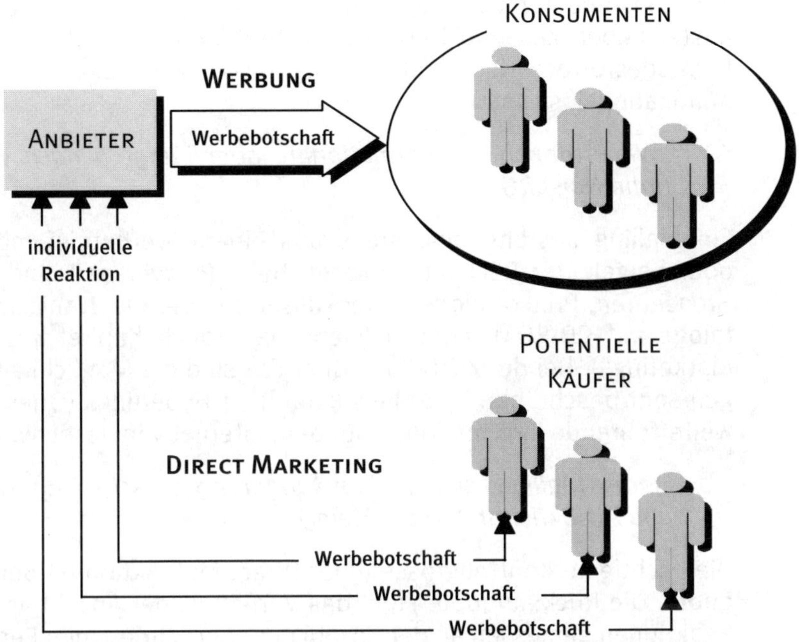

Abb. 4.16: „Klassische" Werbung kontra Direct Marketing

Direct-Mail
bezeichnet die direkte Zustellung von Informationen mit Werbecharakter – Mailings genannt – an potentielle Käufer über Postversand, Fax oder neuerdings auch über E-Mail (Elektronische Post über Internet).

Da die „klassische" Werbung über Massenmedien dem Anspruch der Konsumenten nach Individualität nicht mehr gerecht werden kann, muss die Kommunikation wesentlich stärker als bisher auf die gewünschten Zielgruppen oder vielmehr auf einzelne Zielpersonen abgestimmt werden. Der Erfolg eines Mailings hängt somit im wesentlichen von der richtigen Auswahl und Abgrenzung der Zielgruppe ab. Daneben sind aber auch Aufbau und Gestaltung des Mailings, die Wahl des „richtigen" Zeitpunkts oder die entsprechende Kombination mit anderen Marketing-Massnahmen entscheidende Erfolgsfaktoren.

Da Direct-Mail eine verhältnismässig günstige und effektive Möglichkeit darstellt, mit potentiellen Käufern direkt in Kontakt zu treten, werden die Konsumenten heute in einer täglichen Informationsflut von Mailings förmlich „überschwemmt". Dass deshalb Direct-Mail nicht bei allen Empfängern auf Gegenliebe stösst, liegt auf der Hand. So landet denn auch ein Grossteil der Mailings ungelesen im Papierkorb. Auf dem Internet spricht man deshalb bei E-Mails mit Werbecharakter bereits von Spamming oder sogar von Junk-Mails. Der unerwünschte Empfang eines Junk-Mails ist für den Konsumenten doppelt ärgerlich, denn das Herunterladen der E-Mails kostet neben Zeit und Nerven auch Verbindungs- und Telefongebühren. Nichtsdestotrotz ist und bleibt Direct-Mail ein effektives Kommunikationsinstrument.

> *„Wir ertrinken in Informationen, aber hungern nach Wissen!" (John Naisbitt)*

Ein Mailing besteht mindestens aus einem Werbebrief mit integrierter oder beigelegter Rückantwortkarte. Beim Postversand sind als Beilagen Broschüren, Printkataloge, Videokassetten oder elektronische Produktkataloge auf CD-ROM möglich (siehe dazu auch Kapitel 4.1.7 „Electronic Marketing"). Bei der Zustellung über Fax sind die Möglichkeiten für Beilagen sehr beschränkt. In E-Mails kann über Hyperlinks (Querverweise) auf weiterführende Informationen auf dem Internet verwiesen werden.

> *„Jedes Mailing ist eine Gratwanderung zwischen Aggressivität und Attraktivität." (Mark Meier)*

Die wichtigste Kontrollgrösse einer Direct-Mail-Aktion ist deren Rücklaufquote. Die Rücklaufquote stellt das Verhältnis der Anzahl Antworten bzw. Reaktionen gemessen an der Anzahl der angeschriebenen Personen dar.

Direct-Response-Marketing
steht für Werbung über Massenmedien, bei der die potentiellen Käufer nach der Werbebotschaft zusätzlich und gezielt zu einer direkten Reaktion aufgefordert werden. Beim Direct-Response-TV werden Produkte in bis zu mehreren Minuten dauernden Werbespots effektvoll vorgestellt, um am Schluss den Zuschauer durch die Angabe einer (gebührenfreien) Telefonnummer zur Bestellung aufzufordern. Die weitgehendste Ausprägung des Direct-Response-TV ist das sogenannte Tele-Shopping, bei dem ganze Sendungen oder sogar das gesamte Programm einer Sendeanstalt ausschliesslich auf den Verkauf von Produkten ausgerichtet sind (so sendet z.B. die amerikanische Sendeanstalt Home Shopping Network während 24 Stunden am Tag). Über Printmedien werden die Leser mit der Angabe einer (gebührenfreien) Telefon- oder Faxnummer, mit einem Coupon oder einer beigelegten Rückantwortkarte zur Bestellung aufgefordert.

Tele-Marketing
umfasst das Telefon- und das Telefax-Marketing. Speziell das Telefon-Marketing gilt als besonders kostengünstige Variante des persönlichen Verkaufs. Beim *passiven* Telefon-Marketing geht die Initiative vom Kunden aus (z.B. Bestellung, Kundendienstaufträge, Reklamationen, Auskünfte). Beim *aktiven* Telefon-Marketing hingegen ruft der Anbieter den Kunden oder Interessenten an (z.B. Ankündigung von Angeboten). Als einer der wesentlichen Vorteile des Telefon-Marketings kann die Kostensenkung bei den Aufwendungen des Aussendiensts gesehen werden, denn viele Un-

ternehmen nutzen das Telefon-Marketing zur Betreuung von B- und C-Kunden, während der Aussendienst sich auf die A-Kunden konzentriert. Nachteilig ist hingegen die fehlende Möglichkeit zur Visualisierung des Gesprächs. Telefax-Marketing kann ebenfalls aktiv (z.B. Mailings) oder passiv erfolgen (Fax auf Abruf, d.h., die Interessenten wählen einen Telefax-Anschluss an und *holen* sich die gewünschten Dokumente auf das eigenen Faxgerät oder über Faxmodem direkt auf den PC).

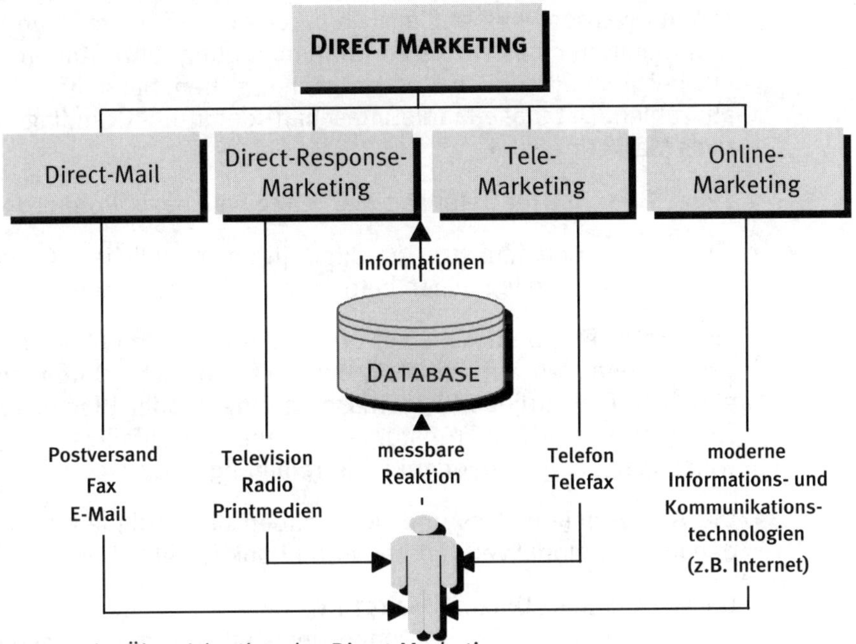

***Abb.** 4.17: Schematische Übersicht über das Direct Marketing*

ONLINE-MARKETING
setzt moderne Informations- und Kommunikationstechnologien für absatzfördernde Massnahmen im Rahmen des Direct Marketing ein. Die Möglichkeiten des Online-Marketings werden im Kapitel 4.1.7 „Electronic Marketing" erläutert.

DATABASE-MARKETING
stellt sozusagen die optimierte Form des Direct Marketing dar. Database-Marketing ist Direct Marketing auf der Basis von elektronisch gespeicherten, laufend aktualisierten und einfach auszuwertenden, individualisierten Daten über Kunden und Interessenten. Diese Daten stammen aus internen Quellen (z.B. Informationen von Verkaufsmitarbeitern aus Kundenkontakten, Rückantworten aus Direct-Mail-Aktionen) und externen Quellen (z.B. Kauf von Daten bei Adressbrokern). Eine solche Datenbank beinhaltet weitaus mehr als lediglich die Namen und Adressen von Kunden und Interessenten. Erst zusätzliche, individualisierte Informationen demografi-

scher und sozioökonomischer Natur (siehe dazu Kapitel 3.4.1.1 „Marketingstrategie“) sowie Angaben über Präferenzen, Mediennutzung, Kaufverhalten und andere relevante Fakten über Kunden und Interessenten ermöglichen gezielte und erfolgversprechende Marketing-Massnahmen.

Mit Database-Marketing lassen sich zwei wesentliche Ziele erreichen: Einerseits kann besser und schneller auf die Wünsche des Kunden eingegangen werden, was schliesslich zu einer intensiveren Kundenbeziehung und damit zu einer stärkeren Kundenbindung führt. Andererseits werden nur bei solchen Kunden Massnahmen ergriffen, bei denen sich diese auch auszahlen. Database-Marketing schafft damit die Grundlage für ein *effektives* Marketing.

Einige Beispiele für Database-Marketing (vgl. dazu [Rohner 1996: 97 ff.]):

- Eine Bijouterieladenkette gratuliert ihren männlichen Kunden zu deren Hochzeitstag und legt einen befristeten Rabattgutschein bei.
- Eine Hotelkette berücksichtigt unaufgefordert alle Wünsche ihrer Stammgäste – egal, wo auf der Welt, denn elektronische Daten sind global zugänglich: Die Vorliebe für gewisse Zeitungen oder Blumensorten, die Zusammensetzung des Frühstücks, Angaben zu allfälligen Diäten oder Anweisungen zur Schuh- oder Kleiderreinigung.
- Die Autovermieter Avis und Hertz haben die Vorlieben ihrer besten Kunden in einer global verfügbaren Datenbank festgehalten.

Die Gefahr beim Direct Marketing
besteht darin, dass sich Kunden belästigt, ausgenutzt, schlimmstenfalls betrogen sowie in ihrer Privatsphäre verletzt fühlen, wenn eine Unternehmung Instrumente wie z.B. Direct-Mail oder Telemarketing unbedacht, zu aggressiv oder gar böswillig einsetzt. Man kann sich leicht ausrechnen, dass solche Kunden für immer verloren sind. Die damit einhergehende negative Mund-zu-Mund-Propaganda kann zudem zu weiteren Kundenverlusten führen.

4.1.6.3 Public Relations (Öffentlichkeitsarbeit)

Unter Public Relations fallen alle Massnahmen, mit denen eine Unternehmung die Öffentlichkeit sowohl über ihre Tätigkeiten und Absichten als auch über ihre Produkte informiert, um damit v.a. ein positives Image, Vertrauen und Verständnis bei ihren Anspruchsgruppen zu gewinnen und zu pflegen.

„Tue Gutes und rede darüber!“

Public Relations liegen somit im Interesse der gesamten Unternehmung. Wir konzentrieren uns in der Folge auf die *marktorientierten* Public Relations, d.h. jene Massnahmen, die einen *direkten* Beitrag zur Erreichung der Marketingziele leisten (so unterstützen z.B. Human Relations – Massnahmen der Public Relations, die auf die Mitarbeiter ausgerichtet sind – die Marketingziele nur indirekt und werden deshalb nicht als marktorientiert bezeichnet). Die relevanten Anspruchsgruppen bzw. Zielgruppen der marktorientierten Public Relations sind deshalb v.a. Konsumenten, Händler, Opinion Leaders (Personen, die an der Meinungsbildung der Öffentlichkeit massgebend beteiligt sind), Experten, Presse, Verbände und die Standortbevölkerung.

> *„Nicht alles was wahr ist, müssen wir sagen. Aber alles was wir sagen, muss wahr sein." (Kasimir M. Magyar)*

Marktorientierte Public Relations können folgende Aufgaben wahrnehmen (vgl. [Kotler/Bliemel 1995: 1020]):

- Die Neueinführung oder Repositionierung von Produkten unterstützen,
- Produkte verteidigen, die in der Öffentlichkeit auf Kritik gestossen sind,
- Zielgruppen beeinflussen oder zumindest deren Interesse an bestimmten Produkten wecken,
- das Image der Unternehmung so aufbauen, dass es sich positiv auf deren Produkte auswirkt.

Im Gegensatz zur Werbung oder zu Sales Promotions steht bei marktorientierten Public Relations nicht der unmittelbare und kurz- bis mittelfristige Absatz im Zentrum, sondern vielmehr die Erwirkung einer langfristig positiven Haltung der relevanten Anspruchsgruppen gegenüber der Unternehmung und ihren Produkten. Damit schaffen marktorientierte Public Relations eine erfolgversprechende Grundlage für weitere Marketing-Massnahmen.

> *„Das Wort ist die Waffe der Öffentlichkeitsarbeit. Ohne Taten aber bleibt sie stumpf." (Friedhelm Pälike /Peter Schütz)*

Die folgende Aufzählung enthält die wichtigsten und in der Praxis verbreiteten Instrumente der marktorientierten Public Relations:

- Veröffentlichungen
  Geschäftsberichte, Kundenzeitschriften, redaktionelle Beiträge in Zeitungen oder Fachzeitschriften, Prospekte
- Pressearbeit
  Pressemitteilungen, Pressekonferenzen, Interviews für Zeitung oder TV

- Veranstaltungen
  Fachvorträge, Podiumsdiskussionen, Tag der offenen Tür, Jubiläumsfeiern, Ausstellungen, Wohltätigkeitsveranstaltungen, Konzerte, Theater

- Förderung und finanzielle Unterstützung von gemeinnützigen Institutionen
  Unterstützung von Hilfsorganisationen oder Umweltschutzaktivitäten, Einrichtung von Stiftungen, Förderung von Wissenschaft oder Kultur

Als weitere Instrumente, die heute eine enorme Bedeutung und Verbreitung aufweisen, sind das Sponsoring und das Product Placement zu nennen. Da sie sich wesentlich von den obenerwähnten Instrumenten unterscheiden, werden sie in der Literatur häufig als „special activities" den Public Relations zugeordnet.

Sponsoring
ist die Förderung von Personen und Organisationen im sportlichen, kulturellen, sozialen oder ökologischen Bereich nach dem Grundsatz von Leistung und Gegenleistung. Hier liegt auch der wesentliche Unterschied zur Förderung im klassischen Sinne, bei welcher der Förderer meist im Hintergrund bleibt und keine Gegenleistung verlangt. Der Sponsor stellt hingegen Geld, Sachmittel oder Dienstleistungen zur Verfügung und erwartet dafür vom Gesponserten Werbung für seine Unternehmung oder deren Produkte [Pälike/Schütz 1996: 63].

Die Verträge in Millionenhöhe für Sportstars sprechen für die enorme Wirkung dieses Instruments. Ob diese allerdings noch unter den Begriff „Förderung" fallen, ist eine andere Frage. Vor dem Hintergrund einer sich abzeichnenden Sättigung im Sportsponsoring tritt heute zunehmend ein Engagement bei der Unterstützung kultureller Aktivitäten oder bei der Bewältigung sozialer Aufgaben in Erscheinung. Ein Beispiel für das Soziosponsoring ist sicherlich die medienwirksame Bereitstellung von zwölf Mercedes-Sattelschleppern von Daimler-Benz für die „Russlandhilfe" der Hilfsorganisation Care im Winter 1990/91.

Product Placement
ist die Plazierung von Produkten als Requisiten in Kino- und Fernsehfilmen. Dies wird in der Regel vom Publikum nicht als Werbung empfunden und erzeugt damit auch keine Abwehrhaltung. Im weiteren schafft dieses Instrument die Möglichkeit, den Gebrauch des Produktes zu zeigen und es mit bestimmten Situationen oder im Zusammenhang mit Idolen zu assoziieren [Hill/Rieser 1993: 418].

Bei Filmen mit grosser Zuschauerresonanz wird ein Produkt meist international und innert kürzester Frist bekannt. Als Beispiel sollte man sich einen der neueren James-Bond-Filme ansehen – in diesen Filmen werden von 007 höchstpersönlich jeweils zwischen 15–30 Marken „vorgestellt".

Allerdings sei dem Leser dabei geraten, die Fahrweise mit dem soeben neu erstandenen BMW Z3 nicht derjenigen von James Bond anzupassen. Denn es wäre doch jammerschade, wenn dabei die zwölf Flaschen Champagner Dom Perignon im Kofferraum zu Bruch gehen würden.

4.1.6.4 SALES PROMOTIONS (VERKAUFSFÖRDERUNG)

Unter Sales Promotions fallen alle Massnahmen, die den Absatz eines Produkts mit ausserordentlichen, punktuellen und in der Regel *zeitlich befristeten Anreizen* unmittelbar unterstützen und damit kurzfristig erhöhen sollen.

Mit Sales Promotions können entweder die Verbraucher, die Händler oder aber die eigenen Verkäufer zum Kauf bzw. Verkauf zusätzlich motiviert werden. Man unterscheidet deshalb die Verbraucher-, die Händler- und die Verkäufer-Promotions.

VERBRAUCHER-PROMOTIONS
sind Massnahmen, die auf die Verbraucher gerichtet sind. In der Praxis sind v.a. die folgenden üblich (vgl. dazu [Kotler/Bliemel 1995: 1007 ff.]):

- Muster
  eines Produkts werden in geringen Mengen kostenlos zur Probe abgegeben – als Beilage zu einem anderen Produkt wie z.B. ein Muster Weichspüler in der Waschmittelpackung, über den Postversand, „auf der Strasse“ wie z.B. Zigaretten oder beim Einkauf nach Bezahlung an der Kasse wie z.B. Kosmetika.

- Gutscheine oder Coupons
  gewähren dem Inhaber beim Kauf eines Produkts eine Ersparnis oder eine bestimmte Zusatzleistung wie z.B. eine komplette Innenreinigung des Autos beim nächsten Service.

- Kombi- oder Multipacks
  bieten dem Verbraucher eine Ersparnis gegenüber den regulären Produktpreisen wie z.B. 3 für 2 im Multipack oder die gemeinsame Verpackung zweier komplementärer Produkte wie z.B. Zahnbürste und Zahnpasta im Kombipack.

- Zugaben
  sind Produkte, die zu einem relativ niedrigen Preis oder sogar kostenlos beim Kauf eines anderen Produkts abgegeben werden wie z.B. Schlüsselanhänger als Zugabe beim Kauf eines Portemonnaies.

- Gewinnspiele und Preisausschreiben
  bieten den Verbrauchern die Möglichkeit, Bargeld, Reisen oder Produkte zu gewinnen. Die Teilnahme am Gewinnspiel verpflichtet dabei nicht zum Kauf, und umgekehrt erhöht ein Kauf die Gewinnchancen nicht.

- Probenutzung oder Warenrücknahme
  bieten dem Verbraucher die Möglichkeit, ein Produkt zu testen. Wenn dieses die Erwartungen nicht erfüllt, kann es dem Verkäufer ohne finanzielle Konsequenzen zurückgegeben werden.

Während die Werbung beim Verbraucher v.a. Interesse oder bestenfalls den Kaufwunsch weckt, so sollen ihn Verbraucher-Promotions im wesentlichen zum effektiven – wenn möglich sofortigen – Kauf veranlassen. Verbraucher-Promotions sind so gesehen die „verlängerten Arme" der Werbung und zeigen die grösste Wirkung, wenn sie mit letzterer kombiniert werden. So belegen Studien, dass z.B. bei der Markteinführung eines Konsumprodukts die grossflächige Verteilung einer grossen Anzahl von Mustern in Verbindung mit Fernsehwerbung erfolgreicher ist als die Fernsehwerbung allein.

Händler-Promotions
sind Massnahmen, die auf die Händler gerichtet sind. Darunter fallen z.B. spezielle Einkaufskonditionen und Rabatte, Prämien bei Erreichung eines festgelegten Absatzziels, zur Verfügung gestelltes Ausstellungsmaterial für den Verkaufsraum, zur Verfügung gestelltes Personal für Messen und Veranstaltungen, Information, Beratung und Ausbildung.

Verkäufer-Promotions
sind Massnahmen, die die Motivation der eigenen Verkäufer unterstützen und fördern sollen. Darunter fallen z.B. Verkaufswettbewerbe mit Preisen wie eine Reise für die „besten" Verkäufer, Ausrüstungen mit entsprechenden Hilfsmitteln zur Verkaufsunterstützung wie Laptop und Natel, Ausbildung, Informationsveranstaltungen und Erfahrungsaustausch.

Die Bedeutung von Sales Promotions
hat in den letzten Jahren stark zugenommen. So weisen heute Sales Promotions bei vielen Unternehmen einen Anteil von bis zu 30% (die Werbung inkl. Direct Marketing bis zu 70%) vom gesamten Kommunikationsbudget auf. Allerdings hat dies – ähnlich wie bei der klassischen Werbung – zu einer Überflutung und somit Übersättigung der Verbraucher geführt und damit wiederum rückkoppelnd die Wirkung von Sales Promotions reduziert.

4.1.6.5 Persönlicher Verkauf

Der persönliche Verkauf ist dasjenige Instrument der Kommunikationspolitik, das auf wirklicher zwischenmenschlicher Kommunikation beruht: Im persönlichen Gespräch mit einem Verkaufsmitarbeiter soll der potentielle Käufer über ein Produkt informiert, beraten und hinsichtlich dessen Nutzens und dessen Qualität überzeugt werden. Das primäre Ziel eines solchen Gesprächs – und damit des persönlichen Verkaufs – ist der Abschluss eines Kaufvertrags. Der persönliche Verkauf findet am Verkaufsort selbst, beim Kunden, am Telefon (siehe dazu auch Kapitel 4.1.6.2 „Direct Marketing“ sowie das Unterkapitel „Tele-Marketing") oder an Messen statt.

Alle Marketing-Massnahmen zielen auf den Verkauf eines Produkts, d.h., im realisierten Verkauf gipfeln alle vorangegangenen Anstrengungen. Ob der Verkauf unpersönlich oder persönlich zu gestalten ist, entscheidet hauptsächlich das Produkt:

- Der unpersönliche Verkauf – Selbstbedienung, Automatenverkauf, Katalogbestellung usw. – stellt lediglich eine Warenverschiebung vom Anbieter zum Käufer dar und ist v.a. bei problemlosen Konsumgütern des täglichen Bedarfs angebracht.
- Die Bedeutung des persönlichen Verkaufs ist um so grösser, je erklärungsbedürftiger oder teurer ein Produkt ist oder je seltener es gekauft wird [Hostettler 1994: 89].

Im Gegensatz zu den unpersönlichen Formen der Marktkommunikation resultiert aus dem persönlichen Kontakt der Verkaufsmitarbeiter zu den potentiellen Käufern ein direktes Feedback. Der persönliche Verkauf dient somit auch der Beschaffung von zuverlässigen Informationen über Kundenbedürfnisse. Deshalb können auch Gesprächskontakte von Führungskräften mit wichtigen Kunden im weiteren Sinne dem persönlichen Verkauf zugeordnet werden, auch wenn dabei die Pflege der Kundenbeziehung im Vordergrund steht.

4.1.7 Electronic Marketing

Electronic Marketing umfasst alle Bereiche des Marketings, die durch den Einsatz von modernen Informations- und Kommunikationstechnologien ermöglicht oder unterstützt werden.

Die globale Vernetzung und das Zusammenwachsen von Computer, Fernsehen, Radio, Telefon und Telefax eröffnen im Marketing neue Dimensionen, mit denen sich früher oder später jede Unternehmung auseinandersetzen muss. Die Frage, die sich dabei für jede Unternehmung stellt, lautet „Wird die Elektronik unsere Produkte und Dienstleistungen überflüssig machen?“ oder positiv gesehen „Welche neuen profitablen Geschäfte werden mit Hilfe der Elektronik möglich?“ Informatikleistungen und Telekommunikation sind allgegenwärtig – in naher Zukunft auch im Marketing.

> *„Computer werden Fernseher, Fernseher werden CD-Player, CD-Player werden Fotoalben, Notizbücher werden Faxgeräte, Finger*

werden Mäuse, Handbücher werden überflüssig, und sie werden staunen."
(aus einer Werbung der Firma Apple im Januar 1995)

Informations- und Kommunikationstechnologien werden im Marketing heute in der Regel vor allem in der Kommunikation genutzt. Mit neueren Anwendungen wie z.B. Point-of-Sales-Systemen weitet sich dieser Einsatz aber zunehmend auch auf die Distribution und die Marktforschung aus. Die Grenzen zwischen den einzelnen Bereichen verwischen sich dabei.

Electronic Marketing kann eine differenzierende Wirkung ausüben und somit auch zu einem strategischen Erfolgsfaktor werden. Aber trotzdem kann und wird die „Elektronik" auch im Marketing immer nur Mittel zum Zweck sein.

In den folgenden Kapiteln werden einige in der Praxis etablierte Formen des Electronic Marketings erläutert (da Database-Marketing – auch eine Form des Electronic Marketings – bereits unter dem Kapitel 4.1.6.2 „Direct Marketing" erklärt ist, wird dieser Begriff nachfolgend nicht mehr erwähnt).

4.1.7.1 Marketing mit Multimedia

bedeutet wörtlich genommen den kombinierten Einsatz von verschiedenen Medien; genaugenommen von Medien, die Auge und Ohr ansprechen. Dieser Ansatz ist jedoch alles andere als neu und z.B. beim Fernsehen längst realisiert. Hinter Multimedia steht aber mehr als das blosse Zusammenspiel von mehreren verschiedenen Medien.

Multimedia steht für eine computergestützte, interaktive Informationstechnologie, in die visuelle und auditive Medien digital integriert sind (vgl. Abb. 4.18).

Neben der Medienintegration ist die Möglichkeit der Interaktion das zentrale Merkmal von Multimedia. Unter Interaktion oder Interaktivität versteht man die wechselseitige Kommunikation zwischen Mensch und Computer, d.h. der Benutzer kann in den Ablauf eines Programms eingreifen und diesen aktiv beeinflussen und steuern. Interaktive Computersysteme ermöglichen dem Anwender den individuellen, gezielten, selektiven und zeitunabhängigen Zugriff auf die von ihm gewünschten Informationen und Medien. Besteht sogar die Möglichkeit des assoziativen, intuitiven Zugriffs auf die gesuchte Information, so spricht man von Hypermedia. Andere Medien wie z.B. das Fernsehen bieten die Möglichkeit der Interaktion nicht oder nur in sehr begrenzter Art und Weise.

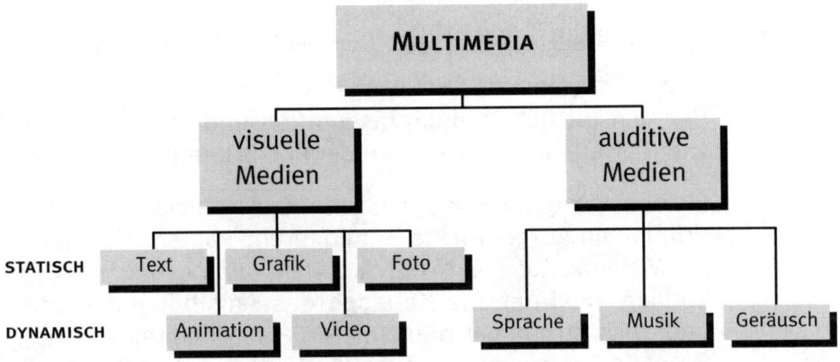

Abb. 4.18: Medienintegration – ein Merkmal von Multimedia

Ein Multimedia-System ist somit ein computergestütztes, interaktives Informationssystem, das Text, Bild und Ton in digitaler Form speichert, verarbeitet, übermittelt und präsentiert.

ANWENDUNGEN
und Einsatzmöglichkeiten von Multimedia für das Marketing sind vielfältig und erstrecken sich über alle Bereiche (vgl. Abb. 4.19). Die rasante Verbreitung von multimediafähigen PCs – zurückzuführen auf die Attraktivität von Multimedia sowie den technischen Fortschritt und Preiszerfall bei der Hardware – schafft die notwendige Grundlage für einen breiten Einsatz im Marketing.

Eine wichtige Anwendung von Multimedia findet im elektronischen Katalog ihren Niederschlag. Eine weitere wichtige Anwendung besteht mit Computer Based Training (CBT) in der innerbetrieblichen Aus- und Weiterbildung, aber auch in der Produktschulung für Verkäufer oder den Handel.

COMPUTER BASED TRAINING (CBT)
basiert auf einem computergestützten, multimedialen, interaktiven Lernprogramm, das dem Benutzer ein individuelles Lernen erlaubt. Der Benutzer kann dabei Lerninhalte, Zeitpunkt des Lernens, Lerndauer und -tempo selbst bestimmen. Er kann einzelne Kapitel in beliebiger Reihenfolge beliebig oft bearbeiten und zwischen alternativen Lernwegen wählen.

Dank Multimedia ermöglicht CBT eine erhebliche Steigerung der Lerneffizienz. Ausbildner werden entlastet und finden mehr Zeit für eine intensivere, individuelle Betreuung der Lernenden. Sowohl die Dauer als auch die Kosten für die Ausbildung können reduziert werden.

CBT wird z.B. bei nahezu allen Automobilherstellern für die Schulung der Mechaniker (Service) und der Verkäufer eingesetzt. Diese Lernprogramme gehen zum Teil so weit, dass sie den Mechanikern sogar vor Ort bei Reparaturarbeiten direkte Hilfestellung leisten (vgl. dazu [Silberer 1995: 99]).

Der elektronische Katalog
hat sich für die Produktpräsentation und -werbung, die Beratung sowie zur Verkaufsunterstützung in der Praxis bereits durchgesetzt.

Elektronische Kataloge besitzen die gleichen Grundeigenschaften wie Printkataloge (gedruckte Kataloge auf Papier), sind jedoch mehr als nur ein Medium, das elektronisch erstellt und präsentiert wird. Mit Multimedia können elektronische Kataloge das Angebot prägnanter, verständlicher und auch attraktiver präsentieren als Printkataloge. Die gewünschten Informationen lassen sich schneller und gezielter finden. Das Informationsangebot in einem elektronischen Katalog kann wesentlich umfangreicher und informativer sein als in Printkatalogen, ohne dabei die Übersichtlichkeit zu beeinträchtigen. Einen deutlichen Mehrnutzen gegenüber Printkatalogen weisen elektronische Kataloge bei der Beratung und Entscheidungsunterstützung des Kunden auf. Selbst bei erklärungsbedürftigen oder kundenspezifischen Produkten wird eine weitgehende Selbstberatung des Kunden ermöglicht. Durch integrierte Bestellfunktionen und Plausibilitätsprüfungen kann dem Kunden sogar beim Ausfüllen einer Bestellung Hilfestellung geleistet werden. Damit können Fehler aufgrund fehlender Angaben oder falsch geschriebener Bestellnummern nahezu ausgeschlossen werden [Rükgauer 1995: 8].

Die Übertragungskapazität öffentlich zugänglicher Netze – z.B. des Internets – ist heute noch zu gering, um elektronische Kataloge mit ihrem hohen Datenvolumen online zu verteilen. Mit der technischen Verbesserung der Telekommunikationsinfrastruktur und der Softwarearchitektur wird diese Möglichkeit aber in Zukunft enorm an Bedeutung gewinnen. Die dabei realisierten Vorteile liegen auf der Hand:

- die Kataloge können bei geringsten Kosten weltweit zur Verfügung gestellt werden,
- die Daten können zentral bewirtschaftet werden,
- die Daten sind jederzeit aktualisierbar – bei geringem Aufwand und geringen Kosten,
- die Kosten der Informationsabfrage werden durch den Benutzer getragen,
- die Bestellungen vom Benutzer erfolgen online und damit ohne Medienbruch (Informationsfluss über mehrere, unterschiedliche Medien) – damit wird die Abwicklung der Bestellung beschleunigt und die bei Mehrfacherfassung möglichen Fehler vermieden.

Heute werden deshalb elektronische Kataloge in der Regel wie folgt an die Kunden verteilt bzw. öffentlich angeboten:

- Auf mobilen Datenträgern; z.B. auf CD-ROM (Compact Disc Read Only Memory, digitales Speichermedium mit 650 Megabyte Speicherkapazität), die der Kunde bei sich auf einem Multimedia-PC „abspielen" kann. Im Consumer-Bereich sind elektronische Kataloge bis anhin noch nicht gross verbreitet. So gibt z.B. die Versandhandelsgruppe Otto Versand Hamburg ihren Katalog gegen eine kleine Gebühr auch auf CD-ROM ab. Im Business-to-Business-Bereich ist der Einsatz von elektronischen Katalogen auf CD-ROM bereits sinnvoll und auch gewinnbringend (z.B. der Elektronische-Teile-Katalog von BMW).

- An „elektronischen Informations- oder Verkaufskiosken"; festinstallierte, öffentlich zugängliche, interaktive Multimedia-Terminals mit Touch-Screen am Point of Information (POI) oder Point of Sale (POS). Man spricht deshalb vorwiegend von POI- bzw. POS-Terminals oder -Systemen.

- Als verkaufsunterstützendes Instrument (CAS) beim mobilen Einsatz im Aussendienst (siehe dazu auch Kapitel 4.1.7.3 „Computer Aided Selling").

  Die Verbreitung von elektronischen Katalogen ist bis anhin aus praktischen Gründen noch eingeschränkt [Rükgauer 1995: 9]:

- für die Nutzung ist ein multimediafähiger Computer Voraussetzung – dieser ist aber noch nicht überall verfügbar und auch nicht so mobil wie ein Printkatalog,

- unser Leseverständnis wird immer noch durch den Papierdruck geprägt. Printkataloge sind nach einem mehr oder weniger identischen Muster zusammengestellt und ein selbstverständlicher Bestandteil des sozialen Lebens,

- auf Seiten der Konsumenten besteht eine zu grosse Hemmschwelle gegenüber der selbständigen Ansicht eines elektronischen Katalogs, oder es liegt sogar eine emotionelle oder rationale Ablehnung gegenüber einem computergestützten Dialogsystem vor.

  Angesichts der raschen Verbreitung der Multimedia- und Telekommunikations-Technologie werden diese Einschränkungen jedoch zunehmend an Bedeutung verlieren, so dass es in absehbarer Zeit in gewissen Anwendungsbereichen zumindest zu einer partiellen Substitution von Printkatalogen durch elektronische Produktkataloge kommen wird.

POI- und POS-Systeme

Alle öffentlich zugänglichen Systeme zur Informationsbereitstellung für interessierte Benutzer sind POI-Systeme. Sie finden bereits seit Mitte der 80er-Jahre als Auskunftsterminals breite Anwendung in Museen, Flughäfen, Bahnhöfen und an anderen öffentlichen Plätzen. POI-Terminals bieten v.a. ortsansässigen Unternehmen wie Hotels, Gaststätten, Kinos, Theater, aber auch überregional tätigen Unternehmen wie Getränkeherstellern, Sportartikelanbietern die Möglichkeit zur Produktpräsentation und -werbung [Huly/Raake 1995: 31].

POS-Systeme hingegen haben primär verkaufsunterstützende Funktion und stehen in der Regel innerhalb von Ladengeschäften. Informationsschalter und Hinweisschilder (z.B. an der Rolltreppe) können durch POS-Terminals ersetzt werden, wenn diese dem Benutzer bei der Suche nach dem gewünschten Produkt Hilfestellung leisten. POS-Systeme geben einen Überblick über das geführte Sortiment und stellen daraus ausgewählte Produkte informativ und zugleich werbend vor. Mit integrierter Bestellfunktion und Kommunikationsverbindung zum Logistiksystem reduzieren POS-Systeme Aufwand und Kosten für die Bestellabwicklung [Swoboda 1996: 5].

POI/POS-Terminals mit Protokollierungsfunktion sind auch zur Informationsgewinnung oder sogar zu Marktforschungszwecken einsetzbar.

Das multimediale Informationssystem „Minnelli" der Schweizerischen Bankgesellschaft (Bankdienstleistungen) oder der Karstadt MusicMaster (Musik- und Video-Titel) sind Beispiele für hervorragend konzipierte POI/POS-Systeme (vgl. dazu [Silberer 1995: 200 ff. und 285 ff.]).

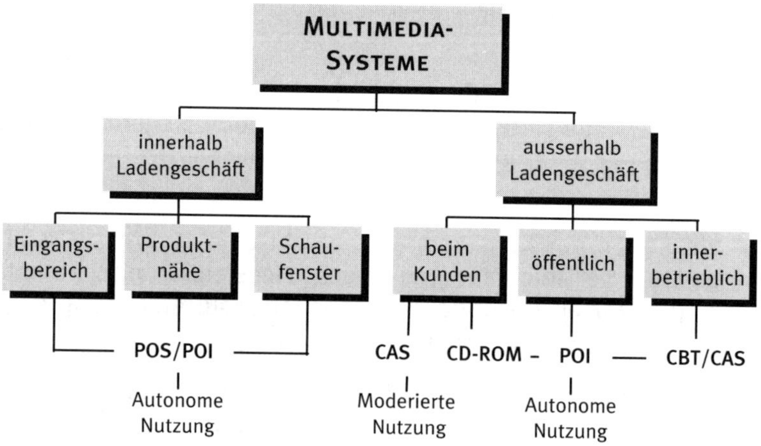

***Abb.** 4.19: Anwendungsmöglichkeiten von Multimedia-Systemen (in Anlehnung an [Swoboda 1996: 6])*

4.1.7.2 ONLINE-MARKETING

ist eine sehr junge Ausprägung im Marketing auf der Basis von modernen Informations- und Kommunikationstechnologien – allen voran dem Internet. Online-Marketing ist im weitesten Sinne eine Form der kommerziellen, direkten und interaktiven Kommunikation mit den Konsumenten über das Internet. Mit dem Internet entstand eine neue, virtuelle Dimension, die unter dem Begriff Cyberspace in aller Munde ist. Deswegen spricht man stellvertretend für Online-Marketing auch von Cyber-Marketing.

DAS INTERNET
besteht im Jahr 1996 aus ca. 45'000 unabhängigen, frei zusammengeschlossenen Computernetzwerken. Die Zahl der Personen, die über das Internet miteinander kommunizieren, wird weltweit auf ca. 40 Millionen geschätzt. Bis ins Jahr 2000 wird ein Zuwachs auf weit über 200 Millionen prognostiziert. Damit bildet das Internet zwischenzeitlich hinter dem Telefon das zweitgrösste Kommunikationssystem unseres Planeten.

DIE ENTSTEHUNGSGESCHICHTE DES INTERNETS
liegt noch nicht lange zurück: 1969 baute das amerikanische Verteidigungsministerium ein robustes, krisensicheres Computernetzwerk namens ARPAnet (Advanced Research Projects Agency) auf, das sogar bei einem nuklear geführten Krieg noch funktionstüchtig sein sollte. Das ARPAnet verband militärische Stellen und Forschungsinstitute miteinander und diente vorerst dem schnellen, jederzeit möglichen Informationsaustausch zwischen den Wissenschaftlern im militärischen Bereich. ARPAnet war aber auch in sich selbst ein Forschungsprojekt, das die Grundlage für die Vernetzung von Computersystemen unterschiedlicher Hersteller schaffen sollte. Eines der Ergebnisse aus diesem Forschungsprojekt war deshalb die Definition eines allgemein verbindlichen Protokolls – das TCP/IP (Transmission Control Protocol/Internet Protocol), das die Kommunikation zwischen inkompatiblen Computersystemen ermöglicht. TCP/IP wurde zu einem Standard, der heute noch Gültigkeit hat.

In den späten achtziger Jahren wurde das ursprüngliche ARPAnet geteilt, und auf wissenschaftlicher Seite entstand das Netzwerk der NSF (National Science Foundation). Durch den Einbezug und den Zusammenschluss von weiteren, über die ganze Welt verteilten Netzwerken – anfangs v.a. Netzwerke von Universitäten und Hochschulen – ist daraus das Internet entstanden. Das Internet wurde bis Anfang der neunziger Jahre hauptsächlich für wissenschaftliche Zwecke genutzt und war ursprünglich überhaupt nicht für kommerzielle Aktivitäten gedacht.

Die Entwicklung des World Wide Webs (WWW) Anfang der neunziger Jahre am Europäischen Kernforschungszentrum CERN in Genf machte das Internet aber innert kürzester Zeit auch für eine kommerzielle Nutzung interessant. Denn über das WWW kann jeder PC-Anwender Informationen in jeglicher Form – Text, Grafik, Audio oder Video – einfach, benutzerfreundlich und vor allem interaktiv aus dem Internet beziehen.

Die Präsenz einer Unternehmung im Internet
wird über eine sogenannte Homepage im WWW realisiert (vgl. Abb. 4.20). Eine Homepage stellt die Einstiegs- oder Begrüssungsseite zum Informationsangebot einer Unternehmung dar, von der man auf die weiteren Pages – Websites genannt – gelangen kann. Die Websites liegen im HTML-Format (hypertext markup language) vor und enthalten sogenannte Hyperlinks, mit denen der Benutzer via Mausklick auf eine andere Website springen kann – auch wenn diese auf einem anderen Computer abgespeichert ist. Diese Eigenschaft des WWW – weltweit verstreute Websites netzwerkartig (also nicht linear) zu verknüpfen – ermöglicht eine völlig transparente, von Ort und Zeit losgelöste Präsentation von Informationen.

Eine Unternehmung kann im WWW sogenannte Domain Names beantragen (z.B. ibm.com oder microsoft.com), unter denen ihre Websites direkt adressiert und angesprochen werden können. Da diese Domain Names weltweit gültig sind, aber nicht beliebig zur Verfügung stehen, kann es schon mal vorkommen, dass ein gewünschter Domain Name bereits anderweitig vergeben ist. So war z.B. der Domain Name mcdonald.com bereits von einer Privatperson registriert worden. McDonald's war gezwungen, diesen Domain Name über eine gerichtliche Auseinandersetzung „zurückzuerobern". Das gelang aber nur, weil der tatsächliche Name der Privatperson nicht McDonald war.

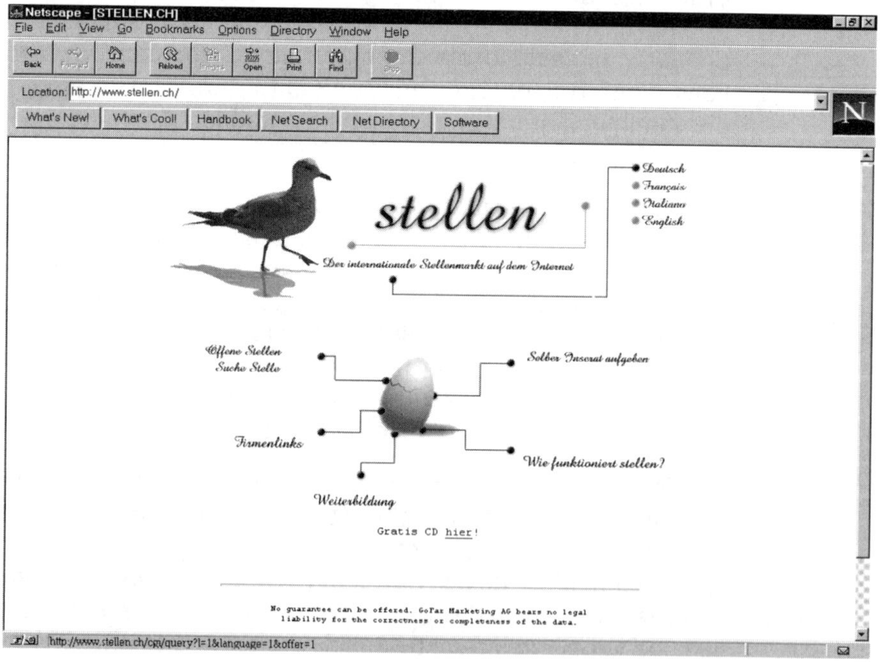

***Abb.** 4.20: Homepage der Firma GoFar Marketing AG*

Da die Benutzer im Internet zunehmend auch über diese Domain Names Informationen suchen, ist mittlerweile eine richtiggehende „Schlacht" um die Zuteilung dieser Namen entstanden. So haben inzwischen einige Unternehmen weit über hundert Domain Names für sich reserviert. Die Domain Names sind vielfältig und lauten auf Markennamen (so sind z.B. die Babywindeln der Firma Procter & Gamble unter der Adresse pampers.com zu finden), Produktekategorien oder direkt auf Benutzerbedürfnisse wie z.B. Arbeitsstellen in vier Sprachen (unter „stellen", „impieghi", „emploi" und „executives").

Weitere Dienste im Internet
neben WWW, die für das Marketing von Bedeutung sind, bestehen in E-Mail („elektronische Post") auf der Basis von SMTP (Simple Mail Transfer Protocol) und im Dateitransfer auf der Basis von FTP (File Transfer Protocol). Die Einsatzmöglichkeiten von E-Mail sind unter Kapitel 4.1.6.2 „Direct Marketing" kurz erläutert.

Der Einsatz des Internets in einer Unternehmung
kann in diversen Bereichen positive Effekte auf die Qualität der Leistung bewirken und zudem auch Kosten- und Zeitvorteile schaffen. Abbildung 4.21 zeigt die wichtigsten Einsatzgebiete des Internets auf.

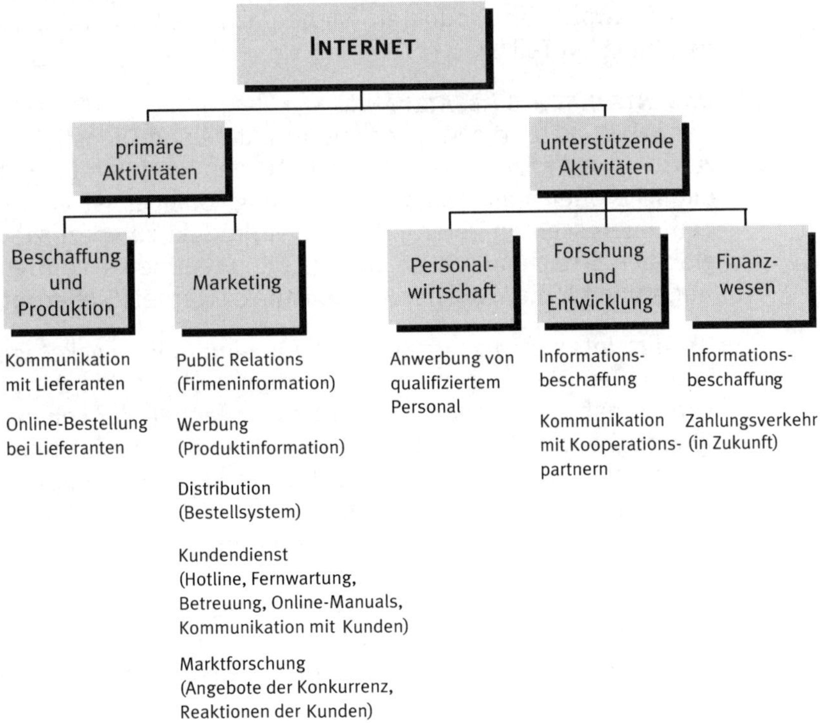

Abb. 4.21: Einsatzgebiete des Internets

Im Online-Marketing dient das Internet vorwiegend als Medium zur

- Pflege von bestehenden Kundenkontakten,
- Verbesserung des Kundendienstes,
- Imagepflege und Verbesserung der Wahrnehmung der Leistung durch den Kunden,
- Information der Interessenten über das eigene Leistungs- und Produktangebot,
- Gewinnung von neuen Kunden
- und für einzelne Branchen gar zum Anbieten von neuen Produkten – sogenannte virtuelle Produkte wie z.B. eine massgeschneiderte, elektronische Zeitung, bei welcher der Leser selbst bestimmt, welche Rubriken aus welchen Zeitungen er in welcher Reihenfolge erhalten möchte, oder ein nach eigenen Kriterien zusammengestelltes TV-Programm, das täglich via E-Mail zugestellt wird[1]. Der Konsument wird auf diese Weise partiell in den Produktionsprozess einbezogen, er wird zum *Prosument* – ein Kunstwort zusammengesetzt aus Produzent und Konsument – d.h., er übernimmt eine wesentlich aktivere, mitgestaltende Rolle bei der Gestaltung und Auswahl von Produkten (siehe dazu auch Kapitel 2 „Virtuelle Unternehmung“ in Teil C).

Das Internet als Absatzkanal

Das WWW bietet die Möglichkeit, Produkte und Dienstleistungen weltweit zum Verkauf anzupreisen. Je nach Art des Produkts genügt die textliche, bildliche oder multimediale Darstellung, oder es ist eine Interaktion mit dem Interessenten gefordert, um das Produkt zu spezifizieren. Neben der globalen Erreichbarkeit ist oftmals die 24-stündige Verfügbarkeit der Beweggrund für die Wahl des Absatzkanals Internet [Sieber 1996/1: 20].

Ob das Internet als Absatzkanal für eine Leistungskategorie oder eine Branche eine Bedeutung erlangen kann, hängt nebst der grundsätzlichen Bereitschaft der Kunden von der Beschaffenheit der Leistung ab. Kundenspezifische, schwer zu beschreibende und beratungsintensive Leistungen eignen sich schlecht für den Online-Verkauf. Standardisierte, leicht beschreibbare Produkte, die heute bereits über Versandkataloge angeboten werden, d.h. also primär Konsumgüter, eignen sich hingegen sehr gut für den direkten Online-Verkauf. Es ist deshalb zu erwarten, dass die Unternehmen je nach Beschaffenheit ihrer Leistung auf ihrer Homepage eine Online-Bestellmöglichkeit anbieten oder dass sie versuchen, den Kunden zur Kontaktnahme über E-Mail zu bewegen [Kaufmann/Sieber 1996: 26].

---

[1] Z.B. das Produkt TV-Compass vom Tages-Anzeiger (www.tages-anzeiger.ch).

Eine empirische Untersuchung des Instituts für Wirtschaftsinformatik der Universität Bern über die Online-Präsenz von Schweizer Firmen im Internet zeigt zusammengefasst folgende Resultate [Kaufmann/Sieber 1996]:

- Die Anzahl der Homepages von Schweizer Firmen dürfte per September 1996 bei ca. 2'000 liegen. Gemessen an der Gesamtzahl der Schweizer Unternehmen wird schnell klar, dass das Potential der Unternehmen, die für eine eigene Homepage prinzipiell in Frage kommen, erst zu einem Bruchteil ausgeschöpft ist. Selbst von den Unternehmen des Dienstleistungssektors hatte Mitte 1996 nur ein knappes Prozent eine eigene Homepage. Die Entwicklung zeigt aber für die Zukunft ein rasantes Wachstum der Anzahl Unternehmen, die auf dem WWW präsent sind.
- Die Unternehmen der IT-Branche weisen anzahlmässig die stärkste Präsenz im WWW auf, gefolgt von den Unternehmen des Handels, den Medien und Verlagen, der Industrie und des Consultings.
- Einen steigenden Anteil bei der Online-Präsenz weisen vor allem die Branchen auf, die auf Privatkunden ausgerichtet sind, d.h. Handel, Medien und Verlage sowie Tourismus.
- Das im Moment am häufigsten über Internet gehandelte Produkt ist Software, gefolgt von Büchern, Hardware, Musik-CDs, Zeitungsabonnementen, Flügen und Reisen, Hotelreservationen, Kleidern, aber auch Lebensmitteln wie Pizzas, Sandwiches und Wein. Dies zeigt deutlich, dass vor allem Produkte für den privaten Konsum über das Internet eingekauft werden.

ONLINE-MÄRKTE
schiessen im Cyberspace zur Zeit wie Pilze aus dem Boden. Das WWW wird zunehmend zum „Welt-Weiten Warenhaus", in dem bequem von zu Hause aus gebummelt und eingekauft werden kann.

> *„Den Online-Markt gibt es, weil Millionen von Menschen ihre Computer benutzen, um miteinander zu kommunizieren. Und überall, wo kommuniziert wird, werden auch Geschäfte gemacht." [Levinson/Rubin 1996: 23]*

Die Vorteile des Online-Shopping für den Konsumenten liegen auf der Hand:

- keine einschränkenden Ladenöffnungszeiten (an 365 Tagen im Jahr während 24 Stunden geöffnet),
- kein „Einkaufsstress" (keine Warteschlangen an Kassen oder lange Suche nach Parkplätzen),
- unkomplizierte Bestellmöglichkeiten und -abwicklung,

- massive Zeitersparnis,
- ausführliche Produktinformationen,
- Möglichkeit des weltweiten Preisvergleichs und damit Preisvorteile (Einsparnisse bis zu 50% inkl. Versandkosten).

  Aus der Sicht einer Unternehmung ergeben sich aus Online-Shopping die folgenden Vorteile:

- Die Möglichkeit des direkten Absatzes und damit eine weitgehende Ausschaltung des Zwischenhandels, der die Produkte gegenüber dem Konsumenten verteuert.
- Die Erschliessung neuer Märkte und die Gewinnung von neuen Kunden v.a. für kleine und mittelständische Unternehmen, die bis anhin lokal oder regional tätig waren. So sieht z.B. die Buchhandlung Freihofer in Zürich ihr Online-Angebot als weitere „Filiale" an.
- Der globale Online-Markt bietet ideale Voraussetzungen, um die Anforderungen sowohl für einen Massenmarkt, für einen Business-to-Business-Markt als auch für einen Nischenmarkt zu erfüllen. So verzeichnet z.B. die Glarner Kleinunternehmung Swiss Meteorite Laboratory (SML), die mit Meteoriten handelt und somit klar in einer Nische tätig ist, eine deutliche Steigerung ihres Umsatzes innert wenigen Monaten – dank einer durchdachten Internet-Präsenz (vgl. dazu [Kaufmann 1996]).
- Die Realisierung der Online-Präsenz lässt sich schnell und kostengünstig bewerkstelligen.

  Online einkaufen lässt es sich auch in virtuellen Shopping-Malls, in denen sich mehrere Anbieter zusammenschliessen. Solche Shopping-Malls rentieren aber gemäss Auskunft der deutschen Firma Karstadt heute noch nicht. Karstadt kann im ersten halben Jahr nach Eröffnung des virtuellen Shopping-Centers „my-world" im Oktober 1996 (vgl. Abb. 4.22) fast eine Million Besucher ausweisen, ein kommerzieller Erfolg hat sich aber trotzdem bis heute noch nicht eingestellt.

  Die zwei wesentlichen Gründe, warum das Umsatzvolumen trotz der rasant steigenden Anzahl von Internet-Benutzern bisher hinter den Erwartungen zurückblieb, sind

a) das massive Überangebot, gemessen an der heutigen Nachfrage,

b) und die mangelnde Sicherheit des elektronischen Zahlungsverkehrs über Internet.

Abb. 4.22: Homepage des virtuellen Shopping-Centers „my-world“ von Karstadt

Lösungsvorschläge für die elektronische Bezahlung über Internet bestehen bereits:

- CyberCash Wallet: CyberCash wurde 1994 in den USA gegründet. Der Server von CyberCash ist eine Durchlaufstation zwischen Kunden, Internet-Läden und US-Banken. CyberCash verlässt sich ganz auf eine 1024-Bit-Verschlüsselung der Daten. Auch Kreditkarten-Bestellungen werden bis anhin über CyberCash verarbeitet.
- Ecash von DigiCash: Cyber-Geld wird vom Kunden mit dem PC bei seiner Bank abgeholt und auf der Festplatte gelagert, um damit Waren und Dienstleistungen im Internet zu bezahlen. Die Technik basiert ebenfalls auf neuster Kryptographie. DigiCash entwickelt für Kreditkarten-Unternehmen zurzeit eine Chipkarte, welche die bisherigen Kreditkarten ablösen wird und auch im Internet eingesetzt werden kann.
- Als vielversprechendste Technologie für die Zukunft gilt jedoch SET (secure electronic transactions), ein Sicherheitsstandard, der von den zwei Kreditkartenunternehmen VISA und Eurocard/Mastercard in Zusammenarbeit mit IBM, Microsoft und Netscape entwickelt wurde. Experten halten SET für weitaus sicherer als die herkömmliche Bezahlung mit Kreditkarten in der realen Welt. SET soll noch vor Mitte 1997 produktiv eingesetzt werden.

Noch offen ist die Verrechnung der Übermittlung von Informationen jeglicher Art. Zur Diskussion stehen sogenannte „Micropayments" – winzige Geldbeträge, Rappen oder sogar Bruchteile davon, die für eine übertragene Website in einem globalen Internet-Clearingsystem auf dem Konto des Benutzers verrechnet werden.

Das weltweite Umsatzvolumen von Online-Shopping soll gem. Schätzungen der US-Marktforschungsunternehmung Forrester Research von 0,5 Mia. Dollar im Jahr 1996 auf 6,5 Mia. Dollar im Jahr 2000 anwachsen.

Werbung online im Internet
trifft man immer häufiger in Form von Hyperlinks, die z.B. auf stark frequentierten Websites[2] oder in sogenannten Netguides[3] plaziert werden und auf ein bestimmtes Angebot oder eine Firma verweisen.

Online-Werbung

- spricht nur wirklich interessierte Konsumenten – auf freiwilliger Basis – an,
- kann viel detaillierter und unterhaltsamer informieren als Werbung über „klassische" Medien,
- ermöglicht einen interaktiven Dialog mit den Konsumenten bis zur integrierten Bestellfunktion und Zahlungsabwicklung
- und liefert wegen der umfangreichen Auswertungsmöglichkeiten genaue Aussagen über den erzielten Erfolg.

Online-Werbung kann v.a. in Kombination mit einer Printkampagne sehr wirksam sein. Microsoft hat z.B. mit der Frage „Sind Sie clever?" und der Angabe der Adresse „www.clever.ch" in Zeitungsinseraten und auf Plakatflächen die Neugier geweckt. Wenn man sich dann auf die erwähnte Website begibt, wird für das Produkt Office 97 geworben (vgl. Abb. 4.23).

Wie sieht die Zukunft aus?
Ob sich das Internet wirklich als der „weltweite Marktplatz" etablieren wird, steht und fällt v.a. mit zwei Aspekten:

a) Für elektronische Zahlungen muss ein sicheres Verfahren definiert werden, dem die Konsumenten vollstes Vertrauen entgegenbringen.

b) Die Übertragungskapazität muss massiv erhöht werden, damit z.B. auch wirkliches Multimedia möglich wird.

---

[2] Z.B. www.tages-anzeiger.ch oder www.bluewin.ch.

[3] Netguides sind Websites, die ein umfangreiches Verzeichnis, unterteilt in unterschiedliche Rubriken und mit Suchmöglichkeiten, beinhalten (z.B. www.netguide.ch oder www.swissguide.ch).

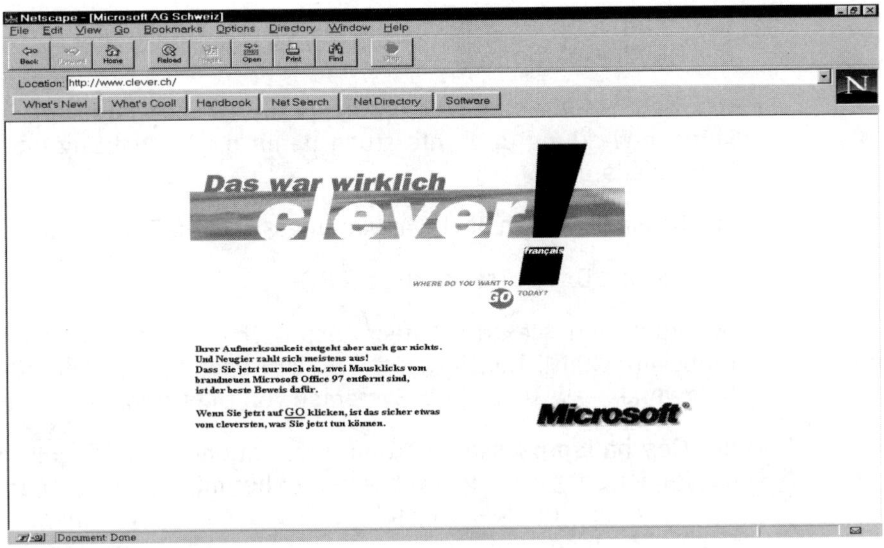

***Abb.** 4.23: Werbeseite von Microsoft für das Produkt Office 97*

4.1.7.3 COMPUTER AIDED SELLING (CAS)

steht für den Einsatz von computergestützten Informations- und Kommunikationssystemen zur Unterstützung der Verkaufsmitarbeiter beim Verkaufsgespräch selbst sowie bei der Vorbereitung und Nachbereitung des Kundenbesuchs. Der wesentliche Vorteil von CAS ist die Verbesserung des Kundenservices durch eine sofortige Auskunftsbereitschaft, eine schnellere, individuelle Angebotserstellung, kürzere Auftragsdurchlaufzeiten sowie eine Reduktion der Fehlerquote.

So stellt z.B. BMW seinen Verkäufern und Händlern ein multimediales Verkaufssystem mit Telekommunikationsverbindung zum zentralen EDV-System zur Verfügung. Dieser „Verkäuferarbeitsplatz“ umfasst acht Bestandteile [Silberer 1995: 92]:

- Der Automobil-Assistent: Er dient der Auswahl eines Automobiltyps sowie der Ausstattung mit Zubehör und ermöglicht die Präsentation des Fahrzeugs in Standbild und Video und die Ermittlung des Verkaufspreises.
- Der Finanz-Assistent: Er informiert über die aktuellen Leasing-, Kredit- und Instandhaltungsangebote.
- Der Kunden-Assistent: Er unterstützt den Verkäufer bei der Erfassung und Pflege von Kundendaten.
- Der Beratungs-Assistent: Er unterstützt den Verkäufer in betriebswirtschaftlichen Fragen, z.B. bei der Kosten- und Leistungsanalyse.

- Der Fuhrpark-Assistent: Er unterstützt die Verwaltung und Vermarktung des Händlerfuhrparks.
- Der Berichts-Assistent: Er optimiert die Berichterstattung über die Verkaufsentwicklung und unterstützt damit die Verwaltung und Analyse der Verkaufsdaten.
- Zusätzlich bestehen noch ein Planungs- und ein Daten-Assistent.

4.1.7.4 Electronic Data Interchange (EDI)

bedeutet den elektronischen Austausch von strukturierten Daten betriebswirtschaftlicher Herkunft – in der Regel über private oder öffentliche Netzwerke – zwischen EDV-Systemen von Unternehmen.

Bei Geschäftsprozessen werden Informationen traditionell in Schriftform auf Papier oder mündlich via Telefon übermittelt. Deshalb erfassen selbst Unternehmen, die leistungsfähige EDV-Systeme betreiben, ihre Daten oft noch von Hand. Bei einem unternehmensübergreifenden Geschäftsprozess führt dies zur mehrmaligen Erfassung derselben Daten: Die Bestellung eines Kunden kommt via Telefon oder Fax, wird im EDV-System erfasst, als Lieferschein ausgedruckt und dem Lieferanten – per Fax oder Post – zugestellt, um dort wiederum in einem EDV-System erfasst zu werden. Dies kostet alle Beteiligten viel Zeit und Geld. Dass dabei auch Fehler passieren, die zu Nachfragen, Fehllieferungen und Reklamationen führen, die wiederum Zeit und Geld kosten, liegt auf der Hand. Die ermittelte Fehlerquote wegen Mehrfacherfassungen infolge der oben beschriebenen Medienbrüche (Informationsfluss über mehrere, unterschiedliche Medien) liegt im statistischen Mittel bei etwa 5%.

Mit EDI werden die vom Absender transferierten Daten vom Empfänger ohne Zeitverlust entgegengenommen, geprüft und direkt, d.h. ohne manuelle Eingriffe, in den eigenen Verarbeitungskreislauf integriert: Der Kunde übermittelt eine Bestellung elektronisch an seinen Lieferanten, welcher diese elektronisch bestätigt, nachdem sein EDV-System die Verfügbarkeit und den Liefertermin ermittelt hat. Der Lieferschein kommt natürlich ebenfalls auf elektronischem Weg zum Kunden und wird von dessen EDV-System bei Wareneingang (das funktioniert leider noch nicht elektronisch) in den Lagerbestand eingearbeitet. Die elektronisch übermittelte Rechnung des Lieferanten wird im EDV-System des Kunden auf sachliche und rechnerische Richtigkeit geprüft und in der Buchhaltung entsprechend erfasst.

Wichtige Ziele von EDI bestehen deshalb in der Vermeidung der wiederholten Erfassung, Eingabe und Speicherung derselben Daten sowie in der Beschleunigung der Kommunikation und Koordination zwischen Geschäftspartnern [Vahlens 1993: 488].

Damit elektronisch transferierte Daten unmittelbar – d.h. ohne manuelle Eingriffe – weiterverarbeitet werden können, muss das vom Absender verwendete Datenformat identisch mit demjenigen des Empfängers sein. Dies erfordert Vereinbarungen zwischen Absender und Empfänger. Im Rahmen solcher Vereinbarungen entstanden in der Vergangenheit eine Reihe länder- oder branchenspezifischer Standards wie ODETTE (Automobilbranche), SEDAS (Handel) oder S.W.I.F.T. (Banken). Damit konnten z.T. grosse Einsparungen und Zeitvorteile realisiert werden, die sich jedoch grundsätzlich nur auf den Nachrichtenaustausch innerhalb der jeweiligen Branche oder des jeweiligen Landes beziehen. Alle darüber hinausgehenden Kommunikationsbeziehungen müssen jedoch weiterhin konventionell abgewickelt werden. Der Ansatz zur Überwindung dieser Schwierigkeiten heisst EDIFACT.

EDIFACT
steht für Electronic Data Interchange for Administration, Commerce and Transport und ist ein weltweit gültiger, branchenunabhängiger Normenstandard der Vereinten Nationen (UN) für den elektronischen Datenaustausch (vgl. Abb. 4.24). Die Übermittlung von EDIFACT-Nachrichten wie z.B. Bestellungen, Bestätigungen, Rechnungen, Gutschriftsanzeigen, die vom Aufbau her streng normiert sind, ist unabhängig von Hardware, Betriebssystem, Übertragungsart und Landessprache.

Für die einzelnen Geschäftsprozesse der Logistik bietet EDIFACT somit die folgende Vorteile:

- Optimierung der Geschäftsprozesse durch einen offenen, branchen- und länderübergreifenden Datenaustausch, der auf höchster Sicherheitsstufe eine durchgängige elektronische, weitgehendst fehlerfreie Be- und Verarbeitung von Geschäftsdaten ermöglicht.
- Beschleunigung der gesamten Auftragsabwicklung – vom Eingang der Bestellung des Kunden und deren Prüfung, über Lagerbestands- und Produktionsplanung sowie Transport bis hin zum Rechnungsversand und Zahlungsempfang.

Für Unternehmen, die sich heute oder künftig international ausrichten und viele Geschäftsvorfälle – auch branchenübergreifend – abwickeln, wird EDIFACT über kurz oder lang zu einem wesentlichen Bestandteil ihrer Wettbewerbsfähigkeit werden.

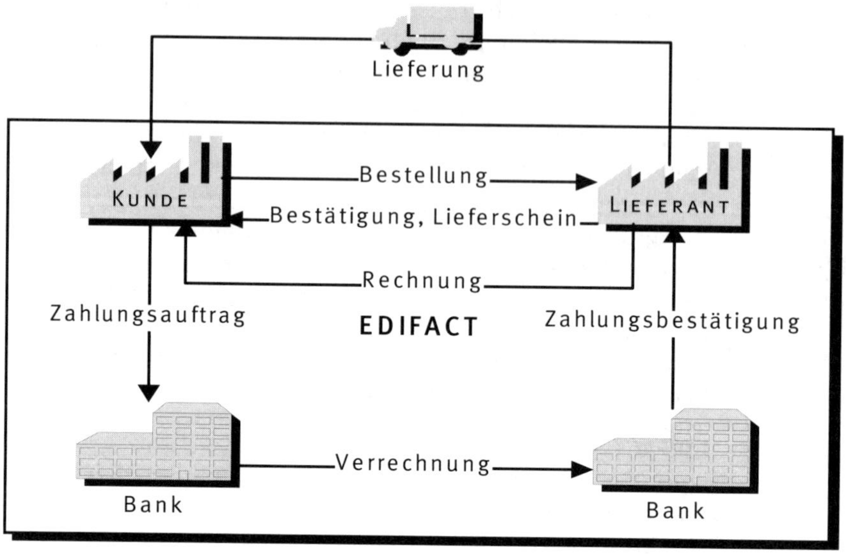

Abb. *4.24: Schema zum elektronischen Datenaustausch via EDIFACT*

> *„Bezüglich der Verwertung von Informationen müssen wir umdenken: Nicht derjenige, der eine Information zuerst in Händen hält, ist im Vorteil, sondern derjenige, der sie zuerst nutzt.“ (Heinz Rüdiger Huly)*

EDI und EDIFACT sind v.a. für den Business-to-Business-Bereich geeignet und können zu einer erheblichen Rationalisierung und Verbesserung in der Beschaffungs- und Distributionslogistik führen.

Das Internet als Plattform
für offene EDI-Lösungen steht zwar noch am Anfang, doch die Entwicklung der dafür notwendigen Technologien und Dienste schreitet zügig voran. EDI hat sich bis anhin noch nicht so weit verbreitet wie anfangs erwartet. Das ist v.a. darauf zurückzuführen, dass die Anbieter von Mehrwertdiensten (VANS)[4] in der Vergangenheit trotz relativ hoher Kommunikations- oder Infrastrukturgebühren nur begrenzt die Interoperabilität zwischen heterogenen Systemen unterstützt haben. Da die Kommunikationskosten den grössten Teil der variablen, transaktionsbezogenen EDI-Kosten ausmachen, erweist sich deshalb das Internet zunehmend als kostengünstige Alternative zu VANS, mit der zudem auch offene EDI-Lösungen realisierbar sind. Die noch bestehenden Bedenken hinsichtlich Sicherheit, Verfügbarkeit und Kapazität des Internets – v.a. bei der Übertragung von sensitiven

[4] Mehrwertdienste, Value Added Network Services (VANS), sind Dienstleistungen von öffentlichen oder privaten Telekommunikationsanbietern, die über die reine Sprach- und Datenübertragung (Basisdienste) hinausgehen, z.B. in Form von sog. Clearing-Stellen, die die Verteilung und Transformation von EDIFACT-Nachrichten durchführen [Gabler 1997: 437].

und zeitkritischen Daten – sollten dabei in näherer Zukunft gegenstandslos werden.

4.2 PERSONALMANAGEMENT

Das Personalmanagement, die Personalabteilung, das Personalwesen, die Personalwirtschaft, die Personalarbeit oder das Human Resources Management sind Begriffe, die in der Praxis bzw. der Literatur oft synonym verwendet werden und für die Gesamtheit aller Ziele, Massnahmen und Mittel stehen, die das Verhalten der Unternehmungsleitung gegenüber dem Personal bestimmen soll.

Das Personalmanagement hat sich im Laufe der letzten 10–20 Jahre stark verändert. Früher sprach man von der Personalverwaltung, dann vom Personalwesen, und heute sind die Begriffe Personalmanagement oder Human Resources Management (HRM) aktuell. Diese Veränderung der Begriffsverwendung deutet klar auf die Erkenntnis hin, dass das Personalmanagement wichtiger wird bzw. werden sollte. Während früher vielfach lediglich Lohnbuchhaltung und Verwaltung der Mitarbeiterdaten zum Aufgabenbereich zählte, gehört zum Human Resources Management wesentlich mehr.

„Die Mitarbeiter sind das herausragende Unterscheidungsmerkmal für erfolgreiche Unternehmen. Ihrer Leistung kommt die entscheidende Bedeutung zu.“ So oder ähnlich lauten die personalpolitischen Absichtserklärungen vieler Unternehmen von heute. Die aus aller Munde vernehmbare – und selten „gelebte“ – These „Der Mensch, die wichtigste Unternehmensressource“ hat ihre berechtigten Gründe:

- Produkte oder Dienstleistungen sind nur so erfolgreich wie die Menschen, die dahinter stehen.
- Maschinen und Computer sind nur in dem Masse produktiv wie die Menschen, die sie programmiert haben.
- Informationen sind nur in dem Masse wertvoll, wie sie von Menschen genützt werden.
- Oder kurz: Nur Menschen sind eine aktive Ressource und können Resultate erzielen, indem sie andere Ressourcen effektiv und effizient aktivieren.
- Oder gemäss dem Leitsatz der Firma Matsushita: First develop people, then make products.

Das Human Resources Management gewinnt vor diesem Hintergrund eine ganz neue, unternehmenspolitisch äusserst wichtige Dimension. In der modernen Unternehmung ist die Personalpolitik ein fester und zentraler Bestandteil der Unternehmenspolitik und hat langfristig wirksame Beiträge zum Unternehmenserfolg zu leisten.

Kernelemente des Personalmanagements umfassen die Optimierung der drei folgenden Ziele:

- Leistungsfähigkeit (Potential bzw. Qualifikation)
- Leistungsbereitschaft (Motivation bzw. Zufriedenheit)
- Leistungsmöglichkeiten (strukturelle Rahmenbedingungen)

und der damit verbundenen Funktionen:

- Personalplanung
- Personalbeschaffung und -auswahl
- Personalbeurteilung
- Personalentwicklung
- Personalentlohnung
- Personalverwaltung
- Personalfreistellung (Kündigung)
- und Personalführung

4.2.1 Personalplanung

Zu den Schwerpunkten der Personalplanung gehören das Ermitteln der quantitativen Personalbedarfsentwicklung, der vorhandenen und benötigten Qualifikationen (Leistungsfähigkeit) bzw. der vorhandenen und zukünftigen Mitarbeiterbedürfnisse (Leistungsbereitschaft) sowie die Vorbereitung für den effizienten und effektiven Einsatz (Leistungsmöglichkeiten) bestehender bzw. zukünftiger Mitarbeiter.

In der Praxis wird die entsprechende Bedarfsermittlung für das folgende Jahr oft im Herbst aufgrund einer Ist-Analyse und einer Zielformulierung definiert. Zur Ermittlung der quantitativen Personalbedarfs wird z.B. folgendes Schema angewandt:

Gegenwärtiger Personalbestand

./. Abgänge infolge Pensionierungen, Kündigungen durch Arbeitnehmer, Entlassungen, Beförderungen, Versetzungen, Todesfällen, Invalidität usw.
+ Zugänge durch bereits feststehende Neueintritte, Beförderungen, Versetzungen usw.
= zu erwartender Personalbestand
+ zu planende Neueinstellungen (Ersatzbedarf und Zusatzbedarf)
= geplanter Personalbestand
[Stopp 1990: 24]

Bei der Ermittlung des quantitativen Personalbestandes ergeben sich folgende Probleme:

- nicht alle Aufgaben sind quantifizierbar
- unsichere Informationen bezüglich Unternehmensentwicklung
- Fehlzeiten durch krankheitsbedingte Abwesenheit, Urlaub, Militäreinsatz oder Weiterbildung
- sowie Unvorhersehbarkeit der Personalfluktuation (Kündigungen der Mitarbeiter und der Unternehmung, Pensionierung oder Tod/Invalidität) [Thommen 1996: 537 f.]

Als wichtigste Hilfsmittel für die Ermittlung des qualitativen Personalbestandes dienen das Organigramm, die Stellenbeschreibungen und die Anforderungsprofile. Aus dem Organigramm geht lediglich hervor, welche hierarchische Einordnung für die betreffende Stelle vorgesehen ist und ob es sich dabei um eine Linien- oder eine Stabsstelle handelt. Wesentlich aussagekräftiger ist die Stellenbeschreibung. Eine Stellenbeschreibung sollte im Minimum folgende Informationen beinhalten:

- Bezeichnung der Stelle
- Stellung in der Unternehmung (Position und Funktion des Stelleninhabers)
- Stellvertretung
- Ziele der Stelle
- Aufgaben
- Kompetenzen
- Verantwortung

Beispiel: Stellenbeschreibung für Personalleiter

1. Bezeichnung der Stelle: Personalleiter

2. Stellung des Personalleiters in der Unternehmung
   2.1 Er ist dem geschäftsführenden Direktor unterstellt.
   2.2 Ihm sind unterstellt:
      – 1 Personalfachfrau
      – 2 Personalassistenten

3. Stellvertretung: Personalfachfrau

4. Ziele der Stelle:

– Beschaffung und Erhaltung von leistungsfähigen und -willigen Mitarbeitern
– effektive Entwicklung der geeigneten Mitarbeiter
– Bereitstellung von Instrumenten und Unterstützung der Linie in Fragen des Management Developments
– effiziente Erledigung der Personaladministration
– usw.

5. Aufgaben:

– Analyse des quantitativen und qualitativen Personalbestandes in Zusammenarbeit mit der Linie
– Rekrutierung und Vorauswahl von geeigneten Bewerbern
– Einführung neuer Mitarbeiter in bezug auf allgemeine Unternehmensaspekte
– Erarbeitung von Aus- und Weiterbildungskonzepten
– Betreuung der Lehrlinge
– Anpassung der Personal- und Führungspolitik
– Evaluation von Personal- und Führungsinstrumenten, die der Linie zur Verfügung gestellt werden (z.B. Beurteilungsinstrumente, Checklisten zur Gesprächsführung, Personalinformationssysteme)
– Entwicklung von Gehaltssystemen
– Redaktion der Personalzeitschrift
– usw.

6. Kompetenzen:

– Entscheidung bei der Wahl der Personalbeschaffung (z.B. in Zusammenarbeit mit externen Personalberatern), Gestaltung der Personalmarketinginstrumente unter Einhaltung der Corporate-Identity-Kriterien
– Entscheidung bei der Einstellung von Lehrlingen
– usw.

7. Verantwortung:

- Verantwortung für die direktunterstellten Mitarbeiter
- Verantwortung für die qualifizierte Unterstützung der Linie bei Einstellungs-, Entwicklungs- und Entlassungsfragen
- Verantwortung für die sorgfältige Betreuung aller Mitarbeiter
- Verantwortung für die korrekte und termingerechte Personaladministration
- usw.

Die Stellenbeschreibung dient zudem

- als Führungs- und Organisationsmittel
- als Grundlage für das Anforderungsprofil
- als Informationsmittel für das Vorstellungsgespräch und
- zur Qualifikation

Besonderes Augenmerk verdient die Übereinstimmung von Aufgabe, Kompetenz und Verantwortung einer Stelle. Erst wenn diese drei Kriterien in einem sinnvollen Verhältnis zueinander stehen, kann der Stelleninhaber seine Ziele effektiv und effizient erfüllen. Ein Musterbeispiel, bei dem dieser Übereinstimmungsgrundsatz nicht gewährleistet ist, ist die Stabsstelle. Stabsstellen sind Leitungshilfsstellen und haben keine Weisungsbefugnisse, sondern nur ein Vorschlagsrecht. Die Entscheidungen und die Anweisungen werden von der Instanz getroffen, der die Stabsstelle zugeordnet ist [Steinbuch 1990: 151]. Die Tatsache, dass der Stelleninhaber zwar ein grosses Aufgabengebiet abdeckt und die entsprechende Verantwortung trägt, allerdings nur eingeschränkte Kompetenzen hat, kann zu Demotivation und im fortgeschrittenen Stadium zur inneren Kündigung führen.

Das Anforderungsprofil beschreibt die Anforderungen, welche die Ausführung der Arbeit an dessen Stelleninhaber stellt. Es ist das wichtigste Instrument der Bedarfsanalyse und liefert einerseits die zentralen Informationen für den Text der Stellenanzeige, andererseits bildet es die Voraussetzung für die Auswahl und Qualifikation des Stelleninhabers sowie für die Erstellung der Arbeitszeugnisse. Ein Anforderungsprofil beinhaltet sinnvollerweise folgende Informationen:

Muss-Ziele (insbesondere Ausbildung, Führungs- und Branchen- bzw. Facherfahrung, Alter, Sprachen)

Wunsch-Ziele (zusätzliche Fähigkeiten und Erfahrungen; z.B. interkulturelle Kompetenz, Projekt(leitungs)erfahrung)

Training on the job (Kenntnisse, die am Arbeitsplatz erworben werden können)

Training off the job (Kurse, Seminare, die notwendig sind)

Negatives (z.B. Eigenschaften, die sich bei der Arbeitsausführung negativ auswirken könnten)

Beispiel: Anforderungsprofil für Personalleiter
(siehe Stellenbeschreibung)

Muss-Ziele	Alter: 35–45 Ausbildung: abgeschlossene KV-Lehre mit anschliessender Personalfach- oder Personalleiterausbildung Facherfahrung: mindestens 5 Jahre praktische Personalerfahrung, insbesondere Ausbildungserfahrung Branchenerfahrung: mindestens 5 Jahre Industrieerfahrung besondere Kenntnisse des Arbeitsrechts
Wunsch-Ziele	Fremdsprachen, schriftlich oder mündlich: Englisch und Französisch besondere Kenntnisse des internationalen Arbeitsmarktes Bereitschaft zu längerfristigen Auslandaufenthalten
Training on the job	Kenntnisse des Arbeits- und Sozialversicherungsrechts in asiatischen Ländern Umgang mit internen Führungskräften in den asiatischen Ländern
Training off the job	Richtlinien über den Auslandeinsatz von Mitarbeitern und Führungskräften
Negatives	Voraussetzung für die Erfüllung dieser Aufgabe ist eine äusserst exakte, teilweise geradezu pedantische Persönlichkeit usw.

Die genaue Bedarfsanalyse bildet die Grundlage für die Beschaffung und die Auswahl der geeigneten Bewerber.

4.2.2 PERSONALBESCHAFFUNG UND -AUSWAHL

Die Begriffe Personalbeschaffung und Personalauswahl werden weder in der Praxis noch in der Literatur klar und eindeutig abgegrenzt. Während einzelne Autoren Personalbeschaffung als übergeordneten Begriff verstehen, weisen andere auf die Notwendigkeit der Abgrenzung hin, mit der Begründung, dass der Auswahlprozess weitaus komplexer und differenzierter als der Beschaffungsprozess sei.

	WAS	LINIE	PERSONAL
1	Bedarfsmeldung	•	
2	Prüfung der Anforderungen	•	
3	Stellenbeschreibung	•	
4	Anforderungsprofil	•	•
5	Interne Besetzung	•	•
6	Externe Suche, Inserat, Berater		•
7	Inseraterstellung		•
8	Bewerbungseingänge		•
9	Vorselektion		•
10	Durchsicht der Bewerbungen		•
11	Positive Bewerbung: Besprechg. mit	•	•
12	Entscheid über Vorstellung	•	•
13	oder Absage		•
14	Bewerber einladen		•
15	Vorstellungsgespräch	•	•
16	Referenzen einholen, Gutachten		•
17	Entscheidung über Einstellung	•	•
18	Brief und Vertrag erstellen		•
19	Unterschriebener Vertrag von Bewerber		•
20	Absage an restliche Bewerber		•
21	Erstellung Einarbeitungsplan		•
22	Eintrittstag und		•
23	Überwachung der Einarbeitung		•
24	Probezeitbeurteilung	•	
25	Probezeitbericht		•
26	Probezeitgespräch	•	
27	Brief, dass Probezeit bestanden		•

Abb. 4.25: Ablaufschema Personalbeschaffung [Hönig 1993: 35]

Das Schema in Abbildung 4.25 zeigt die detaillierte Abfolge sowie die Zuständigkeiten für die verschiedenen Aufgaben.

Es scheint durchaus Sinn zu machen, den Prozess der Personalbedarfsdeckung als untrennbaren Vorgang von Personalbeschaffung und anschliessender Auswahl zu verstehen, denn das eine ist sinnlos oder kaum möglich ohne das andere. Ziel der Personalbedarfsdeckung ist die Gewinnung einer genügend grossen Anzahl potentiell geeigneter Bewerber für die vorgesehene Stelle und somit nicht die Gewinnung x-beliebiger Bewerbungen, sondern einer selektiven Stichprobe aus der Anzahl möglicher Bewerbungen. Oder anders formuliert: Die Personalbedarfsdeckung ist nicht daran zu messen, wie viele Bewerbungen durch sie veranlasst werden, sondern auch daran, wie viele nicht geeignete Bewerber ferngehalten werden [Kompa 1989: 12].

Vereinfacht lässt sich der Beschaffungs- und Auswahlprozess in folgende Stufen zerlegen:

- Informationen über die Anforderungen sammeln, auswerten und Bewerbungsvoraussetzungen definieren
- Geeignete Methoden der Personalsuche bestimmen
- Potentielle Bewerber suchen und ansprechen
- Informationen über die Bewerber gewinnen
- Eignung der vorselektionierten Bewerber feststellen
- Auswahlentscheid fällen

Die Personalbeschaffung kann intern, also aus „den eigenen Reihen“, oder extern erfolgen. Die innerbetriebliche Personalbeschaffung zeichnet sich durch folgende Vor- und Nachteile aus:

Vorteile	**Nachteile**
Eröffnung von Aufstiegschancen, Erhöhung der Bindung an die Unternehmung und Verbesserung des Betriebsklimas	weniger Auswahlmöglichkeiten
Betriebskenntnis der Mitarbeiter	mögliche Betriebsblindheit
Kenntnis des Mitarbeiters, seiner Fähigkeiten und Leistungen	Rivalität unter Mitarbeitern mit ähnlichen Ambitionen
Einhaltung des betrieblichen Entgeltniveaus	zu starke kollegiale Bindung
kürzere Reaktionszeiten durch schnellere Stellenbesetzung	Übergehen von „altgedienten“ Mitarbeitern und Belastung des Betriebsklimas

erhöhte Motivation der Mitarbeiter durch Aufstiegsmöglichkeiten	nachlassende Mitarbeiteraktivität wegen „Beförderungsautomatik“ (z.B. Stellvertreter werden automatisch Nachfolger)
transparente Personalpolitik	quantitativer Personalbedarf bleibt ungelöst

[Schwan/Seipel 1994: 106 f.]

In den meisten grossen Unternehmen werden folgende Instrumente der internen Beschaffung eingesetzt:

- Versetzungswunschliste
- Bulletin „offener Stellen“ (auf Papier oder in elektronischer Form)
- Schwarzes Brett
- Direktansprache (interne Abwerbung)

Im Gegensatz dazu sind die Methoden der externen Personalbeschaffung wesentlich vielfältiger:

- Stellenanzeige in Tageszeitungen und Fachzeitschriften
- Werbung in anderen Print- oder elektronischen Medien (Radio, Internet, Videotex, Teletext)
- Zusammenarbeit mit Personalberatern
- Zusammenarbeit mit Arbeitsamt oder Berufsberatung
- persönliche Beziehungen
- Broschüren, die z.B. Ausbildungsmöglichkeiten für angehende Mitarbeiter aufzeigen (Praktika, Trainee-Programme usw.)
- Plakate (z.B. vor dem Haupteingang; „Wir suchen ...“)
- Job-Fairs, also Veranstaltungen, an denen sich Unternehmen vorstellen, um mit potentiellen Bewerbern in Kontakt zu treten (z.B. an den Universitäten das sog. Campus Recruiting)
- Ansprechen von Unternehmen, die Arbeitsplätze abbauen
- Direktansprechen bzw. Abwerben von Personen, die bei anderen Unternehmen arbeiten
- Wiedergewinnungsaktionen (z.B. bei der Rekrutierung von Frauen, die wieder ins Berufsleben einsteigen möchten)
- Zusammenarbeit mit Arbeitslosenämtern

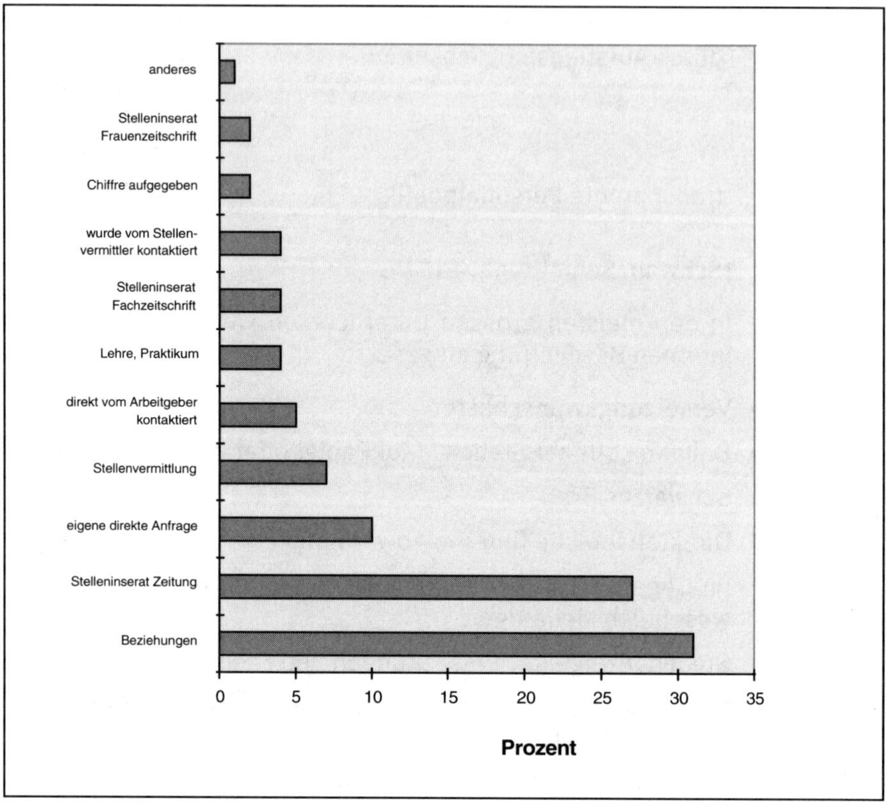

***Abb.** 4.26: Personalmarkt 91, Eine Studie des Tages-Anzeigers über den Personalmarkt im Millionen-Zürich (Quelle: Tages-Anzeiger, Zürich, Juni 1991)*

Stellenanzeige

Anlässlich eines umfangreichen Forschungsprojektes wurden Stellenanzeigen inhaltlich analysiert. Folgender Text aus der Zeitschrift „io Management" („Was charakterisiert den idealen Personalchef heute?" Nr. 64 1995, S. 76) stellt die Problematik rund um die Stellenanzeige bildlich dar:

> *(...) „Wird die Gestaltungsform der Ausschreibungen näher unter die Lupe genommen, so zeigt sich, dass die optische Gestaltung in den letzten Jahren deutlich gewonnen hat. Die Zeiten unauffälliger, überlesbarer ‚Graue-Maus'-Inserate scheint vorbei; eine kreative und attraktive typografische Gestaltung hat Einzug gehalten. Markante Schattierungen, ansprechende Rahmenvariationen, eindrucksvolle Grafiken, ins Auge springende Headlines und schlagkräftige Formulierungen sind im Computerzeitalter en vogue. Dem Motto ‚Gut plaziert ist schon halb gewonnen!' wird verstärkt Rechnung getragen.*

Im Rahmen einer Personalmarkt-Studie der TA Media AG beantworteten über 800 Arbeitnehmer die Frage „Wie sind Sie zu Ihrer jetzigen Tätigkeiten gekommen?" folgendermassen:

Die professionelle Beschäftigung mit Fragen der Anzeigengestaltung mag auch darin gründen, dass inzwischen erkannt wurde, dass die Stellenanzeigen Visitenkarten der Unternehmung sind, die millionenfache Verbreitung finden. Insertion stellt sich insofern auch als soziale Kommunikations- und Beziehungsaktivität dar, im Rahmen derer sich fruchtbares Vertrauen bei den potentiellen Stakeholders aufbauen soll (Stichwort: Vertrauensmarketing). Während die persönliche Ansprache der potentiellen Angestellten (‚Sie sind zuständig für ...') in den Inseraten aus 1973 noch eher selten auftrat, hat diese 1993 bereits eminentes Gewicht erhalten (...)

Trotzdem erinnert so manche Anzeige (...) inhaltlich an Stückwerk. Eine echte Verzahnung der Tätigkeitsstrukturen mit den geforderten Qualifikationen wird vielfach sträflich vernachlässigt; auch die Verständlichkeit lässt oftmals zu wünschen übrig. In verschiedener Hinsicht entzaubernd wirken zudem der ‚Einheitlichkeitscharakter' und die ‚Schematisierung' von Inseraten. Eine verstärkte Akzentsetzung und Kreativität seitens der Inserateverfasser wäre lohnend!

Das Aufgaben- und Eignungsprofil ist teilweise sehr allgemein beschrieben; mit markigen, inhaltsleeren Schlagworten wird mannigfaltig operiert. Die Gefahr, in der Folge eine Fülle unqualifizierter Bewerbungen durchsehen zu müssen, ist daher sehr gross und keineswegs verwunderlich. Denn: Eine wünschenswerte Bewerberselektion durch das Inserat selbst findet infolge dieser Unzulänglichkeiten kaum statt. Der Appell zu schärferer Konturausformung scheint berechtigt.

Vereinzelt ist Skepsis gegenüber den in den Inseraten in Aussicht gestellten Karrieren und Leistungspaletten angebracht. Manche Inserate suggerieren unrealistische Vorstellungen. Von daher ist es auch angezeigt, an dieser Stelle für eine wirklichkeitsnahe Vorinformation in den Inseraten zu plädieren, um Enttäuschungen, Irrationalitäten und innere Kündigung im voraus zu verhindern." (...)

Viele der obgenannten Erkenntnisse sind eine logische Konsequenz der Forderung, sich bei der inhaltlichen und formalen Gestaltung einer Stellenanzeige an ein Raster zu halten. Das Checklistenbeispiel in Abbildung 4.27 zeigt diese Standardisierung.

Weiter ist von entscheidender Bedeutung:

- Wahl der Medien
- Erscheinungshäufigkeit

- Erscheinungszeiten
- Plazierung
- Typografisches
  - Leerraum
  - Schriftgrösse
  - Schriftarten
  - Umrandung
  - Firmenlogo
  - eventuell Bild- oder Fotomaterial

***Abb.** 4.27: Checkliste zur Erstellung einer Stellenausschreibung*

Gelegentlich werden potentielle Mitarbeiter auch via Chiffre-Inserat angesprochen. Viele Arbeitnehmer, insbesondere Führungskräfte, reagieren nicht auf Chiffre-Inserate aufgrund der Anonymität, der Unsicherheit bezüglich Diskretion und des Problems, dass es der eigene Arbeitgeber sein könnte. Trotzdem existieren Gründe für die Schaltung einer Chiffre, so beispielsweise:

- Image-Gründe
- mangelnder Erfolg mit offenen Stellenanzeigen
- „Versuchsballon" mit dem Ziel, den Arbeitsmarkt zu testen
- Ersetzen eines Mitarbeiters, der davon noch nichts weiss
- strategische Vorhaben, von denen die Konkurrenz nichts erfahren darf

[Hönig 1993: 29]

Es existieren keine Personalauswahlinstrumente oder -methoden, die einen richtigen Einstellungsentscheid garantieren. Deshalb ist davon abzusehen, ausschliesslich auf der Basis eines einzigen der folgenden Instrumente zu entscheiden, d.h., man sollte immer eine Kombination von Instrumenten bzw. Methoden wählen.

Folgende Auflistung ermöglicht eine Übersicht über die wichtigsten Instrumente bzw. Methoden der Personalauswahl:

- Bewerbungsunterlagen
  - Bewerbungsschreiben
  - Lebenslauf (Curriculum Vitae; CV)
  - Abschlusszeugnisse
  - Arbeitszeugnisse
  - Foto
- Bewerbungsgespräch
- Referenzen
- Arbeitsproben
- Tests
- Grafologische Gutachten
- Assessment Center

Vollständige Bewerbungsunterlagen umfassen das Bewerbungsschreiben, den Lebenslauf (CV), Abschlusszeugnisse bzw. Diplome, Arbeitszeugnisse und allfällige Referenzadressen. Die Bewerbungsunterlagen gelten als die erste Visitenkarte. Sie werden von den Rekrutierungsverantwortlichen nach folgenden Kriterien begutachtet:

- Aussehen, Gliederung, Gestaltung, Übersichtlichkeit
- Stil, Ausdruck, Sprachbeherrschung
- Inhalt, Informationsgehalt
- Vollständigkeit
- Lebenslauflücken
- Häufigkeit der Arbeitsplatzwechsel (Zeitfolgenanalyse)
- Berufliche Entwicklung (Positionsanalyse)
- Überprüfung des Lebenslaufs anhand der eingereichten Unterlagen
- Leistungs- und Verhaltensbeurteilung sowie Trennungsgründe (siehe Arbeitszeugnis)

Bewerbungsgespräch

Das Bewerbungsgespräch bzw. das Vorstellungsgespräch oder Interview dient zur

- Beschaffung und Ergänzung von Informationen über die fachliche und v.a. soziale Qualifikation eines Bewerbers.
- Ermittlung, ob sich die persönlichen und beruflichen Zielvorstellungen des Bewerbers mit den Vorstellungen und Erwartungen des Unternehmens decken.
- Prüfung, ob der Bewerber in das soziale Umfeld des Unternehmens passt [Hönig 1993: 60]

Folgende Themenfelder sind Bestandteile eines Bewerbungsgespräches und sollten sowohl vom Kandidaten als auch vom Beurteiler (Personalmanager oder Führungskraft) vorbereitet werden:

- Fragen zur Unternehmung und der Stelle
  - Haupt- und Nebenaufgaben, Kompetenzen, Verantwortung und Ziele
  - Bezeichnung der Funktion bzw. Position und Einordnung in der Organisation
  - Vorgesetzte(r) und Mitarbeiter
  - Aus- und Weiterbildung sowie Entwicklungsmöglichkeiten
  - Arbeitsplatz, -zeit und -umfeld
  - Grundgehalt und variable Gehaltsbestandteile in Form von Gratifikationen und/oder Provisionen
  - Urlaub, Militärdienst und Versicherung
  - frühester Eintrittstermin, Probezeit und Kündigungsfrist

- Fragen im Zusammenhang mit der Bewerbung
  - Grund für die Vakanz
  - Ist der Vorgänger noch da? Bleibt er der Unternehmung erhalten, oder verlässt er sie? Wenn ja, weshalb?
  - Stellenbeschreibung oder Funktionendiagramm
  - fachliche, methodische und menschliche Anforderungen an den neuen Stelleninhaber
- sowie Fragen zur Person des Bewerbers
  Auswahl von konkreten Fragen und deren Hintergrund:

Frage	***Hintergrund***
Warum haben Sie sich gerade bei uns beworben?	Macht er sich Gedanken über seine Laufbahn?
Weshalb interessiert Sie unser Unternehmen, unsere Branche, diese Position?	Ist diese Stelle nur eine Notlösung, oder will er diese Stelle wirklich?
Weshalb wollen Sie sich verändern?	Welches sind seine Motive für den Stellenwechsel?
	Hat er sich zielbewusst nur bei uns beworben, oder sucht er einfach einen „Job"?
	Decken sich seine persönlichen Ziele mit denjenigen unserer Unternehmung?
Was erwarten Sie von der neuen Stelle?	Möchte er viel Geld verdienen, auf unsere Kosten ausgebildet werden, sich profilieren, oder ist er bereit, Verantwortung und Einsatz zu zeigen?
Welches sind Ihre beruflichen/privaten Ziele? Was möchten Sie in 5 oder 10 Jahren erreicht haben? Welche Position möchten Sie dann innehaben?	Handelt es sich um einen „Job-Hopper" oder um einen loyalen und treuen Mitarbeiter für die Zukunft?
	Decken sich seine Laufbahn-Vorstellungen mit den innerbetrieblichen Entwicklungsmöglichkeiten?
	Wie realistisch ist er?
Wie muss Ihr Vorgesetzter sein?	Passt er in unser Team bzw. zu unserer Unternehmenskultur?
Wie führen Sie Ihre Mitarbeiter?	

Arbeiten Sie gerne im Team? Halten Sie sich für teamfähig? Wie beurteilen Sie sich selber als Person bezüglich Charakter, Fähigkeiten, Neigungen (Stärken, Schwächen)? Welches sind die drei wichtigsten Eigenschaften, die Ihrer Meinung nach eine Führungspersönlichkeit haben muss?	Hat er die geeigneten Eigenschaften, um in dieser Stelle erfolgreich zu sein? Könnte es eventuell zu Schwierigkeiten mit einzelnen Mitarbeitern oder Führungskräften kommen?
Welchen Stellenwert haben Familie und Freunde für Sie?	Führt er ein harmonisches, zufriedenes Privatleben?

Einige unerwartete Fragen, bei denen es weniger um den Inhalt der Antwort, sondern mehr um die Form geht:

Können Sie lügen? Weshalb würden Sie sich selber allenfalls nicht einstellen? Welche Bedeutung haben für Sie Status, Prestige, Anerkennung und Erfolg? Wie tief wäre der Minimallohn, zu dem Sie sich anstellen würden?	Wie sind seine kommunikativen Fähigkeiten? Kann er sich „verkaufen“? Wie reagiert er in kritischen Situationen?
Würden Sie mit mir nach der Arbeit ab und zu ein Glas Wein trinken?	Ist er diplomatisch, clever, authentisch, aufrichtig?
Welches Buch haben Sie zuletzt gelesen?	Für welche (ausser-)beruflichen Themen interessiert er sich? Wie nimmt er Stellung zu dieser Frage? Steht er dazu, oder schämt er sich dafür, was er liest?

Vielfach erarbeiten sich Rekrutierungsverantwortliche Checklisten, die sie als Hilfsmittel für die Bewertung von v.a. qualitativen Daten benutzen (z.B. Verhalten). Die obenstehende Checkliste ist nicht mit einem strukturierten Fragebogen zu vergleichen. Eine solche Checkliste für das Bewerbungsgespräch könnte etwa folgendermassen aussehen:

Gestalt:	klein, mittelgross, gross, schlank, korpulent
Alterseindruck:	wirkt jünger, dem Alter entsprechend, wirkt älter

Äusseres:	gepflegt, ungepflegt, schlampig, konservativ, unauffällig, modisch, extravagant, unpassend
Umgangsformen:	zuvorkommend, galant, farblos höflich, betont korrekt, taktlos, anbiedernd, primitiv
Haltung und Auftreten:	sicher, ungezwungen, bestimmt, gewandt, verkrampft, zurückhaltend, bescheiden, kontaktstark, unverfroren, überheblich, unbeherrscht, ordinär, eitel, arrogant, minderwertigkeitsbetont
Vitalität und Drive:	lebendig, initiativ, eifrig, unruhig, teilnahmslos, lahm, stumpf
Kommunikationsfähigkeit:	begeisternd, interessant, argumentationsstark, schlagfertig, flüssig, durchdacht, wortreich, beherrscht Fragetechnik, langweilig, monoton, nichtssagend, plump, unbeholfen
Auffassungsgabe:	sehr schnell, Sinn für das Wesentliche, stellt präzise Fragen, langsam, erkennt Prioritäten nicht, stellt völlig unbedeutende Fragen
Zielstrebigkeit:	zielbewusst, energisch, rücksichtslos, unentschlossen, gleichgültig
Typ:	Macher, Methodiker, Visionär, Verstandesmensch, Willensmensch, Triebmensch, Gefühlsmensch, extravertiert, introvertiert

usw.

sowie einige Facts & Figures:

- Berufspraxis
- Branchen- oder Facherfahrung
- Sprachkenntnisse
- Führungserfahrung (Anzahl unterstellter Mitarbeiter)
- Ergebnisverantwortung
- Umsatzgrösse
- Budgetvolumen

- Veränderungsgrund
- Verfügbarkeit
- Ist-Gehalt
- Gehaltswunsch

Arbeitszeugnis

Ein weiteres – in der Schweiz bedeutendes – Instrument der Personalauswahl im Rahmen der Personalbeschaffung ist das Arbeitszeugnis. Für die Beurteilung und Handhabung des Arbeitszeugnisses sind einerseits dessen Aufgaben in der Personalselektion und andererseits die Methoden seiner Erstellung zu untersuchen.

Erfahrene Personalmanager beachten und gewichten folgende Aspekte des Arbeitszeugnisses:

- Tätigkeiten in den vorangegangenen Stellen
- Lückenlosigkeit der Laufbahn
- Kontinuität des beruflichen Werdeganges
- Gründe des Stellenwechsels
- Häufigkeit des Stellenwechsels
- Eigenschaften und Fähigkeiten mit Blick auf die zu besetzende Funktion, berufliche Entwicklung und Ausbildung
- Spezialausbildungen und besondere Erfahrungen
- Teamfähigkeit und Führungsqualitäten
- Fähigkeit zur Konfliktlösung und -verarbeitung
- Übereinstimmung von Zeugnis und Berufsweg des Bewerbers
- fehlende Aussagen über Leistung und Verhalten

Bei der Erstellung eines Arbeitszeugnisses gilt es, folgende Gesetzmässigkeiten zu beachten:

Der Arbeitnehmer hat die Wahl zwischen zwei Arten von schriftlichen Arbeitszeugnissen:

- Einfaches Zeugnis (Arbeitsbestätigung oder -bescheinigung)
  Das einfache Zeugnis gibt lediglich Auskunft über Dauer der Anstellung sowie ausgeübte Funktion und verzichtet auf Leistungs- und Verhaltenshinweise. Wichtig scheint diesbezüglich, dass die meisten Personalverantwortlichen eine Arbeitsbestätigung so auslegen, dass der Aussteller

punkto Leistung und Verhalten mit dem Betroffenen unzufrieden war. Obwohl Zeugniscodes darin fehlen, stellt das einfache Arbeitszeugnis somit einen Code per se dar.

Beispiel:

Herr Peter Muster, geboren am 15.12.1960, von Bern, war vom 1.2.1990 bis zum 31.10.1996 in unserem Unternehmen als Aussendienst-Mitarbeiter tätig.

Zürich, den 15.11.1996

Unterschrift

- Qualifiziertes Zeugnis
  Das qualifizierte Arbeitszeugnis hat im wesentlichen folgende Tatsachen wiederzugeben:
  - Art und Dauer der Beschäftigung
  - Leistung und Verhalten

  Ein Arbeitszeugnis darf jederzeit verlangt werden:

- Zwischenzeugnis

- Schlusszeugnis

  Der Arbeitnehmer hat einen klagbaren Anspruch auf ein objektiv richtiges, der Wahrheit entsprechendes Zeugnis:

  Das Arbeitszeugnis ist ein heikles Instrument und muss differenziert interpretiert werden. Einerseits besteht ein „Sender-Empfänger-Problem", d.h., der Leser interpretiert die Aussagen nicht zwingend so, wie sie vom Aussteller gewollt sind. Nicht jeder Personalmanager – und schon gar nicht andere Zeugnisaussteller (in kleineren Unternehmen z.B.) – kennt, benützt und interpretiert die hinter diversen Wendungen vermuteten Geheimcodes gleich wie seine Kollegen. Andererseits formuliert mancher Zeugnisaussteller (oft unbewusst!) gewisse Aussagen so, dass sie von einem kritischen Leser sowohl vorteilhaft als auch nachteilig ausgelegt werden können. Aus diesen Gründen ist im Interesse aller Beteiligten von der Verwendung von Geheimcodes abzuraten [Class/Bischofberger 1994: 11].

  Zudem muss das Arbeitszeugnis klar abgefasst sein und hat nicht nur der Wahrheit zu entsprechen, sondern muss auch inhaltlich klar und eindeutig formuliert werden. Manche der folgenden Geheimcodes (unvollständige Auflistung) widersprechen diesem Gebot:

Formulierung	*Interpretation*
Zeugniscodes punkto Arbeitsleistung	
Keine Bemerkungen	Es ist davon auszugehen, dass die Leistungen nicht genügten.
Er bemühte sich, seine Aufgaben so gut wie möglich …	Seine Leistungen befriedigten nicht, obwohl er sich Mühe gab.
Er hat sich stets bemüht, die ihm übertragenen Arbeiten zu unserer Zufriedenheit zu erledigen.	Seine Fähigkeiten sind minim, aber er ist willig.
Die ihm übertragenen Aufgaben erledigte er mit grossem Fleiss.	Er bemühte sich, die Arbeit richtig zu erledigen, war aber nicht tüchtig.
Er hat all seine Fähigkeiten eingesetzt.	Die Leistungen waren schwach.
Er hat alle Aufgaben ordnungsgemäss erledigt.	Er entwickelt keine eigene Initiative und erledigt nur das, was man ihm aufträgt (Minimalist).
Wir schätzten seinen grossen Eifer.	Er war ein Streber, ohne allerdings den Anforderungen zu genügen.
Er hat sich stets um gute Vorschläge bemüht.	Er wusste alles besser, ohne dass das Geschäft aber davon profitieren konnte.
Er hat die ihm übertragenen Arbeiten zu unserer Zufriedenheit erledigt.	Es handelt sich hier um knapp genügende Leistungen.
Er hat die ihm übertragenen Arbeiten stets zu unserer vollen Zufriedenheit ausgeführt.	Es handelt sich hier um einen guten Mitarbeiter, der regelmässig gute Leistungen erbracht hat.
Er hat die ihm übertragenen Arbeiten stets zu unserer vollsten Zufriedenheit ausgeführt.	Es handelt sich hier um einen sehr guten Mitarbeiter, der überwiegend sehr gute Leistungen erbracht hat.
Zeugniscodes punkto Verhalten	
Keine Bemerkungen	Es ist möglich, dass das Verhalten unbefriedigend war.

Er bemühte sich stets um ein gutes Verhältnis zu den Vorgesetzten.	Er war ein Anpasser.
Er war stets freundlich und aufmerksam.	Es handelt sich um einen angenehmen Mitarbeiter, der Teamfähigkeit zeigt.
Gegenüber seinen Mitarbeitern zeigte er grosses Einfühlungsvermögen.	Er suchte Kontakt zum anderen Geschlecht.
Im Umgang mit Vorgesetzten und Mitarbeitern war er korrekt.	Er verhielt sich korrekt, ohne jedoch beliebt zu sein.
Im Umgang mit Vorgesetzten und Mitarbeitern war er stets freundlich und korrekt.	Er verhielt sich stets korrekt und war beliebt.
Im Umgang mit Vorgesetzten und Mitarbeitern war er stets zuvorkommend, freundlich und korrekt.	Er war menschlich sehr wertvoll für das Team.

Zeugniscodes punkto Beendigung des Arbeitsverhältnisses

Keine Bemerkungen	Es besteht die Möglichkeit, dass er gehen musste.
Er verlässt uns im gegenseitigen Einvernehmen	Wir haben ihm gekündigt – oder zumindest: Wir sind froh, dass er gegangen ist.
Er verlässt uns auf eigenen Wunsch.	Es handelt sich um einen normalen Abgang, und der Mitarbeiter hinterlässt keine grosse Lücke.
Er verlässt uns auf eigenen Wunsch, was wir sehr bedauern.	Der Mitarbeiter hat gekündigt, obwohl ihn der Arbeitgeber aufgrund seiner Tüchtigkeit gerne behalten hätte.
Er verlässt uns auf eigenen Wunsch, was wir ausserordentlich bedauern.	Es handelt sich hier um einen äusserst tüchtigen Mitarbeiter, der eine empfindliche Lücke hinterlässt.

[Class/Bischofberger 1994: 59 ff.]

Wie heikel und fragwürdig solche Zeugniscodes sind, zeigt u.a. folgender Judikaturhinweis [Schürer 1995: I/12.1, 7]:

„Das Begehren der Klägerin, die Qualifikation ‚vollste Zufriedenheit' ins Zeugnis aufzunehmen, wird mit folgender Begründung abgewiesen: Der

Ausdruck ‚vollste' ist ein sprachlicher Pleonasmus und deshalb abzulehnen, auch wenn er in der sog. Zeugnissprache üblich ist. Was voll ist, ist voll und kann weder voller noch vollst sein (Arbeitsgericht Zürich, Urteil vom 27.3.1992, in: Jahrbuch des Schweizerischen Arbeitsrechts 1993 S. 198)."

Referenzen

Interessant ist die Tatsache, dass das Schweizerische Arbeitsrecht keine konkreten Vorschriften hinsichtlich Referenzauskünften beinhaltet. Als einzige Bedingung geht daraus hervor, dass die Informationen – auch schädliche – sich auf das Arbeitsverhältnis zu beziehen haben, wahr und wohlwollend zu erteilen sind und charakteristisch für das zu beurteilende Arbeitsverhältnis sein müssen. Die verbreitete Meinung sowie ein neueres Bundesgesetz über den Datenschutz gehen dahin, dass eine Auskunftserteilung ohne Einwilligung des Arbeitnehmers eine Persönlichkeitsverletzung darstellt und somit nicht statthaft ist [Class/Bischofberger 1994: 78].

Auch Referenzauskünfte sind mit Vorsicht zu bewerten, denn Bewerber geben vielfach Personen an, von denen sie wissen, dass sie ihnen wohlgesinnt sind. Somit sind Referenzen nicht immer eine zuverlässige Informationsquelle.

Informative Referenzen sollten mittels gezielter und systematischer Fragen eingeholt werden. Beispiele solcher Fragen sind u.a.:

- Welche allgemeine Erinnerung haben Sie an diese Person?
- Welche Tätigkeit übte diese Person bei Ihnen aus?
- Wie war das Verhalten dieser Person im Umgang mit Mitarbeitern, Führungskräften und Kunden?
- Welche Stärken und Schwächen erachten Sie als erwähnenswert?
- Lagen die Absenzen dieser Person über dem Durchschnitt?
- Würden Sie diese Person für eine entsprechende Position wieder einstellen?
- Würden Sie dieser Person die Aufgabe, für die sie sich bei uns bewirbt, zutrauen?

Grafologisches Gutachten

Ein in der Schweiz sehr verbreitetes Auswahlinstrument ist das grafologische Gutachten. Die Grafologie befasst sich mit der Analyse der Handschrift und leitet daraus Persönlichkeits- und Charaktermerkmale ab. Ein „Grafo" ist relativ kostengünstig und mit geringem Aufwand sowohl für den Beurteilten als auch für den Personalverantwortlichen verbunden. Als

Kritik ist anzuführen, dass die Qualität der Aussagen stark von der Qualifikation des Grafologen abhängt und diese ferner keinen relativen Vergleich zulassen, d.h., die Aussage „sehr leistungsfähig" ist ohne Angabe einer Referenzgruppe nur beschränkt aussagekräftig. Diesem Mangel helfen psychometrische Tests ab, die auf einer Skala einen Vergleich der Ausprägung zwischen dem Beurteilten und einer Referenzgruppe erlauben.

TESTS

Intelligenz-, Leistungs- und Persönlichkeitstests, tiefenpsychologische Eignungsverfahren usw. liefern zusätzliche Sicherheit bei der Potentialbeurteilung von Kandidaten. In der Praxis werden sogenannte psychodiagnostische Instrumente oder Verfahren insbesondere bei der Auswahl von potentiellen Führungskräften eingesetzt. Es werden die unterschiedlichsten Tests angeboten, die sowohl in bezug auf Umfang, Aufwand, Messgenauigkeit als auch Nutzen und Preis-Leistungs-Verhältnis stark variieren. In der Folge werden einzelne Bestandteile von Auswertungen zweier unterschiedlicher Instrumente (mit vergleichbarem Kosten- und Zeitaufwand) zu derselben Person (Peter Muster) gezeigt:

Insights

Peter Muster braucht Freiraum und arbeitet ungern unter zuviel Kontrolle. Er liebt es, Menschen zu fördern und Organisationen zu bilden. Er strebt nach Beliebtheit und sozialer Anerkennung. Er verhandelt gerne in einer angenehmen Atmosphäre. Er baut durch seine Wärme zu anderen Menschen Kontakt auf. Peter Muster teilt anderen auf freundliche Art und Weise mit, dass er als eigenständige Persönlichkeit respektiert werden möchte. Er ist sehr optimistisch und hat gewöhnlich sehr viel Sinn für Humor. Eine treibende Kraft für Peter Muster ist der Wunsch nach Status und Macht. Er kann zwischen Begeisterungsfähigkeit und Geduld eine gute Balance halten. Peter Muster neigt dazu, Menschen unvoreingenommen zu vertrauen. Es besteht dadurch für ihn das Risiko, übervorteilt zu werden, da andere dieses hohe Mass an Vertrauen manchmal nicht verdienen.

Peter Muster kann gut Probleme lösen, die Menschen betreffen. Er glaubt, dass Regeln eher dazu da sind, ihm zu dienen, als von ihm befolgt zu werden. Er hat die Neigung, vorschnelle Urteile zu fällen oder impulsive Entscheidungen zu treffen. Er arbeitet gerne für Vorgesetzte, die entscheidungsfreudig sind. Peter Muster ist sowohl ein guter Redner als auch ein guter Zuhörer. Er kann in bezug auf alles, woran er glaubt, sehr emotional reagieren.

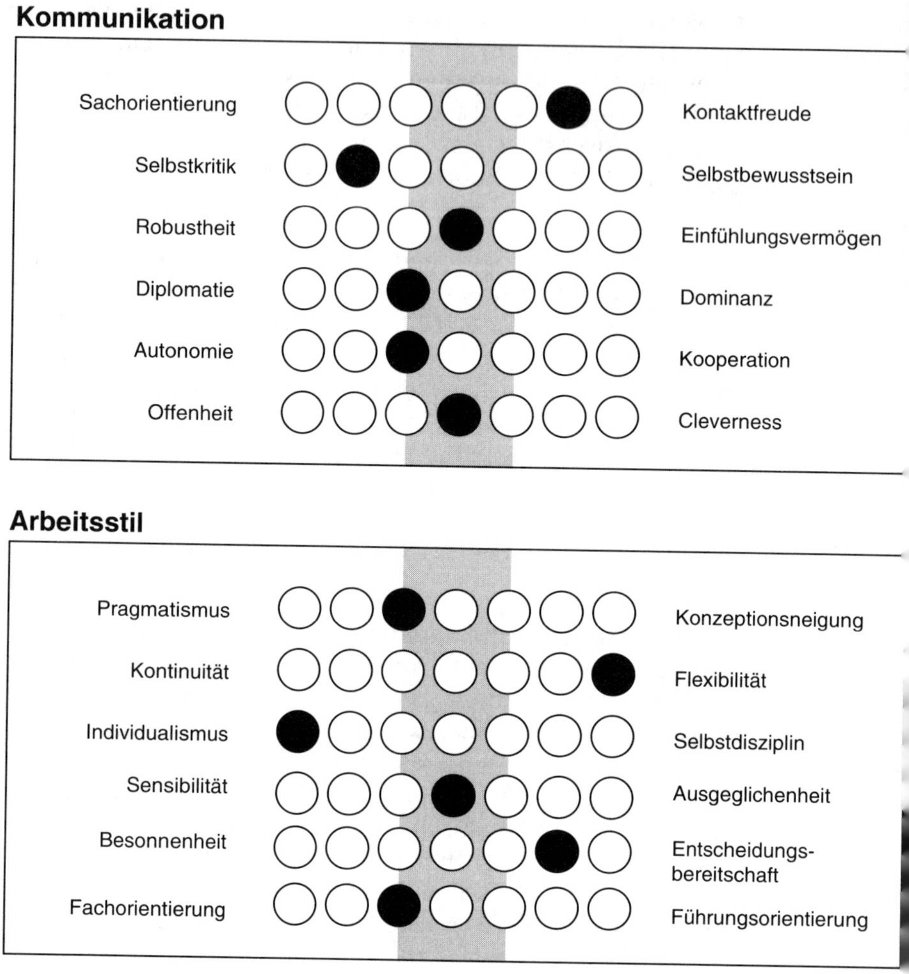

***Abb.** 4.28: Persönlichkeitsprofil (Quelle: Kienbaum und Partner, Vergütungsberatung)*

Insights ermöglicht ferner Aussagen zu folgenden Fragen:

- Ist Peter Muster für eine bestimmte Funktion geeignet?
- Wie kann Peter Muster zu Spitzenleistungen geführt werden?
- In welchem Umfeld arbeitet Peter Muster am erfolgreichsten?
- Wo könnte es Konflikte in der Zusammenarbeit mit Peter Muster geben?
- Wie muss mit Peter Muster kommuniziert werden?
- usw.

ASSESSMENT CENTER

Das Assessment Center (AC) ist eine Seminarform, in der Führungs- und Managementqualifikationen der Teilnehmenden beurteilt werden. Diese Fragestellung ist aktuell, wenn

- vorhandene Mitarbeiter und Mitarbeiterinnen im Hinblick auf ihr Potential für zukünftige Aufgaben zu prüfen sind,
- der Bedarf für zielgerichtete, individuelle Trainings- und Entwicklungsmassnahmen festgestellt werden soll,
- Einstellungsentscheidungen bei Führungs(nachwuchs)kräften zu treffen sind,
- das Unternehmen eine Bestandesaufnahme der Führungskräfte, etwa im Vergleich zu wichtigen Wettbewerbern, anstrebt.

Im Assessment Center werden die Teilnehmenden anhand ihrer Leistungen, ihres Verhaltens und ihres Arbeitsstils in typischen und für die Zukunft erfolgskritischen Situationen beurteilt, um ihre Kompetenzen und Defizite zu analysieren.

Häufige Elemente des AC, ihr Inhalt und Beurteilungszweck:

Übung	Inhalt	Beurteilungszweck
Präsentationen bzw. Kurzreferate	Kandidaten sollen z.B. ein neues Produkt, eine Werbekampagne oder ein kritisches Thema (Gesundheit und Rauchen in einer Zigarettenfirma) präsentieren, nachdem sie nur kurze Zeit zur Vorbereitung zur Verfügung hatten	Überzeugungskraft, Kommunikationsfähigkeiten, Auftreten, Arbeiten unter Zeitdruck
Rollenspiele bzw. Zweiergespräche	typische Situation aus dem Berufsalltag; z.B. Kritikgespräch, Kundenreklamation	Mitarbeiterführung, Verkaufstalent, Überzeugungskraft
führerlose Gruppendiskussionen	Die AC-Gruppe erhält ein Thema vorgegeben, nicht allerdings die Rollenvorgaben (z.B. wer ist Chef)	Verhalten in der Gruppe, Überzeugungskraft, Konfliktfähigkeit, Selbstdarstellungsdrang

Übung	Inhalt	Beurteilungszweck
Postkorbübung	Kandidaten erhalten 30 bis 40 Schriftstücke und müssen Prioritäten setzen (dringend, wichtig, dringend und wichtig, Papierkorb)	Organisationstalent, strategische Weitsicht, Stressstabilität
Fallstudien	komplexe (betriebswirtschaftliche) Fallstudien mit Planspiel-Charakter	Verständnis der Zusammenhänge, strategische Weitsicht, Stressstabilität

[Plüskow 1996: 23]

Exkurs:
Oft fällt im Zusammenhang mit der Personalbeschaffung der Begriff „Personalmarketing". Diese beiden Begriffe gleichzusetzen, scheint zu kurz gegriffen. Personalmarketing ist vielmehr die Kunst, attraktive und effiziente Arbeitsbedingungen zu analysieren, zu gestalten und zu kommunizieren. Somit umfasst das Personalmarketing eine ganzheitliche und integrierte Gestaltung aller personalpolitischen Programme (z.B. offene Tür), Funktionen (z.B. Personalbeschaffung), Instrumente (z.B. Personalwerbung) und Methoden (z.B. Personalforschung). Es handelt sich weniger um einen konkret abgrenzbaren Teilbereich des Personalmanagements, sondern vielmehr um eine Denkhaltung [Wunderer 1991: 119].

Personalbeurteilung

Die Personalbeurteilung bzw. Qualifikation ist vergleichbar mit der Personalauswahl, hat allerdings die Aufgabe, bestehende Mitarbeiter und Mitarbeiterinnen zu „bewerten". Eine systematische und regelmässige Beurteilung der Mitarbeiter dient als Grundlage für wichtige Personalentscheide wie:

- Beförderungen, Versetzungen, Entlassungen
- Nachwuchsplanung
- Personalplanung
- Gehaltsentscheidungen

und sollte folgende Fragen beantworten:

- Hat der Mitarbeiter die mit ihm vereinbarten Ziele erreicht?

- Wie haben sich Leistungen und Leistungsbereitschaft des Mitarbeiters entwickelt?
- Übt der Mitarbeiter (nach wie vor) die richtige Funktion aus, oder könnte er an einer anderen Stelle mehr leisten?
- Kann bzw. soll der Mitarbeiter ge- und/oder befördert werden?
- Welche Schwächen bzw. Stärken bei Leistung und Führung gilt es wie zu beheben bzw. zu optimieren?

Die Personalbeurteilung verfolgt jedoch nicht nur das Unternehmensziel „Leistungsoptimierung", sondern ebenso das Mitarbeiterziel „Arbeitszufriedenheit". In der Organisationsentwicklung spricht man in diesem Zusammenhang von einem Dualziel.

PERSONALEINSATZ
Bei Fragen rund um das Thema Personaleinsatz geht es um die Zuordnung von Mitarbeiterinnen und Mitarbeitern zu den zu erfüllenden Aufgaben unter den Gesichtspunkten Quantität, Qualität, Einsatzzeit und -ort. Konkret stehen folgende Fragestellungen im Mittelpunkt:

1. Personaleinführung und -einarbeitung
2. Zuordnung von Arbeitskräften und -plätzen
3. Anpassung der Arbeit und der Arbeitsbedingungen an den Menschen, insbesondere hinsichtlich Arbeitsaufteilung, Arbeitsplatzgestaltung und Arbeitszeitgestaltung

[Thommen 1996: 555]

PERSONALEINFÜHRUNG
Ein neuer Mitarbeiter, sei dies eine von aussen kommende Person, ein Lehrling, ein Praktikant, ein Trainee nach der Ausbildung oder ein Mitarbeiter, der innerhalb der Unternehmung die Stelle wechselt, muss in den für ihn neuen Arbeitsbereich eingeführt werden. Bei der Personaleinführung geht es dabei einerseits um die sachliche bzw. arbeitstechnische Einarbeitung und andererseits um die soziale und organisatorische Integration des neuen Mitarbeiters bzw. der neuen Mitarbeiterin. Dieser Prozess wird in der Praxis oft sträflich vernachlässigt bzw. ungenügend vorbereitet und inkonsequent durchgeführt. Mit einer sorgfältigen Einführung kann nicht nur eine raschere Effizienz und Motivation des Mitarbeiters erreicht, sondern es können auch Kosten einer möglichen Fluktuation vermieden werden.

Idealtypisch sollten folgende Massnahmen der Personaleinführung durch den Vorgesetzten und/oder Personalverantwortlichen und/oder „Götti" durchgeführt werden:

- Vorbereitung vor dem Eintritt (Einführungsprogramm, Arbeitsplatz usw.)
- Begrüssung des neuen Mitarbeiters und Einführung in das Team
- Einführung in seinen Arbeitsbereich
- Einführung in die „Eckdaten" der Unternehmung (Arbeitszeiten, Kantine, Sportmöglichkeiten, Social Events usw.)
- Einführung in die unternehmenspolitischen, -kulturellen und -strukturellen Richtlinien
- Betreuung und Unterstützung des neuen Mitarbeiters
- periodische Kontrolle des Fortschrittes des neuen Mitarbeiters

Gestaltung der Arbeitsbedingungen
Im Zusammenhang mit der Gestaltung der Arbeitsbedingungen fällt zwingendermassen der Begriff Arbeitsteilung bzw. Spezialisierungsgrad. Um die negativen Konsequenzen einer extremen Arbeitsteilung wie Monotonie oder Mangel an Selbstentfaltung zu verhindern, wurden folgende Methoden mit mehr oder weniger Erfolg in der Praxis eingeführt (vgl. Abb. 4.29):

Job Rotation (Arbeitsplatzwechsel; verschiedene Mitarbeiter tauschen planmässig ihre Arbeitsplätze)

Job Enlargement (Arbeitsfelderweiterung; Ausweitung des Aufgabengebietes eines Mitarbeiters durch ähnliche Aufgaben)

Job Enrichment (Arbeitsfeldbereicherung; z.B. Erweiterung von Aufgaben, Kompetenzen und Verantwortung)

Teilautonome Arbeitsgruppen
Eine teilautonome Arbeitsgruppe ist eine Gruppe, die

- keinen formalen Vorgesetzten hat,
- einen internen Teamleader bestimmt,
- Handlungs- und Führungskompetenz besitzt,
- nach aussen gemeinsam Verantwortung übernimmt und
- durch organisatorische Regelungen in das Gesamtsystem integriert ist.

Arbeitszeitgestaltung
Obwohl Arbeitszeitmodelle ein vieldiskutiertes Thema sind, scheint die Umsetzung dieser neuen, individuellen Arbeitszeitflexibilisierung in der Praxis noch ein stiefmütterliches Dasein zu fristen. Die Voraussetzungen bzw. die Erfordernisse für eine Flexibilisierung der Arbeitszeiten sind jedoch besser denn je. Das gilt für die technischen und organisatorischen

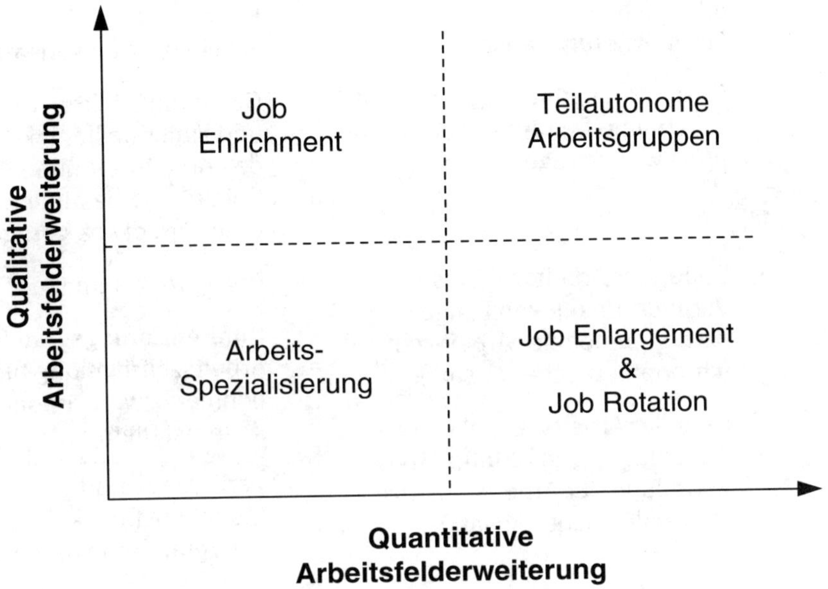

Abb. *4.29: Methoden der Arbeitsgestaltung*

Entwicklungen innerhalb der Unternehmung genauso wie für das Bedürfnis vieler Arbeitnehmer nach mehr Selbstbestimmung und Zeitautonomie.

Individuelle Arbeitszeitgestaltung heisst, dass sowohl dem Arbeitnehmer als auch dem Arbeitgeber gewisse Entscheidungsfreiräume gewährt werden. Den Mitarbeitern bringen individuelle Arbeitszeitmodelle eine gewisse Zeitsouveränität, die eine bessere Harmonie von beruflichen und privaten Bedürfnissen ermöglicht. Für Unternehmen machen flexible Arbeitszeitmodelle genauso Sinn, insbesondere im Zusammenhang mit der besagten Kundenorientierung, die beispielsweise Kundenservice rund um die Uhr fordert (24-Stunden-Service der Credit Suisse oder der Visa, 24-Stunden-Notfall-Telefon von BMW usw.). Ziele aus der Optik der Unternehmung sind zudem, die Nachfrageschwankungen optimaler abzudekken und die Produktivität zu steigern.

Arbeitszeitmodelle lassen sich aufgrund inhaltlicher und formaler Flexibilisierungsansätze unterscheiden. Bei den inhaltlichen Flexibilisierungsansätzen geht es um die Gestaltungsgrundlagen. Formale Flexibilisierungsansätze haben instrumentellen Charakter, und die Frage, „wie“ etwas geregelt wird, steht im Mittelpunkt.

Inhaltliche Flexibilisierungsansätze	**Formale Flexibilisierungsansätze**
Gestaltungsgrundlagen, die Entscheidungsfreiräume betreffen (Was wird geregelt?)	Gestaltungsmittel, die Ausmass und Funktionsfähigkeit der durch das Arbeitszeitmodell eröffneten Spielräume bestimmen (Wie wird etwas geregelt?)
Dauer der Arbeitszeit, also Veränderungen von Länge bzw. Volumen der Arbeitszeit (chronometrischer Ansatz)	Bezugszeitraum (Zeitrahmen)
	Differenzierungsgrad (Teilung der Arbeitszeitregelung für Arbeitnehmer bzw. -Gruppen und/oder Kostenstellen)
Lage der Arbeitszeit, also Veränderungen von Abfolge bzw. Verteilung der Arbeitseinsätze (chronologischer Ansatz)	Variierungsgrad (Reaktionsfähigkeit in bezug auf Veränderungen)
	Individualisierungsgrad (Ausmass persönlicher Entscheidungsfreiräume)

[Bellgardt 1991: 8 ff.]

In der Folge werden wichtige, von der Normalarbeitszeit abweichende, Modelle kurz vorgestellt, wobei zu beachten ist, dass es sich bei der Teilzeit, der Schichtarbeit und der Gleitzeit um Grundformen handelt und bei den restlichen lediglich um Mischformen oder Verknüpfungen:

- Teilzeit (Variationen der Dauer)
- Schichtarbeit (Variationen der Lage)
- Gleitzeit (Variationen von Dauer und Lage):
  Mitarbeiter und Mitarbeiterinnen entscheiden autonom über Arbeitsbeginn und -ende innerhalb vorgegebener Bandbreiten. Lediglich während der Kernzeit besteht eine Anwesenheitspflicht. Zeitguthaben oder Zeitdefizite können bis zu einer bestimmten Zeitsumme auf die folgende Abrechnungsperiode übertragen werden.

Temporärarbeit
Arbeitszeit à la carte:
Mitarbeitende entscheiden selbst über das Arbeitsvolumen, die tägliche Arbeitsdauer und Lage (Verteilung auf Werktage, Wochen, Monate).

Zeitautonome Arbeitsgruppen:
„Erfolgs-Orientierung", d.h. Betriebs- und Arbeitszeit wird selbst bestimmt.

Jahresarbeitszeit:
Die Sollarbeitszeit wird innerhalb eines Jahres geleistet (siehe Beispiel unten).

Tandem-Arbeitszeit:
Die Mitarbeiter vertreten sich gegenseitig, wobei die Bandbreite der Vertretungspflicht determiniert ist.

Job Sharing:
Die Mitarbeiter vertreten sich gegenseitig und verpflichten sich zur ständigen Funktionstüchtigkeit des Arbeitsplatzes.

Arbeitsanfallorientierte Arbeitszeit:
Im Arbeitsvertrag wird das Gesamtarbeitszeitvolumen festgelegt, nicht aber die Lage der Arbeitszeit, die je nach Situation von der Unternehmungsleitung nach einer zeitlich vertretbaren Vorankündigung bestimmt wird.

Sabbatical (Langzeiturlaub aus Zeitguthaben)

Flexible Pensionierung (gleitender Übergang in den Ruhestand)

Saisonarbeit

Beispiel:
Ein Musterbeispiel für die Jahresarbeitszeit hat die Schweizer Rück eingeführt. Im Auszug der Allgemeinen Arbeitsbedingungen, Ziffer 3, Arbeitszeit, heisst es u.a.:

„Die Jahresarbeitszeit schafft die Voraussetzung, um kundenspezifische, betriebliche und soweit als möglich auch persönliche Bedürfnisse aufeinander abzustimmen. Die gesteigerte Dienstleistungsbereitschaft gegenüber den Kunden steht im Zentrum der Jahresarbeitszeit.

Als Jahressollarbeitszeit wird die während eines Jahres zu erbringende Arbeitszeit bezeichnet. Die Jahressollarbeitszeit wird für vollzeitbeschäftigte Angestellte und Mitglieder des Kaders basierend auf einer durchschnittlichen wöchentlichen Arbeitszeit von 41 1/4 Stunden berechnet (...)

Die minimale tägliche Arbeitszeit beträgt 4 Stunden.

Ein Zeitsaldo innerhalb von 40 Plus- und 20 Minusstunden am Monatsende wird durch die Angestellten und Mitglieder des Kaders in eigener Verantwortung verwaltet (...)"

Diese kurzen und punktuellen Auszüge aus den Allgemeinen Arbeitsbedingungen der Schweizer Rück zeigen, dass bei neuzeitlichen Arbeitszeitmodellen durchaus sowohl die Bedürfnisse der Mitarbeiter als auch die Ziele der Unternehmung mit gewissen Restriktionen vereinbar sind.

TELEARBEIT

Insbesondere im Zusammenhang mit der Gestaltung der Arbeitsbedingungen und der Arbeitszeit wird das Thema „Telearbeit" oder „Teleworking" in der Zukunft eine dominierende Rolle spielen. Telearbeit wird assoziiert mit „ausserbetrieblicher Arbeitsstätte" oder „flexiblen Arbeitsplätzen" und ist als Oberbegriff für alle Formen flexibler Arbeitsweisen mittels elektronischer Vernetzung zu verstehen. Ausschlaggebend sind somit das Arbeitsmittel und weniger der Arbeitsort oder die Arbeitszeiten.

Das Spektrum geeigneter Tätigkeiten reicht von der einfachen Datenerfassung und Dateneingabe über Textverarbeitung, Übersetzung, Bestellannahme, Rechnungswesen, Softwareentwicklung bis hin zu einzelnen Managementtätigkeiten.

Voraussetzungen für Telearbeit sind:

- eine gut funktionierende Unternehmenskommunikation
- eine ergebnisorientierte Führung
- Akzeptanz bei den Mitarbeitern
- technische Durchführbarkeit
- entsprechende rechtliche Grundlagen

[Referat: Reimers 1996]

Die Telearbeit bietet interessante Vorteile bzw. Chancen, aber auch nicht zu unterschätzende Nachteile bzw. Gefahren:

Vorteile/Chancen

Für das Unternehmen:
- Steigerung der Flexibilität
- Steigerung der Effizienz
- Einsparungen von Kosten (z.B. Büroflächen, Verwaltungskosten)
- Verringerung der Fehlzeiten
- Erhöhung der Leistungsbereitschaft der Mitarbeitenden

Nachteile/Gefahren

Für das Unternehmen:
- Verlust von Führungskompetenz, Macht, Status, Prestige und Kontrolle im mittleren Management
- Führungstechniken müssen den neuen Umständen angepasst werden

Vorteile/Chancen	Nachteile/Gefahren
– Erhöhung der Attraktivität und des Images als Arbeitgeber	
Für die Mitarbeitenden: – Vereinbarkeit von Beruf und Freizeit bzw. Familie – Arbeitszufriedenheit – Kosten- und Zeiteinsparungen (z.B. Arbeitsweg) – Zeitautonomie und damit konzentrierteres Arbeiten	*Für die Mitarbeitenden:* – Angst und Unsicherheit der Mitarbeitenden vor Arbeitsplatzverlust und entgangenen Laufbahnmöglichkeiten – Gefahr der sozialen Isolation
Für die Gesellschaft: – Verkehrsentlastung – Energieeinsparung – Umweltschutz	

4.2.3 PERSONALENTWICKLUNG

Personalentwicklung ist – ähnlich wie viele der neueren Management-Schlagwörter – ein schwierig zu definierender bzw. ein unklarer Begriff.

Personalentwicklung (im weiteren Sinn) umfasst alle Massnahmen von der Auswahl bzw. Beurteilung bis zur Ausbildung und Förderung der Mitarbeiter im Hinblick auf das Überleben und Wachstum der Unternehmung.

Personalentwicklung (im engeren Sinn) beinhaltet lediglich Massnahmen, die eine anforderungs- und laufbahngerechte Verbesserung der Mitarbeiterqualifikation zum Gegenstand haben.

Beide Definitionen machen Sinn und schliessen sich zweifellos nicht aus. Eine den Unternehmenszielen und Mitarbeiterbedürfnissen angepasste Verbesserung der Qualifikation (siehe Definition i.e.S.) ist nur möglich, wenn vorab eine systematische Auswahl bzw. Beurteilung und in der Folge eine ebensolche Ausbildung und Förderung (siehe Definition i.w.S.) stattfinden.

Ziele der Personalentwicklung aus der Optik der Unternehmung sind:

- verbesserte Einsatzmöglichkeiten (Flexibilität)
- Steigerung der Arbeitseffizienz und -effektivität
- Bindung der Mitarbeiter an die Unternehmung (interne Mitarbeiter)

- Attraktivität der Unternehmung auf dem Personalmarkt (externe Mitarbeiter)
- Minimierung der Personalentwicklungskosten

Die zu erreichenden Personalentwicklungsziele aus der Optik der Mitarbeiter sind:

- Einkommen
- Laufbahn
- Status/Macht
- Arbeitsplatzsicherheit
- Selbstverwirklichung
- Arbeitsinhaltsbereicherung (insbesondere mehr Kompetenzen)

Es ist offensichtlich, dass es sich dabei durchaus auch um antinomische Zielsetzungen zwischen den zwei Anspruchsgruppen handeln kann.

Im wesentlichen geht es um die Verbesserung der Schlüsselqualifikationen Fachkompetenz, Sozialkompetenz und Methodenkompetenz sowohl im Sinne der Unternehmung als auch im Sinne der Mitarbeiter. Beispiele für Schlüsselqualifikationen (hier aufgezeigt am Beispiel eines Projektleiters):

Fachkompetenz umfasst Fach- resp. Sachwissen und -können. Sozialkompetenz bezieht sich auf die Mitarbeiterführung (Leadership, People Management) sowie die Persönlichkeitsentwicklung (Kommunikation, Umgangsformen, interkulturelle Kompetenz usw.). Methodenkompetenz impliziert strategische Skills (Unternehmensführung) sowie die Entwicklung allgemeiner Fähigkeiten und Methoden (z.B. Kreativitätstechniken, Problemlösungs- und Entscheidungsmethodik, Time Management).

Beispiel: Ausbildungsschwerpunkte einer Schweizer Grossunternehmung

Inhalte der Führungsausbildung

- Gesprächstraining
- Projektleitung (vgl. Abb. 4.30)
- Sitzungsleitung
- Personalauswahl
- Situatives Führen
- Führen mit Zielen (MbO)

- „Meine Rolle als Chef“
- Teamentwicklung
- Umgang mit Veränderungen
- Konflikt- und Stressbewältigung
- Verhandlungstechnik
- Problemlösungs- und Entscheidungsmethodik

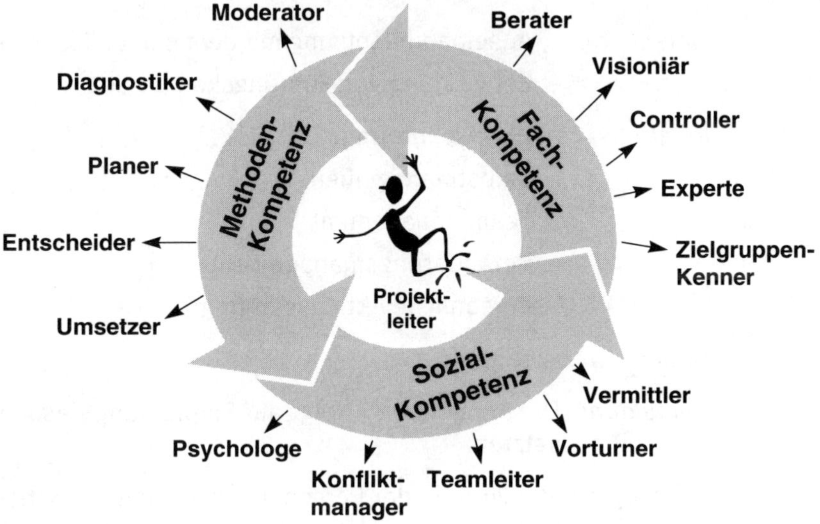

Abb. 4.30: Projektleiter-Kompetenzen

INHALTE DER INDIVIDUELLEN AUSBILDUNG

- externe Ausbildung
- Sprachausbildung
- Fachausbildung
- Branchenausbildung
- PC-Ausbildung
- Grundlagen der Betriebswirtschaftslehre
- Working together in a multinational company
- Zeitmanagement
- Arbeitstechnik

- Kommunikation
- Präsentationstechnik
- Überzeugen durch Persönlichkeit

Beispiel: Führungstraining (Modul Führungskompetenz) eines deutschen Automobilherstellers

Zielgruppe: Neuernannte Führungskräfte der Holding und inländischer Tochtergesellschaften, die erstmals eine Funktion mit Führungsverantwortung übernehmen

Ziele:
- Auseinandersetzung mit dem persönlichen Führungsbild
- Entwicklung von Führungskompetenz

Inhalt:
- Was ist Führung?
- Selbstmanagement
- Teammanagement
- Veränderungsmanagement
- Persönliche Aktionsplanung

Dauer: 5 Tage

Anmeldung: Die Anmeldung erfolgt auf Empfehlung des jeweiligen Vorgesetzten.

In bezug auf die Formen der Personalentwicklung herrschen nicht nur Uneinigkeit darüber, was alles dazuzuzählen ist, sondern auch Abgrenzungs- und Definitionsschwierigkeiten. In Abbildung 4.31 sind einige der in der Praxis verbreitetsten Formen aufgeführt.

	arbeitsintegriert		pädagogisch	
	kollektiv	individuell	kollektiv	individuell
Ausbildung am Arbeitsplatz		✓		
Auslandaufenthalt		✓		
CBT		✓		
Coaching				✓
Delegation von Aufgaben		✓		
Eigenstudium				✓
Einarbeitung		✓		

	kollektiv	individuell	kollektiv	individuell
Fachtagung	✓			
Fachvortrag	✓			
Fallmethode			✓	
Fernunterricht				✓
Frontalunterricht			✓	
Gruppenarbeit			✓	
Job Enlargement		✓		
Job Enrichment		✓		
Job Rotation		✓		
Kurs			✓	
Laufbahnplanung		✓		
Lehrgespräch			✓	
Lernspiel			✓	
Mitarbeitergespräch		✓		
Planspiel			✓	
Qualitätszirkel	✓			
Referat			✓	
Scheinfirma			✓	
Seminar			✓	
Sprachlabor				✓
Stellvertretersystem		✓		
Trainee-Programm		✓		
Vorschlagswesen		✓		
Workshops	✓			

***Abb.** 4.31: Formen der Personalentwicklung [Schweitzer 1994: 525]*

4.2.4 PERSONALENTLOHNUNG

Die Gehaltspolitik gewinnt im Rahmen des Personalmanagements nicht nur aus Kostengesichtspunkten (Standort Schweiz; Automatisierung und

Rationalisierungen) an Bedeutung, sondern signalisiert den Mitarbeiterinnen und Mitarbeitern auch die Wertschätzung, die das Unternehmen ihnen sowie ihren Arbeitsleistungen entgegenbringt, und dient ihnen somit als persönlicher Leistungsmassstab.

Damit qualifizierte Mitarbeiter und Mitarbeiterinnen in ein Unternehmen eintreten, sich mit ihren Aufgaben identifizieren und sich für ihre (Unternehmens-)Ziele engagieren, bedarf es attraktiver Leistungsanreize. Dabei stehen immaterielle Anreizfaktoren oder intrinsische Motivatoren derzeit im Mittelpunkt der Diskussion: herausfordernde Aufgaben, Entwicklungsmöglichkeiten, Selbstverwirklichung, Anerkennung usw. Trotzdem, das Gehalt bleibt wichtiger oder sogar wichtigster Anreiz. Überdurchschnittliche Leistungen müssen sich nach wie vor „lohnen“ oder: „Wer verdient nicht gerne, was er verdient!“

Die vier wichtigsten Grundsätze eines wirkungsvollen und zeitgemässen Lohnsystems sind:

- Marktgerechtigkeit, d.h.: Marktkonformität der Einkommen
- Anforderungsgerechtigkeit, d.h.: Berücksichtigung von Ausbildung, Erfahrung, Funktion, Kompetenzen und Verantwortung
- Leistungsgerechtigkeit, d.h.: Möglichkeit von individuellen, leistungsangepassten Lohnentwicklungen
- sowie Effizienz, d.h.:
  - Gewährleistung einer hohen Flexibilität
  - Einfachheit, Verständlichkeit, Transparenz
  - Praktikable Anwendung und rationelle Abwicklung

Die Gehaltsstruktur der Mitarbeiterinnen und Mitarbeiter in einer Unternehmung hängt von diversen Einflussgrössen ab. Diese Faktoren bestimmen allerdings nicht notwendigerweise die Höhe des Gehalts im Einzelfall (vgl. Abb. 4.32).

Bei der Betrachtung der Gehaltsstruktur ist zusätzlich die Unterscheidung zwischen dem Grundgehalt und den eventuell gezahlten variablen Gehaltsbestandteilen in Form von Gratifikationen und/oder Provisionen von Bedeutung. Gratifikationen sind vertraglich nicht zwingend vereinbarte, sondern infolge freien Ermessens der Unternehmensleitung gestellte Sondergehälter. Bei Provisionen handelt es sich um vertraglich fest zugesagte und in ihrer Höhe meist an bestimmte Erfolgsgrössen wie Cashflow, Rendite, Umsatz, Deckungsbeitrag, Marktanteil oder Produktivität gebundene Sonderzahlungen.

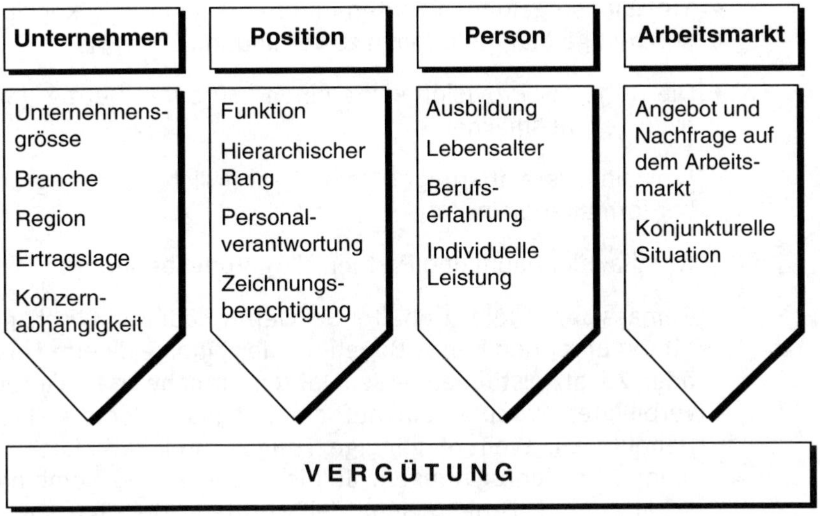

Abb. *4.32: Massgebende Faktoren bei der Personalentlohnung (Quelle: Kienbaum und Partner, Vergütungsberatung)*

Unverbindliche Gratifikationen weisen gegenüber der Provisionsregelung eine Reihe von Nachteilen auf. Da ihre Bemessung für den Betroffenen von vornherein nicht möglich ist, eignen sie sich als Leistungsanreiz wenig. Es fehlt der erkennbare Zusammenhang zwischen Leistung und Gegenleistung. Zudem wird ihre Festsetzung häufig als willkürlich empfunden. Provisionen sind diesbezüglich wesentlich wirkungsvoller, bedingen allerdings auch höhere Anforderungen an ihre Ausgestaltung. Folgende Grundsätze gilt es zu beachten:

- Als Bezugsbasis der Provision sollten ein oder mehrere Kriterien gewählt werden, die sich aus entscheidenden Zielgrössen des Unternehmens ableiten.
- Die Zielgrössen sollten in kausaler Verbindung zur Leistung des Betroffenen stehen, damit der Zusammenhang zwischen Provision und Leistung gegeben ist.
- Die gewählten Zielgrössen müssen möglichst objektiv mess- und prüfbar sein.
- Die Provisionszahlung sollte erst einsetzen, wenn die Zielgrösse einen gewissen Schwellenwert überschreitet, damit die Motivation aufgrund des spürbaren Gehaltszuwachses grösser wird.
- Die Provisionsentwicklung im Laufe des Jahres sollte transparent sein, damit ihre Anreizwirkung voll zur Geltung kommt und der Betroffene zu entsprechenden Leistungsoptimierungen veranlasst wird.

- Provisionsregelungen sollten mittel- bis langfristig konzipiert werden, um kurzfristige Manipulationen zu verhindern.

- Die Höhe der Provision sollte einen spürbaren Betrag (im Verhältnis zum fixen Teil) ausmachen.

- Provisionsvereinbarungen sollten schriftlich, eindeutig und nachvollziehbar formuliert sein.

(Quelle: Kienbaum und Partner, Vergütungsberatung)

Gemäss der Studie „Gehälter Schweizer Kader und Fachspezialisten 1996" führen unter den Fringe Benefits – das sind geldwerte Leistungen, Neben- oder Zusatzleistungen – seit Jahren Firmenwagen, Autopauschalen und verbilligter Produkte-Einkauf die Rangliste der meistgewährten Fringe Benefits an. Weitere gängige Fringes sind Parkplätze, Generalabonnements, Spesenregelungen, ärztliche Check-ups, Kombinationen von Geschäfts- und Ferienreisen, Zeitschriften, Beiträge an Kulturveranstaltungen, Sport- und Fitnessclubs, Ausbildungsbeiträge für Kinder sowie Finanz-, Vermögens-, Steuer- und Rechtsberatungen. Eine wachsende Bedeutung unter den Fringe Benefits haben gemäss der Studie die Altersvorsorge, Steuervorteile sowie Optimierungen mittels Cafeteria-Systemen [Hügli 1997: 42].

„Cafeteria-Systeme sind betriebliche Incentive-Systeme, die Führungskräften und/oder Mitarbeitenden die Möglichkeit einräumen, die Form und Zusammensetzung ihrer direkten und/oder indirekten Entlöhnung selbst zu bestimmen" [Keller 1997: 15]. Der auf den ersten Eindruck seltsam erscheinende Name ist darauf zurückzuführen, dass in einer Cafeteria Ess- und Trinkwaren selbständig zusammengestellt werden können. Mögliche Cafeteria-Optionen sind: Arbeitszeitmodelle/Versicherungsleistungen/zusätzliche Altersversorgung/Fahrzeug-Leasing/Gewinnbeteiligung/Kapitalbeteiligung/Arbeitgeberdarlehen usw. Zu den daraus resultierenden Vorteilen gehören:

- gesteigerte Motivation
- erhöhte Unternehmenstreue
- verbessertes Arbeitgeberimage
- Kostenneutralität

[Keller 1997: 15]

Zusätzlich einige konkretere Aussagen und Trends:

- Je grösser das Unternehmen, desto höher die Bezüge der Mitarbeiter.
- Die hierarchische Einstufung hat wesentlichen Einfluss auf das Gehalt.

- Branche und Region sind von untergeordneter Bedeutung.
- Ertragsstarke Unternehmen bezahlen auch höhere Gehälter.
- Qualifizierte Ausbildung und Berufserfahrung werden honoriert.
- Unterhalb der Geschäftsführung ist im allgemeinen die Gesamtleitung Verkauf/Vertrieb/Marketing die höchstbezahlte Funktion.
- Der prozentuale Anteil der Provisionen am Fixlohn steigt.
- Die Höhe und Struktur der Fringe Benefits werden überdacht und reorganisiert.

(Quelle: Kienbaum und Partner, Vergütungsberatung)

Abschliessend noch einige Zahlen aus der Schweizer Vergütungsstudie der Kienbaum Vergütungsberatung („Saläre und Zusatzleistungen 1996") für Unternehmen mit 250 bis 750 Mio. SFr. Umsatz:

Position [1]	**Gesamtvergütung**	**Empfänger einer Provision**	**Höhe der Provision** [3]
Gesamtleitung EDV (1. Führungsebene [2])	173'000	69%	11%
Systemprogrammierung (2. Führungsebene [2])	147'000	45%	9%
Anwendungsprogrammierung (2. Führungsebene [2])	109'000	40%	6%
Operating (2. Führungsebene [2])	104'000	20%	4%

1) alle hier genannten Positionen haben eine ihrer Position und ihrem Aufgabeninhalt entsprechende Mitarbeiterverantwortung

2) unterhalb der Geschäftsführung

3) in % der Gesamtvergütung

Personalverwaltung

Zwar haben die reinen Verwaltungsaufgaben im modernen Human Resources Management ziemlich an Gewicht, nicht jedoch an Umfang verloren. Zu den Instrumenten der Personalverwaltungstätigkeit gehören die Personalakte, die Personalkartei sowie Personalstatistiken. Im weitesten Sinne lässt sich zudem die betriebliche Sozialpolitik zu den Verwaltungsaufgaben im Personalwesen zählen. Zu den wichtigsten Arten betrieblicher Sozialleistungen zählen u.a.:

- Altersvorsorge (vgl. Abb. 4.33)
- Arbeitslosen-, Krankheits- und Unfallversicherung
- Familien- und Kinderzulagen
- Verpflegungsmöglichkeiten (z.B. Kantine)
- Personalbetreuung (bei sozialen, psychischen, finanziellen oder rechtlichen Problemen)
- Freizeitgestaltung (Sportclubs und -anlagen, Firmenanlässe usw.)
- Bildungsförderung

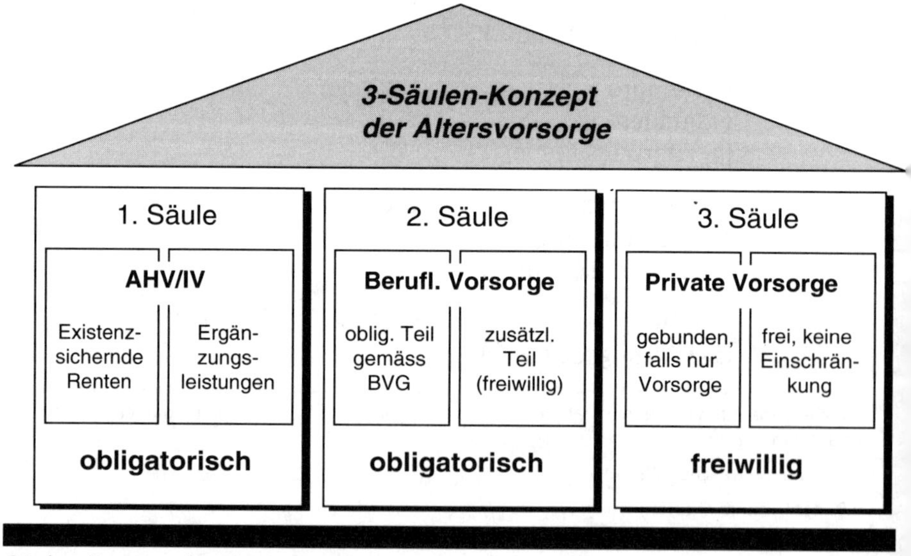

***Abb.** 4.33: 3-Säulen-Konzept der Altersvorsorge*

Betriebliches Vorschlagswesen

Das Vorschlagswesen stellt eine betriebliche Einrichtung dar, welche die Mitarbeiter motiviert, über ihre Aufgabenbereiche hinaus zusätzliche Leistungen, insbesondere Verbesserungsvorschläge, zu erbringen. Ein modernes Vorschlagswesen ist nicht nur ein Mittel zur Innovationsförderung, sondern ebenso ein Führungsinstrument. Geht es doch darum, die Mitarbeiter in den Problemlösungs- und Entscheidungsprozess miteinzubeziehen und das verantwortungsbewusste Denken und Handeln aller Mitarbeiter in bezug auf das gemeinsame Ziel zu fördern. Die Idee geht davon aus, dass die Mitarbeiter ihre Aufgabenbereiche am besten kennen und deshalb auch ein grosses Problemerkennungs- und -lösungspotential besitzen. Jeder Mitarbeiter und jede Mitarbeiterin kann einen wertvollen Beitrag zum Erfolg der Unternehmung leisten – insbesondere dann, wenn er oder sie durch seine bzw. ihre Initiative mithilft:

- Kosten zu senken,
- die Qualität der Produkte und Dienstleistungen zu verbessern,
- die Wettbewerbsfähigkeit der Unternehmung zu steigern,
- Prozesse zu optimieren und
- die Unternehmenskultur mitzugestalten.

Das klassische zentrale Vorschlagswesen funktioniert folgendermassen: Der Mitarbeiter vermerkt seinen Vorschlag auf einem entsprechenden Formular und lässt es dem zentralen Vorschlagswesen zukommen. Dann wird der Vorschlag von Fachleuten (z.B. aus der Abteilung Qualitätssicherung) registriert, analysiert und auf dessen Umsetzung und Nutzen überprüft. Der Einsender des Vorschlags wird in der Folge über Annahme oder Ablehnung informiert. Bei Ablehnung hat er allenfalls die Möglichkeit, zu reklamieren. Bei Annahme erhält er eine nach Prämiensystem festgelegte Belohnung und kann bei der Realisierung partizipieren oder sogar – je nach Projekt – dieses selbst (mit-)leiten.

Neuzeitlichere Ansätze, wie beispielsweise der Qualitätszirkel, versuchen die eher bescheidenen Erfolge des klassisch-traditionellen Vorschlagswesens zu verbessern. Ein Qualitätszirkel ist eine kleine, auf Dauer angelegte Gruppe von ca. fünf bis zwölf Mitarbeitern, die regelmässig zusammentreffen, um in ihrem Arbeitsbereich auftretende Probleme zu analysieren, Lösungsvorschläge zu erarbeiten oder sich über bestimmte Veränderungen zu informieren. Die Sitzungen werden von einem Gruppenmitglied oder einer Führungskraft geleitet bzw. moderiert und finden in einem bestimmten Rhythmus statt. Die Umsetzung von Lösungen bzw. Verbesserungsvorschlägen sowie die nachfolgende Kontrolle erfolgen nach Genehmigung der Entscheidungsträger eigenverantwortlich durch die Gruppe [Kamiske 1996: 69 f.].

Der Qualitätszirkel wird heute über die Erzielung konkreter Verbesserungsvorschläge hinaus als Personalentwicklungsmassnahme betrachtet, die geeignet ist, die Innovationsbereitschaft und die Eigenständigkeit im

Denken und Handeln zu steigern sowie die Kommunikationsbeziehungen in der Unternehmung zu verbessern [Imai 1992: 132 ff.].

Grundsätzlich stecken folgende Überlegungen hinter einem (modernen) Vorschlagswesen:

- Die Betroffenen werden zu Beteiligten gemacht, weil sie ihre eigenen Probleme und Lösungsbeiträge zur Diskussion stellen können und dadurch wesentlich motivierter bei deren Anwendung oder Umsetzung sein werden.
- Alle können einen Beitrag zur zukünftigen Entwicklung der Unternehmung leisten – und wenn dieser noch so bescheiden ist.
- Die Meinungen und Ideen jedes Einzelnen werden ernst genommen.
- Die Teamarbeit, die Zusammengehörigkeit, die Identifikation, das Engagement, aber auch das Verständnis für die Möglichkeiten und Grenzen der Unternehmung werden gefördert.
- Es eröffnen sich Räume für persönliches Wachstum.
- Herausragende Leistungen werden zusätzlich belohnt (materiell oder immateriell).

4.2.5 Personalfreistellung

Wenn von Personalfreistellung die Rede ist, meint man nicht zwingendermassen die Entlassung eines Mitarbeiters. Abbildung 4.34 zeigt die verschiedenen Personalfreistellungs-Massnahmen.

In der Folge interessieren v.a. die Massnahmen, die eine Beendigung des Arbeitsverhältnisses implizieren, bzw. noch konkreter diejenigen Massnahmen, die eine Entlassung bewirken. Diesbezüglich ist von Bedeutung, ob die Trennung von Arbeitgeberseite oder vom Arbeitnehmer angestrebt wird. Entsprechend gestalten sich der Ablauf und die Vorgehensweise bei der Kündigung und dem Austritt. Zudem gilt es zu unterscheiden zwischen ordentlicher und ausserordentlicher Kündigung (fristlose Kündigung, unter der Voraussetzung eines wichtigen Grundes, d.h. jener Umstand, bei dessen Vorhandensein dem Kündigenden nach Treu und Glauben die Fortsetzung des Arbeitsverhältnisses nicht mehr zugemutet werden darf).

Im wesentlichen sind es die folgenden Tatbestände, die den Arbeitgeber zur fristlosen Entlassung berechtigen:

- deliktisches Verhalten des Arbeitnehmers in der Unternehmung (z.B. Vermögensdelikte, sexuelle Belästigung)

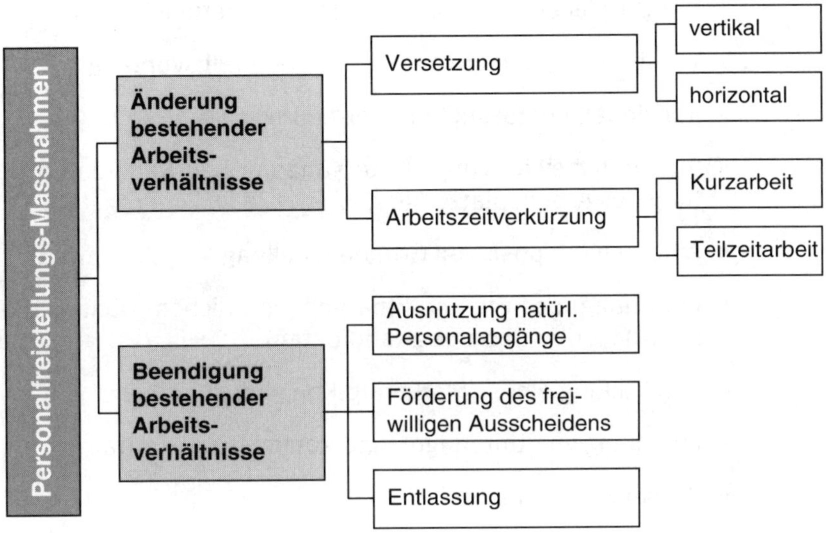

***Abb.** 4.34: Personalfreistellungs-Massnahmen*

- schwerwiegende Verletzung der Treue- und Befolgungspflicht (z.B. Konkurrenzierung, Annahme von Schmiergeldern, Arbeitsverweigerung)
- wiederholte Pflichtverletzungen und Unkorrektheiten am Arbeitsplatz (z.B. Verletzungen des Anstandes, regelmässiges Nichteinhalten der Arbeitszeit)

Umgekehrt können folgende Tatbestände den Arbeitnehmer zur fristlosen Kündigung berechtigen:

- schwerwiegende Verletzung der persönlichen Integrität (z.B. unsittliche Anträge und Belästigungen, Gefährdung der Gesundheit)
- wiederholte unpünktliche Lohn- und Gehaltszahlung

[Schürer 1995: I/11.3, 13]

Weil die konventionellen Freistellungsmethoden in vielen Fällen unbefriedigend sind, ist insbesondere für Führungskräfte das *Outplacement* eine sinnvolle Alternative. Beim Outplacement handelt es sich einerseits um eine Trennungsberatung und andererseits um eine unabhängige, systematische Unterstützung und Beratung freigesetzter Führungskräfte zur Gewährleistung einer sinnvollen Kontinuität der beruflichen Laufbahn. [Zjiderveldt 1990: 1 f.]. Die Leistung des Outplacement-Beraters umfasst psychosoziale, finanz- und laufbahnbezogene Unterstützung. Bezahlt wird diese Dienstleistung durch den ehemaligen Auftraggeber. Ziele dieser „grosszügigen Geste" sind primär die Bewahrung des (positiven) Images als Arbeitgeber (Personalmarketing) sowie eventuell Kostenersparnisse.

Der Outplacement-Prozess läuft folgendermassen ab:

1. Vorbereitung und Einleitung des Trennungsvorgangs
2. Individuelle Beratung und Betreuung

- Situationsbewältigung (Unterstützung des Kandidaten bei der Verarbeitung des Arbeitsplatzverlustes)
- Aufbau einer positiven Grundeinstellung
- Ermittlung der „vermarktbaren" beruflichen Qualifikationen (Stärken-/ Schwächen-Analyse des Kandidaten)
- Entwicklung eines „Marketing-Konzeptes"
- Erstellung von Unterlagen und Kommunikationstraining
- Durchführung der Stellensuche
- Entscheid
- Vorbereitung auf die neue Tätigkeit
- Unterstützung während der Probezeit

[Müller 1991: 21 ff.]

In der Praxis sehr verbreitet ist der *Sozialplan*, der versucht, wirtschaftliche Probleme der vom Personalabbau betroffenen Mitarbeiter zu vermeiden bzw. entstehende Härten zu mildern; dies v.a. für den Fall, dass ein Unternehmen alle oder eine grössere Anzahl von Mitarbeitern entlässt. Der Sozialplan ist eine über den Gesamtarbeitsvertrag hinausgehende Vereinbarung zwischen einer Unternehmung bzw. einem Branchen- oder Arbeitgeberverband einerseits sowie Arbeitnehmervertretungen bzw. Gewerkschaften andererseits [Hönig 1994: 30].

Im Zusammenhang mit der Personalfreistellung ist zudem die *Fluktuation* von Interesse. Die Fluktuationsrate ist ein Prozentwert, der besagt, wie viele Prozent aller Mitarbeiter jährlich die Stelle wechseln und somit ersetzt werden müssen. Aus der Fluktuationsrate lassen sich die beiden folgenden wichtigen Zahlen ableiten:

1. Die durchschnittliche Anstellungsdauer, während der die Mitarbeiter dem Unternehmen erhalten bleiben.
2. Der durchschnittliche jährliche Personalbedarf.

Die Fluktuationsrate ist insbesondere von der Arbeitsmarktlage, den Chancen der Branche bzw. Berufsgruppe und den Arbeitsbedingungen im Betrieb abhängig. Also eine gute Konjunkturlage oder -prognose, rosige

Chancen für die Branche und schlechte Arbeitsbedingungen (Entlohnung, Laufbahnmöglichkeiten, Unternehmenskultur usw.) erhöhen beispielsweise die Fluktuationsrate.

Die Fluktuation hat nicht nur Nachteile (hohe Kosten, Verlust von Knowhow, Unstabilität, Imageverlust), sondern auch Vorteile:

- Verjüngung der Belegschaft
- „Blutauffrischung“ (andere Erfahrungen)
- Nutzung der natürlichen Fluktuation ermöglicht problemlose Anpassung an (kleinere) Veränderungen des Personalbedarfs

Unter der natürlichen Fluktuation versteht man die freiwilligen Abgänge sowie die Austritte infolge Pensionierung oder Todesfall.

ZUSAMMENFASSUNG
Das Human Resources Management umfasst alle Ziele, Mittel und Massnahmen zur Beschaffung, Erhaltung und Förderung der geeigneten Mitarbeiter und Mitarbeiterinnen. Zu den wichtigsten Aufgaben zählen Personalplanung, Personalsuche und -auswahl, Personalbeurteilung, Personalentwicklung, Personalentlohnung, Personalverwaltung und Personalfreistellung. Oberste Ziele des Human Resources Management sind die Leistungsfähigkeit, d.h. Potential bzw. Qualifikation der Mitarbeiter, die Leistungsbereitschaft, d.h. Motivation bzw. Zufriedenheit der Mitarbeiter, und die Leistungsmöglichkeiten, d.h. die Schaffung geeigneter struktureller Rahmenbedingungen.

4.3 MITARBEITERFÜHRUNG

Etymologisch bedeutet „Führer“ eine Person oder einen Gegenstand, der bzw. die den Weg weist, wonach sich andere richten. Unter Führung versteht man die zielorientierte soziale Einflussnahme zur Erfüllung gemeinsamer Aufgaben in/mit einer strukturierten Arbeitssituation [Wunderer 1980: 62] oder die Beeinflussung eines Mitarbeiters bzw. einer Gruppe unter Berücksichtigung der jeweiligen Situation auf gemeinsame Werte und Ziele der Unternehmung hin [Stroebe 1994: 11]. Führung heisst somit, Menschen von einer Idee überzeugen und sie befähigen, diese Überzeugung in aktives Handeln umzusetzen. Im Vordergrund stehen zwischenmenschliche, interaktive Situationen (vgl. Abb. 4.35).

In der Umgangssprache immer wieder vertauscht, von der Bedeutung her nicht zu verwechseln mit Mitarbeiterführung ist der Begriff Management.

Management bezieht sich auf die Leitung von Institutionen, auf die Unternehmensführung. „Management controls people by pushing them in the right direction; leadership motivates them by satisfying basic human needs. Management is about coping with complexity. Leadership, by contrast, is about coping with change“ [Kotter 1990: 103].

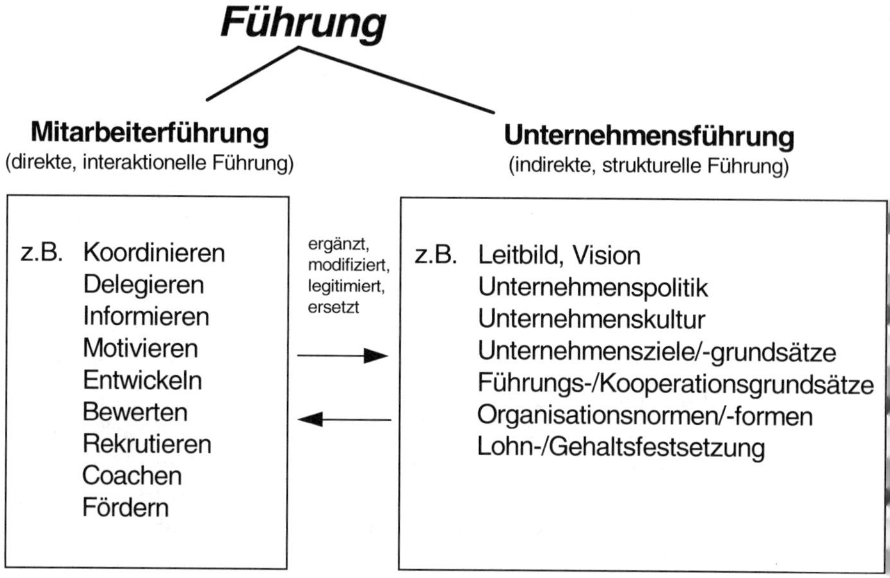

Abb. *4.35: Führungsdimensionen*

(Der Begriff Führung wird in der Folge im Sinn von Mitarbeiterführung benützt.)

Insbesondere bei genauerem Hinterfragen der Definition von Stroebe wird ersichtlich, was die Führung oder den Führungserfolg beeinflusst:

- die Führungskraft selbst (und somit die Art, wie sie führt)
- die einzelnen Mitarbeiter (mit ihren „Ecken und Kanten“)
- die Gruppe (und ihre Dynamik)
- gemeinsame Werte bzw. Ziele (und ihre Bedeutung bzw. Erreichbarkeit)
- die jeweilige Situation (und ihre Bedingungen, Restriktionen und Herausforderungen)

[Stroebe 1994: 11]

Ein ideales Beispiel:
Eine kooperativ führende und von den Mitarbeitern respektierte und beliebte Führungskraft mit ausnahmslos leistungsfähigen und -willigen Mitarbeitern, die ausgezeichnet im Team arbeiten, eine inspirierende Unternehmenskultur und motivierende Ziele in einem Umfeld, das problemloser nicht sein könnte ...

4.3.1 MOTIVATION

Aufgrund der eingangs erläuterten Definitionen von Führung geht hervor, dass der Führungsprozess durch Motivierung geprägt ist. Motivierung kann als Versuch verstanden werden, durch geeignete Massnahmen ein Motiv so zu aktivieren, dass Motivation entsteht. Ein Motiv (in anderen Verständniszusammenhängen auch: Trieb, Bedürfnis, Drang, Streben u.ä.) ist ein Beweggrund und entspricht der Ursache für das „Unternehmen" oder „Unterlassen" eines Menschen. Wer sich beruflich entwickeln will (Motiv), bildet sich weiter.

Mitarbeiter und Mitarbeiterinnen denken und handeln dann zielorientiert, wenn sie zu einem bestimmten Verhalten motiviert sind. Ziel einer Führungskraft muss es demnach sein, die in den Mitarbeitern wirkenden Motive zu erkennen und durch geeignete Massnahmen zu aktivieren.

MOTIVATIONSTHEORIEN

Im Rahmen der Motivationslehre gibt es verschiedene, z.T. ältere Theorien, die für die Praxis wichtige Grundlagen liefern. Hervorzuheben ist insbesondere die Motivationstheorie von Maslow, die für viele später entwickelte Theorien (z.B. McGregors X-Y-Theorie, Vrooms Erwartung-mal-Wert-Theorie, die Theorien von Alderfer oder von Argyris) die Grundlage bildete, und diejenige von Herzberg, weil diese interessante Schlüsse auf die Führungspraxis zulässt.

MOTIVATIONSTHEORIE VON MASLOW

Wie oben erwähnt, ist es das Ziel der Führungskraft, die Motive bzw. Bedürfnisse der Mitarbeiter zu erkennen sowie durch geeignete Massnahmen zu aktivieren. Obwohl die Bedürfnisstruktur des Menschen sehr komplex ist, hat Abraham Maslow eine gewisse Systematik der Bedürfnishierarchie erkannt und in einem Modell dargestellt (vgl. Abb. 4.36). Maslow ging davon aus, dass Bedürfnisse der nächsthöheren Ebene erst dann wirksam werden, wenn diejenigen der darunter liegenden Ebenen weitgehend befriedigt sind. Das heisst, dass ein Mensch zuerst seinen Hunger zu stillen versucht, bevor er nach einem gesicherten Einkommen strebt. Um mit Brecht zu sprechen: Erst kommt das Fressen, dann kommt die Moral!

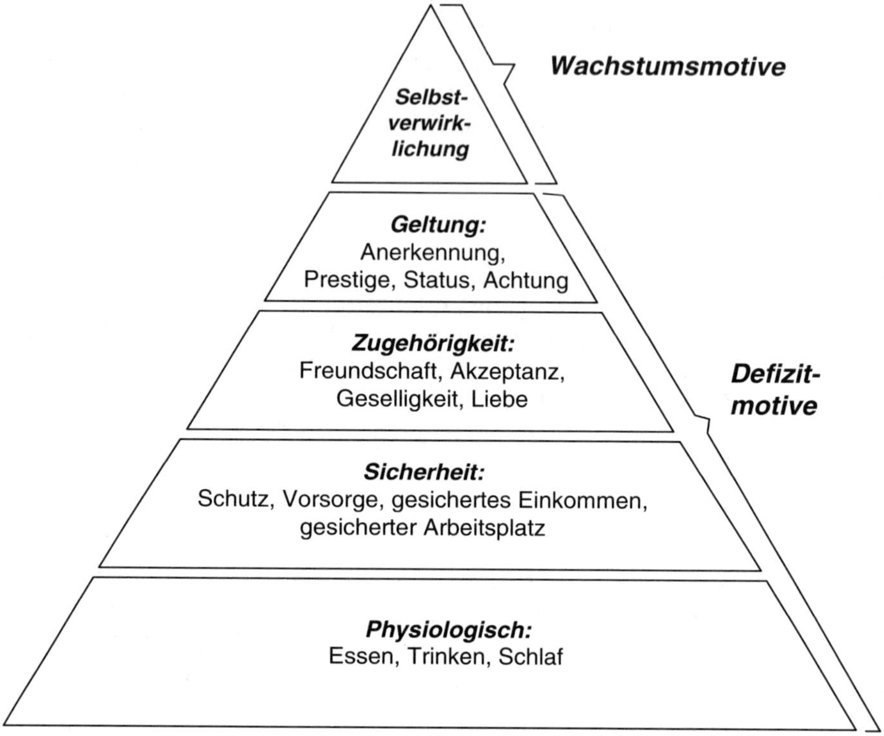

***Abb.** 4.36: Bedürfnishierarchie nach Maslow [Maslow 1954: 80 ff.]*

Zwei-Faktoren-Theorie von Herzberg

Herzberg untersuchte den Zusammenhang zwischen Motivation und Arbeitszufriedenheit. Dabei kam er zum Schluss, dass die Arbeitszufriedenheit primär durch die in der Arbeit selbst liegenden Motive dauerhaft positiv beeinflusst wird. In diesem Zusammenhang spricht man auch von Motivatoren bzw. intrinsischen Faktoren, das sind z.B. spannende und herausfordernde Aufgaben, Verantwortung, Kompetenz oder Anerkennung. Im Gegensatz dazu führen Hygienefaktoren bzw. extrinsische Faktoren lediglich zu Nicht-Unzufriedenheit. Extrinsische Faktoren sind Motive aus der Arbeitsumgebung, die nicht unmittelbar mit der Arbeit an sich zusammenhängen, z.B. interessante Entlohnung, ein beeindruckender Positionstitel, ein pompöses Firmenauto, flexible Arbeitszeiten oder eine angenehme Unternehmenskultur. Mit anderen Worten betrachtet Herzberg Arbeitszufriedenheit und Arbeitsunzufriedenheit als zwei voneinander unabhängige Dimensionen und unterscheidet zwischen Zufriedenheitsstiftern und Unzufriedenheitsstiftern. Die extrinsischen Faktoren vermögen lediglich die Arbeitsunzufriedenheit zu verringern (z.B. Verbesserung der Sozialleistungen). Die intrinsischen Faktoren bewirken, dass die Arbeitszufriedenheit der Mitarbeiter erhöht wird (z.B. Job Enrichment).

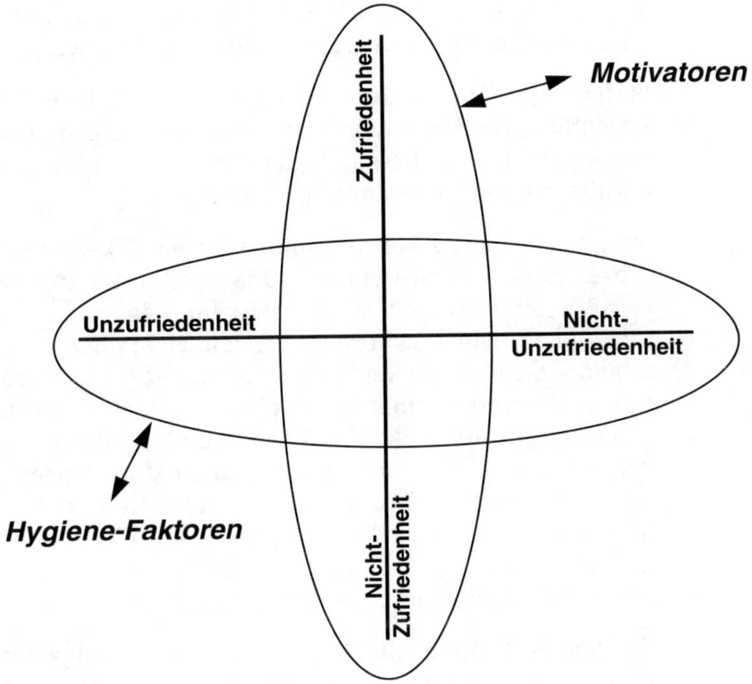

Abb. *4.37: Zwei-Faktoren-Theorie von Herzberg [Herzberg et al. 1959: 13]*

Zufrieden machen u.a.:

- herausfordernde, interessante und wichtige Arbeitsinhalte
- Erfolgserlebnisse, Zielerreichung durch (hohen) Leistungseinsatz
- Anerkennung für Einsatz und Resultate
- die Übertragung neuer oder grösserer Verantwortungsbereiche
- beruflicher Aufstieg
- persönliche Entwicklung

Unzufrieden (nicht zu verwechseln mit nicht-zufrieden) machen:

- unklare, widersprüchliche oder sogar unfaire Unternehmenspolitik
- unzureichende Führungspraktiken
- schlechte persönliche Beziehungen zum Vorgesetzten
- problemgeladene Stimmung in der Gruppe
- unzulängliche Arbeitsbedingungen

- Benachteiligung bezüglich Statussymbolen (Positionstitel, Unterschriftsberechtigung, Grösse des Büros, Firmenauto usw.)

In Herzbergs Zwei-Faktoren-Theorie sind die Erkenntnisse von Maslow klar ersichtlich: Die bei Maslow bezeichneten Defizitbedürfnisse entsprechen grosso modo Herzbergs Hygienefaktoren, während das Wachstumsbedürfnis mit den Motivatoren gleichzusetzen ist.

Interessant für die Führungspraxis ist die Erkenntnis von Herzberg, dass Arbeitszufriedenheit in erster Linie durch die intrinsischen Faktoren dauerhaft positiv beeinflusst werden kann, oder anders formuliert: Motivatoren können Hygienefaktoren ersetzen, nicht aber umgekehrt. Längerfristig arbeiten die meisten Menschen auch unter schlechteren Bedingungen motiviert, sofern der Arbeitsinhalt ein ausreichender Beweggrund für Sie darstellt. Umgekehrt wirkt eine Lohnerhöhung (also ein extrinsischer Faktor) von Fr. 5'500.-- auf Fr. 5'600.-- nur kurzfristig, also lediglich einige Wochen oder Monate, motivierend. Eine interessante und herausfordernde Arbeit (also ein intrinsischer Faktor) spornt den Mitarbeiter immer wieder von neuem an, weil die Arbeit Spass macht, er dadurch Erfolgserlebnisse hat, Anerkennung bekommt, Verantwortung trägt ...

Sowohl die Theorie von Maslow als auch diejenige von Herzberg unterliegen der Kritik, dass sie nie vollständig verifiziert werden konnten. Ferner wird immer wieder erwähnt, dass beide Theorien die Situation des Mitarbeiters zu wenig berücksichtigen (z.B. Funktion). Trotzdem haben beide Forscher Massstäbe geliefert, an denen sich Theorien über menschliche Motive zu orientieren haben, und damit indirekt dazu beigetragen, dass über eine humanere Gestaltung von Arbeitsverhältnissen vermehrt nachgedacht wurde [Hoefert 1989: 193].

4.3.2 FÜHRUNGSSTILE

Führung bzw. Führungserfolg ist eng verknüpft mit der individuellen Art, wie die Führungskraft sozialen Einfluss auf die Mitarbeiter ausübt, um die Motive zielorientiert zu aktivieren. Die Rede ist hierbei vom Führungsstil. Der Führungsstil charakterisiert ein relativ konstantes Verhaltensmuster bezüglich der Art, wie die Führungskraft Führungsaufgaben wahrnimmt und die ihr zur Verfügung stehenden Führungsmittel bzw. Führungsinstrumente einsetzt.

Dieses obgenannte Verhaltensmuster ist als Ergebnis einer persönlichen Grundeinstellung bzw. Werthaltung gegenüber den Mitarbeitern aufzufassen und lässt erkennen, wie eine Führungskraft ihre Autorität „lebt“. Folgende Formen der Autorität stehen dabei im Zentrum der Betrachtung:

Formale Autorität	Fachliche Autorität	Menschliche Autorität
Hierarchische Stellung, Position in der Unternehmung	Wissen und Können, Fähigkeiten und Fertigkeiten	Persönliche Ausstrahlung, „Charisma", Sozialkompetenz

In engem Zusammenhang damit steht der Begriff „Führungstechnik". Unter Führungstechnik werden Mittel und Methoden zur Verwirklichung eines Führungsstils verstanden. Dazu gehören:

a) formalorganisatorische Mittel (auch Führungsinstrumente genannt), wie beispielsweise Stellenbeschreibung, sowie

b) sozialpsychologische Mittel und Methoden, wie beispielsweise Soziogramm, Techniken der Gesprächsführung.

[Wunderer 1980: 221 f.]

Weil es beinahe so viele Führungsstil-Typologien wie Bücher über Führung gibt, werden in der Folge nur einige ausgewählte, für die Praxis wichtige Typologien dargestellt.

4.3.2.1 EINDIMENSIONALE FÜHRUNGSSTILANSÄTZE

LEWIN

Die wahrscheinlich klassischste Typologisierung basiert auf den Experimenten Lewins. Lewin unterscheidet den autokratischen, den demokratischen und den Laissez-faire-Führungsstil.

TANNENBAUM/SCHMIDT

Ausgehend von der Entscheidungspartizipation, d.h. der Ausprägung der Mitarbeiter im Willensbildungsprozess, unterscheiden Tannenbaum/Schmidt sieben Führungsstile (vgl. Abb. 4.38).

autoritär	patriarchalisch	informierend	beratend	kooperativ	delegativ	autonom
Führungskraft entscheidet allein	Führungskraft entscheidet allein, versucht die MA zu überzeugen	Führungskraft entscheidet allein, gestattet Fragen	MA können ihre Meinung äussern, bevor Führungskraft entscheidet	Führungskraft entscheidet sich für eine von den MA vorgeschlagene Alternative	MA entscheiden, nachdem die Führungskraft vollumfänglich informiert hat	MA entscheiden, Führungskraft fungiert als Koordinator

***Abb.** 4.38: Führungsstile [Tannenbaum/Schmidt 1958: 96]*

In der jüngeren Vergangenheit war auch vielfach vom charismatischen Führungsstil die Rede. Aufgrund einer empirischen Studie des renommierten amerikanischen Führungsforschers Bernhard M. Bass lassen sich folgende drei Hauptmerkmale erkennen bei einer Führungskraft, die charismatisch führt:

Die Ausstrahlung auf andere: Dazu zählen Integrität, Gerechtigkeit, aktives Zugehen auf andere.

Die persönliche, individuelle Zuwendung: Sie vermittelt den Mitarbeitenden das Gefühl, dass die Führungskraft für sie da ist.

Die Fähigkeit, andere intellektuell anzuführen: Das heisst, den Mitarbeitenden Impulse zu geben, sie zu fördern.

[Wittenzellner 1996: 21]

Problematisch im Umgang mit dem Wort „Charisma“ ist der Umstand, dass nicht nur „gute Menschen charismatisch motiviert“ haben (z.B. Martin Luther King), sondern auch „schlechte Menschen charismatisch manipuliert“ haben (z.B. Hitler).

4.3.2.2 Zweidimensionale Führungsstilansätze

Blake/Mouton
Am populärsten ist das „Management-Grid“, „managerial grid“ oder Verhaltensgitter von Blake/Mouton, die als Kriterien einerseits die Aufgaben- bzw. Zielorientierung und andererseits die Mitarbeiterorientierung herbeiziehen (vgl. Abb. 4.39).

Führungsstil 1.1 („Laisser-faire“-Führungsstil)
Charakteristika dieser Führungskräfte:
Geringstmögliche Einflussnahme auf die Arbeitsleistung und auf die Mitarbeiter, nach dem Motto „Leben und leben lassen“, halten sich möglichst im Hintergrund, bevorzugen genaue Richtlinien und halten sich präzise an Vorschriften.

Typisch für Führungskräfte, die in die „innere Kündigung“ getreten sind, oder gewisse Führungskräfte, die kurz vor der Pensionierung stehen.

Führungsstil 1.9 („karitativer“ Führungsstil)
Charakteristika dieser Führungskräfte:
Ausgeprägt mitarbeiterorientiert, angenehme und gemütliche Atmosphäre, „geselliges Beisammensein“, setzt sich für die Mitarbeiter ein und unterstützt sie, wo immer möglich, tut ihren Mitarbeitern gerne einen persönlichen Gefallen, behandelt ihre Mitarbeiter als Gleichberechtigte, legt auf die Arbeitsmenge keinen allzu grossen Wert, lässt die Mitarbeiter bei schwierigen Entscheidungen abstimmen und verzichtet auf Sanktionen.

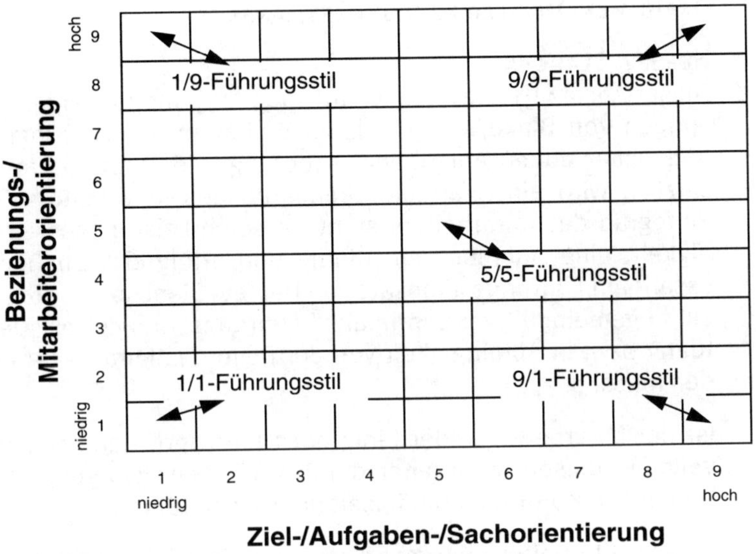

***Abb.** 4.39: Verhaltensgitter von Blake/Mouton [Blake/Mouton 1968: 12]*

FÜHRUNGSSTIL 9.1 („AUTORITÄRER" FÜHRUNGSSTIL)

Charakteristika dieser Führungskräfte:
Ausgeprägt aufgabenorientiert, herrscht mit eiserner Hand, legt auf die Produktivität und Zielerreichung besonderen Wert, verlangt von leistungsschwachen Mitarbeitern, dass sie mehr aus sich herausholen, kritisiert fehlerhafte Arbeit, kümmert sich kaum um die Probleme und Anliegen der Mitarbeiter, „geht über Leichen", lässt die Mitarbeiter nicht am Entscheidungsprozess partizipieren, gibt (hohe) Ziele vor.

Der autoritäre Führungsstil ist in der heutigen Zeit umstritten. Eine Berechtigung hat er allenfalls dort, wo routinemässige, präzise Arbeitsabläufe unter hohem Zeitdruck gefordert sind, wie beispielsweise in Notfallsituationen.

FÜHRUNGSSTIL 9.9 („KOOPERATIVER" FÜHRUNGSSTIL)

Charakteristika dieser Führungskräfte:
Ausgeprägt aufgaben- und mitarbeiterorientiert, versucht Unternehmensziele und Mitarbeiterbedürfnisse zu berücksichtigen, mit der Grundhaltung, dass begeisterte Mitarbeiter eine hohe Arbeitsleistung erbringen, beteiligt Mitarbeiter sowohl an sachlichen als auch an menschlichen Problemlösungen, vereinbart Ziele zusammen mit den Mitarbeitern, fordert und fördert, hält viel von gegenseitigem Vertrauen und Respekt.

Folgendes Menschenbild liegt diesem kooperativen Führungsstil zugrunde: Die Mitarbeiter sind selbständig, interessiert, fähig, streben nach Selbstentfaltung und möchten als Partner behandelt werden.

4.3.2.3 Dreidimensionaler Führungsstilansatz

Hersey/Blanchard

Dieser Ansatz [Hersey/Blanchard 1969: 23] unterscheidet, analog zu demjenigen von Blake/Mouton, beim Verhalten der Führungskraft zwischen den Dimensionen Aufgabenorientierung und Mitarbeiterorientierung. Zusätzlich wird eine Variable „Reifegrad des Mitarbeiters" integriert. Der Reifegrad des Mitarbeiters steht für seine Leistungsbereitschaft und -fähigkeit, eine Aufgabe selbständig und erfolgreich zu bewältigen. Interessant am Führungsstilansatz von Hersey/Blanchard ist die Aussage, dass ein allgemeingültiger „optimaler" Führungsstil nicht existiert, sondern situativ bzw. in Abhängigkeit von der Reife des Mitarbeiters bestimmt werden muss.

Ist der Mitarbeiter weder fähig noch motiviert, dann scheint es am sinnvollsten, diesen Mitarbeiter durch klare Anweisungen, gezielte Informationen und Kontrolle primär zielorientiert zu führen.

Ist der Mitarbeiter zwar motiviert, aber nicht fähig, sollte er gefordert und gefördert werden.

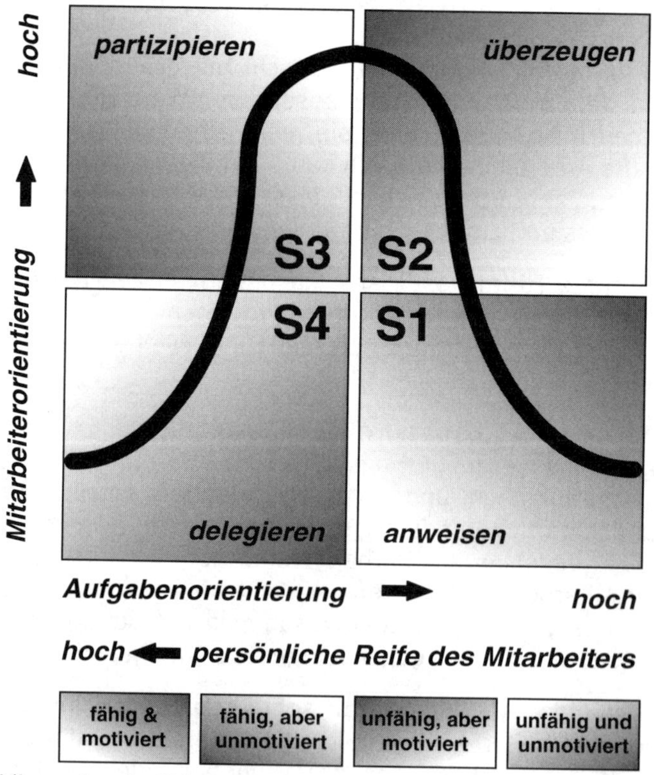

Abb. 4.40: Dreidimensionaler Führungsstilansatz

Ist der Mitarbeiter zwar fähig, aber nicht motiviert, dann muss er in erster Linie mitarbeiterbezogen geführt werden, d.h., man muss ihn an Entscheidungsprozessen teilhaben lassen, überzeugen usw.

Ist der Mitarbeiter fähig und motiviert, kann die Führungskraft weitestgehend delegieren und muss weder aufgaben- noch mitarbeiterbezogen Einfluss nehmen.

KRITIK
Überlegt man sich, von wie vielen Kriterien Führung(serfolg) abhängt, wird schnell ersichtlich, dass die beschriebenen Führungstheorien der Wirklichkeit zu wenig gerecht werden und daher den Modellcharakter beibehalten. Sie scheinen vielfach zu linear, zu stark an eigenschaftsspezifische Denkmuster angelehnt und geprägt durch willkürliche und unsystematische Aufzählungen von einzelnen Situationsmerkmalen (Wirtschaftslage, Unternehmenskultur, -strategie und -struktur, Art der Arbeit usw.). Ferner kann man sich fragen, ob es nicht sinnvoller ist, wenn jede Führungskraft sich möglichst authentisch verhält, anstatt sich einem Führungsstil zu verpflichten, der nicht unbedingt der eigenen Persönlichkeit entspricht. Trotzdem stossen die Führungstheorien auf eine grosse und zweifellos berechtigte Akzeptanz in der Praxis. Dies zum einen, weil sie einfach nachvollziehbar und verständlich sind, und zum anderen, weil sie (angehende) Führungskräfte hinsichtlich unterschiedlicher Führungsherausforderungen zu sensibilisieren vermögen.

4.3.3 FÜHRUNGSMODELLE

Im Gegensatz zu den Führungsstilen, die individuelles Verhalten von Führungskräften typologisieren, erheben Führungsmodelle bzw. Führungstechniken den Anspruch, „(...)Lösungshilfen für die praxisnahe Gestaltung des Gesamtsystems einer Organisation mit dem Ziel einer integrierten Unternehmensführung zu geben“ [Wunderer 1980: 284]. Führungsmodelle oder -techniken umfassen konkrete Gestaltungsregeln, Prinzipien, Methoden und den Einsatz von Führungsmitteln. Bekannter sind diese Führungstechniken unter dem Namen „Management-by-Ansätze“. Für die Praxis sind in erster Linie die folgenden drei Führungstechniken (bzw. an diese angelehnte Formen) relevant:

- Management by Objectives (MbO)
- Management by Delegation (MbD)
- Management by Exception (MbE)

Bezeichnung	MbO	MbD	MbE
Charakteristik	Führung durch Zielvorgabe (Top-Down) oder Zielvereinbarung (Bottom-up). Operationalisierte Ziele werden auf jeder Hierarchiestufe vorgegeben bzw. mit den Mitarbeitern vereinbart. Ziele werden festgelegt, nicht aber der Weg zum Ziel.	Führung durch Delegation, d.h., Aufgaben, Kompetenzen und Verantwortung werden weitestgehend auf die Mitarbeiter übertragen, so dass Entscheide auf der entsprechenden Ebene getroffen werden können.	Führung durch Abweichungskontrolle und Eingriff im Ausnahmefall
Ziele	Förderung der Motivation und Identifikation der Mitarbeiter durch Ergebnisverantwortung und Freiraum zielorientiertes Handeln, objektive Beurteilung, leistungsgerechte Entlohnung und der Bereitschaft und Fähigkeit entsprechende Förderung effektive Planung und Zielabstimmung Entlastung der Führungskräfte	Förderung der Motivation und Identifikation der Mitarbeiter durch Ergebnisverantwortung und Freiraum sachgerechte Entscheidungen Transparenz Entlastung der Führungskräfte	Entlastung der Führungskräfte von Routineaufgaben Aufzeigen von problembehafteten Entwicklungen
Bestandteile und Voraussetzungen	institutionalisierter Planungs-, Informations- und Zielbildungsprozess effektives Controlling (z.B. kontinuierliche Soll-Ist-Analysen) variable Gehaltssysteme kooperativer bzw. partizipativer Führungsstil qualifizierte und motivierte Mitarbeiter sowie Führungskräfte	Delegation von Aufgaben, Kompetenzen und Handlungsverantwortung Stellenbeschreibung Führungsgrundsätze Bereitschaft der Führungskräfte zur Delegation sowie Wissen um delegierbare und nicht-delegierbare Aufgaben, Kompetenzen und Verantwortung Information der Mitarbeiter	umfangreiches Kontroll- und Berichtssystem Führungskräfte greifen wirklich nur in Ausnahmefällen ein klare Regelung der Zuständigkeiten
Kritik	Tendenz zur Konzentration auf quantitative Ziele zeitaufwendig	Tendenz zur Hierarchie, bürokratisch, überorganisiert, starr	Tendenz zu zeitaufwendigen und fragwürdigen Kontroll- und Berichtssystemen

Bezeichnung	MbO	MbD	MbE
	erwünschte Zielidentifikation ist aufgrund der komplexen Sachverhalte nicht immer möglich Druckmittel und Gefahr zu überhöhtem Leistungszwang	zu statisch (aufgabenorientiert) und zu wenig dynamisch (nicht prozessorientiert) Machtstrukturen werden gefestigt vorgesetzten- und nicht mitarbeiterorientiert Gefahr, dass Delegation missbraucht wird (siehe typische Fehler beim Delegieren)	Tendenz zur Rückdelegation Fähigkeiten, Kreativität, Initiative und Verantwortungsbewusstsein werden nicht gefördert
Praxisrelevanz	mehr als lediglich ein „Management-Trend" umfassendste, effektivste und am weitesten entwickelte Führungstechnik	allgemeingültig umsetzbar, allerdings wenig effektiv zu wenig ganzheitlich wird vielen Management-Trends und -Forderungen nicht oder nur teilweise gerecht	kein eigenständiges Modell, nur grundsätzliche Aussagen vergangenheitsorientiert wird vielen Management-Trends und -Forderungen kaum gerecht

Management by Objectives kann weiter in drei verschiedene Varianten unterteilt werden:

- Führung durch Zielvorgabe (autoritäre Variante)
- Führung durch Zielvereinbarung (kooperative Variante)
- Führung durch Zielorientierung (neutrale Variante)

[Wunderer 1980: 305]

Die in der Praxis zwar meistens proklamierte, aber aufgrund der Sachzwänge selten praktizierte Variante ist die kooperative Variante, also Führung durch Zielvereinbarung. Führung durch Zielvereinbarung setzt die Definition konkreter Ziele voraus, an denen jeder Mitarbeiter sein Handeln selbständig und eigenverantwortlich ausrichten kann. In regelmässig (oft jährlich, manchmal halbjährlich oder noch kürzeren Zyklen) stattfindenden Mitarbeitergesprächen vereinbaren Mitarbeiter und Führungskraft gemeinsam die Ziele für die darauffolgende Periode. Übergeordnete Unternehmensziele und die individuellen Vorstellungen des Mitarbeiters bilden dabei die Gesprächsgrundlage. Die getroffenen Vereinbarungen werden schriftlich festgehalten. Von da an bleibt es dem Mitarbeiter weitgehend selbst überlassen, welche Mittel und Massnahmen er zur Zielerreichung wählt. Die Führungskraft steht ihm als „Coach" zur Seite.

Ausgehend von den Zielen werden entsprechende Personalentwicklungsmassnahmen besprochen.

Im Gegensatz zu obgenannten Führungsmodellen, die sich insbesondere auf die Mitarbeiterführung konzentrieren, ist das St. Galler Management-Modell ein umfassendes *integriertes Konzept*.

Der St. Galler Ansatz richtet sich an der Systemtheorie und der Kybernetik aus und wird deshalb auch als Systemansatz bezeichnet.

Ausgangspunkt des St. Galler Management-Modells ist die Wechselwirkung zwischen Unternehmung und Umwelt. Durch die Gestaltung, Lenkung und Entwicklung des produktiven sozialen Systems Unternehmung wird dessen Überlebensfähigkeit sichergestellt. Das St. Galler Management-Modell gehört heute zu den umfassendsten Führungskonzepten. Der umfassende, integrierte und insbesondere komplexe Charakter des St. Galler Management-Modells macht es allerdings weniger als Werkzeug für die Führungspraxis, sondern vielmehr als zentrales Gedankengerüst für die Führungsausbildung wertvoll.

FÜHRUNGSGRUNDSÄTZE

- Von der gewählten Führungstechnik abgeleitet werden die Führungsgrundsätze. Führungsgrundsätze bestimmen und beschreiben die Führungsbeziehungen zwischen Führungskräften und Mitarbeitern im Rahmen einer Führungskonzeption [Kieser et al. 1986: 554 f.]. Sie bilden eine Grundlage für die interne Verständigung (nach dem Motto: „alle ziehen am selben Strick – in dieselbe Richtung“) und nehmen in der Regel Stellung zu folgenden Themen:

- Führungserfolg
- grundsätzliche menschliche Anforderungen an Führungskräfte und Mitarbeiter
- Zusammenarbeit
- Kommunikation
- Zielbildungsprozess
- Delegation
- Motivation
- Entwicklung

Einzelne Auszüge aus einem Führungsgrundsatz-Papier einer Grossunternehmung:

- Führungskräfte und Mitarbeiter verpflichten sich, durch permanente Kommunikation ein positives Veränderungsklima zu schaffen.
- Gute Führungskräfte werden nicht „geboren". Sie müssen sich durch ständiges Lernen selbst dazu entwickeln.
- Führen ist eine persönliche Leistung und erschöpft sich nicht im Anwenden von Personalsystemen.
- Gute Führungskräfte besitzen die Souveränität, effiziente Teamstrukturen zu entwickeln und dabei Mitarbeiter zu fordern sowie herausragende Mitarbeiter zu fördern.
- Kommunikation und Information sind wesentliche Führungsaufgaben. Dazu zählen wir insbesondere auch das Zuhören.

4.3.4 FÜHRUNGSMITTEL UND -AUFGABEN

Führungsmittel und -aufgaben sind Instrumente und Massnahmen, mit denen eine Führungskraft ziel- und mitarbeiterorientiert Einfluss ausübt. Die Art und Weise, wie eine Führungskraft die Führungsmittel einsetzt bzw. die Führungsaufgaben wahrnimmt, wird einerseits durch ihren persönlichen Führungsstil und andererseits durch Führungsgrundsätze bestimmt. Strukturelle Führungsmittel sind u.a.:

- Unternehmensziele
- Führungsanweisungen
- Organigramm
- Stellenbeschreibung
- Funktionendiagramm
- Gehaltssysteme

Interaktive Führungsmittel und -aufgaben sind u.a.:

- Information
- Delegation
- Qualifikation/Beurteilung
- Anerkennung und Kritik
- Rekrutierung
- Repräsentation

Als zentrales Führungsmittel kann die Kommunikation betrachtet werden, sie steht deshalb bei vielen Führungsseminaren im Vordergrund. Die Problematik der Kommunikation zwischen Führungskraft und Mitarbeitern kann anhand des Sender-Empfänger-Phänomens ausgezeichnet demonstriert werden. Der Sender schickt eine Nachricht, die allerdings beim Empfänger nicht eindeutig ankommen muss, sondern viele unterschiedliche Botschaften enthält:

1. Sachinhalt (oder: Worüber ich informiere)
2. Selbstoffenbarung (oder: Was ich von mir selbst kundgebe)
3. Beziehung (oder: Was ich von dir halte und wie wir zueinander stehen)
4. Appell (oder: Wozu ich dich veranlassen möchte)

[Schulz von Thun 1993: 25 ff.]

Information

Die Information ist nicht nur die wichtigste Entscheidungsgrundlage für den Mitarbeiter, sondern hat auch Orientierungs-, Motivations-, Identifikations- sowie Belohnungsfunktion. Von einer anderen Seite betrachtet, deckt die Information unterschiedliche Bedürfnisse des Menschen ab, wie beispielsweise Sicherheit, Zugehörigkeit und Selbstbestätigung. Die Information kann nach unterschiedlichsten Kriterien analysiert werden (Informationsweg: formell oder informell; Informationsmittel: schriftlich oder mündlich; Personenkreis: zwei oder mehrere Personen; Informationszweck: Beratung, Aussprache usw.).

Delegation

Delegation bedeutet die Übertragung von Aufgaben, Kompetenzen und Verantwortung (Handlungsverantwortung, nicht aber Führungsverantwortung). Effektive und effiziente Delegation zeichnet sich insbesondere aus durch eine Übereinstimmung von Aufgaben, Kompetenzen und Verantwortung (AKV), durch ausreichende und sorgfältige Information und durch eine dauerhafte Übertragung von AKV an geeignete Mitarbeiter sowie entsprechende Kontrollmassnahmen.

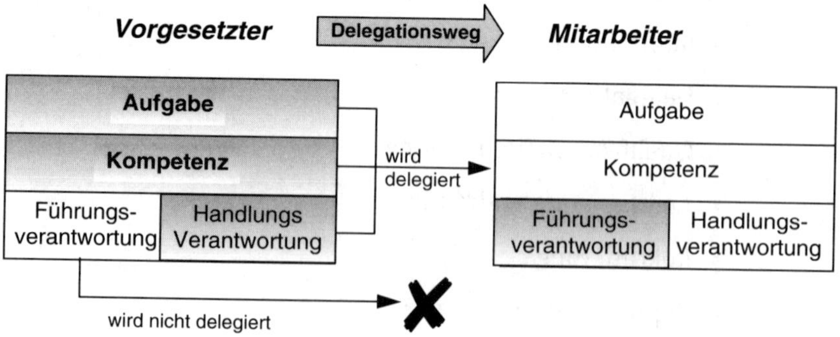

Abb. 4.41: Delegation

Vorteile der Delegation für die Unternehmung:	Vorteile der Delegation für die Mitarbeiter:
Entlastung der Führungskräfte	Freiraum und Selbstverwirklichung
Förderung der Selbständigkeit, des Innovationspotentials sowie der Leistungsbereitschaft und -fähigkeit der Mitarbeiter	Anerkennung bzw. Erfolgserlebnisse
Entwicklung von Nachwuchskräften	höherer Informationsstand
Ausschöpfen der Erfahrungen und Kenntnisse der Mitarbeiter	zunehmende Flexibilität
Möglichkeit der Beurteilung	Entwicklungsmöglichkeiten

Delegation bringt allerdings auch Nachteile mit sich, wie beispielsweise erhöhtes Konfliktpotential, vermehrte Ergebniskontrolle, Gefahr der Überforderung und des gesteigerten Leistungsdrucks einzelner Mitarbeiter. Obwohl die Vorteile wahrscheinlich bei weitem überwiegen, delegieren viele Führungskräfte oft nur das Notwendigste. Dies, weil sie den Zeitverlust durch die Information bzw. Einarbeitung scheuen, die Mitarbeiter unterschätzen, interessante Aufgaben lieber selber ausführen, der Meinung sind, sie seien unentbehrlich, oder Angst vor der Ersetzbarkeit haben. Genauso häufig, wie in der Praxis nicht delegiert wird, obwohl es angebracht wäre, wird unzweckmässig delegiert:

- Delegation von ausnahmslos unangenehmen oder langweiligen Aufgaben
- Delegation von Aufgaben ohne Kompetenzen und Verantwortung
- Delegation der Handlungs- und der Führungsverantwortung
- konstantes Eingreifen und Korrigieren
- Delegation nur in Notfällen
- Verteilung ein und derselben Aufgabe auf mehrere Mitarbeiter
- mangelnde Information und Beratung

QUALIFIKATION/BEURTEILUNG

Der Nutzen, den der Mitarbeiter aus einer Beurteilung ziehen kann, wird vielfach unterschätzt. Der Grund mag wahrscheinlich darin liegen, dass die meisten Führungskräfte das Beurteilungsprozedere eher als notwendiges Übel betrachten und es dementsprechend wenig engagiert und seriös durchziehen.

Der Nutzen der Beurteilung für den Mitarbeiter:

- Leistungs- und Verhaltens-Feedback
- Hinweis auf Stärken und Schwächen
- Hilfe für eine Verbesserung des Verhaltens
- Aufklärung über die Gründe für Gehaltserhöhung, Beförderung usw.
- gemeinsame Überlegungen bezüglich der weiteren beruflichen Laufbahn, z.B. durch gezielte Entwicklungsmassnahmen

Der Ablauf des Beurteilungsgesprächs:

1. Einleitung
2. Selbsteinschätzung des Mitarbeiters (mit oder ohne Beurteilungsbogen)
3. Hinterfragen der Gründe sowohl für positive und negative Leistungen als auch für das Erreichen bzw. Verfehlen von vereinbarten Zielen
4. Feedback in Dialogform (mit oder ohne Beurteilungsbogen)
5. Diskussion, wie Schwächen abgebaut werden können
6. Zielsetzung hinsichtlich Verbesserung
7. positiver Schluss

Bei diversen Unternehmen müssen sich die Mitarbeiter auf das Beurteilungsgespräch vorbereiten; dies anhand des unter Punkt 2 genannten Beurteilungsbogens, der beispielsweise so lauten könnte:

1. Welche wichtigen Arbeitsergebnisse habe ich in der letzten Beurteilungsperiode erzielt?
2. Habe ich meine vereinbarten Ziele erreicht? Wenn ja, worauf ist das zurückzuführen? Wenn nein, weshalb nicht?
3. Wie fühle ich mich in meiner Funktion bzw. bei meiner Tätigkeit? Wie bin ich ausgelastet?
4. Wie erlebe ich die Zusammenarbeit mit Kollegen, Vorgesetzten, Kunden und anderen Gruppen?
5. Welche Arbeitsziele möchte ich im nächsten Jahr erreichen?

6. Wie möchte ich meine Zukunft gestalten (Beruf, Weiterbildung, Privatleben)?
7. Welche anderen Themen rund um meinen Arbeitsplatz oder die Unternehmung beschäftigen mich sonst noch?

ANERKENNUNGS- UND KRITIKGESPRÄCH
Lob bzw. Anerkennung ist das vermutlich effizienteste Führungsmittel. Viele Führungskräfte haben Mühe mit dem Aussprechen von Lob oder nehmen ganz einfach gute Leistungen als selbstverständlich hin. Anerkennung sollte unter folgenden Voraussetzungen stattfinden:

- geeigneter Anlass
- unter vier Augen
- ohne Verzug
- nicht delegieren
- kein Lob im Zusammenhang mit Kritik
- keine Superlative
- gut dosiert
- keine Vergleiche
- verdient und angemessen

[Neges/Neges 1993: 205 f.]

Das Kritikgespräch ist ein effektives, aber sehr anspruchsvolles Führungsmittel. Anspruchsvoll deshalb, weil es jedem Mitarbeiter schwerfällt, wenn sein Verhalten kritisiert wird, selbst wenn er vorgibt, es nicht persönlich zu nehmen. Er wird deshalb eines der folgenden Verhaltensmuster zeigen:

- Mitarbeiter bezweifelt den kritisierten Tatbestand
- Gegenangriff auf den Vorgesetzten
- gemeinsames Schimpfen auf einen ungeliebten Dritten
- Kritik an eigenen Mitarbeitern
- Vorwürfe gegen Kollegen
- äussere Rahmenbedingungen als Ursache
- sofortiges Eingestehen des Versagens

- starres Verhalten des Mitarbeiters

[Rischar 1991: 53 ff.]

Aus diesen Gründen gilt es für Führungskräfte, insbesondere folgende Regeln einzuhalten:

- begründet kritisieren
- nicht in Gegenwart anderer Personen kritisieren
- immer angemessen, sachlich und nicht verletzend kritisieren
- nie einen abwesenden Mitarbeiter kritisieren
- nur einmal und nicht laufend kritisieren
- keine oberflächliche Kritik üben

Der Erfolg des Kritikgespräches hängt überdies zu einem grossen Teil davon ab, wie die Führungskraft das Gespräch führt. In der Literatur und noch mehr in der Praxis gehen die Meinungen darüber auseinander, ob die Führungskraft den Tatbestand darstellen soll oder ob sie den Mitarbeiter so weit bringen soll, dass dieser sein Fehlverhalten von sich aus darlegt. Die zweite Variante setzt ausgezeichnete Kommunikationskünste der Führungskraft voraus, vermeidet allerdings schwierige Verhaltensmuster seitens des Mitarbeiters und führt schneller zu einer gemeinsamen Problemlösung. Folgender Aufbau gilt als idealtypisch:

1. Eröffnung (positiver Einstieg)
2. Tatbestand darstellen (lassen)
3. Stellungnahme des Mitarbeiters
4. gemeinsame Suche nach der Ursache des Problems
5. gemeinsame Entwicklung von Lösungen
6. Entscheid fällen
7. spätere Erfolgskontrolle
8. Schluss (positiver Ausstieg)

Zusammenfassung

Führung ist zielorientierte soziale Einflussnahme zur Erfüllung gemeinsamer Aufgaben. Mitarbeiter und Mitarbeiterinnen denken und handeln dann zielorientiert, wenn sie zu einem bestimmten Verhalten motiviert sind. Von besonderem Interesse sind der Führungsstil (bzw. das Verhalten) einer Führungskraft sowie der Einsatz der ihr zur Verfügung stehenden Führungsmittel, um diese Motivation zielorientiert zu aktivieren. Wichtige Führungsstile sind der autoritäre, der kooperative und der Laisser-faire-Führungsstil. Wichtige Führungstechniken bzw. -modelle sind MbO, MbE und MbD. Führungsmittel sind Instrumente und Massnahmen, mit denen eine Führungskraft ziel- und mitarbeiterorientiert Einfluss ausübt. Dazu gehören die Information, die Delegation, das Kritikgespräch usw.

4.4 CONTROLLING

4.4.1 CONTROLLING ALS FUNKTION UND INSTITUTION

Controlling wird aus der Optik der Linie vielfach als Funktion des Controllers verstanden und demzufolge mit der Institution bzw. der Fachabteilung „Controlling" gleichgesetzt. Die logische Konsequenz aus dieser Annahme wäre, dass die Linie „managt" und der Controller „kontrolliert". Unabhängig davon, wie man Controlling definiert, ist diese Vorstellung unzweckmässig und veraltet. Controlling ist – vergleichbar mit dem Marketing – eine Denkhaltung, die jede Führungskraft betrifft.

Controlling ist der gesamte Prozess der Steuerung, Planung und Überwachung des Unternehmensgeschehens und somit Aufgabe jedes Managers (vgl. Abb. 4.42). Der Controller ist nicht Buchhalter oder Kontrolleur, sondern sorgt dafür, dass sich die Führungskräfte im Hinblick auf die Erreichung der Unternehmensziele selbst kontrollieren können. Die Kernaufgabe des Controllers ist, Hilfe zur Selbsthilfe zu leisten, indem er dem Management die Entscheidungsgrundlagen zur Verfügung stellt, mit denen das Unternehmen richtig (effizient) in die richtige Richtung (effektiv) geführt werden kann. Während der Manager für die Ergebniserreichung verantwortlich ist, ist der Controller für die Ergebnistransparenz verantwortlich.

Der Artikel in der HandelsZeitung („Weder Buchhalter noch Kontrolleur", Nr. 8/20.2.1997) bringt es auf den Punkt:

„Über das Wesen des Controlling herrschen zum Teil vage Vorstellungen. (...) Dazu kommt die irreführende und nicht einmal auf Deutsch übersetzbare Bezeichnung. (...) Viele sprechen von Controlling; fragt man aber nach einer Begriffsumschreibung, erhält man von jeder Person eine andere. (...) Zunächst einmal bedeutet Controlling nicht Kontrolle, sondern eher Steuerung. (...)

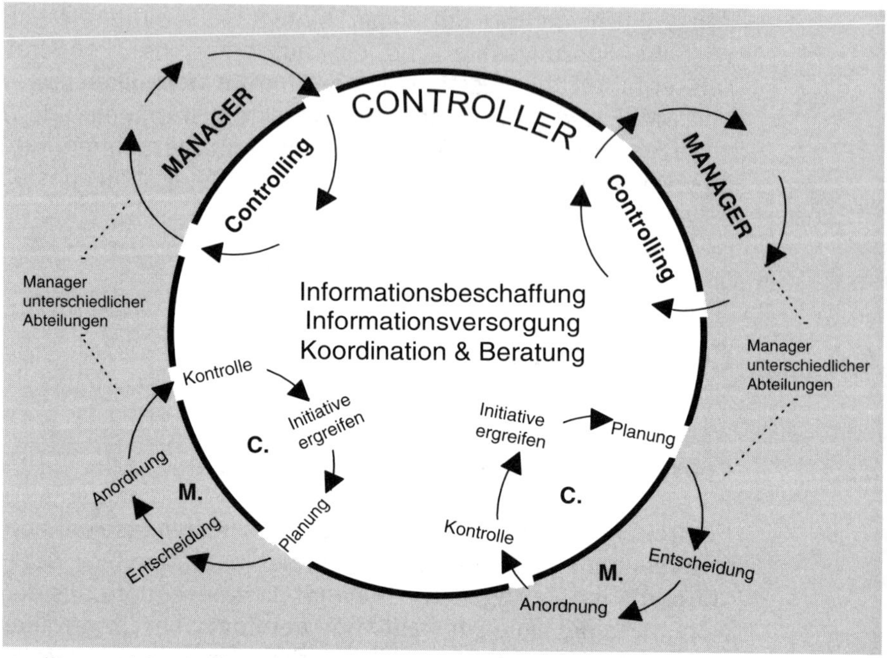

***Abb.** 4.42: Controlling und Controller*

Wer strategisches Controlling als reines Arbeitsinstrument aus der Buchhaltungsabteilung definiert, muss umdenken. (...) Controller, heisst es im Leitbild, leisten begleitenden betriebswirtschaftlichen Service für das Management zur zielorientierten Planung und Steuerung. Im einzelnen werden die folgenden Aufgaben aufgeführt:

- Sie sorgen für Ergebnis-, Finanz-, Prozess- und Strategietransparenz und tragen somit zu höherer Wirtschaftlichkeit bei.
- Sie koordinieren Teilziele und Teilpläne ganzheitlich und organisieren unternehmensübergreifend ein zukunftsorientiertes Berichtswesen.
- Sie moderieren den Controlling-Prozess so, dass jeder Entscheidungsträger zielorientiert handeln kann.
- Sie sichern die dazu erforderliche Daten- und Informationsversorgung.
- Sie gestalten und pflegen die Controlling-Systeme.

Damit dienen Controller als die internen betriebswirtschaftlichen Berater aller Entscheidungsträger und wirken somit als Navigator zur Erreichung der Unternehmensziele."

Etwas bildlicher ausgedrückt, liefert der Controller den richtigen Werkzeugkasten, damit der Linienmanager den richtigen Nagel mit dem richtigen Hammer richtig einschlagen kann. Etwas betriebswirtschaftlicher formuliert, ermöglicht der Controller Transparenz und Koordination, damit das Management Effizienz und Effektivität erreichen kann.

Während früher lediglich Finanzbuchhaltung und Kostenrechnung zum Aufgabeninhalt des Controllers zählten, also quantitative Ziele und somit nur die Effizienz (operatives Controlling, s. nachfolgendes Unterkapitel) im Mittelpunkt standen, geht es heute ebenso um Effektivität (strategisches Controlling, s. Unterkapitel in Kap. 4.4.3) und somit auch um qualitative Ziele. Zur reinen Kostenoptik kam die vielfältigere Nutzenoptik dazu. Das Controlling hat sich vor diesem Hintergrund von einer vergangenheits- zu einer zukunftsbezogenen, visionären Aufgabe entwickelt.

Dimensionen	operatives Controlling	strategisches Controlling
Herausforderung	Effizienz	Effektivität
Ziel	Wirtschaftlichkeit	Erfolg
Objekt	Aufwand/Ertrag bzw. Kosten/Leistungen	Stärken/Schwächen bzw. Chancen/Gefahren
Messgrössen	Kennzahlen wie Cashflow, Gewinn, Rentabilität usw.	Strategische Erfolgspotentiale wie Qualität, Innovation, Kundenorientierung usw.
Zeitraum	kurzfristig	langfristig
Informationsgrundlagen	unsicher, relativ sicher	ungenau, genau
Steuerungsgrössen	wert- und mengenmässig	qualitativ
Orientierung	v.a. nach innen (Unternehmung), vergangenheitsorientiert	v.a. nach aussen (Umwelt), zukunftsorientiert

Operatives Controlling

Um im Rahmen des operativen Controllings Transparenz und Koordination punkto Effizienz zu erreichen, ist die Ermittlung und Darstellung der finanzwirtschaftlichen Ergebnisse wichtige Grundlage. In der folgenden Übersicht werden die wichtigsten Instrumente und ihre Zwecke aufgeführt:

Instrumente	Zwecke
Bilanz	Nachweis des Vermögens- und Kapitalbestandes
Erfolgsrechnung (Verlust- und Gewinnrechnung)	Darstellung von Aufwand, Ertrag und Reingewinn
Kapitalflussrechnung	Übersicht über Mittelherkunft und -verwendung
Wertschöpfungsrechnung	Darstellung der Wertschöpfung und ihrer Verteilung
Kosten- und Leistungsrechnung	Ermittlung der aufgrund der Leistungen anfallenden Kosten
Stückkalkulation	Erfassung und Darstellung der Kosten je Leistungseinheit, Stück- oder Auftragserfolg
Kurzfristige Erfolgsrechnung	Ermittlung und Darstellung der Kosten und des Erlöses sowie des Betriebsgewinnes

Zur Interpretation von finanzwirtschaftlichen Ergebnissen werden Kennzahlen beigezogen. Diese Kennzahlen haben eine grosse Verbreitung und Akzeptanz gefunden. Trotzdem sind „branchenübliche" Richtgrössen aufgrund der vielen Restriktionen und individuellen Situationen für solche Kennzahlen kaum aussagekräftig. Eine interessante Übersicht liefern die vom Bundesamt für Statistik veröffentlichten „Buchhaltungsergebnisse schweizerischer Unternehmen 1994/1995" [BfS 1996: 18 ff.] hier nur auszugsweise wiedergegeben):

Struktur der Bilanz und Erfolgsrechnung (1994)

Branche	In Prozenten der Bilanzsumme									
	Umlauf-vermögen	Anlage-vermögen	kurzfristiges Fremdkapital	langfristiges Fremdkapital	Eigenkapital	Waren- und Materialaufwand	Personal- und Sozialaufwand	Abschreibungen auf Sacheinlagen	Umsatz	Reingewinn abzgl. -verlust
Nahrungsmittel	48.8	51.2	42.1	33.8	24.1	62.6	17.3	3.7	96.2	1.5
Getränke	38.5	61.5	38.2	36.7	25.1	42.4	18.3	6.3	90.8	3.4
Tabakwaren	87.9	12.1	59.8	6.1	34.1	40.2	13.6	1.6	73.2	9.2
Chemische Erzeugnisse	46.9	53.1	48.6	10.6	40.7	43.6	21.3	4.7	88.6	6.7
Masch.- & Fahrzeugbau	71.6	28.4	44.2	26.6	29.2	43.3	33.5	2.9	91.5	4.6
Grosshandel	59.7	40.4	45.3	25.0	29.7	80.4	8.0	1.2	93.7	1.7
Einzel-, Detailhandel	37.1	62.9	32.7	43.0	24.4	67.1	17.1	3.1	96.9	1.2
Immobilien	16.8	83.2	19.8	61.8	18.4	--	24.5	14.4	77.5	8.2
Planung/ Beratung /Informatik	64.4	35.6	47.5	21.1	31.4	--	48.5	5.0	92.1	7.4

Kennzahlen über die Kapitalstruktur und die Liquidität (1994)

Branche	Kennzahlen der Kapitalstruktur				Liquiditätskennzahlen		
	Anlageintensität	Selbstfinanzierungsgrad	Eigenfinanzierungsgrad	Fremdfinanzierungsgrad	Liquiditätsgrad II	Liquiditätsgrad III	Networking capital in % des EK
Nahrungsmittel	51.2	152.2	24.1	75.9	0.79	1.16	27.6
Getränke	61.5	147.6	25.1	74.9	0.72	1.01	1.3
Tabakwaren	12.1	484.1	34.1	65.9	0.79	1.47	82.3
Chemische Erzeugnisse	53.1	354.1	40.7	59.3	0.77	0.96	–4.3
Maschinen- und Fahrzeugbau	28.5	224.5	29.2	70.8	1.19	1.62	93.6
Grosshandel	40.4	380.9	29.7	70.3	0.97	1.32	48.3
Einzel-, Detailhandel	62.9	528.4	24.4	75.6	0.66	1.14	18.3
Immobilien	83.2	150.1	18.4	81.6	0.84	0.85	–16.5
Beratung, Planung, Informatik							

Kennzahlen über das Deckungsverhältnis und die Rentabilität (1994)

Branche	Deckungsverhältnis	Rentabilitätskennzahlen						Umsatz pro vollbeschäftigte Person in 1000 Fr.
	Anlagendeckungsgrad I	EK-Rentabilität	Umsatz-Rentabilität	Kapitalumschlag	Verschuldungsfaktor II	Cashflow in % des EK	Cashflow in % des Umsatzes	
Nahrungsmittel	47.1	14.0	1.6	2.11	364.6	48.7	5.6	414.7
Getränke	40.8	15.9	3.7	1.08	355.6	53.2	12.4	380.7
Tabakwaren	282.3	51.6	12.5	1.40	88.3	61.4	14.9	548.0

Chemische Erzeugnisse	76.7	14.6	7.6	0.78	172.3	31.2	16.2	453.8
Maschinen- & Fahrzeugbau	102.4	18.1	5.0	1.05	191.5	32.2	9.0	228.1
Grosshandel	73.7	11.2	1.8	1.88	438.4	20.1	3.2	1027.9
Einzel-, Detailhandel	38.8	10.4	1.2	2.05	585.4	37.9	4.5	345.0
Immobilien	22.1	8.9	10.6	0.15	1439.9	23.7	28.2	287.1
Beratung, Planung, Informatik	88.1	22.7	8.0	0.89	69.6	38.7	13.7	200.2

4.4.2 KENNZAHLEN

Die klassische Bilanz- und Erfolgsanalyse unterscheidet folgende Kennzahlengruppen:

- Kennzahlen zur Analyse der Vermögensstruktur (Investitionsverhältnisse)
- Kennzahlen zur Analyse der Kapitalstruktur (Finanzierungsverhältnisse)
- Kennzahlen zur Analyse der Liquidität
- Kennzahlen zur Analyse der Rentabilität
- sowie integrierte Kennzahlensysteme (insbesondere das Du-Pont-Kennzahlensystem)

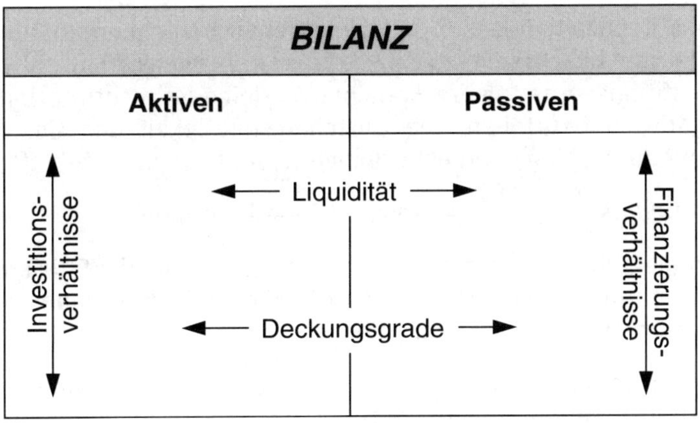

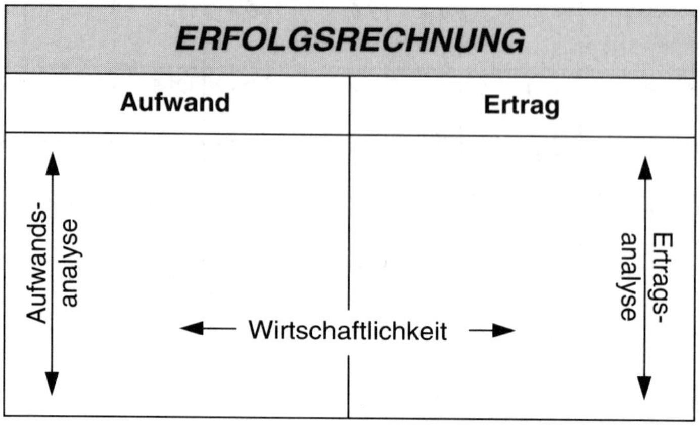

Abb. *4.43: Analyse der Bilanz und der Erfolgsrechnung [Grünbichler 1996: 6 und 11]*

4.4.3 Kennzahlen zur Analyse der Vermögensstruktur

Kennzahlen zur Analyse der Vermögensstruktur bzw. der Investitionsverhältnisse zeigen das Verhältnis zwischen den einzelnen Vermögensteilen. Bei einer Grobanalyse werden Umlaufvermögen, Anlagevermögen und Gesamtvermögen verglichen:

Investitionsverhältnis = Umlaufvermögen / Anlagevermögen

Umlaufintensität = Umlaufvermögen x 100 / Gesamtvermögen

Anlageintensität = Anlagevermögen x 100 / Gesamtvermögen

Diese Kennzahlen lassen sich zwar genau berechnen, erlauben allerdings einen nur beschränkt aussagekräftigen Vergleich. Ein hohes bzw. tiefes Investitionsverhältnis im Branchenvergleich ist nicht a priori positiv bzw. negativ zu beurteilen. Die Umschlagshäufigkeit des Gesamtvermögens (Kapitalumschlag) ist diesbezüglich wesentlich aussagekräftiger:

Kapitalumschlag = Umsatz / Gesamtvermögen

weil die „Produktivität des Gesamtkapitals“ bzw. die Effizienz der Kapitalverwendung ersichtlich ist, also die Fähigkeit, mit einem geringen Input einen grossen Output zu erzielen.

Bei der detaillierten Analyse der Vermögensstruktur werden einzelne Bilanzpositionen (Aktiven) beurteilt. Besondere Beachtung verdienen die Forderungen, die Lagerbestände und die Sachanlagen [Schellenberg 1995: 136].

Ø Debitorenbestand = Kreditumsatz x Zahlungsziel (Tage) / 360

Die Höhe des Debitorenbestandes wird durch den Jahresumsatz aus den Kreditverkäufen und durch die beanspruchte Zahlungsfrist der Schuldner bestimmt.

Debitorenumschlag = Kreditumsatz / Ø Debitorenbestand

Ø Debitorenfrist (Tg.) = 360 / Debitorenumschlag

Ein hohe Debitorenfrist deutet auf eine mögliche Zahlungsunfähigkeit der Kunden oder eine ungenügende Debitorenbewirtschaftung hin. Zusätzliche Analysen nach Höhe und Verlustrisiko der Forderungen sind im Einzelfall durchaus sinnvoll, denn wenn die Unternehmung nur einzelne und dazu noch zahlungsunfähige oder -unwillige Grosskunden hat, kann dies die Existenzgefährdung bedeuten.

Die zur Beurteilung der Lagerbestände notwendigen Kennzahlen resultieren aus folgenden Kennzahlen:

Ø Lagerbestand (Fr.) = Anfangsbestand (Fr.) + Endbestand (Fr.) / 2

Lagerumschlag = Einstandswert der verkauften Waren / Ø Lagerbestand

Ø Lagerdauer (Tg.) = 360 / Lagerumschlag

Insbesondere für materialintensive Unternehmen sind optimale Lagerbestände kein zu unterschätzendes Ziel. Dementsprechend gross ist die Diskrepanz zwischen möglichst hohen Lagerbeständen (grössere Lieferbereitschaft, verbesserte Einkaufskonditionen infolge kostengünstiger Lose, grössere Unabhängigkeit von Lieferanten, reibungsloser Produktionsablauf usw.) und möglichst tiefen Lagerbeständen (tiefere Lagerhaltungskosten, insbesondere Kosten der Ein-, Um- und Auslagerungsvorgänge sowie der Raummiete, tiefere Kapitalkosten, geringere Kapitalbindung, geringeres Risiko, veraltetes Material an Lager zu halten usw.). Mit diesen Herausforderungen setzt sich die Materialwirtschaft auseinander. Im Zielkonflikt zwischen Bestellmengen, Sicherheitsbeständen und Lagerhaltungskosten geht es um:

- hohe Materialverfügbarkeit
- geringe Lagerhaltungskosten
- hohe Flexibilität

Kapitalbindung = Bestandwert x Lagerzeit x Zinssatz

Zu den wichtigen Hilfsmitteln der Materialwirtschaft gehören:

- die ABC-Analyse und
- die XYZ-Analyse

Bei der **ABC-Analyse** werden alle Beschaffungsgüter nach deren Wert gruppiert. In der Regel wird ein grosser Prozentsatz an Materialkosten durch relativ wenig Beschaffungsgüter bestimmt (A-Güter). Umgekehrt macht ein Grossteil der Beschaffungsgüter nur wenige Prozente der Materialkosten aus (C-Material). A-Güter entsprechen durchschnittlich etwa 70-80%, B-Güter etwa 10–20% und C-Güter nur etwa 5–10% des Gesamtverbrauchswertes. Die ABC-Analyse zeigt auf, welche Beschaffungsgüter wirtschaftlich bedeutsam sind und daher einer genauen Planung und Überwachung bedürfen. *(Für weitere Ausführungen wird an dieser Stelle auf das Buch „Methoden und Techniken der Systementwicklung“ verwiesen [Böhm/Wenger 1996: 74 ff.].)*

Die **XYZ-Analyse** dient in erster Linie zur Bestimmung der Prognosegenauigkeit im Hinblick auf den zukünftigen Verbrauch. X-Güter zeichnen sich durch einen regelmässigen, schwankungslosen Bedarfsverlauf aus. Z-Güter haben einen äusserst unregelmässigen Bedarfsverlauf. Die XYZ-Analyse erleichtert die Entscheidung, welche Sicherheits- und Höchstbestände notwendig sind.

Kennzahlen zur Analyse der Kapitalstruktur

Die Analyse der Kapitalstruktur vermittelt Informationen zu den Finanzierungs- bzw. Deckungsverhältnissen. Die wichtigsten Kennzahlen sind:

Verschuldungsgrad	= Fremdkapital x 100 / Gesamtkapital
Eigenfinanzierungsgrad	= Eigenkapital x 100 / Gesamtkapital
Finanzierungsverhältnis	= Eigenkapital / Fremdkapital

Diese drei Kennzahlen sind lediglich unterschiedliche Darstellungen desselben Sachverhaltes und lassen sich voneinander ableiten. Ihre Aussagekraft ist beschränkt, weil sie die Aktivseite der Bilanz ausser acht lassen.

Die Kennzahlen über den Deckungsgrad zeigen auf, wie es um das Verhältnis zwischen Finanzierung und Investition steht:

Anlagendeckungsgrad I	= Eigenkapital / Anlagevermögen

Anlagen-deckungsgrad II = (EK + langfristiges FK) / Anlagevermögen

Mit der Ermittlung des Anlagendeckungsgrades I soll überprüft werden, ob das Anlagevermögen mit risikotragendem Kapital finanziert ist, d.h., ob die Bilanzregel eingehalten wird (Anlagendeckungsgrad I = 100%).

Der Anlagendeckungsgrad II dient der Überwachung der Fristenkongruenz. Es soll damit überprüft werden, ob dem Anlagevermögen auf der Passivseite der Bilanz ein in der Höhe entsprechender Betrag an langfristig zur Verfügung stehenden Mitteln gegenübersteht.

KENNZAHLEN ZUR ANALYSE DER LIQUIDITÄT

Für die Beurteilung der Liquidität, d.h. der Fähigkeit einer Unternehmung, ihren kurzfristigen Verbindlichkeiten nachkommen zu können, werden in der Praxis folgende Kennzahlen verwendet:

Liquiditätsgrad I = Zahlungsmittel x 100 / kurzfristiges Fremdkapital

Liquiditätsgrad II = Zahlungsmittel + Forderungen x 100 / kurzfristiges Fremdkapital

Liquiditätsgrad III = Umlaufvermögen x 100 / kurzfristiges Fremdkapital

Net Working Capital = Umlaufvermögen – kurzfristiges Fremdkapital

Der Liquiditätsgrad I wird kaum erwähnt. Diese Kennzahl erweist sich als wenig geeignet zur Beurteilung der Zahlungsbereitschaft, weil die kurzfristigen Verbindlichkeiten selten aus den vorhandenen flüssigen Mitteln beglichen werden müssen.

Der Liquiditätsgrad II ist eine zentrale Kennzahl für die Finanzanalyse. Wenn die Zahlungsmittel und die Debitoren niedriger sind als das kurzfristige Fremdkapital, so ist die Zahlungsbereitschaft der Unternehmung unsicher. Die Quick Ratio sollte dem Verhältnis 1:1 entsprechen. Die Current Ratio einem Verhältnis von 2:1, weil die Kreditgeber wissen wollen, ob ihre Forderungen in einem Konkursfall gedeckt wären.

Die Höhe der Mindestliquidität wird sowohl durch Risiko- wie durch Gewinnüberlegungen beeinflusst. Das Ziel der Risikoverringerung wird um so besser erfüllt, je höher die Mindestliquidität ist. Hohe Zahlungsmittelbestände sind andererseits ein Kostenfaktor, denn sie reduzieren die Rentabilität. Dieser Zielkonflikt kommt in den Thesen „Liquidität kostet Geld, Illiquidität die Existenz“ oder „Rentabilität ist die Nahrung, Liquidität der Sauerstoff“ deutlich zum Ausdruck [Boemle 1993: 98].

Kennzahlen zur Analyse der Ertragslage

Die Analyse der Ertragslage kann weiter in eine Umsatzanalyse, eine Beurteilung der Aufwand- und Ertragsstruktur, eine Cashflow-Analyse und eine Rentabilitätsanalyse unterteilt werden.

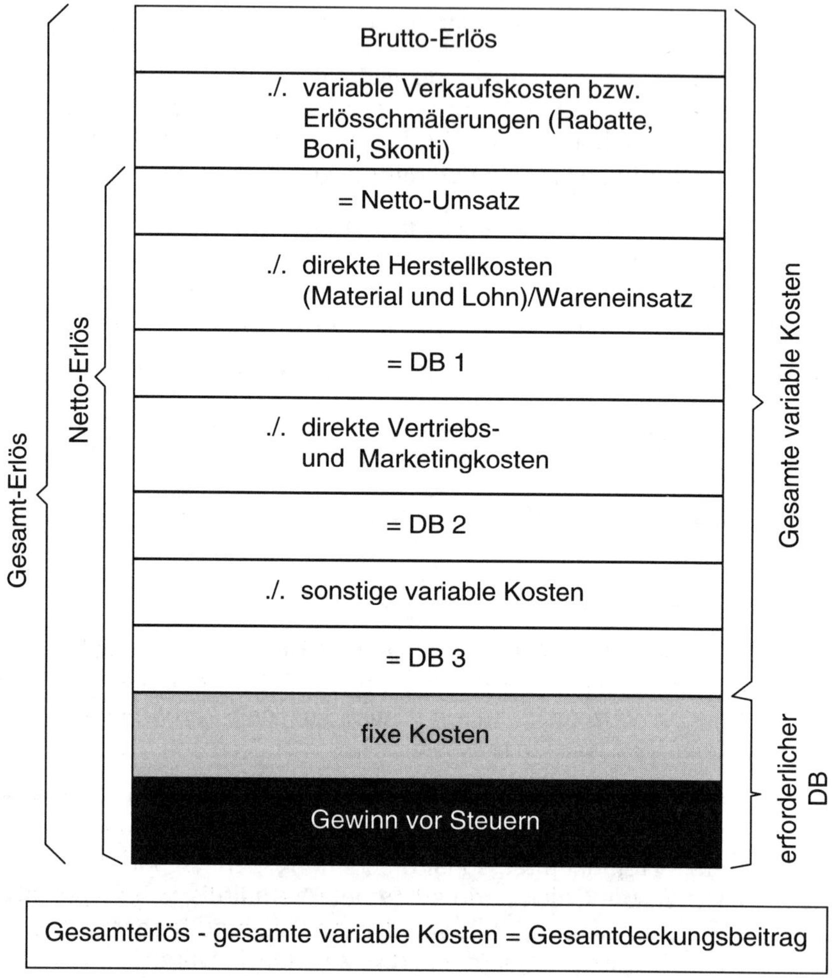

Abb. *4.44: Deckungsbeitragsrechnung [Zahn 1987: 45]*

Typisch umsatzbezogene Kennzahlen sind:

Kapitalumschlag = Umsatz / Gesamtkapital

Marktanteil = Umsatz / Umsatz der Branche

Ø Verkaufspreis je Mengeneinheit = Umsatz / Menge

Umsatz je Mitarbeiter = Umsatz / Anzahl Mitarbeiter

Umsatzrendite = Gewinn x 100 / Umsatz

Bei der Beurteilung der Aufwand- und Ertragsstruktur sind die Deckungsbeitragsrechnung und die Break-even-Analyse nützliche Instrumente. Unter dem Deckungsbeitrag versteht man jenen Beitrag, den ein einzelnes Produkt oder eine Produktegruppe zur Deckung seiner bzw. ihrer fixen Kosten und zur Erzielung eines Gewinnes leistet. Die Deckungsbeitragsrechnung konzentriert sich darauf, den einzelnen Produkten nur diejenigen Kostenelemente zuzuteilen, die in direkter Abhängigkeit zum Produktionsvolumen (variable Kosten) stehen (vgl. Abb. 4.44). Die übrigen Kosten (fixe Kosten), die nicht in direktem Zusammenhang zur Produktion stehen, werden als nicht beeinflussbar betrachtet. Der Deckungsbeitrag ergibt sich also aus der Differenz zwischen dem Gesamterlös und den gesamten variablen Kosten des Produktes, wie beispielsweise:

- Erlösminderungen wie Verkäuferprovisionen, Preisnachlässe usw.
- direkte Herstellkosten wie Material- und Lohnkosten
- direkte Vertriebskosten wie Reisekosten, Spesen usw.
- weitere direkte Marketingkosten (Media-Werbung, Sponsoring, Messen usw.)

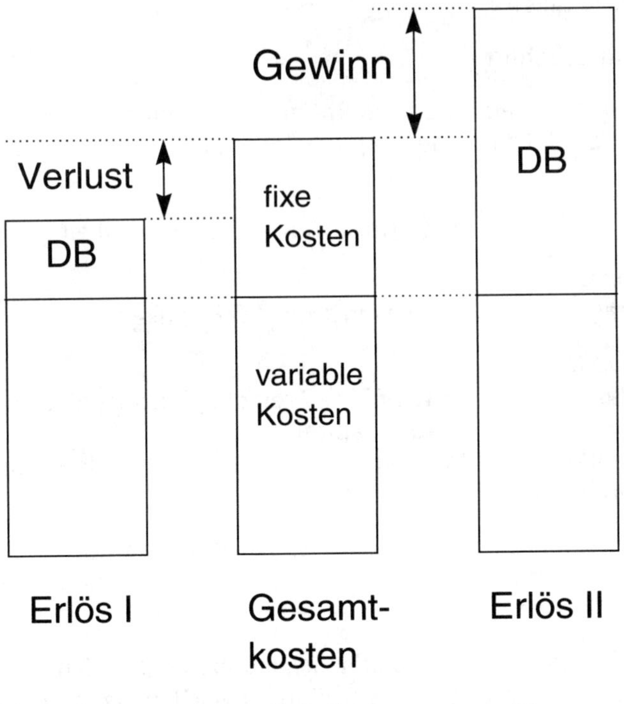

***Abb.** 4.45: Deckungsbeitragsrechnung [Schellenberg 1995: 156]*

Der aus der Berechnung resultierende Deckungsbeitrag lässt erkennen, wieviel die einzelnen Produkte zur Deckung der fixen Kosten beitragen, wie stark sie rentieren und wo die Preisuntergrenze für den Verkauf liegt. Ein einzelnes Produkt oder eine Produktegruppe wird in der Regel so lange im Sortiment gehalten, wie die ermittelte Differenz positiv ist, d.h. ein Beitrag zur Deckung des Fixkostenblocks geleistet wird. Dies bedeutet jedoch noch nicht, dass ein Gewinn erwirtschaftet wurde, da der Deckungsbeitrag lediglich eine Bruttogrösse ist. Ein positiver Deckungsbeitrag ist nicht mit Gewinn gleichzusetzen (vgl. Abb. 4.45).

Ein wichtiges Anwendungsbeispiel der Deckungsbeitragsrechnung ist die Break-even-Planung für Neuprodukte (siehe Exkurs in Kap. 4.1.4.1).

Da sowohl Abschreibungen als auch Rückstellungen den Unternehmenserfolg beeinflussen, ist der Cashflow bezüglich der Ertragskraft aussagekräftiger als der Reingewinn:

Cashflow = Reingewinn + Abschreibungen + Rückstellungen

Der Cashflow vermittelt eine Aussage über die Fähigkeit der Unternehmung,

- Investitionen zu finanzieren
- Schulden zu tilgen
- Gewinn auszuschütten.

Als wichtigster Gradmesser im Rahmen der Bilanz- und Erfolgsanalyse interessiert die Effizienz der Kapitalverwendung, d.h. die Rentabilität bzw. Rendite:

Rendite = (Ertrag – Aufwand) x 100 / Ø eingesetztes Kapital

Eigenkapitalrentabilität = Gewinn x 100 / Ø Eigenkapital

Gesamtkapitalrentabilität = (Gewinn + Fremdkapitalzinsen) x 100 / Ø Gesamtkapital

Die Gesamtkapitalrentabilität wird vermehrt auch als Return On Investment (ROI) bezeichnet.

Die Eigenkapitalrentabilität sollte einige Prozente über risikolosen Anlagen (z.B. Obligationen) liegen, ansonsten die Unternehmung für Kapitalgeber uninteressant ist.

Da die Gesamtkapitalrentabilität nicht unbedingt gleich hoch ist wie der Fremdkapitalzinssatz, ist das Verhältnis zwischen Eigen- und Fremdkapital für die Höhe der Eigenkapitalrentabilität von grosser Bedeutung. Wenn z.B. der Zins, der für das Fremdkapital bezahlt werden muss, niedriger ist als der Ertrag, der mit dem Gesamtkapital erwirtschaftet wird, kann durch Aufnahme von zusätzlichem Fremdkapital der auf das Eigenkapital entfallende Nutzen gesteigert werden. Das folgende Beispiel illustriert dies:

	Variante 1	**Variante 2**
Gesamtkapital (1’000’000), Fremdkapitalzinssatz (6%)		
Eigenkapital	1’000’000	400’000
Fremdkapital	0	600’000

Fall A:

Gewinn vor Zinsen	80’000	80’000
Fremdkapitalzinsen	0	30’000
Reingewinn	80’000	50’000
Eigenkapitalrentabilität	*8%*	*12,5%*
Gesamtkapital (1’000’000), Fremdkapitalzinssatz (6%)		
Eigenkapital	1’000’000	400’000
Fremdkapital	0	600’000

Fall B:

	Variante 1	**Variante 2**
Gewinn vor Zinsen	120’000	120’000
Fremdkapitalzinsen	0	30’000
Reingewinn	120’000	90’000
Eigenkapitalrentabilität	*12%*	*22,5%*

Es zeigt sich, dass das Ersetzen von 600’000 Eigenkapital durch Fremdkapital im Fall 1 einen Anstieg der Eigenkapitalrentabilität von 8,3% auf 12,5%, im Fall 2 sogar von 12% auf 22,5% zur Folge hat.

Je nach Finanzierungsverhältnis führt eine leistungswirtschaftlich bedingte Erfolgsverbesserung zu einer überproportionalen Steigerung der Eigenkapitalrentabilität. Dies bezeichnet man als Leverage-Effekt. Der Leverage-Effekt ist allerdings ein zweischneidiges Schwert. Ein Rückgang des Gewinns vor Zinsen führt nämlich auch zu einer überproportionalen Verschlechterung der Eigenkapitalrentabilität. Die Fremdfinanzierung wirkt sich dann negativ aus. Das folgende Beispiel illustriert dies:

Fall C:

Gewinn vor Zinsen		50'000
Fremdkapitalzinsen		30'000
Reingewinn		20'000
Eigenkapitalrentabilität		*5%*

Fall D:

Gewinn vor Zinsen		18'000
Fremdkapitalzinsen		30'000
Reingewinn		–12'000
Eigenkapitalrentabilität		*–3%*

Du-Pont-Kennzahlensystem

Das Du-Pont-Kennzahlensystem stellt keine inhaltliche Erweiterung der bisherigen Kennzahlen dar, es zeichnet sich allerdings durch die übersichtliche Darstellung wichtiger Grössen und deren Zusammenhänge aus (vgl. Abb. 4.46).

Voraussetzung für die Arbeit mit Kennzahlen

Damit aussagekräftige Informationen resultieren, müssen bei der Erarbeitung und Interpretation folgende Punkte berücksichtigt werden [Bürgi 1991: 23 ff.]:

- geeignete Auswahl der Kennzahlen
- Kontinuität der Kennzahlenerhebung
- realistische Vergleichswerte und Massstäbe
- Erkennen und Beurteilen der Zusammenhänge
- Aktualität der Kennzahlen
- Ergebniskontrolle

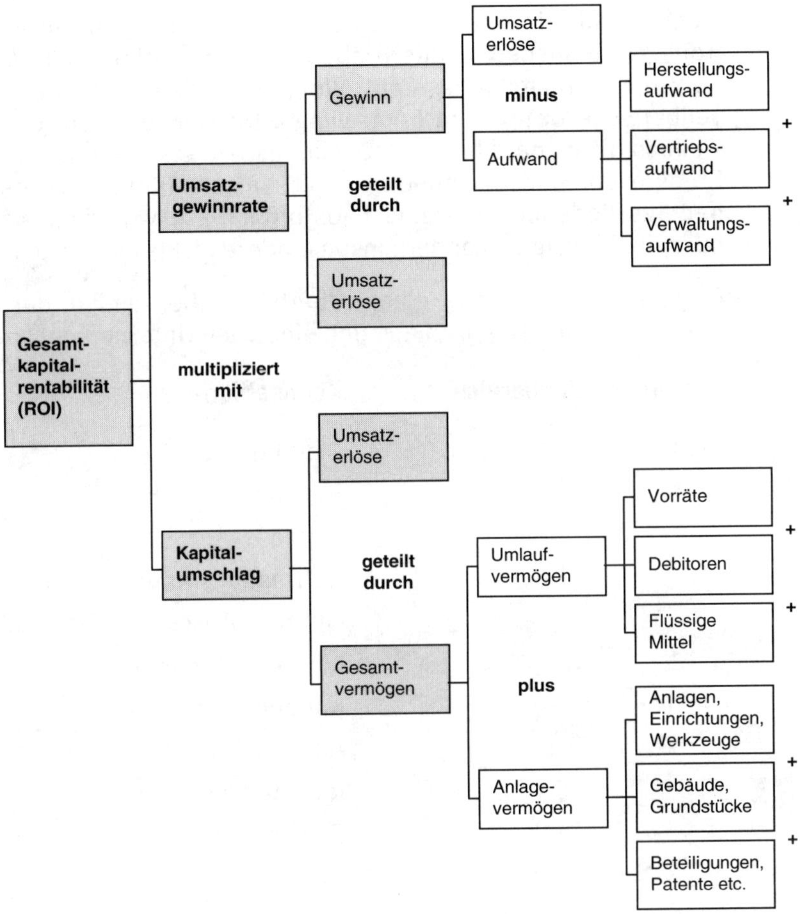

***Abb.** 4.46: Du-Pont-Kennzahlensystem [Schellenberg 1995: 162]*

STRATEGISCHES CONTROLLING

Für eine effiziente Unternehmensführung genügt das operative Controlling. Für eine effektive Unternehmensführung bedarf es zusätzlich eines strategischen Controllings. Das strategische Controlling, also die Steuerung des Gesamtsystems, benötigt weitergehende Planungsinstrumente und Entscheidungshilfen. Die entscheidende Aufgabenstellung des strategischen Controllings besteht darin, sämtliche Unternehmensbereiche zu koordinieren und auf die Unternehmensstrategie auszurichten. Noch wichtiger ist die konsequente Verzahnung von strategischem und operativem Controlling, damit erkannt werden kann, ob operative Ergebnisabweichungen nur operative Ursachen haben, d.h. auf die mangelhafte Umsetzung einer geeigneten Strategie oder auf vorübergehende Störfaktoren zurückzuführen sind, oder ob sie Ausdruck grundlegender strategischer Fehlentscheidungen sind [Ulrich/Fluri 1988: 113].

Elemente für ein strategisches Controlling sind nicht nur im „Finanz-Controlling“ zu suchen, sondern ebenso im Marketing-Controlling, Personal-Controlling, Ausbildungs-Controlling usw., also in allen auf die einzelnen Teilbereiche bezogenen Controllings. Da sind die Controller-Instrumente vielfach nicht „hard figures“ (Deckungsbeitragsrechnung, ROI-Kennziffern, Break-even usw.), sondern „soft facts“ (Kundentreue-Index, Mitarbeiterzufriedenheitsskala, Schadstoffbilanz usw.), d.h., sie liefern nicht nur rein finanzielle, sondern insbesondere nicht-finanzielle Kennzahlen.

Folgende Tabelle gibt einen Überblick über einige der vielen nicht-finanziellen Messgrössen aus den einzelnen Unternehmensbereichen:

Unternehmensbereich	**Kennzahlen**
Absatz	Marktanteil
	Bekanntheit
	Image
	Auftragsbestände
	Offerten-Abschluss-Verhältnis
	Kundenzufriedenheit
	Kundentreue
	Anteil an Stammkunden
	Beschwerderaten
	Beschwerdebearbeitungszeit
	Distributionsdichte
	usw.
Logistik und Produktion	Auftragsbearbeitungszeiten
	Ausschussrate
	Durchlaufzeit
	Stillstandsquote
	Kapazitätsauslastung
	Leerzeiten
	Lieferzeiten
	usw.

Forschung und Entwicklung	Innovationsrate Anteil neueingeführter Produkte am Gesamtsortiment Entwicklungs- und Konstruktionszeit pro Produkt Anteil an Ersteinführungen am Markt Dauer von der Produktidee bis zur Marktreife Forschungsauszeichnungen usw.
Personal	Fluktuation Fehlzeiten Mitarbeiterbeschwerden Arbeitsunfallhäufigkeit Mitarbeiterzufriedenheit Anzahl der eingegangenen Verbesserungsvorschläge Altersstruktur Bewerberquote Produktivität pro Mitarbeiter Qualifikationsquote Weiterbildungstage Realisierungsgrad der geplanten Ausbildungsaktivitäten Lernerfolg usw.
Organisation	Führungskräfte-Mitarbeiter-Verhältnis Leitungsspanne Zentralisierungsgrad Zeitbedarf für Entscheidungen Wartezeit bei Entscheidungen usw.
Informatik	durchschnittliche Projektdauer bzw. Phasenlänge

durchschnittlicher ROI der Projekte
Mitarbeiterbindung pro Projekt
u.a.

Beispiel: Öko-Controlling der Credit Suisse
(aus dem Umweltbericht 1995/96)

„Das Öko-Controlling ist ein wesentlicher Bestandteil unseres Umwelt-Management-Systems. Dieses plant, erfasst, steuert und kontrolliert systematisch die von der Bank ausgehenden Umwelteinwirkungen.

Das Öko-Controlling-Konzept 1996 – vorerst konzentriert auf die Betriebsökologie – beinhaltet folgendes:

- Es misst die Erreichung der gesetzten ökologischen Ziele
- Es legt ein standardisiertes Vorgehen bei der Erfassung und Auswertung der ökologischen Daten fest
- Es stellt die Erarbeitung und Umsetzung der ökologischen Massnahmen sicher
- Es strebt die Verbesserung der Öko-Produktivität an
- Es ist ein effizientes und verständliches Führungsinstrument (Berichterstattung, Leistungsvergleiche)
- Es definiert die verantwortlichen Entscheidungsträger
- Es beschreibt die erforderlichen Kommunikationsaufgaben“

Exkurs: Abgrenzung zwischen Controller, Treasurer, Cash Manager und Revisor

Aufgaben des Cash Managers:

- Zahlungsfähigkeit sicherstellen
- Zahlungsabwicklung optimieren
- Bewirtschaftung optimieren

Aufgaben des Treasurers:

- Cash Management
- Bankabstimmung
- Fremdwährungsmanagement
- finanzielles Reporting

Beispiel: Inhalte und Instrumente des zentralen Controllings bei Ringier

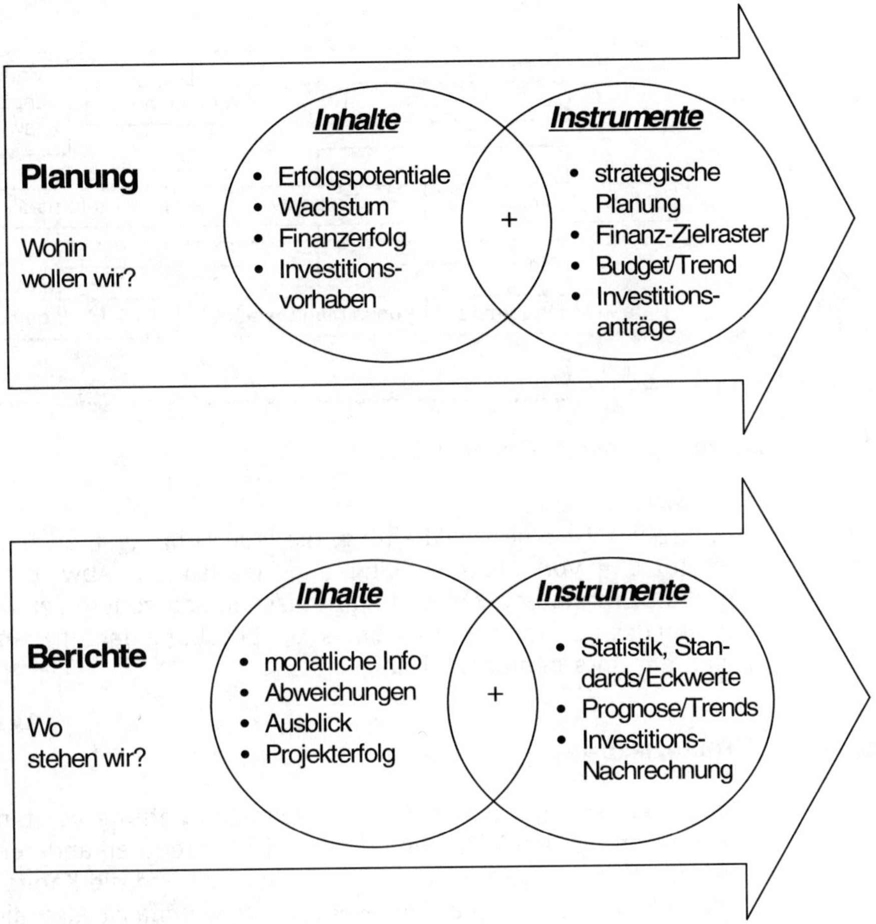

***Abb.** 4.47: Controlling bei Ringier [Wolf 1994: 14]*

Aufgaben des Revisors:

- Financial Auditing (Prüfung der finanziellen Informationen und der Sicherheit des Unternehmensvermögens)
- Operational Auditing (Wirtschaftlichkeitsprüfung betrieblicher Tätigkeiten)
- Management Auditing (Beurteilung der Unternehmensführung)

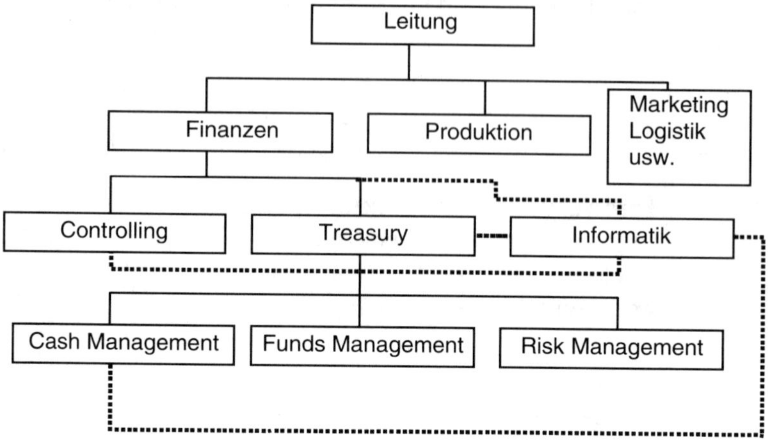

***Abb.** 4.48: Controlling in der Organisation*

ZUSAMMENFASSUNG

Controlling ist eine Denkhaltung, die jede Führungskraft betrifft. Die Unterstützung von Planerstellung und -realisation, Abweichungsanalysen und die Erarbeitung von Korrekturmassnahmen gehören zu den Kernfunktionen des Controllings. Das Ziel ist die Erhöhung der Effizienz und Effektivität der Unternehmensführung.

4.4.4 FINANZIERUNG

Finanzierung kann einerseits als Kapitalbeschaffung verstanden werden (Finanzierung i.e.S.). Zur Finanzierung i.w.S. gehören andererseits zusätzlich die Kapitalverwaltung, der Kapitaleinsatz und die Kapitalrückführung [Boemle 1993: 22]. Die Finanzierung i.w.S. umfasst also alle Aufgaben, welche die Prozesse der Finanzierung und Investierung bzw. Definanzierung und Desinvestierung betreffen. Als Funktion ist die Finanzierung dem operationellen Bereich der Unternehmung zuzuordnen.

Die Vorgänge, mittels deren die Unternehmung ihren Kapitalbedarf deckt, können nach folgenden Merkmalen klassifiziert werden: z.B. nach der Art der Rechtsbeziehung zwischen der Unternehmung und den Geldgebern, nach der Herkunft der Mittel, nach der Dauer der Mittelüberlassung oder nach dem Anlass. Man spricht deshalb auch von verschiedenen Finanzierungsformen oder -arten (vgl. Abb. 4.49). Von besonderem Interesse ist die Herkunft der Mittel, also die Information, woher das Kapital stammt (Aussen- oder Innenfinanzierung) und wer das Kapital zur Verfügung stellt (Eigen- oder Fremdfinanzierung).

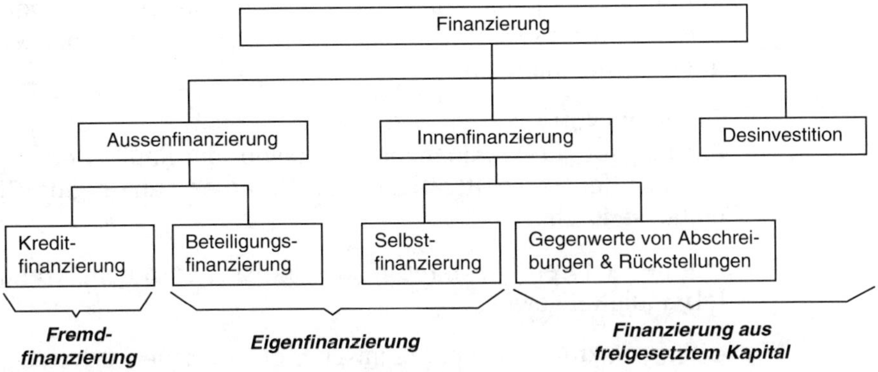

Abb. *4.49: Finanzierungsformen [Schweizerische Treuhand- u. Revisionskammer 1975: 269]*

Kreditfinanzierung:	Lieferanten- und Bankkredite, Darlehen, Hypothekardarlehen, Obligationenanleihen usw.
Beteiligungsfinanzierung:	von den Eigentümern zur Verfügung gestelltes Kapital
Selbstfinanzierung:	Gewinne werden zurückbehalten
Finanzierung aus Abschreibungsrückflüssen:	Umschichtung des Vermögens

Um eine optimale Finanzierung – und damit verbunden eine ideale Kombination von Fremd- und Eigenkapital – zu erreichen, sollten folgende sechs Finanzierungsgrundsätze gegeneinander abgewogen [Boemle 1993: 54 ff.] und auf die grundlegenden Finanzziele abgestimmt werden:

Grundsatz der ...	**Finanzziele**
... rentabilitätsoptimalen Finanzierung	Rentabilität
... liquiditätsgenügenden Finanzierung	Zahlungsbereitschaft
... risikoangepassten Finanzierung	Sicherheit
... autonomiewahrenden Finanzierung	Unabhängigkeit
... flexiblen Finanzierung	Reaktions- und Anpassungsfähigkeit
... publizitätsgerechten Finanzierung	Finanzimage

Rentabilität, Liquidität und Sicherheit sind die obersten finanzwirtschaftlichen Messgrössen, denn von ihnen hängt schliesslich die Lebensfähigkeit der Unternehmung ab.

Finanzplanung

Ausgangspunkt der Finanzplanung bildet der Kapitalbedarf, dessen Höhe sich aus der Geschäftstätigkeit der Unternehmung ergibt. Dieser wird beeinflusst durch

- interne Faktoren wie Unternehmensgrösse, Sortiment, vorhandenes Kapital, Liquidität sowie
- externe Faktoren wie ökonomische, ökologische, technologische und sozio-kulturelle Entwicklungen.

Der Kapitalbedarf unterliegt stetigen Schwankungen. In einem ersten Schritt gilt es deshalb, in einer Kapitalbedarfsrechnung den erwarteten Kapitalbedarf abzuschätzen. Ist dieser in seiner Höhe für einen bestimmten Zeitpunkt gegeben, so kann in einem nächsten Schritt die Deckung dieses Bedarfs betrachtet werden. Dies geschieht mit Hilfe von Finanzplänen.

Die kurzfristige Finanzplanung

Ziel der kurzfristigen Finanzplanung ist die Erhaltung der Liquidität. Als Instrument zur kurzfristigen Finanzprognose eignet sich das Zahlungsbereitschaftsbudget. Die kurzfristige Finanzplanung umfasst einen Zeitraum von bis zu einem Jahr. Weil aber die Zahlungsfähigkeit zu jedem Zeitpunkt gewährleistet sein muss, ist die Planungsperiode in Teilperioden (wöchentlich, monatlich oder quartalsweise) aufzugliedern. Für jede Teilperiode werden die einzelnen Auszahlungen und Einzahlungen geschätzt und einander gegenübergestellt. Als Saldo ergibt sich der Finanzbedarf oder -überschuss pro Planeinheit. Anschliessend müssen die zur Deckung bzw. Verwendung diese Betrages geeigneten Massnahmen festgelegt werden.

Beispiel eines kurzfristigen Finanzplanes:

Liquiditätsplan		**Januar**	**Februar**	**März**
	Barverkäufe			
+	Debitorenzahlungen			
+	Kundenanzahlungen			
+	Kreditaufnahmen			
+	Kapitalerhöhungen			
+	übrige Einnahmen			
=	**Total Einnahmen**			

Liquiditätsplan		Januar	Februar	März
–	Zahlungen für Wareneinkäufe			
–	Löhne/Gehälter			
–	Raum- und Maschinenmiete			
–	Marketingausgaben			
–	Verwaltungsausgaben			
–	Ausgaben für Investitionen			
–	Zinszahlungen und Steuern			
=	**Total Ausgaben**			
⇨	**Netto-Mittelzufluss/-abfluss** (Einnahmen minus Ausgaben)			
+	Anfangsbestand flüssige Mittel			
–	Kreditbeanspruchung Bank			
=	**Geldüberschuss/-bedarf**			
	Kreditlimite			
=	**Über-/Unterdeckung**			

DIE LANGFRISTIGE FINANZPLANUNG

Die langfristige Finanzplanung erstreckt sich über einen Zeitraum von 1 bis max. 5 Jahren. Die Planungseinheit beträgt ein Jahr. Bei der langfristigen Finanzplanung geht es v.a. darum, Kapitalbedarf und verfügbares Kapital miteinander in Einklang zu bringen. Das Ziel ist die Schaffung einer dauerhaften finanziellen Grundlage für die Existenz der Unternehmung.

Ein langfristiger Finanzplan ist nach den Kriterien der Kapitalflussrechnung aufgebaut. Neben dem Cashflow erscheinen als weitere Mittelzuflüsse zugesicherte Kredite, geplante Kapitalerhöhungen und Desinvestitionen; als Mittelabflüsse die geplanten Investitionen, zur Rückzahlung fällige Kredite sowie die voraussichtlichen Gewinnausschüttungen. Als Resultat ergibt das den Finanzbedarf bzw. -überschuss. Die langfristige Finanzplanung hat also die Aufgabe, die grossen Entwicklungslinien der Unternehmung mitzubestimmen, indem sie die von der Kapitalseite her sich bietenden Expansionsmöglichkeiten aufzeigt, aber auch die Grenzen absteckt, die knappe Finanzmittel dem Wachstum setzen.

Beispiel eines langfristigen Finanzplanes:

Finanzplan		Ist '97	Plan '98	Plan '99
	Reingewinn			
+	Abschreibungen			
=	Cashflow (brutto)			
–	Gewinnausschüttungen			
=	Cashflow (netto)			
+	Kreditoren			
+	Darlehen			
+	Kapitalerhöhungen			
=	**Total Mittelzufluss**			
	Ersatz- und Erweiterungs-investitionen			
+	Debitoren			
+	Warenlager			
+	Kreditorenrückzahlungen			
+	Rückzahlung Darlehen			
=	**Total Mittelverwendung**			
	Mittelbedarf/Mittel-überschuss			

5

Ökologie für InformatikerInnen

5.1 Einleitung und Überblick

Das Thema „Ökologie“ erweist sich aus Sicht der Wirtschaftsinformatik als ausserordentlich ambivalente Herausforderung. Denn zum einen ist die Informatik für die im Rahmen der Herstellung, des Betriebs und der Entsorgung von Hardware anfallenden Umweltbelastungen mitverantwortlich und damit Teil der Umweltproblematik. Andererseits ist sie aber auch – und vor allem – Teil ihrer Lösung. Denn das Management ökologischer Informationen ist eine zwingende Voraussetzung für einen erfolgreichen und auch wirtschaftlich tragbaren Umweltschutz.

Der nachfolgende Beitrag zielt darauf ab, InformatikerInnen für die ökologische Dimension unseres Wirtschaftens zu sensibilisieren und die Möglichkeiten und Grenzen des aktiven Umweltschutzes innerhalb der betrieblichen Informatik darzustellen.

Um das Ziel der Handlungskompetenz in ökologischen Fragen zu erreichen, ist in einem ersten Schritt (Kapitel 5.1 bis 5.4) zu klären, was unter der ökologischen Umwelt des Unternehmens, unserer Wirtschaft resp. der Gesellschaft überhaupt zu verstehen ist. Es werden die grundlegenden Begriffe dargestellt, und es wird aufgezeigt, wie die moderne Wirtschaft in diese ökologische Umwelt eingreift. Dieses Grundwissen ist notwendig, damit „Umweltprobleme“ überhaupt erkannt, verstanden und bekämpft werden können.

Darauf aufbauend (Kapitel 5.5) wird der Frage nachgegangen, welche Umweltprobleme von der Computertechnologie ausgehen. Zu diesem Zweck wird der ökologische Produktlebenszyklus eines PC vorgestellt, und die einzelnen Lebenswegabschnitte – von der Rohstoffgewinnung bis hin zur Entsorgung – werden nach Massgabe ihrer ökologischen Relevanz beurteilt. Dabei wird zu zeigen sein, dass dem Betrieb eines Gerätes in der Regel eine untergeordnete Bedeutung zukommt. Entscheidend ist vielmehr die Umweltbelastung bei der Herstellung. Neben der Problembeschreibung vermittelt Kapitel 5.5.3 aber auch die derzeitigen Handlungsstrategien der Computerbranche, um ebendiese Probleme zu vermeiden oder zumindest zu verringern. Wichtige Stichworte sind dabei u.a. „Langlebigkeit" und „Kreislauf".

Dem konkreten Handlungsbedarf resp. -spielraum der betrieblichen Informatikabteilung wird in Kapitel 5.6 nachgegangen. Es werden konkrete Massnahmen für die Beschaffung, den Betrieb und die Entsorgung von Hardware vorgeschlagen und in Checklisten zusammengestellt. Dem Befund, dass der Informatik im Rahmen der gesamten Wertschöpfungsaktivitäten eines Unternehmens nur eine untergeordnete Bedeutung zukommt, steht der Umstand entgegen, dass mit relativ geringem Aufwand dennoch spürbare Umweltentlastungen möglich sind. Unter dem Gesichtspunkt der Ökoeffizienz kann die Informatik das Thema „Umweltschutz" also nicht einfach an die anderen Abteilungen delegieren.

Neben dem verantwortungsvollen Einsatz der Informationstechnologie stellt aber gerade die ökologische Betroffenheit der gesamten Unternehmung eine Herausforderung für die Wirtschaftsinformatik dar. Denn ein effizientes und effektives Umweltmanagement ist auf umfassende ökologische Informationen angewiesen und erfordert deshalb eine Integration von Umweltaspekten in das bestehende Informationssystem. In den abschliessenden Kapiteln 5.7 und 5.8 wird deshalb herausgearbeitet, wie die ökologische Umwelt auf das Unternehmen als Ganzes einwirkt und welcher Informationsbedarf deshalb auf operativer und strategischer Ebene besteht. Es wird ein Konzept eines betrieblichen Informationssystems vorgestellt und schlussendlich auch aufgezeigt, dass heute bereits eine Vielzahl von Softwarelösungen zur Unterstützung des Umweltmanagements auf dem Markt erhältlich sind.

5.2 Die unbelebte Welt und die Anfänge des Lebens

5.2.1 Die Sphären der Erde und die abiotischen Faktoren

Der griechische Philosoph Empedokles (5. Jahrhundert v.Chr.) sah die Welt aus vier Grundelementen aufgebaut: Erde, Feuer, Wasser und Luft. Heute ist das Wissen um den Aufbau der Welt wesentlich genauer, doch an der 2'500 Jahre alten Grundkonzeption hat sich nicht viel geändert. Statt von Erde, Wasser, Luft und Feuer wird nun von Lithosphäre, Hydrosphäre, Atmosphäre und Kosmosphäre gesprochen.

Unser Planet enthält in der Mitte den Erdkern, dessen Radius etwa 2'900 km beträgt und der vor allem die schwersten Elemente enthält (Eisen, Nickel u.a.). Er ist vom etwa 3'000 km dicken Erdmantel umgeben, der im wesentlichen Metalloxide und -sulfide enthält. Daran schliessen sich die vier Sphären der unbelebten Welt an.

Die *Lithosphäre* besteht aus dem äusseren Teil des Erdmantels sowie der abschliessenden Erdkruste, die selbst etwa 20 bis 70 km stark ist. Die Lithosphäre ist etwa 100 km stark. Sie enthält im wesentlichen die Elemente Sauerstoff (ca. 75 Volumenprozente), Silicium, Aluminium und Eisen.

Die *Hydrosphäre* stellt den vom Wasser eingenommenen Raum dar. Den grössten Teil der Wasservorräte stellen die Ozeane. Sie nehmen über 70 Prozent der Erdoberfläche ein. Ebenfalls zur Hydrosphäre zählen die Grundwasservorräte im Boden.

Die *Atmosphäre* umfasst den gasförmigen Teil des Planeten und reicht in eine Höhe von etwa 3'000 km über der Erdoberfläche. Der unterste Teil heisst Troposphäre. In ihr spielt sich das Wettergeschehen ab. Sie reicht an den Polen bis etwa 9 km, am Äquator bis etwa 17 km über den Meeresspiegel. Die Temperatur an der Obergrenze der Troposphäre beträgt etwa –50 Grad Celsius. Daran schliesst sich die Stratosphäre an. Sie ist fast feuchtigkeitsfrei und reicht bis in etwa 50 km Höhe, wo die Temperatur wieder auf etwa 0 Grad Celsius ansteigt. Die Stratosphäre enthält vor allem die Ozonschicht. Die Atmosphäre reicht bis auf eine Höhe von 85 km und geht ohne scharfe Grenze in den Weltraum über.

Die *Kosmosphäre*. Die Energiezufuhr der Erde kommt letztlich zum grössten Teil aus dem Weltraum, von der Sonne. Deswegen wird hier inzwischen von der Kosmosphäre gesprochen. Der Stoffaustausch zwischen Erde und Kosmos ist vernachlässigbar gering; nicht aber der Energiefluss: Der Energiebetrag, den die Erde an der Grenze zur Atmosphäre von der Sonne pro Quadratmeter zugestrahlt bekommt, heisst Solarkonstante und beträgt 1'353 W/Quadratmeter. Davon erreichen den Erdboden nur knapp 50 Prozent.

Die unbelebte Welt stellt sozusagen das Haus des Lebens dar. Sie kann als Geflecht von chemisch-physikalischen Rahmenbedingungen gesehen werden, die Form und Entwicklung des Lebens zu einem wesentlichen Teil bestimmen. Der Bereich, in dem sich das Leben letztlich abspielt, ist im Verhältnis zum gesamten Erdradius von rund 6'500 km lediglich ein dünnes Band von ca. 4 km Durchmesser. Das Verlassen dieser engen Grenzen ist dem Menschen heute mit gewaltigem technisch-energetischem Aufwand möglich – aber nur für kurze Zeit.

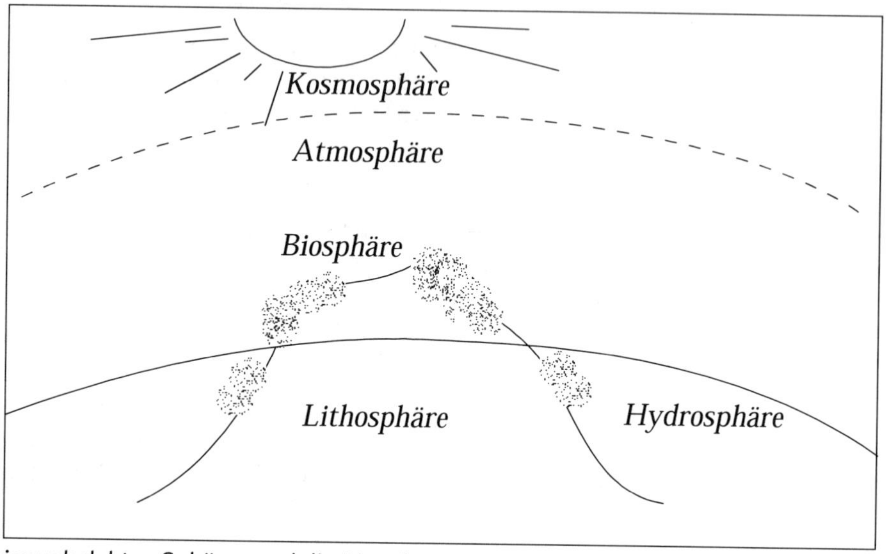

Abb. 5.1: Die vier unbelebten Sphären und die Biosphäre

5.2.2 Das erste Leben entsteht, und die Plünderung der Ressourcen beginnt ...

Die Beschaffenheit der Sphären der Erde ist keine Naturkonstante. Sie waren schon immer einem Wandel unterworfen. Dieser Wandel hat mit der Entstehung des ersten Lebens an Geschwindigkeit ständig zugenommen – Milliarden Jahre, bevor der erste Mensch die Bühne betrat. Im folgenden soll das Zusammenspiel von Lithosphäre, Hydrosphäre, Atmosphäre und Kosmosphäre bei der Ausbildung der ersten Lebensformen verdeutlicht werden.

Entstehung der Ursuppe

In der Atmosphäre entstanden unter dem Einfluss von UV-Licht *Kohlenstoffverbindungen*. Es wird angenommen, dass so auch die ersten Bausteine der Eiweisskörper entstanden. Sie regneten in die Meere ab und bildeten die sogenannte Ursuppe. Vor etwa drei Milliarden Jahren entwickelten sich erste Aggregate, die sich auch in identische Untereinheiten aufzuteilen begannen. Damit war das erste Leben entstanden. Als Nahrung dienten diesen Aggregaten Kohlenstoffverbindungen der sogenannten Ursuppe. Wahrscheinlich haben sie sie vergoren – so wie beispielsweise Hefezellen Zucker zu Alkohol umsetzen. Diese „Ursuppe“ hatte sich – ähnlich den heutigen Öl- und Kohlevorkommen – über Hunderte von Jahrmillionen angesammelt. Das heisst, sie stellte eine erschöpfbare Ressource dar. Die ersten Lebensformen vermehrten sich jedoch weiter und nutzten ihre Nahrungsquellen alles andere als nachhaltig. Man könnte auch etwas salopp formulieren: Sie löffelten die Ursuppe aus, bis fast nichts mehr übrig war.

5.2.3 DIE PHOTOSYNTHESE

Als die Nahrungsvorräte immer knapper wurden, wurde der erste *Nahrungskreislauf* erschlossen. Der biologische Vorgang, der dies ermöglichte, wird Photosynthese genannt. Ihre Auswirkungen auf die Weiterentwicklung des Lebens, ja sogar auf die Zusammensetzung der Erde, wie sie uns heute bekannt ist, sind nicht zu unterschätzen (vgl. Abb. 5.2). Ihre „Erfinder" lebten vor schätzungsweise 2,6 Milliarden Jahren und waren den heutigen Blaualgen ähnlich. Sie wandelten Kohlendioxid und Wasser in Kohlenhydrate (Nahrung) und Sauerstoff um. Als Energiequelle diente ihnen das Licht. Was waren die Folgen dieser „Erfindung"?

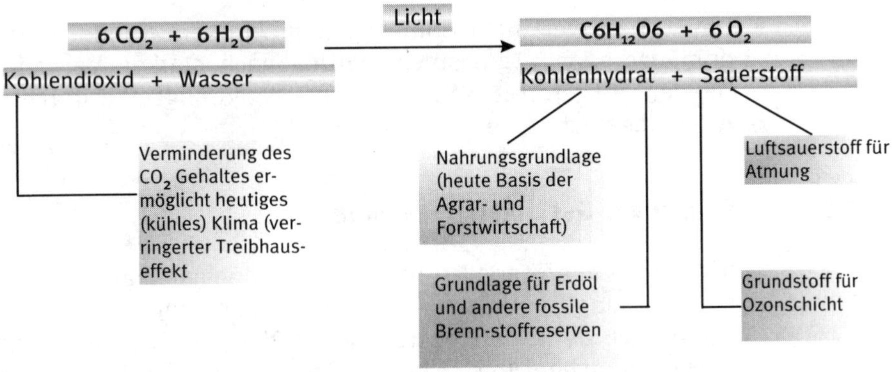

Abb. *5.2: Wichtige Folgen der Photosynthese für die Entstehung der heutigen Umwelt*

- Die Nahrungsversorgung der Urorganismen war wieder gesichert.
- *Die Sonnenenergie wurde chemisch gespeichert* und damit anderen Organismen zur Verfügung gestellt.
- Das Angebot an Sauerstoff stieg beträchtlich (von < 1% auf heute circa 20%). Zugleich nahm der Anteil an Kohlendioxid in der Luft ab, was zu einer Verminderung des Treibhauseffektes und damit der Temperatur von ca. 80 °C auf 15 °C führte.
- Unter dem Einfluss des ultravioletten Lichts entstand aus einem Teil des produzierten Sauerstoffes das Ozon (in der chemischen Schreibweise O_3). Ozon wirkt vor allem als Schutzschild gegen ultraviolette Strahlung. So

wurden auch die Voraussetzungen für die Besiedlung des Landes geschaffen.

5.2.4 Wie kam die Luft auf die Erde?

Der Umstand, dass in den letzten 2,6 Milliarden Jahren ständig mehr Sauerstoff produziert worden ist, als verbraucht wurde, erklärt den heutigen, hohen Anteil (ca. 20%) des Sauerstoffs an der Atmosphäre. Die ersten Einzeller benötigten keinen Sauerstoff. Teilweise war er für sie sogar ein ausgesprochenes Gift. Solche Organismen finden sich heute noch in tieferen Schichten des Bodens.

Die Entstehung des Lebens zeigt somit zwei zentrale Phänomene der Wechselwirkung zwischen belebter und unbelebter Umwelt:

- Die belebte Welt hat bereits zu Urzeiten ihre Umwelt stark beeinflusst: Das Leben hat sich gewissermassen selbst (s)eine passende Umgebung geschaffen.
- Das Leben war auch damals einem starken Wandel unterworfen. Die dominierenden Organismen wurden nach starken Veränderungen ihrer Umwelt ausgerottet resp. stark zurückgedrängt und durch andere, neue Arten abgelöst.

5.2.5 Eine kurze Geschichte der Erde

In der folgenden Tabelle (Abb. 5.3) sind noch einmal die wichtigsten Ereignisse in der Geschichte der Erde zusammengefasst. Zur Veranschaulichung wurde in der rechten Spalte die gesamte Erdgeschichte auf ein Jahr umgerechnet (am 1. Januar um 0 Uhr ist die Erde entstanden; heute ist der 31. Dezember 24 Uhr).

Mio. Jahre	Ereignis	Uhrzeit-Rechnung (Geschichte der Erde in 1 Jahr)	
ca. 5'000–6'000	Urknall: Entstehung der Erde	1. Jan	
3'000	Erstes Leben, organische Substanz	27. Mai	
2'600	Photosynthese	25. Jun	
1'900	Zellkern	15. Aug	
1'000	Erste sauerstoffatmende tierische Lebewesen	20. Okt	
450	Wirbeltiere	29. Nov	
255	Dinosaurier	13. Dez	
60	Saurier sterben aus. Braunkohlen- und Erdölbildung	27. Dez	
4	Australopitecus (ältester bekannter Primatenvorfahre des Menschen)	31. Dez	16:59
1,3	Homo erectus, der erste Mensch. Lebt in Afrika.	31. Dez	21:43
0,06	Homo sapiens	31. Dez	23:53
0,0002	Beginn der wissenschaftlich-technischen Revolution	31. Dez	23:59:59

***Abb.** 5.3: Eine kurze Geschichte der Erde*

ZUSAMMENFASSUNG UND FAZIT

Die Erde lässt sich als System verschiedener Sphären begreifen. Die unbelebte Welt wird üblicherweise in vier Sphären unterteilt: Lithosphäre (feste Stoffe), Hydrosphäre (flüssige Stoffe), Atmosphäre (gasförmige Stoffe) und Kosmosphäre (dient im wesentlichen als Energiequelle).

Eine konstante natürliche Umwelt gibt es nicht. Die Umweltbedingungen auf der Erde haben sich seit deren Entstehung – also schon vor dem Auftritt des ersten Lebens – stetig verändert. Mit der Entstehung des Lebens haben Ausmass und Geschwindigkeit der Änderungen zugenommen. So führte die Entwicklung der Photosynthese zu einer neuen Zusammensetzung in Hydro-, Atmo- und Lithosphäre und liess so erst die Entstehung weiterentwickelter Lebensformen zu. Belebte und unbelebte Welt lassen sich damit nicht streng voneinander trennen, da sie in Wechselbeziehung zueinander stehen.

Die ökologischen Auswirkungen der Computerbranche betreffen alle vier unbelebten Umweltsphären. Andererseits nutzt die Industrie Umweltfunktionen auch als Wirtschaftsinput.

5.3 ÖKOLOGIE UND TYPISCHE ELEMENTE EINES ÖKOSYSTEMS

Für die Zwecke dieses Buchs soll folgende kurze Definition von Ökologie verwendet werden:

> *Ökologie ist die Lehre von den **Wechselwirkungen** zwischen den Lebewesen untereinander und ihrer unbelebten Umwelt.*

5.3.1 DIE UMWELT EINES ÖKOSYSTEMS

Ökosysteme sind immer *offene Systeme*, weil sie Energie und im allgemeinen auch Stoffe aus der Umwelt aufnehmen und sie danach auch wieder an diese abgeben. Die Grenzen des Systems selbst werden so gezogen, wie es für die jeweilige Untersuchung zweckmässig ist. Als ein Ökosystem kann z.B. betrachtet werden: ein Teich, eine Wiese, eine ganze Landschaft, ein Wald, ein Alpental oder auch die gesamten Alpen, künstlich geschaffene Gebilde wie Städte, Landwirtschaftsbetriebe, Produktionsunternehmen etc.

Wie für jedes System charakteristisch, besteht auch ein Ökosystem aus verschiedenen wechselwirkenden Elementen und einer Umwelt, mit der Stoffe, Energie oder Information ausgetauscht werden.

Betrachten wir stark vereinfachend die Erde als Ökosystem, so bildet der Weltraum die Umwelt des Systems, aus der hochwertige Sonnenenergie entnommen und als niederwertige Wärmeenergie wieder abgegeben wird. Der Austausch von Stoffen ist in der Regel vernachlässigbar gering. In erdgeschichtlichen Dimensionen gesehen, erweist sich jedoch beispielsweise der Einschlag von Meteoriten als durchaus relevant für das Ökosystem Erde.

5.3.2 Typische Komponenten eines Ökosystems – Der P-K-V-Zyklus

Ein Ökosystem kann durch folgende fünf Komponenten beschrieben werden: die Produzenten, die Konsumenten, die Verwerter (Destruenden), den Energiefluss und die Stoffkreisläufe.

Die *Produzenten* schaffen aus verhältnismässig einfachen Komponenten die Lebensgrundlage für die Konsumenten. Dazu gehören vor allem die grünen Pflanzen. Durch Photosynthese werden Nahrungsstoffe aufgebaut. Produzenten haben die Fähigkeit, aus unbelebter Materie und Sonnenenergie organische Stoffe und Sauerstoff herzustellen.

Die *Konsumenten* sind i.a. Tiere, die sich von Pflanzen (Produzenten) oder anderen Konsumenten ernähren. Sie brauchen Sauerstoff und Nahrung und setzen Kohlendioxid und Wasser frei. Dies entspricht einer Umkehrung der Photosynthese.

Die Verwerter: Sie leben von totem pflanzlichem und tierischem Material und wandeln es um, so dass es zum Beispiel wieder als Düngstoff für die Produktion zur Verfügung steht. Oft werden sie auch als Verwerter bezeichnen, da sie totes Material zersetzen und verkleinern. Sie stellen sozusagen die Kehrichtverbrennungsanlage (besser: die Recyclinganlage) eines Ökosystems dar. Hierzu zählen Pilze und ein Teil der Mikroorganismen.

Energiefluss

Jedes Ökosystem nimmt Energie auf und gibt solche ab. Ein Teil der Energie wird für andere Organismen verfügbar gemacht. Die in den grünen Pflanzen gespeicherte Energie wird von den Konsumenten genutzt (z. B Tiere). Sie setzen die aufgenommene Energie in Bewegung und Abwärme um. Ein Teil der Energie wird an andere Konsumenten weitergegeben wenn das Tier Beute eines Räubers wird. Am Ende der Kette stehen die

Verwerter, die selbst wiederum Abwärme produzieren und die Grundstoffe für die Pflanzen aufbereiten (vgl. Abb. 5.4).

Von einem geschlossenen Kreislauf kann dennoch nicht gesprochen werden, da alle Energie auf irgendeiner Stufe des Ökosystems in Abwärme umgeformt wird. Abwärme ist eine Energie minderer Qualität. Sie ist zwar noch vorhanden (Energie kann grundsätzlich nicht „verloren" gehen), aber so gleichmässig im Raum verteilt, dass sie in der Regel nicht mehr nutzbar ist. In einem Ökosystem wird also stufenweise hochwertige Energie (Sonnenlicht oder Kohlenstoffverbindungen) in Energie minderer Qualität umgewandelt.

Die Stoffflüsse bilden in natürlichen Systemen – im Gegensatz zur Energie – Kreisläufe. Kreisläufe bestehen innerhalb eines einzigen Ökosystems oder zwischen mehreren Ökosystemen.

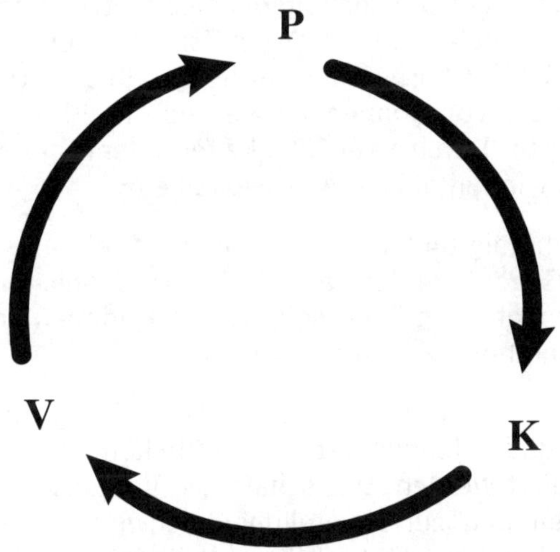

Abb. 5.4: Der natürliche P-K-V-Zyklus

Zusammenfassung und Fazit

Eines der Kennzeichen des Lebens ist, dass Lebewesen immer einen Stoffwechsel besitzen, der selbst wiederum der Energiezufuhr bedarf. Je nach Beschaffenheit der Stoff- und Energieflüsse lassen sich Produktions-, Konsum- und Verwerterfunktionen unterscheiden. Die Unterscheidung, die für Organismen gilt, lässt sich auch für Ökosysteme treffen. So gibt es Ökosysteme, die mehr Biomasse produzieren, als sie selbst verbrauchen, und Ökosysteme, die mehr Biomasse verbrauchen, als sie selbst aufbauen können.

Über Stoff- und Energieflüsse bestehen Wechselwirkungen zwischen belebter und unbelebter Welt.

5.4 Rolle des Menschen in der Ökologie

5.4.1 Vier Stadien der Zivilisation und ihre jeweils typischen Umweltauswirkungen

Die Geschichte der menschlichen Zivilisation lässt sich grob in vier Stadien unterteilen: Das Sammler- und Jäger-Stadium, die neolithische Revolution, das Stadium der Stadtkultur und die Industrielle Revolution.

Das Sammler- und Jäger-Stadium

Seit dem Auftauchen der ersten menschlichen Lebewesen vor etwa 1,3 Millionen Jahren leben diese als Nomaden, durchstreifen Savannen und Wälder, sammeln wilde Früchte und jagen. Der heutige Mensch, der homo sapiens, taucht erst ca. 60'000 Jahre vor dem heutigen Datum auf. Die Bevölkerungsdichte liegt in dieser Zeitspanne bei etwa 0,02 bis 0,2 Personen pro Quadratkilometer. Der Mensch ist noch ein unwesentliches Element der Biosphäre. Ökosysteme werden nur in dem Umfang genutzt, in dem es der Zufluss von Sonnenenergie und die lithosphärische Stoffausstattung erlauben. Durch zwei Fähigkeiten nimmt der Mensch jedoch eine Sonderstellung innerhalb der Artenvielfalt ein:

- Der Mensch ist lernfähig und kann Erfahrungen direkt an seine Artgenossen weitergeben. Gegenüber dem genetischen Mechanismus des Versuch-und-Irrtum-Lernens, der sich über mehrere Generationen erstreckt, ist die menschliche Lernmethode wesentlich schneller.
- Der Mensch nutzt das Feuer – eine zusätzliche Energiequelle. Die Nahrungspalette wird dadurch erweitert, und Stoffe können in einer neuen Art und Weise bearbeitet werden. Das schafft die Voraussetzung zur Gewinnung von Metallen und zur Herstellung hochwertiger Werkzeuge, die ihrerseits zu einer Zunahme der Stoffflüsse beitragen.

Der Mensch erwirbt ausgeprägtes Wissen über seine Umwelt. In der Folge steigen die Stoffeinträge in die Umwelt und die Entnahmen von Stoffen aus ihr, und mittlerweile sind gezielte Eingriffe in die Evolution möglich.

Kurz: Die Stoff- und Energieflüsse nehmen an Geschwindigkeit und Umfang zu.

Die neolithische Revolution: Landwirtschaft

Ab etwa 10'000 bis 7'000 v. Chr. beginnt der Mensch, Pflanzen (Weizen und Gerste) und Tiere zu domestizieren. Damit einher geht die Gewinnung und Nutzung von Metallen und Keramik. Die Steinzeit ist definitiv zu Ende.

Zwangsläufig verlässt der Mensch die Höhlen und siedelt sich an. Die ersten dauerhaften Gebäude entstehen. Zusammen mit der genutzten

Grünfläche und den Haustieren lassen sie sich als neuer Typ von Ökosystem beschreiben: Das Agrarökosystem ist entstanden. Es ist produktiver als die natürlichen Systeme und erlaubt eine höhere Bevölkerungszahl. Die Bevölkerungsdichte steigt in den besiedelten Gegenden auf etwa 20 bis 40 Personen pro Quadratkilometer.

Zwei wesentliche Umwelteingriffe bringt die neolithische Revolution also mit sich:

- Selektion und Domestizierung von bisher natürlichen Tier- und Pflanzenarten (Landwirtschaft)
- Sesshaftigkeit.

Umweltauswirkungen: Die zunehmende landwirtschaftliche Produktivität lässt Spielraum für weitere Verfeinerungen der Arbeitsteilung. Erze und Tonerden werden erschlossen, Handwerke bilden sich heraus, und Tauschmärkte werden aufgebaut.

DAS STADIUM DER STADTKULTUR

Erste Grossstädte werden bereits zu Beginn der neolithischen Revolution nachgewiesen. Voraussetzung für die Entstehung von Städten ist die Versorgung der Bevölkerung mit Nahrungsmitteln. Städte zeichnen sich durch ihre Dichte und Vielfalt an technischen Gebilden aus unbelebten Materialien (Gebäude) aus. Die Bevölkerungsdichte liegt bei über 100 Personen je Quadratkilometer. (Zum Vergleich: In der Schweiz beträgt sie 170 Personen je Quadratkilometer.) Städtische Ökosysteme sind eng an die umgebenden natürlichen, agrarischen und forstlichen Ökosysteme gebunden.

Während sich in einem natürlichen Ökosystem die Konsum-, Produktions- und Verwerterfunktionen üblicherweise in etwa die Waage halten, überwiegt im Stadtsystem der Stoff- und Energiekonsum in hohem Masse: Die Produktions- und Verwerterfunktionen fehlen und werden ausgelagert – es entsteht ein Versorgungs- und ein Entsorgungsproblem. Damit nehmen zwangsläufig die Transporte und der Energiebedarf zu.

In Städten spielt sich ein grosser Teil des Handels ab. Der Tausch von Gütern ist eine lebenswichtige Funktion in einer arbeitsteiligen Marktwirtschaft. Das Ausmass des vorhandenen Wissens ist entscheidend für die Produktivität einer Wirtschaft. Städte bieten eine grössere Freiheit gegenüber den Einmischungen von Landes- und Staatsregierungen. Schon im Mittelalter galt: „Stadtluft macht frei“ – was sich auch damals nicht auf die Luftqualität beziehen konnte. Städte schaffen daher gute Voraussetzungen für Innovationen. Es ist nicht verwunderlich, dass die wissenschaftlich-technische, „industrielle Revolution“ von den Städten ausging.

Die Industrielle Revolution

Die Expansion der Technosphäre, also des technisch-ökonomischen Ökosystems, stiess immer wieder an naturgegebene Grenzen. Eine der wichtigsten Grenzen war die verfügbare Energie, die sich im wesentlichen auf Holz beschränkte. Gegen Ende des 18. Jahrhunderts setzte die planmässige und grosstechnische Erschliessung fossiler Energien ein: In Form von Kohle, Erdöl und Erdgas verfügten wenige Generationen plötzlich über unvorstellbare Mengen an hochwertiger Verbrennungsenergie. Damit nahm auch die Bevölkerung in nie gekanntem Ausmass zu. Von 1850 bis 1930 verdoppelte sich die Menschheit von einer auf zwei Milliarden. In den 45 Jahren von 1930 bis 1975 verdoppelte sie sich erneut auf vier Milliarden. Im gleichen Zeitraum nahmen die nicht erneuerbaren Ressourcen rapide ab. Das Erdöl brauchte für seine Entstehung 60 Millionen Jahre und wird nun innert ca. 150 bis 200 Jahren verbrannt!

5.4.2 Die P-K-V-Kette der Technosphäre

Als Ergebnis des bisherigen Industrialisierungsverlaufs ist ein neues Ökosystem entstanden: die Technosphäre. Sie schliesst den grössten Teil der Atmosphäre, der Biosphäre, der Hydrosphäre und einen Teil der Lithosphäre ein.

Die Auswirkungen der menschlichen Aktivitäten zeigen sich mittlerweile in (fast) allen Ökosystemen der Erde. Vorhandene ökologische Regelungsmechanismen werden beeinträchtigt oder sogar aufgehoben. Mit der städtischen Siedlungskultur geht die Einheit von Produzenten, Konsumenten und Verwerter verloren. Produzenten werden gezielt in der Land- und Forstwirtschaft konzentriert, die nichtmenschliche Konsumenten als „Schädlinge" bekämpft. Siedlungsökosysteme bestehen dagegen hauptsächlich aus Konsumenten.

Durch die Erschliessung nicht regenerierbarer Ressourcen und Energien wird der bisher dominante organisch-zyklische Stoffkreislauf innerhalb der Biosphäre durch den anorganischen, nicht-zyklischen Stofffluss der Technosphäre überlagert. Steine, Erden, Erze und Salze werden in bislang unvorstellbaren Massen mobilisiert. Die Transporte zwischen Produzenten-, Konsumenten- und Verwertersystemen nehmen globale Dimensionen an. Die Technosphäre produziert eine Vielzahl neuer, synthetischer Stoffe, für die in der Natur nur selten Verwerter-Organismen vorhanden sind. In der Folge entstehen Entsorgungsprobleme, und neue, technische Verwertersysteme müssen entwickelt werden (bspw. Sondermüllverbrennungsverfahren).

Damit einher geht ein regelrechter Entsorgungsnotstand. Aufgrund der Bodenversiegelung und der hohen Konzentration von Abfallstoffen können innerhalb des Stadtökosystems keine ausreichenden Populationen von Verwerter-Organismen bestehen. Die für eine Industriegesellschaft erforderlichen Rohstoffe werden nicht, wie im natürlichen P-K-V-Zyklus, durch Verwerter wieder für die Produktion nutzbar gemacht, sondern lediglich mehr oder weniger gleichmässig über die Atmosphäre und die Hydrosphäre auf dem Erdball verteilt oder hochkonzentriert deponiert.

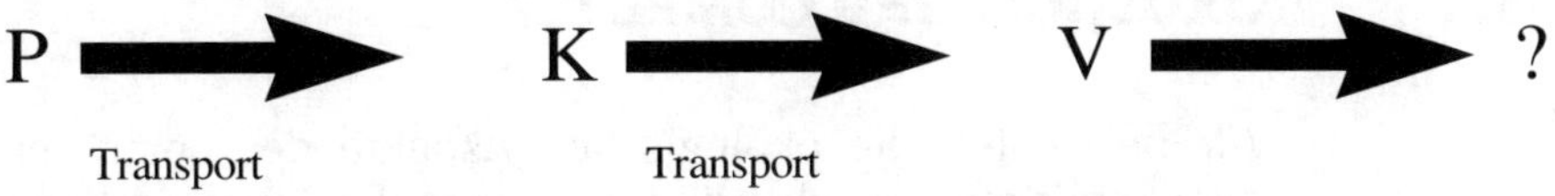

***Abb.** 5.5: Die P-K-V-Kette der Technosphäre*

5.4.3 DIE TECHNOSPHÄRE ALS VERURSACHERIN VON UMWELTPROBLEMEN

Als Ursachen der Umweltproblematik können folgende Merkmale der Technosphäre angeführt werden:

- Entnahme und Abgabe sehr grosser Mengen organischer Substanzen, die das Regenerationsvermögen der Natur überschreiten (z.B. Abholzen der Tropenwälder resp. Überdüngung der Seen).
- Verdrängung von naturbelassenen Lebensräumen und Lebewesen infolge der räumlichen Ausdehnung der Technosphäre.
- Entnahme und Abgabe sehr grosser Mengen anorganischer Substanzen (Metalle, Mineralien) in Zeiträumen, deren Kürze nicht dem natürlichen Kreislauf entspricht.
- Räumliche Trennung von Produktion, Konsum und Verwertung und daher stark erhöhter Bedarf an Materialtransporten.
- Unnatürlich hohe Konzentrationen von bestimmten Stoffen, die sich daher giftig (toxisch) auf Lebewesen auswirken.
- Neue, synthetische Substanzen, die von der Natur nicht verwertet werden können (bspw. PCB, Polychlorierte Biphenyle) und/oder hochgiftig auf Lebewesen wirken können.
- Zunahme und Beschleunigung der Stoffflüsse (Verdoppelung der CO_2-Konzentration in der Atmosphäre innert 100 Jahren).

Wichtig für das Verständnis der „Umweltproblematik“ ist vor diesem Hintergrund, dass diese Eingriffe der Technosphäre in das ökologische Gefüge erst dann zum „Problem“ der Gesellschaft werden, wenn menschliche Werte und Interessen beeinträchtigt sind. Dabei kann unter einem Umweltproblem folgender Sachverhalt verstanden werden:

Als Umweltproblem bezeichnet man eine – aus Sicht der Menschen – unerwünschte oder gefährliche Veränderung der belebten oder unbelebten Umwelt, die durch die Aktivitäten der Technosphäre verursacht wird.

5.5 Ökologie und Computer

Wir betrachten die ökologischen Aspekte der Computertechnologie in zwei Schritten: Zunächst gibt die Bilanz des ökologischen Produktlebenszyklus(= Ökobilanz) eine Übersicht über die Umweltrelevanz eines PC. Danach werden exemplarisch konkrete Beispiele für Umwelteinwirkungen der Computerbranche dargestellt.

Ausgehend von dieser Problembeschreibung werden Handlungsstrategien zur Lösung der Probleme aufgeführt.

5.5.1 Die Ökobilanz eines Personal Computers

Die Ökobilanz ist eine systematische, nachvollziehbare und möglichst vollständige Auflistung aller Stoff- und Energieflüsse eines Produktes oder eines Unternehmens und deren Bewertung.

Betrachtet man den ökologischen Lebenszyklus eines Personal Computers, so können Aussagen über die Umweltrelevanz der einzelnen Lebensabschnitte gemacht und gezielte Massnahmen formuliert werden (es sei hier auf den ausführlichen Artikel von Andreas Grote verwiesen in [Grote 1994: 92–98]). Für unsere Zwecke genügt eine stark vereinfachte Ökobilanz. Es lassen sich folgende fünf Abschnitte unterscheiden:

1. Am Anfang des ökologischen Produktlebenszyklus steht die *Rohstoffgewinnung*. Zur Herstellung eines PC werden mehr als 700 verschiedene Substanzen verwendet, die entweder in der Natur abgebaut (Metalle) oder synthetisch hergestellt werden (bspw. FCKW). Die Rohstoffgewinnung ist sehr energieintensiv, und es werden grosse Mengen an Erdmaterial umgeschichtet (Erzabbau). Teilweise werden hochgiftige Substanzen zur Aufkonzentrierung eingesetzt, und es werden Substanzen mit sehr hohem Reinheitsgrad hergestellt (Silicium-Waver).

2. Die *Verarbeitung* der Rohstoffe zu den einzelnen Komponenten ist wiederum sehr energieintensiv (bspw. Reinstlufträume für Waververarbeitung) und erfolgt wie die Rohstoffgewinnung sehr dezentral, da hochspezialisiert (erfordert weiträumige Transporte). Die Produktion ist in der Regel durch eine sehr geringe Materialeffizienz gekennzeichnet. Beispielsweise werden Leiterplatten durch mehrmaliges Beschichten, Ätzen und

Reinigen hergestellt, was mit dem Einsatz grosser Mengen an Beschichtungsmaterialien, Wasser, Säuren und Laugen sowie Lösungsmitteln einhergeht. Aufgrund der strikten Umweltgesetzgebung sind die Hersteller in der Schweiz dazu übergegangen, geschlossene Wasser-, Säure- und Lösungsmittelkreisläufe einzuführen.

3. Die *Distribution* beschreibt den Weg des PC zum Konsumenten resp. den Weg vom Konsumenten zur Entsorgung. Hier sind als wesentliche Umwelteinwirkungen der Anfall von Verpackungen, ein hoher Energieverbrauch sowie das Entstehen von Luftschadstoffen und Lärm zu nennen.

4. Der *Betriebsaufwand* eines PC ist im Verhältnis zur Rohstoffgewinnung und Verarbeitung relativ unbedeutend. Erwähnenswert sind zum einen negative Einwirkungen auf die Anwender: Strahlenbelastung, Lärm oder bspw. bei Laserdruckern und Kopierern der Ausstoss von Ozon. Aus Sicht des Umweltschutzes ist einzig der Verbrauch an Strom erwähnenswert, der in der Regel zur Emission von Luftschadstoffen bei den Energieerzeugern führt (hoher Anteil von Kohle und Öl im europäischen Stromverbundsnetz).

   Dennoch kann der Anwender erheblich zur Entlastung der Umwelt beitragen, indem beispielsweise alte Komponenten soweit möglich wiederverwendet und bestehende Systeme aufgerüstet werden. Der Stromverbrauch kann durch die Einführung von Stromsparschaltungen auf bis zu 20% gesenkt werden (siehe auch Kapitel 5.6 „Umweltschutz als Aufgabe der betrieblichen Informatik").

5. Die *Entsorgung* von PC-Komponenten erfolgt in der Regel über mehrere Stufen: Wiederverwenden, Recycling, Downcycling und Entsorgung. Der höchste Massenanteil eines PC entfällt auf das Gehäuse, das in der Regel aus einem bestimmten Metall oder Kunststoff besteht und sich deshalb besonders für das Wiederverwenden (ideal, da die Produktion eines neuen Gehäuses eingespart werden kann), das Recycling (Einschmelzen des Materials und Herstellung eines neuen Gehäuses) oder aber das Downcycling (Einschmelzen des Materials und Herstellung eines weniger anspruchsvollen Produktes, bspw. Stossdämpfer, Blumentopf, etc.) eignet.

   Auch enthält ein PC aufgrund der kurzen Lebensdauer (3–5 Jahre) relativ viele Komponenten, die noch voll funktionsfähig sind und deshalb ausgebaut und wiederverwendet werden können. Hinzu kommen Edelmetalle, für die sich eine Aufbereitung des Elektronikschrottes lohnt. Aufgrund des hohen Energieeinsatzes und teilweise auch des Einsatzes von Chemikalien ist dieser Schritt jedoch manchmal ökologisch fragwürdig.

   Zur eigentlichen Entsorgung im Sinne von Verbrennung und/oder Deponierung gelangt heute nur noch ein relativ geringer Massenanteil von ca.

2 kg pro PC. Diese Reststoffe stellen aber in der Regel besonders problematischen Sondermüll dar. So dürfen Leiterplatten nicht über eine normale Kehrichtverbrennungsanlage entsorgt werden, da bei diesem Prozess Dioxine und Furane entstehen können – hochgiftige und krebserregende Substanzen! Dieser Sondermüll muss also in speziellen Verfahren (bspw. Hochtemperaturverbrennung) behandelt und die Reststoffe müssen in Sondermülldeponien abgelagert werden.

Die absolute Umweltbelastung der Entsorgung ist nicht so sehr von Bedeutung, wenn „richtig" entsorgt wird, also nicht einfach deponiert oder verbrannt wird, sondern die speziellen Behandlungen erfolgen. Dennoch ist aus Sicht der Ökobilanz die Entsorgung bedeutender als die Betriebsphase, da genau das Risiko besteht, dass die Abfälle unsachgemäss behandelt werden und/oder dass die Deponien belastetes Sickerwasser (Schwermetalle u.ä.) abgeben.

Die Grafik in Abbildung 5.6 zeigt stark vereinfacht die Bedeutung der Umwelteinwirkungen eines PC. In der Tabelle unterhalb finden sich detaillierte Angaben zu den verschiedenen Einwirkungen.

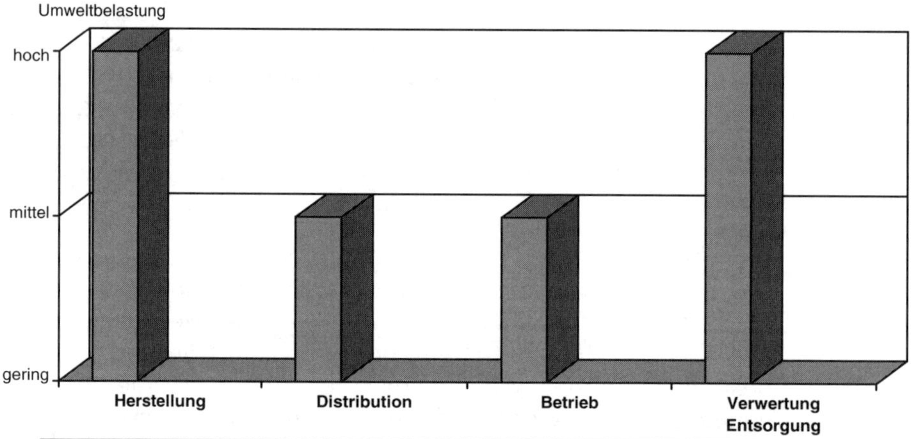

Herstellung	Distribution	Betrieb	Verwertung/ Entsorgung
– hoher Wasser- und Energieverbrauch	– Luftbelastung und Energieverbrauch durch intensive Logistik bzw. Transportkapazitäten (Internationales Global-Sourcing der Teile)	– Energieverbrauch des Computers – Emissionen wie elektromagnetische Strahlen, Ozon, Lärm u.a.	– Sonderabfall wie Ni/CD-Akkus, PCB-Kondensatoren

Herstellung	Distribution	Betrieb	Verwertung/ Entsorgung
– abwasserbelastende saure und alkalische Ätzlösungen, Lösungsmittelrückstände – Luftbelastung durch Strahlungen, Lösungsmitteldämpfe – konzentrierte Reinigungsmittel als Sonderabfall – Gesundheitsrisiken	– Abfall durch nichtrecyclingfähige Um-, Transport- und Produktverpackungen inkl. Füllstoffe	– gesundheitliche und ergonomische Belastungen – Abfall wie Papier und Peripherieabfall – Energieverbrauch, Emissionen und Verpackungsabfall im Rahmen der Servicemassnahmen	– bei Verbrennung von Flammschutzmitteln in Leiterplatten und Kunststoffgehäusen besteht Entweichungsgefahr von giftigen Furanen und Dioxinen – Energieverbrauch und Emissionen durch Entsorgungslogistik – Wasser- und Bodenverschmutzungsgefahr durch Herauslösen von Blei und Barium aus Bildschirmen

***Abb.** 5.6: Beispiele von Umweltbelastungen entlang des ökologischen Produkt-Lebenszyklus [Paulus 1996: 181]*

5.5.2 Umweltsphären und Computerbranche – eine Frage der Zeit?

Die Umweltauswirkungen der Computerbranche im einzelnen sind sehr vielfältig. Die nachfolgende Tabelle (Abb. 5.7) zeigt anhand ausgewählter Beispiele, in welcher Wechselwirkung die Computerbranche mit den vier Umweltsphären steht.

Neben den Umweltschäden muss man in diesem Zusammenhang auch auf den vielfältigen Nutzen der Umweltfunktionen hinweisen, die von der Industrie in Form von Produktionsfaktoren beansprucht werden können.

	Litho-sphäre	Atmosphäre	Hydrosphäre	Kosmosphäre
Wirkung auf Umwelt-sphären	Entnahme von Erzen Deponie-rung von Elektronik-abfällen	Emission durch Ener-gieverbrauch ($z.B. CO_2$), Transport (z.B. NO_x) und Her-stellung	Wasserbedarf bei der Herstellung PCB für Kon-densatoren	FCKW-Emissionen führen zu Abbau der Ozonschicht und erhöhter UV-Strahlung
Umwelt-funktionen als Produktions-faktoren der Industrie	Rohstoffe bei Her-stellung (z.B. Cadmium, Nickel, Blei, Zinn etc.)	Frischluft-zufuhr Sauerstoff für Ver-brennungs-prozesse (Netto-Import CH: ca. 200 Mio. Tonnen pro Jahr)	Hydroelektri-zität, Selbst-reinigungs-kapazität von Wasser	Sonnenenergie, gespeichert in Öl, Kohle, Gas o.a. Rohstoffen

***Abb.** 5.7 Wechselwirkungen zwischen der Computerbranche und der ökologischen Umwelt*

Wie bei der Erdgeschichte ist es für die Beurteilung von Umwelteinwirkungen hilfreich, sich der Prozesszeiträume in den Umweltsphären bewusst zu werden (vgl. Abb. 5.8): Während Prozesse in der Atmosphäre sich vorwiegend im Bereich von Tagen und Wochen abspielen (Wettergeschehen, lokale Luftverschmutzung), kann es im Falle des Wasserkreislaufes Jahre und Jahrtausende dauern, bis ein Stoff seine Wirkung zum Beispiel im Grundwasser zeigt. Der Gesteinszyklus der Lithosphäre läuft im Bereich von Jahrmillionen ab. Er ist mit dem Zeithorizont von technischen Entsorgungsprozessen zu vergleichen. Insbesondere bei der Deponierung von kritischen Abfällen muss mit Risiken gerechnet werden, die sich noch Hunderte von Generationen später auswirken können.

Hält man sich die Handlungsalternativen vor Augen, die bestehen, um die Umweltprobleme der Computerbranche anzugehen, bestehen ebenfalls grosse Unterschiede in den Zeithorizonten. Bei einer relativ geringen Produktlebensdauer (ca. 5 Jahre) und einem Zuwachs von 633'000 neuen Geräten pro Jahr haben wir es mit einer sehr raschen Entwicklung zu tun. Daher müssen in erster Linie Massnahmen gefunden werden, die rasch greifen. Die operative Unternehmensplanung findet beispielsweise jährlich statt und wirkt sich auf die Wahl der Betriebsmittel aus. Die strategische Unternehmensplanung hingegen verfolgt das Ziel einer

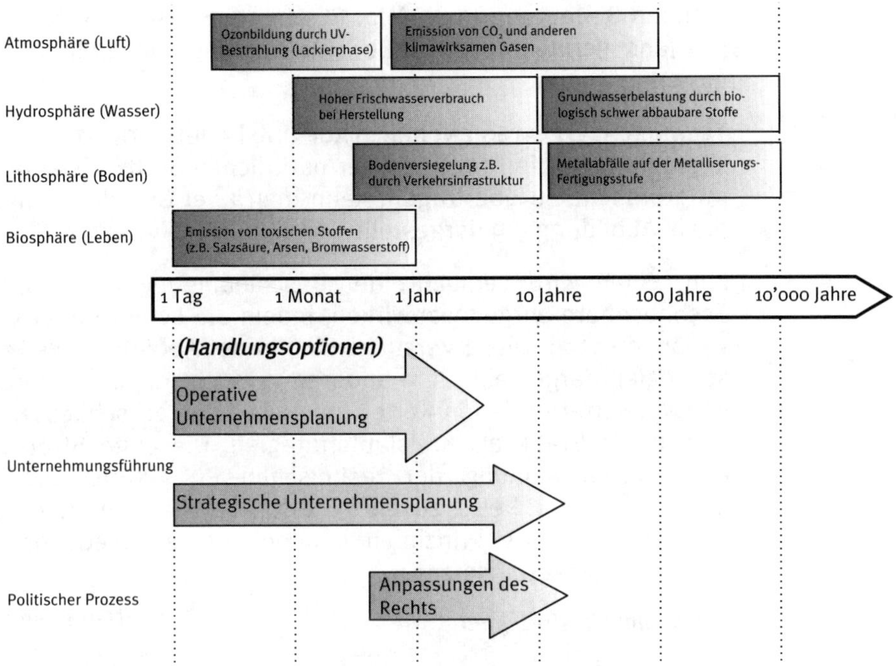

***Abb.** 5.8: Zeitskalen von Umwelteinwirkungen am Beispiel der Computerbranche*

mittelfristigen Erhaltung der Konkurrenzfähigkeit einer Unternehmung und ihrer Produkte. Auf dieser Ebene werden Entscheidungen über Produktentwicklung (Energieeffizienz, Langlebigkeit, ökologische Wettbewerbsfähigkeit etc.) getroffen. Langfristige Umweltauswirkungen, wie Grundwasserbelastung und Deponierung von Sondermüll, die den Planungshorizont der Branche überschreiten, zeigen aber, dass auch gesetzliche Massnahmen und eine Zusammenarbeit mit staatlichen Planern notwendig sind. Diese Massnahmen können im allgemeinen aber erst nach 10–15 Jahren greifen.

Die Betrachtung der Zeitskalen zeigt also, dass auch auf der Handlungsseite in verschiedenen Zeithorizonten gedacht und geplant werden muss. Wegen der Schnellebigkeit der Computerbranche kommt den Unternehmungen daher eine besondere Verantwortung zu, rasche Lösungen zu finden.

5.5.3 Handlungsstrategien in der Computerbranche

Wir unterscheiden zwei Ebenen von Handlungsstrategien: zum einen die Ebene der Technik. Hier sind im wesentlichen zwei Ansätze erwähnenswert: die Kreislauf- und die Langlebigkeitsstrategie. Auf der anderen Seite hat die Umweltproblematik der Elektronikindustrie aufgrund ihrer zunehmenden Bedeutung (2,85 Mio. PCs in der Schweiz; 633'000 neue Geräte pro Jahr, geringe Lebensdauer) Massnahmen auf politischer Ebene provoziert.

Technische Strategien: Kreislauf und Langlebigkeit
Versucht man die Prinzipien der natürlichen Stoffkreisläufe auf die Computerbranche zu übertragen, kann man zwei Grundrichtungen verfolgen, die in Abbildung 5.9 dargestellt sind.

Zum einen wird versucht, der Beschleunigung der Stoffflüsse in der Technosphäre entgegenzuwirken, indem die Lebensdauer von Produkten verlängert wird. Diese Versuche sind in der Abbildung als Langlebigkeitsstrategien dargestellt. Zum anderen versucht man, die durch das Fehlen von Verwertern offenen Ketten zu Kreisläufen zu schliessen. Sie erscheinen in der Grafik als Kreislaufstrategien. Die erste Strategie entspricht einer Verlangsamung der technischen P-K-V-Kette, die zweite einer Schliessung der Kette zu einem P-K-V-Kreislauf in Bereichen, wo dies möglich ist. Beide Prinzipien können auf verschiedenen Stufen eines Lebensprozesses ansetzen.

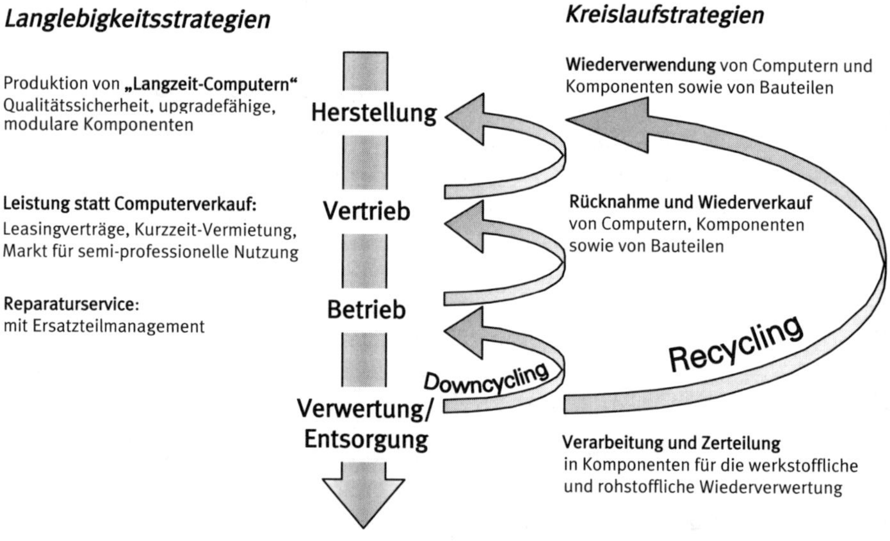

***Abb.** 5.9: Ansatzpunkte zur Ökologisierung des Computers ([in Anlehnung an: Paulus 1996: 374 ff.])*

Die einzelnen Massnahmen zur Umsetzung dieser Strategien werden in Kapitel 5.6 detaillierter beschrieben: Hier soll das Prinzip der beiden sich ergänzenden Strategien erläutert werden. Wird beispielsweise bei der Herstellung die Lebensdauer eines Computers durch Qualitätssicherung verlängert, führt der Einsatz von recycelten Rohstoffen oder Bauteilen dazu, dass diese gar nicht in die Entsorgung gelangen. In der Phase des

Vertriebs können der Service mit Leasingverträgen oder ein Markt für Gebrauchtcomputer für die private oder semi-professionelle Nutzung dazu führen, dass ein Computer länger genutzt wird. Werden einzelne Komponenten und Bauteile vom Kunden zurückgenommen und den Herstellern verkauft, spricht man von Downcycling, was wiederum einer Kreislaufstrategie entspricht. In der Phase des Betriebs kann die Lebenszeit durch Reparatur und intelligentes Ersatzteilmanagement erhöht werden. Auch hier ist ein Downcycling möglich, wenn hochwertige, Occasions-Ersatzteile eingesetzt werden. In der Entsorgungsphase ist sowohl eine Verwertung der Reststoffe zu hochwertigen Rohstoffen (bspw. Aluminium zu Aluminium, Recycling im engeren Sinn) wie auch die Verwertung von Reststoffen zu niederwertigeren Rohstoffen (hochreiner Plastik zu einem Plastikgemisch, das für andere Zwecke eingesetzt wird, Downcycling) möglich.

gesetzesbezogen

- ➔ Deponieverbot für brennbare Abfälle ab dem Jahr 2000 sowie konsequente Durchsetzung des Verursacherprinzip)
- ➔ Obligatorische Einführung einer vorgezogenen Entsorgungsgebühr im Rahmen der Elektronikschrottverordnung ab 1998
- ➔ Einführung eines freiwilligen Labels „Energievignette E2000“ für energiesparende Bürogeräte seit 1994 (für Kopierer, Drucker, Faxgeräte, PCs und Bildschirme)

nachfragebezogen

- ➔ Der Staat (Gemeinden, Kantone, Bund sowie öffentliche Unternehmen) berücksichtigt ökologische Kriterien beim Einkauf von Hardware

kooperativ

- ➔ Grundsätzlich gilt für die Computerbranche das Prinzip der Selbstverantwortung, d.h., die Politik übernimmt die Rolle des Moderators/Koordinators und betreibt v.a. Informationspolitik
- ➔ Mitwirkung in der Fachkommission der Regeno bzw. SWICO
  (z.B. bei der Festlegung von Standards für die Lizenzvergabe an Entsorgungsunternehmen)
- ➔ Kooperationen mit wissenschaftlichen Institutionen, Umweltorganisationen, Konsumenten- und Branchenverbänden im Rahmen des Aktionsprogramms „Energie 2000“ (z.B. Energievignette E2000)

***Abb.** 5.10: Handlungsstrategien auf der politischen Ebene*

Politische Strategien

Auf der politischen Ebene werden in der Schweiz drei Ansatzpunkte verfolgt. Zum einen versucht die Politik, gesetzliche Rahmenbedingungen zu schaffen. Andererseits ist der Staat auch selbst Anwender moderner Informationstechnologie und kann deshalb als Nachfrager versuchen, über den Markt Einfluss zu nehmen. Da im schweizerischen Umweltschutzgesetz das Kooperationsprinzip einen hohen Stellenwert geniesst, versuchen der Gesetzgeber und die vollziehenden Behörden, gemeinsam mit der Computerindustrie und den Nutzern von Hardware, sinnvolle und wirtschaftlich tragbare Massnahmen zu vereinbaren. Die drei Handlungsstrategien sind in Abbildung 5.10 (s. oben) kurz beschrieben.

5.6 Umweltschutz als Aufgabe der betrieblichen Informatik

Wie gezeigt wurde, besteht auf allen Stufen des ökologischen Produktlebenszyklus von Hardware ein Handlungsbedarf bezüglich der Berücksichtigung ökologischer Anforderungen. Dabei kommt die grösste Verantwortung sicherlich den Herstellern, dem Handel und den Entsorgern zu; aber auch die Informatikabteilung eines Unternehmens und der oder die einzelne AnwenderIn von Hardware können ihren Teil zur Reduktion der Umweltbelastung beitragen. Im folgenden werden die verschiedenen Ansatzpunkte dargestellt.

5.6.1 Massnahmen bei der Beschaffung

Der umweltfreundlichste Einkauf ist kein Einkauf! Da bei der Produktion eines Gerätes weitaus die höchsten Belastungen auftreten, kann grundsätzlich gesagt werden, dass die Frage, ob man überhaupt ein neues Gerät benötigt, von höchster Bedeutung ist. Zumal es sich auch wirtschaftlich lohnt, über Alternativen nachzudenken. So können gut organisierte Zentrallösungen teure Ausstattungen von Einzelarbeitsplätzen überflüssig machen (Braucht jeder Arbeitsplatz seinen eigenen Drucker?). Oder aber die benötigte Leistungsfähigkeit kann ggf. auch durch das gezielte Aufrüsten einzelner Komponenten erreicht werden.

Wenn man sich für den Kauf eines Gerätes entscheidet, so stellt sich beim Einkauf von Hardware (PCs, Drucker, Kopierer usw.) die Problematik, dass nur wenige verlässliche Informationen über die ökologischen Rahmenbedingungen der Produktion dieser Geräte verfügbar sind. Ein umfassender und direkter ökologischer Vergleich verschiedener Alternativen ist deshalb nicht möglich. Vielmehr muss der Kunde versuchen, sich auf der Basis verschiedener Indizien ein Urteil zu bilden. Hierzu kann zum einen die ökologische Sensibilität eines Herstellers oder Händlers herangezogen werden. Wer sich der einzelnen Umweltbelastungen seiner Produkte bewusst ist, wird auch eher Massnahmen zu deren Reduktion ergreifen, und über Erfolge solcher Massnahmen berichten. Andererseits können anerkannte Umweltkennzeichen, sogenannte Ökolabels, als einigermassen verlässliche Entscheidungshilfen eingesetzt werden. Diese Umweltzeichen werden von unabhängigen Institutionen erlassen und kontrolliert. Dabei stützen sich Experten jeweils auf bestimmte Kriterien, die erfüllt sein müssen. Es lassen sich in der Elektronik zwei Kategorien solcher Umweltlabels unterscheiden: erstens die Labels für den Energieverbrauch der Geräte und zweitens Umweltkennzeichen, die sich auf verschiedene ökologische Kriterien beziehen. Abbildung 5.11 gibt einen Einblick in die derzeit verfügbaren Labels und deren Inhalt.

	Energy-Star	**Energie 2000**	**TCO'95**	**Blauer Engel**	**ICMF-Öko-preis**
Umweltleistungen des Herstellers					Ja
Energie					Keine Grenzwerte, sondern Gesamtbeurteilung
Grenzwert Betrieb					
Grenzwert Standby	Ja	Ja	Ja	Zum Teil	
Grenzwert Aus	Zum Teil	Zum Teil			
Herstellung/Aufbau					
Materialien				Ja	Ja
Modularität/ Ausbaufähigkeit				Ja	Ja
Recyclingfähigkeit				Ja	Ja
Betrieb (Papier, nur Kopierer, Verbrauchsmaterial)				Ja	Ja
Rücknahme/Recycling				Ja	Ja
Ergonomie					
Strahlung			Ja	Ja	Ja

	Energy-Star	Energie 2000	TCO'95	Blauer Engel	ICMF-Öko-preis
Ergonomie Lärm Emissionen				 Ja Ja	 Ja Ja
Für welche Geräte	PCs Monitore Kopierer Drucker Fax	PCs Monitore Kopierer Drucker Fax TV Video	Moni-tore	PCs Monitore Kopierer	PCs Monitore Drucker
Grobe **Anzahl** der im jeweiligen Heimmarkt erhältlichen **Modelle** mit dem jeweiligen Signet (Stand 95) Diese Zahlen variieren stark. Gründe: – Unterschiedliche Grenzwerte – Unterschiedliche Angebotspaletten in den Heimmärkten – Lebenszyklen der Produkte etc.	PCs: 1000 Moni-tore: 800 Kopierer: 0 Drucker: 300 Fax: 0	PCs: 100 Moni-tore: 120 Kopierer: 110 Drucker: 50 Fax: 50 TV: 150 Video: 70	Moni-tore: 80	PCs: 5 Moni-tore: 5 Kopierer: 40	PCs: 2 Moni-tore: 2 Drucker: 2
Bekanntheit, Verbreitung	Bei PCs und Monito-ren sehr verbreitet in den USA und in Europa	In der Schweiz relativ gut bekannt, in Europa zuneh-mend	Sehr bekannt und verbrei-tet in Europa und in der Schweiz	Fast nur in Deutsch-land	In Schwei-zer EDV-Kreisen relativ bekannt

***Abb.** 5.11: Ökolabels für die Beschaffung von Hardware (gekürzte Fassung aus: Energie 2000: Ökologische Beurteilungskriterien für den Einkauf von Büroelektronik, 1995)*

Als dritte Möglichkeit können beim Kauf gezielte Einzelkriterien zur Anwendung gelangen. Hier wären beispielsweise Vorgaben zum maximalen Energieverbrauch oder aber Ausschlusskriterien wie FCKW-frei zu nennen. Einige Ansatzpnkte sind in der nachfolgenden Checkliste aufgeführt:

CHECKLISTE 1: UMWELTMASSNAHMEN BEI DER BESCHAFFUNG VON HARDWARE

1. Die Beschaffung eines neuen Gerätes grundsätzlich hinterfragen:

- Braucht es überhaupt ein neues Gerät, eine bestimmte Leistungsfähigkeit?
- Reicht zur Erfüllung der benötigten Funktionen ein Occasionsgerät?
- Kann ein vorhandenes Gerät durch Aufrüstung die benötigte Leistung erbringen?

2. Umweltinformationen über den Hersteller und seine Produkte verlangen:

- Kann das Unternehmen über Umweltaspekte seiner Produkte informieren?
- Verfügt es über ein Umweltmanagement (ISO14001-Zertifikat, Umweltleitbild, etc.)?

3. Einkaufskriterien in Ausschreibung/Offertanfrage integrieren:
Im Rahmen von Energie 2000 wurde eine Mustervorlage als Grundlage für die Formulierung von Einkaufsrichtlinien erarbeitet. Sie kann bei der Ressortleitung von Energie 2000 unter der Telefonnummer 01-305 91 11 bezogen werden. Nachfolgend sind einige exemplarische Kriterien daraus aufgeführt:

   – Ausschlusskriterien festlegen:

     - Enthält kein Cadmium, Betrieb ozonfrei, Produktion ohne FCKW
     - Es werden bestimmte Zielwerte für den Energieverbrauch nicht überschritten (hierzu kann ein Merkblatt mit den Zielwertvereinbarungen der Energienutzungsverordnung beim Bundesamt für Energiewirtschaft unter 031-322 54 61 bezogen werden)

   – Ökolabels als Musskriterium einführen:

     - Als Umweltzeichen für den Energieverbrauch: Energie 2000, EPA-Energy-Star (eine Liste aller Geräte, die dieses Label führen dürfen, kann beim KonsumentInnen Forum Zürich, Tel. 01-251 57 70, oder bei der Stiftung Konsumentenschutz in Bern, Tel. 031-370 24 24, bezogen werden)

    - Als Umweltzeichen für Ökologie: Blauer Engel, TCO'95, ICMF-Ökopreis

  - Sollkriterien definieren:

    - Aufrüstbarkeit, Reparaturfähigkeit, Verfügbarkeit von Ersatzteilen, Rücknahme durch Hersteller

4. Nachfrage-Macht aufbauen durch Zusammenschluss von Käufern/Informationspool:
   In der Regel reagieren die Hersteller auf Anfragen „kleinerer" Kunden nachlässig und liefern nur selten die gewünschten Informationen. Deshalb kann es sich lohnen, wenn sich Nachfrager zusammenschliessen oder aber erklären, dass sie dieselben Beschaffungskriterien anwenden. Wer sich an solchen Initiativen beteiligt, sichert sich einen Informationsvorsprung und kann zudem gegenüber den Herstellern ein deutliches Signal setzen.

- So führt beispielsweise das Bundesamt für Energiewirtschaft eine Liste aller Unternehmen, die sich freiwillig zur Anwendung des Energie-2000-Labels bekennen.

- Der ICMF-Ökopreis stellt eine solche Initiative von seiten der Informatikverantwortlichen in den wichtigsten Schweizer Unternehmen dar (Informationen unter: 01-277 29 45, Herr Frey, Migros).

Der Einbezug ökologischer Rahmenbedingungen bei der Beschaffung von Hardware hat sich bereits in einigen grossen Unternehmen sowie in der öffentlichen Verwaltung etabliert. So achten beispielsweise die Grossbanken, COOP und Swissair konsequent auf die Erfüllung der Energie-2000-Anforderungen.

5.6.2 Massnahmen während des Betriebs

Während des Betriebs der Geräte stehen die Reduktion des Stromverbrauchs, der umweltbewusste Umgang mit Betriebsmitteln sowie die Optimierung des Gerätebestands in bezug auf Leistungsfähigkeit und Leistungsbedarf im Vordergrund.

Die meisten der heute verkauften PCs, aber auch Kopierer und Faxgeräte verfügen über Stromsparfunktionen. Hier gilt es zum einen, eine optimale Konfiguration der Systeme zu erreichen, die den Rahmenbedingungen der konkreten Anwendung gebührend Rechnung trägt (Wie lange läuft ein Gerät? Wie lange wird es aktiv genutzt? Wie lange sind die Phasen der Nichtbenutzung? usw.). Verfügen Geräte nicht über Sparfunktionen, so können auch Zeitschaltuhren eingesetzt werden. Andererseits ist das Verständnis und die Akzeptanz der Mitarbeitenden für die Energiesparmassnahmen zu schaffen und konkret aufzuzeigen, was der oder die einzelne AnwenderIn tun kann und lassen soll. Hier bieten sich das Verfassen eines betriebsinternen Merkblattes, die Integration solcher Hinweise in die Benutzerschulung sowie das Kontrollieren der Befolgung der Anweisungen als organisatorische Massnahmen an.

Neben dem Strom benötigt der Betrieb einzelner Geräte erhebliche Mengen an Betriebsmitteln (Toner, Papier, Disketten, Batterien usw.). Hier kann ein umweltbewusster Einkauf ansetzen und erheblich zur Reduktion der Umweltbelastung beitragen. So kann bei einem Grossteil des Papierverbrauchs problemlos auf Recyclingpapier umgestellt werden, resp. dieser kann durch die Wiederverwendung von Makulaturblättern (Ausschuss auf der Rückseite nochmals bedrucken) grundsätzlich gesenkt werden. Informatikbeauftragte können hier wesentlich zu einem reibungslosen Ablauf beitragen, indem sie die Auswahl von verschiedenen Papierqualitäten beim Drucker optimal einrichten und die Mitarbeiter darüber informieren. Bei den meisten Druckersystemen ist ein Wiederbefüllen der Toner- resp. Tintenkartuschen ohne Qualitätsverlust möglich.

Oftmals zeigt es sich, dass in einem Netzwerk erhebliche Leistungskapazitäten ungenutzt brachliegen. Hier gibt es erste Ansätze, durch das sog. Ressourcen-Splitting resp. Ressourcen-Sharing eine dezentrale, intelligente Nutzung überschüssiger Speicher- und Rechenkapazität zu ermöglichen. So existieren Softwarelösungen, die gezielt brachliegende Kapazitäten verwalten, so dass die bestehende Infrastruktur effizienter genutzt werden kann. Dadurch können auch künftige Neuanschaffungen verhindert oder optimiert werden.

CHECKLISTE 2: UMWELTMASSNAHMEN BEIM BETRIEB VON HARDWARE

1. Werden die vorhandenen Stromsparfunktionen der Geräte sinnvoll genutzt?

- Sind Geräteoptionen (SETUP) eingeschaltet?
- Sind die entsprechenden Software-Einstellungen sinnvoll gesetzt?

2. Bestehen Einsparungsmöglichkeiten durch einfache technische Zusatzmassnahmen?

- Ist der Einsatz einer Zeitschaltuhr sinnvoll?
- Ist eine Abstimmung mit der Klimaanlage sinnvoll (Abwärme)?

3. Wird die Leistungsfähigkeit des Gerätebestandes ausgeschöpft?

- Ist der Einsatz von Software für ein Ressourcen-Splitting sinnvoll?

4. Werden die Betriebsmittel umweltbewusst eingesetzt?

- Wird bewusst gedruckt (erst dann, wenn das definitive Layout steht, usw.)?
- Werden für Entwürfe etc. Makulaturblätter auf der Rückseite noch einmal bedruckt?
- Werden die Druckqualitäten nach Verwendungszweck variiert (Draft anstatt Letter Quality)?

5. Werden ökologisch vorteilhafte Betriebsmittel eingekauft?

- Wird Recyclingpapier wo immer möglich eingesetzt?
- Werden Toner- und Tintenkartuschen erneuert und dem Recycling zugeführt?
- Werden cadmium- und quecksilberfreie Batterien und Akkus beschafft?

6. Sind die AnwenderInnen sensibilisiert, informiert, und werden sie auch kontrolliert?

- Gibt es ein Merkblatt zum Thema „PC und Umwelt"?
- Ist Umwelt ein Thema im Rahmen der Aus- und Weiterbildung?
- Wird die Einhaltung ökologischer Massnahmen kontrolliert?

5.6.3 Massnahmen bei der Entsorgung

Wie bei der Beschaffung gilt auch hier das Prinzip, dass die Vermeidung von Abfall grundsätzlich die umweltfreundlichste Lösung darstellt.

Die Informatikabteilung sollte sich also die Frage stellen, ob ein Gerät tatsächlich entsorgt werden muss, ob eine Aufrüstung möglich ist oder aber, ob nicht noch anderweitige Verwendungsmöglichkeiten bestehen. Vielleicht kann das Gerät in den semi-professionellen Bereich eingespiesen werden (Abgabe an Mitarbeitende, Flohmarkt etc.). Betriebsinterne zentrale Listen über entsprechende Geräte können diesen Vorgang vereinfachen und zudem zu einer positiven Arbeitsatmosphäre beitragen. Muss man tatsächlich entsorgen, so sollten wiederverwendbare Komponenten (RAM, CPU, Netzteil, Grafikkarten, Harddisks usw.) als Ersatzteile oder für das Aufrüsten ausgebaut werden.

Bei der Entsorgung besteht das grösste Umweltbelastungspotential darin, dass die Geräte unsachgemäss, beispielsweise über den Hauskehricht, entsorgt werden. Deshalb ist der Betreiber von Hardware bereits heute gesetzlich dafür verantwortlich, Hardwarekomponenten über bestimmte Entsorgungskanäle einer umweltgerechten Entsorgung zuzuführen. Die gerade in der Vernehmlassung befindliche Elektronikschrottverordnung des Bundes verpflichtet nun auch die Hersteller, gebrauchte Geräte zurückzunehmen und nach bestimmten Vorschriften zu entsorgen. Hier ist die in der Schweiz wegweisende SWICO-Entsorgungsgarantie zu erwähnen:

Auf Initiative des Schweizerischen Wirtschaftsverbands der Informations-, Kommunikations- und Organisationstechnik (SWICO) wurde in den vergangenen Jahren ein gesamtschweizerisches Entsorgungskonzept für Büroelektronik aufgebaut. Lieferanten, welche die SWICO-Umweltkonvention unterzeichnet haben, garantieren eine kostenlose Rücknahme sowie umweltgerechte Verwertung und Entsorgung von Altgeräten. Dafür erheben sie eine vorgezogene Entsorgungsgebühr. Das SWICO-System gewährleistet ein fachgerechtes Zerlegen der Geräte, die Rückgewinnung aller wiederverwendbaren Komponenten und Wertstoffe sowie die umweltgerechte Entsorgung aller Reststoffe durch zertifizierte Betriebe. Bislang haben sich rund 90% aller namhaften Hersteller (Agfa, Brother, HP, IBM, Compaq, Canon, DEC, DELL usw.) diesem System angeschlossen.

Durch die Einführung des SWICO-Systems konnte die Abfallproblematik im Elektronikbereich erheblich gelindert werden. Dass heute der Anteil der schlussendlich entsorgungstechnisch zu behandelnden Reststoffe (in Sondermüllöfen oder -deponien) deutlich unter 10% des Altgerätegewichts zu liegen kommt, ist auf die hohen Anteile an einwandfrei funktionstüchtigen Komponenten sowie an Wertstoffen zurückzuführen. Im Rahmen der SWICO werden Altgeräte in erster Priorität repariert und überholt, ggf. auch aufgerüstet und danach wieder der Nutzung zugeführt. An zweiter Stelle steht der Ausbau von funktionstüchtigen Komponenten als Ersatzteile. Erst an dritter Stelle folgt das stoffliche Recycling (bei sortenreinen Stoffen, bspw. dem Gehäuse) oder Downcycling (Einsatz unreiner Stoffe in anspruchsloseren Anwendungen, bspw. für Blumentöpfe). So werden beispielsweise praktisch alle Metalle zurückgewonnen (Gold, Platin, Silber, Kupfer usw.) und auch ein steigender Anteil von Kunststoffen. Was schliesslich übrig bleibt, ist in der Regel relativ problematischer Sondermüll und wird verbrannt oder deponiert. Somit ist die Entsorgung für die entsprechenden Spezialbetriebe auch wirtschaftlich durchaus interessant. Daher kann die vorgezogene Entsorgungsgebühr auf Neugeräten niedrig gehalten werden (deutlich weniger als 1% des Neupreises, bspw. für Geräte zwischen 250.-- und 1'000.-- lediglich SFr. 5.--).

Checkliste 3: Umweltmassnahmen bei der Entsorgung von Hardware

1. Muss ein Gerät tatsächlich entsorgt werden?
2. Können einzelne Komponenten als Ersatzteile genutzt werden?

3. Sind die Mitarbeitenden über korrekte Entsorgungswege (z.B. für Betriebsmittel) informiert?

4. Bieten wir unseren Mitarbeitenden an, ihre Altgeräte über das Unternehmen zu entsorgen (zum „Ausschlachten", Aufrüsten resp. kostenlosen Recycling über die SWICO)?

5. Entsorgen wir in Übereinstimmung mit den gesetzlichen Anforderungen?

ZUSAMMENFASSUNG

Es bestehen vielfältige Ansätze, um den ökologischen Rahmenbedingungen auch in der Informatik eines Unternehmens angemessen Rechnung zu tragen. Dabei gilt grundsätzlich die Prioritätenfolge „Vermeiden vor Verringern vor Verwerten vor Entsorgen".

Während es bei der Beschaffung von Hardware darauf ankommt, bestimmte ökologische Kriterien gegenüber den Herstellern durchzusetzen, so steht in der Betriebsphase der sorgsame Umgang mit Energie und den Betriebsmitteln im Vordergrund. Die Entsorgung der Altgeräte kann in der Schweiz heute über die SWICO erfolgen, und es gilt aus Sicht der Informatik lediglich, unsachgemässe Entsorgungswege – via den Hauskehricht – zu vermeiden.

Die Umweltbelastung durch die Informatik ist in der Regel gemessen an den Umwelteinwirkungen des gesamten Unternehmens von untergeordneter Bedeutung. Unter dem Kriterium des Kosten/Nutzen-Verhältnisses oder auch der „Ökoeffizienz" sind aber gerade hier Ansatzpunkte vorhanden, die ohne nennenswerte Investitionen (vorwiegend Organisation und Bewusstsein) zur Umweltentlastung beitragen können.

„Wenn sämtliche PCs und Peripheriegeräte der USA nach den Stromspar-Richtlinien EPA-Energy-Star betrieben würden, so könnten jährlich Stromkosten in der Höhe von US$ 1 Mia. gespart und 20 Mio. Tonnen Kohlendioxidemissionen vermieden werden" (aus: Hewlett Packard, Handbuch Deskjet 870Cxi).

5.7 Die ökologische Betroffenheit der Unternehmung

Im folgenden Abschnitt wird der Frage nachgegangen, weshalb sich Unternehmen überhaupt mit dem Thema „Umweltschutz" beschäftigen. Welchen Nutzen verspricht man sich von der Einführung eines Umweltmanagementsystems, und wie hat sich der betriebliche Umweltschutz in den vergangenen 20 Jahren entwickelt?

5.7.1 Wie wirkt die ökologische Umwelt auf das Unternehmen?

Zur Beantwortung dieser Frage ist es sinnvoll, die Umwelt der Unternehmung differenziert zu betrachten. Wie gezeigt wurde, kann die ökologische Umwelt der Unternehmung als Zusammenspiel von unbelebter und belebter Umwelt verstanden werden (vgl. Abb. 5.12). Das Unternehmen bildet dabei einen Teil der Technosphäre. Es entnimmt Rohstoffe und Energie aus der Natur und gibt wiederum Wert- und Schadstoffe, Abfälle und Energie an die Umwelt ab. Diese Stoff- und Energieflüsse haben im Zuge der industriellen Revolution enorme Dimensionen angenommen. Innert kürzester Zeit wurden vielfältige neue Substanzen in die Umwelt eingetragen. Heute muss festgestellt werden, dass unser Wirtschaftssystem die natürlichen Kreisläufe negativ beeinflusst und die früher reichlich vorhandenen Umweltressourcen saubere Luft, Boden, sauberes Wasser und Energie zunehmend knapp werden. Gesundheitliche Folgen für die Menschen, die Veränderung der Zusammensetzung der unbelebten Umwelt mitsamt deren Folgen (Treibhauseffekt, Ozonloch usw.), aber auch das massive Artensterben sind deutliche Anzeichen dafür, dass ein weiteres Wirtschaftswachstum nur dann erreicht werden kann, wenn den ökologischen Rahmenbedingungen angemessen Rechnung getragen wird.

Nun wirken diese Folgen der Umwelteingriffe bis heute nur selten direkt auf das Unternehmen. Sie führen beispielsweise dazu, dass ein bestimmter Rohstoff (bspw. sauberes Wasser) nicht mehr oder nur mit erhöhtem Aufwand genutzt werden kann. Die negativen Veränderungen in der ökologischen Umwelt wirken also vielmehr indirekt über die anderen Umwelten des Unternehmens. So lösen die Veränderungen der ökologischen Rahmenbedingungen Anpassungsprozesse auf sozialer, ökonomischer und technologischer Ebene aus – oder unmittelbar über die Beschaffungs- und Absatzmärkte.

Auf der sozialen Ebene findet die Interpretation und Bewertung bestimmter Umweltphänomene statt. So wird aus einer Veränderung in den Umweltsphären erst durch die Wahrnehmung der Bevölkerung ein Umweltproblem, indem das Interesse der Menschen – sei es nun Gesundheit, Ethik oder Ästhetik – betroffen wird. Die Gesellschaft braucht für diesen Prozess in der Regel viel Zeit, und man einigt sich oft auf kompromissfähige Einschätzungen und Massnahmen. Wird ein Umweltproblem als solches anerkannt, so führt der demokratische Prozess zur Formulierung von gesetzlichen Forderungen an die Gesellschaft, an die Konsumenten und an die Unternehmen. Der Handlungsspielraum der Unternehmung wird also aufgrund einer gesellschaftlichen Einschätzung und gesetzlicher Forderungen eingeschränkt. Gewisse Substanzen werden verboten. Es

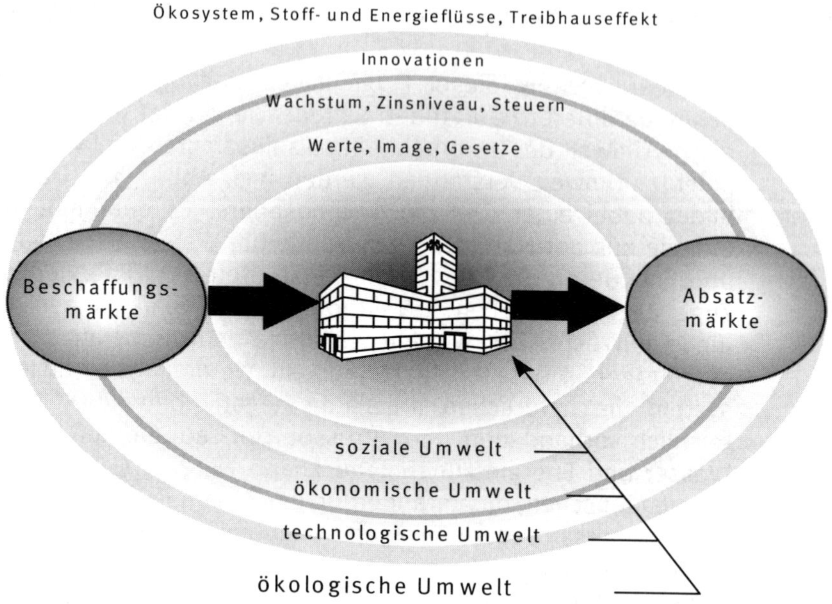

Abb. *5.12: Die Umwelt der Unternehmung, gegliedert nach verschiedenen Gesichtspunkten*

werden Vorschriften erlassen über den Umgang mit bestimmten Stoffen, über die maximal zulässige Emission bestimmter Schadstoffe, usw. Das Unternehmen muss diese Forderungen erfüllen oder aber mit negativen Sanktionen durch die Gesellschaft rechnen (Bussgelder, Schadenersatzzahlungen, Betriebsschliessungen).

Betrachtet man die Umwelt der Unternehmung durch die ökonomische Brille, so schlagen sich die veränderten Umweltbedingungen in veränderten Kosten nieder. Durch die Einführung des Verursacherprinzips wird das Unternehmen zur Entschädigung der Umweltnutzung zahlungspflichtig (Abwasser- und Abfallgebühren), und mit der Einführung von Lenkungsabgaben werden einzelne Betriebsmittel (Energie) oder Emissionen (Lenkungsabgabe auf VOC, CO_2) gezielt verteuert.

Auf der technologischen Ebene werden aufgrund der sich wandelnden Wertvorstellungen der Gesellschaft auch neue Kriterien bei der Entwicklung berücksichtigt. Umweltfreundlichere Technologien werden gezielt durch Subventionen oder die entsprechende Nachfrage der Unternehmen gefördert. So verändert sich auch das technologische Umfeld der Unternehmung, indem innovative Verfahren entwickelt werden, welche die Umweltanforderungen besser erfüllen.

Schliesslich wirken sich die problematischen ökologischen Rahmenbedingungen auch direkt über die Beschaffungs- und Absatzmärkte auf das

Unternehmen aus – beispielsweise indem veränderte Kundenwünsche neue Absatzchancen und Gewinnpotentiale eröffnen.

5.7.2 DIE ENTWICKLUNG DES BETRIEBLICHEN UMWELTSCHUTZES

Der Wandel der Rahmenbedingungen verläuft in Abhängigkeit des Problemdrucks und des Problembewusstseins in – aus menschlicher Sicht – relativ langen Zeiträumen. Betrachten wir die Entwicklung der Rahmenbedingungen während der letzten 20 Jahre, so lassen sich verschiedene, sich überlappende Trends unterscheiden. Die Unternehmung sieht sich dabei zwei Kräftefeldern ausgesetzt: einem ökologischen Push – dem Zwang zur Einführung von Umweltmassnahmen – und einem ökologischen Pull – dem freiwilligen und eigennützigen Ergreifen von Umweltmassnahmen. Abbildung 5.13 stellt diese Entwicklung dar:

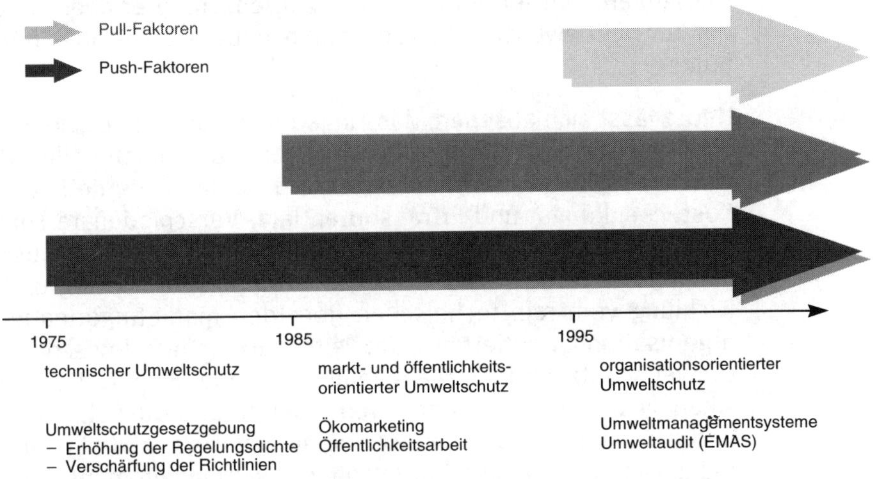

***Abb.** 5.13: Entwicklung des betrieblichen Umweltschutzes infolge von ökologischem Push und Pull*

Bereits seit den frühen 70er Jahren sehen sich die Unternehmen mit einer steigenden Anzahl von Umweltgesetzen konfrontiert, und die Regelungsdichte nimmt noch immer stetig zu. Schätzungen gehen davon aus, dass rund 700 Gesetzesartikel den Umweltschutz im Betrieb betreffen. Die meisten Anforderungen sind ganz konkrete technische Vorschriften und führen zu Kostensteigerungen, ohne dass daraus ein zusätzlicher Nutzen für das Unternehmen selbst resultiert. Derzeit wird gerade das Umweltschutzgesetz revidiert und ausgeweitet (8 reformierte und 7 neue Verordnungen), wobei erstmals auch Lenkungsabgaben, d.h. spezielle Umweltsteuern vorgesehen sind. Zusammen mit der Schwerverkehrsabgabe und einer immer noch diskutierten Energiesteuer werden die Umweltkosten in den meisten Unternehmen auch in Zukunft stark zunehmen (Pushfaktor). Andererseits werden Unternehmen, die frühzeitig bspw. Energiesparmassnahmen umgesetzt haben oder entsprechende Dienstleistungen anbieten, durch die Einführung einer Energiesteuer wettbewerbsfähiger (Pullfaktor).

Seit Mitte der 80er Jahre tritt zu dieser stark technisch/juristisch geprägten Entwicklung eine neue Dimension hinzu: der markt- und öffentlichkeitsorientierte Umweltschutz. Zum einen werden die Unternehmen gefordert, ihre Tätigkeit gegenüber der Gesellschaft zu legitimieren, da sie auf die gesellschaftliche Akzeptanz (Einsprachen bei Bauvorhaben, Boykott von Produkten oder ganzen Unternehmen etc.) angewiesen sind. Es ist deshalb notwendig, entsprechende Kreise – seien es Anwohner, Behörden oder Umweltorganisationen – in einen Umwelt-Dialog einzubeziehen. Andererseits stellt der marktorientierte Umweltschutz auch einen Pullfaktor dar, wenn sich ökologische Argumente im Marketing auszahlen, um sich gegenüber der Konkurrenz abzugrenzen, oder aber um das Potential der umweltbewussten Kunden durch neue Märkte oder höhere Preis zu nutzen.

Heute lässt sich absehen, dass in jedem Unternehmen dem Umweltschutz eine gewisse Bedeutung zukommt resp. zukommen sollte. Häufig wirken gleichzeitig Push- und Pullfaktoren, d.h., das Unternehmen verfügt über Kostensenkungs- und Ertragspotentiale. Verschiedenste Funktionen (Forschung & Entwicklung, Produktion, Logistik, Informatik usw.) innerhalb einer Organisation sind betroffen. Vor diesem Hintergrund ist die Entwicklung vom rein technischen über den marketingorientierten hin zum organisationsorientierten Umweltschutz eine logische Konsequenz. Umweltschutz wird zur Managementaufgabe. Es gilt, die bestehenden Risiken systematisch zu reduzieren, Kosten (und Umweltsteuern) zu senken und die sich bietenden Chancen zu nutzen. Deshalb hat in jüngster Zeit die Diskussion um die Einführung sog. Umweltmanagementsysteme erheblich an Bedeutung gewonnen. Ein solches System umfasst sämtliche organisatorischen Massnahmen, die für das Erreichen einer kontinuierlichen Verbesserung erforderlich sind. Mit der Einführung der internationalen Norm ISO 14001 oder dem europäischen System EMAS können sich Unternehmen mit einem Umweltmanagementsystem zertifizieren lassen und damit deutlich signalisieren, dass sie ihren ökologischen Rahmenbedingungen angemessen Rechnung tragen. Seit 1995 haben bereits 60 Firmen in der Schweiz und ca. 600 in Europa diesen Weg beschritten.

5.7.3 Was bringt ein betriebliches Umweltmanagement?

Zusammenfassend werden in Abbildung 5.14 die Argumente aufgeführt, weshalb sich Unternehmen heute mit dem Thema Umweltschutz beschäftigen resp. beschäftigen sollten. Dabei lassen sich vier Kategorien unterscheiden: Wettbewerbsfähigkeit, Risikominimierung, Kostenminimierung und Verbesserung der Organisation.

Abb. *5.14: Entwicklung des betrieblichen Umweltschutzes infolge von ökologischem Push und Pull (Quelle: LfU Baden-Württemberg)*

5.8 ÖKOLOGIE ALS HERAUSFORDERUNG FÜR DIE INFORMATIK

Wie gezeigt wurde, hat auch die Informatik ihren Teil der ökologischen Verantwortung im Unternehmen wahrzunehmen und die durch den Einsatz von Informationstechnologien hervorgerufenen Umweltbelastungen zu reduzieren. Dabei ist die Informatik zwar nicht die bedeutendste Verursacherin von Umweltbelastungen im Unternehmen, aber die möglichen Massnahmen sind dafür relativ einfach und kostengünstig vorzunehmen. Informatik ist also Teil des Problems – aber sie kann andererseits auch ganz wesentlich zur allgemeinen Verbesserung der Umweltsituation beitragen. Im Sinne eines Ausblicks wird im folgenden Abschnitt dem Nutzenpotential der jungen Teildisziplin „Umweltinformatik" aus Sicht des Unternehmens nachgegangen.

5.8.1 Umwelt: Ein neuer Teilbereich der Informatik

Informationen bewegen bekanntlich die Welt. Und so lassen sich auch die Aufgaben des Umweltschutzes nur auf der Grundlage einer ausreichenden und zuverlässigen Informationsbasis bewältigen.

Zustand und Entwicklung der Umwelt werden durch eine Vielzahl physikalischer, chemischer, biologischer und sozioökonomischer Daten in Raum und Zeit beschrieben. Es gilt, die relevanten Informationen zu erheben, zu analysieren, zu visualisieren und schlussendlich als Basis für die Planung und die Kontrolle von Massnahmen einzusetzen. Es erstaunt deshalb nicht, dass sich seit Mitte der 80er Jahre ein spezifisches Segment der Informatik – die sog. Umweltinformatik – herausgebildet hat. Umweltinformatik bildet demnach eine Teildisziplin der Angewandten Informatik, die sich mit denjenigen Informationsverarbeitungsverfahren beschäftigt, die einen Beitrag zur Untersuchung, Behebung, Vermeidung oder Minimierung von Umweltbelastungen und Umweltschäden leisten können.

Umweltinformationen zeichnen sich durch einige spezifische Eigenschaften aus (vgl. Abb. 5.15): So hat man es in der Regel mit Informationen *heterogener Struktur* zu tun, d.h., dass die relevanten Daten in den unterschiedlichsten Formen vorliegen, z.B. als Messwerte, als Gesetzestexte, als Beschreibungen chemischphysikalischer Strukturen und Wechselwirkungen usw. Ebenfalls charakteristisch für Umweltinformationen ist deren Vielfalt und Komplexität (statistische Angaben, Unsicherheiten, Unvollständigkeiten, geografisch und zeitlich beschränkte Geltungsbereiche usw.). Die Umweltinformatik zeichnet sich somit besonders durch ihren interdisziplinären Charakter aus. Informationen über die chemischen Eigenschaften einer Substanz können beispielsweise unter verfahrenstechnischen, ökologischen oder gesetzlichen Gesichtspunkten betrachtet werden. Die Umweltinformatik erschliesst somit ein umfassendes Arbeitsfeld zur Unterstützung einer praxisgerechten Entwicklung von Umweltsoftware für öffentliche wie auch vermehrt privatwirtschaftliche Aufgaben.

Ein Teilbereich der Umweltinformatik befasst sich mit der Konzeption von sog. Betrieblichen Umwelt-Informations-Systemen *(BUIS)*. Dabei steht die Integration der verschiedenen betrieblichen Umweltinformationen und deren datenverarbeitungstechnische Automatisierung und Vernetzung mit den traditionellen Informationssystemen des Unternehmens im Vordergrund.

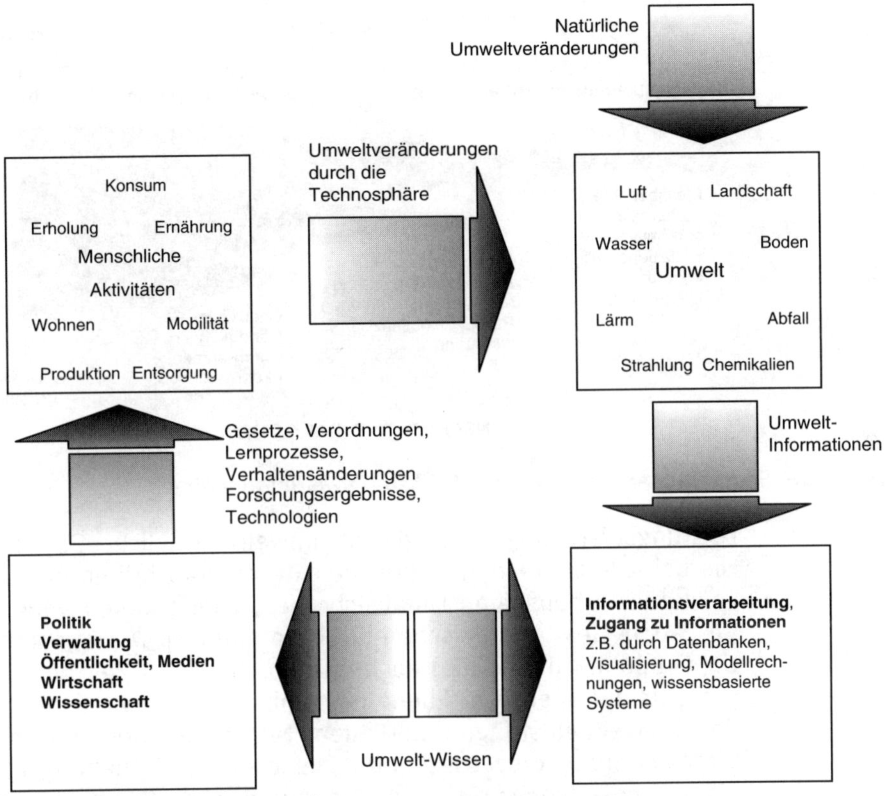

Abb. *5.15: Die Rolle von Umweltinformationen (aus [Page/Hilty 1994: 14])*

5.8.2 DAS BETRIEBLICHE MANAGEMENT ÖKOLOGISCHER INFORMATIONEN

Die meisten Unternehmen setzen heute – mehr oder weniger freiwillig – bereits einzelne Informationstechniken ein. Betrachtet man die Entwicklung betrieblicher Umweltinformationssysteme resp. der einzelnen Informationstechniken seit den 70er Jahren, so wird deutlich, dass die Bewirtschaftung von Umweltinformationen lange Zeit vorwiegend auf Druck von aussen und für Adressaten ausserhalb des Unternehmens erfolgte. Vor dem Hintergrund der Einführung von Umweltmanagementsystemen gewinnen jedoch zunehmend betriebsinterne Zielgruppen und damit auch neue Instrumente des Umweltinformationsmanagements an Bedeutung. Abbildung 5.16 stellt diese Entwicklung dar.

5.8.2.1 INFORMATIONSBEDARF DES OPERATIVEN UMWELTMANAGEMENTS

Betrachten wir zunächst das Umweltmanagement auf *operativer Ebene*. Es zielt darauf ab, die tagtäglichen Arbeitsabläufe bei der betrieblichen

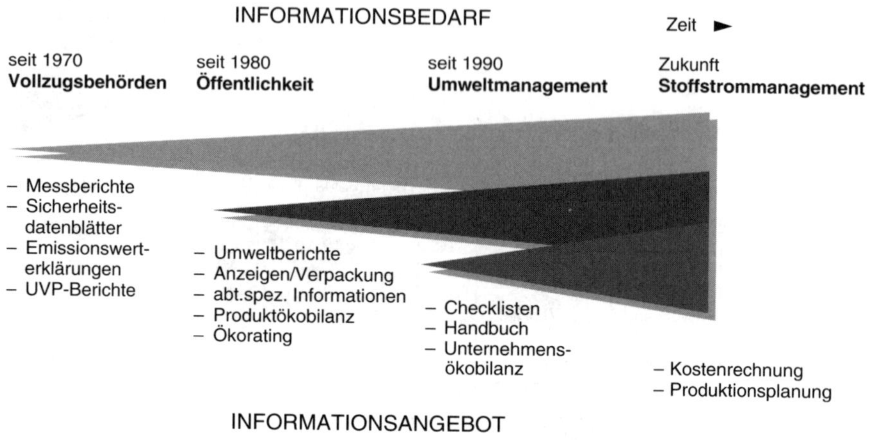

***Abb.** 5.16: Bedarf und Angebot an betrieblichen Umweltinformationen*

Leistungserstellung in möglichst umweltverträgliche Bahnen zu lenken. Hierbei sind zum einen zahlreiche externe Vorschriften des Umweltrechts sowie der Arbeits- und Unfallsicherheit, zum anderen aber auch interne Vorgaben des strategischen und normativen Managements (Leitbild, Umweltpolitik und -ziele) zu beachten. Oberstes Ziel des Umweltmanagements auf operativer Ebene ist somit die kontinuierliche Verminderung der Umweltbelastungen bei allen Tätigkeiten des unternehmerischen Wertschöpfungsprozesses unter gleichzeitiger Einhaltung aller einschlägigen Umweltvorschriften. Aus ökonomischer Sichtweise muss dieses Zielbündel erweitert werden um die Forderungen nach möglichst kostenoptimalen Lösungen sowie nach Gewährleistung der gewünschten Qualität der produzierten Leistung. Die Informationserfassung und -verarbeitung richtet sich somit auf die folgenden Bereiche aus:

- Vorschriften des Umweltrechts:
  Emissionsmessprotokolle bzw. Emissionserklärungen für Luft und Wasser; Informationen zum Umgang mit umweltgefährdenden Stoffen (Sicherheitsdatenblätter, Entsorgungsnachweise für Sondermüll etc.); Informationen, die im Rahmen von Genehmigungsverfahren erhoben werden (z.B. die Umweltverträglichkeitsprüfung).

- Vorschriften der Arbeits- und Unfallsicherheit:
  Risikoanalysen, Dokumentationen und Kontrollen im Bereich des Brandschutzes und der Arbeitssicherheit.

- Kosten des betrieblichen Umweltschutzes:
  Erfassung der Kosten des betrieblichen Umweltschutzes (Abfallentsorgungskosten, Kosten der internen Abwasserreinigungsanlage etc).

- Leitbild, Umweltpolitik und -ziele des Unternehmens:

Abfallstatistiken, interne Informationen über umweltschutzrelevante Eigenschaften von Stoffen, Materialien oder von Lieferanten/Entsorgern; Statistiken über Verbrauchsmengen einzelner Rohstoffe und Materialien (z.B. Wasser- und Energieverbrauch).

Bereits diese Auflistung der verschiedenen Bereiche des betrieblichen Umweltinformationssystems zeigt ein zentrales Problem. In bestehenden Organisationsstrukturen erfassen und verarbeiten in der Regel unterschiedliche Stellen die genannten Informationen. In der Praxis zeigt sich, dass dem „Betriebsunterhalt" eine zentrale Rolle bei der Abwicklung und Dokumentation umweltschutzrelevanter Arbeitsabläufe zukommt, z.B. in den Bereichen Abfallentsorgung und Unfallsicherheit. Planerische Aufgaben wie die ökologische Beurteilung von Lieferanten und Entsorgern werden häufig von der Einkaufsabteilung übernommen. Analysen zur Optimierung der Produktionsabläufe und Risikoanalysen führen Planungsabteilungen oder externe Berater durch. Die Informationen der Kostenrechnung stellen eine weitere, von einer abermals anderen Abteilung – dem Rechnungswesen und Controlling – verwaltete Datenmenge dar. Alle diese Träger umweltrelevanter Informationsquellen sind in der Regel mit den Umweltschutzaufgaben nicht vertraut. Verständigungsprobleme zwischen „Technikern" und „Kaufleuten" erschweren den Datentransfer. Als Folge findet eine Integration der Gesamtdatenmenge und häufig sogar ein Datenaustausch nicht statt.

5.8.2.2 INFORMATIONSBEDARF DES STRATEGISCHEN UMWELTMANAGEMENTS

Das *Umweltmanagement auf strategischer Ebene* ist darauf ausgerichtet, die langfristigen Voraussetzungen zu schaffen, damit die unternehmerische Wertschöpfung auch in Zukunft ökologisch und wirtschaftlich effizient ablaufen kann. Auch auf dieser Ebene können Pull- und Pushfaktoren unterschieden werden: Im Kontext der Ökologie geht es im strategischen Management nicht nur um den Aufbau von Erfolgspotentialen (Pullfaktoren, z.B. durch die Demonstration ökologischer Kompetenz am Markt und die Erschliessung neuer Märkte), sondern auch um die Verminderung von Risikopotentialen (im Betrieb selbst und im Lebenszyklus der Produkte). Gefordert ist hier eine systematische und kontinuierliche Analyse

- der relevanten Märkte (Strukturen und Entwicklungsprozesse),
- der Entwicklung der umweltpolitischen Rahmenbedingungen,
- der ökologischen Risiken im gesamten Lebenszyklus der Produkte.

Verfügt ein Unternehmen über eine strategische Planung, so kann davon ausgegangen werden, dass diese Forderung zumindest in den beiden erstgenannten Bereichen (Entwicklung der Märkte und der politischen

Rahmenbedingungen) erfüllt wird. Die Untersuchung ökologischer Risiken im gesamten Lebenszyklus der Produkte stellt ein neues Untersuchungsgebiet dar. Einzelne Branchen, darunter auch die Elektronikindustrie, haben heute begonnen, in überbetrieblichen Arbeitskreisen gemeinschaftlich die notwendigen Informationen zu erarbeiten.

Der unternehmensinterne Datenaustausch und die Datenintegration stellen auf dieser Ebene ein untergeordnetes Problem dar, da die strategische Planung in der Regel von einer einzigen Abteilung zentral durchgeführt wird. Diese Abteilung kann jedoch wie bereits angesprochen nur selten auf eine tragfähige Datenbasis im operativen Bereich zurückgreifen. Sie wird dadurch für umweltschutzrelevante Entwicklungen unsensibel oder ist nicht in der Lage, die vorhandenen Handlungsspielräume zu erkennen und auszuschöpfen.

5.8.2.3 Datenbeschaffung auf operativer Ebene

Es wird deutlich, dass im Zentrum des betrieblichen Informationsmanagements die Erweiterung der betrieblichen Datenerfassung und -verarbeitung auf operativer Ebene steht, mit dem Ziel, die vielfältigen und dezentral vorliegenden Daten zu integrieren. Wie und wo sind nun die notwendigen Daten zu ermitteln? Bevor eine umweltschutzbezogene Integration stattfindet, sind die relevanten Daten auf zahlreiche unterschiedliche Quellen und Orte verteilt. Mögliche Informationsquellen sind u.a.:

- Kostenrechnungskonten
- Buchhaltungsbelege und -konten
- Lagerbuchhaltung
- Rechnungen für bezogene Waren
- Ökobilanzen von Vor- und Folgeprodukten
- Technische Datenblätter
- Beobachtungen und Besichtigungen im Betrieb
- Verbrauchszähler

5.8.2.4 Elemente und Struktur eines betrieblichen Umweltinformationssystems (BUIS)

Auf der Grundlage der ermittelten Daten wird versucht, entscheidungsorientierte Informationen für das Umweltmanagement zu generieren. Im folgenden werden einige der in der Praxis am weitesten verbreiteten Techniken kurz dargestellt:

- *Emissionsmessberichte und Umweltschutzstatistiken* dokumentieren die Informationen, die mit Hilfe von Messungen der Schadstoffkonzentrationen der Abluft- und Abwasserströme gewonnen werden, sowie die entstehenden Abfallmengen.
- Das *Umweltschutzhandbuch* dokumentiert die internen und externen Richtlinien des betrieblichen Umweltschutzes von den allgemeinen Umweltschutzzielen bis hin zu spezifischen Arbeitsanweisungen.
- *Checklisten* stellen eine systematische Struktur für die Informationserfassung und -verarbeitung bereit. Informationen werden mit ihrer Hilfe „vor Ort", d.h. im Rahmen einer Betriebsbesichtigung, oder ausgehend von bestehenden Informationssammlungen (z.B. Sicherheitsdatenblätter, technische Anweisungen, Fachliteratur, Datenbanken) gewonnen.
- Die *Umweltkostenrechnung* ist das Ergebnis einer Anpassung der bestehenden Kostenrechnung an die umweltschutzbedingte Veränderung der Kostenstruktur. Sie verwendet die Stoff- bzw. Materialflussanalyse einzelner Prozesse und des Gesamtprozesses, um die zur Anpassung notwendigen Informationen zu ermitteln oder vereinfachend auch mittels Schätzungen grob zu bestimmen.

Eine Erweiterung der Systeme der Produktionsplanung und -steuerung (PPS-Systeme) um umweltschutzrelevante Daten wird heute vorangetrieben. Durch die Integration der Daten des Abfallmanagements werden die Prognose und Bestandsführung von Reststoffmengen ebenso möglich wie eine Kapazitätsplanung und Auftragssteuerung im Entsorgungsbereich. Beispiele sind die Aufnahme von Entsorgern in Kunden- und Lieferantenstämmen, die Erweiterung der Arbeitspläne und Stücklisten um Reststoffmengen, die Erweiterung der Teilstämme um ökologische Kenndaten der Materialien und Abfälle.

Die *betriebliche Ökobilanz* (vgl. Abb. 5.17) besteht aus einer Stoff- und Energieflussrechnung der Prozesse des betrachteten Betriebsstandortes (Sachbilanz) und der Beurteilung von Ausmass und Bedeutung der resultierenden Umweltbelastungen (Wirkungs- und Bewertungsbilanz). Wesentliche Informationsquellen der Sachbilanz sind das betriebliche Rechnungswesen, die Systeme der Produktionsplanung und -steuerung (PPS-Systeme), Emissionsmessberichte und Umweltschutzstatistiken. Werden im Rahmen der Wirkungsbilanzierung formale Bewertungsmodelle (z.B. die Umweltbelastungspunkte-(UBP-)Methode des BUWAL) verwendet, so beinhalten diese bereits die notwendigen Informationen. Lediglich zur ökologischen Beurteilung der Güterflüsse müssen ergänzende Informationen erfasst werden. Informationsquelle ist hier neben öffentlichen Datenbanken zur Beschreibung der Umweltbelastungen von Produktionsverfahren der Lieferant bzw. der Abfallentsorger.

Mit den beschriebenen Informationstechniken kann nun eine Datenbasis generiert werden, aus der die Verantwortungsträger im Management Handlungsbedarf und Prioritäten ableiten können.

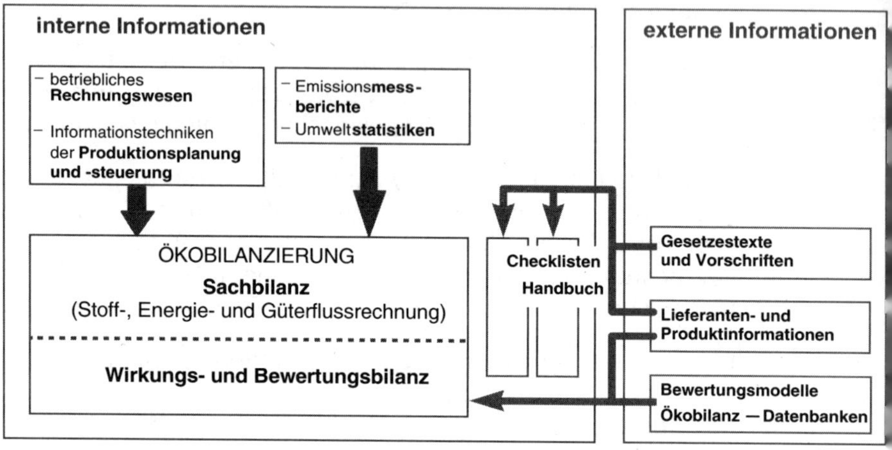

***Abb.** 5.17: Betriebliche Ökobilanz*

5.8.2.5 Ermittlung von Steuerungsgrössen für das Öko-Controlling

Welche Steuerungsgrössen lassen sich ableiten, um die Umweltschutzleistungen des Unternehmens zu verbessern?

Betriebsinterne Umwelt-Kostenwahrheit

Zunächst ergeben sich Steuerungsgrössen für das traditionell monetär ausgerichtete Controlling: Kennzahlen für die Steuerung der Kosten des betrieblichen Umweltschutzes. Die Erweiterung der traditionellen Kostenrechnung trägt dazu bei, die „Kostenwahrheit" betrieblicher Umweltschutzmassnahmen zu erhöhen. Abfallentsorgungskosten beispielsweise umfassen „richtig gerechnet" nicht nur die Geldbeträge, die für den Transport und die Entsorgung der Abfälle an andere Unternehmen gezahlt werden. Abfälle müssen innerbetrieblich gesammelt und gegebenenfalls sortiert und aufbereitet werden („Handling"). Ihre Lagerung beansprucht Raum in der Betriebsstätte, der finanziert und unterhalten werden muss. Die Kosten des Handlings und der Lagerung sind in jedem Fall als Abfallentsorgungskosten zu betrachten. In einer erweiterten Betrachtung enthalten Abfälle auch Materialien, für deren Erwerb eingangs Kosten entstanden sind. Abfallkosten beinhalten dann ebenfalls die Einkaufswerte der Materialien. Infolge einer so veränderten Kostenzurechnung werden Wirtschaftlichkeitsrechnungen von Umweltschutzinvestitionen zu anderen Aussagen führen als bisher. Aber auch die Erhöhung der Kostenwahrheit durch die Zurechnung der Handling- und Lagerungskosten allein kann bereits zu Verbesserungen beitragen, welche die Umweltbelastungen des Unternehmens verringern. Dies trifft insbesondere dann zu, wenn die Umweltschutzkosten unternehmensintern verursacherbezogen auf die Kostenstellen (steuerungswirksam in Planung/Controlling) und Kostenträger (steuerungswirksam in der Kalkulation) verrechnet werden.

INTEGRATION VON ÖKOLOGISCHEN STEUERUNGSGRÖSSEN

Die Betrachtung von Stoff- und Energieflüssen in physikalischen Masseinheiten bleibt umweltmedien- und häufig auch einzelverursachergebunden. Um eine Gesamtschau der Umweltbelastungen des Unternehmens zu geben, braucht man einen Wertmassstab, der die ökologische Relevanz der erfassten Einflussgrössen abbildet. Mit seiner Hilfe werden entscheidungsorientierte – wertende – Aussagen möglich. Ein solches Vorgehen wird mit dem Begriff der Wirkungs- oder Bewertungsbilanz beschrieben. Mit Hilfe formaler, wissenschaftlich ermittelter Bewertungsmodelle erhält man eine oder mehrere zusammenfassende, numerische Kenngrösse(n) (bspw. Umweltbelastungspunkte, Treibhauspotential u.a.) für das Gesamtunternehmen oder einzelne Abteilungen, Betriebsstätten oder Produkte.

Diese Kenngrösse kann in den verschiedenen, traditionell numerisch ausgerichteten Planungs- und Entscheidungstechniken der Unternehmensführung eingesetzt werden (z.B. Investitionsrechnungen oder Portfolios). Ein einfaches Beispiel sind *Ökologische Kennzahlen.* Hier wird die zusammenfassende Kenngrösse (z.B. in Umweltbelastungspunkten) in Relation zu anderen Kenngrössen der Unternehmungsentwicklung, z.B. Mitarbeiterzahl, Umsatz oder Wertschöpfung, gesetzt.

CHECKLISTEN ALS VERBALE ERGÄNZUNG DER QUANTITATIVEN KENNGRÖSSEN

Verschiedene umweltschutzrelevante Tatbestände lassen sich jedoch nicht im Mengengerüst der betrieblichen Ökobilanzierung abbilden:

- die vorhandenen Unfallrisiken,
- akute oder nur lokal bedeutende Umweltbelastungen (z.B. durch kurzzeitige Spitzenbelastungen), die sich vor allem in Konzentrationen, nicht hingegen in jährlichen Gesamtmengen darstellen,
- organisatorische Verbesserungsmöglichkeiten,
- indirekte Nebenwirkungen (z.B. Artensterben, Verlust an Lebensqualität),
- synergetische Effekte (z.B. Reaktion von unbedenklichen Schadstoffen mit weiteren Stoffen).

Hier greifen Checklisten, die eine systematische Fragestruktur ermöglichen. Darstellen lassen sich die Ergebnisse der Checklisten-Auswertung „verbal-argumentativ“, in einem Bericht über die Schwachstellen.

Einen zusammenfassenden Überblick über Informationsquellen, -techniken und die wichtigsten Auswertungsmöglichkeiten gibt Abbildung 5.18. Sie veranschaulicht die Zusammenhänge zwischen den verschiedenen Elementen des betrieblichen Umweltinformationssystems.

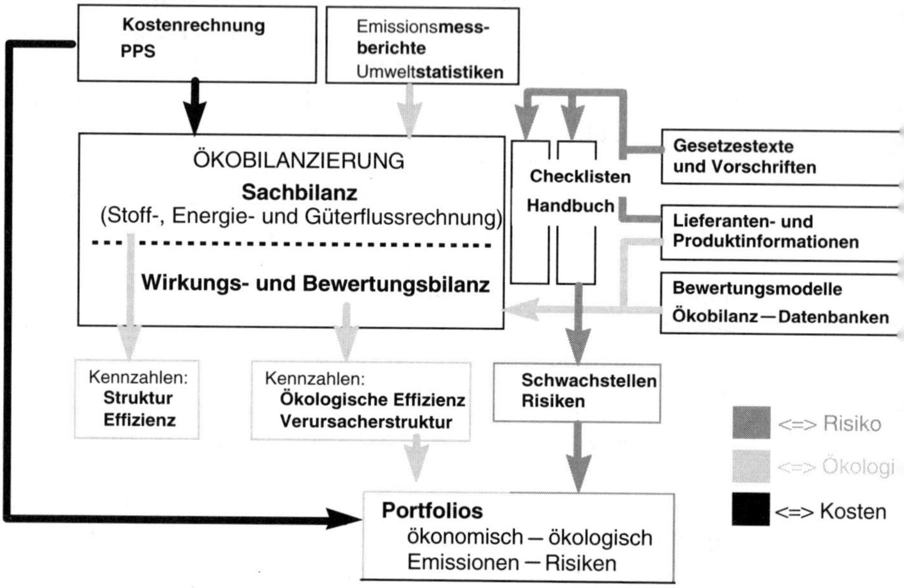

***Abb.** 5.18: Konzept eines betrieblichen Umweltinformationssystems (BUIS)*

DIE DREI FUNKTIONEN DER ÖKOBILANZ

Die betriebliche Ökobilanz übernimmt im BUIS eine *Integrationsfunktion*, indem sie die verschiedenen Datengruppen umweltschutzbezogen zusammenfasst. Ihr kommt eine *Steuerungsfunktion* zu, da sie die erfassten Informationen verdichtet und entscheidungsorientiert aufbereitet. Ihre *Organisationsfunktion* besteht in der Befähigung der Umweltschutzstelle, eine Umweltgesamtschau des Betriebsgeschehens anzubieten, die die Tätigkeit der anderen Abteilungen unterstützt.

Vor diesem Hintergrund erscheint es als gerechtfertigt, der Unternehmensökobilanz die zentrale Rolle im Umweltinformationssystem zuzusprechen.

DIE ENTWICKLUNG EINES BUIS ALS KONTINUIERLICHER LERNPROZESS

Die Gestaltung betrieblicher Informationssysteme ist heute nicht mehr primär die Aufgabe von Systemanalysten und Programmierern. Die Vergangenheit hat gezeigt, dass Informationssysteme, die „künstlich“ geschaffen werden, eine Organisation eher stören als unterstützen. Ein Informationssystem muss mit einer Organisation gemeinsam wachsen. Bei seiner Einführung muss es die Informationen generieren, die innerbetrieblich gebraucht werden. Die Entscheidungsträger gewinnen dadurch die Zeit – und das Fachwissen –, zunehmend mehr Informationen zu verlangen und verarbeiten zu können. Ihr Interesse und ihre Neugier wachsen.

Dieser allgemeine Grundsatz des modernen Informationsmanagements sollte auch bei der Entwicklung eines betrieblichen Umweltinformationssystems im Vordergrund stehen. Es gilt zunächst, primär die Informationen bereitzustellen, die innerbetrieblich gebraucht werden. Im betrieblichen Umweltschutz muss heute jedoch vielfach der Nachweis des Nutzens umweltschutzrelevanter Daten erst erbracht werden.

Die betriebliche Ökobilanzierung bietet sich hier als Einstieg in den Entwicklungsprozess des Informationssystems an. Ihre Ergebnisse stossen i.d.R. bei der Unternehmensleitung, den Mitarbeitern, den Kunden und der Öffentlichkeit auf Interesse. Ökobilanzierende Unternehmen gelten als Vorreiter im Umweltmanagement, so dass sich in einem ersten Schritt der Nutzen der betrieblichen Ökobilanzierung durch ihre interne Motivations- und externe PR-Wirkung rechtfertigen lässt. Im Prozess der betrieblichen Ökobilanzierung entstehen zahlreiche Impulse, das Umweltinformationssystem zu erweitern.

ZUSAMMENFASSUNG

Das Umweltmanagement ist auf fundierte Datengrundlagen angewiesen. Die benötigten Daten reichen von Kosten über chemisch-physikalische Eigenschaften und Umweltgesetze bis hin zu Arbeitsanweisungen und Kennzahlen eines ökologisch-ökonomischen Controllings.

Dabei ist die Situation im Unternehmen dadurch gekennzeichnet, dass diese Informationen von sehr unterschiedlichen Abteilungen erhoben und in vielen Bereichen des traditionellen Informationssystems verwaltet werden. Das Management ökologischer Informationen im Unternehmen zielt demnach primär darauf ab, die unterschiedlichen Quellen zusammenzuführen, gezielt durch spezielle Umweltinformationstechniken zu ergänzen und damit schliesslich eine ökologische Gesamtbetrachtung des Unternehmens zu erreichen.

Das betriebliche Umweltinformationssystem (BUIS) fasst die vielfältigen Informationen zusammen und zeigt auf, welche Zusammenhänge zwischen einzelnen Informationstechniken des Umweltschutzes und zu anderen traditionellen Informationssystemen des Unternehmens bestehen.

Im Zentrum des betrieblichen Umweltinformationssystems steht die betriebliche Ökobilanz. Sie ermöglicht durch eine Betrachtung der Stoff-, Güter- und Energieflüsse die gewünschte Integration und stellt durch den Schritt der Wirkungs- und Bewertungsbilanzierung entscheidungsorientierte Informationen zur Verfügung.

Die Entwicklung eines BUIS ist als Prozess zu verstehen, der sich auf die spezifischen Bedürfnisse der Betroffenen ausrichten soll und zur gezielten Erweiterung des bestehenden Informationssystems führt.

5.8.3 Software für den betrieblichen Umweltschutz

Mit den steigenden Anforderungen an die Betriebe hat sich auch ein umfangreicher und dynamischer Markt für entsprechende Softwarelösungen etabliert. Allein im deutschsprachigen Raum sind derzeit mehr als 250 Programme zur Unterstützung des betrieblichen Umweltschutzes erhältlich (vgl. Abb. 5.19). Entsprechend der Entwicklung des betrieblichen Umweltschutzes standen lange Zeit vorwiegend Lösungen für einzelne Teilaufgaben wie das Abfallmanagement, die Emissionsüberwachung oder der Umgang mit Gefahrstoffen im Vordergrund. Das Angebot wurde stark durch entsprechende gesetzliche Anforderungen geprägt.

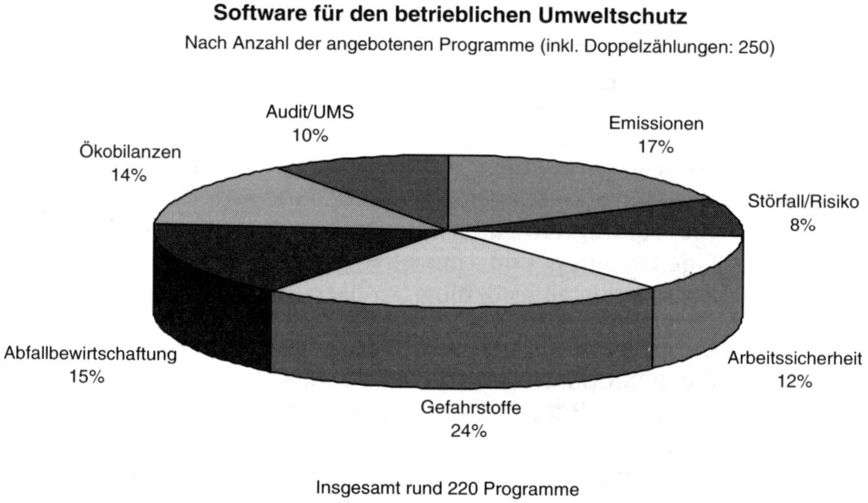

***Abb.** 5.19: Angebot an Software für den betrieblichen Umweltschutz im deutschsprachigen Raum [Siegenthaler 1996: 19]*

Mit der Normierung von Umweltmanagementsystemen und der Möglichkeit entsprechender Zertifizierung nach EMAS, ISO14001 o.a. hat sich in jüngster Zeit ein neues Segment entwickelt, das vorwiegend die organisationsbezogenen Aufgaben des Umweltmanagements, also das Erarbeiten und Verwalten eines Umwelthandbuches, die Durchführung von Umweltaudits mittels Checklisten oder aber eine umfassende Gesamtintegration umweltrelevanter Informationen (BUIS) zu unterstützen versucht. Der Markt für solche Audit- resp. Umweltmanagementsystem-(UMS-)Software zeichnet sich durch eine hohe Bandbreite an sehr unterschiedlichen Programmen aus. Die Mehrzahl der Angebote beschränkt sich dabei auf das Bereitstellen von Dokumentvorlagen resp. Checklisten, teilweise als einfache Textvorlagen, teilweise mit einer eigenständigen Benutzeroberfläche. Auf der anderen Seite stehen einige wenige Lösungen, die auf die informationstechnische Integration der Teilaufgaben abzielen und die Ansprüche an ein umfassendes BUIS zu unterstützen versuchen. Der Einsatz solcher integrierten Systeme ist aufgrund der kostenintensiven Einführung und Wartung bislang auf ökologisch stark betroffene Grossunternehmen, bspw. der chemischen Industrie, beschränkt.

TEIL C

1

Unternehmensentwicklung

1.1 Einleitung

Wie die meisten Systeme kann auch die Unternehmung nicht in ein allgemeingültiges Entwicklungsschema gedrückt werden. Doch ähnlich wie beim Produktlebenszyklus kann ein idealtypischer Verlauf aufgezeigt werden, der sowohl für das theoretische Verständnis als auch für die betriebswirtschaftliche Praxis von grosser Bedeutung ist.

Man unterscheidet zwischen einer inneren und einer äusseren Unternehmensentwicklung. Der Unterschied liegt darin, dass bei ersterer die Unternehmung aus eigener Kraft wachsen kann, während mittels äusserer Unternehmensentwicklung die Erfolgspotentiale anderer Unternehmen ausgeschöpft werden (vgl. Abb. 1.1).

1.1.1 Innere Unternehmensentwicklung

Innere Unternehmensentwicklung kann mit organischem Wachstum gleich gesetzt werden. Die Unternehmung versucht mit eigenen Ressourcen den Markt zu durchdringen (Strategie der Marktdurchdringung), neue Produkte zu entwickeln (Strategie der Produktentwicklung), durch Direktinvestitionen neue Märkte zu erschliessen (Strategie der Marktentwicklung) oder zu diversifizieren, also neue Produkte auf neuen Märkten zu lancieren (siehe Produkt-/Markt-Strategien, S. 58).

Art der Unternehmensentwicklung	Unternehmensphase	Merkmal	Beispiel
Innere Unternehmensentwicklung	1. Pionierphase 2. Markterschliessungsphase 3. Diversifikationsphase	1. Gründung und Aufbau einer Unternehmung 2. Direktinvestitionen in neue Märkte 3. Erschliessung neuer Produkte und Märkte	1. Gore: Entwickler des Goretex, ein atmendes Gewebe 2. Coca-Cola kauft sich in den indischen Markt ein 3. SMH mit dem Swatch-Mobil
Äussere Unternehmensentwicklung	4. Fusions-/Akquisitionsphase 5. Kooperationsphase	4. Wachstum durch Zusammenschlüsse/Wachstum durch Beteiligung bzw. Kauf 5. Vernetzung mit Marktpartnern durch Joint Ventures oder strategische Allianzen	4. BBC und Asea schliessen sich zusammen/Zürich Versicherungen beteiligt sich an Kemper Corporation 5. CS-Holding und Winterthur-Versicherungen (Allfinanz-Geschäft)
Innere und äussere Unternehmensentwicklung	6. Restrukturierungsphase	6. Konzentration auf das Kerngeschäft, Verkauf von unrentablen Unternehmen	6. Oerlikon-Bührle verkauft „artfremde“ Unternehmen

***Abb.** 1.1: Phasen der inneren und äusseren Unternehmensentwicklung [Bleicher 1991: 332 f.]*

1.1.2 Äussere Unternehmensentwicklung

Es werden folgende drei Formen der äusseren Unternehmensentwicklung unterschieden:

Form	Merkmal	Diverse rechtliche Konsequenzen	Finanzielle Konsequenzen
Beteiligung bzw. Kauf	Die Unternehmung beteiligt sich an einem oder mehreren anderen Unternehmen bzw. kauft und besitzt diese zu 100%.	Im Falle der Beteiligung bleiben die einzelnen Unternehmen rechtlich selbständig. Im Falle eines Kaufes kann die akquirierte Unternehmung ihre rechtliche Selbständigkeit verlieren.	Sowohl bei der Beteiligung als auch beim Kauf verliert das Zielobjekt seine finanzielle Selbständigkeit.
Fusion	Zwei oder mehrere Unternehmen vereinigen sich zu einer einzigen (Kombination), oder eine Unternehmung nimmt die andere völlig in sich auf (Annexion).	Mindestens eines der ursprünglichen Unternehmen verliert seine rechtliche Selbständigkeit.	Mindestens eines der ursprünglichen Unternehmen verliert seine finanzielle Selbständigkeit.
Kooperation	Zwei oder mehrere Unternehmen arbeiten aufgrund einer Vereinbarung zusammen.	Die einzelnen Unternehmen bleiben rechtlich selbständig.	Die einzelnen Unternehmen bleiben finanziell selbständig.

***Abb.** 1.2: Formen der äusseren Unternehmensentwicklung*

FUSIONEN UND AKQUISITIONEN

Das Thema Fusionen und Akquisitionen ist insbesondere durch die Elefantenhochzeiten der letzten Jahre (v.a. seit Mitte der 80er Jahre) in den Blickpunkt der Öffentlichkeit geraten. Die Beteiligten rechnen sich dabei aus, dass sie zusammen bestimmte Potentiale effizienter einsetzen können. Der erhoffte Zusatznutzen sollte in Verrechnung mit den dadurch entstehenden Koordinationskosten zu einem positiven Saldo führen. Ob dieser Zusatznutzen erreicht werden kann, hängt zu einem wesentlichen Teil vom notwendigen Fit zwischen Strategie, Struktur und Kultur der beteiligten Unternehmen ab. Die Praxis zeigt, dass insbesondere strukturelle und kulturelle Reibungsverluste die oft zu hoch gesteckten Ziele behindern [Müller-Stewens 1991: 160 f.].

Diese und die weiteren Ausführungen beziehen sich v.a. auf strategische Unternehmensübernahmen und weniger auf rein spekulative Akquisitionen. Das strategisch fundierte M&A-Business (M&A, Mergers & Acquisitions) verfolgt in erster Linie das Ziel der langfristigen Optimierung der Wertsteigerung. Im Gegensatz dazu geht es bei rein spekulativen Akquisitionen um die Maximierung der kurzfristigen Rendite infolge Aktienkursgewinnen.

Als Folge der Fusionen und Akquisitionen und der zunehmenden Bedeutung der strategischen Gesamtleitung resultieren in der Praxis oft Holdinggesellschaften. Diese lassen sich in drei Varianten ausgestalten:

- Finanzholding: gewährleistet die finanzielle Gesamtleitung und versorgt die operativen Einheiten mit Kapital
- Strategieholding: übernimmt zusätzlich das strategische Management des gesamten Unternehmensverbundes
- Führungsholding: übernimmt auch noch massgebliche Leitungs- und Dienstleistungsfunktionen der operativen Gesellschaften

[Rühli 1994: 52 f.]

Beispiel einer Fusion: ASEA und BBC

Der Zusammenschluss von ASEA und BBC war geprägt durch die Tatsache, dass sich zwei unterschiedliche Unternehmen sehr gut ergänzten:

ASEA	BBC
Markterschliesser, marktorientiert	Pionier, Technologieführer, technik-vernarrt
stark in Skandinavien	stark in der Schweiz und in Deutschland
schwach zukunftsorientiert	stark zukunftsorientiert

Nach der Fusion folgte das Zerlegen. Grosse Einheiten wurden in kleinere, relativ autonome Einheiten (Profit Centers) aufgebrochen. Die heutige ABB besteht aus mehreren Tausend Profit Centers.

Kooperationen

Kooperationen zeichnen sich im Gegensatz zu den Fusionen und Akquisitionen dadurch aus, dass die Zusammenarbeit der beteiligten Unternehmen unverbindlicher gestaltet wird. Die einzelnen Unternehmen bleiben rechtlich selbständig. Oft existieren nicht einmal schriftliche Kooperationsverträge. Dies ist u.a. typisch für die Netzwerk-Arbeit von Kleinstunternehmen, die oft auf einer mündlichen Abmachung basiert.

Spezifischere Formen der Kooperationen sind das Joint Venture und die strategische Allianz, oft auch strategische Partnerschaften genannt.

Beispiele eines 50/50-Joint-Ventures: Nestlé und General Mills (USA) gründeten Cereal Partners Inc., um Kelloggs weltweit (ausser in den USA) Marktanteile im Frühstücksmarkt streitig zu machen.

Folgende Merkmale kennzeichnen strategische Partnerschaften, aber auch alle anderen Formen der Kooperationen:

- Die Partnerunternehmen sind rechtlich selbständig.
- Teile der Entscheidungs- und Handlungsautonomie werden abgetreten.
- Eine strategische Partnerschaft ist in erster Linie auf die Zielerreichung und weniger auf Dauer angelegt.
- Oft sind nur Teile der beteiligten Unternehmen in die Realisierung des gemeinsamen Vorhabens einbezogen.

[Müller-Stewens 1993: 4063]

Ansätze für Kooperationsmöglichkeiten lassen sich entlang der gesamten Wertschöpfungskette finden:

- in der Entwicklung (Austausch von Entwicklungsergebnissen, gemeinsame Vergabe von externen Forschungsaufträgen usw.)
- in der Produktion (gemeinsame Nutzung des Maschinenparks usw.)
- in der Logistik (z.B. gemeinsame Lagerhaltung und gemeinsamer Transport)
- im Informatikbereich (Online-Zugriffe auf Partner-Datenbanken usw.)
- im Marketing (z.B. gemeinsame Marktforschung, Point-of-Sales-Massnahmen usw.)
- beim Personal (z.B. gemeinsame Aus- und Weiterbildung)
- usw.

Sowohl bei den M&A als auch bei den Kooperationen ist es eine logische Ergänzung, dass Synergievorteile ausgeschöpft werden sollten. Durch Synergie (das Ganze ist mehr als die Summe aller Einzelteile) sollen bessere Resultate erzielt werden als durch getrenntes Vorgehen. Synergiewirkungen können resultieren in der Form von:

- Grössensynergien; Economies of scale, d.h. Stückkosten senken infolge grösserer Losgrössen
- Funktionssynergien; z.B. Marketingsynergien wie Glaxo und Hoffmann La-Roche, die gemeinsame Distributionskanäle nutzen

- Technologiesynergien; gemeinsame Forschung & Entwicklung oder Verkopplung zweier Technologien
- Finanzsynergien; wichtig für KMU, denen die finanziellen Mittel fehlen, um eine Produktidee auf den Markt zu bringen
- Management-Synergien; z.B. Erfahrung in neuen Märkten

In Abbildung 1.3 werden Vorteile und Nachteile von internem Wachstum, M&A und Kooperationen verglichen.

	Wesentliche Vorteile	Wesentliche Nachteile
Internes Wachstum	effizientere Nutzung vorhandener Ressourcen; höhere Erfolgswahrscheinlichkeit	erheblicher Zeitverzug; problematisch bei hohen Eintrittsbarrieren
M&A	rascher Markteintritt; Überwindung hoher Eintrittsbarrieren; niedrige Aufbaukosten	Integrationsproblem; fehlende Marktkenntnisse; hohe Übernahmesumme
Kooperationen	Risikostreuung; begrenzter Kapitaleinsatz; Erarbeitung von Synergien	hohes Konfliktpotential; Projekt kann bei Partnern einen unterschiedlichen Stellenwert haben; Problem der Offenlegung von Geschäftsgeheimnissen

Abb. *1.3: Vor- und Nachteile von internem Wachstum, M&A und Kooperationen [Gomez/Ganz 1992: 45]*

1.1.3 Innere und äussere Unternehmensentwicklung (Restrukturierung)

Bei der inneren Restrukturierung geht es primär um das Aufgeben von nicht mehr erfolgsträchtigen Geschäftsfeldern (Konzentration auf das Kerngeschäft bzw. Back-to-the-Core-Business) sowie um die Optimierung von Geschäftsprozessen im Kerngeschäft. Dies verlangt häufig eine völlige Umorientierung im Denken und Verhalten, denn bis anhin setzte die Unternehmung auf Expansion, und nun ist Schrumpfung bzw. Entschlakkung angesagt.

Hauptziel der inneren Restrukturierung ist die Erhöhung der Wertschöpfung infolge Optimierung der Geschäftsprozesse. Optimierte Geschäftsprozesse führen letztendlich zu erhöhter Kundenorientierung – und Kundenorientierung gilt ja bekanntlich als *das* Erfolgsrezept.

Ist es für eine innere Restrukturierung bereits zu spät und damit die Überlebensfähigkeit der Unternehmung nicht mehr gegeben, übernehmen auf Restrukturierungen spezialisierte Unternehmen eine Neuverteilung der brauchbaren Aktiven durch Übernahme und Weiterveräusserung (äussere

Restrukturierung). Lässt sich kein Käufer finden, ist der Untergang der Unternehmung die direkte Folge.

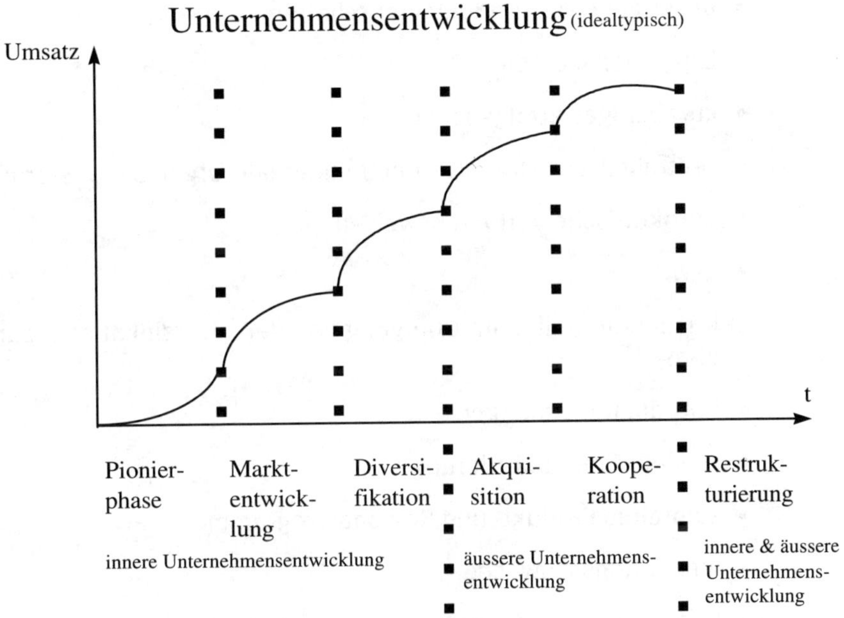

Abb. 1.4: Innere und äussere Restrukturierung [Bleicher 1991: 333]

1.1.4 PHASENÜBERGÄNGE UND KRISEN

Entscheidend für die erfolgreiche Unternehmensentwicklung ist die Bewältigung der Krisen beim Übergang von der einen Phase in die andere.

a) Krisenpotential beim Übergang von der Pionier- zur Markterschliessungsphase:

- Abhängigkeit von der Gründerpersönlichkeit
- patriarchalischer Führungsstil
- Überforderung der Führungskräfte
- ungenügende Organisationsstruktur
- beschränkte materielle, personelle und finanzielle Ressourcen
- fehlende Distribution
- usw.

b) Krisenpotential beim Übergang von der Markterschliessungs- zur Diversifikationsphase:

- unzeitgemässe Produkteigenschaften
- Expansionskosten
- kurzfristiges Erfolgsdenken
- zentralistische Organisation (funktionale Organisationsform)
- bürokratische Verhaltensweisen
- usw.

c) Krisenpotential beim Übergang von der Diversifikations- zur Akquisitionsphase:

- Koordinationsmängel
- zu viele Umstrukturierungen
- zu breites Produkt- und Regionalprogramm
- Innovationsschwäche
- Erfolgsdruck, zu frühe Lancierung von Produkten
- unzureichende Nutzung von Synergie- und Rationalisierungspotentialen
- Spartenegoismus mit kurzfristigem Profit-Center-Denken
- zu grosse Unterschiede einzelner Bereichskulturen
- usw.

d) Krisenpotential beim Übergang von der Akquisitions- zur Kooperationsphase:

- mangelnde Integration
- Organisationsform
- Kampf zwischen Subkulturen
- Überforderung
- Überschätzung des Synergiepotentials
- Misstrauen
- Gleichgültigkeit
- usw.

e) Krisenpotential beim Übergang von der Kooperations- zur Restrukturierungsphase:

- Misstrauen, Angst, Resignation usw.
- Image- und Positionsverluste
- geschwächte Ressourcen
- Trennungswehen
- usw.

[Bleicher 1991: 342 ff.]

Interessant, allerdings wissenschaftlich nicht erhärtet, ist der Versuch, die einzelnen Formen der Unternehmensentwicklung den vergangenen Jahrzehnten zuzuordnen (vgl. Abb. 1.5).

Phase	Form bzw. Art der Unternehmensentwicklung
60er Jahre	Pioniertum und Markterschliessung
70er Jahre	Diversifikation
80er Jahre	Akquisitionen und Fusionen
90er Jahre	Kooperationen und Restrukturierungen

***Abb.** 1.5: Formen der Unternehmensentwicklung in verschiedenen Jahrzehnten*

Die Nachkriegszeit bis Ende der 60er Jahre war gekennzeichnet durch einen enormen Wirtschaftsaufschwung. Pioniere und Markterschliesser hatten leichtes Spiel. Mit den wirtschaftlichen Entwicklungen der 70er Jahre (Verdoppelung der Rohölpreise, grösste Rezession seit den 30er Jahren) versuchten viele Unternehmen die Risiken zu streuen und gleichzeitig das angehäufte Kapitel anderweitig gewinnbringend zu investieren. Auch mit den fetten 80er Jahren (und den damit verbundenen Marktchancen, v.a. auch international) war Wachstum immer noch das dominierende Ziel vieler Unternehmen. Gelang es den Unternehmen nicht, aus eigenen Kräften zu diversifizieren, wurden mit Akquisitionen und Fusionen zusätzliche Marktanteile gewonnen. Erst in den wirtschaftlich nicht mehr rosigen 90er Jahren, die durch gesättigte Märkte und die damit verbundene Wettbewerbsintensität geprägt sind, verlagerte sich die Konzentration vieler Unternehmen vom reinen Umsatzdenken auf das Kostenoptimierungsdenken. Konsequenz dieses Umdenkens sind umfangreiche Restrukturierungsmassnahmen oder eben Kooperationen.

Amerikanische Untersuchungen zeigen, dass die meisten Diversifikationen und Akquisitionen, aber auch Fusionen nicht den erwarteten Nutzen brachten. So sind beispielsweise die meisten Akquisitionen, die eine Diversifikation bringen sollten, einige Jahre später durch die Liquidation des akquirierten Teils oder durch dessen Verkauf wieder rückgängig gemacht worden [Porter 1987: 32]. Die Diversität in bezug auf Branchen, Märkte, Produkte und Kulturen war zu gross. Angesichts dieser Enttäuschungen wurde bzw. wird alles, was nicht zum Kerngeschäft gehört, liquidiert oder abgestossen. Schlagworte wie Back-to-the-Core-Business und Konzentration auf die Kernkompetenzen wurden laut [Rühli 1994: 51].

Trotzdem, die Bedeutung der äusseren Unternehmensentwicklung wird weiterhin zunehmen und lässt sich in erster Linie auf folgende Umstände zurückführen:

- Möglichkeit, den Marktzugang zu beschleunigen
- zunehmende Internationalisierungs- und Globalisierungstendenzen
- immer kürzer werdende Produktlebenszyklen
- steigende Forschungs- und Entwicklungskosten
- rasche Entwicklung von Know-how
- Grössensynergien
- Vermeidung von Anti-Trust-Klagen
- protektionistische Handelsbeschränkungen

Dass insbesondere Grossunternehmen die Stadien der Unternehmensentwicklung nicht linear und oft auch diffus und widersprüchlich erscheinen lassen, soll das Beispiel CS Holding demonstrieren:

1993 übernahm die CS Holding die Volksbank. Die Volksbank wurde zuerst als eigenständige Bank weitergeführt. In erster Linie wurden Synergien genutzt, hiess es. Erst mit der am 2. Juli 1996 bekanntgegebenen Neuorganisation schien eine klare Strategie umgesetzt zu werden. Die CS Holding ziehe jetzt die Lehren aus der Vergangenheit: Akquisitionen, losgelöst von einer Strategie, machten keinen Sinn. Es sei ein Fehler gewesen, die Schweizerische Volksbank zu erwerben. Man hätte sie vor zwei Jahren schliessen müssen (Tages-Anzeiger, Zürich, 3. Juli 1996). Die Folge dieser strategischen Neuausrichtung ist eine Konzentration auf vier Kerngeschäfte, eine Namensänderung sowie die Streichung von mehreren Tausend Arbeitsplätzen. Mitte November 1996 gaben die Medien bekannt, dass die Crédit Suisse entgegen der propagierten Fokussierungsstrategie in den Ausbildungs- und Beratungsbereich diversifiziere.

ZUSAMMENFASSUNG

Der Begriff der Unternehmensentwicklung bezieht sich auf die zeitliche Entwicklung bzw. die Evolution des Systems Unternehmung im Spannungsfeld von Ansprüchen und Entwicklungen der Um- und Innenwelt. Wachsende Unternehmen weisen eine ziemlich ähnliche Struktur ihrer Entwicklung auf. Als wesentliche Stadien einer typischen Unternehmensentwicklung werden folgende genannt:

1. Pionierphase
2. Markterschliessungsphase
3. Diversifikationsphase
4. äussere Unternehmensentwicklung
5. Akquisitionsphase
6. Kooperationsphase
7. innere und äussere Unternehmensentwicklung
8. Restrukturierungsphase

[Bleicher 1991: 321 ff.]

1.1.5 MAKE OR BUY

Im Zusammenhang mit Unternehmensentwicklung wird vermehrt über Chancen und Gefahren von Make or buy diskutiert. Beim Make-or-buy-Entscheid geht es darum, ob die Unternehmung gewisse Leistungen entlang der Wertschöpfungskette selber herstellen oder fremdbeziehen soll. Dieser Entscheid wird durch diverse Faktoren beeinflusst:

- Kosten
- Qualität
- Zeit
- Risiko bezüglich Flexibilität, Zuverlässigkeit, Termintreue usw.
- Produktionskapazität (Leerkosten – Fixkosten)
- Finanzen bzw. Liquidität
- Geheimhaltung (Schutz des Know-hows)

Sowohl für grosse Unternehmen als auch für Kleinstunternehmen kann dieser Entscheid weittragende Folgen haben. Der Kleinstunternehmer muss sich z.B. die Frage stellen, ob er die Buchhaltung extern vergeben oder ob er sie selber erledigen soll. Grosse Unternehmen lagern z.T. ganze Unternehmensbereiche aus (z.B. Swissair: Auslagerung der EDV).

Weil die Märkte immer dynamischer, der Wettbewerb intensiver und die Kunden anspruchsvoller werden, bevorzugen viele Unternehmen das Outsourcing (Outside und Resourcing). Bereiche, die nicht zum Kerngeschäft gehören, werden ausgegliedert und dadurch Fixkosten in variable Kosten umgewandelt.

Beispiel Organisationsberater: Ein Unternehmen kann sich für einen festangestellten (internen) Organisationsberater entscheiden (Fixkosten: ca. SFr. 200'000.--; man rechnet etwa das Zweifache des Bruttolohnes) oder bei Bedarf auf eine der vielen Beratungsunternehmen zurückgreifen (Tageshonorar: SFr. 1'800.-- bis SFr. 3'500.--).

Outsourcing bietet allerdings noch weitere Möglichkeiten als nur die Reduktion von Fixkosten. Durch Auslagerung der Logistik beispielsweise ergeben sich folgende Vorteile:

- Professionellere Abwicklung durch Spezialisten
- Bessere Nutzung von freien Kapazitäten
- Höhere Flexibilität
- Geringere finanzielle Belastung und höhere Liquidität
- Verbesserung des Lieferservices ohne zusätzliche Kostenbelastung

Beispiel EDV-Programmierarbeiten: Dass vielfach nicht mehr nur die Kosten für eine Auslagerung diverser Leistungen den Entscheid erzwingen, zeigt das Beispiel Indien. Etliche Grossunternehmen geben EDV-Programmierarbeiten nach Indien, wo diese nicht nur günstiger, sondern präziser und vor allem sehr schnell erledigt werden.

Jede Unternehmung muss deshalb prüfen, ob gewisse Leistungen durch externe Anbieter nicht zu einem besseren Preis-Leistungs-Verhältnis erhältlich sind.

1.2 VIRTUELLE UNTERNEHMUNG

1.2.1 DIE ANTWORT AUF VERÄNDERTE RAHMENBEDINGUNGEN

Etlichen Unternehmen – v.a. den kleinen und mittelständischen (KMU) – fehlt es oft an den notwendigen Ressourcen, um alleine den stetig steigenden Anforderungen des Wettbewerbs – fortschreitende Globalisierung, zunehmende Dynamik der Märkte, wachsende Komplexität vieler Produkte, usw. – zu begegnen. Deshalb legen viele Unternehmen ihre Ressourcen durch Kooperation zusammen.

Traditionelle Kooperationsformen wie z.B. strategische Allianzen oder Joint Ventures zeigen, dass langfristige Vorbereitungen, Regulierungen und eine monate- oder sogar jahrelange Aufbauarbeit für eine unternehmensübergreifende Zusammenarbeit notwendig sind. Das hauptsächliche Ziel besteht dabei in der *Stabilität* der Zusammenarbeit.

Die immer kurzfristiger auftretenden Marktbedürfnisse wollen aber immer schneller befriedigt werden und erfordern damit eine rasche Reaktionsfähigkeit und eine hohe *Flexibilität*. Diese Forderung verlangt nach einer neuen Kooperationsform, die durch den Einsatz von modernen Informations- und Kommunikationstechnologien nicht nur unterstützt, sondern erst ermöglicht wird: die Virtuelle Unternehmung.

1.2.2 VIRTUALITÄT

Der Begriff der Virtualität entwickelt sich immer mehr zu einem der zentralen Schlüsselbegriffe für die Gesellschaft von morgen. Die Definition von „virtuell“ im Duden lautet auf „der Kraft oder Möglichkeit nach vorhanden“ und kann als „künstlich oder scheinbar vorhanden“ interpretiert werden.

So stehen hinter den folgenden Begriffen keine physischen Strukturen, sondern die Resultate aus EDV-Prozessen:

- virtual reality (Erlebnis in einer künstlich geschaffenen Welt wie z.B. ein Gleitschirmflug über einer Hügelkette)
- virtual product (vom Kunden spezifizier- und konfigurierbares Produkt wie z.B. ein am PC in Form und Farbe an Kopf und Gesicht angepasster Haarschnitt oder die Zusammenstellung einer „eigenen“ Zeitung auf dem Internet)
- virtual community (Zusammenkunft von Personen über elektronische Kommunikationsmedien wie z.B. ein Diskussionsforum auf dem Internet)

- virtual office (dezentrale Arbeitstätigkeit zu Hause, im Hotel oder im Zug, bei der alle Informationen über Telekommunikation zur Verfügung stehen und elektronisch weiterverarbeitet werden können)

Für den Betrachter oder Teilnehmer ist damit die Realität oder das Produkt im virtuellen Raum „existing in the mind, especially as a product of imagination“ (Internet: American Heritage Dictionary).

Der Begriff „virtual corporation“ wurde 1986 das erste Mal erwähnt und in Analogie zum virtuellen Hauptspeicherkonzept eines EDV-Systems gestellt, bei dem durch die dynamische Allokation des realen Hauptspeichers bei gleichzeitiger Hinzunahme von externem Massenspeicher eine logisch grössere Hauptspeicherkapazität als effektiv vorhanden zur Verfügung steht. Die Adaption dieses Konzepts für eine Virtuelle Unternehmung bedeutet die kurzfristig mögliche Erweiterung um zusätzlich benötigte Ressourcen wie Personen, Teams oder Unternehmen sowie die dynamische und flexible Zuordnung von unterschiedlichen Aufgaben zu diesen Ressourcen. Gegenüber dem Kunden wird der Eindruck erweckt, dass er nur einer einzigen Unternehmung gegenübersteht, d.h., die Leistungen einer Virtuellen Unternehmung erscheinen wie aus einer Hand, obwohl sie faktisch das Ergebnis eines auf viele *unabhängige* Leistungsträger verteilten Prozesses sind(vgl. dazu [Klein 1996: 2]).

> *„Virtualität ist der Schlüsselfaktor der erfolgreichen Unternehmung im 21. Jahrhundert.“ (William Davidow / Michael Malone)*

Den wirklichen Durchbruch des Begriffs der „virtual corporation“ schafften William Davidow und Michael Malone 1992 mit ihrem visionären Buch „The Virtual Corporation: Structuring and revitalizing the Corporation for the 21st century“. Im deutschsprachigen Raum hat sich Joachim Griese erstmals – ebenfalls 1992 – mit dem Begriff der Virtuellen Unternehmung befasst (vgl. dazu [Arnold/Härtling 1995: 5]).

1.2.3 Charakterisierung

1.2.3.1 Eine Definition

für die Virtuelle Unternehmung mit allgemeingültigem Charakter lässt sich bis anhin nicht finden. Die Ansichten der Autoren, die sich bis jetzt zu diesem Thema geäussert haben, gehen teilweise weit auseinander (vgl. dazu [Arnold/Härtling 1995: 5 ff.]). Die folgende Definition stützt sich deshalb auf die Arbeitsdefinition von [Arnold/Faisst/Härtling/Sieber 1995: 2].

Eine Virtuelle Unternehmung ist eine – in der Regel zeitlich begrenzte – Kooperation in Form eines lose gekoppelten Netzwerks von rechtlich und örtlich unabhängigen Unternehmen zur gemeinsamen Erstellung einer bestimmten Leistung. Die Kooperation basiert nicht auf Verträgen oder Kapitalbeteiligungen, sondern vielmehr auf einem gemeinsamen Geschäftsverständnis der Kooperationspartner. Die Kooperationspartner beteiligen sich an der Zusammenarbeit vorrangig mit ihren Kernkompetenzen und verzichten dabei weitgehendst auf die Schaffung von (hierarchischen) Organisationsstrukturen und die Institutionalisierung von zentralen Managementfunktionen, denn die Verteilung und Koordination der Aufgaben wird mit der Nutzung geeigneter Informations- und Kommunikationstechnologien realisiert.

Als Plattform für Virtuelle Unternehmen besteht ein stabiles Beziehungsnetzwerk von mehreren Unternehmungen mit unterschiedlichen Kernkompetenzen. Die effektive Bildung der Virtuellen Unternehmung erfolgt auf der Basis eines bestimmten Auftrags, der über den „Broker“ oder den „Leader“ des Beziehungsnetzwerks akquiriert wird (vgl. Abb. 2.1). Sobald dieser Auftrag – und damit der Geschäftszweck der Virtuellen Unternehmung – erfüllt ist, löst sich diese wieder auf, um sich für einen neuen Auftrag mit anderen Beteiligten wieder neu zu bilden.

Als Beispiele können die „Virtuelle Fabrik“ der Euregio Bodensee[1] genannt werden, die auf einem Beziehungsnetzwerk von über 20 Partnern basiert, oder „the virtual company“[2], in deren Beziehungsnetzwerk 14 Partner v.a. aus der Informationstechnologie-Branche miteinander verbunden sind.

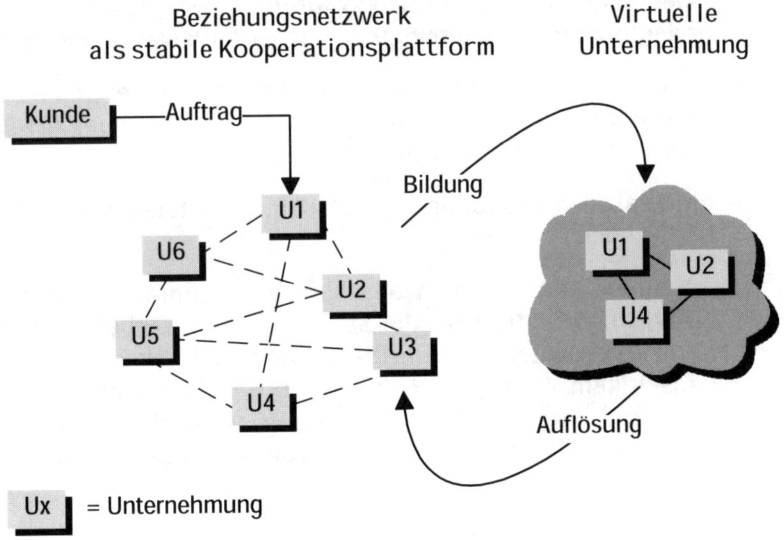

***Abb.** 2.1: Vereinfachte Darstellung einer Virtuellen Unternehmung*

---

1 http://www.unisg.ch/~item/projects/pm/pviruell.htm

2 http://www.roman-cons.ch/roman-cons/firma/zwicker.htm

Die einzelnen Kooperationspartner verfolgen dabei unterschiedliche Zwecke, so z.B.

- die Erhöhung der Wettbewerbsfähigkeit,
- die Erhöhung des Geschäftsvolumens ohne gleichzeitiges Wachstum im gleichen Umfang,
- die bessere Auslastung der eigenen Ressourcen,
- die Nutzung von Ressourcen der Partner (z.B. Vertriebskanäle, Informationssysteme usw.),
- die Ergänzung der eigenen Fähigkeiten
- oder die Erschliessung neuer Märkte dank einer erheblichen Vergrösserung der Reichweite bei gleichzeitiger Bewahrung der lokalen Präsenz – und damit der Kundennähe.

Eine Unternehmung kann so selbst relativ klein – und damit flexibel – bleiben und dennoch eine erhebliche *virtuelle* Grösse erreichen.

1.2.3.2 Die wesentlichen Merkmale

der Virtuellen Unternehmung, die aus der zuvor aufgeführten Definition hervorgehen, werden nachstehend kurz erläutert (vgl. dazu [Arnold/Faisst/Härtling/Sieber 1995: 4]):

Gemeinsames Geschäftsverständnis
bedeutet, dass alle Beteiligten gleicher Auffassung sind in bezug auf

- die Zusammenarbeit und das Verhalten gegenüber den Partnern (z.B. Umgang mit Risiko, Kosten und Gewinnen; Termintreue; Zuverlässigkeit; Geheimhaltung gegenüber Dritten usw.) und
- die zentralen Produktmerkmale (z.B. Qualitätsniveau, Funktionsumfang, Form usw.).

Bei einem gemeinsamen Geschäftsverständnis kann somit weitgehendst auf Verträge – die zwar die Stabilität fördern, aber die Flexibilität behindern – verzichtet werden. Die Zusammenarbeit basiert vielmehr auf gegenseitigem Vertrauen, Respekt und Geschäftsethik. So sollten z.B. Konflikte und Streitigkeiten nicht auf dem rechtlichen Weg, sondern bilateral oder auch mit der Unterstützung von beigezogenen Schiedsleuten bereinigt werden.

Kernkompetenzen
sind die herausragenden Fähigkeiten und Technologien einer einzelnen Unternehmung – also ihre Stärken. Die gegenseitige Ergänzung der Kernkompetenzen der beteiligten Unternehmen führt zu einer kurzfristig realisierten und vom Kunden permanent wahrgenommenen Gesamtkompetenz

der Virtuellen Unternehmung. Eine Virtuelle Unternehmung kann somit auch als eine „best-of-everything-organization" [Mertens/Faisst 1995: 4] bezeichnet werden. Eine einzelne Unternehmung ist im Gegensatz dazu nicht in der Lage, innert derselben kurzen Zeit ein gleiches Mass an Gesamtkompetenz bereitzustellen.

Der weitgehende Verzicht auf die Institutionalisierung zentraler Managementfunktionen bei der Gestaltung Virtueller Unternehmen kann sicherlich als einer der wesentlichen Unterschiede zu anderen Kooperationsformen angesehen werden. Leistungsfähige Informations- und Kommunikationssysteme unterstützen den für die Koordination der anfallenden Aufgaben erforderlichen Informationsaustausch in einem hohen Mass.

1.2.3.3 Abgrenzung von anderen Kooperationsformen

Die Merkmale einer Virtuellen Unternehmung scheinen nicht neu zu sein. Bei der Gegenüberstellung mit anderen Kooperationsformen lassen sich aus heutiger Sicht doch v.a. folgende Unterschiede feststellen (vgl. dazu [Arnold/Faisst/Härtling/Sieber 1995: 4]):

- Die Bildung einer Virtuellen Unternehmung erfordert im Gegensatz zu einem Joint Venture *nicht* die Neugründung einer rechtlich unabhängigen Unternehmung.
- Eine Virtuelle Unternehmung dient *nicht* der Beschränkung des Wettbewerbs, wie dies bei Kartellen der Fall ist. Vielmehr steht der Gewinn aller – auch derjenige der Kunden – im Vordergrund.
- Währenddem sich eine strategische Allianz meistens auf *einzelne* Funktionen (z.B. gemeinsame Forschung und Entwicklung) oder Zielsetzungen (Zugang zu einer neuen Technologie oder einen neuen Markt über den Partner) beschränkt, so deckt die Virtuelle Unternehmung mit der gegenseitigen Ergänzung ihrer Kompetenzen *alle* erforderlichen Funktionen bei der Leistungserstellung und -vermarktung ab.
- Im Gegensatz zu einem Konsortium benötigt eine Virtuelle Unternehmung *keine* notariell abgesicherten Verträge, sondern basiert auf einem sich deckenden Geschäftsverständnis der Beteiligten.

1.2.3.4 Der Einsatz von Informations- und Kommunikationssystemen

unterstützt bzw. ermöglicht erst die flexible, kurzfristig realisierbare, kostengünstige, effiziente und transparente Zusammenarbeit von unabhängigen Unternehmen über geografische und zeitliche Distanzen hinweg. Grundlegend ist dabei die informationstechnische Vernetzung der Partner z.B. via Internet im Sinne einer übergreifenden, gemeinsamen Infrastruktur (vgl. dazu [Faisst 1995: 4]).

Wir unterscheiden dabei das Internet als Kommunikationsinfrastruktur und die verschiedenen Dienste wie E-Mail (SMTP, Simple Mail Transfer Protocol), Dateitransfer (FTP, File Transfer Protocol) und Hypertexttransfer (HTTP, Hyper Text Transfer Protocol), die auf dem TCP/IP-Protokoll (Transmission Control Protocol/Internet Protocol) aufbauen.

Als Hauptargumente für die Verwendung des Internets stehen seine weltweite Ausdehnung und seine Kapazität bei der Integration unterschiedlicher Systeme. Denn das Internet unterstützt sämtliche gängigen Computertypen (vom Supercomputer bis zum PC), Betriebssysteme und Kommunikationsmedien (wie z.B. Koaxialkabel, Lichtwellenleiter etc.). Auf der Basis des TCP/IP-Protokolls besteht die Möglichkeit der funktions- und standortübergreifenden Verwendung von Applikationen und Daten. Damit sind wesentliche Voraussetzungen für das Arbeiten in verteilten Teams erfüllt. Zudem bietet das Internet den Unternehmen eine allen bekannte Kommunikationskultur, die zu einem schnelleren Verständnis zwischen den Kooperationspartnern führt und damit nicht nur für die technische, sondern auch für die kulturelle Integration sorgt [Sieber 1996/1: 23].

Fazit

Eine Virtuelle Unternehmung sprengt also klassische Unternehmungsgrenzen nicht nur in räumlicher und zeitlicher, sondern auch in rechtlicher Hinsicht. Die Aufgabenbewältigung findet damit nicht mehr in statischen, vordefinierten Strukturen statt. Es erfolgt vielmehr eine problembezogene, dynamische Verknüpfung realer Ressourcen zur Bewältigung spezifischer Aufgabenstellungen. Es handelt sich um eine Organisationsform, die in Teilen, aber auch als Ganzes flüchtig sein kann oder aber durch dynamische Rekonfiguration in der Lage ist, sich hochgradig variablen Marktanfordernissen flexibel, dynamisch und v.a. schnell anzupassen. Die Virtuelle Unternehmung bildet den Gegenpol zur Unternehmungsform mit eigentummässig und vertragsmässig relativ klar definierten Grenzen, einer stabilen Standortbildung, einer relativ dauerhaften Ressourcenzuordnung und geregelten Ablaufstrukturen [Picot/Reichwald 1996: 391 ff.].

Eine Virtuelle Unternehmung definiert sich nicht mehr über ihre Grösse oder ihre Grenzen, sondern primär über die Art und Qualität ihrer Produkte sowie die Fähigkeit, sich neuen Gegebenheiten schnellstmöglich und ohne grossen Aufwand anpassen zu können.

Die Virtuelle Unternehmung ist die bisher weitgehendste Form von Telekooperation – der ortsunabhängigen Zusammenarbeit über die Nutzung von modernen Informations- und Kommunikationstechnologien. Die Zukunft wird zeigen, ob sich die Virtuelle Unternehmung nur als vorübergehende (Mode-)Erscheinung erweist oder wirklich „das Herz der neuen Wirtschaftsrevolution" darstellt – wie William Davidow und Michael Malone meinen.

2

Outsourcing

2.1 Einführung

Informationssysteme sind in den letzten Jahren immer stärker zu einem strategischen und operativen Erfolgsfaktor von Unternehmen geworden. Besonders die Globalisierung von Märkten und steigender Wettbewerbsdruck in vielen Branchen führen zu hohen Anforderungen an die Informatik. Den gestiegenen Anforderungen stehen wiederum rasche Kostenentwicklungen gegenüber. Trotz des Preiszerfalls der Hardware sind in vielen Unternehmungen die Kosten für die Informationsverarbeitung im Vergleich zu den Umsätzen überproportional gestiegen. Ergänzend dazu können viele Unternehmen dem Innovationstempo der Informatik und damit dem raschen Wechsel von Informatiktechnologien aufgrund finanzieller Barrieren und mangelnden Know-hows nur begrenzt folgen. Um den steigenden Anforderungen zu begegnen, werden zunehmend alternative Organisations- und Gestaltungskonzepte der Informatik diskutiert.

2.1.1 Outsourcing „früher"

In den letzten Jahren hat das *Outsourcing* von IS-Aufgaben sowohl in der Praxis als auch in der Theorie erhebliches Interesse gefunden. Während in den 60er Jahren die „gemeinsame Computernutzung ausser Haus" propagiert wurde, führte der Preiszerfall in den folgenden Jahren dazu, dass die Nutzung externer Rechenzentren immer mehr an Bedeutung verlor.

2.1.2 Outsourcing „heute“

Der Abschluss von teilweise spektakulären Outsourcing-Verträgen in noch nie dagewesenen Dimensionen hat das Outsourcing in den Brennpunkt der Diskussion gerückt und gleichzeitig für erhebliche Unruhe in der EDV-Fachwelt gesorgt. Warum lagern grosse, weltumspannende Konzerne, denen man gewiss nicht „Mangel an Geld, Talent und Phantasie“ vorwerfen kann, teilweise die komplette Informationsverarbeitung aus?

Dafür sind vor allem die eingangs erwähnten und die nachfolgend aufgeführten Rahmenbedingungen verantwortlich:

- Der *technische Aufholprozess* vieler Niedriglohn-Länder führt dazu, dass Leistungen (z.B. Programmierung), die zuvor nur in Hochtechnologie-Ländern erbracht werden konnten, auf qualitativ ausreichendem oder sogar gleichem Niveau am Weltmarkt *billiger* zugekauft werden können.
- Die *Fokussierung der Unternehmungen* auf ihre Kerngeschäfte führt vielerorts zur kritischen Hinterfragung der Eigenfertigung von Gütern und Dienstleistungen, die nicht als strategisch wichtig eingestuft werden.
- *Gemeinkosten-Wertanalysen* zeigen, dass eine innerbetriebliche Erstellung nicht unmittelbar wertschöpfungsbezogener Dienste erhebliche Kosten verursachen kann. Die in der Rezession vehement verfolgten Kostensenkungsprogramme führen zu einer Redimensionierung von Zentralbereichen, die teilweise durch Fremdbezug von Dienstleistungen ausgeglichen wird.

Mit gewissen Schwerpunktverschiebungen gegenüber den 60er Jahren, die insbesondere in der Einbeziehung strategischer Überlegungen liegen, wird vor allem seit der 1989 erfolgten spektakulären Entscheidung von Eastman Kodak über einen Fremdbezug vieler Informatik-Leistungen das Thema „Outsourcing“ wieder intensiver diskutiert, d.h., ob und unter welchen Voraussetzungen IS-Aufgaben besser extern als intern wahrgenommen werden können. Die Zahl der Konzerne, die heute einen eigenen „Informatik-Ableger“ haben, ist gross, wie die nachfolgende Tabelle zeigt.

Muttergesellschaft	Ausgegliedertes Unternehmen
Daimler-Benz	Debis Systemhaus GmbH
Deutsche Babock	DVO GmbH
General Motors	EDS
Mannesmann	Mannesmann Datenverarbeitung

Muttergesellschaft	Ausgegliedertes Unternehmen
Philips	Origin
Schweizerischer Bankverein	Systor
Sulzer AG	Sulzer Informatik
Swissair	Atraxis
VW	VW-Gedas GmbH

Auch Consulting-Firmen und Hardware-Hersteller gehen mehr und mehr dazu über, zusätzlich Informatik-Dienstleistungen anzubieten. Die zunehmende Standardisierung von Produkten und Dienstleistungen im und um den Informatikmarkt herum begünstigt das Outsourcing zusehends.

OUTSOURCING ist kein Modetrend, sondern betriebswirtschaftliche Notwendigkeit!

2.1.3 DER FALL „EASTMAN KODAK CO."

Der Fall von Eastman Kodak Co., Rochester, New York, gilt als Vorzeigebeispiel und Auslöser für den neuen Trend zum Outsourcing.

Am 2. Oktober 1989 schloss Kodak einen Fünf-Jahres-Vertrag mit der Businessland Inc., San Jose, Cal., ab, der die Übertragung der Verantwortung für die gesamten PC-Systeme und lokalen Netzwerke (LAN) an Businessland regelte. Sinnigerweise wurde der Vertrag als „Microbuddy" bezeichnet. Nur wenige Tage später annoncierte Kodak einen Vertrag namens „Bluestar", der mit dem Computerhersteller IBM abgeschlossen wurde. Im Rahmen dieses Vertrages mit 10-jähriger Laufzeit sollten die bislang vier Rechenzentren von Kodak in ein einziges Rechenzentrum zusammengeführt werden, für dessen Planung, Aufbau und Betrieb allein IBM verantwortlich zeichnete. Am 23. Februar 1990 wurden dann in einem Vertrag namens „Telstar" das Management und der Betrieb der weltweiten Kommunikationsnetzwerke (Sprache und Daten) des Kodak-Konzerns auf die Digital Equipment Corp. (DEC) übertragen.

Durch diese umfangreichen Auslagerungsmassnahmen geriet Outsourcing auch in das Blickfeld anderer Unternehmen, die sich fortan mit dieser Thematik beschäftigten, auch ohne dass wirtschaftliche oder personelle Engpässe besondere Gründe dafür geboten hätten. Daraus ergibt sich die Frage, welche weiteren Ursachen und Motive für das wachsende Interesse an Outsourcing bestehen könnten.

2.1.4 Outsourcing in der Schweiz

Auch in unserer „kleinen" Schweiz gibt es einige Beispiele, die den Trend des Outsourcings bestätigen. Die nachfolgend zusammengefasste *Pressemitteilung „Zuger KB beschliesst Zusammenarbeit mit AGI"* vom 23. Juli 1996, die über das Internet (http://www.bodan.net/agi/presse/pr23796d/pm.htm) abgerufen werden kann, soll diesen Trend exemplifizieren.

2.1.4.1 Zuger KB beschliesst Zusammenarbeit mit AGI

Die Zuger Kantonalbank hat den Grundsatzentscheid gefällt, in der Informatik mit der AGI, St. Gallen/Zürich, zusammenzuarbeiten. Mit dieser Kooperation wird das Informatik-Entwicklungspotential der Zuger Kantonalbank erheblich erhöht. Im Laufe der nächsten Jahre wird die Zuger Kantonalbank die zentralen Anwendungen der AGI übernehmen. Die vertraglichen Modalitäten werden zur Zeit ausgearbeitet.

Die Zuger KB begründet ihren Entscheid mit der rasanten Entwicklung im Bereich der Technologie und Bankinformatik, mit dem zunehmenden Konkurrenzdruck sowie den wachsenden Ansprüchen seitens der Kunden. Bei diesem Veränderungsprozess spielen die Informatik-Anwendungen der einzelnen Banken eine zentrale Rolle. Mit identischen Anwendungs-Plattformen sei eine effiziente und zukunftsgerichtete Zusammenarbeit der einzelnen Kantonalbanken besser möglich.

Gemeinsame Informatik-Lösungen für acht Kantonalbanken
Die AGI Holding AG erarbeitet für ihre Partnerbanken in der Informatik gemeinsame und kompatible Lösungen. Zur AGI, die 410 Mitarbeiter beschäftigt, gehören die Appenzell-Innerrhodische Kantonalbank, die Freiburger Staatsbank sowie die Kantonalbanken von Glarus, Luzern, Nidwalden, Obwalden, St. Gallen und Thurgau.

Im Februar 1996 hat die AGI die Zusammenlegung der Rechenzentrums-Banken am gemeinsamen Standort in Weinfelden/TG erfolgreich abgeschlossen. Seit Juni 1996 bezieht auch die Graubündner Kantonalbank Rechnerleistungen vom AGI-Rechenzentrum.

2.2 Was wird unter dem Begriff „Outsourcing" verstanden?

Was ist unter dem Begriff „Outsourcing" zu verstehen, der von den Befürwortern als Möglichkeit gefeiert wird, Kosten zu senken und Betriebsrisiken auszulagern, und von den Skeptikern als Weg in die Abhängigkeit gefürchtet wird?

2.2.1 BEGRIFFSUMSCHREIBUNG

OUTSOURCING

„Outsourcing" ist ein Kunstwort aus *Outside* und *Resourcing*; gemeint ist damit eine teilweise oder sogar vollständige Auslagerung von betrieblichen Funktionsbereichen zum Zweck der Fremderstellung von Funktionen durch externe Dienstleistungserbringer. Prinzipiell kann sich das Outsourcing auf alle denkbaren Sach- oder Dienstleistungen beziehen. Üblicherweise sind dies z.B. die Bereiche Gebäudereinigung, Wach- und Schliessdienst, Kantinenverpflegung, häufig auch Transporte, Werbung oder Fremdfertigung von Halb- und Fertigfabrikaten.

Bei den meisten traditionellen Entscheidungen über Eigenfertigung bzw. Fremdbezug liegen die Alternativen oft nur in einer vollständigen Eigenfertigung bzw. einem vollständigen Fremdbezug. Bei Entscheidungen über das Outsourcing von IS-Aufgaben ist die Sachlage oft komplexer; insbesondere ist zu berücksichtigen, dass:

- die Qualität von IS-Dienstleistungen häufig schwieriger zu beurteilen ist als jene von Sachgütern,
- eine teilweise Auslagerung ausgewählter IS-Aufgaben (IS-/IT-Strategie, Systementwicklung, -implementierung, -betrieb, -betreuung und -unterhalt) möglich ist,
- bei der Entscheidungsfindung neben kostenrechnerischen und finanzwirtschaftlichen Rechnungen auch die strategische Bedeutung der Auslagerungsentscheidung berücksichtigt werden muss.

Verschiedentlich werden Teilbereiche des Outsourcings auch unter den Begriffen „Inhouse-Outsourcing" und „Facilities Management" diskutiert.

INHOUSE-OUTSOURCING

Unter *„Inhouse-Outsourcing"* versteht man die Organisation eines betrieblichen Funktionsbereiches als Profitcenter bzw. als rechtlich selbständiges Unternehmen, wobei die Leistungen auch betriebsfremden Abnehmern angeboten werden können.

Ein Beispiel dafür sind konzerneigene Rechenzentren, die ihre Dienstleistungen und ihr Know-how auch Dritten zur Verfügung stellen.

FACILITIES MANAGEMENT

Über *„Facilities Management"* bestehen sehr vielfältige und zum Teil sehr unterschiedliche Auffassungen.

In Zusammenhang mit der Informatik wird darunter die Übertragung der Entwicklung, der Implementierung, des Betriebs und der Verwaltung von Einrichtungen der betrieblichen Informatik verstanden. Facilities Management kann für begrenzte Aufgabengebiete wie Planung, Steuerung und Betrieb von Rechenzentren und Benutzerservicezentren oder für andere Dienstleistungen wie zum Beispiel das Netzmanagement angeboten werden.

2.2.2 Formen des Outsourcings

Outsourcing bedeutet nur in Ausnahmefällen, dass sich Unternehmen von den gesamten IS-Aufgaben „befreien". Vielmehr gilt es, jene Leistungen von aussen zu beziehen, die externe Anbieter effizienter erbringen oder abwickeln können. Es geht also um die Frage nach der Zweckmässigkeit der überbetrieblichen und zwischenbetrieblichen Arbeitsteilung, aber auch um eine ökonomisch fundierte Leistungsoptimierung im Bereich der Informatik. Dabei ist zu beachten, dass bei einer Leistungsoptimierung nicht nur zwischen den beiden extremen Alternativen „Eigenfertigung" und „Fremdbezug" zu entscheiden ist, sondern dass eine Reihe von unterschiedlicher Formen möglich sind. Es können beispielsweise nur relativ kleine Teilbereiche ausgelagert werden, wie der Betrieb einzelner Informationssysteme, die Schulung von Mitarbeitern oder die Übernahme von Wartungsarbeiten, oder grössere Bereiche, wie z.B. Rechenzentrum, Netzwerkmanagement oder sogar die gesamte Datenverarbeitung.

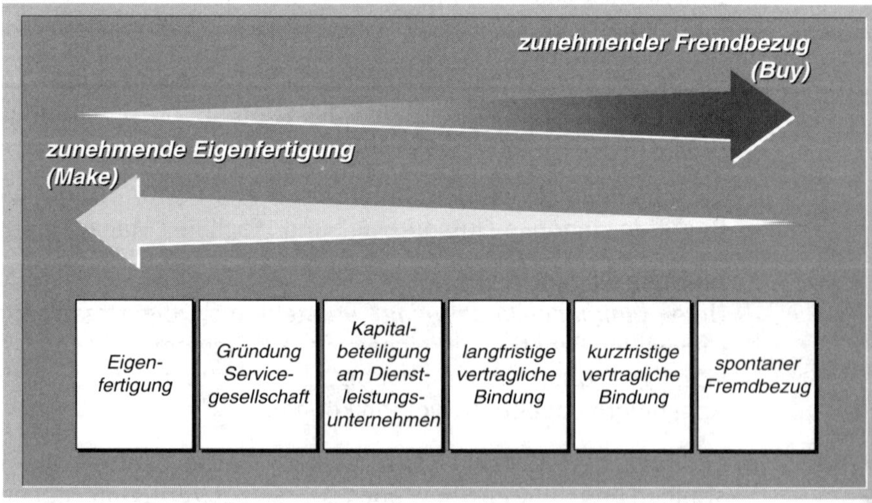

Abb. *2.2: Die Outsourcing-Formen*

Abbildung 2.2 zeigt eine Reihe von möglichen Formen des Outsourcings, die auf vielfältige Art und Weise in ein und derselben Unternehmung vertreten sein können.

Neuerdings werden Outsourcing-Vereinbarungen auch als Partnerschaften oder strategische Allianzen betrachtet, da zwischen Outsourcing-Anbieter und -Nachfrager auf relativ lange Sicht eine enge Zusammenarbeit erforderlich ist. Eine wesentliche Voraussetzung für eine erfolgreiche Partnerschaft oder Allianz ist mithin die Verträglichkeit der Unternehmenskulturen beider Parteien (siehe auch Abschnitt 2.7 „Beurteilung und Auswahl der Dienstleistungsanbieter [Outsourcer]").

2.2.3 WAS KANN AUSGELAGERT WERDEN?

Wie bereits in Abschnitt 2.4.2 erwähnt, findet eine Fokussierung der unternehmerischen Aktivitäten auf die Kerngeschäfte statt. Diese Fokussierung führt dazu, dass „nicht-wertschöpfende sowie nicht-strategische Dienstleistungen und Güter" über den Outsourcing-Markt beschafft werden. Mit dem Outsourcen von Informatik-Aufgaben werden einige Fragen aufgeworfen:

- Soll man die eigene Informatik, den strategischen Produktionsfaktor „Information", in fremde Hände geben?
- Können mit einer Outsourcing-Strategie Wettbewerbsvorteile gegenüber Konkurrenten noch ausgebaut werden?
- Kann die Unternehmung noch frei entscheiden?

In der Tat kann sich ein Informatikausfall folgenschwer auf die Unternehmung auswirken, ja sogar existenzbedrohend sein. Im Falle des elektrischen Stroms käme aber keiner auf den Gedanken, ein eigenes Kraftwerk zu bauen, um die Stromversorgung sicherzustellen – was nicht ausschliesst, dass für zeitkritische Anwendungen (z.B. Börsensysteme, Kassensysteme etc.) eine unterbruchsfreie Stromversorgung (USV) notwendig sein kann.

Mit diesem Beispiel soll verdeutlicht werden, dass aus unternehmerischer Sicht auch lebensnotwendige Ressourcen über professionelle Anbieter eingekauft werden können. Als beispielsweise die amerikanische *Continental Bank* ihre „Kronjuwelen" (die eigene Informatik) in fremde Hände gab, begründete Vice Chairman Richard L. Huber diesen Schritt so: „Wir sind gute Bankiers – aber wir sind nicht darauf spezialisiert, Cafeterien zu betreiben oder Rechtsauskünfte zu erteilen."

Eine Entscheidung für das Outsourcing hat einen erheblichen Einfluss auf den Erfolg und die Entwicklungsmöglichkeiten eine Unternehmens. Ein zu hoher Anteil der internen Leistungsabwicklung bindet in einem höheren Masse als erforderlich internes Know-how, Managementkapazität und Kapital. Andererseits kann die Auslagerung von IS-Aufgaben zu strategischen Fehlentwicklungen und Abhängigkeiten führen. Dies ist insbesondere dann der Fall, wenn Kernaufgaben und zukunftsträchtige Aufgabenfelder einer Unternehmung mangels eigener Kapazität und eigenen Know-hows geoutsourct werden.

2.2.4 Bereiche des Outsourcings

Die Informatik lässt sich grundsätzlich in die Outsourcing-Bereiche „Consulting", „Anwendungsentwicklung" und „Anwendungsbetrieb" gliedern (vgl. Abb. 2.3).

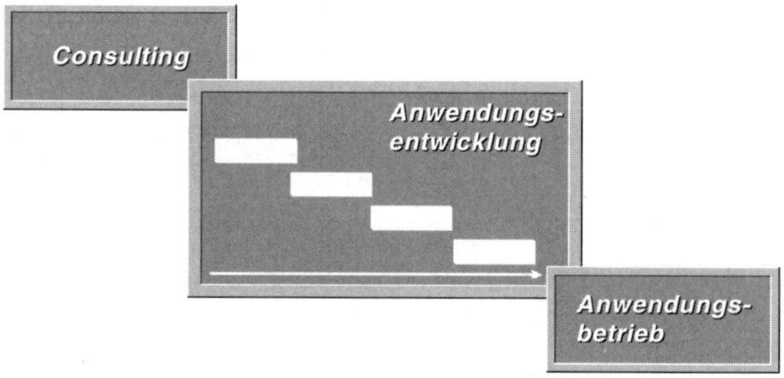

***Abb.** 2.3: Die Outsourcing-Bereiche*

In der nachfolgenden Tabelle werden die Outsourcing-Bereiche in verschiedene Teilbereiche und Aktivitäten gegliedert.

Outsourcing-Bereich	*Teilbereiche, Aktivitäten*
Consulting	• allgemeine Beratung, Consulting • Erarbeitung von Strategien, Konzepten, Zielen und Standards • Modellierung von Informationsflüssen, Prozessen und Organisationen • strategische Informatik-Ausbildung für Mitarbeiter/Management

Outsourcing-Bereich	*Teilbereiche, Aktivitäten*
Anwendungs-entwicklung	• Erarbeitung von Fachkonzepten • Durchführung von Softwareauswahl • Entwicklung, Realisierung von Fach-konzepten • Test, Implementierung, Integration und Einführung der Anwendungen und Systeme
Anwendungsbetrieb (Rechenzentrums-betrieb)	• Anwenderschulung und -support • Betrieb der Anwendungen und Systeme • Applikationswartung • Desktop/Server/-Implementierung und Betrieb • System- und Netzwerkmanagement

2.2.5 WARUM WÄCHST DER OUTSOURCING-MARKT?

Die zunehmende Tendenz zum Outsourcing findet ihre Begründung oft in den gestiegenen Anforderungen an die Informatik und im zunehmenden Kostendruck. Häufig angeführte Argumente sind dabei:

- Gestiegene Anforderungen an die Anpassungsfähigkeit der Unternehmung durch Veränderungen im Wettbewerb und deren Schwierigkeiten bei der Anpassung der EDV-Systeme an diese neuen Anforderungen.
- Schwierigkeiten bei der Wartung bestehender Softwaresysteme und damit verbundener Anwendungsstau bei der Entwicklung neuer Systeme.
- Nicht ausreichende Personalkapazitäten und mangelndes Know-how im Informatikbereich verzögern den Abschluss von Projekten.
- Die Wünsche der Fachabteilungen nach neuen oder modernisierten Anwendungen überschreiten oftmals die Kapazitäten der Entwicklungsabteilungen und treiben zusätzlich die Kosten für Softwareentwicklungen in die Höhe.
- Probleme bei der Integration von individuellen Anwendungen.
- Die Integration von unterschiedlichen (z.T. heterogenen) Rechnersystemen führt zu immer komplexer werdenden „vernetzten Rechnerlandschaften“, deren Handhabung und Betrieb immer schwieriger werden.
- Forderung nach höherer Verarbeitungsgeschwindigkeit und besserer Verfügbarkeit.

- Forderung nach einem besseren Kosten-Nutzen-Verhältnis in der Informatik.
- Die stark gestiegene Komplexität im Informatikbereich überfordert die dafür verantwortlichen Führungskräfte.

Für das Wachstum des Outsourcing-Marktes sind einerseits die Outsourcing-Tendenzen der Unternehmen von grosser Bedeutung und andererseits die Standardisierungsbemühungen der Datenbank-, Betriebssystem- und Standardanwendungssoftware-Hersteller. Mit dieser Standardisierung werden die Voraussetzungen dafür geschaffen, dass Dienstleistungsanbieter für mehrere Kunden gleiche Hard- und Softwaresysteme verwenden können und damit Massenvorteile (Economies of scale) und eine bessere Auslastung des erworbenen Know-hows erzielen.

Wie aus Abbildung 2.4 zu entnehmen ist, wird gemäss Schätzung der Fachzeitschrift *„Input“* der Markt für Outsourcing in Deutschland in den nächsten Jahren pro Jahr um ca. 19 Prozent zunehmen.

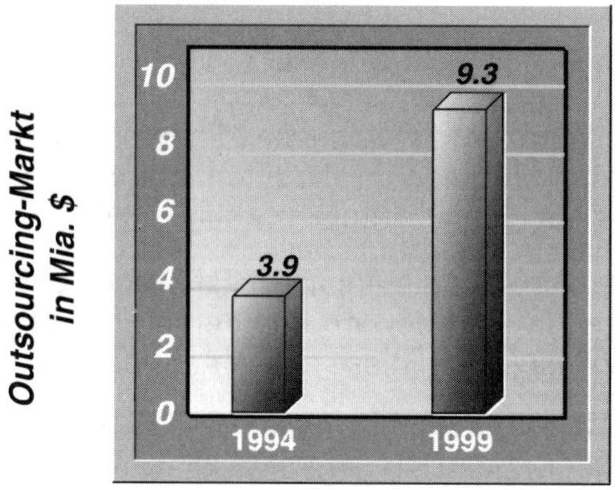

***Abb.** 2.4: Entwicklungsprognosen im Outsourcingbereich für Deutschland*

2.3 Die Make-or-Buy-Entscheidung

Outsourcing stellt sich als ein relativ schwer abzugrenzendes Konzept dar, das in der aktuellen Diskussion über effizientes Informationssystemmanagement einen erheblichen Stellenwert einnimmt. Das Thema Outsourcing berührt alle strategischen Ebenen einer Unternehmung, d.h. die oberste Führungsebene (Initiierung, Entscheidung) und die strategischen Geschäftseinheiten (welche Teile der Informationsverarbeitung werden ausgelagert?) sowie die einzelnen operativen Funktionalbereiche (Informatik-Abteilung, Rechenzentrum, Personal). Outsourcing ist ein sehr komplexes Entscheidungsproblem, bei dessen Bewertung eine Vielzahl von Kriterien beachtet werden müssen.

2.3.1 Unternehmens-, Informatik- und Outsourcingstrategie?

***Abb.** 2.5: Unternehmens-, Informatik- und Outsourcingstrategie?*

Eine Informatikstrategie dient zur Umsetzung und Unterstützung der erarbeiteten Unternehmensstrategien mit Hilfe von Informatiksystemen. Ausgangspunkt für eine „Make-or-Buy-Entscheidung“ bildet die Unternehmens- sowie Informatikstrategie und die bestehende resp. angestrebte IS-/IT-Architektur der Unternehmung. Erst mit Hilfe der Informatikstrategie kann aus strategischer Sicht analysiert werden, welche IS-Aufgaben intern abgewickelt und welche an externe Dienstleistungsanbieter vergeben werden sollen.

Selbst Unternehmen, die sich für eine umfassende Outsourcing-Strategie entscheiden, müssen zumindest die strategisch bedeutsamen Aufgaben des Informationssystemmanagements weiterhin intern bewältigen.

Outsourcing ersetzt also nicht die Erfordernis, eine Informatikstrategie für ein Unternehmen zu entwickeln, sondern es setzt eine solche voraus!

2.3.2 KOSTENVERGLEICH

Zumeist werden bei der Auslagerung von IS-Aufgaben sehr hohe Erwartungen an mögliche Kostenreduktionen gestellt. Häufig stützen sich Outsourcing-Entscheidungen deshalb auf den Vergleich relevanter Kostendaten. Dabei erfolgt in der Regel eine Gegenüberstellung von Kosten des Fremdbezugs mit den entscheidungsrelevanten Kosten der internen Leistungserstellung.

In vielen Fällen erweist sich diese kostenrechnerische Gegenüberstellung als höchst problematisch. Nicht selten können die effektiven sowie die geplanten Kosten für die Leistungsgegenüberstellung nicht in der erforderlichen Granularität ermittelt werden, andererseits werden bedeutsame Kriterien wie zum Beispiel Transaktionskosten, Datensicherheit, Qualität, Unabhängigkeit, Flexibilität und Risikominderung oftmals nicht berücksichtigt.

2.3.2.1 TRANSAKTIONSKOSTEN

Die Entwicklung und der Betrieb von Informationssystemen verursacht beträchtliche Kosten der Steuerung, Abwicklung und Kontrolle bei der internen und externen Leistungserbringung. Solche Kosten, die durch die Koordination entstehen, werden als *Transaktionskosten* bezeichnet. Sie treten zu den eigentlichen Entwicklungskosten (Analyse, Design, Realisierung etc.) hinzu und machen in vielen Fällen einen grossen Teil der Gesamtkosten aus, die für die Erstellung und Sicherung der Leistungsbereitschaft von Informationssystemen anfallen.

Oder mit anderen Worten umfassen die Transaktionskosten jene „Opfer", die in Kauf genommen werden müssen, damit eine Vereinbarung über interne oder externe Leistungserstellung zustande kommt, adäquat überwacht und gegebenenfalls an veränderte Bedingungen angepasst wird.

Um Missverständnissen vorzubeugen, sei an dieser Stelle angemerkt, dass der hier verwendete Begriff *„Transaktion"* nicht mit dem Transaktionsbegriff verwechselt werden darf, der in der Wirtschaftsinformatik Verwendung findet. Dort bezeichnet eine Transaktion zum einen den „elementaren Übergang von einem konsistenten Zustand der Datenbank in einen anderen konsistenten Zustand", zum anderen bei einer vorgangsorientierten Sichtweise die im Dialog geführte Abwicklung von formalisierten und meist kurzen Verarbeitungsvorgängen (z.B. Börsenauftrag, Kontoüberweisung).

Zu den ***Transaktionskosten*** zählen:

- **Anbahnungskosten**
  Hierzu zählt man die bei der Suche nach geeigneten Transaktionspartnern und der Beschaffung von Informationen über deren Konditionen anfallen-

den Kosten. Allgemeine Beispiele für Transaktionen in dieser Phase sind die Durchführung von Branchen-/Konkurrentenanalysen und Beratungsgesprächen, die Personalauswahl oder die Beauftragung externer Berater. Für den speziellen Fall des Outsourcings kann man z.B. die Suche nach potentiellen Outsourcing-Anbietern, den Vergleich zwischen verschiedenen Angeboten und die Erarbeitung von Vergleichsunterlagen (Kostenaufstellungen) nennen.

- **Vereinbarungskosten**
  Diese entstehen durch die Intensität und die Dauer der Vertragsverhandlungen, der Formulierung und des Abschlusses des Vertrags. Beispielhaft seien hier die Kosten der Qualitätsspezifizierung, des Notars, der Aushandlung von Prämien, der Gestaltung des internen Vorschlagswesens und der Abstimmung der Planung zwischen den verschiedenen Funktionsbereichen genannt. Bei Outsourcing-Vereinbarungen sind dies z.B. Kosten für die Erstellung eines genauen Leistungsverzeichnisses, für den Verhandlungsaufwand und Vertragsformulierungskosten (Rechtsanwaltskosten).

- **Kontrollkosten**
  Die Überwachung der Einhaltung von Termin-, Qualitäts-, Mengen-, Preis- oder Geheimhaltungsvereinbarungen verursacht Kontrollkosten. So muss beispielsweise für die externe Softswareentwicklung eine interne Softwareeingangskontrolle und -abnahmestelle eingerichtet werden.

- **Anpassungskosten**
  In diese Kategorie fallen alle Kosten, die sich durch Modifikationen des Vertragsinhalts (Termin, Qualität, Menge, Preis) aufgrund veränderter Bedingungen während der Laufzeit ergeben. Exemplarisch seien hier Konventionalstrafen und Kompensationen zu erwähnen.

Derartige Transaktionskosten entstehen zum Teil bei der internen als auch bei der externen Leistungserstellung. Die Zusammensetzung und Höhe der Kosten ist massgeblich von der gewählten Outsourcing-Form und von den Eigenschaften der jeweiligen Leistung abhängig.

2.3.3 DAS MAKE-OR-BUY-ENTSCHEIDUNGSPORTFOLIO

Nach der Analyse der verschiedenen Formen sowie der Vor- und Nachteile des Outsourcings gilt es, ein geeignetes Instrumentarium zur Unterstützung von Outsourcing-Entscheidungen zu entwickeln. In der betrieblichen Praxis bilden oft Kostenvergleiche, Argumentenbilanzen (was spricht für resp. gegen Outsourcing) und das *„Make-or-Buy-Entscheidungsportfolio“* wesentliche Grundlagen für Outsourcing-Entscheidungen.

Mit Hilfe des *„Make-or-Buy-Entscheidungsportfolios"* kann einerseits der Make-or-Buy-Entscheidungsprozess unterstützt, andererseits transparent dargestellt werden.

Die Portfolio-Technik

Wird die Portfolio-Technik allgemein im Rahmen strategischer Planungsansätze betrachtet, so ist ihr Hauptzweck der Einsatz als Planungsinstrument zur Ableitung und Beurteilung möglicher Strategiealternativen. Mit Hilfe dieser Darstellungstechnik wird versucht, ein vieldimensionales Problem (der Make-or-Buy-Entscheidungsprozess) auf zwei besonders wesentlich erscheinende Dimensionen zu reduzieren, und man hofft, durch die systematische Analyse aller Dimensionen in zweidimensionaler Darstellung das vieldimensionale Problem zu lösen.

Abbildung 2.6 stellt den Raster des „Make-or-Buy-Entscheidungsportfolios" dar.

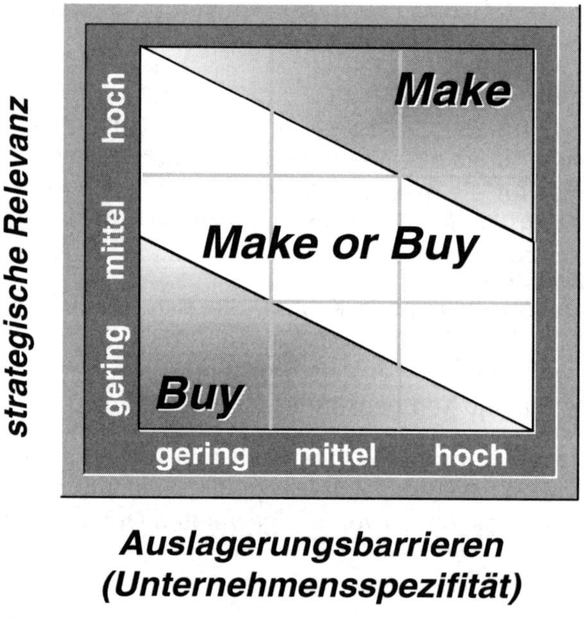

***Abb.** 2.6: Das Make-or-Buy-Entscheidungsportfolio*

Die Dimensionen

Für den Make-or-Buy-Entscheidungsprozess können folgende zwei Dimensionen als besonders wichtig bezeichnet werden:

- **Strategische Relevanz**
  IS-Aufgaben weisen eine hohe strategische Relevanz auf, wenn diese ein gegenwärtiges oder zukünftiges strategisches Potential enthalten und zum Aufbau von Wettbewerbsvorteilen geeignet sind. Strategisch bedeut-

same Informationssysteme sind in aller Regel gleichzeitig unternehmensspezifische Leistungen.

- **Unternehmensspezifität**
  IS-Aufgaben weisen eine hohe Unternehmensspezifität auf, wenn sie nur für den besonderen Verwendungszweck des Unternehmens nutzbar und am Markt nicht anderweitig verwertbar sind.

Make: 	• IS-Aufgaben/-Dienstleistungen, die primär von der Unternehmung selbst wahrgenommen werden sollten. Eine punktuelle Unterstützung durch Dritte (Beratung, Realisierungsunterstützung etc.) ist durchaus möglich.
Make or Buy: 	• IS-Aufgaben/-Dienstleistungen, die sich im „Make-or-Buy-Bereich" befinden, können entweder vom Markt bezogen oder durch die Unternehmung selbst erbracht werden. Ein koordinierter Einsatz von internen und externen Aufgabenträgern ist möglich.
Buy: 	• IS-Aufgaben/-Dienstleistungen, die über Outsourcing-Anbieter wahrgenommen werden sollten.

Nachdem nun der Raster für den Entscheidungsprozess festgelegt wurde, geht es in einem nächsten Schritt darum, die obengenannten *Outsourcing-Bereiche* im Make-or-Buy-Entscheidungsportfolio zu plazieren. Grundsätzlich können jene Bereiche geoutsourct werden, die eine geringe strategische Relevanz und eine geringe Auslagerungsbarriere aufweisen. Oder mit anderen Worten, es können jene Bereiche geoutsourct werden, für die in bezug auf die Konkurrenz keine Wettbewerbsnachteil daraus resultieren.

Generelle Grundsätze gibt es nicht, jede Unternehmung muss den Make-or-Buy-Entscheidungsprozess selbst durchlaufen und die Outsourcing-Strategie festlegen.

Outsourcing-Entscheidungen sind von hoher unternehmerischer Tragweite und haben meist langfristige Auswirkungen!

Abbildung 2.7 stellt beispielhaft ein Make-or-Buy-Enscheidungsportfolio dar.

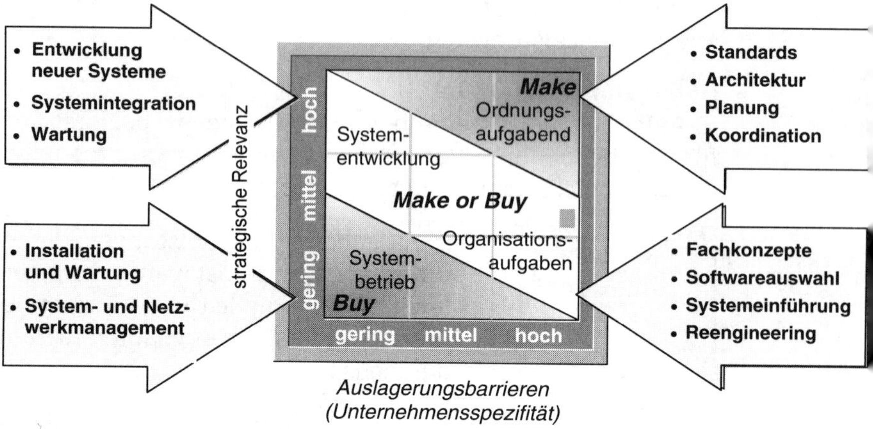

***Abb.** 2.7: Beispiel eines Make-or-Buy-Entscheidungsportfolios*

2.3.4 Argumentenbilanz

Für die Entscheidungsfindung werden den Entscheidungsgremien oft die Vor- sowie Nachteile des Outsourcings präsentiert, damit diese abwägen können, welcher Entscheid der bessere ist.

Solche Argumentenbilanzen liefern verschiedene Anhaltspunkte und Kriterien, die bei einem Outsourcing-Entscheid prinzipiell zu berücksichtigen sind. Einen Entscheid einzig auf diesen Vor- sowie Nachteilen aufzubauen, wäre aber verfehlt.

2.3.4.1 Vorteile des Outsourcings

Bei allen Entscheidungen mit strategischer Relevanz ist es selbstverständlich, die Vorteile den Nachteilen gegenüberzustellen. Wird das Outsourcing gezielt eingesetzt, so können nachfolgende Vorteile daraus resultieren:

Kosten

- Kostenreduktion
- Umwandlung von Fixkosten in variable Kosten
- Verbesserung der Planbarkeit von Kosten der Informationsverarbeitung
- Verbesserte Kostentransparenz
- Verursachungsgerechte Leistungsverrechnung stärkt das Kostenbewusstsein in den Fachabteilungen

PERSONAL

- Probleme bei der Beschaffung von qualifiziertem EDV-Fachpersonal werden vermieden
- Entlastung des internen EDV-Managements von Routinearbeiten (Vermeidung des Anwendungsstaus)
- Risikovorsorge bezüglich einer zukünftigen Verknappung qualifizierten EDV-Personals
- Unabhängigkeit von temporärer oder chronischer Personalknappheit
- Verringerung der Abhängigkeit von einzelnen EDV-Mitarbeitern mit Spezial-Know-how (Abbau von „Kopf-Monopolen")
- Verringerung des Personalbestandes im EDV-Bereich

RISIKO

- Verringerung bzw. Verlagerung von Risiken aus der wachsenden technologischen Dynamik
- Verringerung bzw. Verlagerung von Risiken aus der zunehmenden Komplexität des Einsatzes moderner Informations- und Kommunikationstechnik
- Erhöhung der Datensicherheit (z.B. durch Ausweich-Rechenzentren)
- Auf vertraglicher Basis geregelte Abwälzung von Risiken und Gefahrenpotentialen an Vertragspartner

KONZENTRATION

- Konzentration von Finanzmitteln auf das Kerngeschäft eines Unternehmens
- Verbesserung der Wettbewerbsfähigkeit durch eine Konzentration der eigenen EDV-Ressourcen auf die wesentlichen unternehmerischen Aufgaben
- Freisetzung von Kapazitäten für wichtige Aufgaben
- Durch Entlastung von Routine-(Maintenance-)Aufgaben kann die Anwendungsentwicklung auf strategische Informationssysteme konzentriert werden

FINANZEN

- Erhöhung der Zahlungsfähigkeit durch Zuführung liquider Mittel aus dem Verkauf von EDV-Anlagen an den Outsourcing-Anbieter
- Möglichkeiten zur positiven Beeinflussung des Jahresabschlusses
- Vermeidung hoher Investitionsaufwendungen für neue Informationstechnologien oder kapazitiver Erweiterungen bestehender Anlagen

Technologie-Know-how

- Zugang zu speziellem Know-how (z.B. CASE-Werkzeuge, Expertenwissen), das selbst nur schwer und teuer aufzubauen oder zu halten ist
- Nutzung modernster Technologien ohne eigene Investitionen
- Die Anwendung moderner Entwicklungsmethoden oder die Erstellung von Dokumentationen erfolgt bei Outsourcing-Anbietern meist disziplinierter als in der eigenen Entwicklungsabteilung

2.3.4.2 Nachteile des Outsourcings

Wie die Medaille eine Kehrseite besitzt, weist auch das Outsourcing nicht nur Vorteile auf. Nachfolgend sind einige Nachteile aufgeführt:

Kosten

- Einmalige Umstellungskosten (Switching Costs)
- Risiken einer vertraglichen Preisfixierung
- Intransparenz und Unkontrollierbarkeit der vom Outsourcing-Anbieter verlangten Preise
- Erhöhter Kommunikations- und Koordinationsaufwand
- Nicht abschätzbarer zusätzlicher Aufwand für unvorhersehbare Änderungen
- Nichteintreffen erwarteter Kostensenkungen
- Schwierige Abschätzung der Preisentwicklung im Bereich der Informationstechnologie und im Telekommunikationsbereich

Personal

- Personalpolitische und arbeitsrechtliche Probleme
- Verlust von Schlüsselpersonen und deren Know-how
- Die im Unternehmen verbleibenden Restaufgaben der Informationsverarbeitung schaffen keine ausreichende Motivation mehr für das verbleibende EDV-Personal
- Probleme bei der Übertragung von EDV-Personal zum Outsourcing-Anbieter
- Personalprobleme in der Umstellungs- und Übergangsphase

Technologie

- Starre Bindung an die Technologie des Outsourcing-Anbieters
- Gefahr einer zu grossen Standardisierung

Datenschutz

- Gewährleistung des Datenschutzes vertraulicher Daten

Know-how

- Transfer von Know-how und damit verbundenen Wettbewerbsvorteilen an Konkurrenten
- Zunehmende Auslagerungsaktivitäten ziehen unweigerlich einen Verlust von EDV-Kompetenz und -Know-how mit sich

Rückkehr zur eigenen Informationsverarbeitung

- Aufwendiger Wiederaufbau von Know-how nach gescheiterten Outsourcing-Projekten
- Langfristige Bindung an Qutsourcing-Verträge
- Aufwand für den Wiederaufbau einer EDV-Abteilung (Rechenzentrum)
- Bei völliger Aufgabe der Informationsverarbeitungs-Know-how-Basis durch Outsourcing ist es fast unmöglich, nach mehreren Jahren den Auslagerungsschritt rückgängig zu machen

2.4 Beurteilung und Auswahl der Dienstleistungsanbieter (Outsourcer)

Outsourcing scheint sich als neuer Zukunftsmarkt zu etablieren. Demzufolge drängen immer mehr Dienstleistungsanbieter mit einem zunehmend breiteren Leistungsangebot in diesen Markt.

2.4.1 Die Dienstleistungsanbieter

Die Dienstleistungsanbieter (Outsourcer), die zum Teil aus sehr unterschiedlichen Richtungen kommen, lassen sich wie folgt klassifizieren:

- **Hardwareanbieter**
  Computerhersteller und Anbieter von Kommunikationssystemen und -diensten, die durch ihr Angebot von Outsourcing-Leistungen ihre bestehende Produktpalette durch Serviceaktivitäten bereichern wollen. Im Vergleich zum Umfang der eigentlichen Geschäftstätigkeit sind diese Dienstleistungen allerdings nur von untergeordneter Bedeutung.
- **Softwareanbieter**
  Standardsoftwarehersteller versuchen immer mehr, mit ergänzenden Dienstleistungen (z.B. Schulung, Implementierung, Organisationsberatung etc.) ihre Produktpalette entsprechend zu erweitern.
- **Systemhäuser**
  Die durch Ausgliederung entstandenen Systemhäuser versuchen sich auf

dem freien Markt zu Full-Service-Anbietern zu entwickeln oder ihre Verarbeitungseffizienz durch Verkauf überschüssiger Kapazität zu erhöhen.

- **Beratungsunternehmen**
  Unternehmen, deren Serviceangebot hauptsächlich Anwendungsentwicklung und Beratungsleistungen umfasst, die in einigen Fällen aber auch Unterstützung beim Systembetrieb anbieten.
- **Rechenzentren**
  Unternehmen, die bislang vorwiegend im Bereich der Rechenzentrums-Dienstleistungen und der Systementwicklung tätig waren und ihr Tätigkeitsspektrum auf umfassenden Outsourcing-Service erweitern.

2.4.2 Die Auswahl des Dienstleistungsanbieters

Für Unternehmen, die Outsourcing in Betracht ziehen, wird es damit zunehmend schwieriger, aus der Menge der Anbieter, die in den letzten Jahren sprunghaft gestiegen ist, einen geeigneten Partner auszuwählen. Trotzdem kommt der Auswahl eines Dienstleisters besondere Bedeutung zu, da die Geschäftsprozesse der meisten Unternehmen sehr wesentlich von den Leistungen der Informationsverarbeitung abhängen. Daneben werden mit Dienstleistungsanbietern oft langfristige vertragliche Bindungen und Kooperationen eingegangen, die sich nur schwer rückgängig machen lassen.

In der Regel verbleiben nach einer Grob-Evaluation mehrere Dienstleistungsanbieter. Welche Kriterien nun für die definitive Auswahl eines Anbieters massgeblich sind, kann nur fallweise bestimmt werden. Abhängig ist dies z.B. von der Motivation für Outsourcing oder den speziellen Eigenschaften der auszulagernden Bereiche und Aufgaben. Grundsätzlich können die nachfolgenden Kriterien bei der Auswahl von Dienstleistungsanbietern berücksichtigt werden:

- technisches Know-how und allgemeine Qualifikation des Personals
- finanzielle Stabilität
- Infrastruktur, zum Beispiel in Form einer eigenen Netzinfrastruktur, verfügbare Recheninfrastruktur
- zusätzliches Serviceangebot
- Reputation (Ansehen, Marktstellung)
- Zuverlässigkeit

- Performance- und Qualitätsgarantien (garantiert der Dienstleistungsanbieter den Einsatz von Spezialisten inerhalb einer bestimmten Zeit bei gravierenden Problemen?)
- Massnahmen der Datensicherheit und des Datenschutzes
- internationale Ausrichtung
- Erfahrung auf dem freien Servicemarkt

Abschliessend ist zu erwähnen, dass bei der Auswahl eines Dienstleistungsanbieters die Unternehmenskulturen zusammenpassen müssen, um eventuelle Konflikte von vornherein auszuschliessen.

2.4.3 DER OUTSOURCING-VERTRAG

Nachdem nun der ideale Dienstleistungsanbieter ausgewählt wurde, muss in einem nächsten Schritt das Vertragswesen ausgearbeitet werden. Der Gestaltung und Formulierung des Outsourcing-Vertrags ist grosse Bedeutung zuzumessen, denn in diesem wird die Leistungsbeschreibung und -verrechnung definiert.

In der nachfolgenden Aufzählung werden die wichtigsten Vertragspunkte aufgeführt, ohne auf die juristische Form einzugehen:

- **Leistungsbeschreibung**
  Entwicklung, Installation, Wartung, RZ, LAN, WAN, Client/Server
- **Leistungsverrechnung**
  Messgrössen, Messzeiträume, Serviceziele, Standardpreise, Mehr-/Minderleistungen, Preisindizierung, Zahlungskonditionen
- **Leistungsübernahme**
  Hard-, Software, Gebäude, Einrichtungen, Personal, Konditionen
- **Zusammenarbeit**
  Management-Prozeduren, Kommissionen, Mitwirkungspflichten, Ansprechpartner, Berichts- und Abstimmungspflicht
- **Sonstige vertragliche Verpflichtungen**
  Datensicherheit, Geheimhaltung, Gewährleistung und Haftung, Vertragslaufzeit, Kündigung, Vertragsbeendung, Überleitung

Teil D

1

Einführung in die Rechtslehre

1.1 Einflussfaktoren in Bezug auf das menschliche Verhalten

Jeder Mensch richtet sein Verhalten nach bestimmten, für ihn massgebenden Grössen aus. So wird etwa ein fürsorglicher Ehemann und Familienvater bei seinen Entscheidungen immer auch das Wohl der Familie mitberücksichtigen, der Fussballspieler muss neben den Anweisungen des Trainers die mannschaftlichen Belange beachten, der Lastwagenchauffeur hat während seiner Berufsausübung neben den Forderungen seines Arbeitgebers selbstredend auch die gesetzlichen Vorschriften und Auflagen zu erfüllen.

Insgesamt wird das individuelle Verhalten eines Menschen durch die *verschiedensten Einflussgrössen* gesteuert, nach denen sich das Handeln jeder Person bewusst oder unbewusst ausrichtet. Diese Einflussfaktoren lassen sich in drei grundsätzliche Kategorien einteilen, nämlich:

- Moral
- Sitte
- Recht

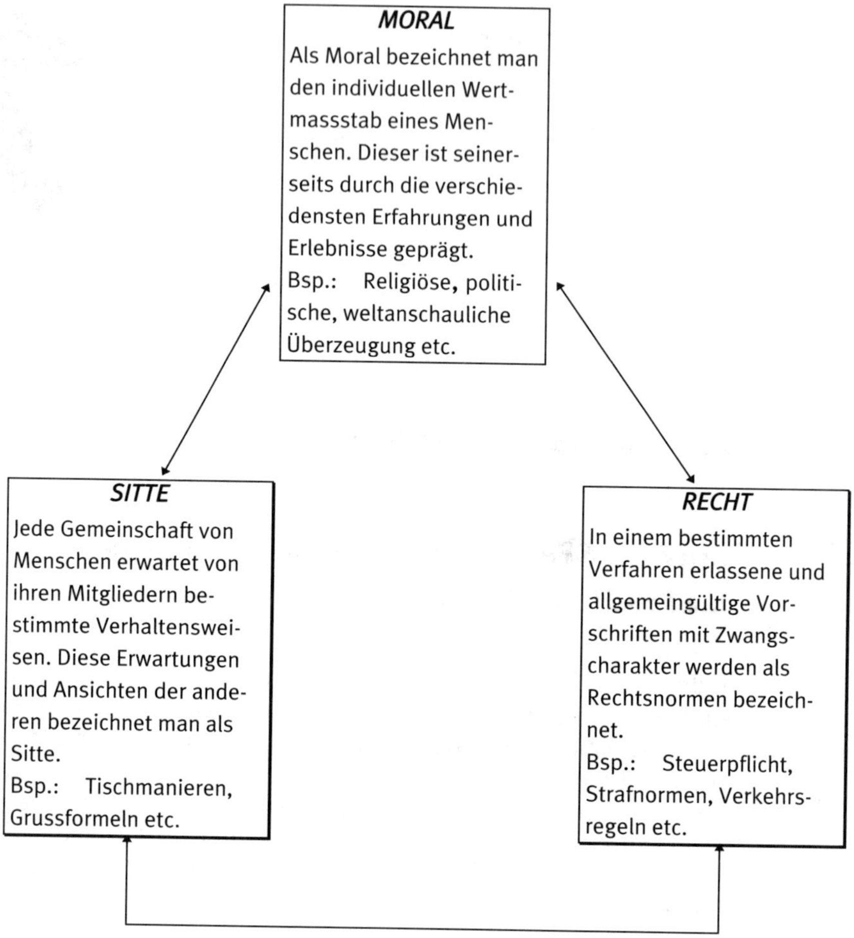

***Abb.** 1.1: Einflussfaktoren in bezug auf das menschliche Verhalten*

1.2 Die Rechtsordnung und ihr Aufbau

1.2.1 Überblick

Unser Verhalten wird somit gesamthaft beeinflusst und von Moral, Sitte und Recht gesteuert. Obwohl Moral und Sitte für unsere Handlungsweisen noch immer eine bedeutende Rolle spielen, haben sie doch aufgrund verschiedenster Einflüsse (z.B. Verlust von traditionellen Wertvorstellungen in bezug auf Familie, Freundschaft; Verstärkung des Individualismus) an Wirkung verloren. Daneben haben weitere Umstände (z.B. Bevölkerungswachstum, technische Entwicklungen, internationale Verflechtungen in wirtschaftlichen und politischen Bereichen) dazu beigetragen, dass das menschliche Zusammenleben zunehmend komplizierter geworden ist und deshalb durch zusätzliche Regelungen gelenkt werden muss.

Der Erlass solcher neuer „Leitplanken" erfolgt bei uns nach den Grundprinzipien jeder Demokratie: *Gewaltentrennung* (Legislative, Exekutive und Judikative), Respektierung der *Menschenrechte* sowie Beachtung des *Legalitätsprinzipes.*

Die Gesamtheit aller von der Gemeinschaft in einem bestimmten rechtsstaatlichen Verfahren geschaffenen und für alle Individuen dieser Gemeinschaft verbindlichen Normen bezeichnet man als *Rechtsordnung.* Die Rechtsordnung wird dabei von Land zu Land verschieden sein, ist sie doch ihrerseits sehr stark durch die Sitte und die Moral ihrer Bürgerinnen und Bürger geprägt. Sie ist selbst innerhalb eines Staates nichts Unabänderliches, sondern muss sich den wandelnden Bedürfnissen und Ansprüchen ihrer Mitglieder stetig anpassen (Bsp.: neues Scheidungsrecht, Datenschutz, zehnte Revision des AHV-Gesetzes etc.).

Die Rechtsordnung wird üblicherweise in zwei Hauptgruppen aufgeteilt, die ihrerseits nochmals einer weiteren Gliederung unterliegen. Abbildung 1.2 zeigt den Grobaufbau unserer Rechtsordnung.

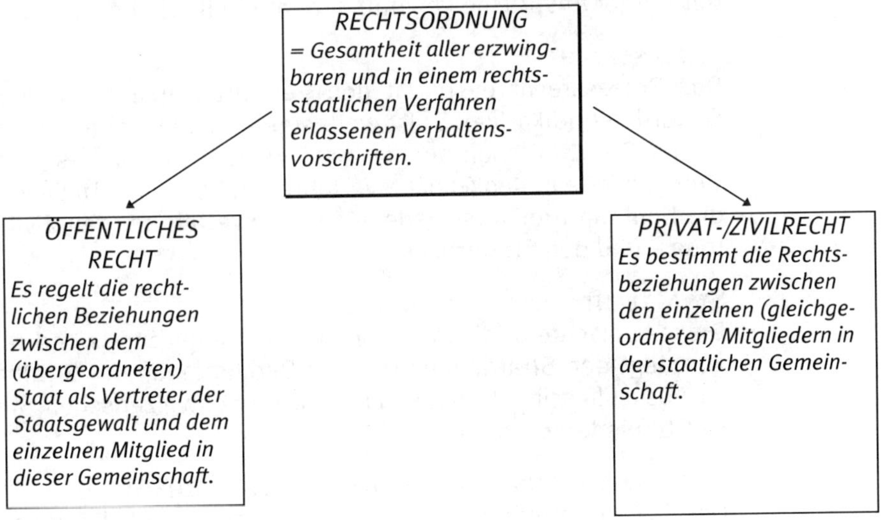

Abb. *1.2: Aufbau der Rechtsordnung*

1.2.2 Das öffentliche Recht

Da der Staat bei seinem Handeln an das Legalitätsprinzip (d.h. kein staatliches Handeln ohne gesetzliche Ermächtigung) gebunden ist, beschreibt das öffentliche Recht vor allem Aufbau, Organisation und Tätigkeiten des Staates sowie seine Befugnisse gegenüber den einzelnen Staatsbürgerinnen und -bürgern. Es wird üblicherweise in folgende Teilgebiete gegliedert:

Staatsrecht

Unter Staatsrecht versteht man in erster Linie *Verfassungsrecht*. Jeder Staat hat sein Grundgesetz, in dem die wichtigsten Rechtsnormen sowie die wesentlichsten Kompetenzaufteilungen festgeschrieben sind. Da in der Schweiz die Kantone soweit souverän sind, als das Volk nicht eine ausdrückliche Bundeskompetenz geschaffen hat, unterscheidet man zweierlei Verfassungsrecht: das des Bundes und das der 26 Kantone.

Verwaltungsrecht

Das Verwaltungsrecht regelt die Rechtsbeziehungen zwischen den staatlichen Verwaltungsorganen (Exekutive) und den einzelnen Bürgerinnen und Bürgern. Es hält fest, unter welchen Bedingungen der Staat einen Anspruch gegenüber seinen Staatsbürgern hat, aber auch, in welchen Fällen der Bürger Ansprüche gegenüber dem Staat erheben kann.

Prozessrecht

Das Prozessrecht bestimmt den Verfahrensablauf vor den richterlichen Behörden (Judikative). Es ist weitestgehend den Kantonen überlassen, wie sie ihr Gerichtswesen ausgestalten wollen, weshalb es grosse kantonale Unterschiede in den Gerichtsverfahren geben kann. Üblicherweise kennen die Kantone drei verschiedene Gerichtsverfahren: den Zivil-, den Verwaltungs- und den Strafprozess.

Strafrecht

Dieses umschreibt die in der Schweiz mit einer Strafe bedrohten Handlungen, legt den Strafrahmen und die Bedingungen der Strafbarkeit fest. Es ist ausschliesslich Bundesrecht und im Schweizerischen Strafgesetzbuch (StGB) niedergeschrieben.

Schuldbetreibungs- und Konkursrecht (SchKG)

Das Schuldbetreibungs- und Konkursrecht regelt das Verfahren zur Eintreibung von ausstehenden Geldforderungen. Es kennt im wesentlichen drei verschiedene Betreibungsarten: die Betreibung auf Pfändung, auf Pfandverwertung sowie auf Konkurs.

KIRCHENRECHT
Die Kirche hat ihren früheren direkten Machteinfluss in weltlichen Belangen schon seit langem eingebüsst. Dennoch sind ihr einzelne Befugnisse dank staatlicher Autorisierung geblieben (Bsp.: Erhebung von Kirchensteuern). Das Kirchenrecht regelt demnach das Verhältnis des Staates zur Kirche sowie die Befugnisse derselben zu ihren Gemeindemitgliedern.

VÖLKERRECHT
Ebenfalls zum öffentlichen Recht zählt man das Völkerrecht, obwohl es nicht die Rechtsbeziehungen zwischen dem Staat und seinen Angehörigen, sondern die Verhältnisse der einzelnen Staaten untereinander regelt. Es besteht weitgehend aus Staatsvertrags- oder Gewohnheitsrecht.

1.2.3 DAS PRIVAT- ODER ZIVILRECHT

1.2.3.1 GRUNDSATZ DER PRIVATAUTONOMIE

Unser Privat- oder Zivilrecht ist v.a. im Schweizerischen Zivilgesetzbuch sowie im Schweizerischen Obligationenrecht statuiert. Beide Gesetze basieren hauptsächlich auf dem Grundgedanken der *Privatautonomie*, d.h. den Einzelnen sollen in der Gestaltung ihrer gegenseitigen rechtlichen Kontakte möglichst grosse Freiräume gelassen werden; in erster Linie will man die individuellen Vereinbarungen und Abmachungen zwischen den betroffenen Parteien gelten lassen. Nur dort, wo solche fehlen oder aus einem (Schutz-)Interesse der Allgemeinheit heraus für Individualabreden kein Platz sein kann, sollen gesetzliche Normen unabdingbar zur Anwendung gelangen.

Dies resultiert im Privatrecht in der Unterscheidung der einzelnen Rechtsnormen zwischen *zwingenden und dispositiven* (ergänzende) Bestimmungen.

ZWINGENDE NORMEN
Die vom Gesetzgeber aufgestellte Vorschrift kann nicht durch Parteivereinbarung abgeändert werden. Sie hat zwingend Gültigkeit zwischen den Parteien.

DISPOSITIVE NORMEN
Die vom Gesetzgeber aufgestellte Rechtsnorm kommt nur zur Anwendung, wenn die Parteien keine individuelle Vereinbarung getroffen haben. Sie ergänzt die Abrede, wenn sie unvollständig ist.

Im Einzelfall kann es durchaus Schwierigkeiten bereiten, den Charakter einer Vorschrift zu ermitteln, da das Gesetz diesen üblicherweise nicht explizit bestimmt. In diesem Fall muss die Zuordnung durch Interpretation des Wortlautes, des Sinnes der Vorschrift, ihrer Stellung in der Gesetzessystematik etc. ermittelt werden. Die Beachtung von zwingenden Gesetzesnormen ist vor allem deshalb unbedingt geboten, da ihre Missachtung zur (Teil-)Nichtigkeit der entsprechenden Vertragsabrede (OR 20) führen kann.

Anders als das Privatrecht kennt dagegen das *öffentliche Recht nur zwingende Vorschriften*, weshalb eine Zuordnung in diesem Bereich hinfällig ist.

1.2.3.2 Der Aufbau des Privatrechts

Um sich im Gesetz zurechtfinden zu können, ist es wichtig, den genauen Aufbau und den jeweiligen Inhalt eines relevanten Gesetzes zu kennen. Für den Nicht-Juristen ist es oftmals schwierig, die anwendbaren Gesetzesnormen überhaupt zu finden. Es soll deshalb an dieser Stelle noch kurz der Aufbau und der Inhalt der beiden wichtigsten privatrechtlichen Gesetze, nämlich des *Schweizerischen Zivilgesetzbuches* (ZGB) und des *Obligationenrechtes* (OR) dargestellt werden.

Das ZGB gliedert sich in vier Gebiete, wobei diesen ein Einleitungsteil mit 10 Artikeln vorgeschoben ist, die für das gesamte Privatrecht Geltung haben.

Personenrecht (ZGB 11–89)
Das Personenrecht umschreibt die von unserer Rechtsordnung geschützten Rechtssubjekte (natürliche und juristische Personen) und ist somit „notwendige Grundlage jeder sonstigen privatrechtlichen Beziehung" [Pedrazzini/Oberholzer 1993: 19].

Familienrecht (ZGB 90–456)
Es regelt die persönlichen und vermögensrechtlichen Beziehungen in der Familie.

Erbrecht (ZGB 457–640)
Das Erbrecht regelt die Rechtsbeziehungen, die mit dem Tod einer Person entstehen können.

Sachenrecht (ZGB 641–977)
Das Sachenrecht bestimmt die Rechte im Zusammenhang mit Sachen, insbesondere die Rechte an solchen wie etwa Eigentum, beschränkte dingliche Rechte u.a.m.

Das Obligationenrecht wird als der fünfte Teil des ZGB verstanden [Guhl/Koller/Druey 1991: 6], ist aber ein eigenständiger Erlass. Obligation bedeutet im rechtlichen Sinn „Verpflichtung/Schuld". Das OR befasst sich dementsprechend – aber nicht ausschliesslich – mit der Abwicklung von Verpflichtungen zwischen zwei oder mehr Parteien und gilt auch als das Recht des Kaufmanns. Es besteht aus folgenden fünf Teilen:

- Allgemeine Bestimmungen über die Obligation (OR 1–183)
- Die einzelnen Vertragsverhältnisse (OR 184–551)
- Die Handelsgesellschaften und Genossenschaften (OR 552–926)
- Handelsregister, Geschäftsfirmen und kaufmännische Buchführung (OR 927–964)
- Die Wertpapiere (OR 965–1186)

1.3 DIE RECHTSQUELLEN

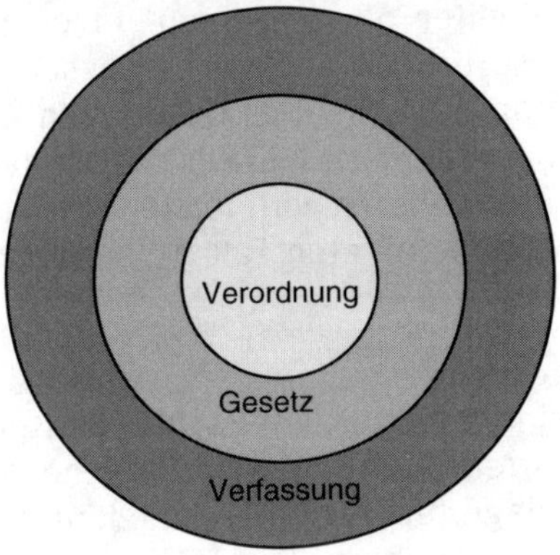

Abb. 1.3: Rechtsquellen des geschriebenen Rechts

Hat der Richter in einem Streit zwischen verschiedenen Parteien ein Urteil zu fällen, so kann er sich bei seiner Entscheidung grundsätzlich nicht allein von seiner eigenen Überzeugung leiten lassen, sondern muss sich in erster Linie an allgemeingültigen, objektiven Grössen orientieren. Diese Grössen werden als Rechtsquellen bezeichnet. Man unterscheidet:

- geschriebenes Recht

  Im geschriebenen Recht gilt: ⇨ Bundesrecht verdrängt kantonales Recht. Höherrangiges Recht geht tieferrangigem vor (vgl. Abb. 1.3).

- ungeschriebenes Recht

  GEWOHNHEITSRECHT
  Rechte, die nirgends schriftlich niedergelegt sind, aber von der Allgemeinheit *seit langer Zeit* als richtig betrachtet und dementsprechend respektiert werden, bezeichnet man als Gewohnheitsrecht (Bsp.: Wegrechte, Wasserrechte, FIS-Regeln etc.). Davon zu unterscheiden sind Handels-

bräuche und Usanzen (Geschäftssitten), die nur unter den Beteiligten eines bestimmten Verkehrs-, Personen- oder Ortskreises Gültigkeit besitzen.

Richterliche Rechtsfindung

Es ist einsichtig, dass ein allgemeingültiges und abstrakt formuliertes Gesetz nicht für jeden (Streit-)Fall des Lebens eine passende, individuelle Lösung bieten kann. Wenn dann auch noch eine gewohnheitsrechtliche Lösung fehlt, so ist der Richter aufgefordert, eine eigene Lösung zu entwickeln. Er hat dabei der bewährten Lehre und Überlieferung zu folgen (Art. 1 ZGB).

Richterliches Ermessen

Auch wenn das Gesetz häufig eine Regelung für einen bestimmten Streitfall explizit vorsieht, so sind doch in vielen Formulierungen gewisse *Ermessensspielräume* für den Richter offengelassen. In einzelnen Fällen verweist das Gesetz sogar ausdrücklich auf das Ermessen des Richters und überlässt die konkrete Beurteilung seinem Gutdünken (z.B. OR 42 II, OR 54). Es ist somit nicht vermeidbar, dass individuelle Wertvorstellungen in ein Urteil einfliessen (können). Dadurch wird letztendlich auch dem Gebot einer angemessenen, für den konkreten Fall passenden Lösung entsprochen.

Sonderfall: Gerichtliche Praxis

Die bisher gefällten Urteile sind bei gleicher Sachlage oftmals Anhaltspunkte für das anstehende Urteil. Allerdings sind solche früheren Entscheide in späteren, gleichgelagerten Auseinandersetzungen *nicht verbindlich*, sondern nur mögliche Varianten. Der Richter wird sich jedoch oftmals „freiwillig“ an früheren Entscheidungen (v.a. an solchen des Bundesgerichtes) orientieren.

2

Die Unternehmung und ihr rechtliches Umfeld

2.1 Einleitung

Die Unternehmung steht in einem Spannungsfeld verschiedenster Interessengruppen (vgl. Teil A). Im nun folgenden Kapitel stehen die Beziehungen zwischen der Unternehmung und deren Eigentümern sowie die Möglichkeiten ihrer rechtlichen Ausgestaltung im Zentrum.

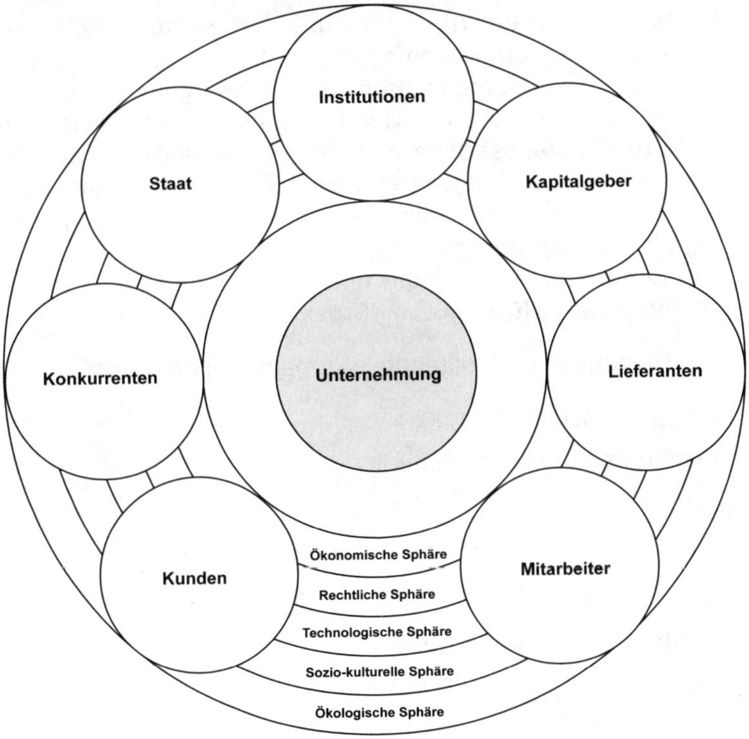

Abb. 2.1: Die Unternehmung und ihr rechtliches Umfeld, im besonderen ihre Beziehungen zu den Teilhabern

Die Beziehungen zu den Teilhabern werden heute oft mit dem Begriff des sog. Shareholder Value in Verbindung gebracht. Dieser verlangt im Grunde genommen nichts anderes, als dass eine Unternehmung bei ihren Entscheidungen in erster Linie die Interessen ihrer Eigentümer (Shareholder) zu priorisieren hat. Bleibt eine Unternehmung dank der von ihr erzielten Gewinne für Investoren interessant, so wird sie nach dieser Ansicht auch den Ansprüchen der übrigen Interessengruppen am besten genügen können.

Eng mit der rechtlichen Ausgestaltung einer Unternehmung sind die Bestimmungen über das Handelsregister sowie das Firmenrecht verknüpft. Auf diese soll deshalb zuerst eingegangen werden.

2.2 Das Handelsregister

2.2.1 Einführung

Das Handelsregister (HR) ist ein in jedem Kanton amtlich geführtes Register, in das sich Unternehmen, die in der Schweiz domiziliert sind, eintragen. Obwohl die Organisation des HR weitgehend den Kantonen überlassen ist, steht es unter der Oberaufsicht des Bundesrates (vertreten durch das Eidgenössische Amt für das Handelsregister). Als *öffentliches Register* geführt, kann jedermann Einblick in dieses verlangen und die dort vorhandenen Informationen verwenden. Das HR soll vor allem die *Haftungs- und Vertretungsverhältnisse* in einer Unternehmung offenlegen und so die nötige Sicherheit und das Vertrauen für geschäftliche Beziehungen schaffen [Guhl/Koller/Druey 1991: 767].

Dem HR können u.a. folgende Informationen entnommen werden:

- Firma (= Geschäftsname)
- Rechtsform der Unternehmung
- Datum der Eintragung/Änderungen
- Inhaber, Gesellschafter bzw. Verwaltungsorgane
- Gesellschaftskapital (sofern notwendig)
- Hauptsitz und Niederlassungen
- Zeichnungsberechtigte Personen
- Zweck, Branche

2.2.2 Eintragungspflicht

Eine Unternehmung hat sich grundsätzlich am Ort ihrer Hauptniederlassung sowie an denjenigen ihrer Zweigniederlassungen eintragen zu lassen. Allerdings besteht nicht für jede Unternehmung eine *Eintragungspflicht.* Die Anmeldung beim HR ist grundsätzlich für folgende Unternehmen vorgeschrieben:

- Einzelunternehmen, die ein Handels-, Fabrikations- oder ein anderes nach kaufmännischer Art geführtes Gewerbe betreiben und jährliche Roheinnahmen von Fr. 100'000.-- oder mehr erzielen (OR 934 i.V.m. HRegV 52 f.).

  Hierbei gibt es jedoch gewisse Ausnahmen, wonach sich z.B. Treuhänder, Makler, Agenten, Inkassobüros immer, Angehörige von freien Berufen (z.B. Ärzte) dagegen nie eintragen lassen müssen.

- alle Gesellschaften (ausser die einfache Gesellschaft): Unterschieden wird hier zwischen einem *deklaratorischen* und einem *konstitutiven* Eintrag. Konstitutiv ist der Eintrag, wenn dieser notwendig ist, um die Gesellschaft überhaupt entstehen zu lassen. Dies gilt für die Kapitalgesellschaften und die Genossenschaft. Dagegen erlangt beim bloss deklaratorischen Eintrag (verlangt für Personengesellschaften) die Gesellschaft auch ohne den HR-Eintrag ihre Existenz, muss sich aber – gleichsam wie bei einer Registrierung – noch ins HR eintragen lassen.

- Vereine, die ein kaufmännisches Gewerbe betreiben

- Stiftungen

- Öffentlich-rechtliche Körperschaften und Anstalten

  Wer dagegen ein Gewerbe unter einem Geschäftsnamen betreibt, ohne eintragungspflichtig zu sein, kann sich *freiwillig* eintragen lassen, wodurch auch auf ihn die Wirkungen des HR-Eintrages zutreffen. Dieses Eintragungsrecht gilt auch für Vereine.

2.2.3 Die Wirkungen des Handelsregistereintrages

Hauptziel des HR-Eintrages ist es, die Haftungs- und Vertretungsverhältnisse in einer Unternehmung offenzulegen, um so das entsprechende Vertrauen schaffen zu können. Der HR-Eintrag bringt aber für die eingetragene Unternehmung noch eine Reihe verschiedener rechtlicher Nebenwirkungen mit sich. Dazu gehören:

Betreibung auf Konkurs
Wer im HR eingetragen ist, unterliegt der Betreibung auf Konkurs. Diese ist wesentlich strenger als die übliche Betreibung auf Pfändung, kann dadurch aber auch die Kreditwürdigkeit erhöhen.

Buchführungs- und Aufbewahrungspflicht
Eingetragene Unternehmen sind verpflichtet, eine ordnungsgemässe Buchhaltung nach den Grundsätzen über die kaufmännische Buchführung gemäss OR 957 ff. zu führen. Zu diesen Grundsätzen gehört auch, dass Geschäftsunterlagen mindestens zehn Jahre sorgfältig aufzubewahren sind. Das Archivieren auf Datenträgern ist dabei ausreichend.

Publizitätswirkungen und öffentlicher Glaube
Alle im HR eingetragenen Daten gelten als bei Dritten bekannt (*positive Publizitätswirkung*). Dagegen hat ein Dritter etwas nicht zu wissen, wenn es im HR nicht eingetragen ist (*negative Publizitätswirkung*). Man darf sich zudem auf die Richtigkeit der Eintragungen verlassen (*öffentlicher Glaube*). Damit sich die Öffentlichkeit über Änderungen im HR jederzeit informieren kann, werden Eintragungen und Löschungen zudem im Schweizerischen Handelsamtsblatt (SHAB) laufend publiziert.

Firmenschutz
Durch den HR-Eintrag steht dem Eingetragenen der ausschliessliche Gebrauch der Firma nach OR 944 ff. zu. (vgl. unten Kap. 2.3). Er kann sich somit gegen jede unbefugte Verwendung seiner Firma zur Wehr setzen.

2.3 Das Firmenrecht (OR 944 ff.)

Unter Firma versteht man „den für den Rechtsverkehr gewählten Namen einer kaufmännischen Unternehmung“ [Guhl/Koller/Druey 1991: 778]. Bei der Auswahl der Firma basiert das OR – ganz nach üblicher Tradition – auf dem *Grundsatz der Freiheit*, d.h., man ist bei der Wahl seines Geschäftsnamens grundsätzlich frei. Allerdings sind doch gewisse Grundsätze zu beachten:

Bestandteile der Firma
Einzelunternehmen und Personengesellschaften müssen – neben freiwilligen weiteren Individualisierungen – den Familiennamen mindestens eines unbeschränkt haftenden Teilhabers sowie eventuell einen klärenden Zusatz enthalten, der das Gesellschaftsverhältnis andeutet.

Der Zusatz „AG“ für Aktiengesellschaften ist nur bei Verwendung von Personenbezeichnungen, der Zusatz „GmbH“ bei der Gesellschaft mit beschränkter Haftung dagegen immer notwendig.

FIRMENWAHRHEIT UND -KLARHEIT
Die ausgewählte Firma darf nicht zu Täuschungen führen, d.h., es dürfen keine unrichtigen oder irreführenden Angaben verwendet werden.

FIRMENAUSSCHLIESSLICHKEIT (FIRMENSCHUTZ)
Neue Firmen müssen sich von bereits eingetragenen Firmen genügend unterscheiden. Dabei ist der territoriale Umfang, in dem ein *exklusiver Verwendungsanspruch* besteht, nicht bei allen Firmen identisch. Für die Firma des Einzelkaufmanns, der Personengesellschaften sowie der GmbH mit Personennamen ist er auf denselben „Ort" beschränkt, bei den übrigen Gesellschaften umfasst er die ganze Schweiz.

VERWENDUNGSPFLICHT DER FIRMA
Im Rechtsverkehr mit Dritten ist die Schreibweise der Firma zu verwenden, die der Eintragung in den Statuten oder im Gesellschaftsvertrag entspricht. Mehrsprachig verwendete Firmennamen sind dementsprechend in allen Sprachen in den Statuten bzw. im Gesellschaftsvertrag aufzuführen.

2.4 DIE RECHTSFORMEN IM ÜBERBLICK

Das schweizerische Recht sieht für die Rechtsformen den *Grundsatz des numerus clausus* vor, d.h., will man eine Unternehmung gründen, so steht nur eine begrenzte Anzahl möglicher Rechtsformen zu Verfügung. Aus diesen kann ausgewählt werden. Welche Rechtsform in welchen Fällen am besten geeignet ist, richtet sich dabei nach den individuellen Bedürfnissen der Gesellschafter und bedarf in jedem Fall einer vorgängigen Einzelbetrachtung. In Abbildung 2.2 sind die möglichen Rechtsformen im Überblick dargestellt. [1]

[1] Unter „Allokation" versteht man in der Volkswirtschaftslehre die Verteilung bzw. Zuteilung von Ressourcen. Der Begriff „Distribution" beschreibt die Verteilung von Gütern und Dienstleistungen unter den Endverbrauchern.

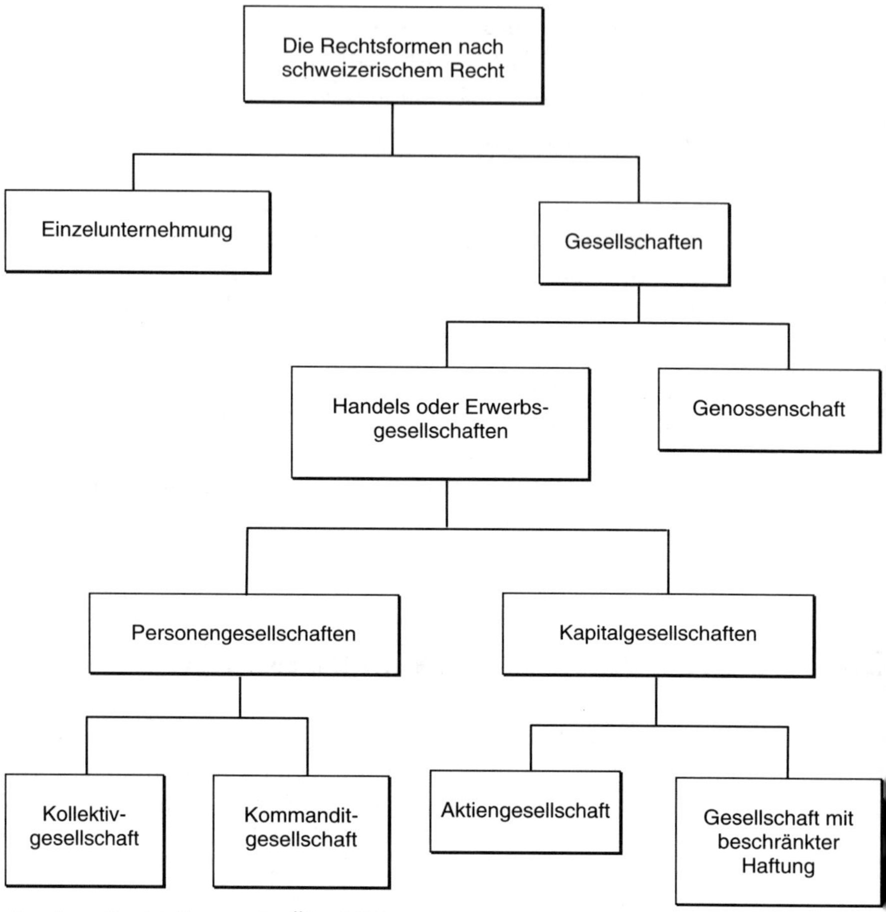

***Abb.** 2.2: Die einzelnen Rechtsformen im Überblick*

2.5 Die Rechtsformen im Einzelnen

2.5.1 Die einfache Gesellschaft (OR 530 ff.)

2.5.1.1 Begriff und Wesen

„Die einfache Gesellschaft ist eine personenbezogene Rechtsgemein-schaft, die – ohne ein kaufmännisches Unternehmen betreiben zu dürfen – wirtschaftliche oder nichtwirtschaftliche Ziele verfolgt und deren Teilhaber mit ihrem ganzen Vermögen primär, unbeschränkt und solidarisch für die Verbindlichkeiten der Gesellschaft haften“ [Meier-Hayoz/Forstmoser 1993: 195].

Die einfache Gesellschaft ist vom Gesetzgeber als Basisform im Gesellschaftsrecht geschaffen worden. Ihre Bestimmungen finden immer dann Anwendung, wenn die Voraussetzungen einer andern Gesellschaftsform nicht erfüllt sind oder wenn die entsprechenden Vorschriften auf das Recht der einfachen Gesellschaft verweisen.

Die einfache Gesellschaft ist grundsätzlich als *Personengesellschaft* ausgestaltet, d.h., wegweisend für die Rechte und Pflichten in der Gesellschaft sind in erster Linie die an ihr beteiligten Personen mit ihren individuellen Eigenheiten. Im Vordergrund steht die persönliche Mitwirkung in den Angelegenheiten der Gesellschaft; nicht massgebend ist dagegen grundsätzlich die kapitalmässige Beteiligung ihrer Mitglieder. Dementsprechend stehen *jedem Mitglied die gleichen Rechte* zu, die ihrerseits mit der Person untrennbar verknüpft, somit also nicht übertragbar und unvererbbar sind.

Als blosse Rechtsgemeinschaft konzipiert, fehlt der einfachen Gesellschaft die Rechts- und Parteifähigkeit ebenso wie die Handlungs-, Prozess- oder Betreibungsfähigkeit. Diese Eigenschaften liegen ausschliesslich bei den einzelnen Gesellschaftern. Sie hat weder einen Sitz noch eine eigene Firma. Erlaubt ist allenfalls eine Kurzbezeichnung, die jedoch nichts daran ändert, dass die Verpflichtungen ausschliesslich für die Gesellschafter persönlich wirken.

Die einfache Gesellschaft dient der Verfolgung eines gemeinsamen Zwekkes mit gemeinsamen Kräften und Mitteln der Gesellschafter. Die Gesellschafter wirken nur im Hinblick auf die Erreichung eines bestimmten Zieles zusammen und setzen ihre Kräfte gemeinsam für dieses ein.

An sich kann die einfache Gesellschaft jeden rechtlich erlaubten Zweck anstreben, sei er nun wirtschaftlicher oder nichtwirtschaftlicher Natur. Eine Ausnahme besteht jedoch in bezug auf die dafür zulässigen Mittel: Der Betrieb eines nach kaufmännischer Art geführten Gewerbes ist ihr untersagt. (Dementsprechend kann sich die einfache Gesellschaft auch nicht ins HR eintragen lassen.)

Das charakteristisch personenbezogene Element in der einfachen Gesellschaft findet seinen Niederschlag zudem in der Ausgestaltung des *Haftungssystemes* für Schulden der Gesellschaft. Hier gilt nämlich, dass für diese die beteiligten Gesellschafter persönlich haften, d.h., ihre Haftung ist

- *primär:* es gibt kein mithaftendes Gesellschaftsvermögen
- *unbeschränkt:* mit dem ganzen (Privat-)Vermögen
- *solidarisch:* Jeder Gesellschafter haftet grundsätzlich für die gesamte Gesellschaftsschuld allein.

Die einfache Gesellschaft ist in der Regel ein loser und vorübergehender Zusammenschluss (sog. Gelegenheitsgesellschaft), der auf einem ausdrücklich oder stillschweigend abgeschlossenen Vertrag beruht und sich nach Zielerreichung wieder auflöst.

Bsp.: Baukonsortium, Bankensyndikat z.B. bei Ausgabe von Emissionsanleihen, Praxisgemeinschaft von Ärzten, Konkubinat, Fahrgemeinschaften, usw.

2.5.1.2 Das Innenverhältnis

Das Innenverhältnis betrifft das Verhältnis der einzelnen *Gesellschafter untereinander* und zueinander und bestimmt sich in erster Linie nach den getroffenen Vereinbarungen. Fehlen solche Individualabmachungen, so wird das Innenverhältnis durch das Gesetz bestimmt.

Danach hat gemäss OR 531 I jeder Gesellschafter einen Beitrag zu leisten. Sofern nichts anderes vereinbart wurde, ist dieser Beitrag für jeden Gesellschafter gleich gross, sowohl nach Umfang wie auch nach Art. Die Form der Beiträge richtet sich dabei in erster Linie nach dem zu erreichenden Ziel. So können die Leistungen in verschiedensten Formen wie Geld, Sachen, Forderungen, Arbeit, Nutzungsrechten etc. erbracht werden.

Bezüglich der Beteiligung am Gewinn und Verlust hält das Gesetz in OR 533 fest, dass die Gesellschafter – unabhängig von der Art und Grösse ihres Beitrages – gleichen Anteil daran haben, sofern nicht eine anderslautende vertragliche Abmachung besteht. Die Aufteilung erfolgt also nach Köpfen (Personen) und nicht nach Wert der Beteiligung.

Die Befugnis, die Geschäfte der Gesellschaft zu führen, steht jedem Gesellschafter einzeln zu. Nach OR 535 III ist einstimmige Beschlussfassung allerdings in wichtigen Angelegenheiten vorgesehen, wozu aber nur die Bestellung eines Generalbevollmächtigten sowie Rechtshandlungen ausserhalb des gewöhnlichen Geschäftsbetriebes zählen. Obwohl somit jeder Gesellschafter zur Geschäftsführung innerhalb des gewöhnlichen Geschäftsbetriebes selbständig befugt ist, könnten die übrigen Gesellschafter durch die gesetzlich vorgesehene Möglichkeit eines Einspruchs (Vetorecht) dem Geschäftsführer die geplante Handlung dennoch untersagen.

Durch vertragliche Regelung ist es auch möglich, die Geschäftsführung nur auf einzelne Gesellschafter zu übertragen. Wird dies gemacht, so verbleibt dem von der Geschäftsführung ausgeschlossenen Gesellschafter aber ein unentziehbares und unverzichtbares Recht, sich persönlich über den Gang der Gesellschaftsangelegenheiten zu unterrichten, Einblick in die Geschäftsunterlagen zu verlangen und – bei Vorliegen wichtiger Gründe – dem Geschäftsführer die Befugnis zur Geschäftsführung wieder zu entziehen.

Die personenbezogene Ausprägung der einfachen Gesellschaft führt weiter dazu, dass die Aufnahme neuer Gesellschafter oder die Übertragung der Mitgliedschaft auf einen Dritten nur möglich ist mit Zustimmung aller bisherigen Gesellschafter.

2.5.1.3 DAS AUSSENVERHÄLTNIS

Das Aussenverhältnis umfasst die rechtlichen *Beziehungen* der Gesellschaft bzw. der Gesellschafter *zu aussenstehenden Dritten*. Da die einfache Gesellschaft nach aussen hin aber nicht als einheitliches Gebilde auftritt (keine Firma, kein HR-Eintrag, kein Sitz, kein eigentliches Gesellschaftsvermögen usw.), sondern als blosse Vertragsverbindung [Guhl/Koller/Druey 1991: 591] mit mehreren Vertragspartnern, kann man auch nicht von einem eigentlichen Aussenverhältnis sprechen. Verpflichtet werden durch Rechtshandlungen nicht die Gesellschaft selbst, sondern immer nur die einzelnen Gesellschafter. Wieweit ein Gesellschafter, der mit Dritten Rechtsgeschäfte abschliesst, dadurch auch die übrigen Gesellschafter berechtigt und verpflichtet, richtet sich u.a. auch nach dem Recht über die Stellvertretung (OR 543 i.V.m. OR 32 ff.). Grundsätzlich gilt folgendes:

> *Handelt ein geschäftsführender Gesellschafter im Namen aller Gesellschafter, oder weist er auf andere Art und Weise darauf hin, dass er für die Gesellschaft tätig ist, so werden dadurch alle Gesellschafter gesamthaft berechtigt und verpflichtet, sofern dieser seine Geschäftsführungsbefugnis nicht überschritten hat. Für im Namen aller Gesellschafter eingegangene Verpflichtungen haften dementsprechend alle Gesellschafter solidarisch und unbeschränkt.*
>
> *Ist der handelnde Gesellschafter allerdings nur in eigenem Namen aufgetreten, so wird auch nur er berechtigt und verpflichtet.*

2.5.1.4 ENTSTEHUNG UND BEENDIGUNG

Zur Entstehung der einfachen Gesellschaft genügt die Einigung der Beteiligten, die Erreichung eines bestimmten Zweckes gemeinsam fördern zu wollen. Die Einigung kann dabei in beliebiger Form (stillschweigend, mündlich, schriftlich etc.) erfolgen.

Die einfache Gesellschaft wird durch das Eintreten eines Auflösungsgrundes beendet. Die wichtigsten Auflösungsgründe sind nach OR 545:

- Zweckerreichung
- Tod oder Konkurs eines Gesellschafters

- Vereinbarung
- Zeitablauf
- Austritt eines Gesellschafters (Kündigungsfrist sechs Monate)
- Richterliche Auflösung bei Vorliegen eines wichtigen Grundes.

Der Austritt eines Gesellschafters führt grundsätzlich zur Auflösung der einfachen Gesellschaft. In der Praxis findet sich deshalb oftmals eine sog. Fortsetzungsklausel, mit der das Weiterbestehen der Gesellschaft trotz Ausscheidens eines Mitgliedes vereinbart werden kann.

2.5.2 Die Kollektivgesellschaft (OR 552 ff.)

2.5.2.1 Begriff und Wesen

„Die Kollektivgesellschaft ist eine personenbezogene, nach aussen hin verselbständigte Gesamthandsgemeinschaft von natürlichen Personen, die in der Regel wirtschaftliche Zwecke verfolgt und ein kaufmännisches Unternehmen betreibt und für deren Verbindlichkeiten neben dem Gesellschaftsvermögen subsidiär alle Gesellschafter unbeschränkt und solidarisch haften“ [Meier-Hayoz/Forstmoser 1993: 217].

Wie die einfache Gesellschaft ist auch die Kollektivgesellschaft eine *Personengesellschaft*, was wiederum bedeutet, dass jedem Mitglied grundsätzlich die gleichen Rechte und Pflichten zukommen. Mitglieder einer Kollektivgesellschaft können gemäss Legaldefinition nur natürliche Personen werden.

Die Kollektivgesellschaft selbst ist nach überwiegender Meinung keine juristische Person, weshalb sie auch keine eigene Rechtspersönlichkeit besitzt. Dagegen wird sie in Einzelfällen doch wieder wie eine juristische Person behandelt. So kann sie etwa in eigenem Namen – also für sich selbst – Rechte erwerben und Verbindlichkeiten eingehen, klagen und verklagt, betreiben und betrieben werden. Sie ist somit – anders als die einfache Gesellschaft – handlungs-, prozess- und betreibungsfähig, nicht aber rechtsfähig.

Die Kollektivgesellschaft wird in der Regel für dauerhafte Verbindungen mit wirtschaftlicher Zielsetzung geschaffen. Sie betreibt deshalb üblicherweise ein nach kaufmännischer Art geführtes Gewerbe. Für Kollektivgesellschaften ohne kaufmännisches Gewerbe gilt die Sonderregelung, dass für ihre Entstehung der HR-Eintrag konstitutive Wirkung hat.

Für die Verpflichtungen der Kollektivgesellschaft haftet aufgrund ihrer Fähigkeit, selbständig Rechte und Pflichten erwerben zu können, primär das

Gesellschaftsvermögen. Reicht dieses Vermögen zur Deckung der Gesellschaftsschulden nicht aus, so haften subisidiär alle Gesellschafter persönlich, und zwar wiederum solidarisch und unbeschränkt. Das *Haftungssubstrat* stellt sich für einen Gläubiger einer Kollektivgesellschaft folglich zweistufig dar:

- *primär:* das Gesellschaftsvermögen
- *sekundär:* das Privatvermögen der einzelnen Gesellschafter solidarisch und unbeschränkt.

2.5.2.2 DAS INNENVERHÄLTNIS

Gemäss OR 557 bestimmen sich die Rechte und Pflichten der Gesellschafter zunächst nach dem *Gesellschaftsvertrag*, in zweiter Linie nach den gesetzlichen Bestimmungen über die Kollektivgesellschaft, und sofern auch dort nichts geregelt ist, gelten die Vorschriften über die einfache Gesellschaft.

Bezüglich Gewinn- und Verlustanteil gilt dispositiv das von der einfachen Gesellschaft her bekannte Kopfprinzip. Den einzelnen Gesellschaftern steht überdies ein Anspruch zu auf Verzinsung ihres eingebrachten Kapitalanteils zu 4% p.a. Der Zins ist unabhängig vom Geschäftsergebnis auszuzahlen. Ein Anspruch auf Honorar für die Tätigkeit eines Gesellschafters besteht dagegen nur aufgrund vertraglicher Vereinbarung.

Für Gesellschaftsbeschlüsse sowie für die Befugnis zur Geschäftsführung gelten im internen Verhältnis überwiegend die Regelungen der einfachen Gesellschaft.

Zusätzlich trifft die Kollektivgesellschafter eine ausgeprägte Treuepflicht, d.h., ein Gesellschafter darf ohne die Zustimmung der übrigen Gesellschafter weder auf eigene noch auf fremde Rechnung im Geschäftszweig seiner Kollektivgesellschaft tätig werden. Er darf auch nicht Mitglied einer Kollektiv- oder Kommanditgesellschaft oder Beteiligter einer GmbH der gleichen Branche sein.

2.5.2.3 DAS AUSSENVERHÄLTNIS

Die Kollektivgesellschaft tritt nach aussen hin unter einer eigenen Firma mit eigenem Geschäftsvermögen auf.

Falls sich aus dem HR nicht etwas anderes ergibt, so darf ein gutgläubiger Dritter annehmen, jeder Gesellschafter sei für sich allein zur Vertretung befugt, und zwar umfangmässig für alle Rechtshandlungen, die der Gesellschaftszweck mit sich bringen kann *(Prinzip der Einzelvertretungsmacht)*. Die Einzelvertretungsmacht geht somit einiges weiter als bei der einfachen Gesellschaft, denn ein Vetorecht gibt es grundsätzlich nicht.

Einstimmigkeit ist zudem nur verlangt, wenn eine Rechtshandlung ausserhalb des definierten Gesellschaftszweckes liegt.

2.5.2.4 Entstehung und Beendigung

Die kaufmännische Kollektivgesellschaft entsteht, sobald eine Einigung der Gesellschafter (in beliebiger Form) zum Betrieb einer nach kaufmännischer Art geführten Unternehmung vorliegt. Die Kollektivgesellschaft entsteht auch dann, wenn sich die Gesellschafter dessen nicht bewusst sind oder eine falsche Bezeichnung verwenden. Zwar ist die Gesellschaft im HR eintragen zu lassen, doch hat dieser Eintrag keinen Einfluss auf den Bestand der Gesellschaft (Ausnahme: die nicht kaufmännische Kollektivgesellschaft).

Betreffend die Auflösung der Kollektivgesellschaft kann ebenfalls auf die Ausführungen zur einfachen Gesellschaft verwiesen werden. Neu ist lediglich, dass auch der Konkurs der Gesellschaft zur Auflösung der Kollektivgesellschaft führt.

Wie bei der einfachen Gesellschaft führt auch bei der Kollektivgesellschaft das Ausscheiden eines Gesellschafters zur Auflösung der Gesellschaft. Zu diesem Grundsatz gibt es jedoch gesetzliche Ausnahmen:

- Sind sich die übrigen Gesellschafter über eine Weiterführung einig, so bleibt die Gesellschaft bestehen.
- Anders als bei der einfachen Gesellschaft kann bei der Kollektivgesellschaft ein Gesellschafter durch den Richter (bei wichtigen Gründen) oder durch die übrigen Gesellschafter (wenn dieser in Konkurs fällt oder sein Liquidationsanteil gepfändet wurde) aus der Gesellschaft ausgeschlossen werden. In diesem Fall bleibt die Gesellschaft ebenfalls bestehen.

Ausserdem haften die Gesellschafter ab dem Zeitpunkt der Veröffentlichung der Auflösung oder ihres Ausscheidens im Schweizerischen Handelsamtsblatt (SHAB) noch während fünf Jahren für unbeglichene Gesellschaftsschulden.

2.5.3 Die Kommanditgesellschaft (OR 594 ff.)

2.5.3.1 Begriff und Wesen

„Die Kommanditgesellschaft ist grundsätzlich eine personenbezogene, nach aussen hin verselbständigte Gesamthandgemeinschaft, die in der Regel wirtschaftliche Zwecke verfolgt und ein kaufmännisches Gewerbe betreibt. Ein oder mehrere Gesellschafter (sog. Komplementäre) haften neben dem Gesellschaftsvermögen subsidiär solidarisch und unbeschränkt, ein oder mehrere Personen (sog. Kommanditäre) haften nur bis zu einem bestimmten, im HR eingetragenen Betrag" [Meier-Hayoz/Forstmoser 1993: 237].

In der Kommanditgesellschaft werden also zwei unterschiedliche Gruppen von Gesellschaftern mit unterschiedlichen Interessen und Beteiligungen vereinigt. Während die *Komplementäre* vor allem ihre persönlichen Fähigkeiten und Leistungen in die Gesellschaft einbringen, sind die *Kommanditäre* grundsätzlich nur über ihre Kapitaleinlage beteiligt. Dementsprechend können nur natürliche Personen Komplementäre werden, während der rein kapitalmässig beteiligte Kommanditär auch eine juristische Person sein kann.

In der Ausgestaltung der Haftungsordnung kommt der Unterschied zur Kollektivgesellschaft augenscheinlich zum Ausdruck. So haftet für Gesellschaftsschulden ein Komplementär grundsätzlich gleich wie ein Kollektivgesellschafter, nämlich solidarisch und unbeschränkt. Der Kommanditär dagegen haftet nur bis zu der nach aussen hin kundgegebenen Haftungslimite, der sog. *Kommanditsumme*, die im HR eingetragen wird. Die Höhe dieser Summe kann dabei beliebig festgelegt werden.

2.5.3.2 DAS INNENVERHÄLTNIS

Die Stellung des Komplementärs entspricht in allem der Stellung eines Kollektivgesellschafters (vgl. oben Kap. 2.5.2.2).

Der Kommanditär ist dagegen nur Kapitalgeber. Es stehen ihm nach Gesetz (aber ev. nach einer individuellen Vertragsabrede) insbesondere keinerlei Geschäftsführungsbefugnisse zu. Einen Anspruch auf Gewinn hat er ausserdem nur insoweit, als er sich diesen vertraglich hat zusichern lassen. Bei fehlender Gewinnvereinbarung kann dem Kommanditär eine Gewinnbeteiligung nur durch den Richter zugesprochen werden. Einen allfälligen Verlust trägt er dagegen bis zur Höhe seiner Kommanditsumme mit.

Die Aufnahme eines neuen Gesellschafters bedarf im übrigen – entsprechend der Kollektivgesellschaft – der Einstimmigkeit unter den verbleibenden Gesellschaftern.

2.5.3.3 DAS AUSSENVERHÄLTNIS

Es kann hier auf das zur Kollektivgesellschaft Gesagte verwiesen werden. Wiederholt sei an dieser Stelle einzig, dass die Vertretung der Gesellschaft nach aussen hin allein dem Komplementär obliegt. Kommanditäre können die Gesellschaft nur durch vertragliche Ermächtigung als Prokuristen oder Handlungsbevollmächtigte, nicht aber als Gesellschafter vertreten.

2.5.3.4 Entstehung und Beendigung

Bezüglich Entstehung und Beendigung der Kommanditgesellschaft gelten die gleichen Regeln wie für die Kollektivgesellschaft. Abweichend ist einzig, dass der Tod eines Kommanditärs nicht die Auflösung der Gesellschaft nach sich zieht.

Auch für Gesellschafterwechsel (Komplementär wie Kommanditär) gelten die Bestimmungen zur Kollektivgesellschaft.

2.5.4 Die Aktiengesellschaft (OR 620 ff.)

2.5.4.1 Begriff und Merkmale

„Die Aktiengesellschaft (AG) ist eine kapitalbezogene Körperschaft, die in der Regel wirtschaftliche Zwecke verfolgt und ein kaufmännisches Unternehmen betreibt, für deren Verbindlichkeiten ausschliesslich das Gesellschaftsvermögen haftet und die ein in bestimmter Höhe festgesetztes, in Teilsummen (= Aktien und allenfalls Partizipationsscheine) zerlegtes Grundkapital (Aktienkapital und allenfalls Partizipationskapital) aufweist" [Meier-Hayoz/Forstmoser 1993: 237].

Die AG als juristische Person hat eine *eigene Rechtspersönlichkeit*, d.h., sie ist selbständige Trägerin von Rechten und Pflichten, kann in eigenem Namen handeln und Rechtsgeschäfte eingehen und allenfalls für unerlaubte Handlungen ihrer Organe haftbar gemacht werden. Sie kann klagen und beklagt, betreiben und betrieben werden. Sie ist – kurz gesagt – ein von ihren Mitgliedern unabhängiges Rechtssubjekt.

In der Regel verfolgt sie wirtschaftliche Zwecke und ist gewinnstrebend ausgerichtet, was beides jedoch nicht zwingend ist.

Die AG verfügt über ein Mindestkapital von Fr. 100'000.--, wobei bei der Gründung nur 20% liberiert (einbezahlt) sein müssen, wenigstens aber Fr. 50'000.--. Bei einer blossen Teilliberierung dürfen nur Namenaktien ausgegeben werden. Die Liberierung des Aktienkapitals selbst kann dabei auf verschiedene Arten erfolgen:

Barliberierung
Hier bezahlen die Aktionäre die von ihnen gezeichneten Aktien bar in Schweizerfranken zuhanden der zu gründenden AG auf ein Sperrkonto ein.

Sachliberierung
In diesem Fall leisten die Aktionäre ihre Einlagen in Sachwerten, die sie der AG zu Eigentum übertragen.

Sachübernahme
Eine solche liegt vor, wenn bereits vor der Gründung vereinbart wird, dass die AG nach der (Bar-)Gründung bestimmte Sachwerte ins Eigentum der Gesellschaft übernehmen wird.

Sachliberierung und -übernahme bezeichnet man als sog. qualifizierte Gründungstatbestände. Da bei ihnen die Gefahr einer Überbewertung der eingebrachten Sachwerte besteht, verlangt das Gesetz in diesen Fällen von den Aktionären einen schriftlichen *Gründungsbericht*, der u.a. die Bewertung der Sachwerte wiedergeben muss und von einem Revisor auf inhaltliche Richtigkeit zu überprüfen ist (OR 634 ff.).

In einer AG haftet für deren Verbindlichkeiten grundsätzlich nur das Gesellschaftsvermögen (eben das Vermögen der schuldnerischen Person). Eine Haftung der an ihr beteiligten Aktionäre ist dagegen ausgeschlossen. Um das bei der Gründung mit dem Aktienkapital identische Haftungssubstrat zu vergrössern, schreibt das Gesetz vor, dass die AG von ihren Gewinnen mindestens 5% in die Reserven legen muss, bis diese 20% des Aktienkapitals betragen (OR 671). Erst dann kann ein erzielter Gewinn in grösserem Umfang an die Aktionäre ausgeschüttet werden.

Zum Wesen der AG gehört es auch, dass die Beziehung zu ihren Mitgliedern neben dem Gesetz durch die Statuten geregelt wird. Anders nämlich als bei den Personengesellschaften, in denen die Organisationsstruktur problemlos durch einen individuellen Gesellschaftsvertrag zwischen den Mitgliedern bestimmt werden kann, ist dies bei einer AG nicht möglich, da hier die Gesellschaftserstellung nicht an die Person, sondern allein an deren Beteiligung (Aktie) geknüpft ist. Die Statuten stellen somit eine Art autonome Satzung dar, die für die einzelne Körperschaft die Rechtsverhältnisse im Innern und gegen aussen regelt [Meier-Hayoz/Forstmoser 1993: § 2 N 92]. Der Inhalt der Statuten gliedert sich in:

- Absolut notwendigen Inhalt, d.h., bestimmte Punkte müssen in den Statuten geregelt sein; unerlässlich sind etwa Firma, Sitz, Zweck, Aktienkapital, Anzahl, Nennwert und Art der Aktien etc.
- Bedingt notwendigen Inhalt, d.h., um einer Bestimmung Verbindlichkeit verschaffen zu können, bedarf diese der Aufnahme in die Statuten.

Da die Statuten eine von ihren Schöpfern (meist die Gründungsaktionäre) losgelöste Stellung haben, können sie auch gegen deren Willen geändert werden. Das Gesetz verlangt grundsätzlich die Zustimmung einer absoluten Mehrheit der in der Generalversammlung (GV) vertretenen Aktienstimmen. Für wichtige Beschlüsse gilt aber mitunter das Erfordernis einer qualifizierten Mehrheit (vgl. etwa OR 704).

Ein Sonderfall der Statutenänderung ist der Beschluss über die Änderung des Aktienkapitals. Zwar ist auch hiefür die GV zuständig, doch sind weitere Bestimmungen zu beachten. Prinzipiell kann das Kapital einer AG nur in einem formellen Verfahren geändert werden. Dabei ist eine Anpassung auf verschiedenen Wegen möglich:

Ordentliche Kapitalerhöhung (OR 650)
Die GV beschliesst in einem öffentlich zu beurkundenden Entscheid, das bisherige Kapital um einen *festen Betrag* zu erhöhen. Der Verwaltungsrat (VR) hat diesen Beschluss sodann innert drei Monaten durchzuführen.

Genehmigte Kapitalerhöhung (OR 651 ff.)
Die GV ermächtigt den VR, im Rahmen des gefassten Beschlusses, das Kapital nach eigenem Gutdünken innert der nächsten zwei Jahre um maximal die Hälfte des bisherigen Kapitals zu erhöhen. Hier erfolgt also eine allerdings eingeschränkte Kompetenzdelegation von der GV an den VR, denn diesem ist es nun überlassen, ob, wann und in welchem Umfang das Kapital erhöht werden soll. Mit diesem Instrument hat der VR durch die Aktienrechtsrevision von 1992 ein lange gefordertes Mittel erhalten, um auf künftigen Kapitalbedarf entsprechend flexibel reagieren zu können.

Bedingte Kapitalerhöhung (OR 653 ff.)
Die GV kann hier beschliessen, dass das Kapital dadurch erhöht wird, dass in den Statuten den Gläubigern von neuen *Anleihensobligationen* (Wandel- oder Optionsanleihen) das Recht auf den Bezug neuer Aktien eingeräumt wird. Hier erhalten also die Inhaber solcher Anleihen das Recht, durch entsprechende Erklärung Aktionäre zu werden, wodurch das Kapital tropfenweise, entsprechend den Begehren der Berechtigten erhöht wird.

Kapitalherabsetzung (OR 732 ff.)
Eine solche kann erforderlich sein, wenn die AG überkapitalisiert ist (konstitutive Herabsetzung) oder wenn eine sog. Unterbilanz (deklarative Herabsetzung) vorliegt. Für beide Arten sind besondere Verfahren zu beachten, die jedoch nicht identisch sind. Eine Herabsetzung des Kapitals unter Fr. 100'000.-- ist jedoch in beiden Fällen ausgeschlossen.

2.5.4.2 Die Rechtsstellung des Aktionärs

Die Mitgliedschaft in einer AG ist rein kapitalbezogen, d.h., sie ist nicht auf die Person des Gesellschafters und dessen Eigenheiten ausgerichtet, sondern allein auf seine finanzielle Beteiligung. Diese erfolgt durch den Erwerb einer Aktie, deren Nennwert nach Gesetz nicht weniger als Fr. 10.-- betragen darf. Einzige Pflicht eines Aktionärs ist es demnach, die geforderte Voraussetzung für seine Mitgliedschaft zu erfüllen: Er muss die Aktie liberieren. Andere Pflichten dürfen dem Aktionär selbst durch die Statuten nicht auferlegt werden (OR 680).

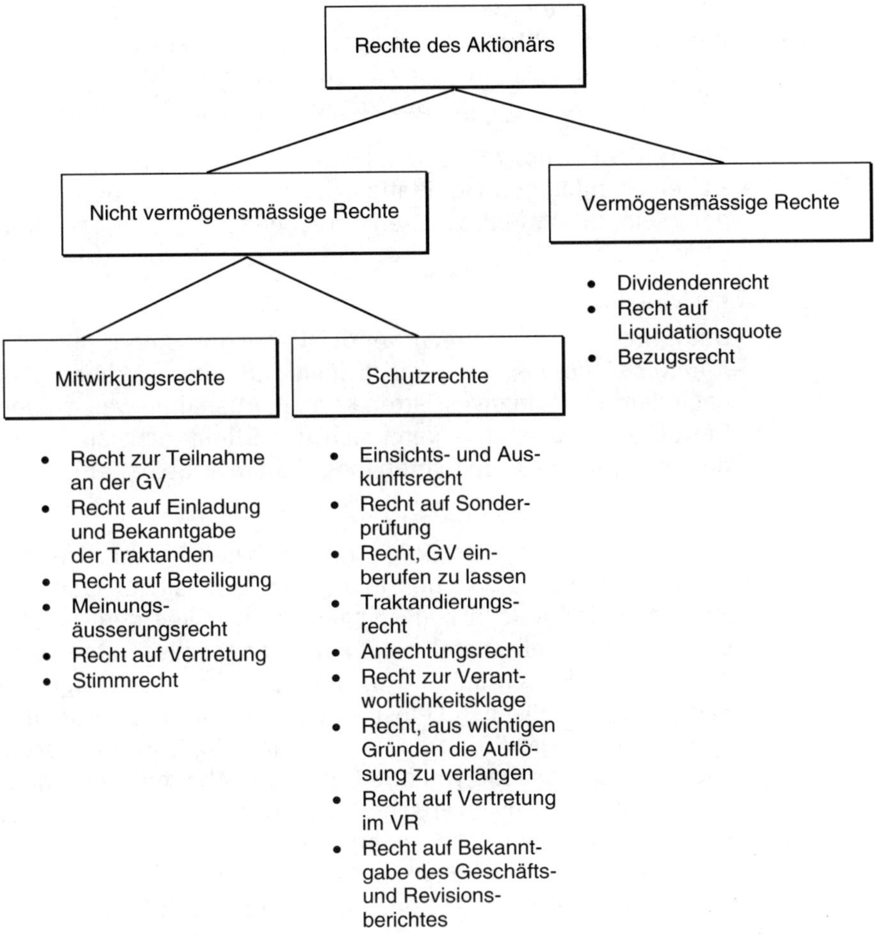

Abb. *2.3: Überblick über die Aktionärsrechte [Meier-Hayoz/Forstmoser 1993: § 12 N 85]*

Bei den Rechten des Aktionärs (vgl. Abb. 2.3) ist zu unterscheiden zwischen den vermögensmässigen und den nicht vermögensmässigen Rechten. Letztere wiederum werden unterschieden in Mitwirkungs- und Schutzrechte. Zu den wichtigsten Rechten im einzelnen:

RECHT AUF DIVIDENDE

Der Aktionär hat einen Anspruch auf einen Anteil an dem von der Gesellschaft erzielten Gewinn, sofern die gesetzlichen und ev. statutarischen Reserven geäufnet wurden.

BEZUGSRECHT

Dem bisherigen Aktionär steht das Recht zu, bei Kapitalerhöhungen im Verhältnis zu seiner bisherigen Beteiligung neue Aktien zu erwerben. Da das Bezugsrecht eminente Bedeutung für die bisherigen Teilhaber hat –

sowohl finanziell wie auch bezüglich der Mitspracherechte – ist ein Entzug nur unter Beachtung besonderer Voraussetzungen möglich. Ausserdem kann das Bezugsrecht nur mit qualifiziertem Mehrheitsbeschluss der GV (OR 704 I Ziff. 6) und nur aus wichtigen Gründen entzogen werden.

Recht auf Liquidationsanteil

Bei einer allfälligen Liquidation der AG hat der Aktionär Anspruch auf einen seinem Aktienbesitz entsprechenden Anteil am Liquidationsüberschuss.

Stimmrecht

Das Stimm- und Wahlrecht an der GV richtet sich grundsätzlich nach der *Kapitalbeteiligung*, d.h., die Stimmkraft eines Aktionärs bestimmt sich nach dem von ihm investierten Kapital. Ausnahmsweise – sofern durch die Statuten vorgesehen – kann sich das Stimmrecht auch nach der Anzahl der gehaltenen Aktien richten (sog. Stimmrechtsaktien).

Einsichts- und Auskunftsrecht

Weil der Aktionär in der Regel nur finanziell – aber nicht persönlich – an der AG beteiligt ist, stehen ihm gewisse Einsichts- und Auskunftsrechte zu. Diese sind jedoch stark eingeschränkt, weil dem Aktionär im Gegensatz zu den Gesellschaftern der Personengesellschaften keine Treuepflicht obliegt. Die Einschränkung dieser Schutzrechte erfolgt also quasi zum Schutz der Gesellschaft selbst. Um diesen Interessenkonflikt (der Aktionär will sich über die Situation der AG ein möglichst umfassendes Bild machen, die Gesellschaft will ihre Geschäftsgeheimnisse nicht offenbaren) zu lösen, hat das schweizerische Recht das Institut der Sonderprüfung eingeführt. Der „neutrale“ Sonderprüfer soll bestimmte Sachverhalte abklären, die für die Ausübung der Aktionärsrechte erforderlich sind. Dadurch muss dem einzelnen Aktionär kein direktes Einsichtsrecht zugestanden werden.

Recht auf Anfechtung

Jeder Aktionär hat das Recht, gesetzes- oder statutenwidrige GV-Beschlüsse beim Richter innert zwei Monaten anzufechten.

Recht auf Gleichbehandlung

Jedem Aktionär steht ein – allerdings nicht absolutes – Recht auf Gleichbehandlung entsprechend seiner Kapitaleinlage zu. Kein Beteiligter darf aus gesellschaftsfremden Gründen gegenüber andern bevorzugt oder benachteiligt werden.

Die Rechte des Aktionärs sind wertpapiermässig in der Aktie verbrieft. Dabei kennt das OR zwei verschiedene Grundtypen von Aktien:

INHABERAKTIEN
Der jeweilige Inhaber des Wertpapieres ist der Gesellschaft gegenüber Träger der Rechte. Die Aktionärseigenschaft wird durch blosse Übergabe der Urkunde übertragen.

NAMENAKTIEN
Hier ist nicht der jeweilige Inhaber des Papieres berechtigt, sondern allein der auf der Aktie als Berechtigter Bezeichnete. Dieser hat sich zudem ins *Aktienbuch* (auch Aktienregister) bei der Gesellschaft eintragen zu lassen. Damit hat die AG Klarheit über die zur Ausübung der Aktionärsrechte legitimierten Personen.

Eine Sonderform der Namenaktie stellt die sog. *vinkulierte Namenaktie* dar. Bei ihr ist die Übertragung dadurch eingeschränkt, dass die Gesellschaft die Eintragung des Erwerbers einer solchen Aktie verweigern darf, wenn auf ihn ein in den Statuten genannter Grund zutrifft. Während bei börsenkotierten Namenaktien das Gesetz als einzigen Ablehnungsgrund die sog. Prozentklausel zulässt (d.h., ein Eintrag kann nur verweigert werden, wenn der Antragsteller die prozentmässige Begrenzung des Eigentums an Namenaktien überschreitet), ist bei nicht börsenkotierten Namenaktien die Verweigerung der Eintragung aus in den Statuten genannten „wichtigen Gründen“ zulässig. Zudem besteht für letztere Aktienkategorie die Möglichkeit, die Eintragung ohne Grundangabe zu verweigern, wenn die AG bereit ist, die zur Veräusserung anstehenden Aktien zum wirklichen Wert zu übernehmen (sog. Escape-Klausel).

2.5.4.3 DIE ORGANISATION DER AG

Aufgrund des Gesetzes sind drei Organe in der AG zwingend vorgeschrieben:

- die Generalversammlung (OR 698 ff.)
- der Verwaltungsrat (OR 707 ff.)
- die Revisionsstelle (OR 727 ff.)

DIE GENERALVERSAMMLUNG
Die GV wird vom Gesetz als das oberste Organ der AG bezeichnet. Dies ist insofern richtig, als ihr die wichtigsten Kompetenzen unentziehbar zustehen. So ist die GV etwa zuständig für:

- Wahl der andern Organe
- Festsetzung und Änderung der Statuten
- Beschluss über die Dividende

- Entlastung der Verwaltung (sog. Décharge-Erteilung)
- Genehmigung der Jahresrechnung.

Dagegen ist es der GV nicht möglich, in die Kompetenzbereiche der andern Organe einzugreifen (sog. Paritätsprinzip). Diesbezüglich ist die GV den andern Organen also nicht übergeordnet.

Die ordentliche GV hat jährlich innert sechs Monaten nach Abschluss des Geschäftsjahres stattzufinden. Nach Bedarf kann auch eine ausserordentliche GV einberufen werden. In jedem Fall aber sind die Einberufungsformalitäten zu beachten, ansonsten keine gültigen Beschlüsse gefasst werden können. Für die Beschlussfassung gilt, dass in der Regel eine absolute Mehrheit der vertretenen Aktienstimmen zustimmen muss, um ein Traktandum zu beschliessen.

Der Verwaltungsrat

Dieser ist nach dispositiver Gesetzesvorschrift das *geschäftsführende Organ* der AG. Ihm steht somit die Vertretung der Gesellschaft im Rahmen des Gesellschaftszweckes zu. Der VR ist jedoch berechtigt, im Rahmen des Gesetzes und der Statuten die Geschäftsführung ganz oder zum Teil an einzelne Mitglieder oder gar an Dritte zu übertragen. Allerdings sieht das Gesetz eine ganze Liste von unübertragbaren Aufgaben vor. So hat der VR in jedem Fall die Oberleitung und die Oberaufsicht über die AG. Er ist zudem u.a. zuständig für die Organisation und die Planung der personellen und finanziellen Mittel sowie für die Benachrichtigung des Richters im Falle der Überschuldung.

VR-Mitglieder müssen Aktionäre sein, wobei zusätzlich die Mehrheit der Mitglieder das Schweizer Bürgerrecht sowie Wohnsitz in der Schweiz haben muss.

Für Pflichtverletzungen kann der Verwaltungsrat *persönlich zur Haftung* gezogen werden. Erleiden durch solche Pflichtverletzungen die AG selbst, die Aktionäre oder Gläubiger der AG einen Schaden, so können die pflichtwidrig handelnden VR-Mitglieder zur Verantwortung gezogen werden. Sie haften sodann solidarisch im Umfange ihres persönlichen Verschuldens, und zwar mit ihrem gesamten Vermögen.

Die Revisionsstelle

Da die Kontrollrechte des einzelnen Aktionärs stark eingeschränkt sind, sieht das Gesetz ein spezielles Kontrollorgan, die Revisionsstelle, vor. Sie hat zu prüfen, ob die *Buchführung und die Jahresrechnung* sowie der Antrag über die Verwendung des Bilanzgewinnes Gesetz und Statuten entsprechen. Die Revisionsstelle hat die Buchführung sowohl auf die formelle als auch – allerdings nicht absolut – auf die materielle Richtigkeit zu überprüfen (nicht aber auf die Zweckmässigkeit der Geschäftspolitik).

Auch die Revisionsstelle trifft, wie den VR, bei Pflichtverletzung eine persönliche Haftung.

Über das Ergebnis der Prüfung hat die Revisionsstelle zuhanden der GV schriftlich Bericht zu erstatten. Neben diesen ordentlichen Prüfungen verlangt das Gesetz auch ausserordentliche, so etwa bei einer qualifizierten Gründung oder bei einer bedingten Kapitalerhöhung.

Revisoren müssen vom VR sowie von einem beherrschenden Aktionär unabhängig sein sowie über die nötigen fachlichen Fähigkeiten verfügen. Bei grösseren Gesellschaften (Bilanzsumme 20 Mio. Fr., Umsatz 40 Mio. Fr. oder Personalbestand 200 Mitarbeiter) müssen sie sogar besondere fachliche Qualifikationen nachweisen können.

2.5.4.4 Entstehung und Beendigung

Zur Gründung einer AG sind mindestens *drei (natürliche oder juristische) Personen* verlangt. Weitere Voraussetzung ist das Aufstellen von Statuten. Zudem muss das erforderliche *Kapital* (*Fr. 100'000.--*, mindestens zu 20% oder Fr. 50'000.-- liberiert) vorhanden sein. Die konstituierende GV hat sodann die *Statuten* zu genehmigen, die erforderlichen *Organe* zu wählen und festzustellen, dass sämtliche Aktien gezeichnet sind. Diese Beschlüsse sind öffentlich zu beurkunden. Sind diese Voraussetzungen erfüllt, so hat sie sich (in der Regel vertreten durch den VR) ins *HR eintragen* zu lassen. Mit dem Eintrag ist die AG sodann als juristische Person entstanden (sog. konstitutiver Eintrag).

Aufgelöst wird eine AG, wenn ein Auflösungsgrund nach OR 736 vorliegt. Dazu gehören etwa Konkurs der Gesellschaft oder Beschluss der GV. Ein Austritt eines Aktionärs aus der AG ist ebensowenig möglich wie die Forderung an die AG auf Rückzahlung des Nennwertes.

2.5.5 Die Gesellschaft mit beschränkter Haftung (OR 772)

2.5.5.1 Begriff und Wesen

„Die Gesellschaft mit beschränkter Haftung (GmbH) ist eine teils kapitalbezogene, teils personenbezogene Körperschaft, die wirtschaftliche Zwecke verfolgt und in der Regel ein kaufmännisches Unternehmen betreibt, die ein in bestimmter Höhe festgesetztes Stammkapital aufweist und für deren Verbindlichkeiten neben dem Gesellschaftsvermögen die Gesellschafter insoweit subsidiär persönlich und solidarisch haften, als das Stammkapital nicht liberiert ist“ [Meier-Hayoz/Forstmoser 1993: § 14 N 1].

Mit der GmbH wollte der Gesetzgeber insbesondere kleineren und mittleren Unternehmen die Gelegenheit geben, eine Verbindung von beschränkter Haftung – wie bei der AG – und persönlicher Beteiligung und Betätigung der Mitglieder – entsprechend der Kollektivgesellschaft – zu erzielen. Dementsprechend zeigt sich die GmbH auch als eine Art Mischform dieser zwei Gesellschaftstypen.

Die GmbH hat gleich wie die AG eine eigene Rechtspersönlichkeit und ist juristische Person. Sie verfügt ebenfalls über ein in bestimmter Höhe festgelegtes Grundkapital, das sog. Stammkapital, das mindestens Fr. 20'000.-- betragen muss, aber nicht mehr als 2 Mio. Fr. betragen kann. Dieses muss bei der Gründung zu mindestens 50% einbezahlt oder durch Sacheinlagen gedeckt sein.

Das *Stammkapital* ist in Stammeinlagen eingeteilt, die mindestens Fr. 1'000.-- oder ein Vielfaches davon zu betragen haben. Jeder Gesellschafter hat sodann eine Stammeinlage zu übernehmen, kann aber gleichzeitig auch nicht mehr als eine solche besitzen (OR 774 II). Dies führt dazu, dass die Stammeinlagen im Unterschied zu Aktien nur sehr eingeschränkt handelbar sind.

Das kapitalbezogene Element der GmbH zeigt sich weiter in den verschiedensten Bestimmungen des Rechtes über die GmbH. So gelten etwa für Sacheinlage- und Sachübernahmegründungen, Bilanzierungsvorschriften und Reservefonds, Pflichten der Verwaltung bei Kapitalverlust und Überschuldung die Vorschriften über die AG. Auch die Rechte und Pflichten eines Gesellschafters sind grundsätzlich nach der Höhe seiner Beteiligungen ausgerichtet. Noch enger gefasst als bei der AG ist dagegen die mögliche Zweckausrichtung der GmbH: Diese darf nur wirtschaftlich tätig sein.

Wie bei der AG haftet den Gläubigern einer GmbH zunächst nur das Gesellschaftsvermögen. Eine persönliche Haftung der Gesellschafter besteht aber immerhin dann, wenn das Stammkapital nicht voll einbezahlt worden ist. In diesem Fall trifft den einzelnen Gesellschafter in der gesamten Höhe des noch nicht liberierten Betrages eine solidarische und unbeschränkte Haftung (wie einen Kollektivgesellschafter), und zwar auch dann, wenn er seine eigene Stammeinlage schon voll liberiert haben sollte.

Stammkapital und Stammeinlage sind überdies in den Statuten festzuhalten, und es ist ein Anteilsbuch zu führen. Ausserdem hat die Geschäftsführung dem Handelsregisteramt jährlich eine Liste mit den aktuellen Gesellschaftern, deren Stammeinlagen und der genauen Liberierung einzureichen, die öffentlich ist (OR 790).

2.5.5.2 Die Rechtsstellung des Gesellschafters mbH

Wie der Aktionär über die Aktie erhält der Gesellschafter mbH seine Stellung durch seine Beteiligung (Stammeinlage). Im Unterschied zur Aktie ist die Urkunde, in der diese Beteiligung verbrieft ist, jedoch kein Wertpapier, sondern eine reine Beweisurkunde und deshalb für Bestand oder Übertragung der Mitgliedschaft nicht wesentlich. Der Nachweis der Mitgliedschaft kann mit beliebigen Beweismitteln geführt werden [Guhl/Koller/ Druey 1991: 719].

Grundsätzlich bemessen sich die Rechte und Pflichten der Gesellschafter wie bei der AG nach der *Höhe der Stammeinlage*, doch ist eine auf weite Strecken andere Ausgestaltung der Mitgliedschaft möglich.

In bezug auf die Pflichten geht das Recht der GmbH weiter als jenes der AG. Zwar trifft auch hier den Gesellschafter als erstes die Pflicht, seine Stammeinlage im statutarischen Umfang zu liberieren. Daneben bestehen jedoch weitere gesetzliche Pflichten eines Gesellschafters (z.B. Konkurrenzverbot für die geschäftsführenden Gesellschafter gemäss OR 818), oder es können solche durch die Statuten zusätzlich eingeführt werden (sog. Nebenleistungspflichten wie z.B. eine Nachschusspflicht nach OR 803 I).

Bei den Rechten findet sich die von der AG her bekannte Unterteilung in vermögensmässige und nicht vermögensmässige Rechte. Während die vermögensmässigen Rechte weitgehend denen der AG entsprechen, zeigt sich – beeinflusst durch das personenbezogene Element in der GmbH – bei den nicht vermögensmässigen Rechten ein anderer Charakter. So hat etwa jeder (Gründungs-)Gesellschafter das Recht – wie bei der Kollektivgesellschaft –, aktiv an der Geschäftsführung und Vertretung der Gesellschaft mitzuwirken, sofern die Statuten nicht etwas anderes bestimmen. Ist ein Gesellschafter nicht an der Geschäftsführung beteiligt, so steht ihm statt dessen ein umfassendes Einsichtsrecht in die Geschäftsdokumente zu. Dieses wird immerhin dann eingeschränkt, wenn die GmbH eine Kontrollstelle besitzt, aber nur auf den Umfang, wie es einem Aktionär zusteht (OR 819 II).

Die übrigen Mitwirkungs- und Schutzrechte entsprechen dagegen wiederum weitestgehend denjenigen der AG.

Die Rechtsstellung eines Gesellschafters kann auf verschiedene Arten erworben werden:

- Im Gründungsstadium der GmbH erhält man die Mitgliedschaft durch Zeichnung des Stammanteils.
- Zu einem späteren Zeitpunkt ist der Erwerb der Mitgliedschaft durch einen Dritten nur durch Abtretung der Mitgliedschaft möglich. Eine solche unter-

liegt jedoch der erschwerten Bedingung, dass drei Viertel aller Gesellschafter, die zugleich drei Viertel des Stammkapitals vertreten, einer Übertragung zustimmen müssen. Diese Erfordernisse können durch die Statuten noch erschwert, nicht aber erleichtert werden. Zudem ist der Veräusserungsvertrag öffentlich zu beurkunden.

- Für den Fall, dass ein Gesellschafter verstirbt, ist ein gesetzlicher Übergang auf die Erben vorgesehen, der jedoch durch die Statuten wiederum eingeschränkt oder gar ausgeschlossen werden kann.

Einer anderen Regelung als bei der AG untersteht die GmbH bezüglich des Austrittes oder des Ausschlusses eines Gesellschafters. Hier bewirkt der personenbezogene Grundzug der GmbH, dass bei Vorliegen wichtiger Gründe beides möglich ist. Allerdings bleiben austretende oder ausgeschlossene Gesellschafter für die Verpflichtungen der Gesellschaft, die vor ihrem Ausscheiden entstanden sind, wie bei der Kollektivgesellschaft noch während fünf Jahren haftbar.

Ein Gesellschafterwechsel ist – egal aus welchem Grund – immer dem Handelsregisteramt mitzuteilen.

2.5.5.3 Die Organisation der GmbH

Das Gesetz sieht für die GmbH ebenfalls drei Organe vor, wobei die Kontrollstelle nicht zwingend vorgeschrieben ist:

- die Gesellschafterversammlung (OR 808 ff.)
- das Geschäftsführungsorgan (OR 811 ff.)
- und *fakultativ* eine Kontrollstelle (OR 819)

Die Gesellschafterversammlung (GesV)
Sie ist, wie bei der AG, ebenfalls oberstes Organ, das die wichtigsten Kompetenzen unübertragbar wahrzunehmen hat. Sie tritt ordentlich oder ausserordentlich zusammen und wird dabei durch die Geschäftsführung einberufen. Beschlossen wird grundsätzlich mit der absoluten Mehrheit der abgegebenen Stimmen. Für Statutenänderungen ist dagegen die qualifizierte Mehrheit von drei Vierteln der Gesellschafter sowie drei Vierteln des Stammkapitals verlangt. Das Stimmrecht richtet sich dabei, sofern die Statuten nicht etwas anderes vorsehen, nach der Höhe der Stammeinlage.

Das Geschäftsführungsorgan
Ihm kommen in etwa die gleichen Aufgaben zu wie dem VR einer AG. Gänzlich verschieden ist allerdings die Art, wie sich das geschäftsführende Organ nach gesetzlicher Vorstellung zusammensetzt: Sämtliche Gesellschafter sind danach als solche (wie bei der Kollektivgesellschaft) – ohne dass eine besondere Wahl erforderlich ist – zur Geschäftsführung berech-

tigt und verpflichtet. Immerhin kann von dieser oft schwerfälligen Lösung durch die Statuten abgewichen und eine flexiblere Lösung vorgesehen werden.

Die Kontrollstelle
Durch das Prinzip der sog. Selbstorganschaft (Gesellschafter = Geschäftsführer) erzielt man eine Übereinstimmung von Unternehmungsbesitz und Unternehmungsleitung. In diesem Fall erübrigt sich die Notwendigkeit einer speziellen Kontrollstelle. Sind dagegen nicht alle Gesellschafter an der Geschäftsführung beteiligt, so ist eine spezielle Kontrollstelle vorgeschrieben, aber wiederum nur dann, wenn diesen Gesellschaftern kein umfassendes Einsichtsrecht in die Geschäftsvorgänge zusteht.

2.5.5.4 Entstehung und Beendigung

Die Gründung einer GmbH entspricht der einer AG, wobei ebenfalls eine qualifizierte Gründung möglich ist. Zur Konstituierung sind allerdings nur zwei Personen verlangt.

2.5.6 Die Genossenschaft (OR 828 ff.)

2.5.6.1 Begriff und Wesen

„Die Genossenschaft ist eine personenbezogene Körperschaft mit nicht geschlossener Mitgliederzahl, die zur Hauptsache bestimmte wirtschaftliche Zwecke in gemeinsamer Selbsthilfe verfolgt, die ein kaufmännisches Unternehmen betreiben kann und für deren Verbindlichkeiten vorbehältlich einer andern statutarischen Ordnung ausschliesslich das Gesellschaftsvermögen haftet. Die Genossenschaft kann ein variables Grundkapital aufweisen, das in Anteile zerlegt ist“ [Meier-Hayoz/Forstmoser 1993: § 15 N 1].

Obwohl die Genossenschaft ebenfalls eine *juristische Person* ist, die wirtschaftliche Zwecke verfolgt, so unterscheidet sie sich doch grundlegend von einer AG. Während die AG ausgesprochene Kapitalgesellschaft ist, bei der sich Rechte und Pflichten ausschliesslich nach der finanziellen Beteiligung ausrichten, stehen bei der Genossenschaft demgegenüber die *persönlichen Fähigkeiten oder Bedürfnisse der Genossenschafter* im Vordergrund; dieser personenbezogene Zug der typischen Genossenschaft äussert sich augenscheinlich in ihrem Gesellschaftszweck, der in erster Linie auf *gemeinsame Selbsthilfe* und nicht auf Gewinnerzielung oder -maximierung ausgerichtet ist. Die Genossenschaft soll primär durch ihre spezifische Tätigkeit die Mitglieder selbst fördern und so deren Bedürfnisse decken. In erster Linie sollen also die Genossenschafter von den Leistungen der Genossenschaft profitieren, und zwar zu möglichst günstigen Konditionen. Gewinnerzielung durch den Leistungsverkauf ist grundsätzlich nicht beabsichtigt, weshalb das Gesetz im Fall von Gewinnerzielung bestimmt, dass ein solcher den Reserven zuzuweisen ist; eine Auszahlung ist nur in beschränktem Umfang möglich und auch dann nur, wenn es statutarisch vorgesehen ist (OR 859 ff.).

Die idealtypische Genossenschaft hat also ihr Tätigkeitsgebiet darauf ausgerichtet, Bedürfnisse und Ansprüche ihrer Mitglieder zu befriedigen. Die gesetzlich grosszügige Ausgestaltung des Genossenschaftsrechtes ermöglicht es jedoch einer Genossenschaft, ihre Leistungen auch Nichtgenossenschaftern zukommen zu lassen, wobei man sich diesfalls bewusst sein muss, dass man sich dadurch vom gesetzgeberischen Idealbild einer Genossenschaft entfernt.

Um die Ziele zu erreichen, die sich eine Genossenschaft durch die Statuten gesetzt hat, ist sie u.U. auf Kapital angewiesen. Dieses kann sie sich bei den Genossenschaftern durch Ausgabe von auf einen bestimmten Betrag lautenden Anteilscheinen beschaffen.

Mindestens einen solchen Anteilschein hat jeder Genossenschafter zu übernehmen. Da eine Genossenschaft grundsätzlich allen Personen offenstehen soll, die von deren Leistungen profitieren können, sieht das Gesetz das sog. *„Prinzip der offenen Tür“* vor, welches besagt, dass eine Genossenschaft keine geschlossene Mitgliederzahl haben darf und Beitrittswillige in die Genossenschaft eintreten können, wenn sie die statutarischen Bedingungen – die einen Eintritt jedoch nicht übermässig erschweren dürfen – erfüllen. Zum Beitritt bedarf es einer schriftlichen Erklärung sowie eines Aufnahmebeschlusses. Allerdings steht Beitrittswilligen nach herrschender Ansicht kein klagbarer Anspruch auf Aufnahme in die Genossenschaft zu [Meier-Hayoz/Forstmoser 1993: § 15 N 22; Guhl/Koller/Druey 1991: 745; BGE 98 II 221 ff.].

Das Prinzip der offenen Tür verunmöglicht es deshalb der Genossenschaft, ein im voraus fixiertes Grundkapital zu schaffen: Neue Mitglieder haben einen Anteilsschein zu erwerben, was automatisch zu einer Erhöhung des Grundkapitals führt.

Wie bei der AG haftet für Schulden der Genossenschaft grundsätzlich nur das Genossenschaftsvermögen. Die Statuten können allerdings eine weitergehende persönliche Haftung der Genossenschafter vorsehen, indem sie eine allfällige Nachschusspflicht statuieren.

2.5.6.2 Die Rechtsstellung des Genossenschafters

Die Mitgliedschaft in einer Genossenschaft ist in ihren Rechten und Pflichten auf die Persönlichkeit des Mitgliedes und nicht auf die Kapitalbeteiligung bezogen. Dementsprechend stehen jedem Genossenschafter die *gleichen Rechte und Pflichten* zu, wobei diesem Prinzip der Gleichbehandlung nicht absolut Folge zu leisten ist, sondern in sachlich begründeten Fällen davon abgewichen werden darf.

Als einzige ausdrücklich genannte Pflicht kennt das Gesetz die Treuepflicht des Genossenschafters (OR 866). Daneben besteht jedoch die Möglichkeit, den Genossenschaftern eine unbestimmte Vielzahl weiterer persönlicher Leistungs-, Duldungs- oder Unterlassungspflichten durch die Statuten aufzuerlegen.

Auch im Genossenschaftsrecht findet sich die von der AG her bekannte Unterscheidung zwischen vermögensmässigen und nicht vermögensmässigen Rechten (vgl. Abb. 2.4).

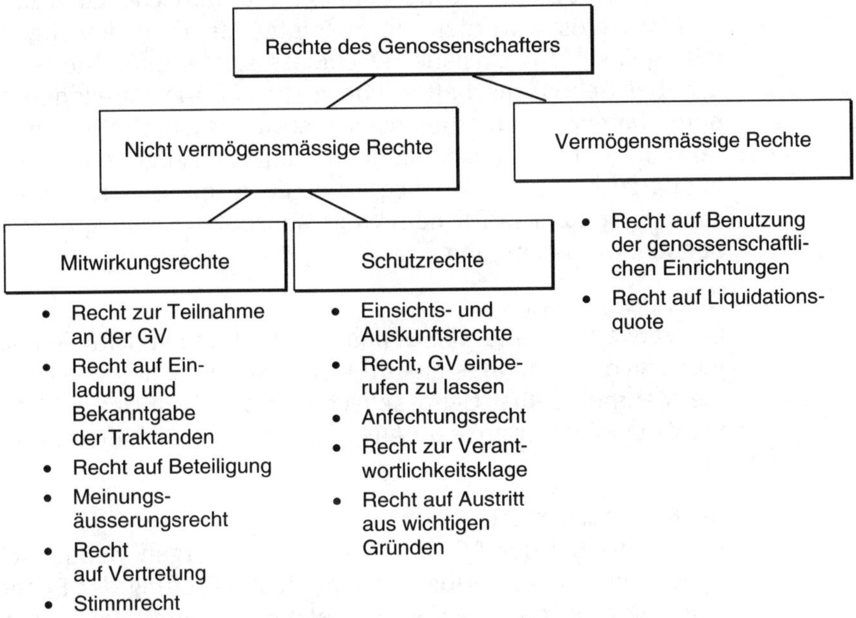

***Abb.** 2.4: Überblick über die Genossenschafterrechte [Meier-Hayoz/Forstmoser 1993: § 15 N 41]*

Unter den Genossenschaftsrechten hat wohl v.a. das Recht auf *Benützung genossenschaftlicher Einrichtungen* eine zentrale Bedeutung. Bezüglich Stimmrecht gilt in der Genossenschaft das personalistische Kopfstimmrecht, d.h., jeder Gesellschafter hat eine Stimme, unabhängig von der Höhe seiner Beteiligung oder der Anzahl seiner Anteilscheine.

Die Beendigung der Mitgliedschaft erfolgt durch freien Austritt (unter Beachtung der statutarischen oder gesetzlichen Kündigungsfrist), Ausschluss aus wichtigem Grund oder Tod des Genossenschafters. Eine Übertragung der Mitgliedschaft ist dagegen durch das Gesetz fast ausnahmslos ausgeschlossen (OR 849 f.).

2.5.6.3 Die Organisation der Genossenschaft

Wie für die AG schreibt das Gesetz für die Genossenschaft die drei bekannten Organe zwingend vor:

- die Generalversammlung (OR 879 ff.)
- die Verwaltung (OR 894 ff.)
- die Kontrollstelle (OR 906 ff.)

Die Generalversammlung
Sie ist ebenfalls oberstes Organ (vgl. AG), hat Legislativfunktion und wählt die beiden übrigen sowie allfällige statutarische Zusatzorgane. Wahlen und Beschlüsse werden mit absoluter Mehrheit der abgegebenen Stimmen gefasst; für einzelne Beschlüsse ist ein qualifiziertes Mehr notwendig. Bei Genossenschaften von mehr als 300 Mitgliedern oder solchen, deren Mitglieder mehrheitlich selbst Genossenschaften sind, ist es gestattet, eine Delegiertenversammlung mit den Aufgaben der Generalversammlung zu betrauen. Möglich ist es auch, die Befugnisse der Generalversammlung auf schriftlichem Wege auszuüben; man spricht sodann von einer sog. Urabstimmung.

Die Verwaltung
Die Verwaltung leitet die Genossenschaft und vertritt sie nach aussen. Sie muss sich aus mindestens drei Mitgliedern zusammensetzen, von denen die Mehrheit selbst Genossenschafter sind. Die Geschäftsführungsbefugnis kann mitunter auch an Ausschüsse und Geschäftsführer delegiert werden.

Die Kontrollstelle
Anders als bei der AG hat dieses Kontrollorgan weder fachkundig noch unabhängig zu sein. Über die eigentliche Prüfung der Bücher hinaus verlangt OR 906, dass die Kontrollstelle nicht nur die Rechnungslegung, sondern auch die Geschäftsführung zu überprüfen habe, mithin also die Exekutivfunktion überwachen darf. Ob es sich hierbei nicht um einen gesetzestechnischen Fehler handelt, darf bezweifelt werden.

2.5.6.4 Entstehung und Beendigung

Für die Gründung einer Genossenschaft braucht es neben sieben Gründungsmitgliedern schriftliche Statuten, die Genehmigung durch eine konstituierende Generalversammlung und den Eintrag ins HR. Nicht verlangt ist das Erfordernis der öffentlichen Beurkundung. Auch die qualifizierte Gründung (Sacheinlage, -übernahme) ist gegenüber der AG vereinfacht möglich.

Für die Beendigung kann auf die Ausführungen zur AG verwiesen werden, wobei weitere Beendigungsgründe in die Statuten aufgenommen werden können, dagegen eine gerichtliche Auflösungsklage in der Genossenschaft nicht statthaft ist.

2.5.6.5 BESONDERE REGELN FÜR EINZELNE GENOSSENSCHAFTSARTEN

Für einzelne Genossenschaftstypen sieht das Gesetz besondere Regelungen vor. Zu diesen Sondertypen gehören etwa:

- Genossenschaftsverbände (die Mitglieder solcher Genossenschaften sind selbst Genossenschaften)
- Bankengenossenschaften (z.B. Raiffeisenkassen)
- Versicherungsgenossenschaften (inkl. genossenschaftlicher Pensionskassen)

Da das Genossenschaftsrecht einen erheblichen Spielraum für die konkrete Ausgestaltung einer Genossenschaft lässt, haben sich in der Praxis die unterschiedlichsten Erscheinungsformen gebildet, die teils erheblich vom gesetzgeberischen Idealtypus einer (Selbsthilfe-)Genossenschaft abweichen.

3

Die Unternehmung und ihre privatrechtlichen Beziehungen zur Umwelt

Neben den Beziehungen zu ihren Eigentümern und Kapitalgebern spannt eine Unternehmung ein dichtes Netz weiterer Kontakte zu verschiedensten Gruppierungen oder Einzelpersonen. Diese Kontakte sind in der Regel neben rein wirtschaftlichen, sozialen oder technischen immer auch rechtliche. Diese rechtlichen Verflechtungen gründen wiederum in der Mehrheit – aber nicht ausschliesslich – in Verträgen. Hauptziel des nun folgenden Kapitels ist es, dem Wirtschaftsinformatiker einen Überblick über ausgesuchte vertragliche und ausservertragliche Bindungen einer Unternehmung zu seiner Umwelt zu geben.

3.1 Die Obligation

3.1.1 Im allgemeinen

Im Sinne der Rechtswissenschaft beinhaltet der Begriff der Obligation eine *Verpflichtung* oder *Schuld* und ist nicht zu verwechseln mit dem gleichnamigen Wertpapier. Besteht zwischen zwei oder mehr Parteien eine Obligation, so bedeutet dies, dass es irgendwo einen Berechtigten geben muss, der eine Forderung gegen einen Schuldner hat, die notfalls mittels gerichtlicher Hilfe durchgesetzt werden kann (vgl. Abb. 3.1). Gegenstand einer solchen Forderung können dabei beliebige Leistungen sein wie etwa die Leistung von Geld, Arbeit, Sachen, Rechte, aber auch Unterlassungen oder Duldungen.

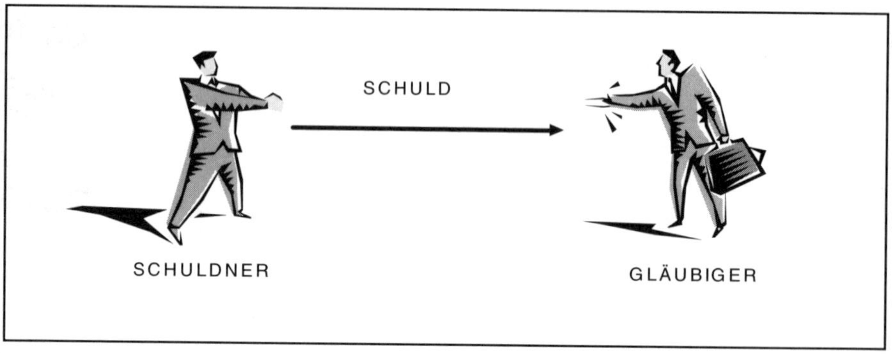

***Abb.** 3.1: Obligation als Verpflichtung oder Schuld*

Eine solche Verpflichtung kann im wesentlichen aus drei verschiedenen Gründen entstanden sein, nämlich aus

- Vertrag (OR 1–552)
- unerlaubter Handlung (= Schadenszufügung) (OR 41–61)
- ungerechtfertigter Bereicherung (OR 62–67)

Mit Obligationen, die aus eben diesen drei Gründen entstanden sind, beschäftigt sich u.a. das Obligationenrecht.

3.1.2 Die Obligation aus Vertrag

Ein Vertrag begründet in aller Regel mindestens zwei Obligationen, die einen gegenseitigen Leistungsaustausch zum Inhalt haben.

Beispiel Kaufvertrag: Der Verkäufer verpflichtet sich zur Übertragung des Eigentums an einer Sache, der Käufer zur Zahlung des Kaufpreises (vgl. Abb. 3.2).

Daneben kennt das Gesetz aber auch einseitig verpflichtende Verträge, bei denen nur eine Vertragspartei zu einer Leistung verpflichtet ist.

Beispiel Schenkung: Der Schenker verpflichtet sich, dem Beschenkten das Eigentum an einem Gegenstand ohne Gegenleistung zu verschaffen.

Da trotz verschiedenster Vertragsarten immer wieder die gleichen rechtlichen Fragen auftauchen können, hat das OR diesbezüglich einen *allgemeinen Teil* geschaffen, in dem Vertragsprobleme geregelt werden, die sämtliche Verträge betreffen können (OR 1–183). Erst in einem *besondere*

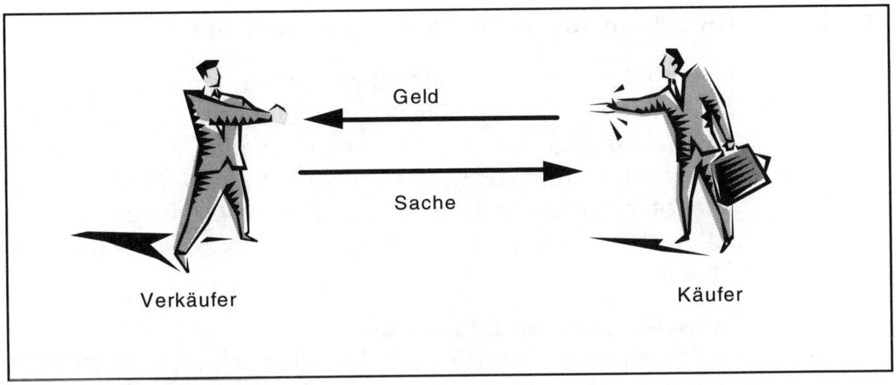

***Abb.** 3.2: Obligation aus Kaufvertrag*

Teil (OR 184–551) werden dann Normen gesetzt, die spezifisch mit einer der besonderen Vertragsarten zu tun haben.

Da das OR grundsätzlich im Gedankengut der *Privatautonomie* wurzelt, ist es niemandem verwehrt, innerhalb der gesetzlichen Schranken beliebige Verträge zu vereinbaren (sog. Vertragsfreiheit). Diese Offenheit hat dazu geführt, dass längst nicht alle heute existierenden Vertragstypen im Gesetz ihren Niederschlag gefunden haben. Vielmehr bestehen Verträge, die sich im OR nirgends finden (sog. *Innominatkontrakte* wie z.B. Leasing, Factoring, Lizenz etc.). Für sie gelten die Regeln des allgemeinen Teils des Vertragsrechtes des OR ebenso. Allerdings ist bei ihnen die konkrete vertragliche Vereinbarung besonders wichtig, da der besondere Teil des OR für ihre vertragsspezifischen Eigenheiten keine passenden Regelungen bietet.

Von den Innominatverträgen sind dagegen diejenigen Verträge zu unterscheiden, die einem gesetzlich geregelten Vertragstypus entsprechen, jedoch durch absichtlich oder irrtümlich falsche Wortwahl oder Bezeichnung der Parteien einer andern Vertragskategorie zugeordnet werden sollen.

Zu diesen falsch deklarierten Verträgen hält OR 18 ausdrücklich fest: „Bei der Beurteilung eines Vertrages sowohl nach Form als nach Inhalt ist der übereinstimmende wirkliche Wille und nicht die unrichtige Bezeichnung oder Ausdrucksweise zu beachten, die von den Parteien aus Irrtum oder in der Absicht gebraucht wird, um die wahre Beschaffenheit des Vertrages zu verbergen."

Auf solche falsch betitelten Verträge sind diejenigen gesetzlichen Bestimmungen anwendbar, die für den verschleierten, tatsächlichen Vertragstypus gelten würden.

3.1.3 Die Obligation aus unerlaubter Handlung

Eine Obligation kann dadurch entstehen, dass eine Person einer andern einen Schaden zufügt. Diese *Schadenszufügung* führt zur Verpflichtung des Schädigers, den entstandenen Schaden zu ersetzen, sofern die gesetzlichen Haftungsvoraussetzungen erfüllt werden. Die Haftung aus unerlaubter Handlung kennt dabei zwei verschiedene Haftungstypen, die unterschiedliche Voraussetzungen für ihre Entstehung verlangen (vgl. Abb. 3.3).

Verschuldenshaftung (OR 41)
Um einen andern aus seinem Verhalten schadenersatzpflichtig werden zu lassen, wird verlangt, dass ein widerrechtliches (unerlaubtes) Tun oder Unterlassen die Ursache für einen finanziellen Schaden des Dritten ist und der Schädiger dieses Verhalten schuldhaft (vorsätzlich oder fahrlässig) zu verantworten hat.

Kausalhaftungen
Hier lässt der Gesetzgeber jemanden haften, auch wenn diesem selbst kein Verschulden zur Last gelegt werden kann. Die Haftung ist bereits gegeben, wenn das Verhalten dieser Person in irgendeiner vom Gesetz als ausreichend qualifizierten Weise für den Schaden ursächlich (kausal) war. In der Regel gründet die Haftung in diesen Fällen auf der Verletzung einer Sorgfaltspflicht *(milde Kausalhaftungen)* oder auf der Schaffung eines gefährlichen Zustandes *(Gefährdungshaftungen)*. Während bei den milden Kausalhaftungen für einen Haftpflichtigen noch die Möglichkeit besteht, sich durch Nachweis der erfüllten Sorgfaltspflicht der Haftbarkeit zu entziehen, kennt eine reine Gefährdungshaftung diese Chance nicht.

Hat der Haftpflichtige eine Versicherung abgeschlossen (in bestimmten Fällen, z.B. bei Betrieb eines Motorfahrzeuges, ist eine solche sogar gesetzlich vorgeschrieben), so kann er allenfalls von seiner Versicherung verlangen, dass sie ihn von den Ansprüchen des Geschädigten freistellt. Diese Verpflichtung basiert ihrerseits wiederum auf einem (Versicherungs-)Vertrag.

3.1.4 Die Obligation aus ungerechtfertigter Bereicherung

„Wer in ungerechtfertigter Weise aus dem Vermögen eines andern bereichert worden ist, hat die Bereicherung zurückzuerstatten“ (OR 62). Eine solche ungerechtfertigte Vermögensverschiebung kann sich aufgrund verschiedener Ursachen ergeben (z.B. aus Versehen, aus nachträglich wieder weggefallener Verpflichtung, aufgrund falscher Vorstellungen etc.). All diesen ist aber gemeinsam, dass die Bereicherungen wieder rückgängig gemacht werden müssen, wenn dies der tatsächlich Berechtigte innert der Frist nach OR 67 verlangen sollte.

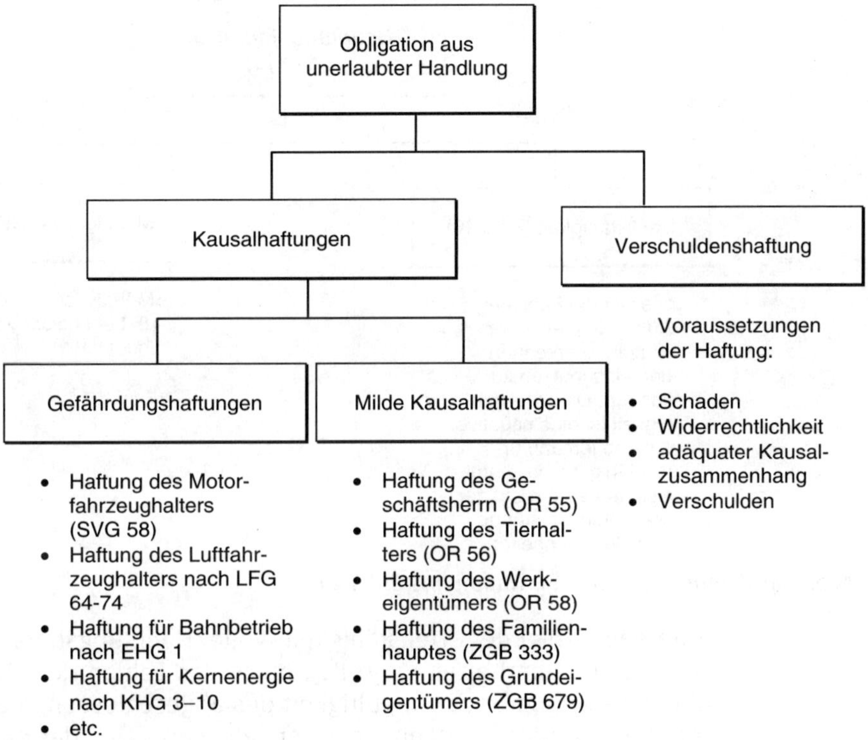

Abb. *3.3: Haftungsarten im Überblick*

3.2 ALLGEMEINES VERTRAGSRECHT

3.2.1 VORAUSSETZUNGEN DES VERTRAGSABSCHLUSSES

In einem Vertrag versprechen sich mindestens zwei Parteien mindestens eine Leistung. Damit stellen sich im Vorfeld des eigentlichen Vertragsschlusses folgende Fragen:

WER DARF EIGENTLICH VERTRÄGE ABSCHLIESSEN?

Zu einem Vertragsabschluss sind Parteien grundsätzlich nur berechtigt, wenn sie *handlungsfähig* sind (ZGB 12/13). Dazu braucht es Urteilsfähigkeit (ZGB 16) und Mündigkeit (ZGB 14).

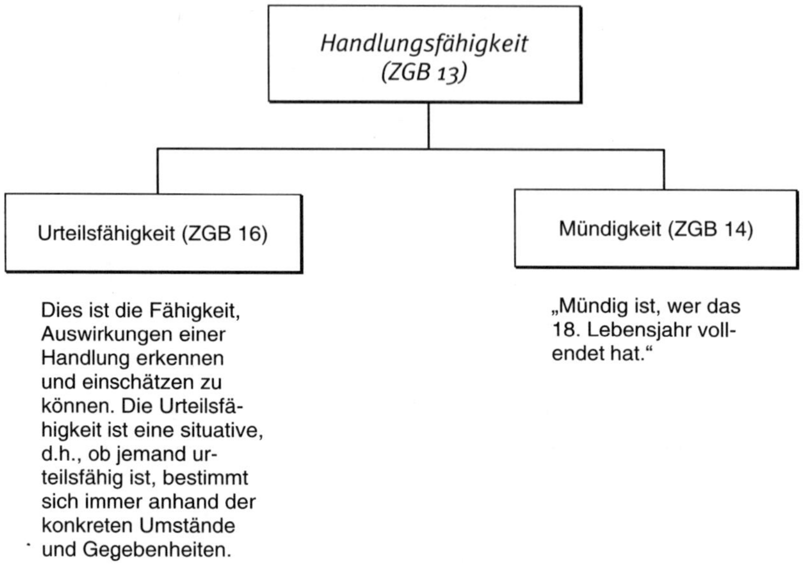

Abb. *3.4: Voraussetzungen der Handlungsfähigkeit*

Während fehlende Urteilsfähigkeit volle Handlungsunfähigkeit bewirk [Pedrazzini/Oberholzer 1993: 81], muss das Fehlen der Mündigkeit nich ebenfalls zwingend zur Ungültigkeit des abgeschlossenen Geschäftes füh ren. Dies ist nämlich dann nicht der Fall, wenn eine der Ausnahmen nac ZGB 19 vorliegt, wonach etwa eine urteilsfähige, aber unmündige Perso Rechtsgeschäfte tätigen kann, die ihr Vorteile verschaffen und unentgel lich sind oder die ihr um ihrer Persönlichkeit willen zustehen. Alle Hand lungen, für welche die Handlungsfähigkeit verlangt ist, kann sie zuder vornehmen, wenn ihr gesetzlicher Vertreter zustimmt.

IN WELCHER *FORM* MUSS DAS LEISTUNGSVERSPRECHEN ERFOLGEN?
Die Frage nach der für die Gültigkeit eines Vertrages relevanten (Aus drucks-)Form beantwortet das Gesetz in seiner gewohnt liberalen Art:

> *Grundsätzlich gilt die Formfreiheit, d.h., es ist den Parteien überlassen, in welcher Form sie ihre Abmachung gestalten wollen; sie können sich mündlich, schriftlich, per Handschlag, durch entsprechendes (konkludentes) Verhalten etc. einig werden. In der Regel wird man jedoch seine Abmachungen aus Beweisgründen freiwillig in schriftliche Form kleiden.*

Immerhin schreibt das Gesetz in gewissen Ausnahmefällen für bestimmt Vertragstypen eine bestimmte Form vor. Dabei wird zwischen folgende Formvorschriften unterschieden [Gauch/Schluep/Jäggi 1995: N 503 ff.]:

EINFACHE SCHRIFTLICHKEIT
Der in der Urkunde sich verpflichtende Vertragspartner muss diese eigenhändig unterschreiben; z.B. Zession (OR 165), Konkurrenzverbot (OR 340), Aufhebung eines Erbvertrages (ZGB 513) etc.

QUALIFIZIERTE SCHRIFTLICHKEIT
Die unterschriebene Erklärung muss (wenigstens in Teilen) eigenhändig geschrieben sein, oder sie muss einen bestimmten Mindestinhalt aufweisen; z.B. Abzahlungsvertrag (OR 226a), Lehrvertrag (OR 344a), Bürgschaft (OR 493 II).

ÖFFENTLICHE BEURKUNDUNG
Die Vereinbarung wird in einem von den Kantonen geregelten Verfahren von einer Urkundsperson aufgesetzt und in deren Anwesenheit von den Parteien unterzeichnet; z.B. Grundstückkauf (OR 216), Gründung einer AG (OR 629).

Zusätzlich zu den obigen Hauptformen bedürfen gewisse Rechtsgeschäfte zu ihrer Gültigkeit noch eines *Eintrages* in ein staatliches *Register.*

WELCHE *LEISTUNGEN* DÜRFEN IN EINEM VERTRAG VERSPROCHEN WERDEN?
Die Leitidee der Privatautonomie führt auch hier zum Grundsatz der *Inhaltsfreiheit:* Verträge dürfen Leistungen aller Art zum Gegenstand haben. Allerdings ist zu beachten, dass das Gesetz der Inhaltsfreiheit in OR 20 drei Schranken setzt. Danach dürfen die versprochenen Leistungen nicht

- unmöglich,
- widerrechtlich oder
- unsittlich sein.

Den obengenannten Voraussetzungen ist gemeinsam, dass ihre Einhaltung für die Gültigkeit eines Vertrages unabdingbar ist. Wird auch nur eine von ihnen missachtet, so führt dies zur *Nichtigkeit* (Ungültigkeit) der vertraglichen Abmachung. Immerhin kann einen Vertrag auch nur die *Teilnichtigkeit* treffen, dann nämlich, wenn nur einzelne Bestimmungen des Vertrages gegen zwingendes Gesetzesrecht verstossen (OR 20 II).

3.2.2 DER VERTRAGSABSCHLUSS

„Zum Abschluss eines Vertrages ist die übereinstimmende gegenseitige Willensäusserung der Parteien erforderlich“ (OR 1). Sind sich die Vertragsparteien also über die auszutauschenden Leistungen einig, so ist der Vertrag rechtsgültig entstanden und muss sodann auch erfüllt werden.

Bis ein gültiger Vertrag zustandegekommen ist, können üblicherweise zwei zeitlich einander folgende Phasen unterschieden werden (vgl. Abb. 3.5):

PHASE 1

Eine Partei unterbreitet einer andern (bestimmten oder noch unbestimmten) Partei ein *Angebot* (auch *Antrag, Offerte*). Wie bereits erwähnt, kann diese Willensäusserung dabei in einer beliebigen Form erfolgen. Der Anbieter ist dabei grundsätzlich an sein Angebot gebunden und kann Änderungen nur noch vornehmen, wenn er sich dies (ausdrücklich oder aus den Umständen erkennbar) vorbehalten hat (OR 7 I). Bestimmte Handlungsweisen, wie z.B. das Zusenden unbestellter Waren, Preislisten, Kataloge etc., dürfen zudem vom Empfänger von Gesetzes wegen nicht als Antrag verstanden werden.

Wurde ein verbindlicher Antrag gemacht, so stellt sich die Frage, wie lange ein Antragsteller an seine Offerte gebunden bleibt. Am einfachsten ist die Antwort dann, wenn er seine Offerte befristet hat. Dann nämlich endet die Bindung, wenn eine Annahmeerklärung nicht vor Ablauf dieser Frist bei ihm eingetroffen ist (OR 3). Ist dagegen mit dem Antrag keine Frist zu dessen Annahme gesetzt worden, so unterscheidet das Gesetz danach, ob ein solcher unter Anwesenden (mündlich) oder unter Abwesenden (schriftlich) gemacht wurde. Im ersten Fall erlischt die Bindung, wenn nicht sogleich eine Annahme erfolgt (OR 4), im zweiten dann, wenn nicht innert der Frist, in welcher der Antragsteller den Eingang der Antwort erwarten darf, die Annahme erklärt worden ist (OR 6).

PHASE 2

Für einen gültigen Vertrag braucht es nun noch die mit der Offerte übereinstimmende *Annahmeerklärung (Annahme, Akzept)* der Gegenpartei. Sie ist immer die zeitlich der Offerte nachfolgende Antwort und kann wiederum in beliebiger Form erfolgen. Immerhin ist zu beachten, dass das blosse Schweigen auf einen Antrag nur in den seltensten Fällen als Akzept gilt. Die Annahme hat überdies innerhalb der Bindungsdauer des Angebotes zu erfolgen und gilt dabei als rechtzeitig, wenn sie vor deren Ablauf beim Empfänger eingetroffen ist (sog. *Empfangsbedürftigkeit* von Willenserklärungen).

Ist sodann ein gültiger Vertrag zustandegekommen, kann dieser prinzipiell nicht mehr ohne das Einverständnis der Gegenpartei aufgelöst werden. Er muss abmachungsgemäss erfüllt werden *(„pacta sunt servanda; Verträge sind zu halten“)*. Nur dort, wo das Gesetz (z.B. Rücktritt beim Abzahlungskauf innert fünf Tagen gem. OR 226c) oder der konkrete Vertrag die Möglichkeit einer Auflösung vor oder nach der Erfüllung vorsehen, ist eine solche denkbar.

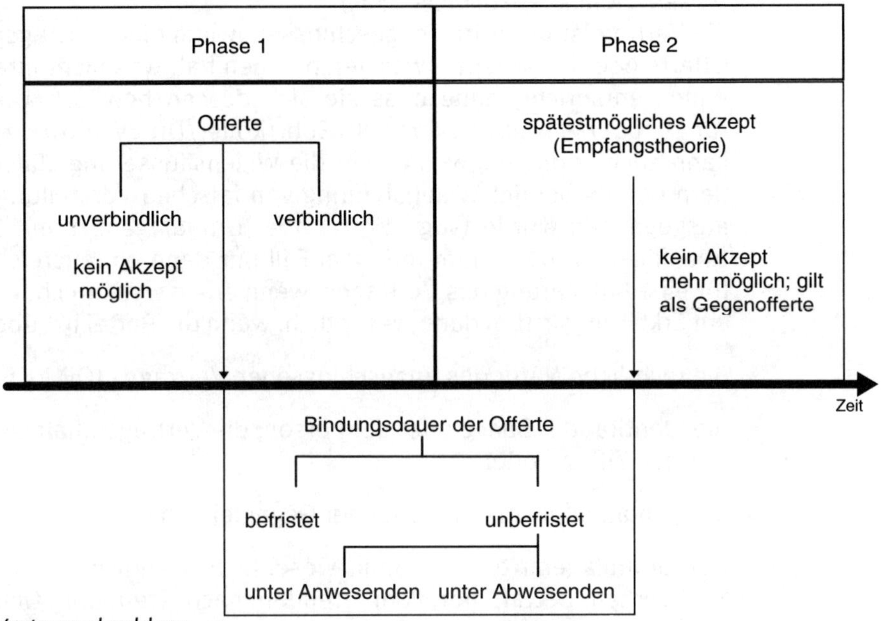

***Abb.** 3.5: Der Vertragsabschluss*

3.2.3 VERTRAGSANFECHTUNG WEGEN ÜBERVORTEILUNG ODER WILLENSMÄNGELN

Ein Vertrag kommt durch die gegenseitige übereinstimmende Willensäusserung der Parteien zustande (Konsens). Es kann jedoch vorkommen, dass die Willensäusserung einer Partei aufgrund besonderer Umstände nicht ihrem wahren Willen entspricht, weil sie die tatsächlichen Verhältnisse verkennt oder andere Gründe sie zum Vertragsabschluss gedrängt haben. In solchen Fällen liegt demzufolge ein Mangel in der Willensbildung dieser Partei vor, und man spricht allgemein von einem Willensmangel. Solche Willensmängel führen zur Unverbindlichkeit des Vertrages, sofern die benachteiligte Partei den fälschlicherweise geschlossenen Vertrag innert der gesetzlich normierten Frist anficht.

ÜBERVORTEILUNG (OR 21)

Der Tatbestand der Übervorteilung (häufig auch als *Wucher* bekannt) ist erfüllt, wenn sich eine Vertragspartei durch Ausbeutung einer (persönlichen oder wirtschaftlichen) Notlage, der Unerfahrenheit oder des Leichtsinns der andern Partei von dieser eine Leistung versprechen lässt, die in einem offensichtlichen Missverhältnis zur eigenen Gegenleistung steht. Beim Übervorteilten wird somit eine Schwäche zum eigenen Vorteil ausgenützt. Erklärt nun der Verletzte innert Jahresfrist seit Vertragsabschluss, dass er den Vertrag nicht halte, oder fordert er bereits Geleistetes zurück, so führt dies zur Ungültigkeit der mangelhaften Abrede.

Wesentlicher Irrtum (OR 23 f.)
Ein Vertrag ist unter Irrtum geschlossen, wenn eine Vertragspartei in ihrer Offerte oder im Akzept etwas versprochen hat, was nicht ihrem wirklichen Willen entspricht, ohne dass sie sich dessen bewusst war (sog. *Erklärungs- oder Äusserungsirrtum*) [Guhl/Koller/Druey 1991: 129]. Ein Irrtum kann auch vorliegen, wenn nicht die Willensäusserung „falsch" war, sondern bereits bei der Willensbildung von falschen Vorstellungen (Motiven) ausgegangen wurde (sog. *Motiv- oder Grundlagenirrtum*). In beiden Irrtumsfällen ist der Irrtum in jedem Fall nur dann ein ausreichender Grund für eine Anfechtung des Vertrages, wenn er ein wesentlicher war. Dabei ist ein Erklärungsirrtum dann wesentlich, wenn die Partei irrt über

- die rechtliche Natur des abgeschlossenen Vertrages (OR 24 I Ziff. 1),
- die Identität der Sache oder der Person, die Vertragsinhalt ist (OR 24 I Ziff. 2), oder
- den Umfang der Leistung oder der Gegenleistung (OR 24 I Ziff. 3).

Der Grundlagenirrtum ist dann wesentlich, wenn er „einen bestimmten Sachverhalt betraf, der vom Irrenden nach Treu und Glauben im Geschäftsverkehr als eine notwendige Grundlage des Vertrages betrachtet" werden durfte (OR 24 I Ziff. 4).

Der auf einem Irrtum beruhende Vertrag muss in jedem Fall innert einem Jahr ab Kenntnis des Irrtums angefochten werden, ansonsten gilt er als genehmigt.

Absichtliche Täuschung (OR 28)
Eine absichtliche Täuschung (auch als zivilrechtlicher *Betrug* bekannt) liegt vor, wenn die Willensbildung auf unlautere Weise beeinflusst und dies für einen Vertragsabschluss ausgenützt wurde. Die Anfechtungsfrist ist die gleiche wie beim Irrtum.

Furchterregung (OR 29 f.)
Wird der Wille einer Vertragspartei widerrechtlich durch *Androhung von Nachteilen* beeinflusst, so kann der Bedrohte innerhalb eines Jahres nach Wegfall der Drohung erklären, dass er den Vertrag nicht (mehr) halten werde. In diesem Fall entsteht der Mangel in der Willensbildung nicht durch einen Irrtum oder durch eine Täuschung, sondern durch Drohung mit einem nicht unbedeutenden Nachteil.

3.2.4 Die Vertragserfüllung

Wer einen gültigen Vertrag abgeschlossen und darin eine bestimmte Leistung versprochen hat, ist gehalten, diesen auch vertragsgemäss zu erfüllen. Ein Vertrag ist dann vollständig erfüllt, wenn die versprochene

Leistung – qualitativ wie quantitativ – zur richtigen Zeit am richtigen Ort erbracht wurde. Daraus ergeben sich drei Fragestellungen im Umfeld einer korrekten Vertragserfüllung.

a) *Was* muss erfüllt werden? (OR 69 f.)
Gegenstand der Erfüllung ist die versprochene Leistung. Der Schuldner hat die versprochene Leistung im vereinbarten Umfang und in der vereinbarten Qualität zu liefern. Der Beweis der Erfüllung obliegt dem Schuldner.

b) *Wo* muss erfüllt werden? (OR 74)
Erfüllungsort (= Ort des Leistungsaustausches); dieser richtet sich in erster Linie nach der konkreten (ausdrücklichen oder stillschweigenden) Vereinbarung. Fehlt eine solche, so gilt für den Erfüllungsort folgendes:

- *Geldschuld*: Ist Geld Gegenstand der Leistung, so ist diese am Wohnort des Gläubigers zu erfüllen („Geldschulden sind Bringschulden").

- *Gattungssache*: Leistungen, die nur nach ihrer Art (Gattung) bestimmt sind, hat der Schuldner an seinem Wohn-(oder Geschäfts-)Sitz bereitzuhalten („Gattungsschulden sind Holschulden").

- *Speziessache*: Ist eine ganz bestimmte (spezielle, einmalige) Sache geschuldet, so ist Erfüllungsort dort, wo sich die Sache im Moment des Vertragsabschlusses befindet („Holschuld am Lageort der Sache").

Vom Erfüllungsort ist der sog. Ablieferungs- oder Bestimmungsort zu unterscheiden, denn hier wird vereinbart, dass der Schuldner die geschuldete Leistung dem Gläubiger vom Erfüllungsort aus zuschicken soll (sog. Versendungs- oder Schickschuld). Der Erfüllungsort bleibt also unverändert. Wichtig ist der Erfüllungsort etwa für die Frage, wer die *Transportkosten* zu bezahlen hat.

c) *Wann* muss/kann erfüllt werden? (OR 75 f.)
Zeit der Erfüllung: Darunter versteht man den Zeitpunkt (oder Zeitraum), in dem der Gläubiger die Leistung einfordern darf (= Fälligkeit) bzw. der Schuldner diese erbringen kann (= Erfüllbarkeit). Ist nichts anderes vereinbart oder aus den Umständen ersichtlich, kann die Erfüllung *sofort*, also mit Vertragsabschluss, und zwar Zug um Zug verlangt werden, d.h., der Gläubiger kann die Erfüllung, der Schuldner die Entgegennahme sofort fordern.

Zu beachten ist, dass die Erfüllung eines Vertrages nur solange verlangt werden kann, als die Schuld nicht durch *Verjährung* untergegangen ist (OR 127 ff.). Dabei gilt als allgemeine Verjährungsfrist eine solche von zehn Jahren, in – allerdings gewichtigen – Ausnahmefällen auch nur fünf (z.B. Miete, Handwerker, Arbeitsvertrag) bzw. ein Jahr (z.B. bei unerlaubten Handlungen).

3.2.5 Störungen bei der Vertragserfüllung

Im Zusammenhang mit der Erfüllung eines Vertrages ergeben sich immer wieder verschiedenste Probleme, mit denen sowohl der Leistungsgläubiger als auch der Leistungsschuldner konfrontiert sein können. Solche Störungen bei der Vertragserfüllung müssen grundsätzlich nicht hingenommen werden, sondern können zu Konsequenzen führen, wenn der Vertragspartner diese zu verantworten hat. Abbildung 3.6 zeigt die möglichen Leistungsstörungen im Überblick.

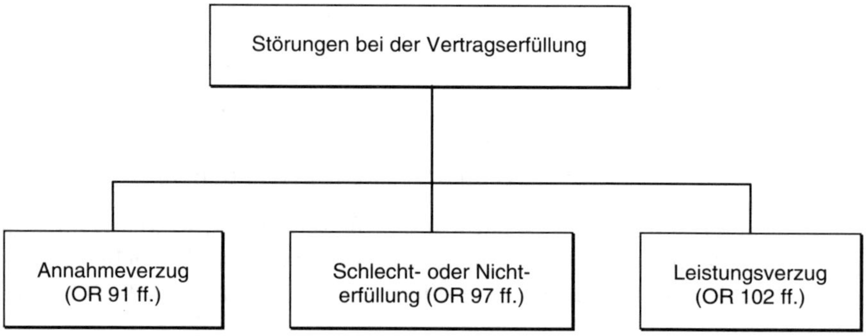

***Abb.** 3.6: Störungen bei der Vertragserfüllung*

3.2.5.1 Annahme- oder Gläubigerverzug (OR 91 ff.)

Hier verweigert der Leistungsgläubiger ungerechtfertigterweise die Annahme der vertragsgemäss angebotenen Leistung oder ist zur Entgegennahme wegen Versäumnissen in den Vorbereitungshandlungen nicht in der Lage.

In diesen Fällen kann sich der Schuldner von seiner Schuldpflicht befreien, indem er wahlweise eines der folgenden Rechte ausübt:

- Recht zur *Hinterlegung* der Sache oder des Geldes (OR 92); die geschuldete (Sach-)Leistung wird bei einem Dritten oder einer Amtsstelle auf Gefahr und Kosten des Gläubigers hinterlegt. Die Hinterlegung bewirkt Erfüllung [Gauch/Schluep/Jäggi 1995: N 2510].
- Ausnahmsweise Recht zum *Selbsthilfeverkauf* (OR 93); der Schuldner kann eine Sache, die zur Hinterlegung nicht geeignet ist, nach vorgängiger Androhung und richterlicher Bewilligung auch verkaufen, wobei die Verwertung in der Regel öffentlich erfolgt.

- Recht zum *Rücktritt vom Vertrag* bei Dienstleistungen (OR 95): Da Dienstleistungen weder hinterlegungs- noch umwandlungsfähig sind, bleibt bei ihnen nur – aber immerhin – die Möglichkeit zum Vertragsrücktritt.

Da sich bei zweiseitigen Verträgen mit dem Gläubigerverzug häufig auch ein Schuldnerverzug verbinden wird („wer nicht annehmen will, will auch nicht leisten"), werden einen Gläubiger meistens auch die Folgen dieses Verzuges treffen [Guhl/Koller/Druey 1991: 243].

3.2.5.2 Nichterfüllung des Schuldners (OR 97 ff.)

Grundsätzlich besteht die Pflicht, einen Vertrag vereinbarungsgemäss zu erfüllen. Deshalb kann die noch ausstehende Erfüllung vom Gläubiger, sofern sie überhaupt noch möglich ist, auch gerichtlich (z.B. durch sog. *Ersatzvornahme* gem. OR 98) oder mittels Betreibung (bei Geldschulden) durchgesetzt werden.

Nach OR 97 hat ein Schuldner für den Fall, dass er seine Verpflichtung überhaupt nicht oder nicht mehr gehörig erfüllt, Schadenersatz zu bezahlen, sofern er nicht zu beweisen vermag, dass ihn keinerlei Verschulden an der Nicht- oder Schlechterfüllung trifft. Voraussetzung für einen Schadenersatzanspruch ist somit, dass der Schuldner seiner Leistungspflicht nicht mehr (vollumfänglich) nachkommen kann, weil sie *unmöglich* geworden ist und er überdies die Unmöglichkeit *zu verantworten* hat. Die Differenz zwischen der (tatsächlichen) Vermögenshöhe des Gläubigers ohne die Erfüllung und der Höhe, die das Vermögen bei vertragsgemässer Erfüllung (hypothetisch) hätte, gilt dabei als Schaden (*sog. positives Vertragsinteresse*), der zu ersetzen ist. Auch ohne eigenes Verschulden haftet ein Schuldner dann, wenn er zur Erfüllung seiner Schuldpflicht eine Hilfsperson (z.B. Arbeitnehmer, Subunternehmer etc.) zugezogen hat und diese einen vermeidbaren Schaden verursacht.

Eine besondere Rechtsfolge ist vorgesehen, falls die Erfüllung ohne Verschulden des Schuldners unmöglich geworden ist. Dann nämlich sieht OR 119 vor, dass die Schuldpflicht erlischt und bereits Geleistetes zurückgegeben werden muss.

3.2.5.3 Verzug des Schuldners (OR 102 ff.)

Schuldnerverzug liegt vor, wenn die versprochene Leistung nicht zum geschuldeten Zeitpunkt erbracht wird, obwohl sie weiterhin noch möglich wäre. Voraussetzungen des Verzuges sind:

- *Fälligkeit* der Forderung (OR 102 I): Die versprochene Leistung muss fällig sein, d.h., der Gläubiger hat einen klagbaren Anspruch auf Erfüllung.

- *Mahnung* des Schuldners (OR 102): Grundsätzlich gilt: Kein Verzug ohne Mahnung! Um den Schuldner in Verzug zu setzen, muss ihm eine unmissverständliche Aufforderung zur Leistungserbringung zugehen. Obwohl die Mahnung an keine Form gebunden ist, empfiehlt sich aus Beweisgründen eine schriftliche (eingeschriebene) Mahnung.

Nur ausnahmsweise gerät der Schuldner auch ohne Mahnung in Verzug, dann nämlich, wenn die Parteien für die (spätestmögliche) Leistungserbringung einen bestimmten *Verfalltag* (z.B. genaues Kalenderdatum wie 31. Dezember 1999) verabredet haben.

Die Wirkungen des Verzuges bestehen allgemein darin, dass der Schuldner

- bei Verschulden am Verzug für den Verspätungsschaden aufkommen muss und allenfalls auch für den Schaden haftet, der durch das zufällige Unmöglichwerden der Erfüllung beim Gläubiger entstanden ist (OR 103);
- allenfalls das Wahlrecht des Gläubigers nach OR 107 ff. hinnehmen muss (siehe sogleich);
- bei Geldschulden einen Verzugszins von mindestens 5% p.a. zu zahlen hat (OR 104).

Neben diesen allgemeinen Folgen des Verzuges sieht das Gesetz noch weitere Konsequenzen vor, falls ein Schuldner bei *vollkommen zweiseitigen Verträgen* (das sind Verträge, bei denen die Parteien gleichwertige Leistungen austauschen) in Verzug gerät. Da in diesen Fällen das Bedürfnis, dem Verzugszustand ein Ende zu setzen, besonders gross ist, erhält der Gläubiger ein *doppeltes Wahlrecht*, mit dem er über das weitere Schicksal der Vertragserfüllung entscheiden kann. Voraussetzung des Wahlrechtes ist jedoch, dass der Gläubiger dem Schuldner eine angemessene Nachfrist zur Erfüllung gewährt hat. Die Ansetzung dieser Frist kann dabei auch bereits in der Mahnung erfolgt sein, sodass eine erneute Fristansetzung hinfällig wird.

Immerhin ist noch darauf hinzuweisen, dass nach OR 108 auf die Ansetzung einer Nachfrist verzichtet werden kann, wenn

- aus dem Verhalten des Schuldners hervorgeht, dass sie sich als unnütz erweisen würde;
- infolge des Verzuges des Schuldners die Leistung für den Gläubiger nutzlos geworden ist;
- sich aus dem Vertrag die Absicht der Parteien ergibt, dass die Leistung genau zu einer bestimmten oder bis zu einer bestimmten Zeit erfolgen soll (sog. Fixgeschäft; siehe auch OR 190).

Ist die gesetzte Nachfrist ungenutzt verstrichen, so steht dem Gläubiger ein zweifaches Wahlrecht zu (vgl. Abb. 3.7):

1. Die erste Wahl betrifft das *Schicksal des Vertrages*: Der Gläubiger kann sich entscheiden, ob er an der vertraglichen Grundlage festhalten oder ob er den Vertrag durch *Rücktritt* aufheben will. Tritt er vom Vertrag zurück – was er unverzüglich zu erklären hätte –, so hat er Anspruch auf Ersatz des sog. *negativen Vertragsinteresses*, d.h., der Schuldner muss den Gläubiger in seinem Vermögen so stellen, wie wenn sich dieser gar nie auf den Vertrag eingelassen hätte.
2. Hat sich der Gläubiger für die Aufrechterhaltung des Vertrages entschieden, so betrifft nun die zweite Wahl das *Schicksal der Leistung*: Zum einen kann der Gläubiger nach wie vor auf der versprochenen Leistung *beharren* und den Verspätungsschaden fordern, stattdessen aber auch – wenn er es wiederum unverzüglich erklärt (siehe aber OR 190) – auf die Leistung *verzichten* und nun verlangen, dass er finanziell so gestellt werde, wie wenn der Vertrag ordnungsgemäss erfüllt worden wäre (Ersatz des *positiven Vertragsinteresses*).

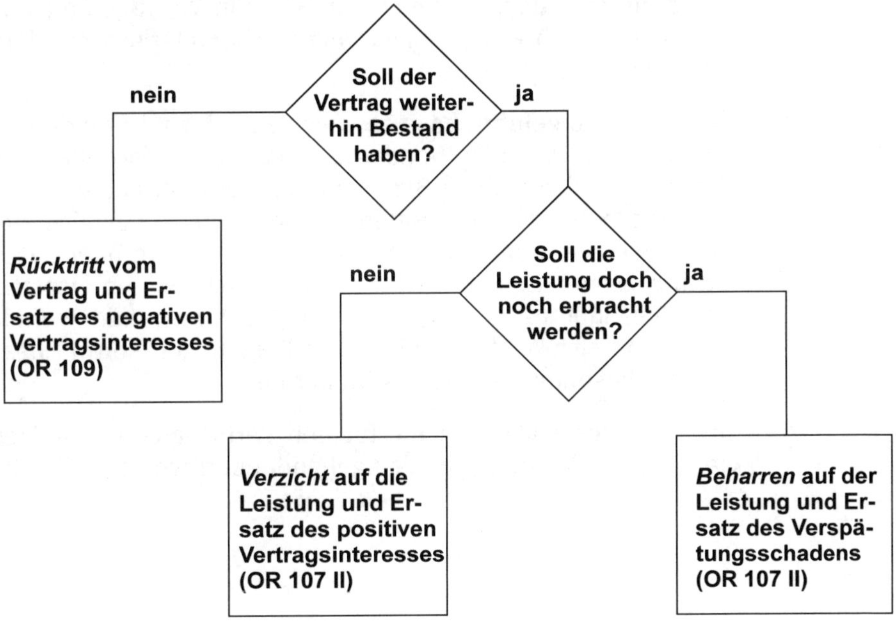

***Abb.** 3.7: Wahlmöglichkeiten bei Leistungsverzug*

Hält der Gläubiger am Vertrag fest, so hat er seinen Teil der Abmachung weiterhin zu erfüllen. Einzig falls er auf die Leistung verzichtet, kann er entweder die eigene Leistung noch erbringen und als Gegenwert den Ersatz des Erfüllungsschadens verlangen (sog. Austauschtheorie), oder er kann seine eigene Leistung vom Erfüllungsschaden abziehen und nur noch die Differenz der beiden Leistungen verlangen (sog. Differenztheorie).

Welche Vorgehensweise die beste ist, entscheidet der Gläubiger nach seinen persönlichen Interessen. Immerhin ist festzuhalten, dass die soeben genannten Wahlmöglichkeiten durch vertragliche Abmachung eingeschränkt oder gar aufgehoben werden können.

3.3 Die wichtigsten gesetzlichen Vertragstypen

3.3.1 Das Verhältnis des allgemeinen zum besonderen Vertragsrecht

Verträge führen zu Leistungsaustausch. Da im Vertragsrecht des OR bekannterweise der Grundsatz der Vertragsfreiheit gilt, ist die Zahl der möglichen Verträge und Vertragsinhalte nicht begrenzt.

Immerhin ist jedoch zu bemerken, dass in Verträgen auch zwischen den verschiedensten Partei immer wieder charakterisch gleichartige Leistungen ausgetauscht werden.

Dies hat dazu geführt, dass das Gesetz in einem besonderen Teil für diese „alltäglichen“ Verträge Sonderbestimmungen geschaffen hat, die zusätzlich zu den allgemeinen Bestimmungen des OR gelten oder diese ergänzen. Diese Spezialvorschriften können eine allgemeine Vorschrift aber auch ersetzen, dann nämlich, wenn sie genauere oder „passendere“ Regelungen enthalten (z.B. OR 107 wird durch OR 190 ersetzt). Es gilt also, dass besonderes vor allgemeinem Recht Anwendung findet. Teilweise kann man sich auch kumulativ auf Regelungen sowohl des allgemeinen wie des besonderen Teils des OR berufen.

Im folgenden sollen nur die für den Wirtschaftsinformatiker wichtigsten gesetzlichen Vertragstypen eingehender betrachtet werden (vgl. Abb. 3.8).

Gesetzliche Vertragstypen
Veräusserungsverträge • Kaufvertrag • Tausch • Schenkung Gebrauchsüberlassungsverträge • Mietvertrag • Pachtvertrag • Gebrauchsleihevertrag • Darlehensvertrag Verträge auf Arbeitsleistung • Arbeitsvertrag • Werkvertrag • Verlagsvertrag • Auftrag Verwahrungs- und Sicherungsverträge • Hinterlegungsvertrag • Lagergeschäft • Bürgschaftsvertrag • Pfandvertrag • Konventionalstrafe

***Abb.** 3.8: Gesetzliche Vertragstypen*

3.3.2 DER (FAHRNIS-)KAUFVERTRAG (OR 184–215)

3.3.2.1 CHARAKTERISTIK DES KAUFVERTRAGES

> *OR 184 I: „Durch den Kaufvertrag verpflichtet sich der Verkäufer, dem Käufer den Kaufgegenstand zu übergeben und ihm das Eigentum daran zu verschaffen, und der Käufer, dem Verkäufer den Kaufpreis zu bezahlen."*

Der Kaufvertrag kann *formlos* abgeschlossen werden, und sein Hauptinhalt richtet sich auf die Übertragung einer Sache oder eines Rechtes zu *Eigentum* an einen Dritten gegen *Entgelt.* Kaufgegenstand können nicht nur körperliche Sachen (z.B. Hardware, Auto), sondern auch Forderungen und andere immaterielle Rechte (z.B. Patent, Urheberrecht etc.), ideelle Geschäftswerte (z.B. Know-how, Image usw.) oder Naturkräfte (u.a. Wasser, Elektrizität) sein.

3.3.2.2 Die Pflichten des Verkäufers

Der Verkäufer hat dem Käufer die Kaufsache zu übergeben (Sachverschaffungspflicht) und ihm daran das Eigentum zu verschaffen (Rechtsverschaffungspflicht).

Die Kosten für das Messen und Wägen des Kaufgegenstandes gehen zulasten des Verkäufers (OR 188); der Käufer trägt dagegen alle weiteren Auslagen wie etwa für Verpackung oder Versand (OR 189).

Den Verkäufer können zudem noch weitere vertragliche oder gesetzliche Nebenpflichten treffen wie etwa die Pflicht, den Kaufgegenstand sorgfältig aufzubewahren, ihn zu versenden (sog. Versendungs- oder Schickschuld) etc. Im internationalen Handel werden in diesem Bereich häufig auch standardisierte Vertragsklauseln verwendet, welche die Liefermodalitäten einheitlich regeln sollen (sog. INCOTERMS 1990 [Incoterms der Internationalen Handelskammer, Paris] wie cif = cost, insurance, freight; fas = free alongside ship; cpt = carrier paid to etc.).

Zu den Pflichten des Verkäufers gehört es auch, für allfällige Mängel an der Kaufsache oder am Recht die Gewähr zu übernehmen (siehe unten Kap. 3.3.2.4).

3.3.2.3 Die Pflichten des Käufers

In erster Linie ist der Käufer zur Zahlung des vereinbarten Kaufpreises verpflichtet. Die Zahlung hat grundsätzlich gleichzeitig mit der Übertragung der Sache zu erfolgen (Zug um Zug nach OR 213).

Kommt der Käufer seiner Zahlungsverpflichtung nicht nach, so steht dem Verkäufer – entgegen den allgemeinen Verzugsfolgen nach OR 102/107 – das Recht zu, durch sofortige Anzeige und ohne Fristansetzung vom Vertrag zurückzutreten und Ersatz des negativen Vertragsinteresses zu verlangen (OR 214; Ausnahme im kaufmännischen Verkehr, wo nach OR 215 die Differenztheorie gilt). Etwas anders liegt die Rechtslage beim sog. Kreditkauf, wo der Kaufgegenstand auf Kredit geliefert und der Kaufpreis erst später beglichen wird. Hier hat der Verkäufer beim Verzug des Käufers kein Rücktrittsrecht. Diese Regelung gründet in der Auffassung, dass ein Käufer mit Übernahme der Kaufsache ihr Eigentümer wird und deshalb beliebig über diese verfügen kann (ZGB 714). Hat sich der Verkäufer das Rückforderungsrecht bei der Sachübergabe nicht ausdrücklich vorbehalten (z.B. durch einen sog. Eigentumsvorbehalt), so hat er nur noch die Möglichkeit, den ihm zustehenden Kaufpreis mittels Betreibung einzufordern.

Eine weitere Pflicht des Käufers besteht darin, dass er den vereinbarten Kaufpreis auch dann zu bezahlen hat, wenn die (Spezies-)Kaufsache nach Vertragsabschluss, aber vor Übergabe zufällig untergeht oder sich verschlechtert. Parallel mit dieser Gefahrtragung geht die Regelung einer zufälligen Verbesserung des Kaufgegenstandes. Das Problem der Tragung von *Nutzen und Gefahr* (OR 185) ist jedoch in zwei Fällen etwas gemildert:

a) Ist die Kaufsache nur der Gattung nach bestimmt (Gattungsschuld), so geht Nutzen und Gefahr erst nach erfolgter Ausscheidung auf den Käufer über.

b) Muss die (Gattungs-)Ware überdies auch noch versendet werden, so liegt das Wertminderungsrisiko erst nach Abgabe zur Versendung beim Käufer. Er trägt somit in jedem Fall das Transportrisiko.

Durch Vertrag können zudem weitere Pflichten des Käufers begründet werden.

3.3.2.4 GEWÄHRLEISTUNGSPFLICHT DES VERKÄUFERS

Wie erwähnt, hat der Verkäufer eine Sach- und eine Rechtsverschaffungspflicht. Erweist sich nachträglich, dass er diesen Pflichten nicht im erwarteten Umfang nachgekommen ist, indem die Sache etwa körperliche oder das Eigentumsrecht rechtliche Mängel aufweist, so hat er dafür einzustehen. Dementsprechend unterscheidet man zwischen der sog. *Sachgewährleistungs- und der Rechtsgewährleistungspflicht* des Verkäufers (vgl. Abb. 3.9).

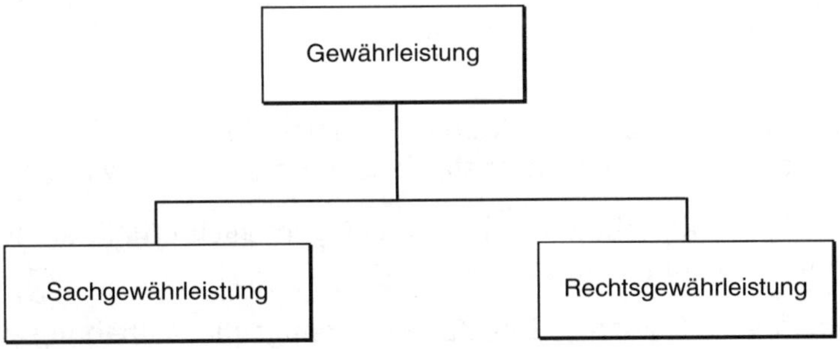

***Abb.** 3.9: Die Gewährleistungspflicht des Verkäufers*

RECHTSGEWÄHRLEISTUNG (OR 192 FF.)

Unter Rechtsgewährleistung versteht man die Haftung des Verkäufers für den Fall, dass ein Dritter dem Käufer die Ausübung des Eigentumsrechtes untersagt (entwehrt) oder diese zumindest einschränkt. Ist die Entwehrung eine vollständige, so gilt der Vertrag als aufgehoben, und der Käufer kann u.a. verlangen, dass

- der Kaufpreis samt Zinsen,
- seine Auslagen und Verwendungen,
- allfällige Prozesskosten und
- die unmittelbar entstandenen Schäden erstattet werden (OR 195).

Bei einer bloss teilweisen Entwehrung kommt es nicht zwingend zu einer Aufhebung des Vertrages, sondern zu einem Schadenersatzanspruch für die Eigentumsbeschränkung (OR 196).

Sachgewährleistung (OR 197)
Der Verkäufer hat Gewähr dafür zu leisten, dass die gekaufte Sache keine körperlichen Mängel aufweist, insbesondere dass die allgemein vorausgesetzten sowie die zugesicherten Eigenschaften vorhanden sind.

Die Haftung umfasst diejenigen Mängel nicht, die der Käufer bei Vertragsabschluss bereits gekannt hat oder zumindest – bei gehöriger Aufmerksamkeit – hätte kennen müssen (OR 200).

Will der Käufer seine Gewährleistungsansprüche nicht verlieren, so muss er die folgenden Obliegenheiten erfüllt haben (OR 201):

a) *Prüfung* der Kaufsache nach Erhalt auf offensichtliche Mängel innert angemessener Frist;

b) unverzügliche *Rüge* unter Angabe der beanstandeten Mängel; die Mängelrüge ist v.a. auch dann sofort zu erheben, wenn sich Mängel wegen ihres versteckten Charakters (geheimer, verdeckter Mangel) erst später offenbaren.

c) *Aufbewahrungspflicht* (OR 204); Ist dem Käufer die Sache überdies zugesendet worden, so muss er sie einstweilen sicher verwahren.

Hat der Käufer obige Pflichten rechtsgenüglich erfüllt, steht ihm nun ein dreifaches Wahlrecht zu:

1. *Wandelung* (OR 205): Der Käufer verlangt die Aufhebung des Vertrages und Rückerstattung des Kaufpreises samt Zinsen, Aufwendungen und Ersatz für entstandenen Schaden gegen Rückgabe der mangelhaften Kaufsache. Ist der Mangel nur von untergeordneter Bedeutung, so kann der Richter den Wunsch des Käufers nach Wandelung verweigern und stattdessen auf Minderung erkennen.

2. *Minderung* (OR 205): Der Käufer verlangt, dass der Kaufpreis um den Minderwert der fehlerhaften Ware herabgesetzt wird.

3. *Ersatzlieferung* (OR 206): Bei Gattungswaren kann der Käufer sodann auch die umgehende Lieferung einwandfreier Ware verlangen. Dieses Umtauschrecht steht grundsätzlich nur dem Käufer zu. Einzig beim sog. Platzkauf (Käufer übernimmt die Ware beim Verkäufer) hat der Verkäufer das Recht, sich durch unverzügliche Lieferung währschafter Ware von der Wandelung oder Minderung zu befreien.

Zu beachten ist, dass dem Käufer – im Gegensatz etwa zum Besteller im Werkvertragsrecht (vgl. unten Kap. 3.3.5.2) – kein gesetzliches Nachbesserungsrecht zusteht. Da die Gewährleistungsregelung des OR aber dispositives Recht darstellt, können die genannten Regelungen jederzeit durch individuelle Abmachung erweitert, eingeschränkt oder gar ersatzlos aufgehoben werden. Häufig findet sich eine solche Beschränkung des Wahlrechtes darin, dass der Verkäufer in einer *Garantiebestimmung* einen ausschliesslichen Anspruch des Käufers auf Reparatur des mangelhaften Kaufgegenstandes statuiert.

Die Gewährleistungspflichten des Verkäufers erlöschen *ein Jahr* nach erfolgter Lieferung, weshalb er für Mängel, die sich erst nach diesem Termin offenbaren, nicht mehr einstehen muss, ausser er hätte diese bei Vertragsabschluss absichtlich verschwiegen (OR 210).

3.3.3 Der Mietvertrag (OR 253–274g)

3.3.3.1 Charakteristik des Mietvertrages

OR 253: „Durch den Mietvertrag verpflichtet sich der Vermieter, dem Mieter eine Sache zum Gebrauch zu überlassen, und der Mieter, dem Vermieter dafür einen Mietzins zu leisten.“

Der Mietvertrag als klassischer *Gebrauchsüberlassungsvertrag* kann formlos abgeschlossen werden und soll dem Mieter ein Gebrauchsrecht an der Mietsache verschaffen, während der Vermieter sich dafür eine *Entschädigung* sichert. Der Unterschied zum Kaufvertrag liegt darin, dass sich an den bestehenden Eigentumsverhältnissen nichts ändert; der Vermieter bleibt weiterhin alleiniger Eigentümer der überlassenen Sache. Das Gebrauchsrecht kann dabei für unbestimmte oder auch eine bloss begrenzte Zeit übertragen werden.

Mietgegenstand können sowohl bewegliche als auch unbewegliche Objekte sein. Vor allem im Bereich der Miete von Wohn- und Geschäftsräumen hat der Gesetzgeber eine ganze Reihe von Sonderbestimmungen erlassen, die in erster Linie dem Schutz des Mieters dienen sollen (z.B. OR 257b, 257d II, 266 ff., 269 ff.). Die folgenden Ausführungen beziehen sich – aus Gründen der Prüfungsrelevanz – ausschliesslich auf die Miete beweglicher Sachen. Zu erwähnen ist in diesem Zusammenhang noch, dass die gesetzlichen Vorschriften im Bereich beweglicher Mietobjekte überwiegend dispositiv sind und deshalb in individuellen Verträgen oder vorgefertigten Formularverträgen oftmals abweichende Regelungen anzutreffen sind.

3.3.3.2 Die Pflichten des Vermieters

Den Vermieter einer Sache treffen verschiedene Pflichten (vgl. Abb. 3.10). Zu erwähnen sind etwa:

a) *Pflicht zur rechtzeitigen Übergabe (OR 256):* Der Mieter ist gehalten, dem Mieter die Sache zum vereinbarten Zeitpunkt in einem zum vorausgesetzten Gebrauch tauglichen Zustand zu übergeben. Bei nicht rechtzeitiger Erfüllung (zeitlich wie qualitativ) kann der Mieter nach den allgemeinen Regeln über den Verzug (OR 107 ff.) vorgehen.

b) *Erhalt der Mietsache in vertragsgemässem Zustand (OR 256):* Der Vermieter muss die Mietsache während der Mietdauer in dem Zustand erhalten, den er dem Mieter (ausdrücklich oder stillschweigend) zugesichert hat. Es trifft ihn also die Pflicht zur Übernahme des grossen Unterhaltes. Kommt der Vermieter dieser Unterhaltspflicht nicht nach, so stehen dem Mieter verschiedene Vorgehensmöglichkeiten offen, die u.U. auch kumulativ angewendet werden können. Der Mieter hat allfällige Mängel, die er nicht selbst beheben muss, sofort zu melden. Vor Ausübung der Mängelbehebungsrechte hat er zudem dem Vermieter eine angemessene Frist zur Behebung zu setzen. Kommt der Vermieter dieser Aufforderung nicht nach, so kann der Mieter gemäss OR 259 ff.

- den Vertrag fristlos kündigen, sofern der Mangel schwerwiegend ist;
- den Mangel auf Kosten des Vermieters beseitigen lassen (sog. Ersatzvornahme);
- die angemessene Herabsetzung des Mietzinses verlangen;
- Ersatz des entstandenen Schadens verlangen, wenn den Vermieter ein Verschulden treffen sollte; das Vorliegen eines solchen wird grundsätzlich vermutet.

c) *Tragen von öffentlichen Lasten und Abgaben (OR 256b)*

d) *Bekanntgabepflichten* über ein allenfalls bestehendes Rückgabeprotokoll oder über die Höhe des vom Vormieter bezahlten Mietzinses.

Vertraglich können selbstverständlich dem Vermieter noch weitere Pflichten auferlegt werden, die er sich aber in aller Regel honorieren lassen wird.

3.3.3.3 DIE PFLICHTEN DES MIETERS

Dem Mieter obliegen u.a. folgende Pflichten (vgl. Abb. 3.10):

a) Pünktliche *Bezahlung des Mietzinses* (OR 257d): Bei Zahlungsrückstand kann der Vermieter nach Ablauf einer Mahnfrist von 10 Tagen fristlos kündigen.

b) *Sorgfältiger Gebrauch* der Mietsache (OR 257f): Der Mieter erhält durch den Mietvertrag das Recht, den gemieteten Gegenstand zu gebrauchen. Allerdings hat er diesen Gebrauch sorgfältig und vertragsgemäss auszuüben, andernfalls er für den entstandenen Schaden ersatzpflichtig wird. In schweren Fällen besteht zusätzlich die Gefahr einer fristlosen Kündigung.

c) Übernahme *kleiner Unterhaltsarbeiten* (OR 259): Da nur der grosse Unterhalt der Mietsache zu den Pflichten des Vermieters gehört, hat der Mieter kleine Reinigungs- und Ausbesserungsarbeiten auf eigene Rechnung auszuführen.

d) Duldung von *Änderungen und Erneuerungen* (OR 260): Dem Vermieter als Eigentümer der Mietsache steht es grundsätzlich frei, sein Eigentumsrecht auch an einer vermieteten Sache wahrzunehmen. Deshalb hat es der Mieter zu dulden, wenn die Mietsache erneuert oder geändert werden soll. Immerhin muss er eine solche Einschränkung seines Gebrauchsrechtes nur hinnehmen, wenn es für ihn zumutbar ist; allenfalls schuldet ihm der Vermieter sogar eine Entschädigung. Änderungen und Erneuerungen durch den Mieter braucht sich der Vermieter als Eigentümer der Mietsache dagegen nicht gefallen zu lassen. Solche sind nur erlaubt, wenn er dazu die schriftliche Zustimmung erteilt hat.

e) *Untermiete* nur mit Zustimmung des Vermieters (OR 262): Der Vermieter muss vor einer allfälligen Untervermietung der Mietsache durch den Mieter um Zustimmung ersucht werden. Die Zustimmung darf aber nur verweigert werden, wenn objektiv wichtige Gründe geltend gemacht werden können.

Auch hier besteht die jederzeitige Möglichkeit, einem Mieter weitere Pflichten zu überbinden. Sehr häufig findet sich z.B. auch eine Gebrauchspflicht in den Verträgen, d.h., der Mieter ist nicht nur zum Gebrauch berechtigt, sondern sogar dazu verpflichtet.

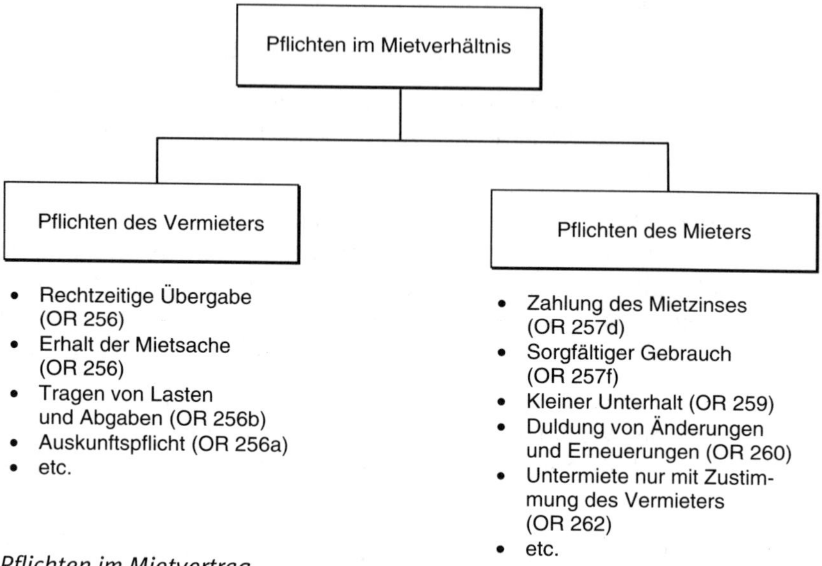

***Abb.** 3.10: Die Pflichten im Mietvertrag*

3.3.3.4 Die Beendigung des Mietvertrages

Ist der Mietvertrag für eine bestimmte Zeit abgeschlossen worden, so endet er automatisch und *ohne Kündigung* durch Ablauf der vereinbarten Mietdauer (OR 266).

Ist dagegen keine feste Mietdauer vereinbart worden, so kann der Mietvertrag über eine bewegliche Sache jederzeit unter Einhaltung einer Frist von *drei Tagen* mündlich oder schriftlich gekündigt werden (OR 266f), sofern keine anderweitige vertragliche Regelung besteht. Eine Begründung ist nicht nötig. Diese gesetzliche Frist gilt auch für einen neuen Eigentümer, der die vermietete Sache vom Vermieter gekauft hat und den (alten) Mietvertrag nun nicht mehr aufrechterhalten will (OR 261). Der Mieter, dem durch den Verkauf der Mietsache deren vertraglicher Gebrauch vorzeitig entzogen wird, hat nur Anspruch auf Schadenersatz gegenüber seinem vertragsbrüchigen Vermieter.
Gibt der Mieter eine Mietsache vorzeitig zurück, ohne sich an die (vereinbarten) Kündigungsfristen oder -termine zu halten, so bleibt er grundsätzlich zur Erfüllung seiner (Zahlungs-)Pflichten angehalten. Befreit wird er dagegen, wenn er dem Vermieter einen *zumutbaren Ersatzmieter* stellen kann, der bereit ist, den Mietvertrag zu den gleichen Bedingungen zu übernehmen (OR 264).

Die Mietsache muss bei Beendigung in dem Zustand zurückgegeben werden, der sich aus dem vereinbarungsgemässen Gebrauch ergibt. Will der

Vermieter den Mieter für Mängel an der Mietsache belangen, so muss er diese umgehend rügen.

3.3.4 Der Arbeitsvertrag (OR 319–362)

3.3.4.1 Charakteristik des Arbeitsvertrages

> *OR 319: „Durch den Einzelarbeitsvertrag verpflichtet sich der Arbeitnehmer auf bestimmte oder unbestimmte Zeit zur Leistung von Arbeit im Dienste des Arbeitgebers und dieser zur Entrichtung eines Lohnes, der nach Zeitabschnitten (Zeitlohn) oder nach der geleisteten Arbeit (Akkordlohn) bemessen wird.*
>
> *Als Einzelarbeitsvertrag gilt auch der Vertrag, durch den sich ein Arbeitnehmer zur regelmässigen Leistung von stunden-, halbtage- oder tageweiser Arbeit (Teilzeitarbeit) im Dienste des Arbeitgebers verpflichtet.“*

Obwohl der Arbeitsvertrag einen Vertrag nach OR darstellt, sind die Bestimmungen, die zwischen den Parteien Gültigkeit erlangen, nur teilweise in diesem Gesetz selbst verankert. Im Arbeitsrecht finden sich viele für das Arbeitsverhältnis relevante Vorschriften in Spezialerlassen auch ausserhalb des OR. Eine Übersicht über die relevanten Rechtsquellen findet sich in Abbildung 3.11.

Diese breit gestreute Regelungsdichte macht es zuweilen schwierig, die im konkreten Fall massgebenden Normen zu eruieren. Schwergewichtig sollen im folgenden die Vorschriften des Arbeitsvertragsrechtes des OR betrachtet werden, wobei immer zu berücksichtigen ist, dass anderweitige Erlasse und Regelungen diese „überlagern“ können, sofern deren Einhaltung zwingend vorgeschrieben ist.

Durch den – *formlos* gültigen – Arbeitsvertrag verspricht der Arbeitnehmer, seine Arbeitskraft in den Dienst eines Arbeitgebers zu stellen und für diesen gemäss seinen Weisungen tätig zu sein. Der Arbeitgeber schuldet ihm dafür einen angemessenen Lohn. Das charakteristische Element des Arbeitsvertrages ist die *Abhängigkeit*, in der der Arbeitnehmer zu seinem Arbeitgeber steht (sog. *Subordinationsverhältnis*): Er erbringt die Leistungen in unselbständiger Stellung und nicht auf eigene Rechnung. Dementsprechend trägt er auch kein unternehmerisches Risiko. Diese Subordination unterscheidet den Arbeitsvertrag von den übrigen Verträgen auf Arbeitsleistung, dem Werkvertrag und dem Auftrag.

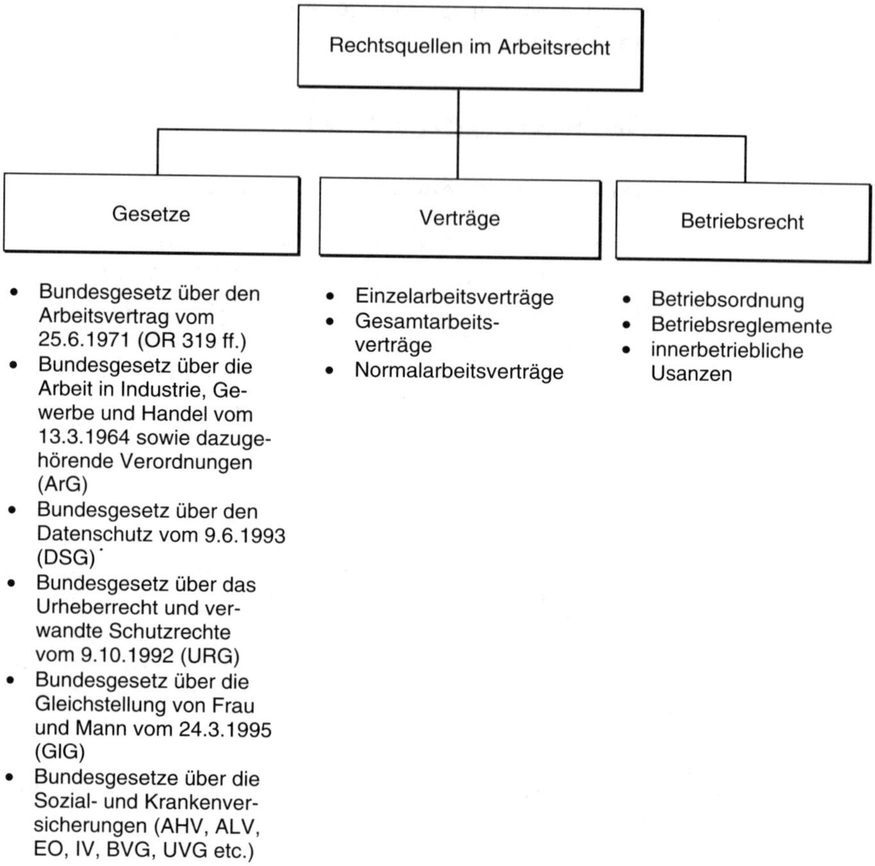

***Abb.** 3.11: Rechtsquellen im Arbeitsrecht*

3.3.4.2 Die Pflichten des Arbeitnehmers

Die Pflichten des Arbeitnehmers (vgl. auch Abb. 3.13, Kap. 3.3.4.3) sind vielfältig und im Einzelfall meist durch den konkreten Vertrag genauer umschrieben. Es lassen sich aber immerhin folgende gesetzlich festgelegte Pflichten unterscheiden, die wenigstens zum Teil der individuellen Disposition durch die Parteien zugänglich sind:

Persönliche *Arbeitspflicht* (OR 321)
Der Arbeitnehmer muss die übernommene Arbeit persönlich ausführen. Bezüglich Inhalt der Arbeitspflicht gilt, dass er alle Arbeiten zu leisten hat, die von einem Arbeitnehmer der entsprechenden Berufskategorie erwartet werden können.

SORGFALTS- UND TREUEPFLICHT (OR 321A)

In der Sorgfalts- und Treuepflicht zeigt sich deutlich, dass in einem Arbeitsverhältnis nicht allein vermögenswerte Leistungen ausgetauscht werden, sondern dass auch eine persönliche und somit personenbezogene Leistung geschuldet ist. Der Arbeitnehmer hat deshalb die berechtigten Interessen seines Arbeitgebers nach Treu und Glauben zu wahren. Diese allgemeine Umschreibung der Treuepflicht offenbart sich noch deutlicher in verschiedenen Nebenpflichten wie

- Sorgfalt im Umgang mit Arbeitsgeräten, Einrichtungen, Material etc.
- Verbot einer konkurrenzierenden Nebenbeschäftigung (sog. Schwarzarbeit)
- Geheimhaltung von Fabrikations- und Geschäftsgeheimnissen

RECHENSCHAFTS- UND HERAUSGABEPFLICHT (OR 321B)

Der Arbeitnehmer hat dem Arbeitgeber alles herauszugeben, was er im Rahmen seiner vertraglichen Tätigkeit von Dritten für diesen erhalten hat. Darüber hinaus hat der Arbeitgeber ein Recht auf Herausgabe aller Ergebnisse, die der Arbeitnehmer bei seiner Arbeit gewonnen hat. Eine besondere Regelung gilt ausserdem für Rechte an Erfindungen, gewerblichen Mustern und Modellen (OR 332/332a) sowie für Rechte an Computerprogrammen (URG 17; siehe unten Kap. 3.5.4). Eine besondere Art der Herausgabepflicht ist zudem die Rückgabepflicht bei Beendigung des Arbeitsverhältnisses.

LEISTUNG VON ÜBERSTUNDEN (OR 321C)

Überstunden können von einem Arbeitnehmer insoweit verlangt werden, als sie für ihn zumutbar sind und er sie zu leisten vermag. Hat ein Arbeitnehmer Überstunden geleistet, so sind sie ihm durch Freizeit von entsprechender Dauer oder mittels Lohn, der um 25% über dem Normallohn liegt, auszugleichen. Ein Anspruch auf Ausgleich geleisteter Mehrarbeit besteht jedoch nur, falls keine anderslautende schriftliche Abmachung besteht.

BEFOLGUNGSPFLICHT (OR 321D)

Aufgrund des Subordinationsverhältnisses ist der Arbeitnehmer gehalten, die an ihn gerichteten Weisungen nach Treu und Glauben zu befolgen.

HAFTUNG FÜR SCHADENSVERURSACHUNG (OR 321E)

Fügt ein Arbeitnehmer seinem Arbeitgeber fahrlässig oder gar absichtlich einen Schaden zu, so kann er zur Haftung gezogen werden. Der Umfang der Schadenersatzpflicht bestimmt sich individuell und richtet sich grundsätzlich nach dem konkreten Mass des Verschuldens, wobei Fachkenntnisse, Bildungsgrad, Stellung im Betrieb, Berufsrisiko etc. zu berücksichtigen sind.

Beachtung eines allfälligen *Konkurrenzverbotes* (OR 340 ff.)
Arbeitgeber und Arbeitnehmer können vereinbaren, dass sich letzterer nach Beendigung des Arbeitsverhältnisses jeder konkurrenzierenden Tätigkeit zu enthalten hat. Ein solches Konkurrenzverbot ist allerdings nur gültig, wenn folgende Bedingungen kumulativ erfüllt sind (OR 340):

- Schriftliche Abrede;
- Einblick in den Kundenkreis (persönliche Beziehung) oder in Fabrikations- und Geschäftsgeheimnisse;
- Möglichkeit, den Arbeitgeber durch die Verwendung der Kenntnisse erheblich zu schädigen.

Ein allfälliges Konkurrenzverbot muss zudem in sachlicher, örtlicher und zeitlicher Hinsicht angemessen begrenzt sein (OR 340a). Wird ein Konkurrenzverbot verletzt, sieht das Gesetz vor, dass der verursachte Schaden zu ersetzen ist (OR 340b). Häufig wird die Einhaltung von Konkurrenzverboten vertraglich durch Konventionalstrafen oder durch die einklagbare Möglichkeit auf Beseitigung der Verletzung (sog. Realerfüllung) zusätzlich gesichert.

Ein Konkurrenzverbot fällt dahin, wenn der Arbeitgeber kein Interesse mehr daran haben kann oder wenn er ohne vom Arbeitnehmer zu vertretenden Anlass das Arbeitsverhältnis auflöst (OR 340c).

Mit dem Arbeitnehmer können weitere Pflichten vereinbart werden. Zu berücksichtigen ist aber in jedem Fall, dass das Verlangte einen Zusammenhang mit der konkreten Arbeit aufweisen muss und nicht schikanös sein darf.

3.3.4.3 Die Pflichten des Arbeitgebers

Auch dem Arbeitgeber überbindet das OR eine vielfältige Anzahl von Pflichten (vgl. Abb. 3.13 weiter unten). Dazu gehören:

Lohnzahlungspflicht (OR 322)
Der Arbeitgeber hat den vereinbarten Lohn zur vereinbarten Zeit zu bezahlen. Lohnkürzungen sind grundsätzlich nur mit einer gegenseitigen Vereinbarung oder einer sog. Änderungskündigung durchsetzbar.

Lohnfortzahlungspflicht bei unverschuldeter Abwesenheit (OR 324a & b)
Ist ein Arbeitnehmer unverschuldet an der Erbringung der Arbeitsleistung verhindert, so hat er gleichwohl einen Anspruch auf Lohnfortzahlung. Allerdings gelten die ersten drei Monate eines Anstellungsverhältnisses als

Karenzzeit, während welcher der Arbeitgeber bei Fehlzeiten keinen Lohn schuldet. Als unverschuldet gelten in der Regel Abwesenheiten wegen Unfall, Krankheit, Schwangerschaft, oder Erfüllung gesetzlicher Pflichten (z.B. Militär-, Zivil- oder Schutzdienst, Zeugeneinvernahme etc.).

Allerdings ist die Lohnfortzahlungspflicht nicht endlos, sondern abhängig von der Anzahl Dienstjahre, die ein Arbeitnehmer bisher geleistet hat. Die Dauer der Fortzahlung bestimmt sich im übrigen nach der sog. Berner (vgl. Abb. 3.12), Basler oder Zürcher Skala und umfasst während dieser beschränkten Zeit den vollen Lohn, sofern keine obligatorische Versicherung besteht, dagegen nur 80% des Lohnes, falls der Arbeitnehmer aufgrund gesetzlicher Vorschrift obligatorisch gegen Lohnausfall versichert ist.

Da der Lohnanspruch als Anspruch pro Dienstjahr gilt, werden die einzelnen Absenzen kumuliert und dem Arbeitnehmer muss vom Arbeitgeber nichts mehr bezahlt werden, wenn sein „Absenzenguthaben" verbraucht ist.

Lohnfortzahlungspflicht nach Berner Skala	
1. Dienstjahr:	3 Wochen
2. Dienstjahr:	1 Monat
3. und 4. Dienstjahr:	2 Monate
5. bis 9. Dienstjahr:	3 Monate
10. bis 14. Dienstjahr:	4 Monate
15. bis 19. Dienstjahr:	5 Monate
usw.	

***Abb.** 3.12: Berner Skala*

FÜRSORGEPFLICHT (OR 328)

Sie bildet das Gegenstück zur Treuepflicht des Arbeitnehmers und verlangt, dass der Arbeitgeber „die Persönlichkeit des Arbeitnehmers zu achten und zu schützen, auf dessen Gesundheit gebührend Rücksicht zu nehmen und für die Wahrung der Sittlichkeit zu sorgen" hat. Sie umfasst des weitern diverse Nebenpflichten wie

- Gleichbehandlungsgebot
- Schutz von Leben und Gesundheit
- Respektierung der Privatsphäre

- Haftung für entstandenen Schaden
- Auskunftspflichten etc.

Spesenersatz (OR 327a ff.)
Der Arbeitgeber hat dem Arbeitnehmer alle Auslagen und Verwendungen zu ersetzen, die diesem durch die Ausführung der Arbeit notwendigerweise verursacht wurden.

Einräumen von _Freizeit_ (OR 329)
Damit der Arbeitnehmer seine persönlichen Angelegenheiten (z.B. bei Heirat, Geburt, Todesfall, Arztbesuch, Wohnungswechsel etc.) wahrnehmen kann, hat ihm der Arbeitgeber die dafür benötigte Zeit zu gewähren. Überdies steht ihm mindestens ein ganzer freier Tag pro Woche zu, in der Regel der Sonntag.

Ferien (OR 329a ff.)
Dem Arbeitnehmer wird jährlich ein Ferienanspruch von mindestens vier, für Arbeitnehmer unter 20 Jahren fünf Wochen gewährt. Ein Anspruch auf eine fünfte, allerdings unbezahlte Woche besteht für Arbeitnehmer bis 30 Jahren, die in der Jugendarbeit engagiert sind (sog. Jugendurlaub nach OR 329e). Eine Kürzung der Ferien ist möglich, wenn der Arbeitnehmer mindestens einen vollen Monat an der Arbeitsleistung verhindert war (siehe die ausführliche Regelung von OR 329b). Den Zeitpunkt der Ferien bestimmt grundsätzlich der Arbeitgeber, wobei er diesen frühzeitig mitteilen und auf die Interessen des Arbeitnehmers Rücksicht nehmen muss. Unzulässig ist es, während des Arbeitsverhältnisses (nicht aber bei Restguthaben am Ende der Anstellung) die Ferien durch Geld abzugelten, denn der Sinn der Ferien besteht darin, dem Arbeitnehmer Erholung zu verschaffen. Deshalb darf der Arbeitnehmer während der Ferien auch nicht gegen Entgelt arbeiten. Kann der Erholungszweck wegen eines unverschuldeten Vorfalles (z.B. schwere Krankheit o.ä.) nicht erreicht werden, so steht dem Arbeitnehmer das Recht zu, die verpfuschten Ferientage nochmals zu beziehen (sog. Nachgenuss).

Ausstellen eines _Arbeitszeugnisses_ (OR 330a)
Auf Verlangen hat der Arbeitgeber dem Arbeitnehmer jederzeit ein Zeugnis auszustellen, das über Art und Dauer der Anstellung sowie über seine Leistungen und sein Verhalten Auskunft erteilt (Vollzeugnis). Für den Inhalt gilt, dass dieser wahr sein muss und die Formulierungen wohlwollend gewählt werden sollen. Statt eines Vollzeugnisses kann der Arbeitnehmer aber auch die Ausstellung einer reinen Arbeitsbestätigung verlangen, in der keine Qualifikation seiner Leistungen erfolgen darf. Für ein objektiv falsches Zeugnis kann ein Arbeitgeber überdies zur Haftung gezogen werden.

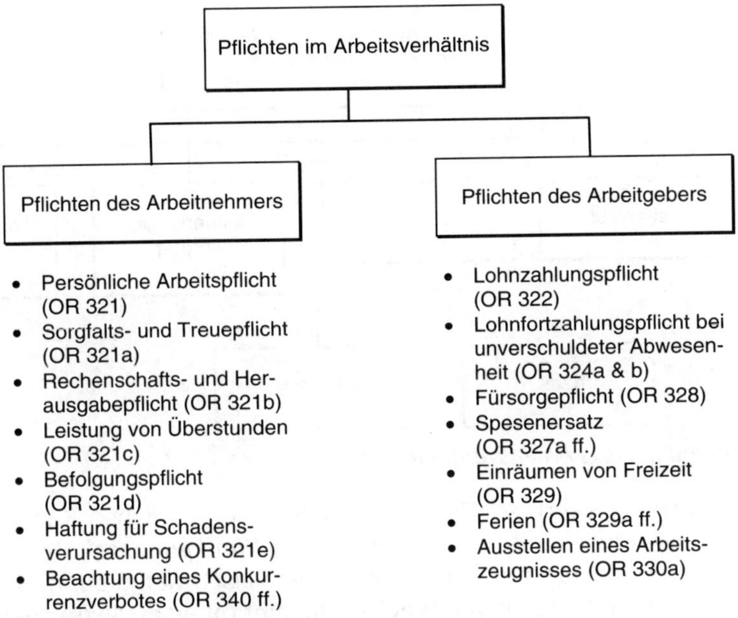

***Abb.** 3.13: Die Pflichten im Arbeitsvertrag*

3.3.4.4 Die Beendigung des Arbeitsverhältnisses

Ein Arbeitsverhältnis kann auf verschiedene Arten beendet werden (vgl. Abb. 3.14). Im Vordergrund steht dabei die (einseitige) Kündigung des Vertrages durch eine Vertragspartei. Diese kann eine ordentliche (unter Einhaltung von Fristen und Terminen) oder eine fristlose (per sofort) sein. Eine Form ist für die Kündigung nicht vorgeschrieben, doch dürfte sich auch hier aus Beweisgründen die Schriftlichkeit empfehlen.

3.3.4.4.1 Die ordentliche Kündigung

Ein unbefristetes Arbeitsverhältnis kann von jeder Vertragspartei unter Einhaltung der gesetzlichen oder vertraglichen *Fristen* und *Termine* beendet werden. Eine Begründung der Kündigung ist nur auf Verlangen zu leisten (OR 335).

Die gesetzlichen Kündigungsfristen betragen dabei:

- in der Probezeit: sieben Kalendertage
- im 1. Dienstjahr: 1 Monat auf das Monatsende
- im 2.–9. Dienstjahr: 2 Monate auf das Monatsende
- ab dem 10. Dienstjahr: 3 Monate auf das Monatsende

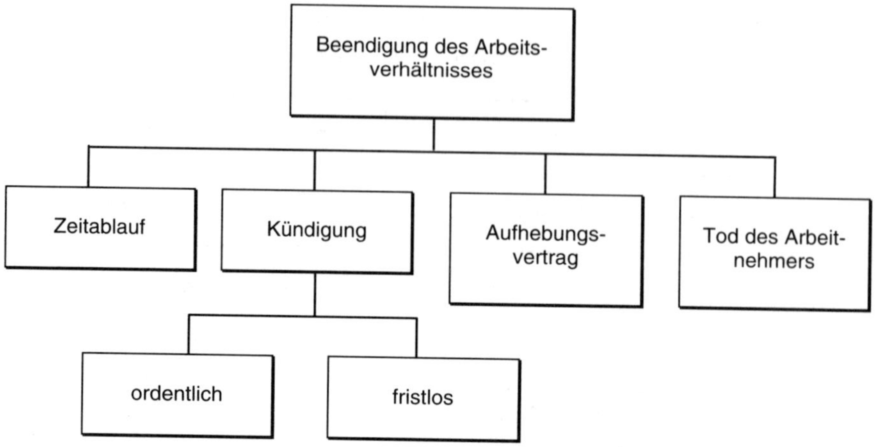

***Abb.** 3.14: Beendigung eines Arbeitsverhältnisses*

Das OR gewährt den Parteien bei einer ordentlichen Kündigung des Arbeitsvertrages zudem einen gewissen *Kündigungsschutz*. Allerdings verhindern die nicht unerheblichen Beweisschwierigkeiten, vor denen die gekündigte Partei in der Regel steht, sehr oft einen ausreichenden Schutz.

Der Kündigungsschutz besteht in zwei unterschiedlichen Formen (vgl. Abb. 3.15). Zum einen soll der Gekündigte (Arbeitnehmer oder Arbeitgeber) vor einem Missbrauch des Kündigungsrechtes geschützt werden. Zum andern darf einem Arbeitnehmer (nicht aber Arbeitgeber) dann nicht gekündigt werden, wenn eine Kündigung zu einer zusätzlichen Belastung seiner bereits ohnehin angespannten persönlichen Situation führen würde.

Schutz vor einer missbräuchlichen Kündigung (OR 336 ff.)

Eine Kündigung ist missbräuchlich, wenn sie aus Gründen erfolgt, die in keinem sachlichen Zusammenhang mit dem Arbeitsverhältnis stehen. Darunter fallen Kündigungen, die ausgesprochen werden,

- weil der Kündigende sich an *persönlichen Eigenschaften* (z.B. Geschlecht, Rasse, Herkunft, Alter, Charakterzüge etc.) des Gekündigten stört, die keinen ausreichenden Zusammenhang mit dem Arbeitsverhältnis aufweisen;
- weil der Gekündigte seine ihm zustehenden *verfassungsmässigen Rechte* entgegen den Erwartungen und Ansichten des Kündigenden ausgeübt hat, es sei denn, diese Rechtsausübung hätte einen Zusammenhang mit dem Arbeitsverhältnis; ein Arbeitnehmer soll sich nicht aus Angst vor einem Stellenverlust der Wahrnehmung seiner ihm verfassungsmässig garantierten Rechte (z.B. Meinungsäusserungs-, Religions-, Vereinsfreiheit etc.) enthalten müssen;

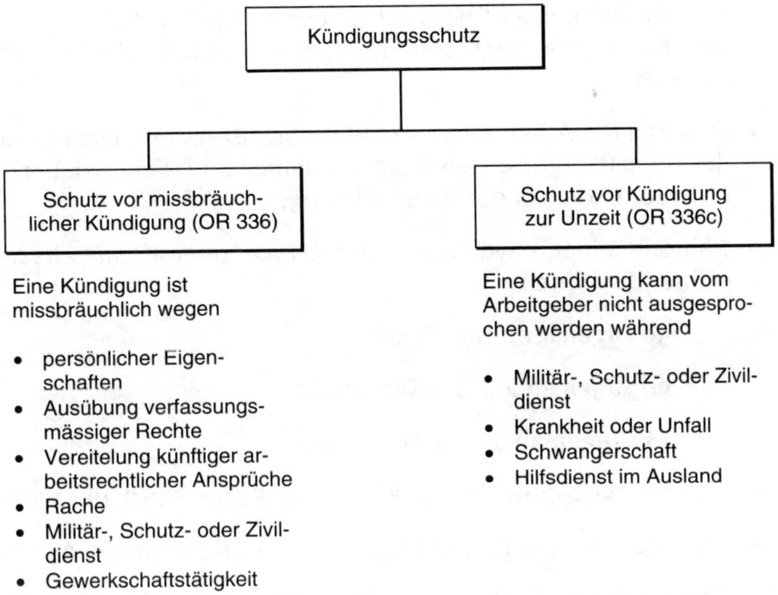

***Abb.** 3.15: Übersicht über den Kündigungsschutz*

- um dem Gekündigten künftige Ansprüche zu vereiteln (sog. *Vereitelungskündigung*); wer nur kündigt, um eine in Zukunft anstehende Leistung (z.B. Lohn während eines geplanten Kuraufenthaltes) nicht erbringen zu müssen, handelt unsachlich und somit missbräuchlich;

- aus *Rache* für die ordentliche Ausübung eines Rechtes; wer einen ihm zustehenden arbeitsrechtlichen Anspruch einfordern will oder eingefordert hat, darf deshalb nicht gekündigt werden;

- weil die gekündigte Partei *Militär-, Schutz- oder Zivildienst* leistet oder eine andere gesetzliche Pflicht erfüllt; da der Kündigende sich gegen die Erfüllung solcher Pflichten nicht wehren kann, soll er deshalb auch keine Nachteile in bezug auf sein Arbeitsverhältnis erleiden müssen;

- wegen gewerkschaftlicher Tätigkeit des Arbeitnehmers.

  Die ausgesprochene Kündigung ist jedoch *trotz Missbräuchlichkeit gültig*. Der diskriminierten Partei steht aber eine finanzielle Entschädigung in der maximalen Höhe von sechs Bruttomonatslöhnen zu.

  Die diskriminierte Partei muss allerdings vor Ablauf der Kündigungsfrist schriftlich Einsprache gegen die Kündigung erhoben haben. Kommt keine Einigung zustande, so hat sie alsdann innert 180 Tagen seit Beendigung des Arbeitsverhältnisses beim Richter Klage zu erheben.

Schutz vor einer Kündigung zur Unzeit (OR 336c)
Eine Kündigung durch den Arbeitgeber ist nach Ablauf der Probezeit nicht möglich

- während der Arbeitnehmer *Militär-, Schutz- oder Zivildienst* leistet; dauert der Dienst länger als elf Tage, so umfasst die Schutzdauer auch vier Wochen vor und nach der Dienstleistung;
- während einer unverschuldeten *Unfall- oder Krankheitsabsenz*, jedoch während maximal

  30 Tagen im 1. Dienstjahr;

  90 Tagen im 2. bis 5. Dienstjahr;

  180 Tagen ab dem 6. Dienstjahr;
- während der *Schwangerschaft* und 16 Wochen nach der Niederkunft;
- während einer behördlich angeordneten *Hilfsaktion im Ausland.*

Eine Kündigung während einer Sperrfrist ist *nichtig*. Eine Kündigung vor Eintritt einer Sperrfrist ist gültig, die Kündigungsfrist wird aber *unterbrochen* und um die Sperrfrist verlängert.

3.3.4.4.2 Die fristlose Kündigung (OR 337 ff.)

Eine fristlose Kündigung ist nur gerechtfertigt, wenn sie „aus wichtigen Gründen“ erfolgt ist (OR 337). Dazu zählen alle Vorfälle, die eine *weitere Zusammenarbeit* selbst bis zum Ablauf der ordentlichen Kündigungsfrist als *unzumutbar* erscheinen lassen. Wurde die fristlose Entlassung zurecht vorgenommen, so kann der Kündigende Ersatz für den ihm entstandenen Schaden verlangen (OR 337b).

Ist dagegen die Kündigung ungerechtfertigt, so hat der entlassene Arbeitnehmer Anspruch auf Lohnersatz (abzüglich Zwischenverdienst) für die Dauer der ordentlichen Kündigungsfrist sowie wiederum auf eine Entschädigung bis maximal sechs Bruttomonatslöhne (OR 337c). Der Arbeitgeber, dessen Arbeitnehmer die Stelle zu unrecht gar nicht angetreten oder aber fristlos verlassen hat, kann als Entschädigung einen Viertel eines Monatslohnes sowie den Ersatz für allen weiteren Schaden fordern (OR 337d).

Da die Konsequenzen bei ungerechtfertigter fristloser Kündigung für den Kündigenden ausserordentlich schwerwiegend sein können, ist es ratsam, eine solche nur bei schwerster Pflichtverletzung oder nach vorheriger Androhung in Erwägung zu ziehen.

3.3.5 Der Werkvertrag (OR 363–379)

3.3.5.1 Charakteristik des Werkvertrages

> *OR 363: „Durch den Werkvertrag verpflichtet sich der Unternehmer zur Herstellung eines Werkes und der Besteller zur Leistung einer Vergütung."*

Wie der Arbeitsvertrag zählt auch der Werkvertrag zu den Verträgen auf Arbeitsleistung und kann *formlos* abgeschlossen werden. Vertragsinhalt ist hier, dass eine Arbeitsleistung zielgerichtet und in selbständiger Stellung zu erbringen ist; der Unternehmer wird zur – nicht routinemässigen – Herstellung oder Änderung einer Sache nach den Wünschen und Anweisungen des Bestellers angehalten. Geschuldet ist ein bestimmtes, definiertes *Endresultat (Erfolg)*, das durch selbständig organisierte Arbeitsleistung des Unternehmers erreicht wird. Umstritten ist, ob auch ein unkörperliches Arbeitsprodukt (z.B. Software) ein Werk im Sinne des Gesetzes sein könne. Die herrschende Lehre sowie das Bundesgericht scheinen dies zu bejahen, sofern die Leistung auf das Eintreten eines Erfolges gerichtet ist. [Gauch 1983: 132 ff.; Gauch 1996: N 334 ff. BGE 115 II 50; siehe auch etwa die Fassung des deutschen BGB § 631 II: „Gegenstand des Werkvertrages kann sowohl die Herstellung oder Veränderung einer Sache als ein anderer durch Arbeit oder Dienstleistung herbeizuführender Erfolg sein."]

Beispiele für Werkverträge:

- Bau eines Hauses
- Installation einer EDV-Anlage
- Entwicklung eines EDV-Programmes
- Umändern eines Kleides

3.3.5.2 Die Pflichten des Unternehmers

Die Rechtsstellung des Unternehmers wird im wesentlichen durch folgende Pflichten umschrieben (vgl. auch Abb. 3.16, Kap. 3.3.5.3):

Ablieferung des bestellten Werkes
Der Unternehmer muss das vertraglich vereinbarte Werk fristgerecht liefern.

Persönliche Ausführung (OR 364 II)
Der Unternehmer hat das Werk in der Regel persönlich zu erstellen oder unter seiner persönlichen Leitung (z.B. durch Subunternehmer) erstellen zu lassen.

Sorgfältige Ausführung (OR 364 I)
Bei der Ausführung hat der Unternehmer sorgfältig vorzugehen und für verursachte Schäden (nicht zu verwechseln mit allfälligen Mängeln am Werk selbst, die unter die Gewährleistungspflicht fallen) aufzukommen.

***Haftung für* vom Besteller erhaltenen *Stoff* (OR 365 II)**
Stoff, der vom Besteller geliefert wurde, ist auf Tauglichkeit zu prüfen, und nicht verbrauchte Mengen sind zurückzugeben.

Orientierungs-(Abmahnungs-)Pflicht (OR 365 III/369)
Kommen dem Unternehmer Zweifel über die Machbarkeit (auch in finanzieller Hinsicht) des gewünschten Werkes, so hat er den Besteller unverzüglich zu informieren und ihm seine Bedenken mitzuteilen, ansonsten er für die dadurch verursachten Probleme aufkommen muss.

Gewährleistungspflicht (OR 367 f.)
Wie der Verkäufer beim Kaufvertrag (siehe oben Kap. 3.3.2.4) haftet auch der Unternehmer für Mängel am gelieferten Werk. Auch hier gilt, dass der Besteller – um seine Gewährleistungsrechte zu wahren – das Werk innert angemessener Frist prüfen muss und die gefundenen Mängel umgehend zu rügen hat. Geheime Mängel sind auch hier sofort nach Entdeckung zu melden (OR 367/370). Hat der Besteller diese *Obliegenheiten* erfüllt, so stehen ihm wahlweise folgende Vorgehensweisen offen:

Wandelung (OR 386 I):
Der Besteller kann die Entgegennahme verweigern oder ein bereits geliefertes Werk zurückgeben und den bezahlten Werklohn zurückfordern, wenn ihm eine Annahme nicht zugemutet werden kann. Leidet dagegen das gelieferte Werk nur an untergeordneten Mängeln oder ist seine Entfernung mit unverhältnismässigen Nachteilen verbunden, so steht dem Besteller das Wandelungsrecht nicht zu, und er muss sich mit den übrigen Gewährleistungsrechten begnügen.

Minderung (OR 368 II)
Diesen Anspruch kann der Besteller immer geltend machen.

Unentgeltliche Nachbesserung (OR 368 II)
Der Besteller kann vom Unternehmer verlangen, dass dieser das Werk nachbessert und so die Mängel behebt, sofern dies dem Unternehmer nicht übermässige Kosten verursacht. Ohne Rücksicht auf die entstehenden Kosten ist nachzubessern, wenn bestimmte Eigenschaften zugesichert wurden.

Schadenersatz (OR 368I)
Kumulativ zu einem Anspruch auf Wandelung, Minderung oder Nachbesserung besitzt der Besteller bei Verschulden des Unternehmers ein Recht auf Ersatz des Schadens, der infolge des Mangels entstanden ist.

Die Gewährleistungspflicht währt ab Ablieferung *ein Jahr* für bewegliche bzw. *fünf Jahre* für unbewegliche Werke.

3.3.5.3 DIE PFLICHTEN DES BESTELLERS

Den Besteller treffen im Rahmen eines Werkvertrages ungefähr folgende Pflichten (vgl. auch Abb. 3.16):

BEZAHLUNG DES WERKLOHNES (OR 372 FF.)
Die Vergütung ist bei Ablieferung des Werkes fällig. Über die Höhe des Werklohnes können unterschiedliche Abmachungen bestehen: Ohne besondere Vereinbarung gilt, dass die Vergütung nach *Aufwand* und Wert der Arbeit festgelegt wird (OR 374).

Wurde der Werklohn als *Pauschale* vereinbart, so schuldet der Besteller nur diesen Betrag (373 OR; siehe immerhin die Ausnahme in Abs. 2).

Denkbar ist auch, dass dem Unternehmer die Ausführung auf der Basis eines *ungefähren Preisansatzes* übertragen wurde. In einem solchen Fall darf dieser nicht unverhältnismässig überschritten werden, da sonst der Besteller vom Vertrag zurücktreten und die Annahme verweigern bzw. bei nicht rückgängig zu machenden Arbeiten den Werklohn angemessen herabsetzen lassen kann (OR 375). Als unverhältnismässig gelten in der Regel Kostenüberschreitungen von 10% oder mehr.

PRÜFUNGS- UND RÜGEOBLIEGENHEIT (OR 367/370)
Siehe oben Kap. 3.3.5.2.

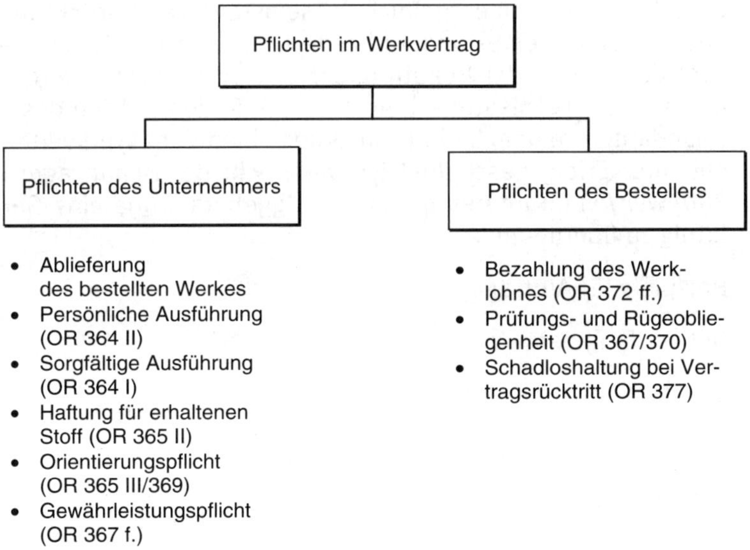

Abb. *3.16: Pflichten im Werkvertrag*

Zu erwähnen ist noch, dass der Besteller das Recht besitzt, jederzeit vor Vollendung des Werkes durch Rücktritt vom Vertrag die Fertigstellung des Werkes abzulehnen. Allerdings muss er in einem solchen Fall Schadenersatz im Umfange des positiven Vertragsinteresses leisten (OR 377).

Da die teilweise wenig ausführlichen Bestimmungen des Werkvertragsrechtes zur Regelung komplizierter Sachverhalte kaum ausreichen, hat sich in der Praxis eine ausserordentlich reiche Vertragsgestaltung entwikkelt (z.B. SIA-Norm 118 für Bauarbeiten). Solche branchenüblichen Bedingungen erlangen jedoch – wie übrigens alle Allgemeinen Geschäftsbedingungen (AGB) – zwischen den Vertragsparteien nur dann Gültigkeit, wenn sie ausdrücklich oder stillschweigend zu Vertragsbestandteilen erhoben wurden.

3.3.6 Der einfache Auftrag (OR 394–406)

3.3.6.1 Charakteristik des einfachen Auftrages

> *OR 394: „Durch die Annahme eines Auftrages verpflichtet sich der Beauftragte, die ihm übertragenen Geschäfte oder Dienste vertragsgemäss zu besorgen. Verträge über Arbeitsleistung, die keiner besonderen Vertragsart dieses Gesetzes unterstellt sind, stehen unter den Vorschriften über den Auftrag. Eine Vergütung ist zu leisten, wenn sie verabredet oder üblich ist."*

Ein Auftragsverhältnis entsteht *formlos,* und zwar dann, wenn jemand entgeltlich oder unentgeltlich in selbständiger Verrichtung die Dienste oder Geschäfte eines andern besorgt. Die Abgrenzung zum Arbeitsvertrag liegt darin, dass der Beauftragte die Leistung *selbständig* erbringt; er ist also weder organisatorisch noch örtlich in den Betrieb des Auftraggebers (Mandanten) eingegliedert. Im Unterschied zum Werkvertrag, wo ein bestimmter Erfolg geschuldet ist, verspricht der Beauftragte nur das *reine Tätigwerden* im Interesse des Auftraggebers, ohne eine Garantie für den Erfolg zu übernehmen.

Beispiele für Aufträge:

- Behandlung beim Arzt
- Beratungsdienste (Anwalt, Steuerbüro etc.)
- Treuhänder
- Schulungen

3.3.6.2 DIE PFLICHTEN DES BEAUFTRAGTEN

Jemandem einen Auftrag zu erteilen, gründet in aller Regel auf gegenseitigem *Vertrauen*. Dieser Gesichtspunkt zieht sich wie ein roter Faden durch alle auftragsrechtlichen Bestimmungen und kommt auch in den einzelnen Pflichten immer wieder zum Ausdruck (vgl. auch Abb. 3.17).

PERSÖNLICHE AUSFÜHRUNG (OR 398 III/399)
Ein übernommener Auftrag ist grundsätzlich vom Beauftragten persönlich auszuführen. Substitution bedarf einer Ermächtigung. Allenfalls ist der Beizug eines Subbeauftragten in der konkreten Situation üblich, oder er kann sogar aufgrund der Sorgfaltspflicht (siehe sogleich) geboten sein.

BEFOLGUNG VON WEISUNGEN (OR 397)
Da der Beauftragte im Interesse des Auftraggebers tätig wird, hat er dessen Weisungen zu befolgen.

TREUE- UND SORGFALTSPFLICHT
Sie ist das Herzstück des Auftrages und verpflichtet den Beauftragten zur umfassenden Orientierung, Aufklärung, Beratung und Geheimhaltung sowie zur sorgfältigen (fachmännischen) Ausführung der übernommenen Dienstleistungen.

RECHENSCHAFTS- UND HERAUSGABEPFLICHT (OR 400)
Gleich wie der Arbeitnehmer hat der Beauftragte jederzeit auf Verlangen des Mandanten Rechenschaft über die Geschäfte abzulegen und ihm alles auszuhändigen, was er von Dritten in Empfang genommen hat.

SCHADENERSATZ (OR 398 II)
Verletzt der Beauftragte seine Pflichten, so hat er dem Auftraggeber bei schuldhafter Pflichtverletzung den entstandenen Schaden zu ersetzen.

3.3.6.3 DIE PFLICHTEN DES AUFTRAGGEBERS

Der Mandant unterliegt folgenden Pflichten (vgl. auch Abb. 3.17):

ZAHLUNG DES HONORARES (OR 394 III)
Der Auftraggeber hat nur dann ein Honorar zu bezahlen, wenn es verabredet oder üblich ist. Die Zahlungspflicht bleibt aber auch dann bestehen, wenn die sorgfältig ausgeführte Tätigkeit nicht den vom Mandanten gewünschten Erfolg gebracht hat.

ERSATZ VON AUSLAGEN UND VERWENDUNGEN (OR 402 I)
Sind dem Beauftragten in richtiger Ausführung des Auftrages Spesen entstanden, so hat sie der Auftraggeber zu erstatten.

Befreiung von Verpflichtungen (OR 402 I)
Ist der Beauftragte in Erfüllung des Auftrages Verpflichtungen gegenüber Dritten eingegangen, so hat der Mandant diese Verpflichtungen zu übernehmen bzw. zu erfüllen.

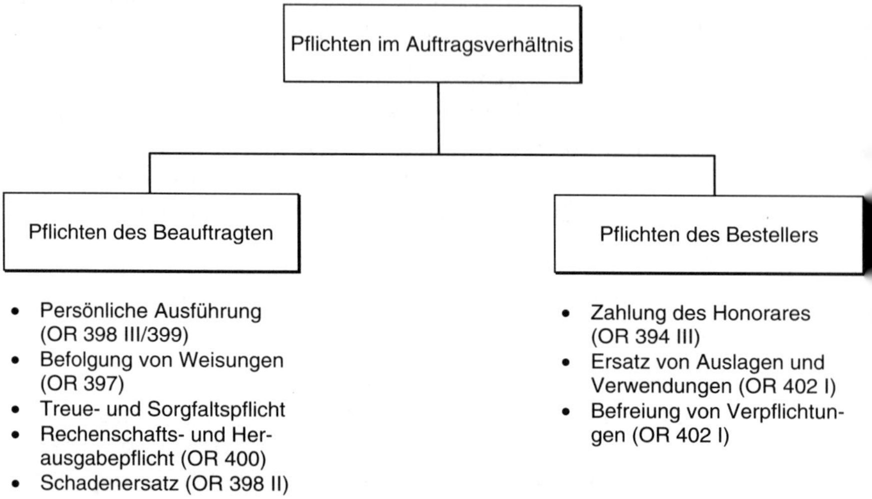

***Abb.** 3.17: Pflichten im Auftragsverhältnis*

3.3.6.4 Die Beendigung des Auftrages

Wie bereits erläutert, basiert die Beziehung zwischen Auftraggeber und Beauftragtem in aller Regel auf einem besonderen Vertrauensverhältnis. Wird diese Vertrauensbasis durch irgendwie geartete Umstände zerstört, so müssen die Parteien die Freiheit haben, das Auftragsverhältnis unverzüglich zu beenden. In diesem Sinne statuiert OR 404 I das freie Recht der Parteien, den Auftrag *jederzeit zu widerrufen.* Dieses Recht ist zwingender Natur und kann vertraglich weder eingeschränkt noch ausgeschlossen werden [Guhl 1991: 501; BGE 115 II 464]. Immerhin sieht OR 404 II vor, dass ein Widerruf zur Unzeit zu Schadenersatz führen kann.

3.3.7 Überblick über die Verträge auf Arbeitsleistung

In der folgenden Darstellung (Abb. 3.18) seien die wichtigsten Abgrenzungskriterien bei den Verträgen auf Arbeitsleistung einander nochmals gegenübergestellt.

Verträge auf Arbeitsleistung			
	Arbeitsvertrag	Werkvertrag	Auftrag
Leistung	Geschuldet ist das Zur-Verfügung-Stellen von Zeit im Dienste des Arbeitgebers.	Geschuldet ist ein Arbeitserfolg unabhängig vom Zeitaufwand.	Es besteht eine Pflicht zum Tätigwerden und zum Erbringen einer Dienstleistung.
Gegenleistung	stets entgeltlich; Arbeitslohn	stets entgeltlich; Werklohnvergütung	entgeltlich, wenn verabredet oder üblich
Stellung	Subordination	keine Subordination	keine Subordination
Auflösung	unter Einhaltung von Fristen und Terminen	Besteller hat Rücktrittsrecht	jederzeitiger Rücktritt durch eine Partei möglich (zwingend)

***Abb.** 3.18: Verträge auf Arbeitsleistung im Überblick*

3.4 Die wichtigsten Innominatverträge (vgl. zum Ganzen ausführlich [Schluep 1992: 847–970])

3.4.1 Einführung

Das Schweizerische Obligationenrecht basiert auf dem bekannten Grundsatz der Vertragsfreiheit. Teil dieser Vertragsfreiheit ist auch die sog. *Typenfreiheit*, wonach es zulässig ist, dass die Vertragstypen des Gesetzes kombiniert oder aber auch völlig neuartige Verträge entwickelt werden (sog. Innominatverträge). Demzufolge sind auch Verträge verbindlich und klagbar, die keinem im besonderen Teil des OR geregelten Vertragstypus entsprechen. Die Anerkennung solcher gesetzlich nicht geregelten Verträge wirft jedoch die Frage auf, welche rechtlichen Regeln auf sie anwendbar sind.

Wie alle Verträge unterstehen sie in jedem Fall den Regeln des allgemeinen Vertragsrechtes (vgl. Kap. 3.2).

Bei den Innominatverträgen wird in bezug auf deren Arten im allgemeinen zwischen *gemischten Verträgen* und *Verträgen eigener Art* (sog. Verträge sui generis) unterschieden. Gemischte Verträge sind dabei einheitliche Verträge, in denen Tatbestandsmerkmale verschiedener Vertragstypen kombiniert werden (z.B. ist der Hauswartvertrag im wesentlichen eine Kombination von Miet- und Arbeitsvertrag). Die Verträge eigener Art sind dagegen solche, die weder gesetzlich geregelt sind noch als typengemischte Verträge gesehen werden können.

Aufgrund der Privatautonomie hat bei Streitigkeiten zwischen Vertragspartnern in erster Linie die von ihnen getroffene Abmachung Gültigkeit. Es ist deshalb zunächst zu ergründen, ob die Vertragsparteien selber ausreichende Regeln gesetzt haben, nach denen sich der konkrete Streit entscheiden lässt. Ist eine solche Bestimmung nicht vorhanden, so spricht man von einer sog. Vertragslücke, die durch Vertragsergänzung geschlossen werden muss. Die Ergänzung eines Vertrages kann dabei nach dem „hypothetischen Parteiwillen" oder durch Beizug von wertungsmässig passenden „Fremdnormen" erfolgen. Welche Methode im einzelnen Fall herangezogen wird, ist aufgrund der gesamten Umstände jeweils situativ festzulegen. Eine allgemeine Regel existiert nicht..

Im folgenden sollen die Charakteristik und die Regelungen der wichtigsten Innominatverträge überblicksmässig dargestellt werden.

3.4.2 Der Leasingvertrag

3.4.2.1 Charakteristik des Leasingvertrages

Die Grundstruktur eines Leasingvertrages lässt sich wie folgt umschreiben: Der Leasinggeber überlässt dem Leasingnehmer für eine zum voraus festgelegte Zeit ein wirtschaftliches Gut (Leasingobjekt) zur freien Verwendung und Nutzung, behält aber weiterhin das Eigentum am Objekt. Hierfür leistet der Leasingnehmer eine Nutzungsgebühr, die regelmässig in Teilleistungen (Raten) zu entrichten ist.

Der Leasingvertrag ist zwar ein gemischter Innominatvertrag, in seinem Hauptbestandteil aber *Gebrauchsüberlassungsvertrag*. Es lassen sich darin jedoch auch kauf- und pachtvertragliche, beim Finanzierungsleasing sogar auftragsrechtliche und darlehensvertragliche Elemente finden.

In der Praxis haben sich allerlei Spielarten des Leasings entwickelt, die ihrerseits die verschiedensten Formen angenommen haben (vgl. Abb. 3.19). Die genaue rechtliche Qualifikation von Leasingverträgen kann deshalb erhebliche Schwierigkeiten bereiten, weshalb bei Streitigkeiten aus Leasingverträgen meist nur noch Fachleute helfen können.

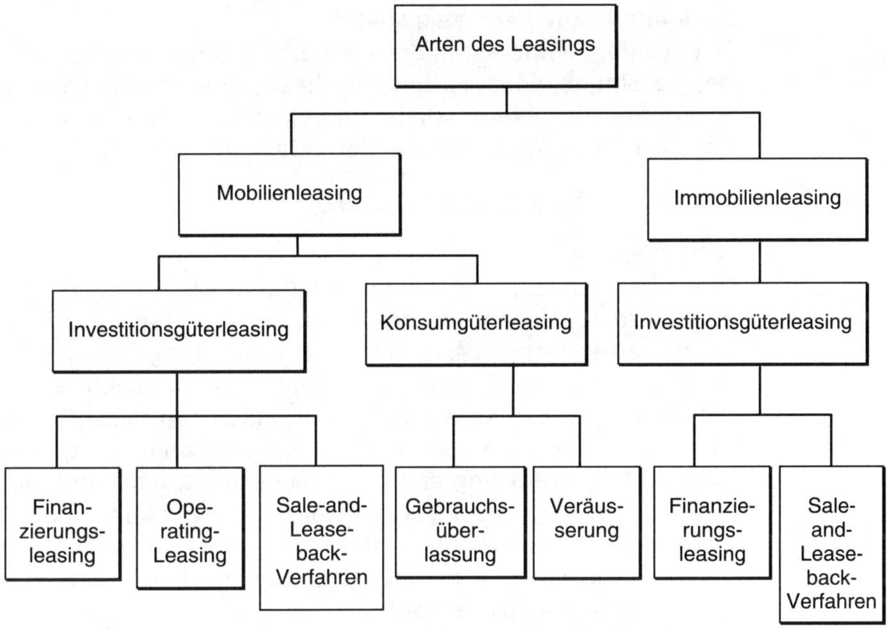

Abb. 3.19: Überblick über die verschiedenen Arten des Leasings [Rinderknecht 1984: 39]

3.4.2.2 SCHULDRECHTLICHE ERSCHEINUNGSFORMEN DES LEASINGS

Grundsätzlich können nach ihrer schuldrechtlichen Erscheinungsform drei Leasingarten unterschieden werden:

FINANZIERUNGSLEASING

Hier erwirbt der Leasinggeber (meist ein Finanzinstitut) auf eigene Kosten gemäss den Anweisungen und Wünschen des Leasingnehmers das Leasingobjekt vom Lieferanten. Danach überlässt er dieses dem Leasingnehmer während einer längeren unkündbaren Vertragsdauer, die meistens annähernd der Lebensdauer des Leasinggegenstandes entspricht. Der Leasingnehmer erhält in diesem Fall eine fast eigentümerähnliche Stellung, und durch Zahlung der Raten wird das Objekt (teil-)amortisiert. Das Leasing in diesem Dreiparteienverhältnis bezeichnet man auch als indirektes Leasing (im Gegensatz zum direkten, das sich nur zwischen zwei Parteien – dem Hersteller als Leasinggeber und dem Leasingnehmer – abspielt).

Operating-Leasing
Im Gegensatz zum Finanzierungsleasing wird beim Operating-Leasing ein wirtschaftliches Gut im Rahmen eines leicht kündbaren Vertrages oder für einen Zeitraum zum Gebrauch überlassen, der wesentlich unter der Amortisationsdauer liegt. In aller Regel ist diese Art des Leasings rechtlich als gewöhnlicher Mietvertrag zu qualifizieren [Schluep 1992: 873, N 81].

Sale-and-Lease-back-Verfahren
Der Leasingnehmer ist in diesem Verfahren der ursprüngliche Eigentümer des Leasingobjektes. Er verkauft dieses nun an eine Leasinggesellschaft, von der er es sogleich wieder zurückleast. Wegen seiner sachrechtlichen Problematik findet sich diese Methode in der Schweiz eher selten.

3.4.2.3 Rechtslage beim Leasingvertrag

Rechtsnatur
Wie bereits erwähnt, ist die Rechtsnatur des Leasingvertrages nicht immer einfach festzustellen. Je nach konkreter Ausgestaltung kann es sich um einen gewöhnlichen Miet- oder gar (Abzahlungs-)Kaufvertrag oder aber auch um einen gemischten Innominatvertrag handeln. Vor allem bei Leasingverträgen von Konsumgütern (Konsumgüterleasing) neigen die Gerichte dazu, den Vertrag als Abzahlungsgeschäft zu qualifizieren, wenn eine Vertragsauflösung erst dann möglich ist, nachdem ein bedeutender Teil des Warenwertes beglichen wurde. Diese Qualifikation bringt die Wirkung mit sich, dass der Vertrag nun die gesetzlich vorgeschriebenen Formvorschriften sowie Inhaltsangaben nach OR 226a und b erfüllen muss, wenn er gültig sein soll.

Entstehung und Beendigung
Der Leasingvertrag entsteht grundsätzlich formlos und kann ebenso aufgelöst werden. Da der Leasingvertrag in aller Regel befristet ist, endet er ohne besondere Formalitäten mit Ablauf der Vertragsdauer. Ausserdem kann er aus wichtigen Gründen jederzeit aufgelöst werden.

Sonstiger Inhalt
Der Inhalt des Vertrages richtet sich in erster Linie nach den konkreten Abmachungen unter den Parteien. Anders als beim Mietvertrag ist der Leasingnehmer nicht zur Substanzerhaltung am Leasingobjekt verpflichtet. Ebensowenig übernimmt der Leasinggeber die Verpflichtung für den grossen Unterhalt. Zudem werden beim indirekten Leasing eine allfällige Gewährleistung des Leasinggebers ausgeschlossen, dem Leasingnehmer aber stattdessen die Ansprüche aus dem „vorgelagerten“ Kaufvertrag abgetreten.

3.4.3 DER LIZENZVERTRAG

3.4.3.1 DIE GESCHÜTZTEN IMMATERIALGÜTER

Durch die Rechtsordnung werden u.a. Sachen dem Eigentum einzelner oder mehrerer Personen zugeordnet. Dem Eigentümer steht dann das (absolute) Recht zu, über sein Eigentum im Rahmen der Rechtsordnung nach eigenem Gutdünken zu verfügen und sich gegen jede unbefugte Einmischung zu verwehren.

Sehr früh erkannte man, dass auch an nicht körperlichen (immateriellen) Gütern schützenswerte Interessen bestehen können, die z.T. grosse wirtschaftliche Werte zu verkörpern vermögen. So entwickelte sich das sog. Immaterialgüterrecht, das den Zweck hat, die Verwendung solcher Geistesschöpfungen ihrem Urheber als allein Berechtigtem vorzubehalten; er besitzt das *geistige Eigentum* an diesen.

Je nachdem, aus welchem Bereich ein Immaterialgut stammt, werden folgende Teilbereiche unterschieden:

PATENTRECHT
Technische Geisteswerke (Erfindungen)

MARKENRECHT
Waren- oder Dienstleistungskennzeichen (Marken)

MUSTER- UND MODELLRECHT
Formen als Vorlage für die gewerbliche Produktion

URHEBERRECHT
Schöpfungen im Bereich Literatur, Wissenschaft und Kunst (inkl. Computerprogramme)

All diesen Geisteswerken ist gemeinsam, dass ihr Schöpfer an ihnen *ein exklusives Nutzungsrecht* besitzt, wodurch er jede widerrechtliche Benutzung seiner Idee durch einen Dritten verbieten kann. Dieses Exklusivrecht umfasst etwa:

- Ausschliesslichkeit des Gebrauches;
- Recht der Inverkehrbringung bzw. des Weitervertriebes;
- Befugnisse zur Änderung, Anpassung, Ergänzung oder Erweiterung;
- Kopierrechte etc.

Um dieses Monopolrecht zu erhalten, muss der Schöpfer den Schutz in gesetzlich vorgeschriebenen *Verfahren* erwirken (so im Patent-, Marken- sowie Muster- und Modellrecht), nur ausnahmsweise erhält er ihn aber auch ohne besondere formelle Handlungen einfach dadurch, dass er eine Idee verwirklicht (Entstehung des Urheberrechtsschutzes durch Realakt).

3.4.3.2 Charakteristik des Lizenzvertrages

Inhalt eines Lizenzvertrages ist es, das *Nutzungsrecht* an einem Immaterialgut einem oder mehreren Dritten zu *übertragen* und ihnen so dessen wirtschaftliche Vorteile zu verschaffen. Als Gegenleistung für das Zurverfügungstellen des Exklusivrechtes schuldet der Lizenznehmer in aller Regel eine einmalige oder wiederkehrende Entschädigung (Lizenzgebühr).

Die Motive für eine Übertragung des Nutzungsrechtes können dabei sehr vielfältig sein:

- Schaffung zusätzlichen Geschäftsvolumens;
- schnellere Durchsetzung auf dem Markt;
- Beilegung von Patentstreitigkeiten
- Erhöhung der Marktpräsenz
- Nutzung bestehender Absatzstrukturen usw.

Je nachdem, aus welchem Bereich das übertragene Recht stammt, spricht man von Patent-, Marken-, Muster- und Modellizenzvertrag oder urheberrechtlichem Lizenzvertrag.

3.4.3.3 Erscheinungsformen des Lizenzvertrages

Grundsätzlich unterscheidet man nach Inhalt und Umfang der Benutzungsbefugnis drei Arten von Lizenzen:

Ausschliessliche Lizenz
Der Lizenznehmer erhält ein ausschliessliches Nutzungsrecht, wobei der Lizenzgeber darauf verzichtet, Dritten die gleichen Rechte einzuräumen. Die Ausschliesslichkeit wirkt ausserdem auch gegenüber dem Lizenzgeber selbst.

Alleinige Lizenz
Der Lizenznehmer erhält das Nutzungsrecht zwar als einziger, muss sich aber die Verwendung mit dem Lizenzgeber teilen.

Einfache (nicht ausschliessliche) Lizenz
Der Lizenznehmer erhält das einfache Nutzungsrecht, dem Lizenzgeber bleibt es jedoch vorbehalten, dieses auch anderen Personen zu erteilen.

Die Art der Lizenz ergibt sich in der Regel aus der vertraglichen Vereinbarung. Wurde eine genaue Regelung unterlassen und ist auch nichts aus den konkreten Umständen abzuleiten, so wird vermutet, dass eine einfache Lizenz erteilt wurde.

3.4.3.4 Rechtslage beim Lizenzvertrag

Rechtsnatur

Der Lizenzvertrag ist in seiner typischen Grundleistung (Nutzungsüberlassung) ein Gebrauchsüberlassungsvertrag. Vom klassischen Miet- und Pachtvertrag unterscheidet er sich aber insofern, als mit ihm nicht eine Sache, sondern ein Recht übertragen wird. Obwohl der übliche Lizenzvertrag auch kaufrechtliche Elemente aufweisen dürfte (z.B. bezüglich der Rechts- und Sachgewährleistung), ist er kein Kaufvertrag, da ein solcher mit der Übertragung des Kaufgegenstandes als erfüllt gilt, der Lizenzvertrag aber Pflichten während der gesamten Lizenzdauer begründet (sog. Dauerschuldverhältnis). Ist die Bindung zwischen Lizenzgeber und -nehmer besonders intensiv, so kann allenfalls sogar ein Gesellschaftsvertrag vorliegen.

Entstehung und Beendigung

Der Lizenzvertrag entsteht formlos. Beendet werden kann er wiederum formfrei etwa durch Kündigung, Zeitablauf, Aufhebungsvertrag etc. Eine Besonderheit besteht darin, dass sich das Exklusivrecht als nichtig erweisen kann (z.B. kann einer patentierten Erfindung die verlangte Neuheit fehlen; einem Computerprogramm wird wegen „Banalität" der Schutz versagt usw.). In diesem Fall endet auch der Lizenzvertrag. Eine ausserordentliche Beendigungsmöglichkeit besteht ausserdem bei Vorliegen wichtiger Gründe, die ein Festhalten am Vertrag als unzumutbar erscheinen lassen.

Sonstiger Vertragsinhalt

Inhalt und Umfang der Lizenz ergeben sich primär aus der konkreten Vereinbarung. Neben der Nutzungsverschaffungspflicht trifft den Lizenzgeber auch die Pflicht, dafür zu sorgen, dass das Immaterialgut erhalten bleibt; er muss allfällige Angriffe auf sein Immaterialgut abwehren und Verletzungen des Nutzungsrechtes durch Dritte verfolgen. Der Lizenznehmer dagegen schuldet dem Lizenzgeber die vereinbarte Lizenzgebühr. Ausserdem darf er das Immaterialgut nur im Rahmen des Vereinbarten nutzen und hat alles zu unterlassen, was dessen Existenz gefährden könnte. Im Zweifelsfalle ist er zur Vergabe von Unterlizenzen nicht berechtigt.

3.4.4 EDV-Verträge

3.4.4.1 Einführung

Der typische Nachfrager von Informatiklösungen erwartet heute im allgemeinen, dass ihm der Anbieter einen perfekten Rundumservice bietet und in der Lage ist, sämtliche Problemstellungen kompetent und zuverlässig zu lösen. Gefordert wird also ein umfassendes Paket verschiedenster Leistungen, angefangen bei der fachmännischen Beratung in der Projektierungsphase bis hin zur Übernahme der Entsorgung einer veralteten Lösung. Diese Vielfalt von verlangten Leistungen führt dazu, dass in der Regel auch eine *Vielzahl verschiedenster Verträge* abgeschlossen wird, von denen jedoch nicht gezwungenermassen jeder seinen Niederschlag in einer eigenen Vertragsurkunde finden muss. Vielmehr zeigen sich die einzelnen Verträge oftmals nicht in ihrer selbständigen Existenz, sondern sind in einem Gesamtpaket zusammengeschnürt.

In solch einem Fall sind bei rechtlichen Problemen die einzelnen Vertragsleistungen zuerst zu entkoppeln und auf ihren definierten Umfang zurückzuführen. Trotz einer solchen *Entkoppelung* können sich die vereinbarten Leistungen weiterhin als eine voneinander abhängige Einheit darstellen, unter Umständen aber auch ihre eigenständige Natur behalten und voneinander unabhängig nebeneinander stehen. Je nach Verbundenheit der einzelnen Verträge kann deshalb eine Leistungsstörung in einem Einzelvertrag auch auf die übrigen verbundenen Teile ausstrahlen [Schluep 1992: 924] oder aber ohne Einfluss auf diese sein.

Grundsätzlich bleibt in jedem Fall festzuhalten, dass es *den* EDV-Vertrag nicht gibt, sondern sich die rechtliche Situation im Informatikbereich meistens als ein Bündel von einzelnen Nominat- und/oder Innominatverträgen darstellt.

3.4.4.2 Typische EDV-Leistungen

Je nach der zu erbringenden (Gesamt-)Leistung kann sich ein EDV-Vertrag als gewöhnlicher, gesetzlich geregelter Vertrag oder aber als Innominatvertrag zeigen. Im folgenden werden die wichtigsten Leistungsinhalte aus dem Informatikbereich einer rechtlichen Zuordnung unterzogen, wobei die Verpflichtung des Leistungsempfängers regelmässig in der (einmaligen oder wiederkehrenden) Bezahlung einer bestimmten Geldsumme bestehen wird.

Projektierung einer EDV-Lösung

Arbeiten im Laufe der Projektphase enthalten in der Regel sowohl werkvertragliche (geschuldet ist ein realisierbares Projekt [Erfolg]) als auch auftragsrechtliche Elemente (Dienstleistung in Form von Beratung, Informationsvermittlung etc.). Eine genaue Zuordnung kann deshalb nur im Einzelfall gemacht werden. Zu beachten ist jedenfalls, dass mangels einer genauen vertraglichen Abrede je nach Resultat die Regeln über den Werkvertrag (OR 363 ff.) oder den Auftrag (OR 394 ff.) zur Anwendung gelangen können.

Überlassung der Hardware

Je nachdem, ob die EDV-Anlage zu Eigentum oder zum Gebrauch überlassen wird, stellt sich die Rechtslage unterschiedlich dar. Im ersten Fall wird es sich regelmässig um einen Kaufvertrag nach OR 184 ff. handeln. Wohl nur ausnahmsweise dürfte ein Werkvertrag (etwa bei einer eigentlichen Spezialanfertigung) vorliegen. Im zweiten Fall kommen als Rechtsgrundlage sowohl ein Miet- als auch ein Leasingvertrag in Frage. Verspricht der Lieferant zudem, die Anlage zu installieren, ist darin wiederum ein werkvertragliches Element zu sehen.

Überlassung der Software

In diesem Bereich wird unterschieden, ob es sich um die Überlassung einer Standard- oder einer speziell entwickelten Individualsoftware handelt. Erfolgt eine Lieferung von Standardsoftware, so wird üblicherweise nur das Benützungsrecht übertragen, und es gelten alsdann die Regelungen des entsprechenden Lizenzvertrages, allenfalls mit weitergehenden kaufvertraglichen Aspekten (z.B. bezüglich der mitgelieferten Dokumentationen). Bei Individualsoftware gelten für ihre Entwicklung im allgemeinen die Regeln über den Werkvertrag. Die Übertragung des Nutzungsrechtes an Individualsoftware ist wiederum den gleichen Bestimmungen unterworfen wie diejenige an Standardsoftware.

Installation von Software

Es gelten die Vorschriften über den Werkvertrag.

Schulung und Einführung des Anwenders

Hier wird klarerweise eine Dienstleistung versprochen, weshalb das auftragsrechtliche Element im Vordergrund steht.

Wartung der Anlage und Programmpflege

Durch den Wartungs-(Service-)Vertrag verpflichtet sich das Wartungsunternehmen, dafür zu sorgen, dass die Betriebs- und Funktionsfähigkeit einer Anlage gewährleistet ist. Es liegt grundsätzlich ein Innominatkontrakt vor, der jedoch typische Merkmale eines Werkvertrages aufweist. Allerdings finden sich – vor allem bei der sog. Erhaltungswartung – auch viele Parallelen zum Auftragsrecht. Die genaue rechtliche Zuordnung kann wiederum nur im Einzelfall erfolgen.

Illustrativ dazu ist der folgende Fall, den das Kantonsgericht Schwyz zu entscheiden hatte (Urteil des Kantonsgerichtes Schwyz vom 28.11.1989, veröffentlicht in [SJZ 1990: 379 ff.]:

„(...) OR Art. 21, 164 ff., 375 ff. Computerservicevertrag; Rechtsnatur. Übertragung eines ganzen Schuldverhältnisses auf einen Dritten; konkludente Einwilligung des Vertragspartners. Keine ausserterminliche Kündigung wegen Änderung des Computersystems. Wucher wegen übersetzter Servicegebühren?

Sachverhalt: Im Sommer 1981 installierte die Beklagte (W.-AG) in ihrem Betrieb ein Business-Computer-System von A. Am 23. Oktober 1981 schloss sie mit der A. (Suisse) S.A. einen Servicevertrag. Die A.-S.A. verpflichtete sich in diesem Vertrag, gegen Entrichtung einer jährlichen, pauschalen Abonnementsgebühr für die Aufrechterhaltung der Betriebs- und Funktionsfähigkeit der bezeichneten Maschinen besorgt zu sein, unbesehen vom tatsächlichen Aufwand, den die Kontrollen, Reparaturen und Ersatzteile verursachten. Die Abonnementsgebühr betrug Fr. 8'952.-- ‚gemäss A.-Preisliste' und wurde indexiert. Die Laufzeit des Vertrages betrug ein Jahr und erneuerte sich ‚(...) automatisch von Jahr zu Jahr, wenn nicht spätestens 3 Monate vor Ende des Jahres eine schriftliche Kündigung von einem der beiden Teile erfolgt'. Ab 1987 wurde der Beklagten ein Rabatt von 30% auf die Abonnementsgebühr gewährt.

Im Zusammenhang mit der Übernahme der H.-Gruppe durch A. wurde ihre Firma in A.-H. (Schweiz) AG geändert. Gleichzeitig wurde die A.-V.-AG gegründet, welche von der A.-H. (Schweiz) AG sämtliche Serviceverträge in eigenem Namen übernahm, so auch jenen mit der Beklagten. Ab Herbst 1984 wurden alle Leistungen aus dem Servicevertrag von der resp. an die A.-V.-AG erbracht.

Am 29. Januar 1988 stellte die Klägerin Rechnung gemäss Servicevertrag für das Jahr 1988 im Betrage von Fr. 7'812.--. Mit Schreiben vom 19. Mai 1988 teilte die Beklagte der Klägerin mit, dass sie im Mai 1988 ein neues Computersystem in Betrieb genommen habe und dass der A.-Computer per 30. Juni 1988 ausser Betrieb gesetzt werde. Sie kündigte den Servicevertrag per 30. Juni 1988 und erklärte sich lediglich bereit, die Abonnementskosten für das 1. Halbjahr 1988 im Betrage von Fr. 3'906.-- zu bezahlen. Mit Schreiben vom 6. Juni 1988 wies die A.-V.-AG auf den vertraglichen Kündigungstermin per Ende Kalenderjahr hin und akzeptierte die Kündigung erst per 31. Dezember 1988.

Mit Zahlungsbefehl vom 26. September 1988 in der Betreibung Nr. 22985/88 Küssnacht betrieb die A.-V.-AG die W.-AG für eine Forderung von Fr. 7'812.-- zuzüglich Zinsen und Kosten. Die W.-AG erhob fristgerecht Rechtsvorschlag.

Mit Verfügung vom 18. August 1989 erteilte der Einzelrichter von Küssnacht der Klägerin provisorische Rechtsöffnung für den Betrag von Fr. 7'812.-- nebst Zins zu 5% seit dem 27. September 1988 sowie für die Betreibungskosten von Fr. 50.-- und die Rechtskosten.

Gegen diese Verfügung reichte die Beklagte fristgerecht Rekurs beim Kantonsgericht ein.

Aus den Erwägungen:

Der von der Klägerin für das Jahr 1988 in Rechnung gestellte Betrag von Fr. 7'812.-- ist ausgewiesen. Er basiert auf der zwischen der A. (Suisse) S.A. resp. der A.-V.-AG mit der W.-AG getroffenen Vereinbarung über das Entgelt für den Servicevertrag. Es stellt sich deshalb nur die Frage, ob seitens der Beklagten eine Leistungspflicht für das (ganze) Jahr 1988 besteht. (...)

3. Die Rekurrentin bestreitet vorab die Identität der Betreibenden mit der Berechtigten. Sie macht geltend, sie habe den Servicevertrag mit der A. (Suisse) S.A. abgeschlossen, betrieben werde sie jedoch von der A.-V.-AG. Die Rekursgegnerin hält dem entgegen, sie habe im Jahre 1984 sämtliche Serviceverträge der A. (Suisse) S.A. übernommen. Der konkrete Servicevertrag sei in der Folge zwischen ihr und der Beklagten abgewickelt worden.

a) Die Übertragung eines ganzen Schuldverhältnisses mit Einschluss aller darin enthaltenen Rechte und Pflichten ist nach anerkannter Praxis und Doktrin zulässig; im Unterschied zur Zession ist sie jedoch nur möglich mit Einwilligung des Vertragspartners (BGE 47 II 421; von Tuhr/Escher, Allgemeiner Teil des Schweizerischen Obligationenrechts, Bd. II, S. 343). Mit der Abtretung eines ganzen Rechtsverhältnisses gehen nicht nur einzelne Forderungen oder Verpflichtungen, sondern auch das Stammrecht, d.h. das Rechtsgrundverhältnis auf den Erwerber über. Die Formvorschriften für eine solche Vertragsübernahme richten sich dabei nach den Formvorschriften für die zu übertragenden Vertragsbeziehungen (Bucher, Schweizerisches Obligationenrecht, Allgemeiner Teil, S. 539). Nachdem für den Abschluss eines Servicevertrages keine besonderen Formvorschriften bestehen, konnte die Vertragsübertragung folglich formlos, d.h. mündlich, stillschweigend oder durch konkludentes Verhalten vollzogen werden.

b) Die Beklagte hat mit verschiedenen Handlungen zum Ausdruck gebracht, dass sie die Klägerin als neue Vertragspartei anerkannte. Sie bezahlte während mehreren Jahren die Abonnementsgebühr an die Klägerin, nahm die Vertragsleistungen unbeanstandet entgegen, traf mit der Klägerin eine neue Vereinbarung über die Höhe der Abonnementsgebühr und sprach letztlich auch die Kündigung gegenüber der Klägerin aus. Die Beklagte hat somit eine Vielzahl von Handlungen vorgenommen, die sie nicht vorgenommen hätte, wenn sie die Klägerin nicht als Vertragspartei betrachtet hätte. Unter diesen Umständen steht ausser Frage, dass eine stillschweigende Vertragsübertragung von der A. (Suisse) S.A. resp. ihrer Rechtsnachfolgerin auf die A.-V.-AG stattgefunden hatte (vgl. Becker, Berner Kommentar, N 7 Vorbem. zu Art. 164–174 OR). Die Klägerin als Betreibende ist somit auch die aus dem Vertrag Berechtigte, so dass der Einwand der fehlenden Identität abzuweisen ist.

4. Die Vorinstanz hat den zu beurteilenden Servicevertrag zu Recht als gemischtes Vertragsverhältnis mit dominierenden werkvertraglichen Elementen qualifiziert und die Anwendung von Auftragsrecht, insbesondere Art. 404 OR, abgelehnt. Dies entspricht sowohl der Praxis (ZR 1977 Nr. 17) als auch der Rechtslehre (Schluep, Innominatverträge, in: SPR VII/1, S. 967) und wird von der Rekurrentin zweitinstanzlich nicht mehr bestritten. Dies heisst jedoch nicht, dass die Normen des Werkvertrages, insbesondere über dessen Beendigung (Art. 375 ff. OR), unbesehen auf den konkreten Servicevertrag übernommen werden können. Zu berücksichtigen ist, dass auch mietvertragliche, auftragsrechtliche und kaufrechtliche Elemente erkennbar sind (vgl. ZR 1977 Nr. 17). Wesentlich im Zusammenhang mit der Beendigung des Vertrages ist insbesondere, dass der Servicevertrag im Gegensatz zum Werkvertrag ein Dauerschuldverhältnis darstellt (BGE 98 II 302 f.; Gauch, Der Werkvertrag, 3. A., S. 4 N 9 mit Hinweisen). Die typische Leistungspflicht beim Werkvertrag besteht demgegenüber in einer einfachen Schuld, die mit ihrer Erfüllung erlischt. Dementsprechend sind die Art. 375 ff. OR über die (vorzeitige) Beendigung des Werkvertrages auf ein einfaches Schuldverhältnis ausgerichtet; Art. 375/377 OR sprechen denn auch ausdrücklich von ‚Rücktritt' vom Vertrag. Bei Dauerschuldverhältnissen ist indessen nach überwiegender Auffassung ein Rücktritt ausgeschlossen, wenn mit der typischen Dauerleistung bereits begonnen worden ist. Der Rücktritt vom Vertrag wird ersetzt durch die Kündigung mit Wirkung ‚ex nunc' (BGE 97 II 67 E. 7; Schönenberger/Jäggi, Zürcher Kommentar, N 565 zu Art. 1 OR; von Tuhr/Escher, a.a.O., S. 171). Diesem wesentlichen Unterschied ist bei der Beurteilung der Beendigung von Serviceverträgen Rechnung zu tragen.

5. Die Festsetzung der Modalitäten der Kündigung ist vorliegend – mangels Anwendbarkeit von Auftragsrecht – der freien Parteidisposition zugänglich. Im Servicevertrag wurde der 31. Dezember jeden Jahres als Kündigungstermin bei einer Kündigungsfrist von 3 Monaten vereinbart. An diesen Kündigungsmodus haben sich die Parteien zu halten, und es ist der Beklagten deshalb verwehrt, das Vertragsverhältnis einseitig ausserterminlich aufzuheben. Gründe für eine ‚vorzeitige' Beendigung des Vertragsverhältnisses im Sinne von 376 ff. OR bestehen keine, da einerseits Art. 376 und Art. 378 OR einen ‚zufälligen' Untergang des Werkes resp. eine ‚zufällige' Unmöglichkeit der Erfüllung voraussetzen. Von Zufall kann hier indessen keine Rede sein. Anderseits erweist sich Art. 377 OR nicht analog auf einen Servicevertrag anwendbar, weil der ‚Rücktritt' gemäss Art. 377 OR auf ein einfaches Schuldverhältnis zugeschnitten ist und deshalb aus den vorgenannten Gründen nicht auf ein Dauerschuldverhältnis übertragen werden kann. Ob allenfalls eine sofortige Aufhebung des Vertrages ‚aus wichtigen Gründen' analog zum Arbeitsvertragsrecht (Art. 337 OR) möglich wäre (vgl. BGE 97 II 67, Pra 60, 1971, S. 450), kann vorliegend dahingestellt bleiben, da ‚wichtige Gründe' weder behauptet noch sonst-

wie ersichtlich sind. Die Tatsache allein, dass die Beklagte keine Verwendung mehr für die Vertragsleistung der Gegenpartei hat, stellt jedenfalls keinen solchen Grund dar; die Beendigung des Vertragsverhältnisses hat auch diesfalls nach den einschlägigen gesetzlichen oder vertraglichen Kündigungsbestimmungen zu erfolgen. Dieser Grundsatz findet sich bei allen typischen Dauerschuldverhältnissen, so z.B. auch im Mietrecht, wonach der Mietzins bis zum ordentlichen Ablauf der Kündigungsfrist zu bezahlen ist, auch wenn der Mieter für das Mietobjekt keine Verwendung mehr hat resp. dieses nicht mehr bewohnt, oder auch im Versicherungsvertragsrecht, wo bei einseitiger Auflösung des Vertrages der Anspruch des Versicherers auf die Prämie für die zur Zeit der Vertragsauflösung laufende Versicherungsperiode gewahrt bleibt (Art. 25 VVG). Die Vorinstanz ging demzufolge zu Recht davon aus, dass die ausserterminliche Kündigung der Beklagten per Mitte Jahr erst auf Ende 1988 wirksam geworden war. Der Umstand, dass die Klägerin ab Mitte 1988 keine Wartungsarbeiten mehr erbringen musste, ändert an diesem Ergebnis nichts. Die Beklagte hätte im Hinblick auf die Auswechslung des Computersystems in ihrem Betrieb im Rahmen der vertraglichen Bestimmungen ohne weiteres die Möglichkeit gehabt, den Servicevertrag per Ende 1987 zu kündigen und diesen allenfalls noch bis Mitte 1988 durch Vereinbarung zu verlängern. Wenn sie dies unterlassen hat, so ist sie an ihre vertragliche Verpflichtung gebunden, wie auch die Klägerin gebunden bleibt, ihre Leistung für die gesamte Vertragsdauer zur Verfügung zu stellen und zu erbringen.

6. Die Rekurrentin beruft sich schliesslich auch auf Übervorteilung im Sinne von Art. 21 OR. Sie macht geltend, sie habe den Kundendienst der Klägerin seit 1985 nie länger als 5 Stunden pro Jahr in Anspruch genommen; im Jahre 1988 habe ihre Vertragspartnerin überhaupt keine Leistungen erbringen müssen. Trotzdem habe der Abonnementspreis Fr. 8'000.-- und mehr betragen. Unter diesen Umständen sei ihr ein Festhalten am Vertrag nicht mehr zumutbar gewesen, zumal das Beharren der Gegenpartei auf ihrem Anspruch angesichts des nachträglich entstandenen offenbaren Missverhältnisses von Leistung und Gegenleistung eine geradezu wucherische Ausbeutung des Schuldners dargestellt habe. Die Rekursgegnerin hält dem entgegen, die Beklagte habe während all den Jahren bis zur Ausmusterung der Maschinen am Vertrag festgehalten. Damit Wucher vorliege, bedürfe es einer Ausbeutung einer Notlage, der Unerfahrenheit oder des Leichtsinns des Ausgebeuteten. Diese Voraussetzungen seien jedoch weder behauptet noch bewiesen, noch sei der Vertrag innerhalb der Frist von einem Jahr widerrufen, noch vom Kündigungsrecht Gebrauch gemacht worden.

a) Die Berufung auf Art. 21 OR setzt voraus, dass der Verletzte sein Recht auf Anfechtung des Vertrages innert Jahresfrist seit Vertragsab schluss ausübt. Diese Jahresfrist ist eine Verwirkungsfrist; Zeitablauf ‚heilt' den Mangel (Gauch/Schluep/Jäggi, Schweizerisches Obligationenrecht, Allgemeiner Teil, Bd. I, 1977, S. 93 RZ 384). Der Servicevertrag wurde 1981 geschlossen, wobei die Abonnementsgebühr von Fr. 8'952.-- damals höher lag als im Jahre 1988 (Fr. 7'812.--). Die Beklagte hat somit auf Grund der langen, mehrjährigen Vertragsdauer das Anfechtungsrecht gestützt auf Art. 21 OR offensichtlich verwirkt. Der Einwand der Übervorteilung resp. des Wuchers ist deshalb zum vornherein zu verwerfen.

b) Aber auch die weitere Voraussetzung des Art. 21 OR, die Ausbeutung einer Notlage, der Unerfahrenheit oder des Leichtsinns der Gegenpartei, ist nicht erfüllt. Weder eine Schwäche des Beklagten noch deren Ausbeutung durch die Klägerin ist erkennbar; entsprechendes wird von der Rekurrentin auch nicht substanziert vorgebracht, geschweige denn glaubhaft gemacht. Gemäss Servicevertrag erfolgte die Lieferung des Computersystems an die Beklagte am 10. August 1981, der Servicevertrag selbst datiert jedoch erst vom 23. Oktober 1981. Die Beklagte nahm sich folglich gebührend Zeit, die Vor- und Nachteile eines Servicevertrages zu überlegen. Jedenfalls ist bei dieser Ausgangslage nicht ersichtlich, inwiefern die A. (Suisse) S.A. eine Schwäche der Beklagten ‚bewusst ausgebeutet' hätte, um diesen konkreten Vertrag abzuschliessen. Nur nebenbei sei noch erwähnt, dass die Beklagte diesen Vertrag nicht einmal direkt mit der A. (Suisse) S.A., sondern stellvertretend durch die Verkäuferin der Anlage, die St.C. AG, Luzern, abgeschlossen hatte.

c) Schliesslich geht auch der Einwand fehl, es bestehe ein offenbares Missverhältnis zwischen Leistung und Gegenleistung. Zwar erscheint eine Abonnementsgebühr von Fr. 8'000.-- und mehr im Verhältnis zu der von der Klägerin erbrachten, konkreten Gegenleistung als hoch. Gerade hier kommt aber der Versicherungsgedanke, der dem Servicevertrag zugrunde liegt, zum Ausdruck. Die Klägerin hat sich verpflichtet, an den im Vertrag bezeichneten Maschinen alle notwendigen Reparaturen vorzunehmen, einschliesslich die des Motors und der elektrischen Anlagen, und alle Ersatzteile für diese Reparaturen mit Ausnahme der Magnetkarten und der Magnetbandkassetten zur Verfügung zu stellen. Auf der andern Seite verpflichtete sich die Beklagte zur Bezahlung eines fixen, jährlichen Abonnementspreises. Die Klägerin übernahm damit auch grösste Reparaturen, von denen man weiss, dass sie sehr kostspielig sein können, ohne dass dadurch die Beklagte mit zusätzlichen Kosten hätte rechnen müssen. Die Kalkulation des Abonnementspreises kann sich deshalb nicht nach dem konkreten Aufwand in einem Einzelfall richten, sondern hat nach einer regelartigen Wahrscheinlichkeit zu erfolgen, die durch Berechnungen und Erfahrungen in einer Vielzahl von Fällen gewonnen werden. Nur so können extreme Aufwandkosten im Einzelfall ausgeglichen und eine durch schnittliche Vertragsentschädigung zum voraus festgesetzt werden (vgl. ZR 1977 Nr. 17).

Die Beklagte hatte nach dem Kauf des ‚Business-Computer-Systems' von A. im Jahre 1981 die freie Wahl, ob sie einen Servicevertrag abschliessen und damit für Betrieb und Unterhalt dieser Anlage mit jährlichen Fixkosten rechnen wollte, oder ob sie das Risiko betr. Störanfälligkeit und Instandhaltungskosten selber tragen wollte. Wenn sie sich für die versicherungsähnliche Variante, bei der sich die Kosten in einem kalkulierbaren Rahmen halten, entschieden hat, kann sie sich nicht nachträglich darauf berufen, die Gegenpartei habe nur einen geringen Aufwand gehabt; ebensowenig wie ein Versicherungsnehmer Anspruch auf Rückerstattung der Prämien hat, wenn er den Versicherungsschutz nicht in Anspruch genommen hat. (...)"

3.5 Das Urheberrecht (URG)

3.5.1 Einführung

Güter werden geschaffen, um menschliche Bedürfnisse zu decken. Auf der einen Seite erfolgt diese Bedürfnisbefriedigung durch die Verwendung materieller Güter. Da der Mensch aber bekanntlich nicht vom Brot allein lebt, dienen ihm auf der andern Seite zur Erfüllung seiner geistigen und ideellen Ansprüche auch Kulturgüter, deren Wert weniger im materiellen, sondern in ihrem geistigen Gehalt liegt.

Das Urheberrecht bezweckt nun, dem Urheber einer solchen geistigen Schöpfung die materiellen (wirtschaftlichen) und ideellen Interessen an seinem Geisteswerk zu sichern. Es regelt – kurz gesagt – *die Herrschaft über kulturelle Werke* [Rehbinder 1996: 15]. Zu den nach Urheberrecht geschützten Werken gehören auch *Computerprogramme*, für die das Gesetz eine Reihe zusätzlicher Bestimmungen geschaffen hat. Im folgenden soll dem urheberrechtlichen Schutz von Computerprogrammen ein besonderes – aber nicht ausschliessliches – Augenmerk gelten.

3.5.2 Schutzobjekt Werk

Schutzobjekt des Urheberrechtes ist ein Werk. URG 2 I definiert dieses als eine geistige Schöpfung der Literatur und Kunst, die individuellen Charakter aufweist. Zu den geschützten Werken gehören nach ausdrücklicher Gesetzesvorschrift insbesondere:

- literarische und wissenschaftliche Sprachwerke
- Werke der Musik
- Malerei, Bildhauerei, Grafik
- technische Zeichnungen, Pläne, Karten
- Werke der Baukunst
- fotografische, filmische Werke
- choreografische Werke und Pantomimen
- Werke zweiter Hand (Film zum Buch)
- *Computerprogramme*

Aber auch Entwürfe, Titel oder Teile von Werken zählen zu den geschützten Werken, sofern sie genügend geistiges Potential aufweisen.

Werke sind grundsätzlich nur dann geschützt, wenn sie

- Geistesschöpfungen
- mit individuellem Charakter

sind. Dies bedeutet, dass ein Werk dem geistigen Schaffen eines Menschen entsprungen sein und sich durch eigenständige Merkmale von andern Werken abgrenzen muss. Dazu ein Auszug aus einem Urteil des Bundesgerichtes vom 24. September 1991 (BGE 117 II 468):

In diesem Streitfall ging es um einen kubischen Schulhausbau mit Flachdach, bei dem man durch Aufbau eines Giebeldaches den nutzbaren Schulraum vergrössern wollte. Die Architekten als Urheber des ursprünglichen Baues wollten einen solchen Umbau wegen Verletzung ihres Urheberrechtes verbieten lassen. Das Bundesgericht befasst sich zunächst mit der Frage, ob das Bauwerk überhaupt ein Werk im Sinnes des Urheberrechtes sei.

„(...) 2.– In der Berufungsschrift spricht die Beklagte dem von den Klägern erstellten Ergänzungsbau die urheberrechtliche Werkqualität insgesamt oder doch im wesentlichen ab. Wie es sich damit verhält, hat das Bundesgericht im Berufungsverfahren als Rechtsfrage frei zu prüfen.

a) Unter den Begriff des geschützten Werkes im Sinne von Art. 1 URG fallen konkrete Darstellungen, die nicht bloss Gemeingut enthalten, sondern insgesamt als Ergebnis geistigen Schaffens von individuellem Gepräge oder als Ausdruck einer neuen originellen Idee zu werten sind; Individualität oder Originalität gelten denn auch als Wesensmerkmale des urheberrechtlich geschützten Werkes. Am eindrücklichsten sind die Schutzvoraussetzungen erfüllt, wenn das Werk den Stempel der Persönlichkeit seines Urhebers trägt, unverkennbar charakteristische Züge aufweist und sich von Darstellungen der gleichen Werkgattung deutlich unterscheidet. Das heisst nicht, an das Mass der geistigen Leistung, an den Grad der Individualität oder Originalität seien stets gleich hohe Anforderungen zu stellen. Das verlangte individuelle Gepräge hängt vielmehr vom Spielraum des Schöpfers ab; wo ihm von vornherein der Sache nach wenig Raum bleibt, wird der urheberrechtliche Schutz schon gewährt, wenn bloss ein geringer Grad selbständiger Tätigkeit vorliegt (BGE 113 II 196, 308 mit Hinweisen). (...)"

Diese Voraussetzungen haben auch Computerprogramme zu erfüllen, wenn sie urheberrechtlichen Schutz geniessen wollen. Da Software im Gegensatz zu den übrigen Werkkategorien keine kulturelle Schöpfung darstellen kann, werden an deren Originalität keine allzu hohen Ansprüche gestellt; Computerprogramme sind auch bei nur sehr geringer schöpferischer Leistung geschützt, sofern sie nicht geradezu banal oder alltäglich sind.

3.5.3 ENTSTEHUNG DES URHEBERSCHUTZES

Der urheberrechtliche Schutz entsteht nach URG 29 I, sobald das Werk geschaffen, d.h. „in wahrnehmbare Form" gekleidet worden ist (BGE 116 II 354). Insbesondere entsteht das Urheberrecht ohne irgendwelche Formalitäten oder Registrierungen.

3.5.4 DER URHEBER

Das Werk muss Ausfluss einer geistigen (schöpferischen) Leistung sein. Urheber kann somit nur sein, wer zu solchen Leistungen fähig ist. Dementsprechend bestimmt URG 6 als Urheber diejenige *natürliche Person, die das Werk geschaffen* hat (sog. Schöpferprinzip). Haben mehrere (natürliche) Personen an der Schaffung mitgewirkt (Miturheberschaft), so steht ihnen das Urheberrecht gemeinschaftlich zu. Zu keiner schöpferischen Leistung sind juristische Personen fähig, weshalb sie nie Urheber sein können. Sie müssen, wollen sie die Urheberrechte dennoch ausüben, diese zuerst erwerben. Dadurch werden sie jedoch nicht Urheber, sondern blosse Rechtsinhaber, was insofern Bedeutung hat, als dem tatsächlichen Urheber trotz Übertragung der Verwertungsrechte die sog. Urheberpersönlichkeitsrechte (siehe unten Kap. 3.5.5) verbleiben.

Um die Nutzungsrechte zu erhalten, muss sich ein Nicht-Urheber diese also in der Regel durch Rechtsgeschäft (z.B. Lizenzvertrag, Arbeitsvertrag u.ä.) verschaffen. Dies gilt grundsätzlich auch für einen Arbeitgeber, der die Nutzungsrechte an einem von seinem Arbeitnehmer geschaffenen Werk erhalten will.

Eine gewichtige Ausnahmeregelung enthält URG 17 für die Schaffung von Computerprogrammen (gilt aber nicht für dazugehörende Handbücher etc.) durch einen Arbeitnehmer:

> *„Wird in einem Arbeitsverhältnis bei Ausübung dienstlicher Tätigkeiten sowie in Erfüllung vertraglicher Pflichten ein Computerprogramm geschaffen, so ist der Arbeitgeber oder die Arbeitgeberin allein zur Ausübung der ausschliesslichen Verwendungsbefugnisse berechtigt."*

Hier erlangt der Arbeitgeber die Nutzungsbefugnisse also kraft gesetzlicher Abtretung, und zwar ausschliesslich. Voraussetzung ist allerdings, dass das Schaffen eines solchen Werkes zur geschuldeten Arbeitsleistung gehört (sog. *Pflichtwerk*) und im Rahmen eines Arbeitsvertrages erfolgte. Wann und in welcher örtlichen Umgebung die Schaffung des Werkes vollbracht wurde, spielt dagegen keine Rolle. Nicht anwendbar ist diese Bestimmung, wenn Computerprogramme im Rahmen eines Werkvertrages oder Auftrages entwickelt wurden [von Büren 1995: 228 f.].

Nicht umfasst werden durch die gesetzliche Abtretung Werke, die nicht *in* Erfüllung, sondern bestenfalls *bei Gelegenheit* der Erfüllung der Arbeitspflicht entstanden sind (sog. freie Werke). Gleiches gilt für Schöpfungen, die aufgrund einer andern als einer arbeitsvertraglichen Verpflichtung (z.B. aufgrund eines Werkvertrages) geschaffen wurden. Hier bestimmt URG 16 III ausdrücklich, dass selbst die Übertragung eines Originalwerkes die Übertragung der urheberrechtlichen Verwendungsbefugnisse nicht miteinschliesst; diese bleiben beim ursprünglichen Urheber.

3.5.5 Der Inhalt des Urheberrechtes

Das Urheberrecht verleiht dem Urheber zwei verschiedene Ansprüche. Zum einen stehen ihm sämtliche geldwerten Nutzungsrechte, zum andern Persönlichkeitsrechte zu.

Nutzungsrechte

Der Urheber hat das ausschliessliche Recht, darüber zu bestimmen, ob, wann und wie sein Werk verwendet wird (URG 10). Als Verwendungsformen kommen etwa in Frage:

- Herstellung weiterer Werkexemplare (Vervielfältigungsrecht)
- erstmalige Veräusserung, Verbreitung

- öffentliche Mitteilungen (z.B. Vortrag, Aufführung etc.)
- Sendungen über Radio, Fernsehen etc.
- Änderung oder sonstige Bearbeitung

  Da auch das Vermieten oder Verleihen von Werkexemplaren eine geldwerte Verwendung des Urheberrechtes darstellt, müsste demnach auch eine solche Nutzung durch die Zustimmung des Urhebers gedeckt sein. Gegenteilig bestimmt jedoch URG 12 dazu, dass ein einmal rechtmässig veräussertes Werk(exemplar) in der Folge beliebig weiterveräussert oder verbreitet werden darf (sog. Erschöpfungsgrundsatz). Der Erschöpfungsgrundsatz gilt nicht, wenn rechtmässig erworbene Computerprogramme vermietet werden sollen. Dieses Recht steht in jedem Fall nur dem Urheber selbst zu (URG 10 III i.V.m. URG 12 II). In URV 17 ist zudem der *zulässige Gebrauch eines Computerprogrammes* wie folgt umschrieben:

- die bestimmungsgemässe Verwendung des Programms, zu der das Laden, Anzeigen, Ablaufen, Übertragen oder Speichern sowie die im Rahmen dieser Tätigkeiten erforderliche Herstellung von Werkexemplaren durch den rechtmässigen Erwerber oder die rechtmässige Erwerberin gehören;
- das Beobachten des Funktionierens des Programms, das Untersuchen oder Testen desselben zum Zweck der Ermittlung der einem Programmelement zugrundeliegenden Ideen und Grundsätze, wenn dies im Rahmen der Handlungen zur bestimmungsgemässen Verwendung erfolgt.

URHEBERPERSÖNLICHKEITSRECHTE

Das Urheberrecht schützt nicht nur die kommerziellen Verwendungsmöglichkeiten eines Werkes, sondern will überdies auch die persönlichen Beziehungen des Urhebers zu seiner Schöpfung vor unerlaubten Eingriffen bewahren. Anders als bei der Verwendungsbefugnis, die abgetreten werden kann, steht das Urheberpersönlichkeitsrecht ausschliesslich und unübertragbar dem Urheber als Person zu; es will das Ansehen des Urhebers schützen und diesen vor entwürdigenden Eingriffen in seine Persönlichkeit bewahren. Selbst wenn einem Dritten somit die umfassenden Verwendungsbefugnisse übertragen werden, so hat er doch jeden persönlichkeitsverletzenden Gebrauch zu unterlassen. Ein solcher Gebrauch kann ihm vom eigentlichen Urheber (oder allenfalls dessen Erben) untersagt werden.

Dazu weiter das Bundesgericht in BGE 117 II 475 ff. (Fortsetzung):

„(...) b) Damit ist nicht gesagt, dass der Urheber eines architektonischen Werkes jeden beliebigen Eingriff in seine Form gewordene Idee widerspruchslos zu dulden hätte. Er hat sich lediglich damit abzufinden, dass seine berechtigen Interessen an denjenigen des Eigentümers ihre Schranken finden und die gestalterischen Anliegen im Zweifelsfall hinter die Zweckbestimmung des Werkes zurückzutreten haben. Das Urheberpersönlichkeitsrecht vermag daher insbesondere nicht zu verhindern, dass der Eigentümer die Gebrauchstauglichkeit und den Wert seines Werkexemplares zu erhalten sucht (durch Sanierungen usw.), es gewandelten technischen oder ökologischen Anschauungen anpasst (z.B. zusätzliche Isolierung, Einbau von Sonnenkollektoren), auf entwicklungsbedingte Bedürfnisse ausrichtet (Erweiterung, Zweckänderung) oder versucht, die Wirtschaftlichkeit zu verbessern. Dies alles hat der Urheber mit der vorbehaltlosen Begebung des zweckbestimmten Werkexemplars und der Erschöpfung der urheberrechtlichen Nutzungsbefugnisse zwangsläufig in Kauf genommen und damit insoweit auch auf seine persönlichkeitsrechtlichen Ansprüche verzichtet. Ein solcher Verzicht ist bloss in dem Umfang unbeachtlich, als er die Schranken des allgemeinen Persönlichkeitsschutzes missachtet. Geschützt ist mithin letztlich nicht die Integrität des Werkexemplars, sondern das Ansehen seines Urhebers als Person (BGE 113 II 311 E. 4a; Pedrazzini, Das droit moral der Berner Übereinkunft in der Schweiz, in: Festschrift 100 Jahre RBUe, Bern 1986, S. 233 ff.). (...)

(...) Zu prüfen bleibt, ob das Projekt der Beklagten zu einer eigentlichen Verletzung oder Gefährdung der Persönlichkeit der Kläger führt. Die Beurteilung hat dabei von der Individualität des Werkes, seinem Originaliätsgrad und vom Prinzip auszugehen, dass Änderungen im Rahmen einer zweckbestimmten Nutzung dem Eigentümer grundsätzlich frei zustehen. Das Urheberpersönlichkeitsrecht der Kläger vermag sodann nur durchzudringen, wenn der Eingriff eine Intensität erreicht, die zwar einerseits die Werkbeziehung des Urhebers nicht vollständig aufhebt und damit dessen Ansehen ähnlich wie bei einer Zerstörung des Werkes rechtlich nicht mehr berührt, anderseits aber doch den Kernbereich der Unverzichtbarkeit persönlichkeitsbezogener Rechtspositionen beschlägt. Dies ist gestützt auf die Feststellung der Vorinstanz, jedoch entgegen ihrer Rechtsauffassung zu verneinen. Die kubische Gestaltung des bestehenden Bauwerkes besticht zwar unbestreitbar durch ihre Leichtigkeit und Eleganz. Die vom Kantonsgericht erwähnte sehr ähnliche Konstruktion in Solothurn und die von der Beklagten eingereichten Unterlagen betreffend weitere Bauwerke belegen indes, dass das Erscheinungsbild in erster Linie durch die Anweisungen des sogenannten Bauhaus-Stils geprägt ist. Entsprechend kann auch nicht von einem hohen Grad an Individualität gesprochen werden, der das Werk in eine ausgeprägte Beziehung zu den Klägern als Urheber stellen würde und unverwechselbarer Ausdruck ihrer Persönlichkeit wäre. Die durch den vorgesehenen Umbau in Mitleidenschaft gezogenen originellen Gestaltungselemente, welche die Schutzwürdigkeit des Werkes ausmachen, werden nicht in einer Weise beeinträchtigt, die nach einem unverzichtbaren Schutz der Urheber ruft. Dies führt zur Gutheissung der Berufung und zur Abweisung der Klage. Damit kann offenbleiben, ob die

Veränderung des Werkexemplars entgegen der Ansicht der Vorinstanz nicht doch ein Mass erreicht, das im Ergebnis die Beziehungen der ursprünglichen Urheber zum Werk nicht mehr erkennen lässt und bereits deshalb als Persönlichkeitsverletzung entfällt. Ebensowenig entschieden zu werden braucht, ob sich das Persönlichkeitsrecht der Kläger – entsprechend der österreichischen Lösung – allenfalls darin erschöpfen würde, eine Berichtigung der Urheberschaft am veränderten Werk verlangen zu können, um ihrerseits nicht in Beziehungen gestellt zu werden, die sie ablehnen dürfen."

3.5.6 DIE SCHRANKEN DES URHEBERRECHTES

Das Urheberrecht verschafft dem Urheber das Monopolrecht an seinem Werk, weshalb er grundsätzlich jede nicht legitimierte Nutzung untersagen kann. Von diesem absoluten Anspruch des Urhebers weicht der Gesetzgeber jedoch insofern ab, als er einen gewissen Gebrauchsanspruch der Allgemeinheit erkannt und deshalb auch ohne Zustimmung des Urhebers als erlaubt erklärt hat. Diese erlaubten Verwendungen eines fremden Werkes werden als Schranken des Urheberrechtes bezeichnet und sind recht zahlreich. Dazu gehören insbesondere:

VERWENDUNG ZUM *EIGENGEBRAUCH* (URG 19)
Eine Werksverwendung im Rahmen des Eigengebrauches kann ein Urheber nicht verhindern, und jedermann ist zur (beliebigen) Verwendung berechtigt. Das Eigengebrauchsrecht gilt jedoch laut ausdrücklicher Gesetzesbestimmungen *nicht für Computerprogramme*, weshalb hier jede Verwendung weiterhin die Zustimmung des Urhebers voraussetzt. Als Eigengebrauch gilt dabei die Verwendung eines veröffentlichten Werkes

- im privaten Kreis natürlicher Personen
- im Rahmen einer schulischen Leistung (Lehrer-Schüler-Verhältnis)
- im internen Bereich von Betrieben, öffentlichen Verwaltungen, Instituten etc., wobei hier nur die Vervielfältigung erlaubt ist.

Für die beiden letzten Bereiche (schulische und interne Verwendung) ist allerdings nur das auszugsweise Vervielfältigen erlaubt, während das vollständige Kopieren eines Werkes weiterhin verboten bleibt.

Darüber hinaus ist festzuhalten, dass der Urheber im Rahmen des Eigengebrauchs eine Werksverwendung zwar nicht verbieten kann, dies aber nicht immer entschädigungslos zu tolerieren hat. Vielmehr sieht das URG für die erlaubte und zustimmungsfreie Vervielfältigung eines Werkes im schulischen sowie im internen Bereich eine Vergütungspflicht vor, die es dem Vervielfältigenden überbindet. Nutzungen im rein privaten Bereich werden teilweise dadurch erfasst, dass von Herstellern oder Importeuren von Leerkassetten oder anderen Ton(bild)trägern sowie von Dritten, welche die Vervielfältigung eines Werkes besorgen, eine Vergütung verlangt werden kann (sog. *Leerkassetten- und Kopierabgabe*). Diese Vergütungen werden von speziellen Verwertungsgesellschaften geltend gemacht.

Entschlüsselung von Computerprogrammen (URG 21)
Wer ein Computerprogramm rechtmässig benützt, dem ist es erlaubt, sich die erforderlichen Informationen über Schnittstellen zu unabhängig entwickelten Programmen durch Entschlüsselung des Programmcodes zu beschaffen, sofern die gewonnenen Schnittstelleninformationen zur Entwicklung, Wartung oder zum Gebrauch von interoperablen Computerprogrammen verwendet werden (Reverse Engineering).

Herstellung von Sicherungskopien (URG 24)
Dem legitimierten Benützer ist das Erstellen einer Sicherungskopie ausdrücklich erlaubt und kann selbst vertraglich nicht wegbedungen werden.

Weitere Schranken
Das URG kennt noch weitere Beschränkungen des Monopolrechtes wie etwa das Recht zu Parodien, die Zitierfreiheit, Änderungen von Werken der Baukunst u.a.

3.5.7 Die Schutzdauer (URG 29 ff.)

Der urheberrechtliche Schutz erlischt

- bei Computerprogrammen 50 Jahre nach dem Tod des Urhebers;
- bei anderen Werken 70 Jahre nach dem Tod des Urhebers.

Bei Miturheberschaft ist der Tod des letzten an der Schöpfung Beteiligten massgebend, bei unbekannter Urheberschaft der Zeitpunkt der ersten Veröffentlichung.

3.5.8 Der Rechtsschutz des Urhebers

Ein Urheber kann sich gegen die unerlaubte Verwendung seiner Werke auf dem zivil- und/oder auf dem strafrechtlichen Weg zur Wehr setzen.

Der *zivilrechtliche Schutz* besteht aus folgenden Klagemöglichkeiten gegen einen Verletzer:

- Feststellungsklage
- Unterlassungsklage

- Beseitigungsklage
- Klage auf Nennung der Herkunftsquelle
- Schadenersatz und Genugtuung bei schuldhafter Verletzung
- Herausgabe des Gewinnes
- Urteilsveröffentlichung
- Einziehung der widerrechtlich verwendeten Werkexemplare.

Klageort sind alternativ nach Wahl des Urhebers der Wohnort des Verletzers, der Ort der Verletzung oder der Ort des Verletzungserfolges (URG 64).

Das *strafrechtliche Schutzdispositiv* umfasst – auf Antrag der verletzten Person – eine Strafandrohung von Gefängnis bis zu einem Jahr oder Busse bis zu Fr. 20'000.--, bei gewerbsmässigen Urheberrechtsverletzungen erfolgt die Strafverfolgung sogar von Amtes wegen, und es kann eine Maximalbusse bis Fr. 100'000.-- ausgesprochen werden.

3.6 DAS DATENSCHUTZGESETZ (DSG)

3.6.1 EINFÜHRUNG

Information ist Macht! Dies weiss man nicht erst seit der sog. „Fichen-Affäre" des Bundes. Die unbegrenzt erscheinenden Möglichkeiten der modernen Datenverarbeitungsindustrie haben mittlerweile auch in einer breiteren Öffentlichkeit dazu geführt, dass man dem Sammeln oder Registrieren von Personendaten mit einem gewissen Unbehagen begegnet. Verstärkt wird dieses Gefühl noch durch die schier endlosen Möglichkeiten, solche Informationen fast beliebig zu transferieren und somit andern zur Verfügung zu stellen oder die gesammelten Einzelinformationen durch Knopfdruck mit andern Daten zu verbinden.

> *Beispiel: Erhält eine Informatikerschule eine Anmeldung für den Ausbildungs-Lehrgang zum Wirtschaftsinformatiker, so wird sie sich über den neuen Studenten freuen. Erfährt sie anschliessend jedoch vom Betreibungsamt, dass gegen den Bewerber Verlustscheine und laufende Betreibungen existieren, so wird der Wunsch nach einer höheren Ausbildung für den Kandidaten wohl Wunsch bleiben, wenn er nicht in der Lage ist, entsprechende Sicherheiten für das Kursgeld zu stellen.*

Diese Möglichkeiten, eine (natürliche oder juristische) Person durch das Bearbeiten von individuellen Daten quasi zu „durchleuchten" und sie so u.U. auch zu diskreditieren, hat den Ruf nach einem wirkungsvollen Schutz vor willkürlichem Datenbearbeiten immer lauter werden lassen. So entwarf das Bundesparlament in über zehnjähriger Arbeit ein *Datenschutzgesetz (DSG)*, das am 1. Juli 1993 in Kraft trat.

Das DSG hat seine Wurzeln und seine Rechtfertigung im verfassungsmässigen Grundrecht der *persönlichen Freiheit* sowie im *privatrechtlichen Persönlichkeitsschutz nach ZGB 27 ff.* und bezweckt in erster Linie, dem Individuum die Möglichkeit zu verschaffen, die Preisgabe und Verwendung „seiner" Daten zu kontrollieren und wenn nötig verbieten zu lassen *(Recht auf informationelle Selbstbestimmung* [Steinlin/Seethaler 1995: N 2]).

Da Informationen über eine Person jedoch unabdingbare Voraussetzung für ein funktionierendes Sozial- und Wirtschaftsleben sind, kann ein vernünftiger Datenschutz nicht darin bestehen, jeden Informationsfluss strikte zu unterbinden, sondern es muss in erster Linie der *missbräuchlichen Handhabung* von Daten und Informationen vorgebeugt werden. Das DSG basiert demgemäss nicht auf der Idee der totalen Selbstbestimmung über eigene Daten, sondern vielmehr will nur der *Missbrauch von personenbezogenen Daten und Informationen* unterbunden und bekämpft werden. Wer legitime Interessen an Personendaten hat, soll nicht behindert werden.

3.6.2 Der Aufbau des Datenschutzgesetzes

Das DSG ist entsprechend seinem Zweckgedanken in drei inhaltliche Kernteile gegliedert (vgl. Abb. 3.20):

1. Allgemeine Bestimmungen, die für jeden Geltung haben, der Daten bearbeitet;
2. Sonderbestimmungen für private Datenbearbeiter;
3. Sonderbestimmungen für die Datenbearbeitung durch Bundesorgane.

Diesen Kernbereichen ist ein Definitionsteil vor- sowie ein eher verfahrensrechtlicher Teil nachgelagert.

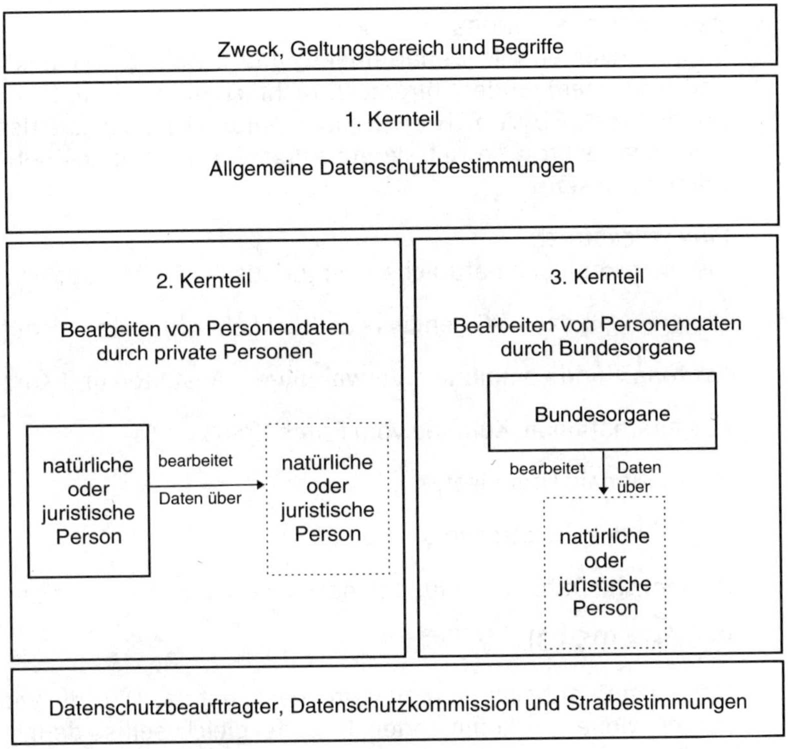

***Abb.** 3.20: Kernteile des Datenschutzgesetzes*

3.6.3 ZWECK, GELTUNGSBEREICH UND BEGRIFFE

3.6.3.1 ZWECK (DSG 1)

Wie bereits in der Einführung erläutert, will das DSG dem einzelnen Bürger ein Selbstbestimmungsrecht bei der Bearbeitung von Informationen über ihn gewährleisten. Es schützt somit nicht die Daten selbst, sondern die Persönlichkeit und die Grundrechte der betroffenen Personen. Das DSG will ebensowenig einen freien Informationsfluss verhindern, sondern zielt in erster Linie darauf ab, diesen dort zu unterbinden, wo in die Privatsphäre des Einzelnen eingegriffen wird.

3.6.3.2 GELTUNGSBEREICH (DSG 2)

Das DSG schützt sowohl die Persönlichkeit von *natürlichen* wie auch *juristischen Personen.* Ein Schutzanspruch besteht dagegen nur dann, wenn Daten bearbeitet werden durch

Behörden des Bundes
Zu ihnen zählen alle Departemente und Bundesämter (inkl. Abteilungen und Sektionen), andere öffentlich-rechtlich organisierte Einrichtungen des Bundes (z.B. SUVA, ETH etc.) sowie natürliche oder juristische Personen des Privatrechtes, soweit sie mit Aufgaben des Bundes betraut sind (z.B. Krankenkassen).

Privatpersonen
Als solche gilt jede natürliche oder juristische Person des Privatrechtes.

Dagegen gilt das DSG gemäss ausdrücklicher Nennung nicht für:

- Kantonale und kommunale Verwaltungen, Anstalten und Körperschaften
- das Internationale Komitee vom Roten Kreuz
- Internationale Organisationen
- Register des Privatrechtes
- Persönliche Datensammlungen nach DSG 2 II lit.c

3.6.3.3 Begriffe (DSG 3)

Um einen Begriffswirrwarr zu verhindern, hat das DSG die wichtigsten und immer wieder vorkommenden Begriffe gleich selbst definiert, wobei zu erwähnen ist, dass diese Definitionen ihrerseits weiterhin Interpretationsspielräume offenlassen. Hierzu eine Auswahl:

Personendaten (Daten)
Dies sind alle Angaben, die sich auf eine bestimmte oder bestimmbare Person beziehen. Dadurch ist zugleich gesagt, dass Daten, die keine Rückschlüsse auf eine bestimmte Person (mehr) zulassen, grundsätzlich nach eigenem Gutdünken bearbeitet werden dürfen.

Besonders schützenswerte Daten
Informationen über die religiösen, weltanschaulichen, politischen, gewerkschaftlichen Ansichten, medizinische oder strafrechtliche Daten, Daten zur Intimsphäre etc. gelten als besonders schützenswert.

Persönlichkeitsprofile
Als solche gelten Zusammenstellungen von Daten, die eine Beurteilung wesentlicher Aspekte der Persönlichkeit erlauben, und zwar auch dann, wenn solche durch ein Zusammentragen nicht besonders schützenswerter Daten zustandekommen. Sie erlauben dem Datenbearbeiter, von der betroffenen Person ein Gesamtbild oder wenigstens ein aussagekräftiges Teilbild zu erhalten.

Bearbeiten
Darunter fällt jeder Umgang mit Personendaten, ohne Rücksicht auf die Mittel oder Verfahren wie etwa das Beschaffen, Aufbewahren, Verwenden, Umarbeiten, Bekanntgeben (Einsichtgewähren, Weitergeben oder Veröffentlichen), Archivieren oder Vernichten von solchen.

Inhaber einer Datensammlung
Dazu gehören private Personen oder Bundesorgane, die über den Zweck und den Inhalt einer Datensammlung (Bestand von Daten, die nach den betroffenen Personen erschliessbar sind) entscheiden.

3.6.4 Allgemeine Datenschutzbestimmungen

Einen ersten Kernteil des DSG stellen diejenigen Normen dar, in denen Basisregeln festgelegt werden, die für jeden Inhaber einer Datensammlung Gültigkeit haben. Diese *allgemeinen Datenschutzbestimmungen* gelten also sowohl für die Datenbearbeitung durch *Private* wie auch für diejenige durch *Bundesbehörden*. Eine Verletzung dieser Grundsätze bedeutet im allgemeinen auch eine Verletzung des DSG, was die entsprechenden Rechtsfolgen nach sich ziehen kann.

3.6.4.1 Allgemeine Grundsätze (DSG 4)

Rechtmässigkeit der Datenbeschaffung (DSG 4 I)
Eine Datenbeschaffung darf in jedem Fall nur mit rechtmässigen (legalen) Mitteln erfolgen. Das Erlangen von Informationen unter Verletzung gesetzlicher Vorschriften verletzt auch das DSG. Illegal wäre die Datenbeschaffung etwa durch Abhören von Telefongesprächen, Hacking, Bruch gesetzlicher oder vertraglicher Geheimhaltungspflicht (z.B. Briefgeheimnis), Manipulation von interaktiven Kommunikationssystemen etc.

Datenbeschaffung nach Treu und Glauben (DSG 4 II)
Bei der Datenbeschaffung muss mit redlichen (lauteren) Mitteln vorgegangen werden. Unredliche Mittel und Wege wie etwa die Datenbeschaffung in Situationen, in denen die betroffene Person nicht mit einer Datenbeschaffung rechnet (z.B. Informationsbeschaffung über „harmlose" Wettbewerbsfragen), oder unter Ausnützung von Irrtümern verletzen das DSG.

Verhältnismässigkeit (DSG 4 II)
Mit dem Verhältnismässigkeitsgebot wird ein zentraler Punkt im DSG festgeschrieben. Danach ist der jeweilige Datenbeschaffer oder -bearbeiter gehalten, nur diejenigen Daten zu erheben und weiter zu bearbeiten, die für den angestrebten Zweck geeignet sind und die er tatsächlich benötigt. Er darf also nur jene Informationen beschaffen und verwenden, deren es zur Wahrnehmung seiner berechtigten Interessen bedarf. Verlangt z.B. ein

Vermieter in einem Bewerbungsformular die Angabe der Automarke, den genauen Monatslohn oder will er gar wissen, ob der Mietinteressent Mitglied im Mieterverband ist, so sind diese Begehren klar unverhältnismässig und somit eine Verletzung des DSG.

Zweckgebundenheit (DSG 4 III)
Daten dürfen nur zu dem Zweck verwendet werden, der bei der Beschaffung angegeben wurde oder aus den Umständen ersichtlich sein musste. Dadurch soll verhindert werden, dass einmal ausgegebene Daten plötzlich und ohne Wissen der Betroffenen zu andern Zwecken missbraucht werden. So dürfen etwa Adressen, die im Zusammenhang mit einer Anmeldung zu einem Weiterbildungskurs erhoben wurden, von der Weiterbildungsanstalt nicht durch Weitergabe an einen Zeitschriftenverlag plötzlich zu kommerziellen Zwecken verwendet werden.

3.6.4.2 Richtigkeit der Daten (DSG 5)

Der Datensammler muss sich über die *Richtigkeit und Vollständigkeit* der erfassten Daten erkundigen, wenn es ihm zumutbar ist. Zudem muss er seine Datensammlung nachführen und unrichtige Informationen von sich aus oder auf Begehren der betroffenen Person hin berichtigen. Gilt etwa eine Person bei einer Bank als verschuldet und somit nicht kreditwürdig, so kann diese Information die Persönlichkeit des Betroffenen verletzen, wenn sie durch inzwischen erfolgte Schuldentilgung nicht mehr der Wahrheit entspricht.

3.6.4.3 Anmeldungen von Übermittlungen ins Ausland (DSG 6)

Die Bekanntgabe von Personendaten ins Ausland kann die Persönlichkeit der betroffenen Personen selbst dann gefährden, wenn deren Bearbeitung in der Schweiz problemlos erscheint. Die schlichte Mitteilung, dass eine Person einen katholischen Schweizer heiratet, dürfte bei uns wohl keine Gefährdung dieser Person bedeuten. Diese Information kann aber in den Ohren von religiösen Fanatikern einer andern Glaubensrichtung u.U. sogar das Leben der Betroffenen bedrohen. Deshalb sind Übermittlungen von Personendaten und alle regelmässigen Bekanntgaben von Personendaten ins Ausland (auch an Tochterfirmen oder Filialen) beim Eidg. Datenschutzbeauftragten (EDSB) *meldepflichtig*, wenn dadurch die Persönlichkeit der betroffenen Personen *schwerwiegend gefährdet* würde. Eine Meldepflicht besteht allerdings nur soweit, als keine gesetzliche Übermittlungspflicht besteht und der Betroffene darüber nicht informiert ist.

3.6.4.4 Datensicherheit (DSG 7)

Verantwortlich für die Einhaltung der Datenschutzbestimmungen ist der Inhaber der Datensammlung. Dieser muss auch dafür sorgen, dass durch angemessene technische und organisatorische Massnahmen ein unbefugtes Bearbeiten oder Zugreifen auf Personendaten ausgeschlossen ist. Er hat somit eine *ausreichende Datensicherheit* zu gewährleisten.

Dies geschieht etwa dadurch, dass

a) bei der *Systemgestaltung* das System so gewählt werden muss, dass Datenschutzverletzungen ausgeschlossen werden können;

b) Systeme so gestaltet werden, dass sie *kontrollierbar* und *transparent* sind;

c) *angemessene technische und organisatorische Massnahmen* veranlasst werden, welche die Vertraulichkeit, die Verfügbarkeit und die Unversehrbarkeit der Daten zu garantieren vermögen. Nach VDSG 9 umfassen solche Massnahmen etwa eine Zugangs-, Transport-, Bekanntgabe-, Speicher-, Benutzerkontrolle etc., u.U. aber auch die Protokollierung jeder Bearbeitung, wenn die präventiven Massnahmen den Datenschutz nicht zu gewährleisten vermögen. Überdies kann auch die Erstellung eines Bearbeitungsreglementes gefordert sein (VDSG 11/21).

3.6.4.5 Registrierung von Datensammlungen (DSG 11)

Datenschutz kann nur dann effizient gewährleistet sein, wenn die betroffenen Personen überhaupt in der Lage sind zu ermitteln, wer Informationen über sie bearbeitet. Die berühmte Situation eines „Mordes ohne Leiche“ lässt eben auch kein Ermittlungsverfahren zu. Damit solche „Leichen“ aufgespürt werden können, verlangt das Datenschutzgesetz, dass Datensammlungen registriert werden müssen. Hierzu gilt:

Registrierungspflicht für Datensammlungen des Bundes
Bundesorgane sind verpflichtet, alle von ihnen geführten Datensammlungen dem Eidgenössischen Datenschutzbeauftragten anzumelden. Das Register mit den angemeldeten Datensammlungen ist öffentlich und kann von jedermann eingesehen werden.

Beschränkte Registrierungspflicht für private Datensammlungen
Für private Datensammlungen besteht grundsätzlich keine allgemeine Registrierungspflicht. Eine Ausnahme gilt aber für solche Sammlungen, in denen besonders schützenswerte Personendaten oder Persönlichkeitsprofile bearbeitet werden oder aus denen Daten an Dritte bekanntgegeben werden. Aber selbst solche sensiblen Datensammlungen sind nur dann registrierungspflichtig, wenn der Inhaber der Datensammlung nicht aufgrund einer gesetzlichen Bestimmung verpflichtet ist, sie zu führen oder wenn die betroffene Person davon keine Kenntnis hat. So besteht etwa keine Registrierungspflicht für Datensammlungen, die aufgrund der AHV-Gesetzgebung geführt werden müssen (z.B. über Einkommenshöhe etc.). Dagegen müssen etwa Kundendateien, die ohne Wissen der betrof-

fenen Person Informationen an Dritte bekanntgeben (z.B. zwecks Bonitätsprüfung), angemeldet werden [Belser 1995: Art. 11 N 10].

Das Register ist *öffentlich* und kann von jedermann eingesehen werden.

3.6.4.6 Das Auskunftsrecht (DSG 8/9)

Damit die datenschutzrechtlichen Ansprüche überhaupt durchgesetzt werden können, muss gewährleistet sein, dass die Datenverarbeitung für die betroffenen Personen in einem gewissen Umfang einsehbar ist. Denn nur, wer den Inhalt der Datensammlung kennt, kann allenfalls eine Verletzung ahnden lassen. Deshalb statuiert das Gesetz ein *Auskunftsrecht* für betroffene Personen, wonach jede Person – unabhängig von Alter, Wohnsitz oder Nationalität – vom Inhaber einer Datensammlung Auskunft über die zu ihrer Person gespeicherten Daten verlangen kann.

Die verlangte Auskunft ist grundsätzlich in *schriftlicher Form* (z.B. durch Ausdruck, Fotokopie etc.) innert 30 Tagen seit Eingang des Begehrens sowie *kostenlos* zu erteilen.

Dem Auskunftsrecht sind jedoch dadurch Schranken gesetzt, dass eine umfassende *Auskunft verweigert oder beschränkt* werden darf, sofern

a) ein formelles Gesetz eine Einschränkungsmöglichkeit vorsieht;

b) überwiegende Interessen einer Drittperson dies erfordern; (z.B. muss ein Privatdetektiv keine Auskünfte erteilen, wenn er eine Person im Auftrage eines Klienten überwacht;)

c) die Interessen der inneren und äusseren Sicherheit der Schweiz eine Beschränkung gebieten;

d) der Zweck einer Strafuntersuchung durch den Einblick gefährdet würde;

e) überwiegende eigene Interessen eines privaten Datensammlers die Einschränkung erfordern *und* er die Daten nicht an Dritte bekanntgibt; (z.B. muss eine Versicherung keine Auskunft erteilen, wenn sie Informationen über mögliche Versicherungsbetrügereien eines Versicherungsnehmers zusammenträgt).

Jede Verweigerung oder Beschränkung des Auskunftsrechtes ist zu *begründen.* Auf weitergehende Beschränkungen der Pflicht auf Auskunftserteilung können sich zudem Medienschaffende berufen.

3.6.5 BEARBEITEN VON PERSONENDATEN DURCH PRIVATE (DSG 12 FF.)

3.6.5.1 VERLETZUNGSTATBESTÄNDE

In seinem privatrechtlichen Teil stellt das DSG eine Ergänzung und Konkretisierung des Persönlichkeitsschutzes des ZGB dar. Ausgangspunkt des Datenschutzes bildet demnach Art. 28 ZGB, wonach derjenige den Richter anrufen kann, der *in seiner Persönlichkeit widerrechtlich verletzt* wird. In diesem ergänzenden Sinne führt DSG 12 für die Datenbearbeitung durch Private aus, dass derjenige die Persönlichkeit eines Betroffenen verletzt, der

- die allgemeinen Grundsätze der Datenbearbeitung nicht einhält (vgl. Kap. 3.6.4);
- entgegen einem ausdrücklichen Verbot des Betroffenen Personendaten bearbeitet;
- besonders schützenswerte Daten oder Persönlichkeitsprofile Drittpersonen bekanntgibt.

Einer Verletzung der ebengenannten Vorschriften kann jedoch die Widerrechtlichkeit fehlen, dann nämlich, wenn sich der Verletzer auf einen im Gesetz erwähnten *Rechtfertigungsgrund* stützen kann. Durch das Vorliegen eines Rechtfertigungsgrundes verliert die Verletzung ihren rechtswidrigen Charakter und wird gleichsam rechtmässig.

Als solche Rechtfertigungsgründe gelten nach DSG 13 etwa:

a) das Bearbeiten aufgrund einer gesetzlichen Pflicht;

b) die Einwilligung des Verletzten in die Bearbeitung;

c) ein überwiegendes privates Interesse an der Bearbeitung;

d) ein überwiegendes öffentliches Interesse an der Bearbeitung.

Gemäss DSG 13 können *überwiegende Interessen* für die Datenbearbeitung insbesondere vorliegen bei wirtschaftlichen Tätigkeiten (z.B. bevorstehender Vertragsabschluss, wirtschaftlicher Wettbewerb, Kreditüberprüfung usw.), für die Medien, bei nicht personenbezogenen Zwecken (z.B. Forschung, Planung, Statistik) sowie bei Personen des öffentlichen Lebens.

Zudem sieht das Gesetz dann *keine Persönlichkeitsverletzung* vorliegen, wenn die betroffene Person die Daten allgemein zugänglich gemacht (z.B. Telefonbuch, Handelsregistereintrag etc.) und eine Bearbeitung nicht ausdrücklich untersagt hat.

3.6.5.2 Rechtsansprüche (DSG 15)

Der in seiner Persönlichkeit Verletzte hat seine Ansprüche auf dem ordentlichen *Zivilprozessweg* geltend zu machen, d.h., er hat eine mögliche Verletzung nach den Klagemöglichkeiten gemäss ZGB 28–28l verfolgen zu lassen. Neben dem Begehren auf *vorsorgliche Massnahmen* kann er somit eine

a) Feststellungsklage,

b) Unterlassungsklage oder

c) Beseitigungsklage (auch Berichtigung oder Vernichtung) einreichen.

Auch eine *Schadenersatzklage* und/oder eine *Genugtuungsforderung* sind denkbar, allerdings nur bei nachgewiesenem Verschulden des Verletzers, d.h., das DSG muss mindestens fahrlässig verletzt worden sein.

3.6.6 Bearbeiten von Personendaten durch Bundesorgane (DSG 16 ff.)

3.6.6.1 Im allgemeinen

> *DSG 17 I: „Organe des Bundes dürfen Personendaten bearbeiten, wenn dafür eine gesetzliche Grundlage besteht." (sog. Legalitätsprinzip; vgl. Kap. 1.2.2)*

Die systematische Datenbeschaffung hat darüber hinaus unter *Angabe des Zweckes*, der *Rechtsgrundlage* (Gesetzesbestimmung) sowie der allfälligen *Datenempfänger* zu erfolgen. Informationen dürfen zudem von Bundesbehörden im wesentlichen nur dann an Dritte bekanntgegeben werden (dazu gehört insbesondere auch die Weitergabe an andere Amtsstellen), sofern dafür eine Rechtsgrundlage besteht oder der Betroffene eingewilligt hat. Ausgenommen hiervon ist die Nennung von Name, Vorname, Adresse und Geburtsdatum, was immer erlaubt ist.

Nach DSG 21 werden die Bundesorgane weiter verpflichtet, nicht mehr benötigtes Datenmaterial zu *anonymisieren* oder zu *vernichten*. Sonderbestimmungen kennt das DSG jedoch für die Bereiche der Verbrechensbekämpfung und im Bereich der militärischen Sicherheit. Hier werden sogar Ausnahmen von den Grundsätzen der Beschaffung, Registrierungspflicht etc. zugelassen.

3.6.6.2 Rechtsansprüche (DSG 25)

Eine betroffene Person kann, ähnlich wie im Privatrecht, gegenüber der sie verletzenden Behörden einen Anspruch auf *Feststellung, Unterlassung oder Beseitigung* geltend machen. Insbesondere besteht auch ein Anspruch, die Weitergabe von Daten sperren zu lassen, wenn dazu ein schutzwürdiges Interesse plausibel gemacht werden kann.

Die Durchsetzung von Ansprüchen gegenüber Bundesorganen richtet sich nach dem Verwaltungsverfahrensgesetz, d.h., die Betroffenen können den Entscheid des betreffenden Bundesorganes innert 30 Tagen mit einer *Beschwerde an das zuständige Departement* anfechten. Falls ihre Beschwerde abgelehnt wird, ist der Weiterzug an die *Eidgenössische Datenschutzkommission* möglich. Deren Urteil kann schliesslich mit einer Verwaltungsgerichtsbeschwerde an das Bundesgericht als letzter Instanz weitergezogen werden.

3.6.7 Der Eidgenössische Datenschutzbeauftragte (DSG 26 ff.)

Der Datenschutzbeauftragte (EDSB) überwacht in unabhängiger Stellung primär die Einhaltung des DSG und der entsprechenden Ausführungsbestimmungen durch die Bundesorgane. Er ist somit in erster Linie zum Eingreifen verpflichtet, wenn er von *Datenschutzverletzungen durch Bundesorgane* erfahren sollte. Er kann aber auch rein präventive Abklärungen vornehmen. Allerdings hat er keine Befugnis, der verletzenden Bundesbehörde rechtsverbindliche Anordnungen zu erteilen; vielmehr amtet er als Vermittlungsperson und schlägt der Behörde Änderungsmassnahmen vor. Werden seine Empfehlungen betreffend eine korrekte Datenbearbeitung nicht befolgt, kann er diese allenfalls dem zuständigen Departement zum Entscheid vorlegen.

Während seine Kontrollbefugnisse im öffentlichrechtlichen Bereich umfassend sind, kann er im privaten Bereich nur dann mittels (unverbindlicher) Empfehlungen lenkend eingreifen, wenn die Persönlichkeit einer grösseren Anzahl Personen gefährdet ist. In diesem Bereich ist nämlich in erster Linie der Zivilrichter zuständig. Der Betroffene hat hier also getreu dem Grundsatz „Wo kein Kläger, da kein Richter“ seine Rechte selbständig vor dem Zivilrichter zu vertreten und braucht sich einen behördlichen Eingriff in seine Privatautonomie nicht gefallen zu lassen.

3.6.8 Die Eidgenössische Datenschutzkommission (DSG 33)

Die Eidgenössische Datenschutzkommission (EDSK) zählt sieben Mitglieder und soll im öffentlich-rechtlichen Bereich umfassenden Rechtsschutz gewährleisten. Sie ist *Beschwerdeinstanz* und beurteilt demgemäss etwa Beschwerden gegen erstinstanzliche Verfügungen von Bundesdepartementen. Im privatrechtlichen Bereich wird sie jedoch nur aktiv in Fällen mit übergeordneter und weitreichender Bedeutung.

3.6.9 Strafbestimmungen (DSG 34 f.)

Das zivil- und öffentlich-rechtliche Schutzdispositiv des Gesetzes wird verstärkt durch zusätzliche Strafbestimmungen des DSG. So steht etwa unter Strafe (Haft oder Busse bis Fr. 40'000.--) das unbefugte Bekanntgeben von geheimen Personendaten, von denen jemand in Ausübung seines Berufes Kenntnis erhalten hat (z.B. Psychologe, Ehevermittler usw.). Ebenfalls strafbar macht sich derjenige Private, der vorsätzlich falsche oder unvollständige Auskünfte erteilt, seiner Registrierungs- oder seiner Mitwirkungspflicht bei Abklärungen des EDSB nicht nachkommt.

TEIL E

1

Volkswirtschaftslehre

1.1 Einführung

Trotz der Globalisierung der Wirtschaft und der Vernetzung der ganzen Welt gibt es keine internationale Harmonie. Die Partikularinteressen sind nicht verschwunden. Ganz im Gegenteil. Durch die Öffnung der Märkte müssen sich ganze Wirtschaftszweige, die in ehemals geschützten Wirtschaftszonen floriert haben, neu behaupten und ihre Interessen gegenüber der neuen, globalen Konkurrenz durchsetzen.

Der Zusammenbruch der Sowjetunion und die Öffnung Osteuropas haben ein mächtiges Angebotspotential freigesetzt. Daneben ist ein gewaltiger Nachholbedarf bei Investitions- und Konsumgütern spürbar. Die Bildung der drei grossen Handelsblöcke Nafta, Apec und EU, die in ihrem Einflussgebiet freihändlerisch, gegenüber Dritten aber oft protektionistisch agieren, stehen in einem gewissen Gegensatz zur WTO und dem Versuch, den Handel weltweit zu liberalisieren. (Diese internationalen Organisationen sind in Kapitel 5 beschrieben.) Schliesslich hat der technische Fortschritt in der Kommunikation und der Produktion weitreichende Konsequenzen. Die weltweite elektronische Vernetzung ermöglicht u.a. im unternehmerischen Bereich eine Transparenz, die vom Einkauf über die Produktion bis zum Absatz, zur Forschung und Entwicklung reicht. Die zunehmend hohe Mobilität der einzelnen Produktionsprozesse verlangt, dass die Produktion an die Orte verlagert wird, wo das Lohnniveau dem Wertschöpfungspotential entspricht. Das heisst, einfache Arbeitsprozesse, die nur eine geringe Wertschöpfung ermöglichen, sollten in Länder verlagert werden, wo das Lohn- und Bildungsniveau dem einfachen Arbeitsprozess entspricht. Komplexe Produktionsprozesse hingegen werden nach wie vor in Ländern wie der Schweiz ausgeführt. Die Kostenreduktion durch die Verlagerung der simplen Arbeitsprozesse ermöglicht zudem dem Unternehmen, für hochqualifizierte Arbeitskräfte entsprechende Löhne zu bezahlen und gleichzeitig die durchschnittlichen Kosten der Produktion zu senken und somit global wettbewerbsfähig zu bleiben.

Diese Veränderungen wirken auch auf die wirtschaftliche Struktur der Schweiz ein, auf die Aufteilung der Beschäftigten auf Sektoren, Branchen und Unternehmen. Doch die strukturellen Anpassungen erfolgen nicht in Sektoren oder Branchen, sondern verborgen in den Unternehmen (NZZ Nr. 40/96).

Nun stellt sich die Frage, welchen Beitrag die Volkswirtschaftslehre in diesem strukturellen Anpassungsprozess leisten kann, damit ein Unternehmen trotz veränderter Rahmenbedingungen nach wie vor konkurrenzfähig bleibt. Seit mehreren hundert Jahren ist die Volkswirtschaftslehre vor allem auf die Bedürfnisse des Staates ausgerichtet. John Maynard Keynes und Milton Friedman haben den Nobelpreis für ihre Studien über die Möglichkeiten und Grenzen staatlicher Einflussnahme auf die Volkswirtschaft erhalten. Erst seit wenigen Jahren versucht die Volkswirtschaftslehre auch auf die Bedürfnisse der Unternehmen einzugehen, d.h. Instrumente und Entscheidungshilfen zur Verfügung zu stellen, die dem Unternehmen konkret helfen sollen, das Unternehmensergebnis zu verbessern sowie die mittel- und langfristige Konkurrenzfähigkeit zu sichern.

Um als Unternehmen oder als Verwaltung wirkungsvoll auf einen globalen oder lokalen volkswirtschaftlichen Veränderungsprozess zu reagieren, ist es wichtig, diejenigen Faktoren, die den Veränderungsprozess bewirkt haben, zu verstehen. Das vorliegende Lehrmittel analysiert solche Prozesse. Es soll im Sinne einer volkswirtschaftlichen und ökologischen Ursache-Wirkungs-Matrix ein zusätzliches Instrument zur Erwartungsbildung, Beurteilung und Entscheidungsfindung auf unternehmerischer und verwaltungsinterner Ebene sein.

Mit zunehmendem Internationalisierungsgrad von Unternehmen erhöhen sich auch die Risiken. Dazu gehören neben dem Währungsrisiko auch andere Unternehmensrisiken, wie z.B. das Marktrisiko, das produktionsseitige und das finanzseitige Risiko. Zinssatzänderungen an den internationalisierten Finanzmärkten können einen direkten Einfluss auf die Refinanzierungsstruktur eines Unternahmens haben und somit den Unternehmenserfolg direkt beeinflussen. In diesem Sinne ist eine genaue Kenntnis über die Mechanismen der Zinsbildung an den Finanzmärkten eine Voraussetzung für unternehmerisch optimales Handeln. Kapitel 4.7 ff. behandelt diese Themen.

1.2 EINE KURZE DEFINITION

DEFINITION
Unter einer *Volkswirtschaft* verstehen wir die Gesamtheit aller Einrichtungen (Realkapital, z.B. Ausrüstungsinvestitionen wie Maschinen, Lastwagen etc.) und Massnahmen (z.B. langfristige ordnungspolitische Richtlinien wie Gewerbefreiheit, freier Kapitalverkehr etc.) zur Deckung des menschlichen Bedarfs an Gütern und Dienstleistungen. Ziel des wirtschaftlichen Handelns ist es, entweder mit einem minimalen Mitteleinsatz einen bestimmten Erfolg (Minimalprinzip) oder mit einem bestimmten Mitteleinsatz einen maximalen Erfolg (Maximalprinzip) zu erzielen. Das Optimumprinzip schliesst die sogenannten Opportunitätskosten ein. Unter der Annahme, dass Ressourcen nur begrenzt zur Verfügung stehen und dass eine beliebige Kombination von beispielsweise zwei Gütern produziert werden kann, ist eine Entscheidung für Gut 1 immer auch eine Entscheidung gegen Gut 2. Das Optimum entspricht der Güterkombination, die den höchsten Nutzen ergibt.

Die Volkswirtschaftslehre geht vom sogenannten Homo (lat.: Mensch) oeconomicus aus, vom wirtschaftlich handelnden Menschen. Dieser hat eine ganze Reihe von Bedürfnissen und zudem nur begrenzte, knappe Ressourcen zur Verfügung. Daraus ergibt sich logischerweise, dass der homo oeconomicus nach dem Optimumprinzip handeln muss.

Die *Volkswirtschaftslehre* (oder Nationalökonomie) besteht aus zwei Teilen: der Mikroökonomie und der Makroökonomie. Die Mikroökonomie befasst sich hauptsächlich mit der Nutzenmaximierung des einzelnen Konsumenten (im heutigen „Mundartslang" würde man von „*Pleasure*-maximierung" sprechen) sowie der Gewinnmaximierung des einzelnen Produzenten. Daraus leitet die Mikroökonomie die Nachfrage- und Angebotskurve ab. Sie erklärt somit, warum sich ein Marktgleichgewicht bei einem bestimmten Preis bzw. einer bestimmten Menge einstellt. Die Makroökonomie hingegen befasst sich mit den gesamtwirtschaftlichen Zusammenhängen. Im Mittelpunkt der modernen Makroökonomie stehen die Verteilungs-, Geld- und Konjunkturtheorie sowie die Wachstums- und Aussenhandelstheorie.

Die nötigen Güter werden durch den Einsatz von sogenannten Produktionsfaktoren erstellt, die in den Kategorien Arbeit, Boden (Rohstoffe) und Kapital (Realkapital = Gesamtheit der zur Gütererzeugung dienenden Sachgüter wie Maschinen etc. und Geldkapital = Geld, das zum Kauf von Produktionsgütern bestimmt ist) zusammengefasst sind. Diese Produktionsmittel stehen allerdings nicht in unbegrenztem Ausmass zur Verfügung, man spricht hier von der *Knappheit der Ressourcen.* Moderne

Konzepte beinhalten zudem Produktionsfaktoren wie Information, Fachwissen etc. Dies wird in Kapitel 3.1 erläutert.

ACHTUNG
Das streng ökonomische Prinzip sagt nur etwas aus über die wirtschaftliche Effizienz eines Marktes, nicht aber über die „Gerechtigkeit" der Verteilung von Gütern.

1.3 DIE BEDEUTUNG DER VOLKSWIRTSCHAFTSLEHRE FÜR UNTERNEHMERISCHES HANDELN

Um in einem Beispiel zu veranschaulichen, wo die Volkswirtschaftslehre als Entscheidungshilfe konkrete Verwendung findet, befassen wir uns kurz mit dem Konzept des Nettobarwerts einer Realinvestition.

Eine Realinvestition beschreibt im Gegensatz zu einer Finanzinvestition, die mittels Aktien- oder Obligationenkauf erfolgen kann, eine Direktinvestition in Immobilien oder Ausrüstungen, z.B. eine neue Produktionsanlage für die Brauerei. Mit Hilfe der dynamischen Investitionsrechnung wird ermittelt, ob sich eine solche Ausrüstungsinvestition überhaupt lohnt. Das Vorgehen ist wie folgt:

In einem ersten Schritt nimmt das Unternehmen eine Schätzung des Ertrages vor, den die zusätzliche Investition in den kommenden, z.B. vier Jahren erbringen wird. Auf dieser Basis wird der Cashflow berechnet. An dieser Stelle sei auf die zwei Arten der Cashflow-Berechnung hingewiesen. Wir unterscheiden zwischen der direkten und der indirekten Berechnungsart. (Die Resultate sind identisch.) Die *direkte* Berechnungsart des Cashflows ergibt sich aus dem liquiditätswirksamen Ertrag abzüglich des liquiditätswirksamen Aufwands. Die *indirekte* Berechnungsart des Cash- flows ergibt sich aus dem Betriebsergebnis (z.B. Reingewinn) plus den nicht liquiditätswirksamen Aufwendungen (z.B. Abschreibungen und Rückstellungen) abzüglich nicht liquiditätswirksamer Erträge (z.B. Aufwertungen). Der Cashflow kann vor oder nach Steuern berechnet werden. (Diese Unterscheidung ist vor allem für Firmen mit Sitz in einem Hochsteuer-Land wie die BRD wichtig.) Der Free Cashflow drückt aus, was nach einer allfälligen Dividendenausschüttung an Liquidität in der Unternehmung verbleibt und berechnet sich aus dem Cashflow abzüglich der Dividende.

Sollte die Investition hauptsächlich fremdfinanziert sein, so schmälert der resultierende Aufwand für Passivzinsen den Cashflow (über ein geringeres Betriebsergebnis). Wird die Investition hingegen mit den flüssigen Mitteln des Unternehmens finanziert (Aktivtausch: Maschinen an Bank), so hat dies keinen schmälernden Einfluss auf den Cashflow. Wir gehen im weiteren von einer Fremdfinanzierung aus.

Nun stellt sich folgende Frage: Wieviel wäre der Betrag von 100'000 Franken wert, wenn er nicht erst in einem Jahr, sondern schon heute zur Verfügung stünde? Dies ist die Frage nach dem Barwert (oder Present Value) eines in der Zukunft anfallenden Geldbetrages. Diese Frage kann nur unter Einbezug der Zinssätze beantwortet werden. Fällt z.B. auf den Tag genau in einem Jahr der Betrag von 100'000 Franken an, und einjährige Zinssätze liegen bei 1,8 Prozent, so hat heute der Betrag von 98'232 Franken (gerundet) denselben Wert wie 100'000 Franken in einem Jahr, denn die 98'232 Franken können nun zu 1,8 Prozent angelegt werden. Daraus ergibt sich in einem Jahr mit Zins genau der Betrag von 100'000 Franken. Diese Berechnung des Barwertes heisst Abdiskontieren. Analog kann der Barwert für einen Betrag, der in zwei, drei bzw. vier Jahren anfällt, berechnet werden. Liegen z.B. zweijährige Zinssätze bei 2 Prozent, dreijährige bei 2,5 Prozent, so wird der Barwert dieser vier künftigen Geldströme (Cashflows) wie folgt berechnet:

$$\text{Barwert} = \frac{\text{Cashflow 1}}{(1{,}018)^1} + \frac{\text{Cashflow 2}}{(1{,}02)^2} + \frac{\text{Cashflow 3}}{(1{,}025)^3} + \frac{\text{Cashflow 4}}{(1{,}03)^4}$$

oder in der allgemeinen Form: $\text{Barwert} = \sum \frac{\text{Cashflow t}}{(1 + j_t)^t}$

Bei der Bewertung von Unternehmensprojekten beginnen wir mit einer Schätzung des zukünftigen, durch die Investition erzielten Ertrages. Im ersten Jahr, so nehmen wir an, hapert's noch ein wenig mit der Vermarktung des neuen Produktes. Im zweiten und dritten Jahr hingegen erwarten wir gute Erträge. Im vierten und letzten Jahr erreicht unser Produkt langsam das Ende seines Lebenszyklus, und der Ertrag nimmt entsprechend ab.

Nehmen wir nun einmal an, aufgrund unserer Berechnungen ergeben sich folgende Werte für die erwarteten Cashflows (in Franken):

	Jahr 1	Jahr 2	Jahr 3	Jahr 4
Cashflow	100'000	180'000	190'000	90'000

Wir möchten nun wissen, wieviel diese zukünftigen Geldströme wert wären, wenn wir sie heute schon besässen. Wir nehmen dabei an, dass die Investition für vier Jahre zu einem festen Zinssatz refinanziert wird. Den Ausgangspunkt bildet somit der risikolose, nominale Zinssatz, in unserem Fall nehmen wir den Swap-Satz (täglich publiziert in der NZZ). Da der Kreditgeber, meistens eine Bank, aber davon ausgeht, dass das Investitionsvorhaben mit einem gewissen Risiko behaftet ist, zählt die Bank zum risikolosen Zinssatz noch eine Risikoprämie hinzu. Nehmen wir einmal an, der *vierjährige* Swap-Satz betrage 5% und die Risikoprämie sei 2%. (Je nach Art und Weise des Projektes bzw. der Unternehmung ändert natürlich die Risikoprämie.)

Nun betrachten wir die Brauerei, die gerade dabei ist, eine Investition in Maschinen (Realkapital) vorzunehmen, deren Nutzungszeit *vier* Jahre beträgt. (Betrüge die Nutzungszeit z.B. nur drei Jahre, so nähmen wir den dreijährigen Swap-Satz plus Risikoprämie.) Im Rahmen der Projektfinanzierung stellen wir uns nun die Frage, wieviel eine solche Investition heute überhaupt kosten darf. In unserem Beispiel mit einem vierjährigen Swap-Satz von 5% und einer Risikoprämie von 2% ergeben sich folgende Zahlenwerte:

	Jahr 1	Jahr 2	Jahr 3	Jahr 4
Cashflow	100'000	180'000	190'000	90'000
abdiskontiert	93'458	157'219	155'097	68'661

Aufsummiert hat unsere Realinvestition also einen Barwert von 474'435 Franken. Nehmen wir an, die Investition koste 400'000 Franken, so ergibt sich ein positiver Nettobarwert von 74'435 Franken:

Nettobarwert = Barwert abzüglich des Investitionsbetrages

Die Investition wird also getätigt.
Bei einem negativen Nettobarwert ist die Investition zu unterlassen.

Zurück nun zur Bedeutung der Volkswirtschaftslehre. Bei der Schätzung des künftigen Ertrags spielen die wirtschaftliche Entwicklung des Absatzmarktes, die Entwicklung der Kaufkraft der Kunden, u.U. die Entwicklung des Arbeitsmarktes und der Konjunktur generell eine entscheidende Rolle. Dazu spielen die Marktzinsen und die Risikoprämien in der Barwertberechnung eine zentrale Rolle. Ebenso wichtig ist die nominale Zinsentwicklung. (Im Gegensatz zum Realzins ist der Nominalzins nicht um die Teuerung bereinigt.) Verunmöglichen z.B. hohe Zinsen im Moment die Realisierung eines Projektes, so muss dies noch nicht das endgültige „Aus“ bedeuten. Bestehen begründete Erwartungen bezüglich eines baldigen Nachlassens des Zinsniveaus, so könnte es sich für das Unternehmen lohnen, das Projekt dennoch zu realisieren, sich kurzfristig aber bei variablen Zinssätzen zu refinanzieren und erst nach Eintreten der Senkung des Zinsniveaus eine Refinanzierung zu fixen Zinssätzen vorzunehmen. Dies setzt aber voraus, dass die Entscheidungsträger und Entscheidungsträgerinnen qualifizierte Erwartungen bezüglich der Entwicklung des Zinsniveaus haben, denn die Gründe für Zinssatzänderungen sind sehr vielfältig. Die Volkswirtschaftslehre bietet hierfür eine ganze Reihe von

Instrumenten zum genauen Verständnis der Zinsentwicklung im speziellen sowie der konjunkturellen Entwicklung im allgemeinen (siehe Kapitel 4.7 ff.).

1.4 Geschichtlicher Abriss

König Ludwig XIV. von Frankreich (der Sonnenkönig) brauchte Geld, viel Geld. Darin unterschied er sich nicht wesentlich von seinen Zeitgenossen, auch nicht von uns. Nur brauchte er das Geld vor allem für seine Kriege (z.B. Spanischer Erbfolgekrieg, in dessen Verlauf die Franzosen Heidelberg zerstörten) und für sein Schloss, Versailles. Sein Finanzminister Colbert hatte die zündende Idee: *Merkantilismus.* Im Klartext hiess das: Import von Rohstoffen, z.B. Bergkristallen aus Bern, und die nachfolgende Verarbeitung in staatlichen Manufakturen zu Kristalleuchtern für den Export. Der Mehrwert, also der Gewinn, ging an die Krone. Der Merkantilismus, geprägt durch starke staatliche Eingriffe in das Wirtschaftsgeschehen, war erfolgreich, scheiterte letztlich aber daran, dass die Krone ihre Ausgaben überproportional zu den gestiegenen Einnahmen erhöhte.

1758 stellte der Leibarzt von Ludwig XV. von Frankreich, François Quesnais (1694–1774), das berühmte *„tableau économique"* auf, das erste bekannte Kreislaufschema der Wirtschaft. Zu diesem Zweck teilte er die Wirtschaft in drei Sektoren ein (Landwirtschaft, Grundeigentümer und gewerbliche Wirtschaft), zwischen denen die Geld- und Güterströme zirkulieren. Die Anhänger dieser Denkrichtung nannte man Physiokraten (grch.: physio = Natur-..., kratein = herrschen). Sie glaubten an eine harmonische, von Gott gewollte Weltordnung, in der jede staatliche Bevormundung suspekt erscheinen musste. Sie prägten das wirtschaftspolitische Credo des *Liberalismus*: das „Laissez-faire".

Indem Adam Smith (1723–1790) den Mechanismus aufzeigte, der die Marktwirtschaft steuert, wollte er beweisen, dass die Wirtschaft keiner staatlichen Lenkung bedürfe: Für knappe Güter bewirke eine „unsichtbare Hand", die *Preisbildung* auf den Gütermärkten, dass die richtigen Produkte in der richtigen Menge und zur richtigen Zeit auf den Markt gebracht werden und dass Produzenten alles verkaufen können, was sie produziert haben. Interessant ist die Feststellung, dass zur damaligen Zeit in theologischen Kreisen der „Deismus" vorherrschte, der Glaube, Gott habe die Welt erschaffen, sich anschliessend zurückgezogen und würde nicht mehr ins Weltgeschehen eingreifen. Somit sehen wir, dass Adam Smith seiner Theorie der Marktwirtschaft eigentlich eine theologische Sichtweise zu Grunde legte. Bezeichnenderweise hat sich Adam Smith auch als Moralphilosoph betätigt.

Als Gegenstück zur *Marktwirtschaft*, in der also der Markt die millionenfachen Interessen der Anbieter und Nachfrager koordiniert, muss die *Planwirtschaft* erwähnt werden. In ihr unterliegt der Ablauf der Wirtschaft einem einheitlichen Plan, den eine zentrale Stelle autoritär für alle Wirtschaftsteilnehmer verbindlich festlegt.

Die ersten Ökonomen befassten sich v.a. mit der Frage der Steuerung der Wirtschaft und wirtschaftlicher Vorgänge (Wirtschaftspolitik). Smith war optimistisch der Ansicht, dass mit der Entwicklung der Industrie, auf dem Weg einer steigenden Nachfrage nach Arbeitskräften, auch die arbeitende Klasse bessergestellt würde. Die Wirklichkeit der Anfänge der Industrialisierung im 18. und 19. Jahrhundert zeigte aber ein unvorstellbares Elend: Arbeitstage von 16 Stunden, Kinderarbeit und Löhne, die zum Überleben kaum ausreichten. Somit wurde ein weiteres Problem, die soziale Frage, aufgeworfen. Diese beinhaltet jedoch nicht nur nationalökonomische Gesichtspunkte, sondern auch psychologische, soziologische und politische Aspekte. Spezifisch wirtschaftlich ist die Frage nach den Gesetzmässigkeiten, nach denen sich das gesamtwirtschaftliche Einkommen auf die verschiedenen Gruppen von Einkommensbezügern verteilt. David Ricardo (1772–1823) forderte, dass die Erforschung der Gesetze der Einkommensverteilung das Ziel der Nationalökonomie sein müsse.

Zur selben Zeit, als das soziale Elend die Zeitgenossen erschreckte, machte man die Erfahrung, dass die wirtschaftliche Entwicklung nicht ruhig und gleichmässig verläuft, sondern mit unheimlicher Regelmässigkeit von krisenhaften Zusammenbrüchen unterbrochen wird. Diesen Rezessionen ging jeweils ein Aufschwung der Produktion voraus, so dass man von einer zyklischen Auslastung des Produktionsapparates sprechen kann. Das Phänomen des wellenförmigen Wachstums der Wirtschaft führte zur Konjunkturforschung, einem neuen Schwerpunkt innerhalb der Wirtschaftswissenschaften. Mit der grossen Depression der 30er Jahre und der sie begleitenden Massenarbeitslosigkeit ging auch der Glaube an die Selbststeuerung der Wirtschaft verloren.

John Maynard Keynes (1883–1946) formulierte den Gedanken, dass der Staat verpflichtet sei, für Vollbeschäftigung zu sorgen. Als nächster wichtiger Schritt stellte sich somit die Frage nach den Bedingungen eines gleichmässigen Wachstums der Volkswirtschaft.

Heutige Ökonomen verweisen darauf, dass der Staat nur in sehr begrenztem Masse eine effektive Steuerung der volkswirtschaftlichen Entwicklung vornehmen kann. Der *Neoliberalismus* fordert, der Staat solle nicht im Sinne einer Prozesspolitik kurzfristig in wirtschaftliche Abläufe eingreifen, sondern sich auf eine langfristige wirtschaftliche Ordnungspolitik beschränken, d.h., er soll optimale Rahmenbedingungen schaffen. Die Stichworte zu diesem Thema sind *Liberalisierung* und *Deregulierung*. Liberalisierung und Deregulierung bringen aber neue Probleme mit sich. Aufgrund der ungleichen Vermögensverteilung und weil die meisten Löhne keine Vermögensbildung zulassen, sind die meisten Schweizer und Schweizerinnen allein auf ein Arbeitseinkommen angewiesen. In Zeiten der Arbeitslosigkeit und der zunehmenden Verbreitung von Leistungslöhnen sind vor allem Arbeitslose und Personen mit ungenügender Ausbildung und Praxiserfahrung von einer neuen Armut bedroht. Werden im gleichen Atemzug die sozialen Auffangnetze grobmaschiger, so kann im schlimmsten Fall auch eine neue soziale Schicht, die sog. Unterklasse (engl.: under class) entstehen.

1.5 Drei Hauptfragen der Volkswirtschaftslehre

In jeder Volkswirtschaft sind folgende drei Grundfragen zu stellen, wobei die Antworten vom jeweiligen Wirtschaftssystem abhängig sind:

1. *Was* wird produziert? Hier wird die Zusammensetzung der gesamtwirtschaftlichen Produktion (Güter- und Dienstleistungsangebot) untersucht.
2. *Wie* wird produziert? Diese Frage beschäftigt sich mit dem optimalen Einsatz der Produktionsfaktoren und der Wahl des besten Produktionsverfahrens.
3. *Für wen* wird produziert? Dies ist die Frage nach der Verteilung der Güter und Dienstleistungen auf die Konsumenten und Investoren.

In der Mikroökonomie wird die Beantwortung dieser Fragen unter dem Aspekt der Gewinn- bzw. der Nutzenmaximierung vorgenommen. Die Nutzenmaximierung des Konsumenten begründet sein Nachfrageverhalten, und die Gewinnmaximierung des Produzenten bestimmt das Angebot. Im folgenden Kapitel wird die Nutzenmaximierung des Konsumenten (Nachfrage) zuerst getrennt von der Gewinnmaximierung des Produzenten (Angebot) behandelt.

2

Der Markt: Das Zusammentreffen von Angebot und Nachfrage

Dort wo sich Angebot und Nachfrage treffen, entsteht ein Markt. Anbieter und Nachfrager haben verschiedene Interessen. Der Anbieter will möglichst viel zu einem möglichst hohen Preis verkaufen, und der Nachfrager will möglichst viel zu einem möglichst tiefen Preis kaufen. Der Ausgleich erfolgt durch den Marktpreis. Ist der Markt im Gleichgewicht, wird zum Marktpreis P gleich viel angeboten wie nachgefragt.

Im Gleichgewicht gilt:
Grenznutzen = Marktpreis = Grenzertrag = Grenzkosten

Was und wieviel der Konsument kauft sowie was und wieviel der Produzent produziert, entscheidet der Preis. Somit gilt: In der reinen Marktwirtschaft werden Allokations- und Distributionsentscheidungen[1] vom Preis übernommen.

Jedes handelbare Gut, bzw. jede Dienstleistung, hat seinen Markt und somit auch seinen Preis. Den Preis eines Automobils nennt man „Verkaufspreis“, der Preis für die Benutzung von Fremdkapital hingegen heisst „Zins“. Der Zins ist abhängig von der Höhe des Zinssatzes sowie der Menge an ausgeliehenem Kapital.

Wie schon erwähnt, ergibt sich der Markt aus dem Zusammenspiel von Angebot und Nachfrage. Das Verstehen der Funktionsmechanismen eines Marktes setzt eine genaue Kenntnis der Determinanten (bestimmenden Faktoren) von Angebot und Nachfrage voraus.

---

[1] Unter „Allokation“ versteht man in der Volkswirtschaftslehre die Verteilung bzw. Zuteilung von Ressourcen. Der Begriff „Distribution“ beschreibt die Verteilung von Gütern und Dienstleistungen unter den Endverbrauchern.

2.1 Die Nachfrage: Zahlungsbereitschaft und Zahlungsfähigkeit

Die Nachfrage eines Marktteilnehmers entspricht seinem Bedarf an Gütern und Dienstleistungen innerhalb eines bestimmten Zeitintervalles. Zudem beinhaltet sie eine Zahlungsbereitschaft des Konsumenten. Somit beschreibt die Nachfrage nicht nur eine bestimmte nachgefragte Menge, sondern sie stellt eine Preis-Mengen-Beziehung dar (vgl. Abb. 2.1):

Beispiel Bier:

Preis X Fr./Liter			nachgefragte Menge/Monat
Fr.	12.--	/Liter	0 Liter/Monat
Fr.	10.--	/Liter	15 Liter/Monat
Fr.	8.--	/Liter	30 Liter/Monat
Fr.	6.--	/Liter	40 Liter/Monat
Fr.	4.--	/Liter	50 Liter/Monat
Fr.	2.--	/Liter	55 Liter/Monat
Fr.	1.--	/Liter	57 Liter/Monat

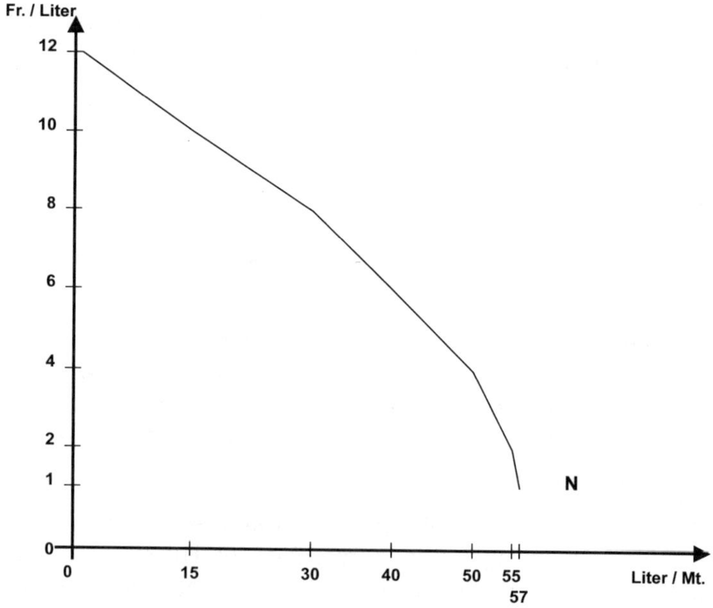

Abb. 2.1: Nachfragekurve

Mit sinkendem Preis nimmt die nachgefragte Menge zu. Bei steigendem Preis nimmt die nachgefragte Menge ab. Die Nachfragekurve hat also eine negative Steigung. Warum ist das so? Ein Argument wäre, dass der Konsument bei tieferen Preisen mehr kauft, weil sein Geld weiter reicht, weil es also eine höhere Kaufkraft besitzt. Diesen Sachverhalt nennt man „Einkommenseffekt", d.h., bei fallenden Preisen erhöht sich die Kaufkraft des Konsumenten, so als ob dieser über ein höheres Einkommen verfügen würde. Wie wir noch sehen werden, bewirkt eine solche Einkommenssteigerung eine Verschiebung der Nachfragekurve nach rechts, sie erklärt aber nicht, warum die Nachfragekurve von oben links nach unten rechts verläuft.

Gesetzmässigkeit des fallenden Grenznutzens

Der Homo oeconomicus möchte seinen Nutzen aus dem Konsum maximieren. In einem anderen Beispiel mit dem täglichen Bierkonsum (andere Zahlenwerte als im vorangehenden Beispiel) kann man davon ausgehen, dass die erste Stange Bier pro Tag für den Homo oeconomicus (auch ein Bierliebhaber) einen überaus hohen Stellenwert hat. Der Nutzen, oder auch das Vergnügen, der „Pleasure", den er aus dem Konsum dieser ersten Stange Bier zieht, ist äusserst hoch. Bei der zweiten Stange Bier ist der Nutzen immer noch sehr hoch, aber nicht mehr ganz so hoch wie bei der ersten, es hat sich schon eine gewisse Sättigung eingestellt. Wir beobachten also folgendes Phänomen: Aufgrund der eintretenden Sättigung, nimmt der zusätzliche Nutzen aus jeder weiter konsumierten Einheit (also der Grenznutzen) kontinuierlich ab und wird in den meisten Fällen sogar negativ. Wir sprechen von der Gesetzmässigkeit des abnehmenden Grenznutzens.

Solange der Grenznutzen, d.h. der Nutzen aus dem Konsum einer zusätzlichen Einheit grösser als Null ist, nimmt der Gesamtnutzen weiter zu. Bei der vorliegenden Analyse der Nachfrage wird aber das Konzept des Gesamtnutzens ausser acht gelassen.

Der Verlauf des Grenznutzens beim Bierkonsum/Tag ist wie folgt (vgl. auch Abb. 2.2):

1. Stange Bier	20 Einheiten Nutzen
2. Stange Bier	15 Einheiten Nutzen
3. Stange Bier	10 Einheiten Nutzen
4. Stange Bier	5 Einheiten Nutzen
5. Stange Bier	3 Einheiten Nutzen
6. Stange Bier	2 Einheiten Nutzen
7. Stange Bier	1 Einheiten Nutzen
8. Stange Bier	0 Einheiten Nutzen

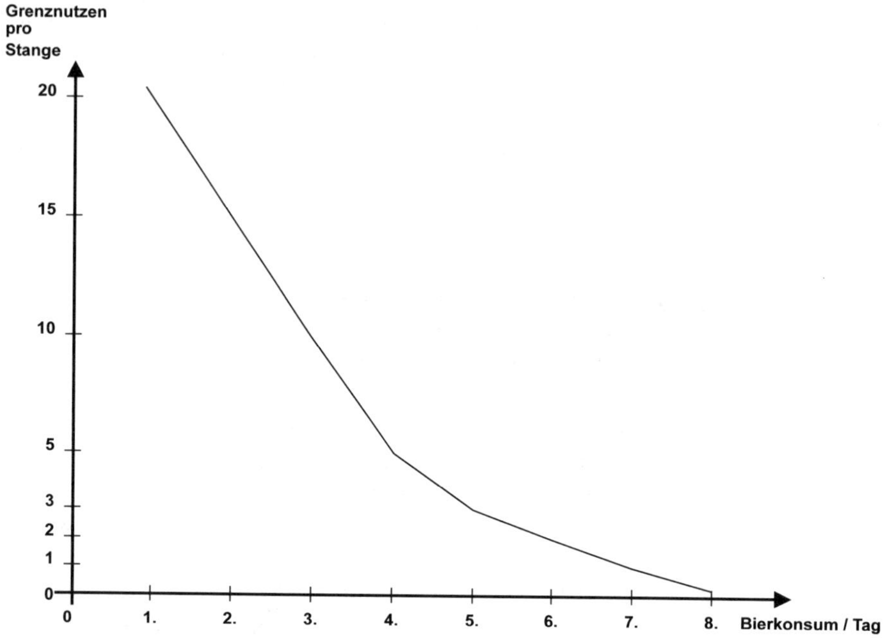

Abb. *2.2: Grenznutzenkurve*

Je nach der Art der Präferenzen (Vorlieben und Abneigungen) des Konsumenten ist der Verlauf der Grenznutzenkurve mehr oder weniger steil.

Der Homo oeconomicus ist bereit, für eine Einheit Nutzen einen Franken zu bezahlen. Somit drückt seine Grenznutzenstruktur eine Zahlungsbereitschaft aus. Besteht zudem auch eine Zahlungsfähigkeit, so entspricht die Grenznutzenkurve eines Konsumenten seiner Nachfragekurve (vgl. Abb. 2.3).

> *Die Nachfragekurve drückt die grundsätzliche Zahlungsbereitschaft eines Konsumenten aus, sagt aber für sich alleine betrachtet nichts aus über die effektiv nachgefragte und gekaufte Menge.*

Die nachgefragte Menge hängt vom Preis ab. Kostet eine Stange Bier beispielsweise 3,5 Franken, so werden vier Stangen pro Tag konsumiert, denn bis zur vierten Stange übersteigt der Nutzen aus dem Konsum einer Stange Bier den Preis. Bei der fünften hingegen erhält der Konsument für einen Preis von 3,5 Franken nur noch einen Nutzen von drei Einheiten. Als Homo oeconomicus wird er dieses Geschäft selbstverständlich unterlassen.

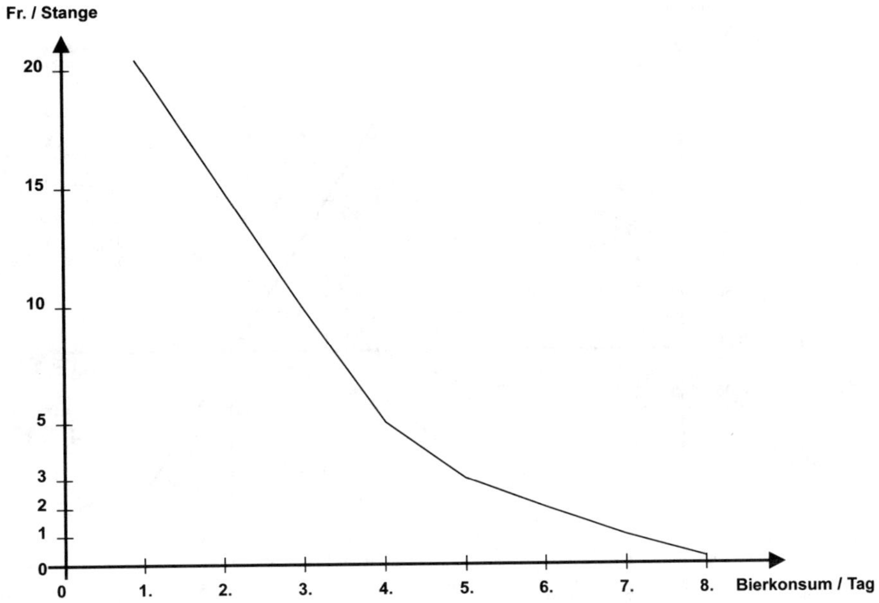

Abb. *2.3: Nachfragekurve*

Würde der Preis aber von 3,5 auf 2,5 Franken pro Stange gesenkt, so müsste der Konsument (Homo oeconomicus) die fünfte Stange auch noch konsumieren, nämlich um vom „Gratis-Nutzen" oder „Gratis-Pleasure" (offizielle Bezeichnung: Konsumentenrente) von 0,5 Einheiten zu profitieren. Bei einer solchen Preissenkung ist gemäss Theorie der Konsum der fünften Stange nicht freiwillig, sondern der Konsument handelt wie unter einem Zwang, einem ökonomischen Zwang (vgl. Abb. 2.4 und 2.5).

Der Homo oeconomicus muss also in seinem Bestreben, den Gesamtnutzen aus dem Konsum zu maximieren, sich jeden erheischbaren „Gratis-Nutzen" einverleiben. Der „Konsumzwang" hört erst auf, wenn der Grenznutzen dem Marktpreis entspricht bzw. unter den Marktpreis fällt. Liegt der Preis über dem erzielbaren Grenznutzen, so wird selbstverständlich vom Konsum dieser Einheit abgesehen.

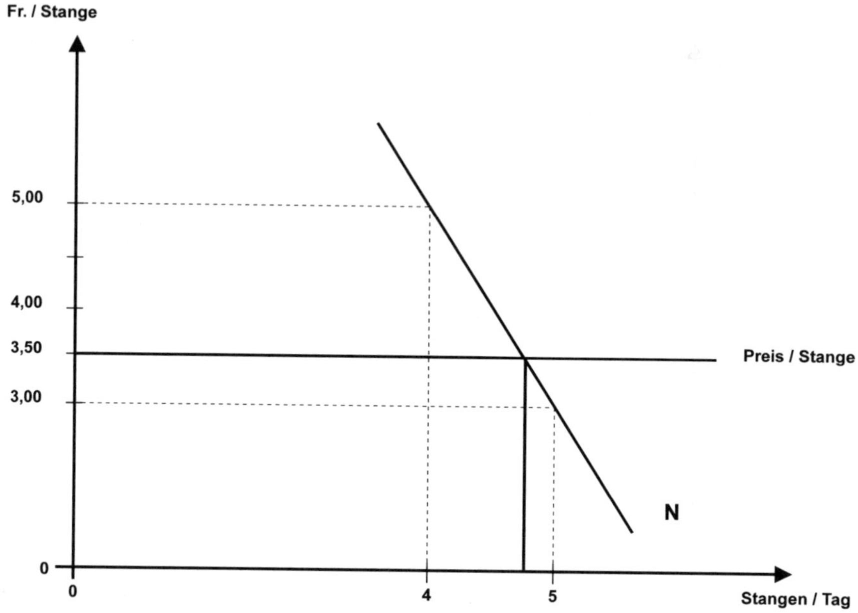

***Abb.** 2.4: Nachfragekurve*

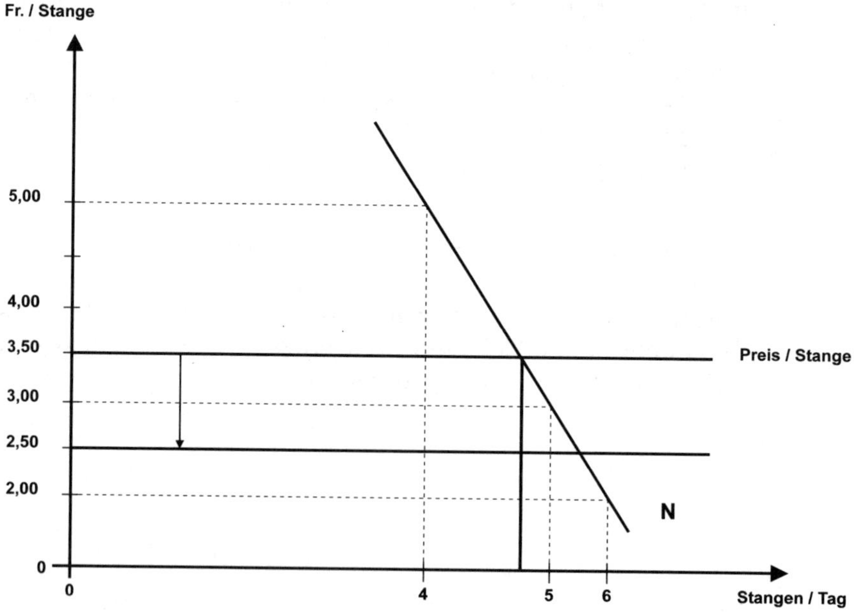

***Abb.** 2.5: Auswirkung einer Preissenkung auf die nachgefragte Menge*

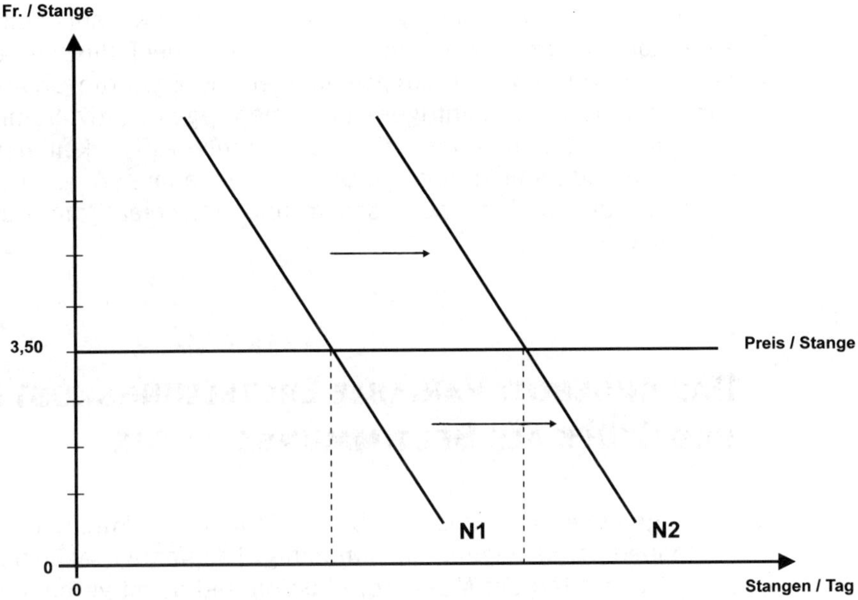

***Abb.** 2.6: Verschiebung der Nachfragekurve infolge veränderter Präferenzen*

Die Nachfragekurve drückt also eine Präferenzhaltung und eine Zahlungs- bzw. Kaufbereitschaft aus. Verändern sich die Präferenzen eines einzelnen Marktteilnehmers/einer einzelnen Marktteilnehmerin bzw. der Gesamtheit aller Marktteilnehmer so verschiebt sich die Nachfragekurve (vgl. Abb. 2.6). Noch in den 70er Jahren als „Liebestöter" verpöhnt, wurden Boxershorts in den 80er Jahren wieder „in". Somit verschob sich die Nachfragekurve nach rechts. Verringert sich das real (also inflationsbereinigte) verfügbare Einkommen der Arbeitnehmer und Arbeitnehmerinnen, so verschiebt sich die Nachfragekurve in der Folge einer kleineren Zahlungsfähigkeit und -bereitschaft nach links. Eine Erhöhung des Vermögens (z.B. durch Erbschaft) sowie eine positiv veränderte Bedürfnislage (z.B. aufgrund eines neugeborenen Kindes) verschieben die Nachfragekurve nach rechts.

Diese Zusammenhänge sind für das Verstehen der Entwicklung der Gesamtnachfrage und somit der Konjunktur von Bedeutung. Da Ertragsschätzungen oft in Zusammenhang mit konjunkturellen Erwartungen vorgenommen werden, sollten dabei diejenigen Faktoren, die die Gesamtnachfrage beeinflussen, nicht ausser acht gelassen werden.

58,8% des Bruttoinlandproduktes (gesamte volkswirtschaftliche Leistung eines Landes) der Schweiz bestehen aus dem Konsum der privaten Haushalte (1994). Dieser Konsum wird zur Hauptsache durch Löhne finanziert. Da Reallohnsteigerungen in der Schweiz in den 90er Jahren immer wieder durch unmittelbar nachfolgende Reallohnsenkungen erodiert worden sind, gehen zur Zeit (1996/Anfang 1997) vom privaten Konsum keine Signale für eine konjunkturelle Erholung aus. Zudem beeinflussen geplante und durchgeführte nominale Lohnsenkungen die Erwartungshaltung der Konsumenten bezüglich künftiger Einkommenslage negativ. Somit neigen Konsumenten dazu, auch bei vorhandener Zählungsfähigkeit weniger zu konsumieren und mehr zu sparen. Dieses sogenannte „Angstsparen" mindert natürlich die Zahlungsbereitschaft und verschiebt die Nachfragekurve nach links.

2.2 Das Angebot: Variable Erstellungskosten pro Stück als Bestimmungsfaktor

Die folgende Analyse des Angebots beinhaltet nur kurzfristige Aspekte der kostenbedingten Angebotsbestimmung. Langfristige Aspekte wie die Gesetzmässigkeiten der Massenproduktion und damit verbundene Skalenerträge werden hier nicht berücksichtigt. Somit werden die Fixkosten im folgenden ausgeklammert. Ebenso werden preisliche Mengenrabatte nicht berücksichtigt. Neue und effizientere Produktionsmethoden senken zwar laufend die Erzeugerpreise und zwingen strukturell veraltete Hersteller zu Preiskonzessionen. Diese Tatsache ändert aber nichts an der Gültigkeit der nachfolgend beschriebenen Gesetzmässigkeiten der kurzfristigen Angebotsbestimmung.

Die angebotene Menge eines Gutes nimmt mit steigendem Preis zu und mit fallendem Preis ab. Die Angebotskurve hat also eine positive Steigung (vgl. Abb. 2.7). Je höher der Marktpreis, um so grösser ist die angebotene/produzierte Menge.

Beispiel Bier:

Preis X Fr./Liter	angebotene Menge/Monat
Fr. 12.-- /Liter	75 Liter/Monat
Fr. 10.-- /Liter	70 Liter/Monat
Fr. 8.-- /Liter	60 Liter/Monat
Fr. 6.-- /Liter	40 Liter/Monat
Fr. 4.-- /Liter	15 Liter/Monat
Fr. 2.-- /Liter	0 Liter/Monat
Fr. 1.-- /Liter	0 Liter/Monat

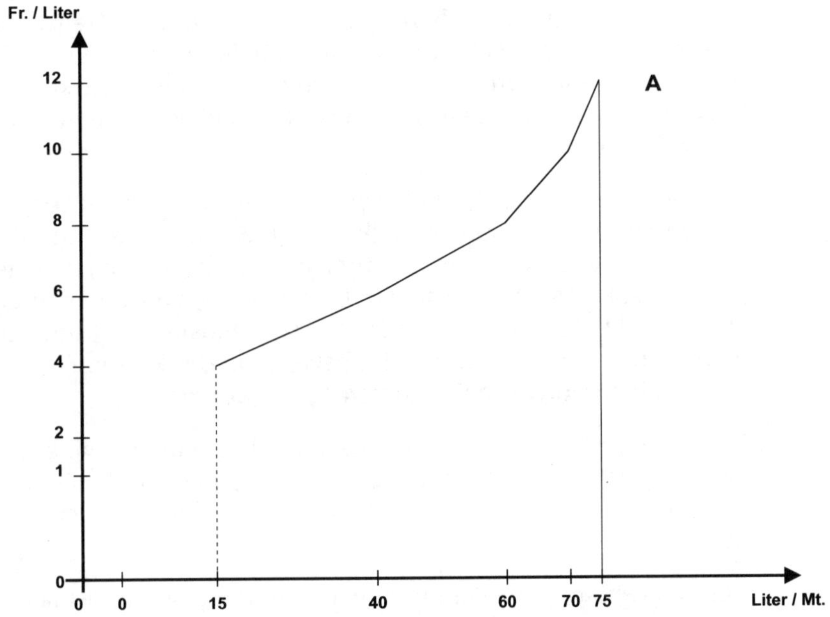

Abb. 2.7: Angebotskurve

Gesetzmässigkeit der fallenden Grenzerträge und der steigenden Grenzkosten

Wie eingangs erwähnt, gilt die Gesetzmässigkeit fallender Herstellungskosten bei grösseren Mengen (Massenproduktion/Skalenerträge) nur *auf lange Sicht*, wenn die Möglichkeit besteht, die Produktionskapazitäten auszuweiten. Diese Möglichkeit besteht in der kurzen Frist, also der vorliegenden Sichtweise, nicht. Hingegen besteht hier eine andere fundamentale Gesetzmässigkeit: die Gesetzmässigkeit der steigenden Grenzkosten (variable Erstellungskosten pro Stück). Kurzfristig ist es einem Produzenten nicht (od. nur sehr selten) möglich, höhere Produktionsmengen mit erhöhtem Realkapitaleinsatz zu erzeugen. Kurzfristig erhöhte Produktionsmengen werden mit erhöhtem *Arbeitseinsatz* erzielt (Überstunden, Samstags- und Sonntagsarbeit, Einsatz von temporären Mitarbeitern und Mitarbeiterinnen). Ganz zu Beginn der Produktion fallen die Erstellungskosten pro Stück, da mit steigendem Arbeitseinsatz das optimale Verhältnis zwischen den beiden Produktionsfaktoren Arbeit und Realkapital erreicht wird. Wird die Produktion weiter ausgeweitet (mit steigendem Arbeitseinsatz), werden die zusätzlich erzielten Erträge immer kleiner. Der Grund liegt in dem Umstand, dass eine steigende Zahl von Arbeitskräften mit einer konstanten Menge an Realkapital (Maschinen/ Lastwagen) produzieren muss. Mit steigendem Mitteleinsatz *eines einzelnen* Produktionsfaktors (in diesem Fall Arbeit) wirft also jede zusätzlich eingesetzte Einheit weniger ab als die davor eingesetzte Einheit, da sich das Verhältnis von Arbeit zu Realkapital zunehmend vom optimalen „Mix“ entfernt. Fallende

Grenzerträge sind gleichbedeutend mit steigenden Grenzkosten. Die Kosten für jede zusätzlich produzierte Einheit liegen somit über den Kosten der davor produzierten Einheit. Solange aber die Grenzkosten unter dem Verkaufspreis (= Grenzertrag) eines Stücks bleiben, lohnt sich die Produktion weiterer Einheiten.

Um die Frage nach der angebotenen Menge zu beantworten, müssen noch die Durchschnittskosten berücksichtigt werden. Man unterscheidet zwischen den *variablen Durchschnittskosten*, die sich nur aus den variablen Erstellungskosten/Stk. (also den Grenzkosten) berechnen, und den *totalen Durchschnittskosten*, die neben den Grenzkosten auch die Fixkosten miteinbeziehen. Für eine Betrachtungsweise in der kurzen Frist werden bloss die variablen Durchschnittskosten herangezogen.

Die totale und die variable Durchschnittskostenkurve nähern sich mit steigender Stückzahl immer mehr einander an, da die Fixkosten, der Grund für die unterschiedliche Lage, durch eine immer höhere Stückzahl geteilt werden.

Der Preis entspricht nicht nur dem Grenzertrag, sondern zugleich auch dem Durchschnittsertrag (Annahme: Der Preis ist für alle verkauften Stücke gleich hoch). Somit muss im Bestreben, einen Gewinn zu erzielen, die folgende Voraussetzung erfüllt sein: Der Preis muss mindestens so hoch sein wie die Durchschnittskosten. Liegt der Preis (also der Durchschnittsertrag) unter dem Minimum der Durchschnittskosten, so wird überhaupt nicht produziert.

Wie die folgende Grafik zeigt (vgl. Abb. 2.8), schneidet die Grenzkostenkurve die Durchschnittskostenkurve in ihrem Verlauf nach oben. Der Teil der Grenzkostenkurve, der über der Durchschnittskostenkurve liegt, ist entscheidend für die Bestimmung der angebotenen Menge. Wie unten erläutert, wird genau bis zu der Menge produziert und angeboten, bei der die Grenzkosten dem Preis (d.h. dem Grenzertrag) entsprechen. Somit entspricht also die Angebotskurve des Produzenten dem Teil der Grenzkostenkurve, der über der Durchschnittskostenkurve liegt.

Die produzierte Menge wird also im Bestreben, den Gesamtgewinn zu maximieren, soweit ausgedehnt, bis die Grenzkosten dem Verkaufspreis entsprechen. Zudem wird hier angenommen, dass der Produzent alle produzierten Einheiten zum jeweiligen Marktpreis verkaufen kann. Der Verkaufspreis eines Stückes entspricht somit dem Grenzertrag (d.h. dem Ertrag, der durch den Verkauf eines weiteren Stücks erzielt wird). Das Gewinnmaximum liegt dort, wo die Grenzkosten dem Grenzertrag (oder Verkaufspreis) entsprechen. Würde die produzierte Menge weiter erhöht, so ergäben sich Grenzkosten, die über dem Verkaufspreis liegen. Diese ersten Verluste (pro Stück) würden den Gesamtgewinn schmälern.

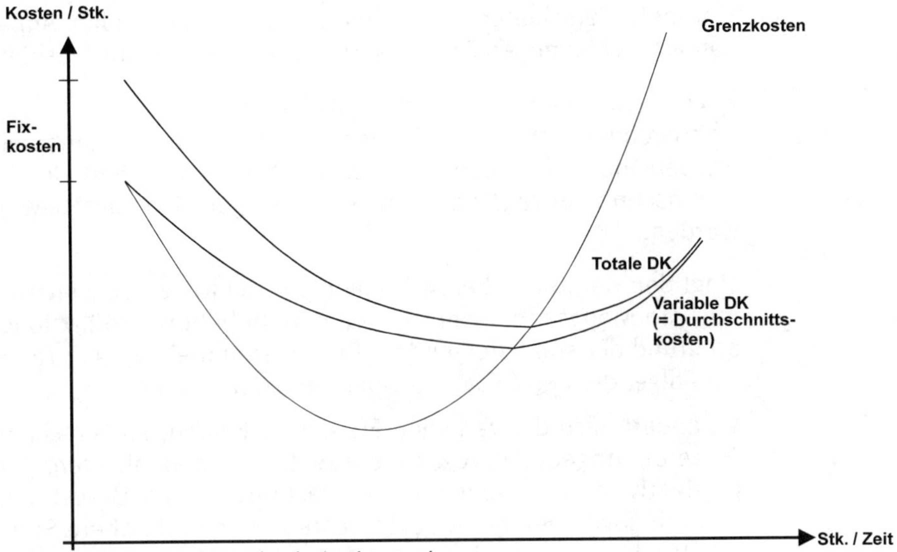

Abb. 2.8: Grenzkostenkurve und Durchschnittskostenkurven

Die Frage nach der produzierten Menge wird also von der Grenzkostenkurve beantwortet (vgl. Abb. 2.8). Liegt aber der Preis für eine verkaufte Einheit unter den Durchschnittskosten, so lohnt sich eine Produktion nicht. Die Angebotskurve ist also derjenige Teil der Grenzkostenkurve, der über den Durchschnittskosten DK liegt. Zu bemerken ist hier, dass die langfristige Angebotskurve weniger weit nach unten reicht als die kurzfristige. Dieser Umstand liegt darin begründet, dass in der langen Frist auch die Fixkosten in die Durchschnittskosten integriert werden.

Dem Umstand steigender Grenzkosten sollte u.a. beim Offerieren von Firmenleistungen Rechnung getragen werden. Verpflichtet sich beispielsweise eine Unternehmung, eine gewisse Leistung innert einer für die Unternehmung ungewohnt kurzen Frist zu erbringen, ohne dafür den Verkaufspreis zu erhöhen, so können die hohen und rasant steigenden Grenzkosten u.U. einen Verlust nach sich ziehen. Somit ist es beim Erstellen von Offerten wichtig, die Kapazität der eigenen Unternehmung nicht zu überschätzen. Müssen Aufträge in zu kurzer Zeit ausgeführt werden, so kann dies erhebliche Mehrkosten (Überstunden, Nacht- und Samstagsarbeit, temporäre MitarbeiterInnen etc.) verursachen, die in der Folge den Gewinn schmälern oder sogar, wie schon erwähnt, zu einem Verlust führen.

Ein weiterer Umstand muss an dieser Stelle ebenfalls erwähnt werden. In einem Umfeld tendenziell fallender Erzeugerpreise sind viele Unternehmen darauf angewiesen, mittels optimaler Strategien ihre Durchschnittskosten laufend zu senken, um auch bei tieferen Verkaufspreisen noch in der Gewinnzone zu bleiben (für ein Beispiel s. Kap. 5.4, Kleine Fallstudie: Globalisierung). Verschlafen Unternehmen solche laufenden Anpassungen, so kann im schlimmsten Fall sogar das Überleben gefährdet sein.

Ein Anschauungsbeispiel mit Getränken

Im folgenden Zahlenbeispiel liegt der minimale Verkaufspreis, der erzielt werden muss, bei 1,40 Franken pro Hektoliter. Liegt der Marktpreis (= Durchschnittsertrag) darunter, so kann gar nicht mit Gewinn produziert werden.

Liegt der Marktpreis bei 18 Franken pro Hektoliter, so werden 4'900 Hektoliter pro Monat produziert. Eine um 45 hl höhere Produktionsmenge hätte aufgrund der stark steigenden Grenzkosten (bei 22,23 Fr./hl) einen Verlust zur Folge, der den Gesamtgewinn schmälern würde.

Verändern sich die variablen Erstellungskosten, so verschiebt sich in der Folge die Angebotskurve. Tiefere reale Lohnnebenkosten, höhere Arbeitsproduktivität, das Abgelten von Nachtarbeit und Überstunden zum Normaltarif sowie tiefere indirekte Besteuerung und höhere Subventionen für die Produktion verschieben die Angebotskurve nach unten bzw. nach rechts. In dem Masse, wie Betriebsmittel fremdfinanziert sind, bewirken auch tiefere Realzinsen eine Verschiebung der Angebotskurve nach unten. Bei der Angebotskurve handelt es sich also um eine Kosten-Mengen-Beziehung innerhalb eines von der Unternehmung definierten Zeitrahmens.

Totale Mehrkosten für Überstunden pro Monat	Totale Produktions- und Verkaufs-Menge in hl pro Monat	Variable Durchschnittskosten pro Einheit (in hl)	Grenzkosten
1'000	110	9,09	9,09
2'000	240	8,34	7,69
3'000	600	5,00	2,78
4'000	1'800	2,23	0,83
5'000	3'500	1,43	0,59
6'000	4'300	**1,40**	1,25
7'000	4'500	1,56	5,00
8'000	4'650	1,72	6,67
9'000	4'760	1,89	9,09
10'000	4'840	2,08	12,50
11'000	4'900	2,24	**16,67**
12'000	4'945	2,43	22,23

2.3 DAS MARKTGLEICHGEWICHT

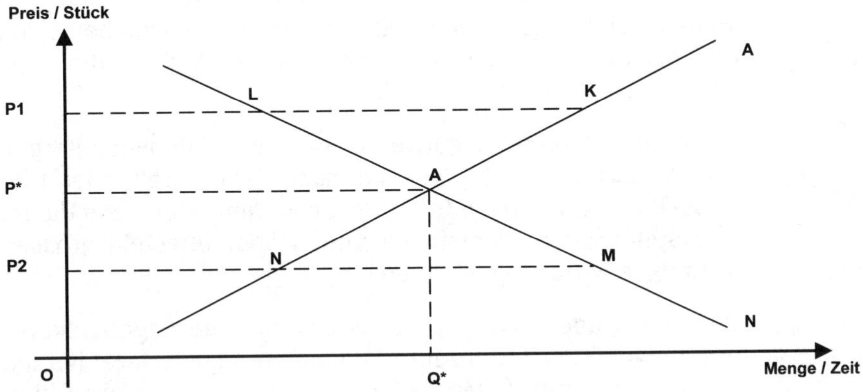

***Abb.** 2.9: Marktgleichgewicht*

Das Zusammenwirken von Nachfrage und Angebot auf einem Markt ergibt einen bestimmten Preis für das entsprechende Gut, den *Gleichgewichtspreis* (vgl. Abb. 2.9).

Punkt A ist das sog. *Marktgleichgewicht*, d.h., in Punkt A wird die *Gleichgewichtsmenge* Q* zum Gleichgewichtspreis P* angeboten bzw. nachgefragt. In diesem Punkt stimmt die Kaufsbereitschaft der Konsumenten (Nachfrager) genau mit der Verkaufsbereitschaft der Produzenten (Anbieter) überein. Man kann sich einen traditionellen Markt vorstellen, auf dem sich Käufer und Verkäufer durch Feilschen über den Preis von 2 kg Tomaten einig werden.

Anders ausgedrückt, ist der Gleichgewichtspreis P* derjenige Preis, der die Konsumenten dazu veranlasst, genau die Menge Q* nachzufragen, und unabhängig davon die Produzenten dazu veranlasst, genau die Menge Q* anzubieten. Somit kann der Anbieter zum Gleichgewichtspreis P* immer die gesamte produzierte Menge verkaufen.

Befindet sich der *Marktpreis* P1 oberhalb des Gleichgewichtspreises P*, dann entsteht ein Marktungleichgewicht, das sich in einem *Angebotsüberschuss* (Strecke LK) äussert (z.B. bei einem staatlich verordneten Mindestpreis). Befindet sich der Marktpreis P2 hingegen unterhalb des Gleichgewichtspreises P*, führt dies zu einem *Nachfrageüberhang* (Strecke NM, z.B. bei einem staatlich verordneten Maximalpreis). Im ersten Fall bringt eine Preissenkung und im zweiten Fall eine Preiserhöhung den Preis wieder ins Gleichgewicht P*. Dieser Anpassungsprozess verläuft automatisch und zwingend, sofern keine staatlichen Eingriffe ins Preisgefüge vorgenommen werden. Somit spricht man von einem *stabilen Gleichgewicht*.

Wie schon erläutert, verschiebt ein verändertes Nachfrageverhalten der Konsumenten die Nachfragekurve. Genauso verschieben veränderte variable Kostenstrukturen in der Produktion die Angebotskurve. Dies führt jeweils zu einem neuen Marktgleichgewicht. Verschieben sich beide Kurven gleichzeitig, kann keine generelle Aussage über die Lage des neuen Gleichgewichts gemacht werden.

Wird ein Substitutionsgut teurer oder ein Komplementärgut billiger, verschiebt sich die Nachfragekurve nach dem betreffenden Gut nach rechts. Dasselbe gilt, wenn ein Gut in Mode kommt oder wenn die Nachfrager real und steuerbereinigt mehr verdienen oder über ein grösser gewordenes Vermögen verfügen (vgl. oben Kap. 2.1).

Wie schon oben erwähnt, verschiebt sich die Angebotskurve nach rechts unten, wenn der Produzent real kleinere Löhne bezahlen muss, wenn die Lohnnebenkosten fallen, wenn die Produktivität von Arbeit oder Kapital steigt, wenn die realen Zinssätze für Fremdkapital fallen (sofern Betriebsmittel fremdfinanziert sind), wenn indirekte Steuern reduziert werden, oder wenn er Subventionen erhält (vgl. oben Kap. 2.2).

> *Das Verstehen der Bestimmungsfaktoren von Angebot und Nachfrage hilft uns, die aktuelle konjunkturelle Lage (1996/Anfang 1997) zu verstehen und qualifizierte Annahmen über den künftigen Konjunkturverlauf zu machen.*

Der Neoliberalismus fordert u.a. Deregulierungen des Arbeitsmarktes zur Belebung der Konjunktur. Wenn Überstunden nicht mehr speziell abgegolten werden, so verschiebt dies in der Tat die Angebotskurve nach unten bzw. nach rechts. Probleme entstehen allerdings, wenn sich in der Folge die Nachfragekurve nach links verschiebt. Wenn Überstunden nicht mehr abgegolten werden, fällt das real verfügbare Einkommen. Dies ist der Grund für die Verschiebung der Nachfragekurve nach links. In Abbildung 2.10 sind die Achsen nicht mehr mit Menge/Zeit und Preis/Stück beschriftet, sondern mit der jährlichen Wachstumsrate des Bruttoinlandprodukts (volkswirtschaftliche Leistung pro Jahr) und der jährlichen Veränderungsrate des Landesindexes der Konsumentenpreise (LIK), also der Inflationsrate. Wie wir sehen, beschreibt die Grafik gut die aktuelle Situation in der Schweiz (1996/Anfang 1997). Eine tiefe und weiter fallende Inflationsrate begleitet ein Nullwachstum bzw. ein Schrumpfen des BIP.

Wir können nun die in Kapitel 1.5 gestellten drei Hauptfragen der VWL beantworten: Der Markt- und der Preismechanismus entscheiden, was produziert wird, wie produziert wird und für wen produziert wird.

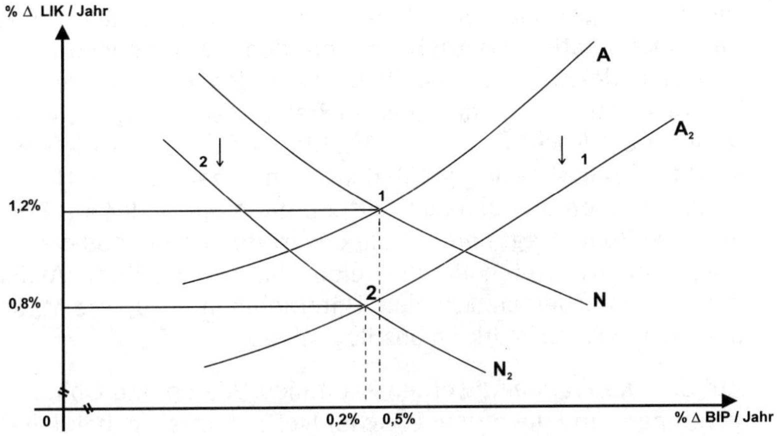

Abb. 2.10: Auswirkung von tieferen Produktionskosten und tieferen Reallöhnen

1. *Was* produziert werden soll, merken die Anbieter durch das Kaufverhalten der Nachfrager auf dem Markt. Beispielsweise ist das Ansteigen des Weizenpreises ein Signal, mehr Weizen anzubieten, da offensichtlich die Nachfrage gestiegen ist. Im weiteren ist in diesem Kontext auf die Bedeutung der Marktforschung hinzuweisen.

2. *Wie* produziert wird, bestimmen im wesentlichen die Gewinnüberlegungen der Anbieter. Ein Anbieter ist somit bei einer tiefen Nachfrage und einem entsprechend tiefen Preis stärker zu einer effizienten Produktion gezwungen als bei grosser Nachfrage und hohem Preis. Zudem entscheiden u.a. das reale Lohnniveau, die Arbeits- und Kapitalproduktivität sowie die realen Zinssätze, wie kapitalintensiv bzw. arbeitsintensiv die Produktionsart ausfällt.

3. *Für wen* produziert wird, entscheidet sich in einem rein marktwirtschaftlichen Umfeld aufgrund der Kaufkraft der Nachfrager. (Beachten Sie hier bitte das Problem der Einkommensverteilung, das u.U. ein Eingreifen des Staates rechtfertigt.)

Im folgenden werden die wichtigsten Merkmale einiger Märkte beschrieben:

Der *Konsumgütermarkt* unterscheidet sich vom Investitionsgütermarkt in verschiedenen Punkten. Die Nachfrager nach Konsumgütern sind neben dem Staat vor allem die privaten Haushalte im In- und Ausland. So spielen bei der Entwicklung der Nachfrage nach Konsumgütern neben den generellen konjunkturellen Erwartungen vor allem die Entwicklung der real, also preisbereinigten verfügbaren Einkommen der privaten Haushalte (nach Steuern) eine entscheidende Rolle.

Die Nachfrager nach *Investitionsgütern* sind vor allem private Unterneh men oder staatliche Betriebe, die mit den Investitionsgütern weitere Güte und Dienstleistungen herstellen. Neben den konjunkturellen Erwartunger ist vor allem die Entwicklung der Realzinsen von entscheidender Bedeu tung für die Nachfrage nach Investitionsgütern, da viele Investitionen au Kredit bzw. im Leasing getätigt werden. Finanziert ein Unternehmen ein Realinvestition aus eigenen Mitteln, dann spielt der Marktzins auch ein wichtige Rolle. Liegt nämlich die erwartete Rendite aus der Realinvestitio unter der erwarteten Rendite einer Finanzinvestition (Aktien, Obligatio nen), so entscheiden sich viele Unternehmen dazu, ihre Mittel vorerst ein mal an den Finanzmärkten anzulegen.

Auf dem *Kapitalmarkt* werden Kapitalien (Aktien und Obligationen, d.h. Ei gentümer- und langfristige Schuldverhältnisse) gehandelt. Der Kapital markt unterscheidet sich vom Geldmarkt in der Laufzeit. Laufzeiten vo über einem Jahr fallen in den Kapitalmarkt (in der Regel zwischen zwei un 15 Jahren, maximal 30 Jahre beim amerikanischen Long Bond; in Ausnah mefällen werden auch sogenannte *Perpetual Bonds* mit unbegrenzte Laufzeit angeboten). Die öffentliche Hand, Kraftwerke, die Industrie, Ban ken und die Pfandbriefzentralen sind die wichtigsten inländischen Nach frager nach Kapital. Das Ausland beanspruchte 1993 mit eine Kapitalnachfrage von 45 Mia. Fr. 55 Prozent des schweizerischen Kapi talmarktes. Die wichtigsten Anbieter von Kapital sind die Sparer, Finanz gesellschaften sowie institutionelle Körperschaften (Pensionskassen). I einer Rezession steigt die Kapitalnachfrage des Staates zur Defizitfinanzie rung, die Kapital nachfrage des privaten Sektors jedoch sinkt aufgrund de schlechten konjunkturellen Aussichten. Sofern die verfügbaren Einkom men der Haushalte in einer Rezession nicht stark sinken, steigt in der Re zession auch das Angebot an Kapital durch sogenanntes „Angstsparen" (Mit diesen Sparguthaben kauft der/die Sparende oft Obligationen und er höht somit das Angebot von Kapital an den Kapitalmärkten. In diesem Zu sammenhang ist der *Anbieter von Obligationen*, z.B. ein grosses Industrie unternehmen, der *Nachfrager von Kapital*.) Somit ist eine Rezession of von fallenden Zinssätzen begleitet.

Der Kapitalmarkt findet an einer Börse statt. Bis 1996 funktionierten di Schweizer Börsen (Zürich, Basel und Genf) nach dem „à la crié"-Systen (Ringhandel). Die EBS, die elektronische Börse Schweiz, ersetzte 1996 de Ringhandel, und der schweizerische Kapitalmarkt wird heute übers Telefo abgewickelt. Informationen bezüglich der Preise holt sich der Händler an Bildschirm (Reuters, Bloomberg etc.) und auf Anfrage bei anderen Händ lern.

Die Laufzeit am *Geldmarkt* beträgt im Minimum einen Tag (Tagesgeld), in Maximum ein Jahr (Termingeld). Somit werden am Geldmarkt neben Ge dern mit einer Laufzeit von 24 bzw. 48 Stunden auch Gelder mit einer Lauf zeit von einem, drei, sechs oder zwölf Monaten gehandelt. Daneben umfasst der Geldmarkt auch den Handel mit Geldmarktbuchforderungen der Eidgenossenschaft (GMBF), Put- und Call-Optionen sowie Futures-Kontrakte (Gehandelt werden diese an der SOFFEX/Swiss Options and Financial Futures Exchange) und Certificates of Deposit usw. Die Nachfrager bzw. Anbieter am Geldmarkt sind hauptsächlich Industrien, Banken, Unternehmen mit kurzfristigen Liquiditätsengpässen bzw. mit kurzfristigen Liquiditätsüberschüssen.

Der Geldmarkt ist wie der Kapitalmarkt ein Telefonhandel und wird über ein elektronisches System abgewickelt. Die EBS und die SOFFEX sind heute in der Swiss Exchange SWX zusammengefasst.

Am *Devisenmarkt* wird ausländisches Buchgeld gehandelt. Der Devisenmarkt findet ausschliesslich übers Telefon statt. Auf Anfrage nennen die Händler einen Kauf- und Verkaufspreis (Geld- und Briefkurs) und sind verpflichtet, bei den angegebenen Preisen bestimmte Mengen zu kaufen bzw. zu verkaufen. Die Schweiz ist hinter London, den USA und Japan der viertgrösste Devisenhandelsplatz der Welt (tägliches Handelsvolumen der Schweiz 1992: 68 Mia. US$).

2.4 VERSCHIEDENE GÜTERKATEGORIEN

Da es sich bei Angebot und Nachfrage an den verschiedenen Märkten oft um Güter und Dienstleistungen handelt, folgt an dieser Stelle eine kurze Beschreibung der wichtigsten Güterkategorien in Stichworten.

KONSUMGÜTER

Nachfrage hauptsächlich einkommensabhängig (eine Ausnahme bilden Güter zur Befriedigung lebensnotwendiger Grundbedürfnisse), bestimmt für den Endverbrauch, verlassen den Produktionsprozess: Nahrungsmittel, Kleider, Bücher.

DAUERHAFTE KONSUMGÜTER (GEBRAUCHSGÜTER)

Langlebige Konsumgüter, mehrmaliger Gebrauch, Nachfrage einkommensabhängig, aufgrund neuer Finanzierungsinstrumente vermehrt auch zinsabhängig (Auto-Leasing): Auto, Waschmaschine.

VERBRAUCHSGÜTER

Erlauben nur eine einmalige Nutzung (im Gegensatz zu den Gebrauchsgütern): Taschentücher aus Papier, Nahrungsmittel, Reinigungsmittel. Die Nachfrage ist stark einkommensabhängig.

Investitionsgüter
Nicht für den Endkonsum bestimmt, sondern sie werden zur Produktion weiterer Güter und Dienstleistungen verwendet, Nachfrage zinsabhängig sowie abhängig von Erwartungen bezüglich der Konjunktur.

Dienstleistungen
Meistens nicht lagerbar, oft fallen Produktion und Verbrauch zeitlich zu sammen, können Investitions- oder Konsumcharakter haben: Haarschnitt Ferienreise, Weiterbildung.

Freie Güter
Haben keinen Preis, denn sie werden von der Natur in der gewünschten Form und in ausreichendem Masse zur Verfügung gestellt, müssen somi nicht veredelt werden: Sonnenschein, Luft.

Knappe Güter
Haben einen Preis, da sie produziert/veredelt werden. Da P > 0, werden knappe Güter nie bis zur vollen Sättigung konsumiert (s. Kap. 2.1 „Die Nachfrage: Zahlungsbereitschaft und Zahlungsfähigkeit").

Private Güter
Werden nicht vom Staat, sondern vom Markt angeboten. Der zahlende Konsument kann den gesamten Nutzen aus dem Konsum eines privaten Gutes für sich beanspruchen (z.B. der Gast im Restaurant zahlt für eine Mahlzeit und isst sie alleine auf).

Öffentliche Güter
Werden nicht vom Markt sondern vom Staat angeboten. Oft sind öffentli che Güter auch Kollektivgüter, die nur gemeinsam mit anderen konsumier werden können: Landesverteidigung, Verkehrsregelung.

Meritorische Güter bzw. Dienstleistungen
Güter und Dienstleistungen, auf die gemäss unseren ethischen Vorstellun gen jedermann ein Anrecht hat: medizinische Versorgung, Schulbildung.

Substitutionsgüter
Ersatzgüter: Das eine kann durch das andere ersetzt werden. Steigt de Preis des einen, steigt die Nachfrage nach dem anderen: Butter und Mar garine, Shell-Benzin und BP-Benzin. Im engsten Sinne handelt es sich be Substitutionsgütern um identische Güter verschiedener Hersteller.

Komplementärgüter
Der Konsum des einen setzt den Konsum des anderen voraus. Steigt de Preis des einen, fällt die Nachfrage nach dem anderen: Auto und Benzin.

IMMATERIELLE GÜTER
Patente, Marken, Herkunftsangaben, öffentliche Zeichen, Urheberrechte und verwandte Schutzrechte sowie Topografien von Halbleiterprodukten[2].

2.5 DIE PREISELASTIZITÄT VON NACHFRAGE UND ANGEBOT

Die Volkswirtschaftslehre verfügt wie andere Wissenschaften auch über eine Vielzahl von Kennziffern. Eine davon ist die Preiselastizität der Nachfrage bzw. des Angebots. Sie ist ein Gradmesser für die Veränderung der nachgefragten bzw. angebotenen Menge in der Folge einer Preisänderung. Berechnet wird sie wie folgt:

$$\text{Preiselastizität} = \frac{\text{Prozentuale Veränderung der Menge}}{\text{Prozentuale Veränderung des Preises}}$$

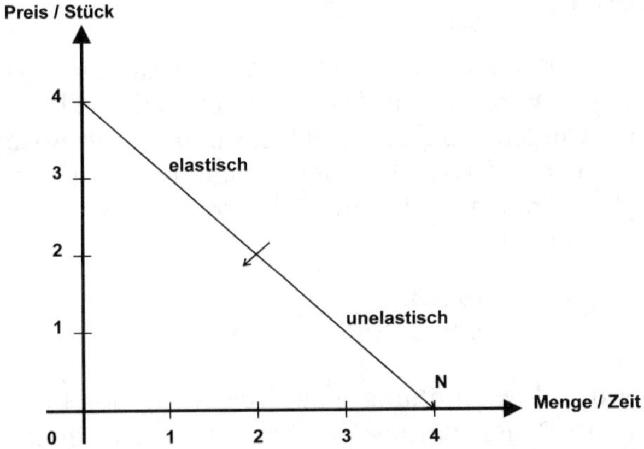

***Abb.** 2.11: Die Preiselastizität der Nachfrage ist nicht an jeder Stelle der Nachfragekurve gleich gross*

Übersteigt die prozentuale Mengenänderung die prozentuale Preisänderung, so liegt die Preiselastizität bei > 1 bzw. < –1. Man spricht in diesem Fall von einem *elastischen* Angebot bzw. einer *elastischen* Nachfrage. Ist

2 „Dank der technischen Entwicklung funktioniert eine grosse Zahl von Apparaten des täglichen Gebrauchs (z.B. Computer) mittels Halbleiterprodukten oder integrierter Schaltung, auch ‚Chips' genannt. Indessen kann die künftige Entwicklung dieser Schlüsseltechnologie nur mit einem wirksamen Rechtsschutz gesichert werden. Während nämlich Forschung und Entwicklung in diesem Bereich beträchtliche Investitionen erfordern, ist es relativ einfach, Halbleiterprodukte zu verhältnismässig geringen Kosten zu kopieren. Darum haben die meisten industrialisierten Staaten in diesem Bereich Gesetze erlassen" (Die Volkswirtschaft 11/93, S. 44 f.).

die Preiselastizität > –1 bzw. < 1, spricht man von einer *unelastischen* Nachfrage bzw. einem *unelastischen* Angebot.

NB: Berechnet man die Preiselastizität der Nachfrage anhand einer geraden Nachfragefunktion (d.h. Nachfragekurve mit konstanter Steigung –1), kann man feststellen, dass die Preiselastizität der Nachfrage nicht an jeder Stelle der Nachfragegeraden gleich gross ist (vgl. Abb. 2.11).

2.5.1 Die Preiselastizität der Nachfrage: Eine Entscheidungshilfe für die Preisgestaltung des Anbieters?

Ein Anschauungsbeispiel mit Flaschenöffnern (unter Ausklammerung der Kostenseite)

Eine Erhöhung des Verkaufspreises um beispielsweise 3 Franken von 8 Franken auf 11 Franken pro Stück bei gleichzeitigem Absatzrückgang von 20 Stück von monatlich 300 auf 280 verkaufte Flaschenöffner hat sich für den Verkäufer/Produzenten gelohnt. Der Umsatz erhöhte sich um 680 Franken von 2'400 Franken auf monatlich 3'080 Franken. Die Preiselastizität der Nachfrage berechnet sich wie folgt:

$$\text{Preiselastizität} = \frac{-20:300}{3:8} = -0{,}177$$

Es wäre aber irreleitend, die Kennziffer –0,177 jeder künftigen Preisänderung zu unterlegen. Wird z.B. der Preis noch einmal erhöht, und zwar um 5 Franken auf 16 Franken pro Stück, fällt der monatliche Absatz möglicherweise um 250 Stück auf 30 Stück. Der Umsatz fällt demzufolge um 2'600 Franken von 3'080 Franken auf monatlich 480 Franken. Die Preiselastizität berechnet sich wie folgt:

$$\text{Preiselastizität} = \frac{-250:280}{5:11} = -1{,}964$$

Wenn das Ziel der Preiserhöhung eine Steigerung des Umsatzes war, so hat sich die erste Preisänderung gelohnt, die zweite aber war ein Fehlschlag.

Für eine sichere und verlässliche Preisgestaltung, die den Ertrag maximiert, stellt sich also zuerst die Frage nach der preismengenneutralen (oder: umsatzneutralen) Elastizität.

Ein Anschauungsbeispiel mit Kaugummi

Ein Kiosk verkauft pro Tag 5 Kaugummis zu 20 Rappen pro Stück. Im Versuch, den Absatz zu steigern, wird der Preis auf 10 Rappen pro Stück gesenkt. Die verkaufte Menge verdoppelt sich in der Folge auf 10 Kaugummis pro Tag. Der Umsatz bleibt aber unverändert bei 1 Franken pro Tag. Die Preiselastizität der Nachfrage berechnet sich wie folgt:

$$\text{Preiselastizität} = \frac{5:5}{-0{,}1:0{,}2} = -2$$

Dieses Beispiel beschreibt also eine preis-mengenneutrale Situation mit einer Preiselastizität von –2. Es ist verlockend, anzunehmen, eine Preiselastizität von beispielsweise genau –1 würde immer die Preis-Mengen-Beziehung beschreiben, bei der die Mengenänderung eine Preisänderung genau kompensiert. Dies ist aber, wie wir im vorangegangenen Beispiel gesehen haben, nicht der Fall. Ein weiteres Beispiel illustriert ebenfalls eine Preiselastizität von –2, aber der Umsatz nimmt in der Folge der Preisermässigung zu.

EIN ANSCHAUUNGSBEISPIEL MIT KANTINENESSEN

In einer Betriebskantine werden für 12 Franken pro Essen jeden Mittag 100 Essen verkauft. Um die Auslastung der Kantine zu erhöhen, wird der Preis pro Mittagessen um 2,05 Franken auf 9,95 Franken gesenkt. In der Folge werden nun täglich 134 Mittagessen verkauft. Der Umsatz erhöht sich um 133,3 Franken von 1'200 Franken auf 1'333,3 Franken pro Tag. Die Preiselastizität der Nachfrage berechnet sich wie folgt:

$$\text{Preiselastizität} = \frac{34:100}{-2{,}05:12} = -2 \text{ (resp. } -1{,}99)$$

In den beiden vorhergehenden Beispielen ergibt sich jedesmal dieselbe Elastizität der Nachfrage von –2, und trotzdem unterscheiden sich diese Beispiele in bezug auf die für uns relevante mengenmässige Auswirkung einer Preisänderung markant. Die umsatzneutrale Preiselastizität der Nachfrage darf also nicht mit irgendeinem fixen Wert der Elastizität, z.B. –1 oder –2, in Verbindung gebracht werden.

Im Kaugummi-Beispiel betrugen Menge und Preis vor der Preissenkung 5 Stk. und 0,2 Franken. Nach der Preissenkung wurden für 0,1 Franken 10 Stk. verkauft. Auffällig ist, dass der Preis immer dem Kehrwert der Menge entspricht, somit folgt:

$$\text{Menge} = \frac{1}{\text{Preis}} \quad \text{oder}$$

$$y = \frac{1}{X}$$

und dies ist die Gleichung für eine Hyperbel. Eine Hyperbel hat folgenden Kursverlauf (wir zeigen hier nur eine der beiden Achsen):

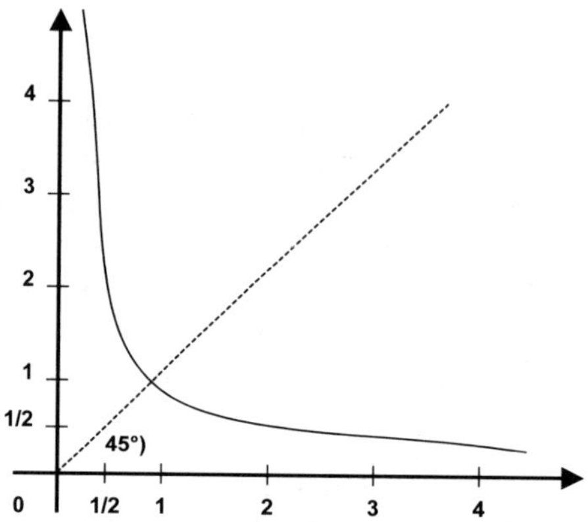

Abb. *2.12: Nachfragekurve mit umsatzneutralem Verlauf*

Aus den Beispielen von oben folgt, dass nur die Nachfragekurve, die dem Verlauf der Hyperbel $y = \frac{1}{x}$ folgt (also der *Grundform* der Hyperbel), die Eigenschaft der Umsatzneutralität infolge von Preisänderungen aufweist.

Es wäre aber verfehlt, daraus zu schliessen, die berechnete Preiselastizität der Nachfrage müsse auf dieser hyperbelförmigen Nachfragekurve überall –1 betragen. Die Preiselastizität entlang der hyperbelförmigen Nachfragekurve (Grundform der Hyperbel) liegt sowohl zwischen 0 und –1 als auch bei < –1.

Schlussfolgerung

Die Preis-Mengen-Neutralität (oder Umsatzneutralität) ist also ein Phänomen, dem man keinen eindeutigen Elastizitätswert zuordnen kann. Und da der Verlauf einer Nachfragekurve praktisch nie dem Verlauf der Hyperbelgrundform folgt (v.a. in der Skalierung nicht), sind keine allgemeingültigen Schlüsse bezüglich der Umsatzneutralität zulässig. Es ist somit für eine erfolgreiche Preisgestaltung unerlässlich, abzuklären, ob das Teilstück der Nachfragekurve, auf dem die Preisänderung durchgeführt werden soll, zum elastischen oder unelastischen Teil der Nachfragekurve gehört. Diese Werte sind individuell aber nur durch intensive Marktforschung oder aber durch Erfahrungswerte zu ermitteln. Auf jeden Fall ist Vorsicht geboten. Ebenso wie eine Preiserhöhung im oberen, elastischen Teil den Umsatz negativ beeinflussen kann, so kann eine Preissenkung im unteren, unelastischen Teil den Umsatz schmälern. Zudem ist zu vermerken, dass aufgrund einer berechneten, auf Erfahrungswerten beruhenden Preiselastizität der Nachfrage keine Schlüsse auf Mengenveränderungen infolge von künftigen Preisänderungen gezogen werden können.

Als Konzept zur Erfassung verschiedener Typen von Gütern und Dienstleistungen leistet die Preiselastizität aber wertvolle Dienste:

ELASTISCHE NACHFRAGE

Leicht substituierbare Güter (oft identische Güter verschiedener Marken: Shell-Benzin und BP-Benzin), Luxusgüter ohne Snobappeal (Snobappeal = je teurer, desto besser).

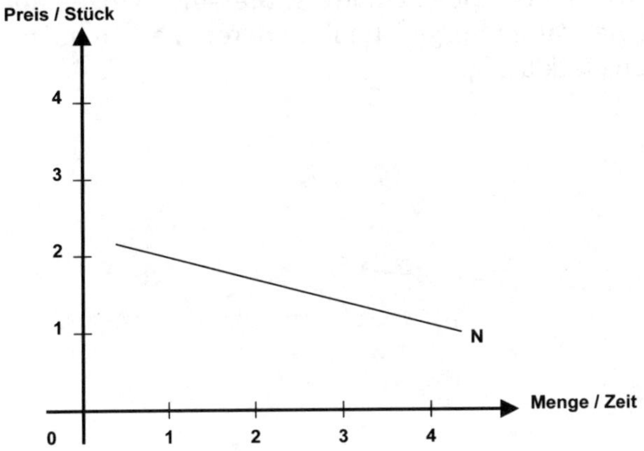

Abb. 2.13: Preiselastische Nachfragekurve

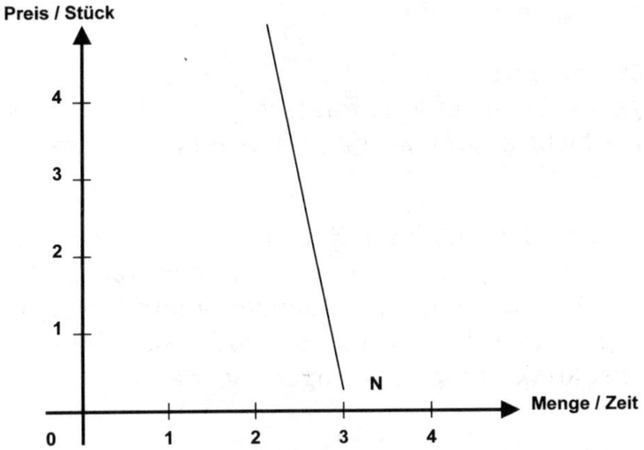

Abb. 2.14: Preisunelastische Nachfragekurve

UNELASTISCHE NACHFRAGE

Lebensnotwendige Güter (Medikamente, Grundnahrungsmittel), Suchtmittel (Alkohol), nicht oder nur schwer substituierbare Güter oder Dienstleistungen (Telefon).

ELASTISCHES ANGEBOT

Oft Güter und Dienstleistungen mit hohen Fixkosten, aber geringen Mehrkosten bei erhöhter Produktion: z.B. Bankdienstleistungen oder Güter aus industrieller Massenproduktion.

Zudem bewirkt ein (kurzfristiger) Nachfragerückgang keinen Preiszerfall: Das Produkt geht auf Halde. Hier muss es sich also um gut lagerbare Güter handeln. Zum Beispiel senkte Mercedes-Benz die Preise für die S-Klasse in der Rezession Anfang der 90er Jahre nicht oder nur wenig, bzw. er bot zusätzliche Leistungen bei gleichem Preis. Die Autos gingen auf Halde, denn ihre Technologie war im Vergleich mit anderen Marken auch noch nach einigen Monaten erstklassig.

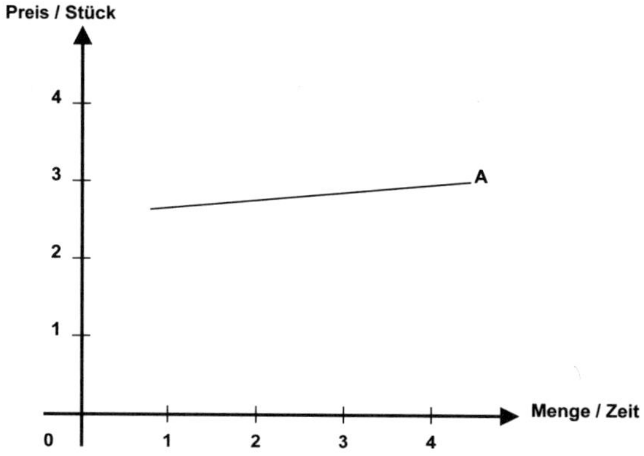

Abb. *2.15: Preiselastische Angebotskurve*

Unelastisches Angebot

Bestandesangebot: Bei einer Nachfragesteigerung kann das Angebot kurzfristig praktisch nicht erhöht werden: landwirtschaftliche Produkte, Bauland in der Schweiz.

Zudem bewirkt ein (kurzfristiger) Nachfragerückgang einen Preiszerfall: Das Produkt kann nicht gelagert werden. Im Gegensatz zu Mercedes-Benz mussten andere Autohersteller der Oberklasse ihre Preise massiv zurücknehmen, um die Autos schnell verkaufen zu können, da der Technologiefortschritt bei der Konkurrenz keine Lagerung erlaubte.

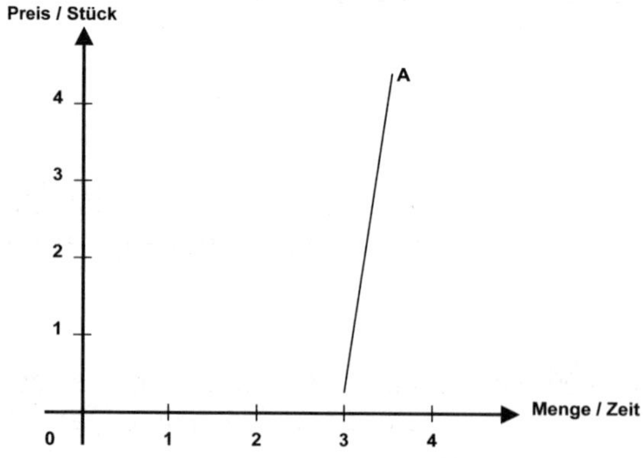

Abb. *2.16: Preisunelastische Angebotskurve*

2.6 Organisationsformen des Marktes

Eine genaue Kenntnis seines Marktes ist für ein Unternehmen, seine Strategie und sein Konkurrenzverhalten von entscheidender Bedeutung. Je nach Anzahl der Nachfrager und Anbieter und gemäss den unterschiedlichen gesetzlichen Rahmenbedingungen unterscheidet die Volkswirtschaftslehre verschiedene Organisationsformen von Märkten:

Vollkommene Konkurrenz
Keine Sozialleistungen und Subventionen, keine Sozialtransfers (z.B. Hilflosenentschädigung), Gewerbe- und Vertragsfreiheit, freier Marktzutritt für alle, keine Monopole, Kartelle und Oligopole, jeder maximiert seinen Nutzen/Gewinn, keiner kann alleine den Marktpreis beeinflussen, aber alle Marktteilnehmer zusammen bewirken den Marktpreis, jeder kann zum Marktpreis alles kaufen oder verkaufen, was er will, gleiche Startchancen für alle, nur Privathaftung, keine Aktiengesellschaften.

Monopolistische Konkurrenz
Durch Produktedifferenzierung (z.B. Markenprodukte, spezieller Service etc.) versuchen die Anbieter, ihr Produkt einzigartig (schwer substituierbar) zu machen und so mit dieser Nischenpolitik Monopolgewalt zu erlangen.

Oligopole
Grundsätzlich viele Anbieter, aber einige wenige dominieren den Markt: Mineralölmarkt, einige wenige geben den Ton an (Shell, BP etc.), der Versicherungsmarkt und der Markt für standardisierte Software-Produkte.

Monopole
Nur ein Anbieter: Dieser kann mit Patenten oder auf gesetzlicher Basis den Marktzutritt von potentiellen Konkurrenten verhindern, zudem bietet der Monopolist ein Produkt an, das nur schwer (oder überhaupt nicht) substituierbar (ersetzbar) ist (steile Nachfragekurve), ansonsten würden die Nachfrager auf Konkurrenzprodukte ausweichen, um so die hohen Preise für Monopolprodukte zu umgehen.

Kartelle
Zusammenschluss mehrerer Anbieter, um Monopolstellung zu erlangen.

2.7 Markt- und Planwirtschaft

Jede Gesellschaft trifft wirtschaftspolitische Entscheidungen, um die Güterverwendung und -verteilung zu beeinflussen (Ordnungspolitik, langfristig), den Konjunkturverlauf zu stabilisieren (Prozess- oder Ablaufpolitik, kurzfristig) und das Wirtschaftswachstum zu lenken. Zur Vorbereitung und Durchführung dieser Entscheidungen braucht es sog. Institutionen, d.h. einen Aufbau von Organen, Rechtsformen, Verhaltensnormen, Entscheidungsgrundsätzen usw. Die Gesamtheit dieser rechtlichen und institutionellen Elemente nennt man Wirtschaftssystem oder Wirtschaftsordnung.

Im weiten Spektrum verschiedener Wirtschaftssysteme unterscheiden wir hauptsächlich zwei verschiedenen Grundtypen sowie eine Mischform:

a) *Die reine Marktwirtschaft*

Der Preis allein bestimmt, *was* produziert wird.
wie produziert wird.
für wen und in welcher Menge produziert wird.

In der Schweiz herrscht grundsätzlich eine reine Marktwirtschaft. Da aber dieses System auch zu sogenanntem Marktversagen (s. unten) führt, wurde die reine Marktwirtschaft im Sinne einer sozialen Marktwirtschaft ausgebaut, d.h., die öffentliche Hand stellt die Versorgung der Bevölkerung mit gewissen meritorischen und öffentlichen Gütern bzw. Dienstleistungen sicher.

b) *Die Planwirtschaft*

Auf der Grundlage der Bedürfnisse, die von der Marktwirtschaft nicht genügend abgedeckt werden, erarbeiten die Gemeinde, der Kanton oder der Bund Pläne zur Sicherstellung des Angebots. Die produzierte und angebotene Menge wird in der Folge planwirtschaftlich bestimmt (Gesundheitswesen, Bildungswesen).

c) *Die Soziale Marktwirtschaft*

Die „Soziale Marktwirtschaft“ ist eine Mischform dieser beiden Systeme. Da u.a. die Einkommensverteilung, wie sie sich aus dem marktwirtschaftlichen Produktionsprozess und der Vermögensverteilung ergibt, als zu unausgeglichen angesehen wird, entsteht nach sozialen Gesichtspunkten ein Steuerungsbedarf: Eine Kniegelenkattrappe kostet inkl. Operation ca. 20'000 bis 30'000 Franken. Der grösste Teil aller Schweizer und Schweizerinnen könnte sich eine solche Operation, auch wenn dringend benötigt, nicht leisten, wenn sie diese selbst bezahlen müssten. Dies ist ein Marktversagen. Mittel zur Korrektur sind z.B. die *Steuerpolitik*, die *Sozialpolitik* (Sozialversicherungen), das öffentliche Bildungswesen und das Gesundheitswesen.

Im Konzept der Sozialen Marktwirtschaft – der Begriff ist mit der Wirtschaftsreform der Bundesrepublik Deutschland nach dem Zweiten Weltkrieg verbunden – soll die Selbststeuerung der Wirtschaft durch den Markt beibehalten und nur dort eingeschränkt werden, wo sie sozial unerwünschte Ergebnisse hervorruft. *Soziale Marktwirtschaft will wirtschaftliche Freiheit mit sozialer Gerechtigkeit verbinden.* Heute gehören praktisch alle marktwirtschaftlich ausgerichteten Volkswirtschaften zum Typus der Sozialen Marktwirtschaft. Er findet sich in den meisten westlichen Industriestaaten, wobei die staatlichen Interventionen und Aktivitäten jedoch unterschiedlich weit gehen, was sich u.a. an den Staatsquoten (Verhältnis zwischen den Leistungen der öffentlichen Hand und dem Bruttosozialprodukt) ablesen lässt.

3

Der volkswirtschaftliche Kreislauf: Ein Gesellschaftsspiel mit vielen Teilnehmern

3.1 Der einfache Wirtschaftskreislauf

Eine Volkswirtschaft hat zwei Seiten: eine reale, güterwirtschaftliche und eine monetäre. (Ebenso hat jedes Gut [güterwirtschaftlich] seinen Preis [monetär].) Der einfache Wirtschaftskreislauf ist ein auf ein Minimum reduziertes Modell einer Volkswirtschaft. Er beinhaltet einen Güterstrom sowie einen Geldstrom. Die beiden sind gemäss Definition immer gleich gross. Als modellmässige Vereinfachung der Realität soll der einfache Wirtschaftskreislauf dazu dienen, gewisse Gesetzmässigkeiten, wie sie in einer Volkswirtschaft vorkommen, stark vereinfacht zu beobachten.

Der einfache Wirtschaftskreislauf beinhaltet die privaten Haushalte und die Unternehmen. Der private Haushalt ist Eigentümer der klassischen Produktionsfaktoren Arbeit, Boden, Kapital und stellt diese gegen ein Entgelt den Unternehmen zur Verfügung. Das Entgelt heisst „Volkseinkommen" und wird als Geldstrom dargestellt. Die Unternehmen auf der anderen Seite erstellen mit den Produktionsfaktoren das „Sozialprodukt", den Güterstrom. Da es sich beim einfachen (wie auch beim erweiterten) Wirtschaftskreislauf um ein geschlossenes System handelt, sind die Geld- und Güterströme betragsmässig immer gleich gross (gemäss Definition gibt es also keine unter- oder überbezahlte Arbeit).

Die privaten Haushalte und die Unternehmen sind im einfachen Wirtschaftskreislauf wie folgt definiert (vgl. Abb. 3.1):

- Private Haushalte:
  Eigentümer der Produktionsfaktoren Arbeit, Boden und Kapital. Neben den klassischen Produktionsfaktoren beinhalten moderne Konzepte auch Produktionsfaktoren wie Information, Fachwissen der MitarbeiterInnen, Grad der Umweltbelastung bei der Produktion sowie den technologischen Stand des Realkapitals. Die privaten Haushalte stellen diese Produktionsfaktoren den Unternehmen zur Verfügung[3] und erhalten dafür das Volkseinkommen VE, bestehend aus Löhnen, Dividenden, Zinsen, Pachtzinsen und Mieten.

- Unternehmen:
  Sie erstellen mit den Produktionsfaktoren das Sozialprodukt SP, bestehend aus Gütern und Dienstleistungen, und verkaufen dieses gegen einen Erlös an die privaten Haushalte.

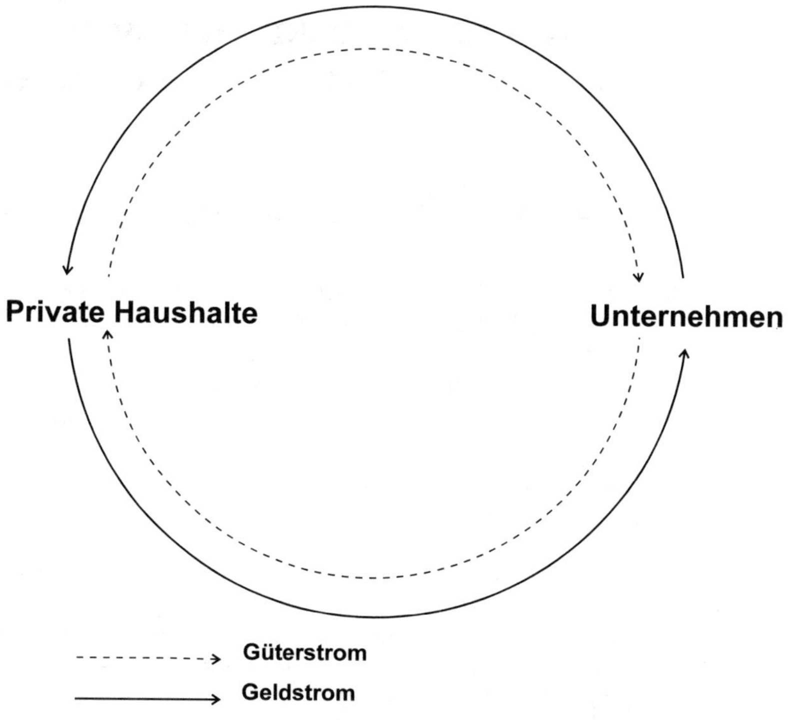

***Abb.** 3.1: Geld- und Güterstrom im einfachen Wirtschaftskreislauf*

[3] Natürlich kann in der Realität der private Haushalt nicht einen Produktionsfaktor „Grad der Umweltverschmutzung bei der Produktion“ zur Verfügung stellen. Die Umweltbelastung hängt aber stark vom technologischen Stand des Realkapitals ab. Somit integriert das Modell den Produktionsfaktor „Grad der Umweltverschmutzung bei der Produktion“ ins Kapital.

3.2 DER ERWEITERTE WIRTSCHAFTSKREISLAUF

Der erweiterte Wirtschaftskreislauf enthält neben den privaten Haushalten und den Unternehmen ein Vermögensveränderungskonto (die Banken), den Staat[4] und die Sozialversicherungen sowie das Ausland. Dies ermöglicht das Sparen und Investieren, das Erheben von Steuern und das Subventionieren von Unternehmen sowie Sozialabgaben und -leistungen (AHV, IV, ALV) und den Import und Export von Gütern und Dienstleistungen.

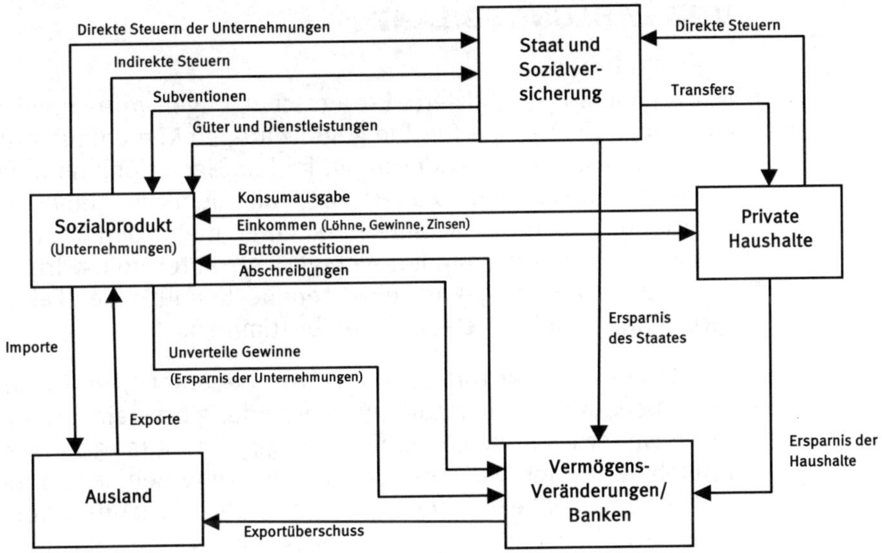

***Abb.** 3.2: Geldströme im erweiterten Wirtschaftskreislauf (Quelle: Marbacher, Bank- und Volkswirtschaftliche Kenntnisse, 1991)*

In der grafischen Darstellung des erweiterten Wirtschaftskreislaufs (vgl. Abb. 3.2) werden aus Platzgründen nur die Geldströme aufgeführt. Die Güterströme werden weggelassen. Wiederum aus Platzgründen sind nicht alle in der Praxis möglichen Geldströme in die Grafik eingezeichnet.

Der Exportüberschuss (vgl. Abb. 3.2) von Gütern und Dienstleistungen bewirkt einen Nettodevisenzufluss in die Schweiz (Devisen sind ausländisches Buchgeld). Diese Beträge werden in der Regel wieder im Ausland investiert (Kapitalexport). Somit entspricht der Nettoexport von Gütern und Dienstleistungen in etwa dem Nettokapitalexport. (Nettokapitalein-

4 Im schweizerischen Sprachgebrauch beschreibt der Begriff „Staat" den Kanton. So heisst „Kantonsrat" auf französisch auch „conseil d'état". Meint man die öffentliche Hand im allgemeinen, so spricht man vom Bund, den Kantonen und den Gemeinden. Das vorliegende Buch benützt aber den Begriff „Staat" auch im Sinn von „öffentliche Hand", „Bund" etc.

kommen aus dem Ausland sowie Nettoarbeitseinkommen an das Ausland werden hier ebenso wie die unentgeltlichen Übertragungen nicht berücksichtigt.)

3.3 Ein Röntgenblick in das Wirtschaftsgeschehen Konjunktur, Konjunkturindikatoren und Zahlungsbilanz

Um genaue und qualifizierte Ertragsschätzungen vornehmen zu können, ist es wichtig, die Gründe für den gegenwärtigen Konjunkturverlauf zu verstehen und mögliche Veränderungen im künftigen Konjunkturverlauf gut abschätzen zu können. Zudem ist mit dem zunehmenden Grad der Internationalisierung ein Unternehmen vermehrt den konjunkturellen Einflüssen und Risiken fremder, weniger vertrauter Volkswirtschaften ausgesetzt. Um so wichtiger ist eine genaue Kenntnis der Faktoren, die den wirtschaftlichen Entwicklungspfad bestimmen.

Das lateinische Tatwort „coniungere“ bedeutet „verbinden“. In diesem Sinne bedeutet ‚Konjunktur’ eine Verbindung bzw. eine Verbindungsstelle. Der erweiterte Wirtschaftskreislauf (vgl. oben Kap. 3.2) besteht aus fünf Teilnehmern oder Wirtschaftssubjekten (Unternehmen, öffentliche Haushalte/Staat, Banken, private Haushalte und Ausland). Klappt die Verbindung zwischen diesen Wirtschaftsteilnehmern gut, so folgt daraus eine rege Wirtschaftsaktivität, und man spricht von einer guten Konjunkturlage.

NB: Das Wort „Konjunktur“ für sich allein betrachtet, ist wertfrei. Die Aussage „Man hätte Konjunktur“ ist also bar jeglichen Inhalts.

3.3.1 Konjunkturindikatoren

Die Konjunktur ist also das Ergebnis aller wirtschaftlichen Vorgänge. Sie zeigt auf, in welche Richtung und mit welcher Intensität die wirtschaftliche Entwicklung verläuft. Der Konjunkturverlauf kann sowohl aufwärts als auch abwärts gerichtet sein. Gemessen wird die Konjunktur anhand von Konjunkturindikatoren (volkswirtschaftliche Kennzahlen). Je nachdem, ob ein Konjunkturindikator etwas über den kommenden, den gegenwärtigen oder den vergangenen Konjunkturverlauf aussagt, unterscheiden wir zwischen:

- vorauslaufenden,
- gleichlaufenden und
- nachlaufenden Konjunkturindikatoren.

Vorauslaufende Konjunkturindikatoren sind beispielsweise Vorratsveränderungen, Bestellungseingang und Arbeitsvorrat. Die jährliche Veränderung des realen BIP oder BSP ist ein gleichlaufender Konjunkturindikator. Das reale BSP oder BIP ist der wichtigste Konjunkturindikator überhaupt. Das BSP und seine Teilkomponenten dienen zum Wohlstandsvergleich verschiedener Länder, geben Auskunft über die volkswirtschaftliche Leistung und die wirtschaftliche Struktur eines Landes sowie über den künftigen Wachstumsverlauf und die Wachstumschancen einer Volkswirtschaft. Sie beschreiben also das volkswirtschaftliche Umfeld einzelner Unternehmen. Eine genaue Kenntnis dieses wirtschaftlichen Spannungsfeldes ist für eine optimale operative, strategische und normative Planung von grosser Wichtigkeit.

Weitere gleichlaufende Konjunkturindikatoren sind z.B. der private Konsum, das Investitions- sowie das Importvolumen. (Im Aufschwung importiert die Schweiz mehr Konsumgüter, Halbfabrikate sowie Rohstoffe.) Der Beschäftigungsgrad, die Teuerung und das Defizit (ev. der Überschuss) der öffentlichen Haushalte sind nachlaufende Konjunkturindikatoren.

Konsum

Durch den Kauf und Verbrauch von Gütern und Dienstleistungen stillen die privaten Haushalte ihre materiellen Bedürfnisse. Dieser Konsum ist durch das real verfügbare (nach den direkten Steuern) Einkommen der Haushalte begrenzt. Modetrends sowie Sparen (für späteren Konsum) und die Erwartungen bezüglich der Entwicklung des real verfügbaren Einkommens (also inflationsbereinigt und nach den direkten Steuern) sind weitere Faktoren, die das Konsumniveau einer Volkswirtschaft beeinflussen (s. unten). Die Gesamtheit der privaten Haushalte, Bund, Kantone und Gemeinden sowie das Ausland (Exporte) bilden entsprechend ihren Bedürfnissen die gesamtwirtschaftliche Nachfrage nach Konsumgütern. Bereinigt um die Importe von Gütern und Dienstleistungen ergibt sich aus der Gesamtnachfrage das BIP.

Investitionen

Um die Nachfrage zu stillen, müssen Güter und Dienstleistungen produziert werden. Neben Rohstoffen, Halbfabrikaten und Energie werden zur Produktion auch Maschinen, Werkzeuge, Gebäude und Transportmittel benötigt. Hier betrachten wir Direktinvestitionen, also Realinvestitionen oder Anlageinvestitionen, auf indirekte Investitionen wie Finanzinvestitionen (Aktien und Obligationen) wird an dieser Stelle nicht eingegangen. Anlageinvestitionen beinhalten Bauinvestitionen (Immobilien) und Ausrüstungsinvestitionen (Maschinen, Lastwagen, Main Frames etc.). Ausrüstungsinvestitionen können den Charakter von Wachstumsinvestitionen (Produktionserweiterungen: anstatt zwei nun vier Maschinen desselben Typs) haben und schaffen in diesem Fall auch in der kurzen Frist Arbeitsplätze. Ausrüstungsinvestitionen können aber auch den Charakter von Rationalisierungsinvestitionen haben. Diese bauen meistens in der kurzen Frist Arbeitsplätze ab. Für die mittel- und langfristigen Wachstumschancen einer Volkswirtschaft sind Rationalisierungsinvestitionen aber unabdingbar, denn sie schaffen mittel- bis langfristig produktive Arbeitsplätze. Somit ist bei der Beurteilung der beispielsweise kurzfristigen Konjunkturentwicklung von entscheidender Bedeutung, ob allfällige Investitionen Wachstums- oder Rationalisierungscharakter haben.

Die Konsumgüterindustrie ist eine der grössten Nachfrager nach Investitionsgütern, da sie zur Produktion ihres Angebots Investitionsgüter benötigt. Diese Investitionsgüter werden wiederholt eingesetzt. Die daraus folgende Abnutzung bedingt, dass der bestehende Produktionsapparat erneuert und ersetzt werden muss. Dies führt wiederum zu weiteren Investitionen, den Ersatzinvestitionen.

Wir können einen Zusammenhang zwischen dem Absatz der Konsumgüterindustrie und der Investitionsgüterindustrie feststellen. Das Konsumniveau bestimmt den Absatz von Konsumgütern. Schwankungen in der Konsumnachfrage können sich überproportional in der Produktion von Investitionsgütern niederschlagen, denn bei Investitionsentscheiden spielen der aktuelle Konsum sowie Erwartungen bezüglich des zukünftigen Konsums eine Schlüsselrolle.

Beschäftigung

Mit den Produktionsmitteln allein kann nicht produziert werden: Maschinen müssen bedient werden, die Produktion, der Verkauf und die Beschaffung von Produktionsmitteln verlangen nach Administration und Organisation. Die Befriedigung von Konsumbedürfnissen bedeutet auch Arbeit. Zusätzliche Investitionen verändern oft auch die Nachfrage nach Arbeit. Wie schon erwähnt, schafft nicht jede Investition sofort neue Arbeitsplätze. Es können neue, vielleicht anders geartete Arbeitsplätze geschaffen oder bisherige Arbeitsplätze wegrationalisiert werden. Zusätzliche Arbeitsplätze schaffen auch neue Einkommensquellen. Ein höheres Einkommensniveau kann eine grössere Konsumnachfrage bewirken und somit neue Investitionsanreize geben.

Die Beschäftigung gilt als nachlaufender Indikator. Bei geringem Auftragseingang werden zuerst temporäre Mitarbeiter freigestellt, dann werden Überstunden abgebaut. Bleibt das Auftragsvolumen tief, wird eventuell Kurzarbeit verordnet. Erst wenn weiterhin Überkapazitäten bestehen, werden Mitarbeiter entlassen.

Die Arbeitslosigkeit kann in vier Komponenten unterteilt werden. Man unterscheidet zwischen der

saisonalen Arbeitslosigkeit	z.B. der Skilehrer im Sommer und der Bademeister im Winter
friktionalen Arbeitslosigkeit	verursacht durch längere, ev. gründlichere Stellensuche
konjunkturellen Arbeitslosigkeit	verursacht durch eine sinkende Nachfrage nach Arbeitskräften infolge einer konjunkturellen Abkühlung
strukturellen Arbeitslosigkeit	Arbeitskräfte mit Ausbildungsprofilen, die nicht mehr den aktuellen Bedürfnissen der ArbeitgeberInnen entsprechen

Die saisonale, friktionale und ein grosser Teil der strukturellen Arbeitslosigkeit bilden die Sockelarbeitslosigkeit, die auch in einem wirtschaftlichen Aufschwung kaum sinken wird. Somit darf davon ausgegangen werden, dass bei einer Arbeitslosenziffer von beispielsweise 4,5% und einer Sockelarbeitslosigkeit von 3% eine konjunkturelle Erholung relativ schnell zu Engpässen am Arbeitsmarkt mit nachfolgendem Lohndruck nach oben und eventuell anziehender Inflation führen könnte. Da in einem solchen Szenario die Schweizerische Nationalbank u.U. das Geldangebot rascher als erwartet verkleinern könnte, wäre mit höheren Zinsen zu rechnen (vgl. Kap. 4.7 „Die Schweizerische Nationalbank: Geldpolitik und Zinsentwicklung“). Diese Überlegungen sind bei der Wahl des optimalen Zeitpunktes für eine Refinanzierung mit Fremdkapital von Bedeutung.

3.3.2 DEFINITION: BRUTTOINLANDPRODUKT, BRUTTOSOZIALPRODUKT, NETTOSOZIALPRODUKT UND VOLKSEINKOMMEN

DAS BRUTTOINLANDPRODUKT (BIP)

entspricht der Gesamtheit aller Güter und Dienstleistungen, die während eines Jahres mit Produktionsfaktoren gleich welcher Herkunft oder Nationalität im Inland (beispielsweise in der Schweiz) hergestellt werden, bewertet zu Marktpreisen (Inland- oder Domizilprinzip).

DAS BRUTTOSOZIALPRODUKT (BSP)

ist Ausdruck für die wirtschaftliche Leistung einer Volkswirtschaft in einem Jahr. Es entspricht der Gesamtheit aller Güter und Dienstleistungen, die während eines Jahres mit inländischen (= schweizerischen) Produktionsfaktoren weltweit erstellt werden, bewertet zu Marktpreisen (Inländer- oder Nationalitätsprinzip).

Das Nettosozialprodukt (NSP) zu Marktpreisen
entspricht dem BSP zu Marktpreisen, abzüglich Ersatzinvestitionen (Abschreibungen), die zur Erhaltung des Produktionsapparates nötig sind.

Das Volkseinkommen (VE)
ist jener Teil des NSP, der effektiv an die Produktionsfaktoren ausbezahlt wird (in Form von Löhnen, Grundrenten, Mieten, Zinsen, Dividenden und Gewinnen). Es wird auch als Nettosozialprodukt zu Faktorpreisen bezeichnet und entspricht dem NSP zu Marktpreisen abzüglich der indirekten Steuern (MwSt) und zuzüglich der Subventionen.

	Bruttoinlandprodukt zu Marktpreisen
+	Einkommen aus dem Ausland[5]
./.	Einkommen an das Ausland[6]
	Bruttosozialprodukt zu Marktpreisen
./.	Abschreibungen
	Nettosozialprodukt zu Marktpreisen
+	Subventionen
./.	indirekte Steuern
	Volkseinkommen (Nettosozialprodukt zu Faktorpreisen)

Das BIP beantwortet die Frage, wie es einem Land wirtschaftlich geht. Wales hat z.B. im innerbritischen Vergleich ein ansehnliches BIP, nicht zuletzt durch die Präsenz vieler japanischer und amerikanischer Firmen, die sich aufgrund fiskalischer (steuerlicher) Anreize dort angesiedelt haben. Beim internationalen Regionenvergleich wird z.B. das BIP von Sizilien mit dem BIP von Baden-Württemberg verglichen.

Das BSP hingegen beschreibt die Wirtschaftskraft einer Nation. Übersteigt das BSP das BIP (wie im Falle der Schweiz), so ist dies Ausdruck einer überdurchschnittlich starken internationalen Präsenz einer Volkswirtschaft. Die Schweiz verfolgt beispielsweise seit mehreren Jahrzehnten eine erfolgreiche Politik der Verlagerung derjenigen Produktionsprozesse ins Ausland, die nicht eine dem Schweizer Lohnniveau entsprechende Wertschöpfung erzielen. Diese Verlagerung bedingt Direktinvestitionen im Ausland und führt somit zu einem hohen Auslandvermögen der Schweiz (1995: 990 Mia. Franken). Dieser Prozess der laufenden Strukturanpassung ist

[5] Z.B. Gewinn von Nestlé (Deutschland) AG, der in die Schweiz zurückgeführt wird.
[6] Z.B. Gewinn von Siemens (Schweiz) AG, der nach Deutschland zurückgeführt wird.

entscheidend für den Erfolg der Schweizer Wirtschaft im internationalen Konkurrenzkampf und resultiert u.a. in einer im internationalen Vergleich äusserst hohen Arbeits- und Kapitalproduktivität der Schweiz.

3.3.3 Die Berechnung von BSP und BIP

Jede wirtschaftliche Beziehung hat eine reale und eine monetäre Seite, d.h., dem Erwerb eine Gutes steht die Zahlung eines Geldbetrages gegenüber. Der Verkaufspreis beinhaltet in der Regel die Vorleistungen der Zulieferer sowie den vom Verkäufer erbrachten Mehrwert. Werden alle diese Zahlungen innerhalb eines Kalenderjahres aufsummiert und um Doppelzählungen korrigiert, so ergibt sich der gesamte von einer Volkswirtschaft erbrachte Mehrwert innerhalb eines Jahres: das Bruttosozialprodukt BSP.

Das BSP oder BIP umfasst also die Gesamtheit aller Güter und Dienstleistungen, die während eines Jahres von einer Volkswirtschaft hergestellt, bzw. geleistet werden, bewertet zu Marktpreisen.

Die Berechnung kann auf drei Arten vorgenommen werden:

Produktion/Entstehung
Dabei wird erfasst, wieviel die einzelnen Wirtschaftssektoren (primärer, sekundärer und tertiärer Sektor oder Landwirtschaft, Industrie- und Dienstleistungssektor) zur gesamten Wertschöpfung beitragen. Daraus wird z.B. die Wirtschaftsstruktur eines Landes ersichtlich.

Der primäre Sektor der Wirtschaft (2,7%, neueste Daten von 1993) umfasst neben der Landwirtschaft auch noch die Forstwirtschaft. Schon sehr früh (Bronzezeit) entstand aus den Bedürfnissen der Sammler und Jäger (primärer Sektor) der sekundäre, verarbeitende Sektor. Der Jäger hatte das Bedürfnis nach einem scharfen Dolch. Somit war das Handwerk des Schmiedes geboren. Heute (1993) beinhaltet der sekundäre Sektor in der Schweiz (29,6%) u.a. die Maschinen- und Metallindustrie, das Baugewerbe, die Uhren- und Schmuckindustrie, die chemische Industrie sowie die Nahrungsmittelindustrie. Zu Beginn der Neuzeit (15. Jahrh.) entstanden aus den Bedürfnissen des florierenden Gewerbes zwei separate Wirtschaftszweige zur Absicherung von Handelsrisiken (Versicherungen) sowie für den regionenüberschreitenden Zahlungsverkehr. Ein Kaufmann hinterlegte beispielsweise bei seinem Goldschmied/Bankier in Basel eine Summe Gold. Dafür erhielt er eine Quittung. Mit dieser Quittung reiste er dann nach Augsburg, um dort Einkäufe zu tätigen. Bei einem Goldschmied/Bankier in Augsburg, dem sein Basler Kollege bekannt war, konnte der Kaufmann seine Quittung wieder gegen Gold eintauschen, um somit für die eingekaufte Ware zu bezahlen. So entstand aus den Bedürfnissen des sekundären Sektors der Dienstleistungssektor. Heute (1993) umfasst der tertiäre Sektor in der Schweiz (67,7%) u.a. die Banken und Versicherungen, das Gastgewerbe, den Handel und den Verkehr sowie Leistungen der öffentlichen Hand (Bund, Kantone und Gemeinden) und der Sozialversicherungen. Seit einigen Jahren zeigen sich erste Anzeichen eines neuen, quartären Sektors, der die Informationstechnologie IT (z.B. Metadaten, die das Verknüpfen von Informationen zu Wissen ermöglichen), das Design (von Produkten, Refinanzierungsmöglichkeiten, Arbeitsprozessen, Softwarelösungen etc.) sowie die Gentechnologie und das Biological Engineering umfasst. Unter anderem bilden die zunehmende Vernetzung und das Bedürfnis des sekundären und tertiären Sektors nach möglichst aktuellen, relevanten und umfangreichen Daten (Information) sowie nach Daten bezüglich der Entstehung und Verwendbarkeit dieser Information (die sogenannten Metadaten, s. oben) die Grundlage für die Entstehung eines neuen Wirtschaftssektors. Die Hard- und Softwarebranche hat massgeblich zur Vernetzung der Weltwirtschaft und der daraus entstandenen neuen Informationsbedürfnisse beigetragen. Und heute ist diese Branche dabei, diese Bedürfnisse mit kreativen Lösungen zu stillen und gleichzeitig die Volkswirtschaft um einen weiteren Sektor zu bereichern. Diese Entwicklung wird in zunehmendem Masse den hochentwickelten Volkswirtschaften die dringend benötigten, endogenen (= von innen kommend, also von der eigenen Volkswirtschaft kommend) Wachstumsimpulse geben.

Neu wird die Produktionsseite wie folgt erfasst: Bei den Produzenten von Waren- und Dienstleistungen wird in Zukunft unterschieden zwischen nicht-finanziellen Unternehmungen, Finanzinstituten, Versicherungsunternehmen, öffentlichen Haushalten, Sozialversicherungen, privaten Haushalten und privaten Organisationen ohne Erwerbscharakter.

Verteilung/Einkommen
Sie gibt an, zu welchen Teilen das Bruttosozialprodukt auf die verschiedenen Einkommensempfänger (Arbeitnehmer, Selbständige, Unternehmungen und Staat) verteilt wird.

Die Arbeitnehmereinkommen bilden mit 58,9% den grössten Anteil am BSP. Der Anteil der Arbeitnehmereinkommen am Volkseinkommen beträgt 68,8%. Die Geschäftseinkommen der Selbständigen sowie die Vermögens- und Mietzinseinkommen der privaten Haushalte betragen 7,6% bzw. 7,1% des BSP. Das unverteilte Unternehmenseinkommen (inkl. direkte Steuern) beträgt 8,6% des BSP (Zahlen von 1994).

Verwendung
Sie zeigt, wofür das Sozialprodukt verwendet wird. Dabei geht es um die Frage, wie viele der angebotenen Leistungen (Wertschöpfung) für privaten oder staatlichen Konsum verwendet werden und welche Teile für Investitionen gebraucht werden.

Der Konsum der privaten Haushalte bildet mit 59,5% den grössten Anteil am BSP. Dieser Konsum ist durch das real verfügbare Einkommen der Haushalte begrenzt. Modetrends, Erwartungen bezüglich des real verfügbaren Einkommens sowie Sparen (für späteren Konsum) sind weitere Faktoren, die das Konsumniveau einer Volkswirtschaft beeinflussen (s. oben Kap. 3.3.1, Konsum). Hohe Defizite der öffentlichen Haushalte schüren die Erwartung einer höheren Steuerbelastung. Somit dämpfen sie den Konsum der privaten Haushalte.

Die Gesamtheit der privaten und öffentlichen Haushalte, der Export (Nachfrage des Auslands) sowie die Investitionsnachfrage bilden also die gesamtwirtschaftliche Nachfrage. Der Anteil des Endkonsums von Staat und Sozialversicherungen sowie der Anteil der Anlageinvestitionen betragen 13,9% bzw. 27,6% am BSP (Zahlen von 1994).

Bei genauerer Betrachtung dieser Zahlen erkennen wir, dass bei der Verwendung des BSP der Endkonsum der privaten Haushalte und bei der Verteilung des BSP die Arbeitnehmereinkommen eine übergeordnete Rolle spielen. Bei fallenden Reallöhnen der Arbeitnehmer ist es deshalb nicht verwunderlich, dass der Konsum der privaten Haushalte stagniert. Wenn zudem die Erwartung bezüglich der Entwicklung des real verfügbaren Einkommens (also bereinigt um die Teuerung und nach direkten Steuern) der Konsumenten negativ ist, dann wird eher gespart als konsumiert. Da der Konsum der privaten Haushalte einer der tragenden Pfeiler des BSP ist, kann in einem solchen Szenario auch nicht mit einem kräftigen und nachhaltigen Konjunkturaufschwung gerechnet werden.

Zudem spielt die Verteilung des Arbeitnehmereinkommens unter den Lohnbezügern und Lohnbezügerinnen eine entscheidende und übergeordnete Rolle. Die Lorenzkurve beschreibt eine mögliche Lohnverteilung (vgl. Abb. 3.3). Je durchhängender die Kurve, desto ungleicher die Verteilung. Die Lorenzkurve sagt nichts über die Gerechtigkeit der Verteilung aus. Zudem kann im Sinne eines Leistungslohnes auch eine ungleiche Verteilung gerecht sein. Das Problem mit dem Leistungslohn ist allerdings, dass eine grosse Zahl von Arbeitnehmern über zu geringe Druckmittel verfügen, um sich ihre Leistung vollumfänglich mit dem Lohn abgelten zu lassen.

In der Schweiz hat der Reallohnindex von 280 Punkten im Jahr 1994 auf 279 Punkte im Jahr 1995 abgenommen. Bei durchschnittlichen und unterdurchschnittlichen Einkommen führt diese Abnahme zu einem direkten Konsumrückgang im selben Ausmass. Stellt man dieser generellen Reallohnentwicklung die reale Zunahme der oberen Einkommen gegenüber, so folgt daraus, dass mittlere und untere Einkommen real in stärkerem Ausmass als der Index abgenommen haben. Dies verstärkt die konsumdämpfende Wirkung dieser Entwicklung. Im weiteren neigen die Bezüger hoher

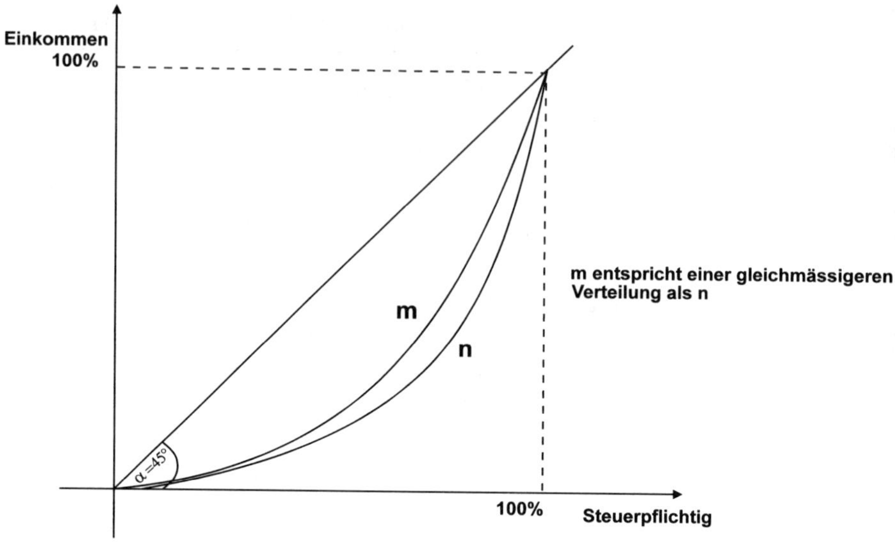

***Abb.** 3.3: Je durchhängender die Lorenzkurve, desto ungleicher die Verteilung*

	Veränderungen in % gegenüber Vorjahr (Jahresdurchschnitt)					
	1991	1992	1993	1994	1995	1996
Nominal total	**6.9**	**4.7**	**2.6**	**1.5**	**1.3**	**1.4**
Energie, Wasserversorgung, Bergbau	7.2	4.1	4.8	1.5	1.4	...
Verarbeitende Produktion	6.9	4.1	2.6	1.8	0.9	...
Baugewerbe	7.8	4.6	2.5	1.4	1.8	...
Dienstleistungen	6.7	5.2	2.5	1.3	1.4	...
Handel, Gast-, Reparaturgewerbe	6.1	4.8	2.2	1.4	1.5	...
Verkehr, Nachrichten-übermittlung	8.3	5.3	2.8	1.1	0.2	...
Banken, Versicherungen, Beratung	6.2	4.7	3.3	1.5	1.5	...
Sonstige Dienstleistungen	6.6	5.5	2.3	1.1	1.8	...
Öffentliche Verwaltung	7.6	6.5	1.6	1.1	2.0	...
Real total[8]	**0.9**	**0.7**	**–0.7**	**0.5**	**–0.5**	...

***Abb.** 3.4: Lohnentwicklung nach Wirtschaftszweigen (Quelle: BfS, aufgrund der Daten der SSUV)*

[7] Deflationiert mit dem Landesindex der Konsumentenpreise (Jahresdurchschnitt).

[8] Schätzung August 1996.

Einkommen nicht dazu, den gesamten Einkommenszuwachs für zusätzlichen Konsum zu verwenden, da sich schon ein gewisser Sättigungsgrad eingestellt hat. Das Argument, der Konsumausfall der unteren Einkommensbezüger würde durch einen Mehrkonsum der oberen Einkommensbezüger kompensiert, ist also nicht stichhaltig. Bei der Beurteilung des mittel- und langfristigen Entwicklungspotentials einer Volkswirtschaft bzw. des konjunkturellen Umfeldes von Unternehmen ist also die Verteilung der Arbeitnehmereinkommen von entscheidender Bedeutung (vgl. Abb. 3.4 oben).

3.3.4 DAS BSP UND DAS WOHLERGEHEN

Grundsätzlich bedeutet eine Erhöhung des BSP eine Vermehrung des Wohlstandes. Eine Zunahme von unerwünschten Kosten (Unfälle, Krankheiten) führt jedoch auch zu einem höheren BSP. Da in diesem Fall mehr Spitalleistungen angeboten werden müssen, kann dies jedoch nicht als Vermehrung des Wohlergehens betrachtet werden. Zusätzlich verursacht eine Steigerung des BSP oft auch eine Zunahme von Nebeneffekten, deren Kosten nicht in den Preismechanismus integriert, d.h. internalisiert sind. Diese externen Kosten trägt somit nicht der Verursacher, sondern oft die Allgemeinheit, was sogar zu einer Verminderung der Wohlfahrt führen kann. Ein heute viel diskutiertes Beispiel ist die zunehmende Umweltbelastung.

Im weiteren könnte eine Verminderung der Arbeitszeit auch eine Steigerung des Wohlergehens, gleichzeitig aber eine Abnahme des BSP und somit des Wohlstandes bedeuten.

Es wurde versucht, mittels eines Indikators (gesamtwirtschaftlicher Nettonutzen GNN) den Faktor „Wohlfahrt" in die Wohlstandsberechnungen miteinzubeziehen. Untersuchungen in den USA. in der Zeitperiode 1929–1965 ergaben ein jährliches Wachstum des GNN von 2,3 Prozent, während das BSP um 3,1 Prozent pro Jahr zunahm. Das BSP überschätzt also die Zunahme des Wohlergehens. Das Hauptproblem des GNN liegt allerdings in der statistischen Erfassung der verschiedenen Grössen sowie in Bewertungsproblemen. (Wie hoch müssen z.B. die Leistungen einer im Haushalt tätigen Person oder der Nutzen aus einer Arbeitszeitverkürzung bewertet werden?)

3.3.5 Vom Bruttosozialprodukt zum Ökosozialprodukt

Wie wir schon gesehen haben, wirft die Bedeutung des BSP in der Messung des Wohlergehens eines Landes Probleme auf. Beispielsweise findet weder der Grad der Verteilungsgerechtigkeit noch die Arbeit im Haushalt durch Familienmitglieder Eingang in das BSP, das ausschliesslich monetär bewertete Markttransaktionen berücksichtigt. Zunehmend wird nun aber auch von verschiedener Seite die Aussagekraft des BSP als Wohlstandsindikator in Frage gestellt.

Die zunehmende Sensibilisierung bezüglich der Nutzung natürlicher, nichterneuerbarer Ressourcen (z.B. Erdöl, Regenwälder, Mineralien), die fortschreitende Gefährdung des ökologischen Gleichgewichts sowie die zunehmende Belastung der Allgemeinheit durch Schadstoffemissionen lassen den Ruf nach einer volkswirtschaftlichen Gesamtrechnung (VGR) laut werden, die, gemäss dem Verursacherprinzip, vermehrt bisher externe Kosten internalisiert.

In einem ersten Schritt hat die Weltbank im Juli 1995 ein neues Konzept vorgestellt, das in die Länderbewertung neu auch die Restbestände der natürlichen Ressourcen sowie den Bildungsgrad des „Human Capitals", der Menschen also, miteinbezieht. Gemäss diesem neuen Konzept hätte beispielsweise das BIP von Mexiko im Jahre 1985 unter Berücksichtigung des Abbaus der Erdölvorkommen, des Waldes und der Landreserven um 6% tiefer gelegen. Ein zusätzlicher Einbezug der Umweltverschmutzung, beispielsweise durch CO_2-Emissionen und Wasserverschmutzung, hätte das konventionell berechnete BIP um ganze 13% vermindert.

Neben der OECD, der Weltbank und der UNO bemühen sich auch das Europäische Parlament, der World Wildlife Fund und der Club of Rome um eine grundlegende Reform der bisherigen volkswirtschaftlichen Gesamtrechnung hin zu einer „Ökologisierung", unter Einbezug von „grünen" Indikatoren. Zum einen werden Prämien für die Schonung der Umwelt und zum anderen eine Haftungsregelung für Umweltschäden verlangt. Im weiteren sollen Lenkungsabgaben sowie eine unter Berücksichtigung der Kostenwahrheit veranschlagte Besteuerung des Ressourcenverbrauchs (CO_2-Abgabe) mithelfen, die Aussagekraft des BIP mit Blick auf die Umweltindikatoren zu erhöhen. Noch besteht kein Konsens über die Berechnungsart des künftigen „Öko-BIP". Sicher ist aber, dass die Diskussion weitergehen wird und dass das BSP (bzw. das BIP) aufgrund der heutigen Berechnungsart in der Zukunft durch einen Indikator ersetzt werden wird, der vermehrt Sozialindikatoren (z.B. Hausarbeit) und Umweltindikatoren mitberücksichtigt. Es kann für eine Unternehmung somit von Vorteil sein, mit Blick auf eine künftige Internalisierung von bisher externen Kosten (z.B. bei der Entsorgung von Hardware mit Schwermetallgehalt) diesen neuen Bewertungsansatz anzuwenden, um nicht in der Zukunft von fiskalischen

Massnahmen zur Internalisierung von Umweltkosten überrascht zu werden.

3.3.6 EINE MÖGLICHE KONJUNKTURELLE URSACHENKETTE

Eine mögliche konjunkturelle Ursache-Wirkungskette könnte folgendermassen aussehen:

Als Ausgangspunkt dient der private Konsum. Die Konsumgüternachfrage, bestimmt durch das real verfügbare Einkommen der privaten Haushalte, Modetrends, Sparverhalten und Zukunftserwartungen, nimmt zu. Die Gesamtnachfragekurve verschiebt sich nach rechts (vgl. Abb. 3.5, Verschiebung von N zu N (1) und von Schnittpunkt a zu b).

→ *In der Folge des aktuellen, gestiegenen Konsums und in Erwartung einer in der Zukunft weiter steigenden Konsumgüternachfrage beschliessen viele Unternehmen, ihre laufende Produktion zu erhöhen.*

→ *Dies bewirkt einen Nachfrageschub für Investitionsgüter.*

→ *In der Folge steigt die Gesamtnachfrage weiter an, und die Gesamtnachfragekurve verschiebt sich weiter nach rechts von N (1) zu N (2) (vgl. Abb. 3.5). Die neuen Investitionen erhöhen die Kapazitäten sowie die Produktivität und verschieben somit die Angebotskurve auch nach rechts von A zu A (3). Der neue Schnittpunkt liegt nun bei Punkt c.*

→ *Der Mangel an qualifizierten Arbeitskräften führt zu einer Überhitzung des Arbeitsmarktes. Somit steigt das Lohnniveau. In der Folge verschiebt sich die Angebotskurve (die Angebotskurve ist eine Kostenkurve) nach links von A (3) zu A (4), der neue Schnittpunkt ist d (vgl. Abb. 3.6). Höhere Löhne stärken die Kaufkraft der privaten Haushalte, und die private Konsumnachfrage steigt weiter an. Die Nachfragekurve verschiebt sich von N (2) zu N (5). Der neue Schnittpunkt liegt bei e (vgl. Abb. 3.6). Viele Unternehmen produzieren nun mit einem sehr hohen Kapazitätsauslastungsgrad (vergleiche steiler Teil der Angebotskurve). Somit bewirken weitere Nachfrageschübe sehr schnell Preissteigerungen.*

Die Inflation zeigt nun deutlich nach oben. Da eine instabile und hohe Inflationsrate das verlässliche Budgetieren von Unternehmen und somit neue Investitionsentscheide verunmöglicht, reagiert die Schweizerische Nationalbank nun mit einer Verknappung des Geldangebots, um die aufkeimende Inflation zu bremsen.

In der Folge steigen die Zinsen. Die Haushalte neigen nun mehr zum Sparen, und es wird weniger konsumiert. Die Nachfragekurve verschiebt sich von N (5) zu N (6), der neue Schnittpunkt liegt bei f (vgl. Abb. 3.7). Die Inflationsrate nimmt ab. Gleichzeitig sind aber in Folge der Geldangebotsverknappung der SNB die Zinsen hoch. Somit fallen die Nettobarwerte von Unternehmensprojekten. Es wird also auch weniger investiert. Die Gesamtnachfragekurve verschiebt sich weiter nach links von N (6) zu N (7). Der neue Schnittpunkt liegt bei g (vgl. Abb. 3.7).

Die gefallene Nachfrage nach Kapital als Folge des geringeren Investitionsvolumens bewirkt fallende Zinsen. Zudem leiden einige Unternehmen nun bereits schon an Überkapazitäten und müssen Kurzarbeit einführen. Die Reallöhne stagnieren, fallen eventuell.

Tiefere Zinsen, tiefere Inflationsraten und tiefere Reallöhne bilden nun die Basis für einen neuen Investitionsschub bzw. Konjunkturaufschwung. Die SNB kann nun die Geldpolitik lockern. Wichtig ist, dass die privaten Haushalte positive Zukunftserwartungen haben, ansonsten reagieren sie nicht mit einer Zunahme des Konsums, und erhöhte Investitionen bringen nur neue Überkapazitäten.

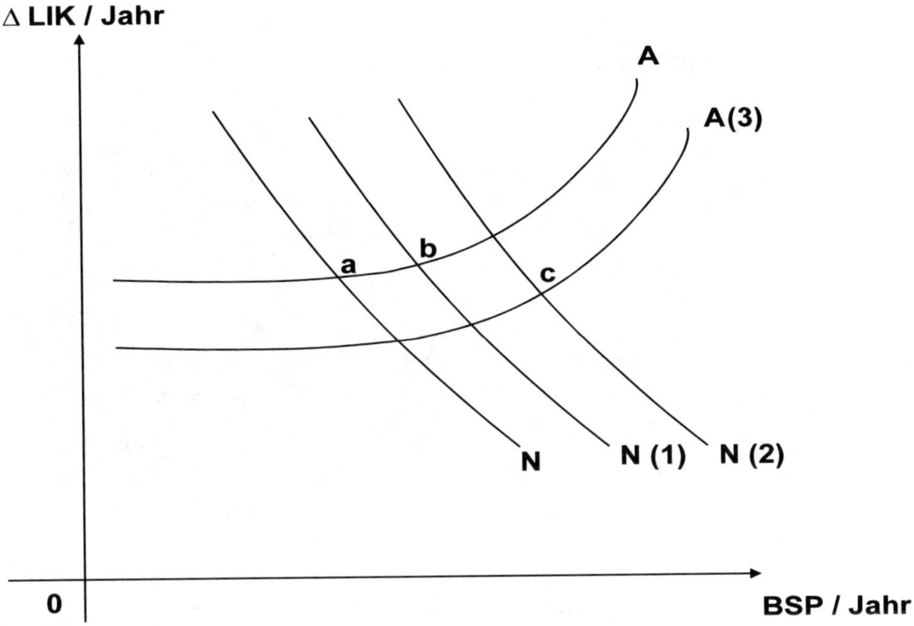

Abb. *3.5: Auswirkungen einer Erhöhung der Gesamtnachfrage bei höherer Produktivität der Anbieter*

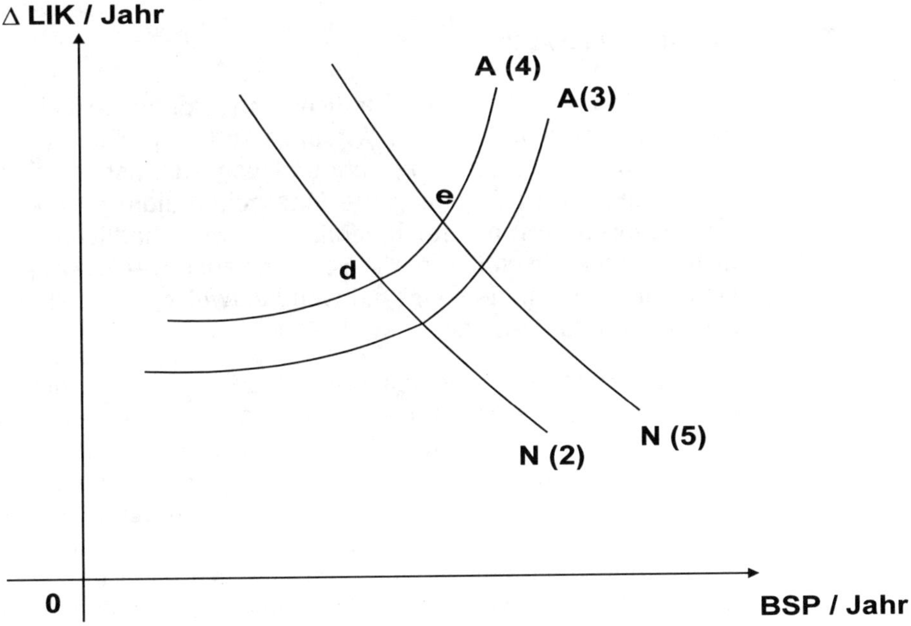

Abb. *3.6: Auswirkung steigender Löhne*

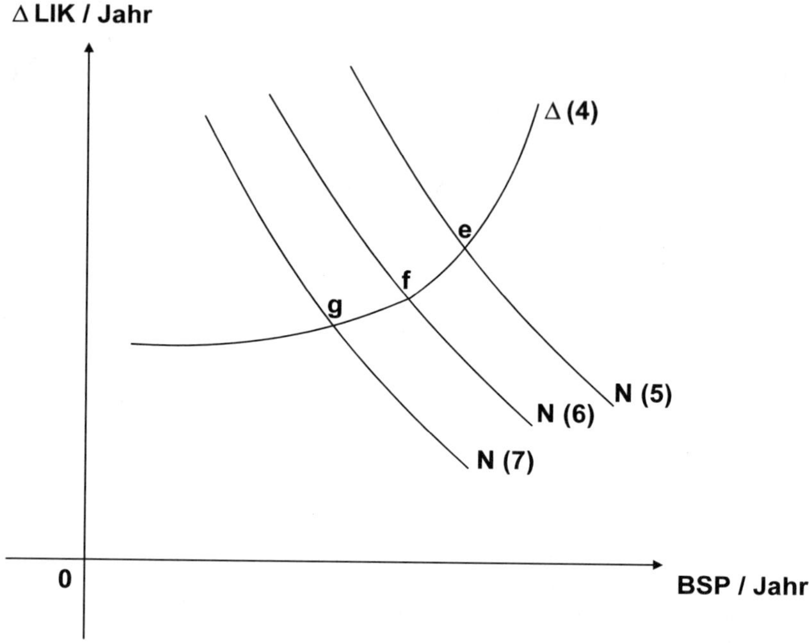

***Abb.** 3.7: Auswirkung eines konjunkturellen Abschwungs auf die Nachfrage*

3.3.7 Konjunkturzyklen

Langfristig verläuft die wirtschaftliche Entwicklung nach oben. Gemäss der oben beschriebenen Ursache-Wirkungs-Kette (vgl. Kap. 3.3.6) bewirkt ein konjunktureller Aufschwung aufgrund von kurzfristigen Engpässen (z.B. am Arbeitsmarkt für qualifizierte MitarbeiterInnen) meistens einen nachfolgenden Abschwung. Somit verläuft der wirtschaftliche Wachstumstrend nicht regelmässig, sondern wird von Schwankungen überlagert, wobei sich nicht alle Wirtschaftszweige notwendigerweise im Einklang mit der Gesamtkonjunktur bewegen.

Nach der Theorie der idealen Selbststeuerung müsste die wirtschaftliche Entwicklung eigentlich frei von grösseren Schwankungen verlaufen. In Wirklichkeit treten aber starke Schwankungen in der Auslastung des Produktionsapparates auf. Diese Abweichungen vom idealen Entwicklungspfad einer gleichmässigen Auslastung der Produktionsfaktoren heissen *Konjunkturschwankungen.* Da diese Konjunkturschwankungen mit einer gewissen Regelmässigkeit auftreten, hat sich dafür der Begriff *„Konjunkturzyklen"* eingebürgert. Die Zyklen sind in vier Phasen unterteilt (vgl. Abb. 3.8).

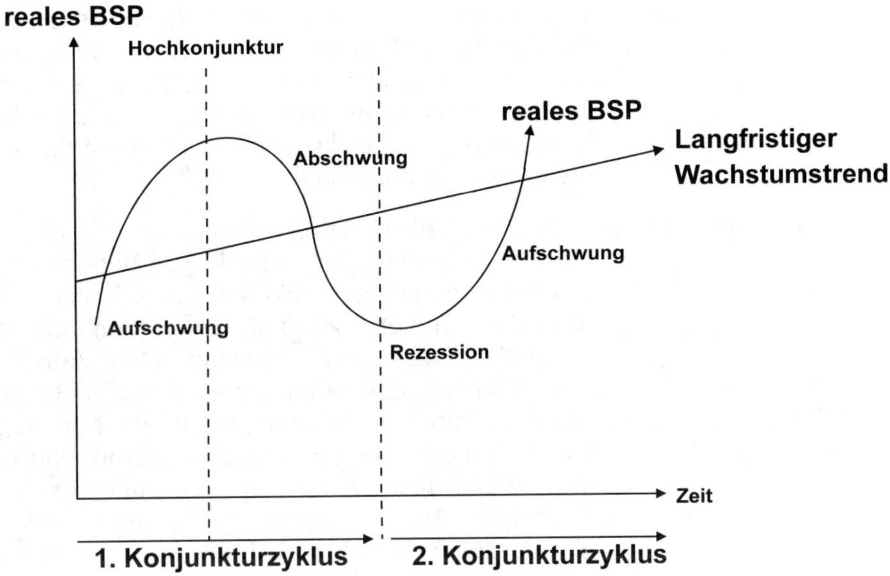

Abb. 3.8: Konjunkturzyklen

Ursachen und Merkmale eines typischen Konjunkturaufschwungs

Ursachen: Steigende Inlandnachfrage nach Gütern und Dienstleistungen als Folge von Einkommenserhöhungen und/oder wachsender Auslandnachfrage (Exporte von Gütern und Dienstleistungen).

Merkmale: Die Investitionen steigen aufgrund der verbesserten Zukunfts-*erwartungen*. Die gestiegene Nachfrage bewirkt höhere Produktion, höhere Umsätze und Gewinne. Die Preise bleiben in der kurzen Frist vorerst stabil. Zinsen steigen allmählich aufgrund gestiegener Kapitalnachfrage. Mit einer zeitlichen Verzögerung steigen auch der Beschäftigungsgrad und die Löhne, wobei zu bemerken ist, dass aufgrund vermehrter Rationalisierung ein höheres Auftragsvolumen in immer kleinerem Masse beschäftigungswirksam ist.

Ursachen und Merkmale einer typischen Hochkonjunktur

Ursachen: Nachfrageüberhang im Vergleich zum Angebot von Gütern und Dienstleistungen. Volkswirtschaftliche Engpässe, v.a. am Arbeitsmarkt für qualifizierte Mitarbeiter und Mitarbeiterinnen. Eventuell ist dies der Beginn einer Lohn-Preis-Spirale mit aufkeimender Inflation.

Merkmale: Die Kapazitätsauslastung der Wirtschaft erreicht ein Maximum, d.h. über 90%. Gefahr der wirtschaftlichen Überhitzung, Zunahme der Nominallöhne, grosses Inflationspotential.

Ursachen und Merkmale eines typischen Konjunkturabschwungs

Ursachen: Beruhigung der Binnennachfrage sowie der Auslandnachfrage als Folge der hohen Preise, hohe Löhne schmälern den Gewinn, die hohen Zinssätze des Booms erlauben bei gleichbleibenden Erwartungen keine weiteren Investitionen, somit sinkt die Binnennachfrage weiter.

Merkmale: Hohe Preise, die u.U. durch Massnahmen zur Bekämpfung der Inflation seitens der Schweizerischen Nationalbank kurzfristig weiter in die Höhe getrieben werden, schmälern die Reallöhne der Arbeitnehmer und somit deren Kaufkraft. Umsätze und damit die Unternehmensgewinne fallen. Zudem verunmöglichen hohe Inflationsraten eine verlässliche Budgetierung und damit gezielte Investitionen, welche die Nachfrage etwas beleben könnten. Die Zukunftserwartungen sind schlecht. Das Investitionsvolumen, die Produktion und die Umsätze fallen. Gestiegene Arbeitslosigkeit erhöht den Lohndruck nach unten. Mittelfristig fallen auch die Inflationsraten sowie das Zinsniveau aufgrund der kleineren Nachfrage nach Gütern und Kapital.

Oft wurde gefordert, dass die öffentliche Hand (Bund, Kantone) in Zeiten des wirtschaftlichen Abschwungs mit erhöhter Staatsnachfrage nach Investitionsgütern die Gesamtnachfrage stützen sollte. Dies bedingt aber, dass die öffentliche Hand im Aufschwung spart, um mit diesen Mitteln die erhöhte Staatsnachfrage im Abschwung zu finanzieren. Aufgrund der sogenannten „Politik der leeren Kassen", in der sich der Staat prozyklisch verhält (also im Aufschwung mit erhöhter Staatsnachfrage die Wirtschaft weiter überhitzt), fehlen für antizyklisches Verhalten die Mittel. Eine Mittelbeschaffung an der Börse hätte eine zinstreibende Wirkung und würde somit private Investoren verdrängen. Dieser Vorgang heisst „Crowding out", engl.: „Verdrängen" (vgl. die Nettobarwertberechnungen in Kap. 1.3). Eine höhere Steuerbelastung hingegen hätte eine Verminderung der verfügbaren Einkommen der privaten Haushalte zur Folge, was ebenfalls die Gesamtnachfage schwächen würde. Zudem leiden antizyklische Massnahmen oft an einer zeitlichen Verzögerung (sog. Time lags), und die positive konjunkturelle Kettenreaktion, die von solchen Impulsprogrammen ausgehen sollte, ist nicht eindeutig nachweisbar. Somit sind der fiskalischen, konjunkturpolitischen Prozesspolitik enge Grenzen gesetzt. Ein öffentliches Bekenntnis von Regierungen zur Konjunkturbelebung im Sinne einer antizyklischen Fiskalpolitik sollten also nicht zu einer voreiligen, vielleicht allzu positiven Einschätzung des Konjunkturverlaufs verleiten.

UNTERER WENDEPUNKT/REZESSION/STAGFLATION/DEPRESSION

Ursachen: Angebotsüberhang, d.h., die Menge der angebotenen Güter und Dienstleistungen übertrifft die Nachfrage deutlich. Stark verminderte Konsum- und Investitionsnachfrage im Inland, eventuell Einbruch der Auslandnachfrage.

Merkmale: Nachlassen der Inflationsrate, tiefe Zinsen, geringe wirtschaftliche Aktivität. In der Schweiz und im übrigen Europa ist eine Rezession definiert als ein Kalenderjahr mit negativem „Wachstum“ des realen, preisbereinigten BSP, d.h. ein Kalenderjahr, in dem das reale BSP geringer ausfällt als im Vorjahr. Gemäss amerikanischer Definition hingegen reichen schon zwei aufeinanderfolgende Quartale mit schrumpfenden BSP für eine Rezession. Im Unterschied zur Rezession ist in einer Stagflation (Kombination von wirtschaftlicher Stagnation und Inflation) der Rückgang des realen BSP nicht von einer Entspannung der Preise begleitet, sondern von deutlichen Inflationsschüben. Um in einem solchen Fall dem BSP zu neuem Wachstum zu verhelfen, muss zuallererst die *monetäre Basis* neu gelegt werden, d.h., die Schweizerische Nationalbank muss zuerst die Inflation auf einem tiefen Niveau unter Kontrolle bringen, auch wenn das kurzfristig über hohe Zinsen die Wirtschaftslage weiter verschlechtert. Dies ist deshalb so wichtig, weil stabile Preise die Grundlage für Budgetierungen von Unternehmern sind. Auf der Basis dieser Kalkulationen werden dann Investitionen, die Voraussetzung für künftiges und nachhaltiges Wachstum sind, getätigt. Inflation ist investitionshemmend und somit eines der Hauptübel einer Volkswirtschaft.

Eine Depression ist eine äusserst starke Rezession mit Arbeitslosenquoten von 20% bis 30%. Seit den 30er Jahren sind die Volkswirtschaften von solchen Tiefs verschont geblieben. Einzelne Regionen oder Bevölkerungsgruppen zeigen aber auch heute Anzeichen einer Depression (z.B. Jugendarbeitslosigkeit in Kalabrien). Nur sind infolge des sozialen Netzes die Auswirkungen solcher Entwicklungen kurzfristig weniger gravierend als früher.

3.3.8 Die Zahlungsbilanz

Die Zahlungsbilanz gibt einen statistischen Überblick über die wirtschaftlichen Transaktionen zwischen In- und Ausländern innerhalb eines Kalenderjahres. Sie erlaubt mit ihren vielen Teilbilanzen einen Einblick in die Struktur einer Volkswirtschaft, ihrer Chancen und Probleme. Entgegen ihrem Namen enthält die Zahlungsbilanz keine Bestandesgrössen, sondern Flussgrössen. Im Zuge der Globalisierung verwischen nun aber die Grenzen zwischen In- und Ausland immer mehr. Zunehmend wird zwischen zwei Unternehmenstypen unterschieden:

- ausschliesslich lokal tätige Unternehmen
- international verflochtene Unternehmen, eventuell mit regionalen Schwergewichten

Somit mag es veraltet erscheinen, in wirtschaftlichem Kontext von In- und Ausland zu sprechen, zumal ein wichtiger Faktor in der Abgrenzung von In- und Ausland, nämlich die unterschiedliche Währung und das damit verbundene Wechselkursrisiko zunehmend durch Absicherungsinstrumente eliminiert werden können. Zwei wichtige Unterschiede zwischen dem In- und Ausland bleiben aber bestehen, nämlich die unterschiedlichen ordnungspolitischen, rechtlichen Rahmenbedingungen und wirtschaftlichen Strukturen sowie allfällige währungsbedingte Zinsvorteile (z.B. im internationalen Vergleich tiefes Schweizer Zinsniveau). Im weiteren zeigt die Zahlungsbilanz neben dem Ausmass auch die Struktur der Verflechtung zwischen der Schweiz und dem Ausland. Somit bleibt die Zahlungsbilanz von hoher Aussagekraft in der Beurteilung von Volkswirtschaften bzw. Wirtschaftsstandorten.

Für die Abgrenzung zwischen In- und Ausländern ist das Domizilprinzip massgebend: Danach gilt z.B. ein ausländischer Arbeitnehmer mit Wohnsitz in der Schweiz als Inländer, ein Auslandschweizer dagegen als Ausländer. Formal ist die Zahlungsbilanz stets ausgeglichen, da jeder Leistung eine entsprechende Forderung gegenübersteht. Die einzelnen Teilbilanzen können jedoch unausgeglichen sein, weil die Gegenbuchung einer bestimmten Transaktion nicht notwendigerweise in der gleichen Teilbilanz erfolgt. Transaktionen, die einen *Devisenzufluss* zur Folge haben, werden aktiv verbucht (Export von Gütern, Import von Kapital), und Transaktionen, die einen *Devisenabfluss* zur Folge haben, werden passiv verbucht (Import von Gütern, Entwicklungshilfe).

3.3.8.1 GLIEDERUNG DER ZAHLUNGSBILANZ

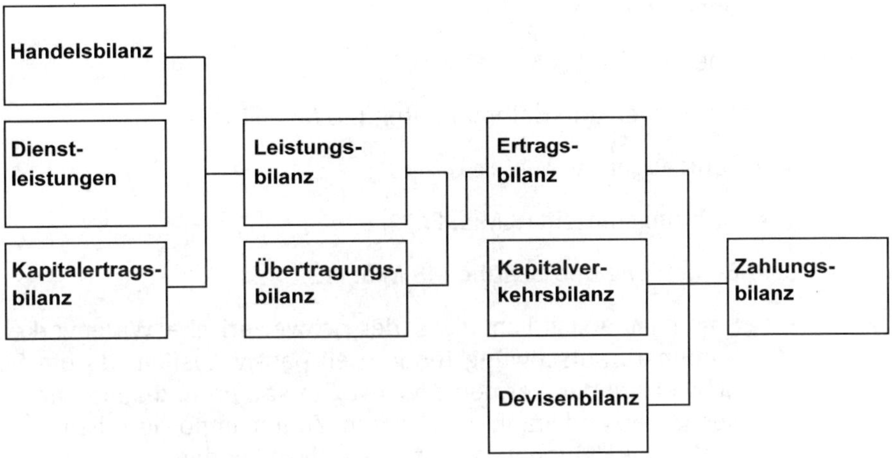

Abb. *3.9: Aufbau der Zahlungsbilanz (alte Notation)*

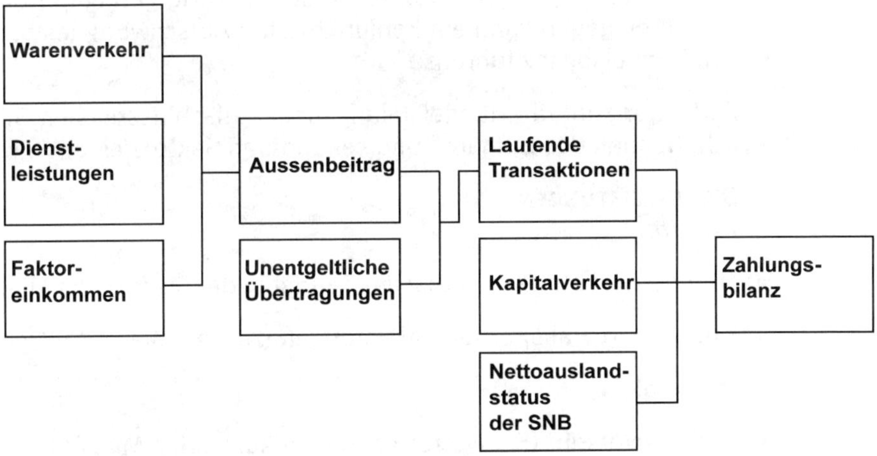

Abb. *3.10: Aufbau der Zahlungsbilanz (neue Notation)*

3.3.8.2 DIE EINZELNEN TEILBILANZEN ALS KONJUNKTURINDIKATOREN (ZAHLEN VON 1994)

WARENVERKEHR

Der Warenverkehr oder die Handelsbilanz beinhaltet in der Schweiz v.a.:

den *Export* von

- Chemikalien (24 Mia. Fr.)
- Maschinen (27 Mia. Fr.)

- Präzisionsinstrumenten, Uhren und Bijouterieerzeugnissen (15 Mia. Fr.)

den *Import* von

- Chemikalien (13 Mia. Fr.)
- Maschinen und Halbfabrikaten (20 Mia. Fr.)
- Fahrzeugen (11 Mia. Fr.)
- Nahrungsmitteln (8 Mia. Fr.)
- Bekleidung und Schuhen (8 Mia. Fr.)

Somit ist ersichtlich, dass der schweizerische Warenverkehr bei einem Konjunkturaufschwung tendenziell passiv ausfällt, da die Schweizer und Schweizerinnen vermehrt Neuwagen kaufen und zunehmend teuren Wein aus Italien und Frankreich trinken. Zudem importiert die Industrie vermehrt Halbfabrikate und verstärkt somit diese Tendenz.

Bei Ländern mit eigener Autoproduktion sowie geringen Konsumgüterimporten hingegen kann ein konjunktureller Aufschwung leicht zu einer aktiven Handelsbilanz führen.

Zudem erlaubt die Handelsbilanz einen aufschlussreichen Blick in die Beschaffenheit des primären und sekundären Sektors einer Volkswirtschaft.

Dienstleistungen
Exporte:

- Fremdenverkehr (ausländischer Tourist in der Schweiz, 11 Mia. Fr.)
- Finanz- und Transportdienstleistungen (zus. 20 Mia. Fr.)

Importe:

- Fremdenverkehr (Schweizer Tourist im Ausland, 9 Mia. Fr.)
- Finanz- und Transportdienstleistungen (zus. 6 Mia. Fr.)

Diese Bilanz zeichnet ein deutliches Bild der Stärke bzw. Schwäche des tertiären Sektors einer Volkswirtschaft. Die Schweiz verfügt über einen sehr starken Finanzplatz. (Über die Hälfte der weltweiten Privatvermögen werden in der Schweiz verwaltet. Die Schweizer Rück ist im Lebensversicherungsbereich der grösste Versicherer der Welt, gesamthaft gesehen belegt sie den zweiten Platz.) Daneben existiert auch eine sehr grosse Tourismusbranche.

Bei schlechter inländischer Konjunkturlage resultiert oft ein höherer Aktivsaldo der Dienstleistungsbilanz, da viele Schweizer und Schweizerinnen nun von teuren Auslandferien absehen und vermehrt von ausländischen

Billigangeboten profitieren. Dies senkt natürlich den Import von Tourismusdienstleistungen und erhöht somit den Aktivsaldo.

Faktoreinkommen

Die Faktoreinkommensbilanz beinhaltet die Arbeitseinkommen und die Kapitaleinkommen aus dem Ausland und an das Ausland. Da die Schweiz ca. 50% aller Grenzgänger in Westeuropa beschäftigt, ist der Saldo aus den Arbeitseinkommen stark passiv (7 Mia. Fr).

Der Saldo aus den Kapitaleinkommen hingegen ist stark aktiv. Die Schweiz verfügt über ein *Netto*auslandvermögen von 361 Mia. Fr. (zum Vergleich: BIP 1994: 352 Mia. Fr.). Dies führt zu *Netto*rückflüssen von Gewinnen, Dividenden und Zinsen aus dem Ausland in der Höhe von 19 Mia. Fr.

Die Faktoreinkommensbilanz lässt somit einen Schluss auf die Dynamik der Schweizer Wirtschaft zu. Die seit Jahrzehnten praktizierte Verlagerung derjenigen Arbeitsprozesse ins Ausland, die nicht ein Maximum an Mehrwert erzeugen, sowie der Kauf von ausländischen Unternehmen bewirken heute einen hohen Rückfluss von Gewinnen und Dividenden aus dem Ausland.

Zudem ist die Schweizer Wirtschaft lange derart stark gewachsen, dass inländische Unternehmen ihren Bedarf an Arbeitskräften im Inland nicht mehr decken konnten und somit vermehrt im Ausland wohnende ArbeitnehmerInnen beschäftigten.

Die strukturellen Anpassungen von inländischen Firmen an die fortschreitende Globalisierung erhöhen den Kapitalexport und somit den aktiven Rückfluss von Kapitaleinkommen aus dem Ausland. Zudem sinkt im Abschwung die Nachfrage von inländischen Firmen nach Grenzgängern. Somit fällt der passive Eintrag der Areitseinkommen geringer aus. Das heisst, im Abschwung, v.a. wenn dieser teilweise durch strukturelle Anpassungen an die Globalisierung mitverursacht ist, wird die Faktoreinkommensbilanz stärker aktiv.

Aussenbeitrag

Die Teilbilanz „Aussenbetrag“ beinhaltet den Warenverkehr, die Dienstleistungen sowie die Faktoreinkommen. Wie schon oben erwähnt, tendiert der Aussenbeitrag der schweizerischen Zahlungbilanz in Zeiten konjunktureller Schwäche dazu, aktiver zu werden.

Unentgeltliche Übertragungen

(Auch laufende Übertragungen). Auf diesem Konto werden die unentgeltliche Entwicklungshilfe (also nicht Entwicklungsdarlehen), Beiträge an die UNO-Unterorganisationen, bei denen die Schweiz Mitglied ist, sowie AHV-Zahlungen an Schweizer und Schweizerinnen, die im Ausland den Ruhestand geniessen, verbucht. Dieses Konto ist traditionell passiv (5 Mia. Fr.)

Laufende Transaktionen

Dieses Konto umfasst den Aussenbeitrag und die unentgeltlichen Übertragungen. Wie schon der Aussenbeitrag sind auch die laufenden Transaktionen der Schweiz im Abschwung stärker aktiv (von 12 Mia. Fr. aktiv 1989 auf 29 Mia. Fr. 1993 und 25 Mia. Fr. aktiv 1994).

Kapitalverkehr

Der Kapitalverkehr beinhaltet Direkt- und Finanzinvestitionen der Schweiz im Ausland bzw. des Auslands in der Schweiz. 1994 war der Saldo der Kapitalverkehrsbilanz (ohne SNB) 22 Mia. Fr. passiv. Die strukturelle Anpassung der inländischen Wirtschaft führte in den 90er Jahren infolge der erhöhten Mobilität einzelner Produktionsprozesse zu erhöhten Direktinvestitionen inländischer Firmen im Ausland. Dies verstärkte in der kurzen Frist die strukturelle Komponente der inländischen Rezession und erhöhte, den Personalbestand schweizerischer Firmen im Ausland (von 970'00 im Jahr 1990 auf 1'400'000 im Jahr 1994). Somit kann gesagt werden, dass arbeitsplatzmässig ungefähr ein Viertel der schweizerischen Wirtschaft im Ausland liegt. Dass dieser Anteil, der für den Unterschied zwischen BIP (352 Mia. Fr.) und BSP (365 Mia. Fr.) mitverantwortlich ist, nur einen Nettomehrwert von 13 Mia. Fr. ausmacht, illustriert die Tatsache, dass die verlagerten Arbeitsprozesse nur eine im Vergleich mit der Schweiz geringe Mehrwertschöpfung erbringen. (Selbstverständlich ergeben sich die Unterschiede zwischen dem BSP und dem BIP auch aus den ins Ausland rückgeführten Gewinnen von ausländischen Unternehmen in der Schweiz.) Somit sind die daraus resultierenden Kapitalerträge gemessen am Arbeitseinsatz auch eher bescheiden.

Strukturelle Anpassungen der schweizerischen Wirtschaft mit entsprechenden rezessiven Tendenzen im Inland führen somit zu einem vermehrt passiven Kapitalverkehr. In der langen Frist jedoch verstärkt dies die Produktivität der inländischen Wirtschaft und erhöht somit die langfristige internationale Konkurrenzfähigkeit und das allgemeine Wachstumspotential der schweizerischen Wirtschaft. Entsprechend plaziert das internationale Wirtschaftsinstitut Global Economic Forum die Schweizer Wachstumschancen an 6. Stelle, hinter Singapur, Hongkong, Neuseeland, den USA und Luxemburg.

Der Passivsaldo veränderte sich entsprechend den oben ausgeführten Erläuterungen von 11 Mia. Fr. im Jahr 1989 auf 31 Mia. Fr. im Jahr 1993 und 22 Mia. Fr. im Jahr 1994.

NETTOAUSLANDSTATUS DER SCHWEIZERISCHEN NATIONALBANK (SNB)
Dieses Konto hat für unsere Betrachtungsweise keine grosse Bedeutung. Allenfalls kann gesagt werden, dass die Zahlungsbilanz gemäss Definition immer ausgeglichen ist und dass dieses Konto dem statistischen Ausgleich zwischen Aktiv- und Passivbuchungen dient. Zunehmend wird aber in Publikationen dieses Konto weggelassen, was zahlenmässig zu einer leicht aktiven bzw. passiven Zahlungsbilanz führt.

3.4 KLEINE FALLSTUDIE: POLEN

Sie sind InhaberIn eines in der Schweiz domizilierten Software-Unternehmens, das in Ostdeutschland bereits eine kleine Vertretung unterhält. Ihre Produkte sind ausschliesslich kommerzielle Applikationen für Kunden aus der Industrie und dem Dienstleistungsbereich. Vereinzelt stellen Sie seit gut einem Jahr eine bis anhin schwache, aber leicht steigende Nachfrage nach Ihren Produkten aus Polen fest.

Sie sollen nun abklären, ob die volkswirtschaftliche Entwicklung in Polen die Eröffnung einer ersten, kleinen Vertretung dort rechtfertigt.

Im folgenden Datenblatt „Wirtschaftsdaten für Polen“ finden Sie eine Reihe von Konjunkturindikatoren für die polnische Wirtschaft. Wir wählen nun die fünf Indikatoren, die für unsere Problemstellung eine hohe Aussagekraft haben.

WIRTSCHAFTSDATEN FÜR POLEN[9]

	Einheit	1993	1994	1995S*	1996S*
BIP	US$ Mia.	85,7	92,7	106,2	119,4
BIP pro Kopf (Durchschn. v. 3 J.)	US$	2148	2271	2462	2746
BIP pro Kopf (Schätzung der UBS)	US$	3840	4000	4200	4400
	Einheit	**1993**	**1994**	**1995S***	**1996S***
Wachstum des realen BIP	%	3,8	5,1	5,0	5,0
Wachstum des realen BIP pro Kopf	%	3,6	4,9	4,7	4,7
Bruttoinvestitionen	% d. BIP	16,5	17,0	17,8	18,5

9 UBS Internationaler Konjunkturausblick 1995.

Inflation d. Konsumentenpreise		36,7	29,5	27,0	22,0
Saldo d. Staatshaushalts	% d. BIP	–3,4	–2,8	–3,3	–3,0
Wechselkurs, Jahresdurchschnitt	PLZ/US$	18115	23115	23716	24427
Wechselkurs, Stand am 31.12.	PLZ/US$	21217	24370	25028	25854
Güterexport	US$ Mia.	13,6	16,9	20,5	22,4
Güterimport	US$ Mia.	15,9	17,8	22,1	24,4
Saldo d. Warenverkehrs	US$ Mia.	–2,3	–0,9	–1,6	–2,0
Saldo d. Leistungsbilanz	% d. BIP	------	–1,1	–1,5	–1,9
Einnahmen laufende Transaktionen	US$ Mia.	16,8	20,6	24,4	26,7
Saldo der laufenden Transaktionen	US$ Mia.	–2,3	–0,9	–1,8	–2,3
Saldo der laufenden Transaktionen	% d. BIP	–2,7	–1,0	–1,7	–1,9
Devisenbestände	US$ Mia.	4,1	5,8	12,0	13,0
Devisenbest./mtl. Güterimporte	Monate	3,1	3,9	6,5	6,4
Goldreserven (bewertet zu 2/3 des Marktpreises)	US$ Mio.	113	121	113	117
Gesamte Auslandschuld	US$ Mia.	47,9	41,5	40,0	41,0
Gesamte Auslandschuld	% d. BIP	55,9	44,8	37,7	34,3
Passivzinsen	US$ Mia.	2,9	2,5	2,8	2,8
Passivzinsen	% d. Einn. lauf. Trans.	17,2	11,9	11,3	10,5

*** Schätzung**

		1994		1995			
		3.Q.	**4.Q.**	**1.Q.**	**2.Q.**	**Mai**	**Juni**
Zinssätze 3 Monate (Interbank)	%	29,4	28,1	29,1	26,5	27,3	26,5

In einem ersten Schritt sind nun aus den Daten fünf Wirtschaftsindikatoren auszuwählen, die für die Aufgabenstellung relevant sind.

- Wachstum des realen BIP (pro Kopf)
- Bruttoinvestitionen in % des BIP
- Inflation der Konsumentenpreise
- Güterexport
- Passivzinsen d. Auslandschuld in % d. Einnahmen d. lauf. Trans.

Im folgenden wird diese Auswahl näher begründet:

- Das Wachstum des realen BIP gibt den preisbereinigten Zuwachs in der jährlichen Leistung einer Volkswirtschaft an. Somit ist die jährliche Wachstumsrate des BIP der wichtigste Konjunkturindikator.
- Die Bruttoinvestitionen umfassen Ersatzinvestitionen für Abschreibungen sowie Neuinvestitionen. Da die Bruttoinvestitionen neben den Bauinvestitionen auch die Ausrüstungsinvestitionen beinhalten, sind sie ein guter Indikator für das zukünftige Wachstumspotential einer Volkswirtschaft. Der kurzfristige negative Beschäftigungseffekt von Rationalisierungsinvestitionen fällt hier aufgrund des dringenden Erneuerungsbedarfs der Wirtschaft weg.
- Die Inflation der Konsumentenpreise misst die Preisstabilität. Stabile Preise begünstigen das Investitionsklima.
- Der Güterexport misst die Nachfrage nach polnischen Gütern im Ausland. Die Nachfrage nach Exportprodukten ist ein wichtiger Bestandteil der polnischen Gesamtnachfrage.
- Zinszahlungen ans Ausland bedeuten für die polnische Wirtschaft einen Mittelabfluss, und die Einnahmen der laufenden Transaktionen messen die von der polnischen Wirtschaft im Ausland erarbeiteten Mittel bzw. Devisen (Devisen sind ausländisches Buchgeld). Fallende Passivzinsen (in % der Einnahmen der laufenden Transaktionen) lassen auf eine erstarkende polnische Wirtschaft schliessen.

Wir verknüpfen nun jeweils drei der ausgewählten Indikatoren in einer solchen Weise, dass sich daraus ein für die Problemstellung stichhaltiges Argument ergibt.

- Eine fallende Inflationsrate ermöglicht es den Entscheidungsträgern und -trägerinnen in der polnischen Wirtschaft, zunehmend verlässliche Annahmen über die Entwicklung der Preise ihrer Betriebsmittel (Aufwände) sowie der zu erwartenden Erträge zu machen. Diese zunehmende Verlässlichkeit betriebswirtschaftlicher Finanzkennziffern schafft in starkem Masse ein immer freundlicheres Investitionsklima. Somit kann mit grosser

Wahrscheinlichkeit ein weiterhin starkes Wachstum des polnischen BIP erwartet werden.

- Die guten Wachstumsraten des realen BIP pro Kopf sowie der hohe prozentuale Anteil der Bruttoinvestitionen am BIP lässt mit einem Blick auf den kräftigen Anstieg der Güterexporte den Schluss zu, dass die polnische Wirtschaft ihre Abhängigkeit vom ausländischen Zinsniveau wird weiter reduzieren können. Dieser prozentual reduzierte Abfluss von erarbeiteten Mitteln erhöht das zukünftige Investitions- und somit das Wachstumspotential der polnischen Wirtschaft.

In einer abschliessenden Beurteilung der Lage halten wir fest:

- Eine Abnahme der Zinssätze (Interbank) eilt der Abnahme der Inflationsrate voraus. Dies deutet auf positive Erwartungen der Kapitalgeber bezüglich der Inflationsentwicklung hin. Sollten sich diese Erwartungen nicht erfüllen, so quittiert dies der Markt mit einem erneuten Anstieg der Zinssätze (Mai 1995). Die nachfolgende Entspannung der Zinssätze lässt aber auf eine weiter fallende Inflationsrate schliessen. Dies lässt in der Folge den Schluss auf ein weiterfallendes inländisches Zinsniveau zu. Der Saldo des Staatshaushaltes veranschaulicht zudem die Anstrengungen der Regierung für ein möglichst ausgeglichenes Budget. Abnehmende Defizite der öffentlichen Hand stützen zudem die Erwartungen auf ein fallendes Zinsniveau, da der Staat mit einer verringerten Kapitalnachfrage den Kapitalmarkt weniger belastet. (Die Nachfragekurve des Kapitals verschiebt sich nach links.) Tiefere Zinsen bewirken über gestiegene Nettobarwerte (vgl. dynamische Investitionsrechnung) die Realisierung von Investitionsprojekten. Diese zunehmende Wirtschaftsaktivität wird ohne Zweifel auch zu einer erhöhten Nachfrage nach Softwareprodukten führen.

Somit sprechen die Daten für die Eröffnung einer Vertretung in Polen.

Im folgenden werden die Wirtschaftsindikatoren für Polen im einzelnen erläutert:

Wirtschaftsdaten für Polen: Interpretationsvorschläge

	Einheit	1993	1994	1995s*	1996s*
BIP	US$ Mia.	85,7	92,7	106,2	119,4

Das BIP ist Messgrösse für die volkswirtschaftliche Leistung eines Landes. Ein steigendes BIP ist Ausdruck für zunehmende Leistungsfähigkeit und bei entsprechender Verteilung für den zunehmenden Wohlstand.

BIP pro Kopf (Durchschn. v. 3 J.)	US$	2148	2271	2462	2746

Das BIP pro Kopf berücksichtigt das Bevölkerungswachstum. Übersteigt, wie in einigen Entwicklungsländern, das Bevölkerungswachstum das BIP-Wachstum, so nimmt der Wohlstand ab.

BIP pro Kopf (Schätzung der SBG)	US$	3840	4000	4200	4400

Diese Schätzung dient dazu, den Schwarzmarkt mitzuberücksichtigen. In Ländern wie Polen oder Russland ist diese Ziffer u.U. aussagekräftiger als das offizielle BIP.

Wachstum des realen BIP	%	3,8	5,1	5,0	5,0

Diese Wachstumsrate drückt die jährliche, preisbereinigte, also reale Zunahme der Leistung einer Volkswirtschaft aus. In den Industrieländern sind diese Zuwachsraten aufgrund des Basiseffektes im Vergleich mit den Schwellenländern (Thailand, Malaysien usw.) eher tief. Sie geben Auskunft über den künftigen Wohlstand.

Wachstum des realen BIP pro Kopf	%	3,6	4,9	4,7	4,7

Diese Wachstumsrate drückt die jährliche Zunahme der Leistung einer Volkswirtschaft unter Berücksichtigung des Bevölkerungswachstums aus (siehe oben).

Bruttoinvestitionen	% d. BIP	16,5	17,0	17,8	18,5

Die Bruttoinvestitionen umfassen Ersatzinvestitionen für Abschreibungen sowie Neuinvestitionen. Hier handelt es sich um Realinvestitionen, also Anlageinvestitionen, und nicht um Finanzinvestitionen (Aktien, Obligationen). Anlageinvestitionen beinhalten Bauinvestitionen und Ausrüstungsinvestitionen (Maschinen, Lastwagen etc.). Bei den Ausrüstungsinvestitionen kann es sich um einfache Wachstumsinvestitionen oder aber um Rationalisierungsinvestitionen handeln.

Da ein grosser Teil der Anlageinvestitionen fremdfinanziert wird, erhöht i.d.R. eine Zunahme der Anlageinvestitionen die Nachfrage nach Kapital. Somit bewirkt eine Zunahme der Anlageinvestitionen oft ein Ansteigen der Kapitalmarktzinssätze. Im Gegensatz dazu bewirkt eine Zunahme der Finanzinvestitionen ein Nachgeben der Zinssätze. Finanzinvestoren (Sparer, Pensionskassen, Versicherungen) sind Kapitalanbieter, und eine Zunahme der Finanzinvestitionen, d.h., eine Erhöhung des Kapitalangebotes, führt zu tieferen Kapitalmarktzinssätzen. (Selbstverständlich bieten die Finanzinvestoren ihre Mittel auch am Geldmarkt an. Ob diese in den Geld- oder den Kapitalmarkt fliessen, hängt von mehreren Faktoren ab. Individuelle Bedürfnisse, Inflationserwartungen, Erwartungen bezüglich der Zinsentwicklung sowie die Differenz zwischen den lang- und den kurzfristigen Zinssätzen sind einige wichtige Entscheidungsfaktoren.)

Anlageinvestitionen sind Voraussetzung für künftiges BIP-Wachstum, für eine künftige Zunahme der Produktivität und der internationalen Konkurrenzfähigkeit.

* Schätzung	Einheit	1993	1994	1995s*	1996s*
Inflation d. Konsumentenpreise	%	36,7	29,5	27,0	22,0

Tiefe Inflationsraten schaffen ein investitionsfreundliches Klima, da nur stabile Preise die Budgetierungen ermöglichen, auf deren Basis Investitionen getätigt werden.

Saldo d. Staatshaushalts	% d. BIP	−3,4	−2,8	−3,3	−3,0

Nachhaltige Defizite der öffentlichen Hand zwingen den Staat, Fremdkapital aufzunehmen. Diese vermehrte Nachfrage nach Kapital hat zinstreibende Wirkung. Höhere Zinsen schmälern aber den Nettobarwert von privaten Investitionsprojekten, die u.U. gar nicht mehr ausgeführt werden. Dieser Vorgang heisst „Crowding out“. Finanziert der Staat seine Defizite über höhere Steuern, so verringert sich das verfügbare Einkommen der privaten Haushalte, was sich negativ auf den privaten Konsum auswirkt, der in den meisten Ländern mit hochentwickelter Wirtschaft die wichtigste Konjunkturstütze bildet.

Wechselkurs, Jahresdurchschnitt	PLZ/US$	18115	23115	23716	24427
Wechselkurs, Stand am 31.12.	PLZ/US$	21217	24370	25028	25854

Stabile Wechselkurse verringern das Wechselkursrisiko, z.B. für ausländische Firmen, die den Gewinn in der Währung des Heimatlandes verbuchen. Zudem sorgen sie für stabile Preise bei den Importen, z.B. Rohstoffen, Halbfabrikaten und Investitionsgütern, und verhindern somit das Aufkeimen einer „importierten Inflation“.

Güterexport	US$ Mia.	13,6	16,9	20,5	22,4

Der Güterexport ist die Nachfrage des Auslands nach im Inland produzierten Produkten. Eine Zunahme der Exporte erhöht die Gesamtnachfrage und somit das BIP.

Güterimport	US$ Mia.	15,9	17,8	22,1	24,4

Bei einem Aufschwung werden mehr Rohstoffe, Halbfabrikate, Investitions- und Konsumgüter importiert. Um den Güterimport als zuverlässigen Indikator gebrauchen zu können, ist eine genaue Kenntnis der Zusammensetzung der Importe wichtig. Basiert die Zunahme der Importe zur Hauptsache auf einer Zunahme von Konsumgüterimporten, so könnte daraus zwar auf eine momentan gute Konjunkturlage, aber nicht auf verbesserte zukünftige Wachstumschancen geschlossen werden.

* Schätzung	Einheit	1993	1994	1995s*	1996s*
Saldo d. Warenverkehrs	US$ Mia.	−2,3	−0,9	−1,6	−2,0
Saldo d. Leistungsbilanz	% d. BIP	------	−1,1	−1,5	−1,9

Die Saldi erlangen dann eine Bedeutung, wenn ein Land, wie z.B. die USA Ende der 80er Jahre, an nachhaltigen Güterimportüberschüssen und daraus folgenden Finanzierungsproblemen leidet. Die USA wandelten sich in den 80er Jahren vom grössten Gläubiger zum grössten Schuldner der Welt. Der daraus resultierende künftige Aufwand für Passivzinsen, die ins Ausland abfliessen, schmälert das künftige Wachstumspotential. Die USA haben diesen Trend in der letzten Zeit zwar nicht umkehren, aber dennoch massiv verlangsamen können.

Einnahmen laufende Transaktionen	US$ Mia.	16,8	20,6	24,4	26,7

s. Güterexport

Saldo der laufenden Transaktionen	US$ Mia.	−2,3	−0,9	−1,8	−2,3
Saldo der laufenden Transaktionen	% d. BIP	−2,7	−1,0	−1,7	−1,9

s. Saldo der Leistungsbilanz

Devisenbestände	US$ Mia.	4,1	5,8	12,0	13,0

Zunehmende Devisenbestände (Devisen = ausländisches Buchgeld, z.Vgl. Sorten = ausländisches Bargeld) deuten darauf hin, dass ein Land an seinen wirtschaftlichen Beziehungen zum Ausland verdient, dass es also nicht über seine Verhältnisse lebt. Dies deutet auf eine ertragsstarke Wirtschaft hin, die im internationalen Konkurrenzkampf gut positioniert ist.

Devisenbest./mtl. Güterimporte	Monate	3,1	3,9	6,5	6,4

Die zur Hauptsache durch Exporte verdienten Devisen nehmen schneller zu als die Güterimporte. Auch dies ist Ausdruck für die hohe internationale Konkurrenzfähigkeit eines Landes.

Goldreserven (bewertet zu 2/3 des Marktpreises)	US$ Mio.	113	121	113	117

Goldreserven werden zu grossen Teilen von der Zentralbank gehalten. Hohe Goldreserven ermöglichen die Stützung der eigenen Währung bei allfälligen „Schwächeanfällen" (Verkauf von Gold gegen US$, dann: Kauf der eigenen Währung gegen US$).

* Schätzung	Einheit	1993	1994	1995s*	1996s*
Gesamte Auslandschuld	US$ Mia.	47,9	41,5	40,0	41,0
Gesamte Auslandschuld	% d. BIP	55,9	44,8	37,7	34,3

Ein schrumpfendes Verhältnis der Auslandschuld zum BIP deutet auf starkes Wachstum des BIP, das zunehmend ohne ausländisches Fremdkapital zustande gekommen ist. Dies ist wiederum Ausdruck für die Ertrags- und Innovationskraft einer Volkswirtschaft.

Passivzinsen	US$ Mia.	2,9	2,5	2,8	2,8
Passivzinsen	% d. Einn. lauf. Trans.	17,2	11,9	11,3	10,5

Ein schrumpfendes Verhältnis der Passivzinsen zu den Einnahmen aus den laufenden Transaktionen deutet darauf hin, dass der Ertrag aus dem grenzüberschreitenden wirtschaftlichen Verkehr eines Landes stärker wächst als der Aufwand für Fremdkapital. Dies weist auf die wachsende internationale Konkurrenzfähigkeit sowie die starke Selbstfinanzierungskraft eines Landes hin.

		1994		1995			
		3.Q.	4.Q.	1.Q.	2.Q.	Mai	Juni
Zinssätze 3 Monate (Interbank)	%	29,4	28,1	29,1	26,5	27,3	26,5

Fallende nominale Zinsen in den kurzen Laufzeiten deuten darauf hin, dass das Land in seiner Inflationsbekämpfung erfolgreich ist, denn die Investoren verlangen nun offensichtlich eine geringere Inflationsprämie als Entschädigung für die aktuelle und *erwartete* Geldentwertung, und eine tiefe Inflation schafft ein investitionsfreundliches Wirtschaftsklima (s. oben). Fallende Zinsen am „kurzen Ende“ (d.h. in den kurzen Laufzeiten) in Verbindung mit einer fallenden Inflationsrate führen auch am „langen Ende“ (d.h. in den langen Laufzeiten) zu fallenden Zinsen (s. Kap. 4.7 „Die Schweizerische Nationalbank: Geldpolitik und Zinsentwicklung“). In der Folge erhöhen sich die Nettobarwerte von Unternehmensprojekten. Werden diese Projekte somit realisiert, regt dies die Wirtschaftsaktivität an.

4

Das Geld: Geldwert und Inflation

4.1 Geld: Definition und Funktion

In einer Marktwirtschaft erfüllt das Geld drei Funktionen:

1. Rechnungseinheit (Wertmassstab)
2. Zahlungsmittel (Tauschmittel)
3. Wertaufbewahrungsmittel (Sparmittel)

Um diese Funktionen wahrzunehmen, muss das Geld fünf Eigenschaften aufweisen:

1. *Hoher Wert pro Gewichtseinheit*
2. *Beliebig teilbar*
3. *Nicht beliebig vermehrbar*
4. *Wertbeständig/haltbar*
5. *Allgemein als Zahlungsmittel akzeptiert*

Man unterscheidet zwischen Bar- und Buchgeld (auch Giralgeld genannt). Bargeld besteht aus Noten und Münzen, die rund 35 Prozent der liquiden Zahlungsmittel (M1) ausmachen. Buchgeld, d.h. Postchecks sowie Sichteinlagen bei Banken, macht ca. 65 Prozent der liquiden Zahlungsmittel aus. Die Summe *aller* Zahlungsmittel bildet die Geldmenge eines Landes.

Die Geldmenge wird aufgeteilt in M1, M2 und M3. M steht für „Money", und die Ziffer hinter „M" gibt den Grad der Verfügbarkeit, der Liquidität, bzw. der Nachfragewirksamkeit an. Je kleiner die Ziffer, desto grösser der Grad der Verfügbarkeit.

M1 umfasst den Teil der Geldmenge, der sofort nachfragewirksam werden kann. M1 besteht aus Noten und Münzen im Besitz des inländischen Nicht-Bankensektors sowie Sichteinlagen des inländischen Nicht-Bankensektors bei Post und Bank. Somit kann M1 jederzeit sofort für den Erwerb von Gütern und Dienstleistungen eingesetzt werden.

Entspricht die nachfragewirksame Geldmenge M1 dem Güter- und Dienstleistungsangebot, befindet sich die Wirtschaft im Gleichgewicht.

4.2 Geldaggregate

Notenbankgeldmenge „NBGM":	*Notenumlauf + Giroguthaben* von Banken bei der SNB
Saisonbereinigte Notenbankgeldmenge SBNBGM:	NBGM dividiert durch die entsprechendenSaisonfaktoren
Geldmenge M1:	*Bargeldumlauf* (Noten und Münzen beim privaten Publikum/d.h. Nicht-Banken) + *Sichteinlagen* (inländische Sichteinlagen des privaten Publikums bei Banken und beim Postcheck in Schweizer Franken ohne Lohnkonti) + *Einlagen auf Transaktionskonti* (Einlagen auf den Spar- und Depositenkonti, die v.a. Zahlungszwekken dienen, sowie Einlagen auf Lohnkonti auf Sicht)
Geldmenge M2:	*Geldmenge M1 + Spargelder* (ohne Vorsorgegelder)
Geldmenge M3:	*Geldmenge M2 + Termineinlagen* (inländische Termineinlagen in Schweizer Franken)

Stand der Geldaggregate im Februar 1995

NBGM:	Notenumlauf	27'906	Mio. Fr.
	Girorechnungen	2'078	Mio. Fr.
	NBGM	29'984	Mio. Fr.
SBNBGM:		30'014	Mio. Fr.
Geldmenge M1:		137'667	Mio. Fr.
Geldmenge M2:		309'117	Mio. Fr.
Geldmenge M3:		412'733	Mio. Fr.
Zum Vergleich			
BSP (1994):		365'475	Mio. Fr.
BIP (1994):		351'920	Mio. Fr.

4.3 Definition der Inflation

Verändert sich der Geld- oder Güterstrom, entsteht ein Missverhältnis, das als *Inflation* (Geldüberhang) oder *Deflation* (Güterüberhang) bezeichnet wird.

Unter Inflation (Teuerung) versteht man ein Steigen des durchschnittlichen Preisniveaus in einem Land. Sie ist gleichbedeutend mit Geldentwertung, d.h., die Kaufkraft des Geldes sinkt. Je nach Stärke der Preissteigerung spricht man von schleichender bis galoppierender Inflation (Hyperinflation).

4.4 Messung der Inflation

Die Inflationsrate wird in der Schweiz mit dem Landesindex der Konsumentenpreise LIK (oder KPI, Konsumentenpreisindex) gemessen. Der LIK misst die Preisentwicklung von einer bestimmten Anzahl von Gütern und Dienstleistungen, die in einem Warenkorb zusammengefasst sind. Dieser Warenkorb mag zwar für keine Einzelperson repräsentativ sein, entspricht aber dem durchschnittlichen gesamtschweizerischen Konsumverhalten. Ein Jahr, in dem der Warenkorb neu definiert, also den veränderten Konsumgewohnheiten angepasst wird, und die Summe der Preise der im Warenkorb enthaltenen Güter und Dienstleistungen neu gleich 100 gesetzt wird, nennt man Basisjahr. 1982 war ein Basisjahr. Der jetzt gültige Warenkorb wurde 1993 neu definiert. Somit ist auch 1993 ein Basisjahr.

In der Schweiz berechnet das Bundesamt für Industrie, Gewerbe und Arbeit (BIGA) den jeweiligen Stand des LIK.

4.5 Weitere Messgrössen für die Preisentwicklung

Neben dem Landesindex der Konsumentenpreise LIK werden in der Schweiz der *Produzentenpreisindex* und der *Importpreisindex* verwendet. Diese beiden Messzahlen finden seit Mai 1993 Anwendung. Zusammen bilden sie den Preisindex des Gesamtangebots (oder Total des Produzenten- und Importpreisindexes), der mit dem bisherigen Grosshandelspreisindex verkettet ist. Der Produzentenpreisindex beinhaltet 22 und der Importpreisindex 4 Warengruppen. Der BIP-Deflator dient – wie der LIK – zur Messung der Teuerung. Nur entspricht der dem BIP-Deflator zugrundeliegende Warenkorb nicht den Konsumgewohnheiten der SchweizerInnen, sondern genau der Zusammensetzung des BIP.

4.6 Ursachen und Auswirkungen der Inflation

Wächst in einer Volkswirtschaft die Geldmenge schneller als die Gütermenge, übersteigt die gesamtwirtschaftliche Nachfrage das gesamtwirtschaftliche Angebot. In der Folge entsteht Inflation.

Grundsätzlich kann auch ein reduziertes Güterangebot bei gleichbleibender Geldmenge zu Preissteigerungen führen.

Der Zusammenhang zwischen dem Güter- und dem Geldstrom, d.h. dem realen, güterwirtschaftlichen und dem monetären Sektor der Wirtschaft, kann in einer Gleichung ausgedrückt werden – die Quantitäts- oder Fisher-Gleichung (nach Irving Fisher):

X = *reales* Sozialprodukt

P = Preisniveau

U = Umlaufgeschwindigkeit des Geldes

M = Geldmenge

$$X \times P = U \times M$$

Die linke Seite beschreibt den mit Preisen bewerteten realen Güterstrom, die rechte die nachfragewirksame Geldmenge. Anhand dieser Gleichung können wir nun verschiedene Ursachen der Inflation erkennen.

4.6.1 Die geldmengeninduzierte Inflation

Wenn M wächst und U und X konstant bleiben, dann muss auch P steigen. Wenn also die Geldmenge wächst und alles übrige konstant bleibt, dann entsteht Inflation. Die Geldmenge eines Landes kann aus folgenden Gründen wachsen:

- Geldschöpfung der Nationalbank
- Kreditschöpfung/Buchgeldschöpfung der Geschäftsbanken
- Kapitalimporte

4.6.2 Erhöhung der Umlaufgeschwindigkeit

Eine Erhöhung der Umlaufgeschwindigkeit, wie sie etwa durch die Einführung des SIC (Swiss Interbank Clearing, dient zur Abwicklung des schweizerischen Zahlungsverkehrs) am 31.12.1987 bewirkt wurde, kann auch zu Preissteigerungen führen.

Der vermehrte Einsatz von elektronischen Zahlungsmitteln erhöht tendenziell die Umlaufgeschwindigkeit des Geldes. Das heisst, eine immer kleinere Geldmenge reicht für die Sicherstellung eines bestimmten Volumens des realen Sozialproduktes aus.

4.6.3 Die angebotsinduzierte Inflation

- Arbeitszeitverkürzungen ohne Produktivitätszunahme und bei gleichbleibenden Lohnzahlungen
- Krisen, Missernten, Naturkatastrophen
- Fehlinvestitionen
- Abnahme der Importe, Zunahme der Exporte

4.6.4 Andere Ursachen

Weitere Ursachen der Inflation, die nicht elegant mit der Fisher-Gleichung erläutert werden können, umfassen:

- Zunahme der Investitionen
- Erhöhte Nachfrage der Konsumenten im In- und Ausland (Exporte)
- Grössere Staatsaufträge
- Preissteigerungen im Ausland (importierte Inflation)
- Wechselkursveränderungen (teurere Importe)
- Kostensteigerungen durch staatliche Auflagen, Forderungen der Gewerkschaften usw.

4.6.5 Die Buchgeldschöpfung der Geschäftsbanken (Kreditschöpfung)

Heute erfolgt ein grosser Teil des Zahlungsverkehrs bargeldlos über Bankkonten. Deshalb benötigen die Geschäftsbanken nur einen kleinen Teil der Geldeinlagen ihrer Kunden für Barauszahlungen. Den grösseren Teil der Einlagen geben sie in der Form von Krediten weiter, wodurch sich die Buchgeldmenge erhöht.

Das folgende Beispiel beschränkt sich auf die für diese Kapitel wesentlichen Zusammenhänge. Aus diesen Gründen wird ein Reservesatz von 10% unterlegt. Dieser ist heute nicht mehr in dieser Form in Gebrauch, sondern wurde durch die Liquiditätsvorschriften und die nach dem Risiko der Gegenpartei gewichteten Eigenmittelunterlegungssätze ersetzt. Zudem unterschlägt das folgende Beispiel jeweils einen Buchungssatz: Bei Entgegennahme der Passivgelder am Schalter verbucht die Bank natürlich die gesamte Summe vorerst auf dem Konto „Kasse“. Diese Buchung wird im folgenden Beispiel ausgelassen.

Beispiel
Anfängliche Bargeldeinlage: 1’000 Franken

Person A tätigt eine Bankeinlage in der Höhe von Fr. 1’000.--. Diese werden bei der Bank auf der Passivseite verbucht. Auf der Aktivseite vergibt die Bank einen Kredit von Fr. 900.-- an Person B. Person B kauft mit den Fr. 900.-- beispielsweise eine Lampe in einem Möbelgeschäft. Die Inhaberin des Möbelgeschäftes, Person C, bringt diese Fr. 900.-- auf ihre Bank 2.

A	Bank 1	P
GM[10] = Bank Post Kasse: Fr. 100.-- Forderungen[12]: Fr. 900.--		Verpflichtungen[11]: Franken 1'000.--

A	Bank 2	P
GM = Fr. 90.-- Forderungen: Fr. 810.--		Verpflichtungen: Franken 900.--

Die zusätzlichen Einlagen in der Höhe von Fr. 900.-- ermöglichen es Bank 2, an Person D einen Kredit in der Höhe von Fr. 810.-- zu vergeben. Person D kauft für diesen Betrag bei Person E ein Kleidungsstück. Person E bringt diesen Betrag auf ihre Bank 3.

A	Bank 3	P
GM: Kasse Fr. 81.-- Post Bank Forderungen: Fr. 729.--		Verpflichtungen: Franken 810.--

Die Geschäftsbanken können also ohne Hilfe der Notenbank (Schweizerische Nationalbank) aus einer Überschussreserve (Geldeinlagen der Kunden abzüglich der Barreserven) Kredite gewähren und damit Geld (Buchgeldforderungen) schöpfen. Die Summe der letztendlichen Buchgeldforderungen (Fr. 1'000.-- + Fr. 900.-- + Fr. 810.-- + ...) kann mit dem Geldschöpfungsmultiplikator berechnet werden:

Summe der Buchgeldforderungen	=	Erste Bareinlage	x	Geldschöpfungs-multiplikator

10 GM = Greifbare Mittel.

11 Verpflichtungen: hier Buchgeldforderungen des Publikums.

12 Forderungen: hier Kredite an Bankkunden.

Der (Buch-)Geldschöpfungsmultiplikator ist der reziproke Wert des Barreservesatzes. Er beantwortet die Frage, welches Buchgeldvolumen die Geschäftsbanken mit einer bestimmten Überschussreserve maximal schöpfen können. Diese Geldschöpfung ist jedoch nie maximal (im mathematischen Sinne), da die Bankkunden erst ab einer bestimmten Menge Bargeld dieses als Geldeinlage zur Bank bringen.

Je tiefer das Zinsniveau, um so mehr werden Passivgelder (aus der Sicht der Banken) in Sichtkonti gehalten. Dies erhöht zusätzlich die Geldmenge M1.

Im Beispiel oben entstehen Buchgeldforderungen in der Höhe von 10'000 Franken (im mathematischen Sinn). In der Realität liegt die neu geschöpfte Buchgeldsumme unter 5'000 Franken.

4.6.6 Die wirtschaftlichen Folgen der Inflation

- Investitionshemmung (das schlimmste Übel): Durch Inflation verzerrte Preise geben den EntscheidungsträgerInnen in der Wirtschaft falsche Preissignale. In Kenntnis dieser Sachlage werden Investitionsentscheidungen aufgeschoben, um der Fehlallokation von Ressourcen vorzubeugen.
- Geldentwertung
- Steigende Umlaufgeschwindigkeit (sowohl Ursache als auch Folge der Inflation)
- Nachteile für Gläubiger und Sparer sowie Fixbesoldete (AHV-Bezüger)
- Vorteile für Schuldner: Der reale Wert von nominal gleichbleibenden Schulden nimmt ab.
- Flucht in Sachwerte (Immobilien, Kunstgegenstände)
- Veränderungen in der Vermögens- und Einkommensverteilung
- Beeinträchtigung der Konkurrenzfähigkeit im Ausland (bei stabilem Wechselkurs)
- Allgemein schwindendes Vertrauen in die Währung verbunden mit wachsendem Misstrauen gegenüber der staatlichen Wirtschaftspolitik

4.7 Die Schweizerische Nationalbank: Geldpolitik und Zinsentwicklung

4.7.1 Gründungsursachen

Bis zur Entstehung des schweizerischen Bundesstaates 1848 hatten die Kantone das Recht, Münzen zu prägen und den Gebrauch ausländischer Währungen zu regeln. Damals waren über 800 Münzsorten, zum grössten Teil ausländischer Herkunft, im Umlauf.

1850 wurde mit dem Bundesgesetz über das Münzwesen die Grundlage für eine einheitliche Währung geschaffen. Somit hatte der Bund das alleinige Recht, Münzen zu prägen (Münzregal). Zu diesem Zweck wurde die Eidgenössische Münzpräganstalt in Bern geschaffen. Die neu eingeführten Silbermünzen wurden zum offiziellen Zahlungsmittel für das gesamte Gebiet der Schweiz. Daneben fingen die Banken an, eigene Banknoten (Banknote = Forderung des Besitzers an die herausgebende Bank) herauszugeben. Schon 1870 existierten 28 Emissionsinstitute. Der Notenumlauf nahm rapide zu, so dass eine Regelung der Ausgabe von Papiergeld dringend wurde. 1891 erhielt der Bund in einer Volksabstimmung das alleinige Recht zur Ausgabe von Banknoten (Notenmonopol).

Die Unstimmigkeiten über die institutionelle Form der neu zu schaffenden Nationalbank – ob als Staatsbank und somit als Teil der Landesregierung oder als von der Regierung weitgehend unabhängige Aktienbank – wurden 1905 mit dem Bundesgesetz über die Schweizerische Nationalbank beigelegt. Die Schweizerische Nationalbank SNB wurde 1906 als zentrale, spezialgesetzliche Aktienbank des Bundesrechts gegründet, also mit weitgehender Unabhängigkeit von der Regierung, und nahm 1907 den Betrieb auf. Die SNB ist gemischtwirtschaftlich, d.h., die Aktien befinden sich zu ungefähr gleichen Teilen im Besitz von Kantonen und öffentlich-rechtlichen Körperschaften (ca. 55 Prozent) und privaten, schweizerischen Anlegern (ca. 45 Prozent).

4.7.2 Aufgaben

Die wichtigste Aufgabe der SNB ist gemäss der Bundesverfassung (Konjunkturartikel) die Erhaltung der

Preisstabilität

sowie, in untergeordnetem Masse und sofern möglich, die

Vollbeschäftigung.

Nach Art. 39.3 der Bundesverfassung hat die SNB weitere Hauptaufgaben:

- *Regelung des Geldumlaufes im Land*
- *Erleichtern des Zahlungsverkehrs*
- *Führen, im Rahmen der Bundesgesetzgebung, einer dem Gesamtinteresse des Landes dienenden Kredit- und Währungspolitik*

Somit ist die SNB die Trägerin der monetären Konjunkturpolitik in der Schweiz (im Gegensatz zur fiskalen oder nichtmonetären Konjunkturpolitik des Bundes).

4.7.3 Die drei möglichen Zielgrössen der SNB

Grundsätzlich haben die Zentralbanken die Möglichkeit, entweder die inländische Geldmenge, den Wechselkurs oder das Zinsniveau zu steuern. Es ist aus Gründen eines Zielkonfliktes nur selten möglich, in allen drei Bereichen ein Optimum zu erreichen. Die SNB hat sich wie die Deutsche Bundesbank für eine Geldmengensteuerung entschieden. Die Banque de France hingegen betreibt im Rahmen des Europäischen Wechselkursmechanismus eine Wechselkurspolitik gegenüber der Deutschen Mark. Das Federal Reserve System der Amerikaner betreibt eine Zinspolitik. Das Instrumentarium dieser drei verschiedenen Steuerungsarten ist aber für alle Zentralbanken weitgehend identisch.

Geldmengenpolitik: Massnahmen zur Steuerung der SBNBGM und somit der inländischen Geldmenge M1

Der Geldumlauf ist so zu regeln, dass einerseits die Wirtschaft mit genügend Geld versorgt ist und andererseits keine Teuerung (Inflation) entsteht. Somit muss die SNB in letzter Konsequenz diejenige Geldmenge beeinflussen, die dem Publikum unmittelbar als Zahlungsmittel dient: M1 (die nachfragewirksame Geldmenge). Die Geldmenge M1 wird also als Zielgrösse anvisiert, weil eine Veränderung von M1 die Güternachfrage und somit auch die Inflation beeinflusst. Die SNB kann aber die Geldmenge M1 *nicht direkt* steuern, sondern sie tut dies über die *saisonbereinigte Notenbankgeldmenge SBNBGM.* Die SBNBGM ist ein wesentlicher Teil der Passivseite der SNB-Bilanz und besteht aus dem Notenumlauf und den Giroguthaben der Geschäftsbanken bei der SNB (s. oben Kap. 4.2 „Geldaggregate“). Die SNB gibt Wachstumsziele für die SBNBGM bekannt.

Wechselkurspolitik: Massnahmen zur Beeinflussung des Wechselkurses

Zinspolitik: Massnahmen zur Steuerung der Zinsstruktur am Geld- und Kapitalmarkt

4.7.4 Die Bilanz der SNB

Aktiven *Verwendung der NBGM*	*Passiven* *Entstehung der NBGM*
Währungsreserven, Devisen	Notenumlauf[13]
Gold	Giroguthaben der Geschäftsbanken
Inlandportefeuille	
Lombardkredite	
Weitere Aktiven	Weitere Passiven

4.7.5 Das Instrumentarium der SNB

Mit dem Notenbankgesetz verfügt die SNB über ein wirkungsvolles *Instrumentarium* zur Erfüllung ihrer wirtschaftspolitischen Aufgaben. Das Instrumentarium der SNB besteht aus hoheitlichen und rechtsgeschäftlichen Instrumenten. Damit kann die SNB die drei wichtigsten Zielgrössen steuern: die Geldmenge, die Zinsen und den Wechselkurs. Daraus kann sich aber u.U. ein *Zielkonflikt* ergeben.

4.7.5.1 Instrumente der Geldmengenpolitik

Den Ansatzpunkt für die Geldmengenpolitik bildet das Geldangebot. Die Geldmenge soll im Gleichschritt mit der güterwirtschaftlichen Entwicklung ausgedehnt werden, um die Möglichkeit einer Inflation (Inflationspotential) zu verhindern. (Der güterwirtschaftliche Bereich einer Volkswirtschaft umfasst im Gegensatz zum monetären Bereich nicht die Geldmenge, das Zinsniveau u.ä., sondern die Güter und Dienstleistungen, Sachgegenstände etc. innerhalb einer Volkswirtschaft.) Die auf die Geldmengenentwicklung ausgerichteten Instrumente der SNB zielen direkt auf die Steuerung der saisonbereinigten Notenbankgeldmenge SBNBGM ab. In der Folge ergibt sich über die Transmissionsmechanismen eine Lenkung der Buchgeldschöpfung der Geschäftsbanken (mittels Kreditvergabe) und der Geldmenge M1.

> *Zu den wichtigsten rechtsgeschäftlichen Instrumentarien gehören Devisenswaps von Schweizerfranken gegen US$ (CHF gegen USD) in Laufzeiten bis zu einem Jahr sowie Swaps mit Geldmarktbuchforderungen der Eidgenossenschaft.*

[13] Notenumlauf + Giroguthaben der Geschäftsbanken = SBNBGM.

Instrumente zur Beeinflussung der saisonbereinigten Notenbankgeldmenge

- Devisenswap (Kombination von Kassa- und Termingeschäft)
- Swaps mit Geldmarktbuchforderungen der Eidgenossenschaft
- Kauf und Verkauf von Devisen (Devisen sind ausländisches Buchgeld)
- Kauf und Verkauf von Gold
- Kauf und Verkauf von Wertpapieren (Offenmarktgeschäfte)
- Änderung des Diskont- und Lombardsatzes (Diskontsatz: seit 1. 1. 1993 nur noch mit Signalwirkung, Lombardsatz: Durchschnitt aus dem Zinssatz für Tagesgeld der beiden letzten Vortage plus eine Marge von 2%)

Instrumente zur Beeinflussung der Buchgeldschöpfung

- Freiwillige Kreditbegrenzungsvereinbarungen mit den Geschäftsbanken
- Einforderungen von Mindestreserven auf Bankeinlagen (aufgehoben seit 1988)

4.7.5.2 Instrumente der Wechselkurspolitik

Instrumente zur Beeinflussung des Wechselkurses

- Devisenswap
- Interventionen am Devisenmarkt
- Änderung des Diskont- und Lombardsatzes
- Massnahmen zur Abwehr von ausländischen Geldern:

a) Verzinsungsverbot für Guthaben in SFr. bei inländischen Banken, sofern die Besitzer des Geldes ihren Wohnsitz im Ausland haben

b) Erhebung einer Kommissionsgebühr auf solchen Guthaben (siehe Pkt. a)

c) Bewilligungspflicht für die Aufnahme von Kapital im Ausland durch Personen mit Wohnsitz im Inland

d) Anlageverbot: Einschränkung des Erwerbs inländischer Wertpapiere durch Personen mit Wohnsitz im Ausland.

4.7.5.3 Instrumente der Zinspolitik

Instrumente zur Beeinflussung des Zinsniveaus

- Devisenswap
- Swaps mit Geldmarktbuchforderungen der Eidgenossenschaft

- Die Veränderung des Diskontsatzes hat Signalwirkung auf den Geld- und Kapitalmarkt.
- Die Emissionskontrolle soll eine geordnete Kapitalaufnahme sicherstellen und beeinflusst somit das Zinsniveau. So kann die SNB den Gesamtbetrag für Emissionen festsetzen, die während eines bestimmten Zeitraums bewilligt werden. Zudem kann die SNB eine Bewilligungspflicht für Kapitalexporte anordnen.
- Änderung des Diskont- und Lombardsatzes

4.8 Die Übertragungsmechanismen der Nationalbankpolitik vom Devisenswap zum Konjunkturaufschwung

Neben der Preisstabilität gehört ein möglichst hohes und natürlich inflationsfreies Wirtschaftswachstum zu den Hauptzielen der Nationalbankpolitik. Die inflationsfreie Wachstumsrate, d.h. das jährliche Wirtschaftswachstum, das eine Volkswirtschaft erreichen kann, ohne dabei durch Engpässe, Überhitzungen und Nachfrageüberhänge Inflation zu erzeugen, ist nach oben begrenzt. Während in den jungen Volkswirtschaften Südostasiens das inflationsfreie Wachstumspotential bei fast 10% jährlich liegt, so ist es in der Schweiz u.a. aufgrund des Basiseffektes deutlich tiefer bei ca. 2%. (Basiseffekt: Erzeugt ein Land in einem Jahr 100 Maschinen und im folgenden 102, so entspricht dies einem Wachstum von 2%. Steigt die Produktion aber von 5 Maschinen im ersten Jahr auf 6 im folgenden, so bedeutet dies ein Wachstum von 20%.)

Mit inflationsfrei ist aber realistischerweise nicht eine Inflationsrate von 0% gemeint, denn dies läge schon in gefährlicher Nähe einer Deflation. Als inflationsfrei gelten Teuerungsraten von ca. 0,1%/0,2% bis maximal etwa 2,5% pro Jahr. Unterlegen wir nun dem möglichen Realwachstum von 2% eine Inflationsrate von 2,5%, so ergibt sich ein nominales Wachstum von 4,55%. (Rechnungsweise: Ein Realwachstum von 2% bedeutet, dass sich der reale, also preisbereinigte Wert der Produktion z.B. von 100 Franken im Jahr 01 auf 102 Franken im Jahr 02 erhöht hat. Die Werte „100 Fr." und „102 Fr." sind in Franken des Jahres 01 ausgedrückt. Der Landesindex der Konsumentenpreise LIK oder der Konsumentenpreisindex KPI hat sich aber in derselben Zeitspanne von z.B. 100 Punkten auf 102,5 Punkte erhöht. Um den nominalen Wert der Produktion des Jahres 02, ausgedrückt in Franken des Jahres 02, zu berechnen, muss der Betrag von 102 Fr. mit 102,5 [Zählerstand des LIK im Jahre 02] multipliziert und durch 100

[Zählerstand des LIK im Jahre 01] dividiert werden. Das Resultat, 104,55 Franken, entspricht dem nominalen Wert der Produktion des Jahres 02. Daraus leiten wir also ein nominales Wirtschaftswachstum von 4,55% ab.)

Die Schweizerische Nationalbank SNB beeinflusst mit ihrem Instrumentarium in direkter Weise die saisonbereinigte Notenbankgeldmenge SBNBGM. Ziel der Geldmengenpolitik der SNB ist aber letztendlich die Steuerung der liquiden und somit nachfragewirksamen Geldmenge M1. Das Verhältnis der Geldmenge M1 zur SBNBGM beträgt ungefähr 4,5. Problematisch ist hier, dass Veränderungen von M1 nur indirekt den nachfolgend beschriebenen Transmissionsmechanismus veranschaulichen. Somit ist eine genaueste Steuerung der Geldmenge M1 sehr schwierig. Die SNB versucht also mit ihrem Bestreben, die SBNBGM mittelfristig (auf fünf Jahre hinaus) um durchschnittlich 1% pro Jahr zu erhöhen, die Geldmenge M1 jährlich um 4,5% wachsen zu lassen. Eine solche Zunahme der liquiden Mittel ist ausreichend, um die Schweizer Wirtschaft auf ihren inflationsfreien Wachstumspfad von 2% Real- bzw. 4,55% Nominalwachstum zu bringen.

Die SNB weitet also die Geldmenge aus, und in der Folge wächst die Wirtschaft. Aber wie genau geschieht das?

Zu den am häufigsten von der SNB eingesetzten, rechtsgeschäftlichen (und nicht hoheitlichen) Instrumenten gehören der einmonatige und der dreimonatige SFr./US$-Devisenswap (swap engl.: tauschen; ein Devisenswap ist die Kombination eines Kassageschäftes mit einem Termingeschäft) sowie der Swap mit Geldmarktbuchforderungen der Eidgenossenschaft. Die SNB unterscheidet zwischen dem Liquiditätsswap und dem Abschöpfungsswap. Der Liquiditätsswap wird zur Ankurbelung und der Abschöpfungsswap zur Abkühlung der Wirtschaft eingesetzt. Das folgende Beispiel erläutert den Wirkungsmechanismus eines Liquiditätsswaps, beschreibt also die Wirkungsmechanismen einer expansiven Geldmengenpolitik der SNB.

Die SNB kauft in einem Kassageschäft (Lieferung und Zahlung der gehandelten Devisen [Devisen sind ausländisches Buchgeld] erfolgen sofort) auf eigene Initiative von einer Grossbank US-Dollars gegen Schweizerfranken. Die beiden Parteien, also die SNB und die Grossbank, treffen zudem die Übereinkunft, dass nach drei Monaten die Transaktion rückgängig gemacht werden soll (Termingeschäft). Das heisst, in drei Monaten wird die SNB den gleichen Dollarbetrag zu einem im voraus bestimmten Wechselkurs (Swaprate) wieder an die Geschäftsbank verkaufen.

Wie aus Abbildung 4.1 ersichtlich ist, bedeutet der Liquiditätsswap für die SNB während der Laufzeit des Swaps eine Bilanzsummenvergrösserung, für die Geschäftsbank hingegen einen Aktivtausch.

Die Geschäftsbank verfügt nun über eine überschüssige Liquidität in Schweizerfranken, die sie am Geldmarkt ausleiht. In der Folge steigt, wie aus Abbildung 4.2 ersichtlich ist, das Angebot, und die Zinssätze am Geldmarkt fallen. Die übrigen Marktteilnehmer reagieren dadurch, dass sie ihr Geld vermehrt längerfristig am Geldmarkt ausleihen, da dort die Zinssätze im Vergleich zu den gefallenen Geldmarktsätzen attraktiv erscheinen. In der Folge fallen aufgrund des erhöhten Angebots auch die Zinssätze am Kapitalmarkt.

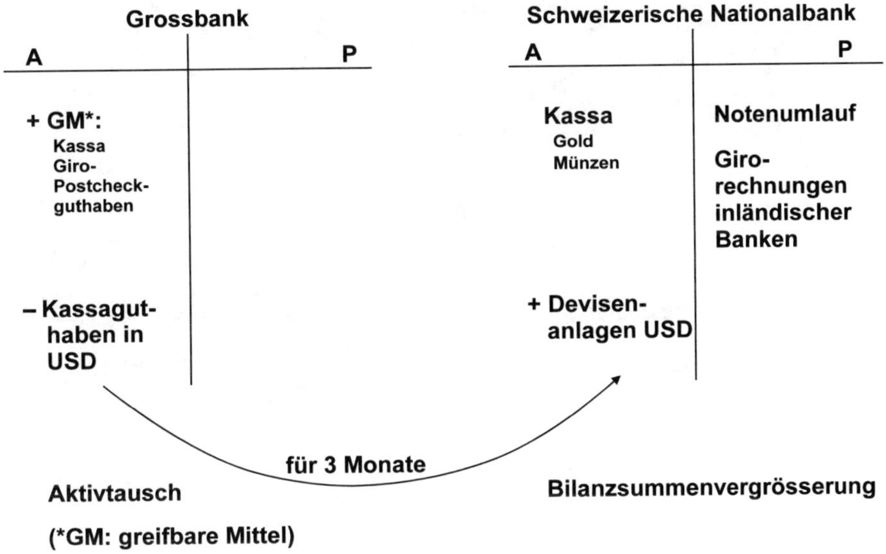

***Abb.** 4.1: Auswirkungen eines Liquiditätsswaps auf die Bilanz der SNB und der beteiligten Geschäftsbank*

Abbildung 4.3 beschreibt die Zinskurve, eine Darstellung von Zinssätzen in verschiedenen Laufzeiten. An allen Teilmärkten des internationalen Finanzmarktes sind die realen, d.h. die inflationsbereinigten, und die risikofreien Zinssätze (in etwa) gleich hoch. Je länger die Laufzeit, desto höher die Risikoprämie, die der Investor für das Tragen von Risiko verlangt. (Der Markt entschädigt den Investor nur für das Tragen von nicht diversifizierbaren Risiken, d.h. für Risiken, die nicht durch eine breitere Streuung seiner Investitionen eliminiert werden könnten.) Die Inflationsprämie soll den Investor vor einer möglichen, durch einen Inflationsschub ausgelösten, realen Wertminderung seiner Investition schützen. In Zeiten von hoher Inflation steigt die Inflationsprämie drastisch an. Glaubt der Investor aber, dass die SNB in ihrem Bestreben, die Inflation unter Kontrolle zu bringen, erfolgreich sein werde, so findet das seinen Niederschlag in einer für längere Laufzeiten kleineren Inflationsprämie.

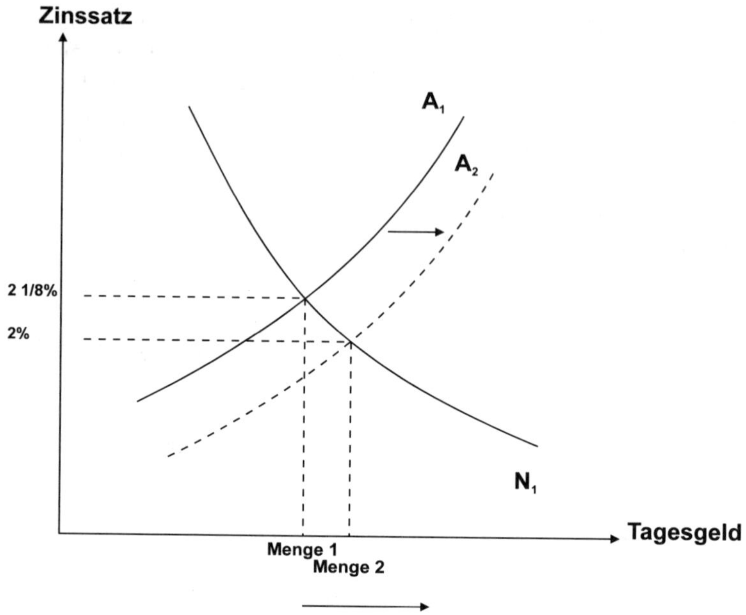

Abb. 4.2: Das höhere Geldangebot führt zu tieferen Zinsen am Geldmarkt

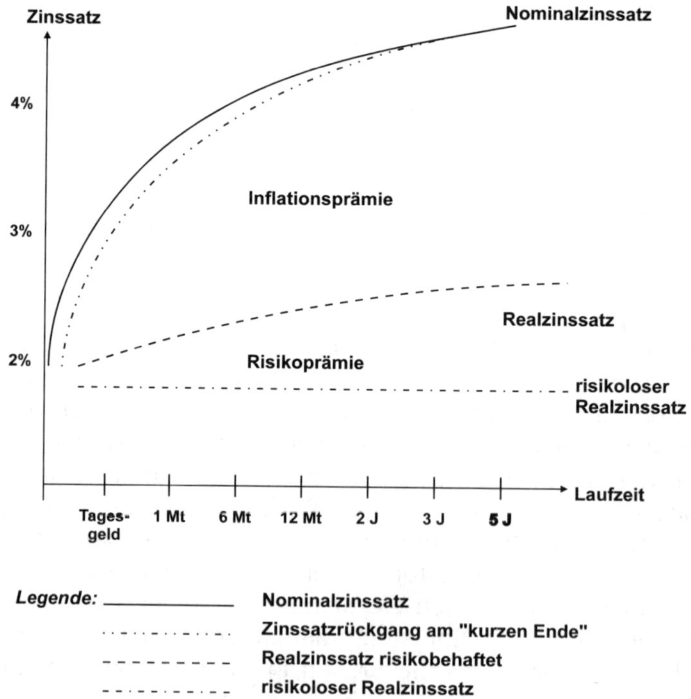

Abb. 4.3: Gefallene Geldmarktzinssätze bewirken eine steilere Zinskurve

Wie aus Abbildung 4.3 ersichtlich ist, sind nun die Zinssätze in den längeren Laufzeiten im Vergleich zu den gefallenen kurzfristigen Zinssätzen attraktiver geworden. Der private wie auch der institutionelle Anleger neigt nun dazu, Kapital eher langfristig am Kapitalmarkt, an der Börse zu investieren. In der Folge steigen die Börsenkurswerte, der SPI (Swiss Performance Index, ein Index, der praktisch alle an der Schweizer Börse gehandelten Titel umfasst). Steigende Börsenkurse bedeuten aber auch eine fallende einfache Rendite für Börsentitel (einfache Rendite = Dividende: bezahlter Börsenkurs). Fallende Börsenrenditen bedeuten aber auch fallende Kapitalmarktzinssätze, da ein Grossteil der börsenfähigen Kapitalnachfrager nun nicht mehr bereit sind, die früheren, höheren Zinssätze für geliehenes Kapital zu bezahlen, da ihnen die Börse als günstigere Refinanzierungsmöglichkeit offen steht. Wie aus Abbildung 4.4 ersichtlich ist, fällt nun auch das „lange Ende" der Zinskurve.

Die dynamische Investitionsrechnung besagt, dass Unternehmen dann eine Investition vornehmen, wenn der Nettobarwert positiv ist. Unter der Annahme, dass grössere Projekte langfristig refinanziert werden, führen die gefallenen langfristigen Zinssätze zu einem Investitionsschub, somit steigt die Nachfrage nach Investitionsgütern. In dem Masse, in dem die Investitionen nicht Rationalisierungsinvestitionen, sondern Wachstumsinvestitionen sind, ist mittelfristig auch mit einer Zunahme der Arbeitsplätze zu rechnen. Tiefere Zinsen begünstigen zudem die Kreditvergabe und somit die Buchgeldschöpfung der Geschäftsbanken. Die folgende Zunahme der Geldmenge M1 (über die Zunahme der Buchgeldforderungen auf Sicht), also der nachfragewirksamen Geldmenge, hat eine positive Wirkung auf die Nachfrage nach Konsumgütern. Zudem machen tiefere Zinssätze nicht nur das Sparen unattraktiver und das Konsumieren attraktiver, sie begünstigen auch die mit Konsumkrediten fremdfinanzierte Nachfrage nach Konsumgütern.

Diese Zunahme der aggregaten Nachfrage (Gesamtnachfrage) wird mit einer Verschiebung der Nachfragekurve nach rechts dargestellt (vgl. Abb. 4.5). Die Achsen sind mit den Wachstumsraten des BIP und der Inflation beschriftet. Verfügt eine Wirtschaft über freie Kapazitäten, z.B. bei einem Auslastungsgrad von nur 80%, so wird dies mit einer flachen Angebotskurve dargestellt, d.h., selbst ein starker Nachfrageschub nach rechts bewirkt noch kein Aufflackern der Inflation (vgl. Abb. 4.5). Zudem erhöhen Rationalisierungsinvestitionen die Produktionskapazität einer Wirtschaft. Dies wird durch eine tieferliegende Angebotskurve dargestellt, die zudem in zunehmendem Masse flach ist, d.h., die erhöhte Produktionskapazität ermöglicht eine höhere nichtinflationäre Wachstumsrate (vgl. Abb. 4.6).

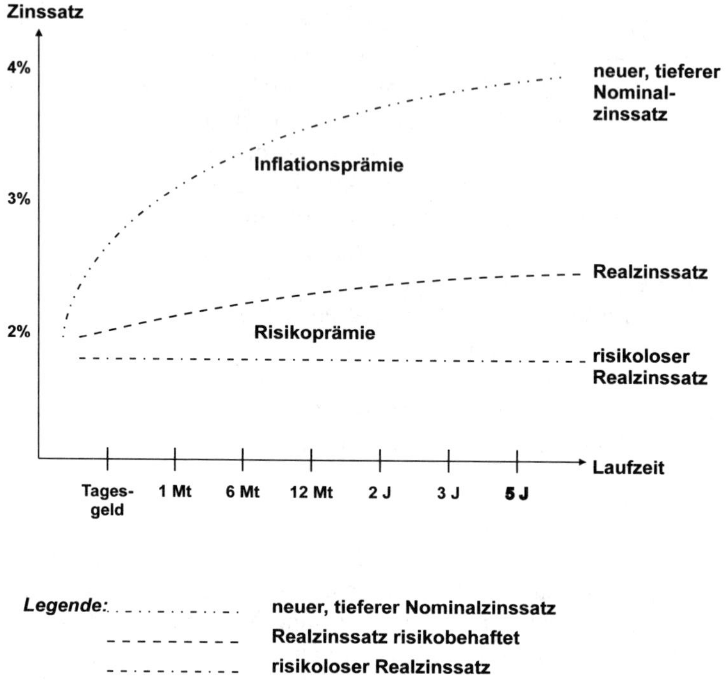

NB: Die Risikoprämie hat sich im Vergleich zu Abbildung 4.3 verringert.

***Abb.** 4.4: Die Komponenten des nominalen Zinssatzes*

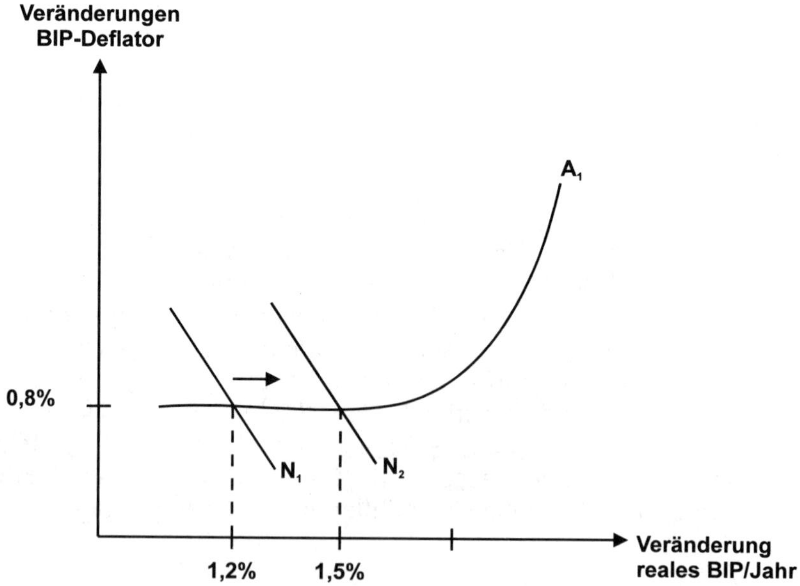

***Abb.** 4.5: Zunahme der Gesamtnachfrage bei tiefer Kapazitätsauslastung der Produktion*

Die Swapoperationen der SNB haben also über den beschriebenen Transmissionsmechanismus zu einem höheren Wirtschaftswachstum bei stabiler Preisentwicklung geführt. Selbstverständlich kann die SNB nur die günstigen Rahmenbedingungen setzen. Ob die Wirtschaft mit erhöhten Investitionen reagiert, hängt in starkem Masse auch von den *Erwartungen* der Entscheidungsträger in der Wirtschaft sowie der Konsumenten ab. Negative Erwartungen in Kombination mit einer expansiven Geldmengenpolitik der SNB können leicht zu einer Liquiditätsfalle führen. In diesem Fall bewirken tiefe Zinsen und billige Liquidität keinen Nachfrageschub, sondern höchstens eine kurzlebige Börsenhausse in Kombination mit tiefen Zinssätzen.

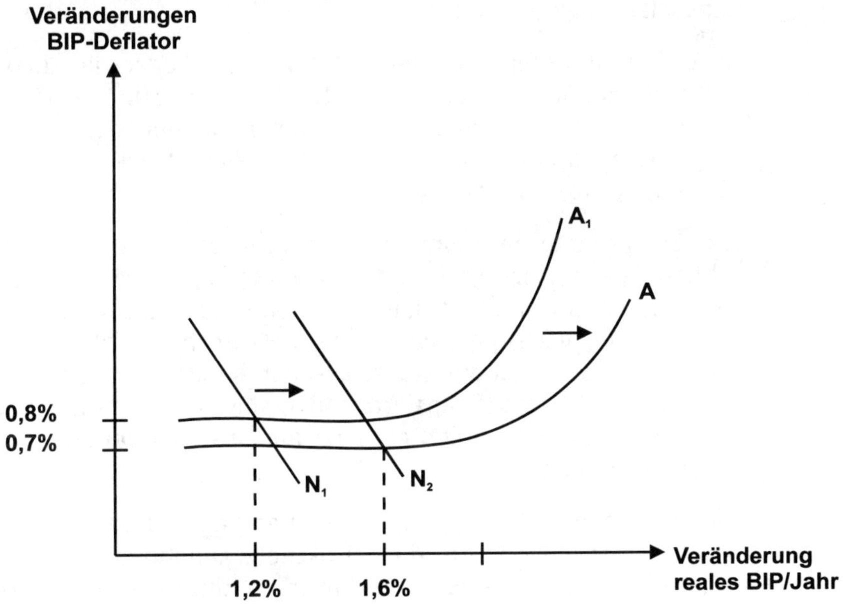

***Abb.** 4.6: Zunahme der aggregaten Nachfrage bei gleichzeitigem Produktivitätsgewinn in der Produktion*

4.9 Die Zinsentwicklung

Sowohl die Entwicklungen im realen, güterwirtschaftlichen als auch im monetären Teil einer Volkswirtschaft haben ihre Auswirkungen auf die Zinsentwicklung. Diese Prozesse sind teilweise sehr vielschichtig. Nachfolgende Beispiele erläutern die wichtigsten Faktoren, die die Entwicklung der nominalen Zinsen beeinflussen. Auf die Entwicklung der realen Zinsen wird im folgenden nicht weiter eingegangen.

Ein nominaler Zinssatz kann in drei Teile gegliedert werden. Er beinhaltet neben der Inflationsprämie eine Risikoprämie sowie den risikolosen Realzinssatz.

In Zeiten mit tiefen aktuellen Inflationsraten liegen die kurzfristigen Zinssätze (Geldmarkt) in der Regel unter den langfristigen Zinssätzen (Kapitalmarkt). Die Risikoprämie steigt mit zunehmender Laufzeit, da sich die Anleger (die Kapitalanbieter) vor eventuellen Risiken (Wechselkursrisiko, Bonitätsrisiko) schützen wollen.

Die Entwicklung der nominalen Zinssätze bzw. ihrer Teilkomponenten ist abhängig vom Angebot und der Nachfrage an den Geld- und Kapitalmärkten. Die Kapital- und Geldanbieter können beispielsweise höhere Risikoprämien nur verlangen, wenn eine entsprechende Nachfrage besteht. In Zeiten konjunkturbedingter schwacher Kapitalnachfrage (z.B. bei geringem Volumen fremdfinanzierter Anlageinvestitionen) fallen allfällige Risiko- und Inflationsprämien geringer aus, als dies bei grosser Kapitalnachfrage der Fall wäre.

In Zeiten hoher aktueller Inflationsraten liegen die kurzfristigen über den langfristigen Zinssätzen, da die aktuelle Inflationsprämie sehr hoch ist. Man spricht deshalb von einer inversen Zinsstruktur. Tiefere langfristige Inflationsprämien drücken das Vertrauen der Anleger auf den Erfolg der Teuerungsbekämpfung der Nationalbank aus. Schwindet dieses Vertrauen, so zeigt sich dies in ansteigenden langfristigen Inflationsprämien. Die Zinskurve schaukelt sich nach oben.

Versorgt beispielsweise die Nationalbank den Geldmarkt mit viel Liquidität, so fallen die kurzfristigen Zinssätze. Allfällige Zuflüsse von Geldern aus dem Ausland senken die Geldmarktzinssätze weiter, sofern diese Gelder kurzfristig angelegt werden. Langfristige Zinssätze fallen ebenfalls, wenn die Finanzinvestoren als Folge des Zinsrückgangs am „kurzen Ende" ihre Mittel nun vermehrt am Kapitalmarkt anbieten. Steigt aber in Folge des tiefen Zinsniveaus die Kapitalnachfrage (zwecks Finanzierungen von Anlageinvestitionen), so ist es gut möglich, dass die langfristigen Zinssätze anzusteigen beginnen. Versorgt die Nationalbank den Geldmarkt weiterhin mit Liquidität, so ist eine zunehmend steile Zinskurve die Folge. Der

Unterschied zwischen den lang- und den kurzfristigen Zinssätzen nimmt zu. Ein solches Szenario ist ein typischer Vorläufer für eine nachfolgende Konjunkturbelebung, was nicht heissen will, dass dieses Szenario immer einen Konjunkturaufschwung nach sich ziehen muss. Ist aber ein Konjunkturaufschwung die Folge, so kann mit einem weiteren Anstieg der langfristigen Zinsen gerechnet werden. (Gute konjunkturelle Erwartungen beeinflussen das Anlageinvestitionsvolumen positiv. Erhöhte Kapitalnachfrage und steigende Kapitalmarktzinsen sind die Folge.)

4.10 PUBLIKATIONEN DER SNB DER GESCHÄFTSBERICHT (JÄHRLICH) UND DER QUARTALSBERICHT

Der Geschäfts- und der Quartalsbericht geben in detaillierter und gut verständlicher Weise Auskunft über die von der SNB verfolgte Geldpolitik. Zudem beinhalten sie aktuelle Informationen über die nationale und internationale wirtschaftliche Entwicklung. Sie können bei der SNB und deren Agenturen kostenlos bezogen werden.

Zusätzlich veröffentlicht die NZZ in unregelmässigen Abständen eine Zusammenfassung der aktuellen Geldpolitik der Nationalbank.

5

Wechselkurse, Globalisierung und internationale Abkommen

5.1 Einführung

Die im Zuge der Globalisierung rasant voranschreitende Vernetzung der Märkte stellt das Konzept von „Inland und Ausland" im ökonomischen Sinn zunehmend in Frage. Dennoch gibt es nach wie vor zwei wesentliche Faktoren, die auch in der nächsten Zukunft das Inland vom Ausland trennen werden (vgl. Kapitel 3.3.8 „Die Zahlungsbilanz").

Solange verschiedene Wirtschaftsregionen (oder Länder) ihre eigenen Währungen besitzen, spielen Zinsunterschiede eine wichtige Rolle. Länder wie die Schweiz verfügen dank einer starken Währung über einen gewichtigen Zinsvorteil gegenüber der ausländischen Konkurrenz. Da tiefere Zinsen höhere Nettobarwerte nach sich ziehen, ist dieser Konkurrenzvorteil nicht zu unterschätzen.

Im weiteren unterscheiden sich verschiedene Länder durch unterschiedliche ordnungspolitische Rahmenbedingungen. Es ist eine Binsenwahrheit, dass der politische und juristische Rahmen, in dem ein Unternehmen operiert, für die Konkurrenzfähigkeit und das langfristige erfolgreiche Bestehen von grösster Wichtigkeit ist. Somit wird im folgenden das Konzept von „In- und Ausland" beibehalten.

Man spricht von einer *offenen Wirtschaft*, sobald ein Land Export und Import von Waren, Dienstleistungen und/oder Kapital betreibt. Der Aussenwirtschaftsverkehr umfasst alle Wirtschaftsbeziehungen eines Landes über seine Staatsgrenzen hinaus. Es sind dies der Warenverkehr (Aussenhandel), die Dienstleistungstransaktionen, die Kapitalerträge aus Auslandinvestitionen, unentgeltliche Überweisungen an das Ausland sowie der Kapitalverkehr.

Die länderspezifische Rohstoffverteilung, die klimatischen Verhältnisse, ein technologischer Vorsprung, unterschiedliches Zinsniveau, die politischen Verhältnisse, unterschiedliches Ausbildungsniveau der ArbeitnehmerInnen, unterschiedliche Qualität der Infrastruktur sind Gründe für die Spezialisierung eines Landes in einigen wenigen Wirtschaftszweigen. Eine solche Spezialisierung kann jedoch nur dann vorteilhaft sein, wenn sich auch der internationale Handel ohne Hemmnisse entwickeln kann.

Für die Schweiz ist der Aussenhandel vor allem aus den folgenden drei Gründen wichtig:

1. Die Schweiz ist arm an Rohstoffen.
2. Die Eigenversorgung mit Lebensmitteln ist ungenügend (ca. 60%).
3. Im Laufe der Zeit hat sich die Schweizer Industrie stark spezialisiert. Sie importiert Rohstoffe und Halbfabrikate und verarbeitet diese zu hochwertigen Produkten weiter (hohe Wertschöpfung aus der Produktion).

Mit einem Anteil der Warenausfuhr am Bruttosozialprodukt 1995 von 25,5 Prozent und einem entsprechenden Anteil des gesamten Aussenhandelsvolumens (Warenimport und -export) von 50,5 Prozent gehört die Schweiz zu den Industrieländern mit der grössten Aussenhandelsverflechtung.

In zunehmendem Masse bewirkt auch die fortschreitende Globalisierung eine Intensivierung des Aussenhandels, nicht nur von Fertigprodukten, sondern vermehrt auch von Halbfabrikaten. Die Gründe der Globalisierung sind keineswegs neu. Schon die Phönizier betrieben regen Aussenhandel. Neu ist bei der Globalisierung das Tempo der zunehmenden Vernetzung von verschiedenen Produktionsstandorten, das u.a. mit der Entstehung des quartären Sektors in Verbindung steht. Das heisst, erst modernste Informationstechnologie ermöglicht die Verlagerung und Kontrolle von einzelnen Arbeitsprozessen ins Ausland.

Dabei entsteht eine Grosszahl von neuen Risiken. Da viele von ihnen, wie z.B. die Transaktions-, Liquiditäts- und Marktrisiken, mit dem Währungsrisiko verbunden sind, und da Wechselkursrisiken nur bedingt voll abgesichert werden können, werden im folgenden Kapitel die Bestimmungsfaktoren von Wechselkursen untersucht.

5.2 WÄHRUNGEN, NOMINALE UND REALE WECHSELKURSE

Der Ausdruck Währung hat eine doppelte Bedeutung. Am gebräuchlichsten ist die Gleichsetzung mit Valuta, wenn beispielsweise vom Schweizerfranken oder vom amerikanischen Dollar als Währung oder Währungseinheit gesprochen wird. Als Währung wird jedoch auch ein bestimmtes Geldsystem bezeichnet, d.h. die rechtliche und institutionelle Regelung des Geldwesens in einem Land (z.B. Goldwährung).

Unter dem nominalen Wechselkurs versteht man den Preis einer Währungseinheit, ausgedrückt in den Einheiten einer anderen Währung. Der Wechselkurs (oft auch Devisenkurs genannt) wird in der Regel in einheimischer Währung (z.B. Schweizerfranken) pro eine oder hundert ausländische Währungseinheiten angegeben. Man unterscheidet zwischen dem Devisenkurs und dem Notenkurs. Dabei werden unter Devisen Bankguthaben in ausländischer Währung (Buchgeld) und unter Noten ausländische Banknoten und Münzen (Bargeld, auch „Sorten" genannt) verstanden. Bei den Noten liegen die Ankaufskurse (Geldkurse) tiefer und die Verkaufskurse (Briefkurse) höher als bei den Devisen, weil bei der Bargeldbeschaffung jeweils noch Transport- und Versicherungskosten anfallen.

Wird der Schweizerfranken schwächer, so erhöht sich der nominale Wechselkurs, d.h., für den Erwerb einer deutschen Mark muss nun mehr bezahlt werden.

Der reale Wechselkurs hingegen ist Ausdruck für die internationale Konkurrenzfähigkeit eines Landes im Vergleich mit seinen wichtigsten Handelspartnern. Er wird wie folgt berechnet:

$$\text{Wechselkurs}_{\text{real}} = \frac{\text{Wechselkurs}_{\text{nominal}} \times \text{ausländisches Preisniveau}}{\text{inländisches Preisniveau}}$$

Das ausländische und das inländische Preisniveau wird durch den jeweiligen LIK gemessen. Erhöht sich nun beispielsweise die Inflationsrate in der Schweiz, der nominale Wechselkurs und das ausländische Preisniveau bleiben aber konstant, so fällt der reale Wechselkurs, denn Schweizer Produkte werden nun im Ausland teurer und verlieren somit an Konkurrenzfähigkeit.

Der reale Wechselkurs wird in der Schweiz für die 15 wichtigsten Handelspartner berechnet und in einem Index zusammengefasst. Dieser Index ist nach der Grösse des Handelsvolumens mit den jeweiligen Handelspartnern gewichtet.

5.3 Die Bildung der nominalen Wechselkurse

Die Wechselkursbildung erfolgt auf dem Devisenmarkt, wobei dieser – wie die Effektenbörse[14] – kein zentralisierter Ort ist, wo sich während bestimmter Zeiten Käufer und Verkäufer treffen. Vielmehr wird der Devisenhandel am Telefon zwischen den einzelnen Devisenhandelsplätzen abgeschlossen und mittels elektronischer Datenverarbeitung administrativ abgewickelt. Je nachdem, ob die Zentralbank durch Stützungskäufe und -verkäufe auf dem Devisenmarkt interveniert, um ein bestimmtes Kursniveau zu garantieren, oder ob die Kurse frei schwanken können, spricht man von festen oder flexiblen Wechselkursen.

5.3.1 Flexible Wechselkurse (free floating oder dirty floating)

Merkmale

Die Wechselkurse bilden sich aufgrund von Angebot und Nachfrage am Devisenmarkt. Die Notenbank interveniert nie (free floating) oder nur selten (dirty floating oder managed floating).

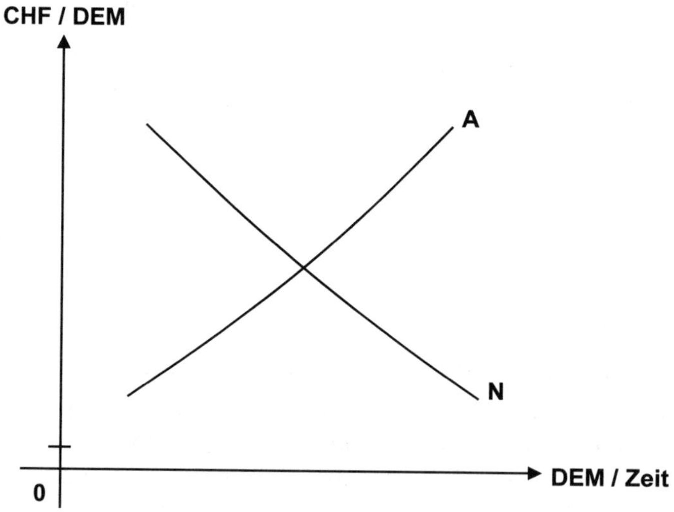

Abb. *5.1: Bei flexiblen Wechselkursen bestimmen Nachfrage und Angebot auf den Devisenmärk ten den aktuellen Devisenkurs*

Vorteile

Keine Interventionspflicht der Nationalbanken. Somit ist eine eigenständige Geldpolitik möglich. Die Zentralbank kann z.B. einer importierten In-

---

[14] Mit der Elektronischen Börse Schweiz EBS (ab 1996/97) wird auch die Effektenbörse zur standort*un*abhängigen Börse umgewandelt. Neu sind die EBS und die SOFFEX in der Swiss Exchange SWX zusammengefasst.

flation entgegenwirken. Kein oder zumindest nur geringer Bedarf an Währungsreserven.

NACHTEILE
Grösseres Kursrisiko im Handels- und Kapitalverkehr (Verlust der festen Kalkulationsbasis der Unternehmen).

Gefahr grosser Verzerrungen der Währungsrelationen (z.B. CHF/USD) mit entsprechenden Rückwirkungen auf Aussenhandel und Beschäftigungsgrad (z.B. Verschlechterung der internationalen Wettbewerbsfähigkeit bei übermässiger Aufwertung).

5.3.2 SPEZIFISCHE BESTIMMUNGSFAKTOREN DER FLEXIBLEN WECHSELKURSENTWICKLUNG

KURZ- BIS MITTELFRISTIG

- Erwartungen der Devisenhändler und Investoren
- Veränderung der realen Zinssätze, was zu Kapitalflüssen führt
- Veränderungen im Saldo der Handels- und Ertragsbilanz, hervorgerufen durch die konjunkturelle Entwicklung
- Erwartungen v.a. bezüglich der Geldpolitik. Wird z.B. eine Lockerung erwartet, tritt oft eine sofortige Abwertung ein.
- Politische Ereignisse, neue Informationen

LANGFRISTIG

- Technischer Fortschritt und Produktivitätsentwicklung
- Unterschiedliches Wachstum des realen BSP der verschiedenen Handelspartner
- Grundlegende ordnungspolitische staatliche Eingriffe (Protektionismus, Steuern, Verstaatlichungen)
- Entdecken neuer Rohstoffvorkommen
- Politische Stabilität

5.3.3 FESTE/FIXE ODER POLITISCHE WECHSELKURSE

Die Höhe der fixen Wechselkurse heisst Parität. Diese wird langfristig vom Markt bestimmt. Mittelfristig wird die Parität aber von den entsprechenden politischen Kommissionen festgelegt. Somit nennt man fixe Wechselkurse auch politische Wechselkurse.

Merkmale
Die Notenbank verpflichtet sich, den Wechselkurs innerhalb einer bestimmten *Bandbreite* zu halten, indem sie bei Erreichen der *Interventionspunkte* (vgl. Abb. 5.2) unbeschränkt Devisen kauft oder verkauft *(Interventionspflicht)*. Innerhalb der Bandbreiten bewegt sich der Devisenkurs frei. Man spricht von einer *Währungsschlange*. Kommt eine Währung unter Druck, kann sie ab- oder aufgewertet werden.

Vorteile
Erleichterung des internationalen Handels.

Feste Kalkulationsbasis für Export- und Importunternehmen, kein Wechselkursrisiko.

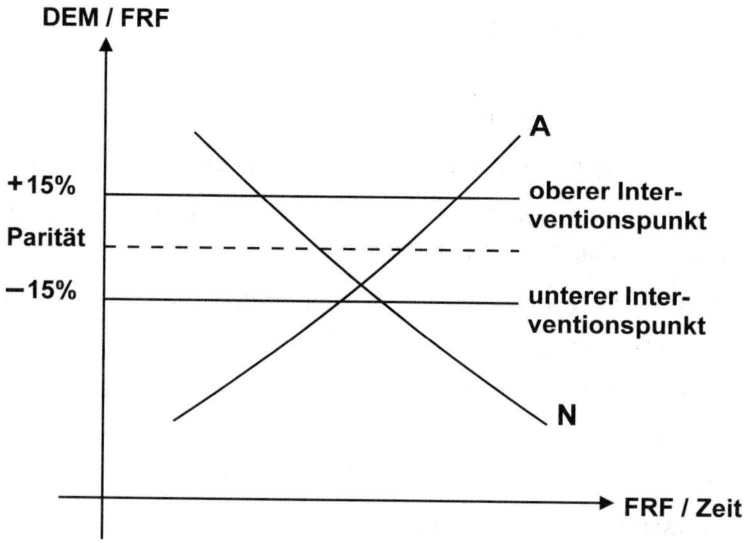

***Abb.** 5.2: Bei fixen oder politischen Wechselkursen ist die freie Preisbildung nach oben und nach unten durch Interventionspunkte begrenzt*

Nachteile
Zahlungsbilanzungleichgewichte führen zu Störungen im inländischen Geldkreislauf. Ein langanhaltendes Defizit der laufenden Transaktionen zwingt die Zentralbank, die eigene Währung zu stützen, d.h., sie muss an den Devisenmärkten die eigene Währung aufkaufen. Dies ist nur möglich, wenn grosse Währungsreserven vorhanden sind, und kann zur Zahlungsunfähigkeit eines Landes führen. Muss hingegen die eigene Währung gegenüber den Währungen der Partnerländer geschwächt werden, so geschieht dies durch Verkäufe der eigenen Währung. Dies erhöht in der Folge den Geldumlauf und beinhaltet ein grosses Inflationsrisiko.

Sind die laufenden Transaktionen aktiv, d.h., das Exportvolumen übersteigt das Importvolumen, muss die Zentralbank u.U. die Geldmenge ausweiten, um eine Aufwertung der eigenen Währung zu verhindern. Somit ist eine eigenständige Geldmengenpolitik nicht möglich.

Zudem dienen flexible Wechselkurse als Puffer, um unterschiedliche Entwicklungspfade von eng miteinander verbundenen Volkswirtschaften auszugleichen. Fehlt nun in einem System fixer Wechselkurse diese Möglichkeit, so findet dieser Anpassungsprozess über andere Kanäle, z.B. über den Arbeitsmarkt, statt.

5.3.4 Das Bretton-Woods-System der fixen Wechselkurse

1944 fand in Bretton Woods, einem Badeort an der amerikanischen Ostküste, eine Wirtschafts- und Währungskonferenz von 44 Staaten, darunter die alliierten Siegermächte des Zweiten Weltkriegs, statt. Das damals geschaffene Weltwährungssystem beruhte zentral auf festen, mit dem Währungsfonds vereinbarten Wechselkursen (Paritätskurse). Die Mitgliedstaaten des Fonds verpflichteten sich, ihre Paritätskurse im Verhältnis zu Gold oder zum goldkonvertiblen (jederzeit in Gold umtauschbaren) US-Dollar festzulegen (Gold-Devisen-Standard). Mit der Aufhebung der Goldkonvertibilität des Dollars 1971 und dem Übergang vieler Länder zu flexiblen Wechselkursen wurde dem Bretton-Woods-System das Fundament entzogen. 1973 brach das System endgültig zusammen, als am 23. Januar der Schweizerfranken freigegeben wurde.

5.3.5 Das Europäische Währungssystem EWS und die Europäische Währungsunion EWU

Das Europäische Währungssystem, gegründet im März 1979, besteht im wesentlichen aus vier Bereichen: dem Wechselkursmechanismus ERM (Exchange Rate Mechanism), der Europäischen Währungseinheit ECU (European Currency Unit), dem Europäischen Fonds für Währungszusammenarbeit EFWZ sowie dem Saldenausgleich bei Interventionen. Ziel des Wechselkursmechanismus ist die währungspolitische Stabilität innerhalb der EU. Das EWS ist ein Zwischenschritt auf dem Weg zur umfassenden Währungsunion, die auf den 1. Januar 1999 geplant ist. Der Wechselkursmechanismus legt fixe, aber anpassungsfähige Wechselkurse fest. Für die einzelnen Währungen ist ein Leitkurs in ECU festgelegt. Weichen die Währungen um mehr als die Bandbreite (seit dem 2. August 1993 +/–15%, davor für die meisten Länder +/–2,25%) nach oben oder nach unten voneinander ab, sind die beteiligten Notenbanken verpflichtet, an den Devisenmärkten zu intervenieren. Bei andauernden Ungleichgewichten müssen die Wechselkurse durch Auf- bzw. Abwertung neu festgesetzt werden. Gerät ein EWS-Land in währungspolitische Schwierigkeiten, kann es von den anderen Mitgliedern finanzielle Hilfe anfordern, die zum Teil mit Auflagen wirtschafts- und währungspolitischer Natur verbunden ist.

5.4 Kleine Fallstudie: Globalisierung

Im Zuge der Globalisierung öffnen sich ehemals geschützte nationale Märkte. Somit erhöht sich tendenziell der Konkurrenzdruck. Dies wird von den betroffenen Unternehmen oft als Nachteil empfunden. Gleichzeitig beinhaltet diese Entwicklung aber auch grosse unternehmerische Chancen und Möglichkeiten.

Dank der neuen Informationstechnologien und der hochentwickelten internationalen Transportlogisitk ist es heute möglich, nicht wie bis anhin ganze Produktionsstätten in andere Länder, vorab mit tieferem Lohnniveau, zu verlagern, sondern einzelne Produktionsprozesse auszulagern und an Standorte zu verlegen, deren Lohnniveau dem jeweiligen Wertschöpfungsprozess entspricht. Können solche Auslagerungen mit Erfolg vorgenommen werden, so bewirken sie in der Folge tiefere Durchschnittskosten. Dies ermöglicht einem Unternehmen das langfristige Bestehen im internationalen Konkurrenzkampf, der, gezeichnet durch tendenziell fallende Erzeugerpreise, mittel- bis langfristig diejenigen Unternehmen eliminiert, die die Vorteile der Globalisierung nicht zu nutzen verstehen.

Damit eine Auslagerung eines Produktionsprozesses den gewünschten Erfolg hat, ist es wichtig, einige Grundsätze zu befolgen. Im nachfolgenden Minifall wird auf einige dieser Grundsätze hingewiesen.

Fall

Wenn – wie im hier besprochenen Fall – eine Auslagerung aus verschiedenen Gründen nicht opportun ist, so besteht oft die Möglichkeit zu einem Outsourcing von einzelnen Produktionsprozessen. Dies vermindert nicht nur das Risiko, sondern hat den zusätzlichen Vorteil, dass bis anhin gebundenes Kapital wieder frei wird.

Sie sind InhaberIn eines Unternehmens, das Software für Industriekunden herstellt. Ihre Kunden sind hauptsächlich in der Schweiz domizilierte Unternehmen. Zunehmend gehören aber auch Firmen aus dem grenznahen Ausland dazu. Sie beschäftigen 34 MitarbeiterInnen, wovon 20 in der Stadt Zürich und 14 in Mendrisio tätig sind. Die Finanzierung erfolgt mehrheitlich mit fremden Mitteln.

Ihr Unternehmen ist in die vier folgenden Bereiche gegliedert:

- Verkauf, Logistik, Einkauf, Materialwirtschaft
- Buchhaltung, Finanz- und Personalwesen
- Produktion, Installation, Service
- Zentrale Dienste: Kalkulation, Weiterbildung

Die Problembereiche Ihres Unternehmens umfassen hauptsächlich:

- zu hohe Produktionskosten (Personal-, Refinanzierungskosten)
- zunehmend starke währungsbedingte Schwankungen im Unternehmenserfolg
- Beim Versuch, die oben genannten Probleme anzugehen, ergeben sich schnell Kompetenzüberschneidungen, die in der internen Aufbaustruktur begründet sind.

Aufgrund der verstärkten Konkurrenz und des daraus folgenden zunehmenden Margendrucks haben Sie nun beschlossen, Ihre Firmenstruktur neu zu organisieren. Damit wollen Sie v.a. Lösungen für die oben erwähnten Problembereiche finden. Ziel ist das Erstellen einer Aufbau- und Ablauforganisation für die Unternehmung, welche die Globalisierung der Absatz- und der Beschaffungsmärkte berücksichtigt und daraus auch einen optimalen Nutzen für das Unternehmen ziehen kann.

Wir eruieren in einem ersten Schritt zwei Bereiche, in denen sich das Wechselkursrisiko negativ auf Ihren Unternehmenserfolg auswirken kann.

- *Liquidität: das liquiditätsbezogene Wechselkursrisiko*
- *Wettbewerbsfähigkeit: das ökonomische Wechselkursrisiko*

Im folgenden wird erläutert, wie die Unternehmung aus der zunehmend hohen Mobilität der einzelnen Arbeitsvorgänge bei der Herstellung von Software-Produkten einen Nutzen ziehen kann.

> *Zuerst wird der gesamte Arbeitsablauf nach Komplexität und Grad des Wertschöpfungspotentials der einzelnen Arbeitsprozesse gegliedert. Dann wird ein Produktionsstandort ausgewählt, wo das Bildungsniveau genügend hoch ist und das Lohnniveau dem Wertschöpfungspotential der einfachen Arbeitsprozesse entspricht. Wichtig ist auch, dass nach wie vor eine exakte Kontrolle der Qualität vorgenommen werden kann. Ebenfalls von grösster Wichtigkeit sind exakte Schnittstellen zu den benachbarten Arbeitsprozessen sowie präzise und einfach zu kontrollierende Arbeitsvorgaben. Ansonsten kann eine Auslagerung von Arbeitsprozessen zu einer starken Kostensteigerung führen.*
>
> *Sind die oben genannten Punkte erfüllt, werden in einem weiteren Schritt diese Produktionsprozesse an den gewählten Standort verlegt.*

Mit zunehmendem Internationalisierungsgrad erhöhen sich neben den Währungsrisiken auch weitere Unternehmensrisiken:

Marktrisiko:	konjunkturelle Entwicklung und Absatz unsicher
Produktionsrisiko:	unsichere künftige betriebsinterne Erstellungskosten
Finanzrisiko:	unsichere künftige Zinsentwicklung, v.a. bei schwachen Währungen, d.h. Unsicherheiten bezüglich der Kosten der ausländischen Fremdfinanzierung.

Abschliessend betrachten wir eine neue Firmenstruktur, die dem veränderten Umfeld Rechnung trägt und zudem allfällige Kompetenzüberschneidungen vermeidet:

- Offertenwesen und Vertragsausarbeitung
- Organisation und Abwicklung der Produktion und des Einkaufs
- Personalwesen, Weiterbildung, Triage
- internes operatives Finanzcontrolling und strategisches währungsgewichtetes (Re-)Finanzierungscontrolling
- Qualitätskontrolle, Lieferung, Fakturierung und Zahlungskontrolle, Buchhaltung
- Überführung in Wartung, Installation, Service

5.5 Internationale Abkommen Das Internationale Abkommen über Informationstechnologien (ITA)

Der Informationssektor ist gezeichnet von zunehmendem internationalem Handelsvolumen. Dieser Handel wird zum Teil durch das neue Informationstechnologie-Abkommen geregelt. Zu diesem Thema wird mit freundlicher Genehmigung der NZZ und des Autors, Hrn. R. Wartenweiler, der nachfolgende Artikel aus der NZZ Nr. 72 vom 27. März 1997, Seite 21, abgedruckt.

Informationstechnologie-Abkommen unter Dach (Handelsliberalisierung für über 600 Erzeugnisse)

Das an der WTO-Ministerkonferenz in Singapur im letzten Dezember gesteckte Ziel, bis Ende März 1997 eine „kritische Masse“ von Signataren am Internationalen Abkommen über Informationstechnologien zusammenzubringen, ist noch vor Ostern erreicht worden. Praktisch alle wichtigsten Länder verpflichten sich zu einer raschen Handelsliberalisierung in diesem zukunftsträchtigen Wirtschaftssektor. Die Marktöffnung sieht den vollständigen Abbau von Zöllen und die Aufhebung von anderen Einfuhrbelastungen und Gebühren vor.

Die 39 Vertragsparteien, darunter die Europäische Union (EU) mit ihren 15 Mitgliedstaaten und auch die Schweiz, haben am 26. März 1997 in Genf auf plurilateraler Basis das *Internationale Abkommen über Informationstechnologien* (ITA) abgeschlossen. Die entsprechenden Verhandlungen wurden nach einem anfänglichen Geplänkel während der Uruguay-Runde an der Ministertagung der Welthandelsorganisation (WTO) vom letzten Dezember in Singapur speditiv aufgenommen und innert gut drei Monaten erfolgreich abgeschlossen. Sämtliche wichtigen Lieferanten von Informationstechnologien des Weltmarktes, dessen Volumen zurzeit auf jährlich rund 600 Mrd. $ geschätzt wird, beteiligen sich an dieser Sektoralvereinbarung. Dementsprechend wird die „Marktdurchdringung des ITA" auf nicht weniger als 92,5 % veranschlagt. Zwei weitere Länder, Panama und Polen, werden Mitte April retrospektiv auf Ende März, den Stichtermin, nach der Durchsicht ihrer vorliegenden Offerten dazukommen. Vor der ITA-Tür stehen ausserdem bereits auch die Philippinen und El Salvador.

Zollabbau in vier Stufen
Das ITA sieht im wesentlichen eine *Handelsliberalisierung* für über 600 informationstechnologische Erzeugnisse vor, die am 1. Juli 1997 beginnt und grundsätzlich am 1. Januar 2000 abgeschlossen ist. Die Marktöffnung sieht erstens einen *Zollabbau* in vier Stufen zu je 25 % auf Null (1. Juli 1997, 1. Januar 1998, 1. Januar 1999 und 1. Januar 2000) und zweitens eine Aufhebung anderer Einfuhrbelastungen und Gebühren auf den 1. Juli 1997 vor. Von diesem Prinzip sind teilweise abweichende Regelungen ausgehandelt worden. Die Schweiz, deren Export im Bereich der erfassten Informationstechnologien jährlich etwa 5 Mrd. Fr. erreicht, wird ihre ITA-Konzessionen vorbehältlich der internen Beschlussfassungsverfahren erst ab dem 31. Dezember 1997 in Kraft setzen können. Andere Signatarländer, wie etwa Costa Rica, Indonesien, Indien, Südkorea, China (Taipeh) und Thailand, erhielten für den vollständigen Zollabbau eine Frist zugestanden, die aber in keinem Fall über 2005 hinausgeht.

Zurzeit sind die *Zollbelastungen* auf den Einfuhren von Erzeugnissen der Informationstechnologien sehr unterschiedlich. Hongkong und Singapur offerieren schon heute einen praktisch ungehinderten Marktzugang. Bei den meisten Industrieländern ist das Zollniveau relativ tief, doch finden sich da und dort Tarifspitzen von 5 % bis 17 % auf einzelnen Verzollungslinien. Sehr unterschiedlich zeigen sich die Zollhürden bei Schwellen- und Entwicklungsländern; einzelnen relativ offenen Märkten stehen relativ wirksame Marktabschottungen mit Zolltarifen von 50 % und mehr gegenüber. Die WTO-Konformität des plurilateralen ITA wird dadurch gewährleistet, dass die eingereichten Konzessionslisten in der Praxis an das Liberalisierungspaket der Uruguay-Runde angehängt werden und dadurch dem Meistbegünstigungsprinzip des multilateralen Welthandelssystems unterliegen.

Die Unterhaltungselektronik bleibt ausgeklammert
Das ITA erfasst im wesentlichen die sechs Produktekategorien Computer und ihre Randeinheiten, Telekom-Ausrüstungen, Halbleiter, Produktionsanlagen für Halbleiter, Computer-Programme einschliesslich CD-ROMs, Magnetbänder und Disketten sowie verschiedene wissenschaftliche Instrumente. Ausdrücklich ausgenommen ist die Unterhaltungselektronik. Schon heute ist vereinbart worden, im kommenden Oktober die Konsultationen über die Erweiterung des ITA-Wirkungsbereichs aufzunehmen. Diese Gespräche und Verhandlungen sollen im Verlaufe von 1998 abgeschlossen sowie deren Ergebnisse auf den 1. Januar 1999 in Kraft gesetzt werden.

5.6 Internationale Organisationen

5.6.1 EWR: Europäischer Wirtschaftsraum

Im EWR wollen die Mitgliedstaaten der EU (Europäische Union: Belgien, Deutschland, Dänemark, Finnland, Frankreich, Griechenland, Italien, Irland, Luxemburg, die Niederlande, Österreich, Portugal, Schweden, Spanien und das Vereinigte Königreich) sowie die Mitgliedstaaten der EFTA (European Free Trade Association: das Fürstentum Liechtenstein, Island, Norwegen und die Schweiz) unter sich so weit wie möglich die heute noch existierenden Hindernisse im Güterverkehr, im Verkehr von Dienstleistungen, im Transfer von Kapital und in der Zirkulation von Personen abbauen.

Der EWR ist im wesentlichen eine Ausdehnung von existierendem sowie künftigem EG-Recht auf die EFTA-Staaten. Diese haben bei der Schaffung von neuem EG-Recht zwar kein Mitbestimmungsrecht, dafür aber ein Konsultationsrecht.

Am 6. Dezember 1992 haben Volk und Stände der Schweiz den EWR-Vertrag abgelehnt. Somit trat dieser im Juli 1994 ohne die Schweiz in Kraft.

Island, Norwegen und Liechtenstein sind im Frühling 1996 die einzigen Mitglieder des EWR, die nicht zugleich auch Mitgliedstaaten der Europäischen Union sind. Somit ist die momentane Bedeutung des EWR eher gering.

5.6.2 EU: EUROPÄISCHE UNION

1951 haben Belgien, die Bundesrepublik Deutschland, Frankreich, Italien, Luxemburg und die Niederlande den Vertrag von Paris unterzeichnet und so die Europäische Gemeinschaft für Kohle und Stahl (Montanunion) gegründet.

1957 wurden mit den beiden Verträgen von Rom die Europäische Wirtschaftsgemeinschaft (EWG) und die Europäische Atomgemeinschaft (Euratom) ins Leben gerufen.

1967 schliessen sich die Montanunion, die EWG und Euratom zur Europäischen Gemeinschaft (EG) zusammen.

1973 Erste Erweiterung: Dänemark, Irland und das Vereinigte Königreich treten der EG bei. Norwegen spricht sich in einer Volksabstimmung gegen einen Beitritt aus.

1979 Gründung des Europäischen Währungssystems (EWS) und der Europäischen Currency Unit (ECU).

1981 Zweite Erweiterung: Griechenland tritt der EG bei.

1986 Dritte Erweiterung: Spanien und Portugal werden Mitglieder der EG.

1987 Inkrafttreten der Einheitlichen Europäischen Akte (EEA). Sie schafft die Grundlage für die Verwirklichung des Europäischen Binnenmarktes bis Ende 1992 (Projekt EG 92).

1991 Mit den Verträgen von Maastricht soll bis 1999 die Wirtschafts- und Währungsunion realisiert werden. Diese bildet eine wichtige Etappe auf dem Weg zur politischen Union.

1992 lehnt Dänemark im Gegensatz zu Frankreich die Maastrichter Verträge ab.

1993 In einer zweiten Volksabstimmung akzeptieren die Dänen eine leicht abgeschwächte Version der Maastrichter Verträge. Nach der Ratifikation durch das Vereinigte Königreich und die Bundesrepublik Deutschland tritt der Vertrag von Maastricht am 1. November 1993 in Kraft. Die Europäische Gemeinschaft EG heisst nun neu „Europäische Union" EU.

1994 Beschluss der Union, die vier Beitrittskandidaten Österreich, Norwegen, Schweden und Finnland auf den 1. Januar 1995 in die Union aufzunehmen.

In einer Volksabstimmung stimmen Österreich, Finnland und Schweden dem Beitritt zur EU auf den 1. Januar 1995 zu, Norwegen lehnt einen EU-Beitritt ab.

1997 Neue Beitrittskandidaten sind die Tschechische Republik, Polen sowie Ungarn. Die Türkei, Russland und die Baltischen Staaten, Estland, Lettland und Litauen haben ihren Beitrittswillen bekundigt.

5.6.3 EFTA: Europäische Freihandelsassoziation

1960 wurde die EFTA von den nicht der EWG angehörenden Ländern (Dänemark, Norwegen, Österreich, Portugal, Schweden, Schweiz und das Vereinigte Königreich) gegründet, um das Zustandekommen einer gesamteuropäischen Integration zu fördern und vorzubereiten, nachdem es nicht gelungen war, eine grosse europäische Freihandelszone zu schaffen. Die EFTA-Länder wollten bezüglich der Liberalisierung des Handels mit der EWG Schritt halten, ohne eine Wirtschaftsunion zu schaffen.

1961 Assoziation von Finnland

1970 Island wird EFTA-Mitglied.

1973 Übertritt von Dänemark und dem Vereinigten Königreich zur EG. Die EFTA schliesst mit der EG ein Freihandelsabkommen.

1986 Vollmitgliedschaft von Finnland, Übertritt von Portugal zur EG.

1991 Aufnahme vom Fürstentum Liechtenstein in die EFTA.

1995 Übertritt von Schweden, Finnland und Österreich zur Europäischen Union.

1996 Nach dem Übertritt von Schweden, Finnland und Österreich zur Europäischen Union sind die Schweiz, Liechtenstein, Norwegen und Island die einzigen verbliebenen Mitgliedstaaten der EFTA.

5.6.4 OECD: Organization for Economic Cooperation and Development

Organisation für wirtschaftliche Zusammenarbeit und Entwicklung

Die OECD wurde 1960 mit Sitz in Paris gegründet. Sie umfasst die 27 wichtigsten Industrienationen, inkl. Schweiz. Neustes Mitglied ist neben Mexiko Südkorea.

Die Aufgabe der OECD besteht in der Planung, Koordinierung und Vertiefung der wirtschaftlichen Zusammenarbeit und Entwicklung sowie der Förderung des Wirtschaftsausbaues bei Vollbeschäftigung und Währungsstabilität.

5.6.5 IMF: International Monetary Fund

Internationaler Währungsfonds

Der IWF wurde 1945 mit Sitz in Washington D.C. gegründet. Er umfasst 156 Mitgliedstaaten, inkl. Schweiz.

Der IWF fördert die internationale Währungskooperation durch Kreditgewährung an die Mitgliedstaaten bei vorübergehenden Zahlungsbilanzschwierigkeiten. Zu diesem Zweck bezahlt jedes Mitglied einen Anteil (Quote) am Aktienkapital des IWF in Gold und nationaler Währung ein. Nach dieser Quote bemisst sich auch die Stimmengewichtung. Die Vergabe der Zahlungsbilanzhilfe ist an die Bedingung der Durchführung eines nationalen Wirtschaftsstabilisierungsprogramms im Schuldnerland geknüpft.

5.6.6 IBRD: International Bank for Reconstruction and Development/ Worldbank

Internationale Bank für Wiederaufbau und Entwicklung/Weltbank

Die Weltbank wurde 1944 mit Sitz in Washington D.C. gegründet. Sie umfasst 156 Mitgliedstaaten, inkl. Schweiz.

Die Weltbank vergibt langfristige Kredite für Wiederaufbau und Entwicklung. Sie vergibt sowohl „weiche" Darlehen (zinslos, mit 50 Jahren Laufzeit) durch die International Development Association (IDA) als auch Risikokapital zu marktähnlichen Bedingungen an private Industrien durch die International Finance Cooperation (IFC). Zudem leistet sie Hilfe beim Aufbau eines effizienten Bankensystems in den Mitgliedländern.

Die Weltbank und der IWF zählen zu den „Bretton-Woods-Institutionen".

5.6.7 GATT: General Agreement on Tariffs and Trade

Allgemeines Zoll- und Handelsabkommen

Das Gatt wurde 1947 mit Sitz in Genf gegründet. Es umfasst 117 Mitgliedstaaten, inkl. Schweiz.

Das Gatt erlässt Regelungen für ein offenes Welthandelssystem, beruhend auf der Nichtdiskriminierung im Welthandel und der Reziprozität, d.h. der Gleichwertigkeit der zugestandenen Konzessionen. Ein weiteres Ziel des Gatt ist die Multilateralität der internationalen Handelsbeziehungen, d.h., möglichst viele Länder sollen mit möglichst vielen verschiedenen Partnern Handel betreiben.

Am 15. Dezember 1993 einigten sich die Mitgliedstaaten des Gatt nach siebenjähriger Verhandlungsdauer (Uruguay-Runde) auf ein neues Welthandelsabkommen. Dieses regelt u.a. den freien Verkehr von Dienstleistungen und Direktinvestitionen und garantiert den Schutz von geistigem Eigentum. Als Folge diese Abkommens erwarten Finanzexperten einen jährlichen weltweiten Wohlstandszuwachs von umgerechnet rund 450 Milliarden Franken.

Das Gatt wurde am 1. Januar 1995 in die neugegründete Welthandelsorganisation WTO eingegliedert. Die Schweiz trat am 1. Juli 1995 der WTO bei.

5.6.8 WTO: World Trade Organization

Welthandelsorganisation

Im Rahmen der achten Gatt-Runde (Uruguay-Runde) wurden die Bestimmungen zur Handelserleichterung im Dienstleistungsbereich im Gats (General Agreement on Trade in Services) zusammengefasst. Das Trips (Agreement on Trade Related Aspects of Intellectual Property Rights) regelt den weltweiten Schutz geistigen Eigentums. Zusammen mit dem Gatt bilden das Gats und das Trips seit dem 1. Januar 1995 die neugegründete Welthandelsorganisation. Sitz der WTO wird Genf sein. Die Schweiz ist seit dem 1. Juli 1995 Mitglied der WTO.

5.6.9 APEC: Asian-Pacific Economic Cooperation

Asiatisch-Pazifische Wirtschaftliche Zusammenarbeit

Diesem wichtigen wirtschaftspolitischen Forum der pazifischen Region gehören 18 Mitgliedländer an, darunter Brunei, Indonesien, Malaysia, die Philippinen, Singapur, Thailand und Vietnam. Aber auch nicht-asiatische Staaten wie die USA, Australien, Neuseeland, Chile, Kanada und Mexiko.

5.6.10 ASEAN: Association of South-East Asian Nations

Verband südostasiatischer Staaten

Gegründet wurde Asean im Jahre 1967. Die heutigen Mitglieder sind Brunei, Indonesien, Malaysia, die Philippinen, Singapur, Thailand und Vietnam. Kambodscha, Laos und Myanmar möchten der Asean beitreten. Japan und Südkorea zeigen ein zunehmendes Interesse an der Asean. Der Grund dafür liegt im Bestreben, im Gegensatz zur (multikulturellen) Apec mit der Asean eine rein asiatische Organisation aufzuziehen.

5.6.11 EAEC: EAST-ASIAN ECONOMIC COMMITTEE

OSTASIATISCHER WIRTSCHAFTSAUSSCHUSS

Im Bestreben, die weissen Mitgliedländer der Apec zunehmend von der asiatisch-pazifischen Kooperation auszuschliessen, haben Malaysia und Indonesien den EAEC, zu dem weisse Länder nicht zugelassen sind, ins Leben gerufen.

5.6.12 NAFTA: NORTH AMERICAN FREE TRADE AGREEMENT

NORDAMERIKANISCHES FREIHANDELSABKOMMEN

Seit 1995 besteht auf dem nordamerikanischen Kontinent eine einzige Freihandelszone mit den drei Mitgliedländern Kanada, USA und Mexiko. Nächster Beitrittskandidat ist Chile.

BIBLIOGRAPHIE

Aufbau der Zahlungsbilanz, M. Meyer, 1995

Bank- und volkswirtschaftliche Kenntnisse, Dr. J. Marbacher, Schweizerische Kommission für Bankfachprüfungen, 1991

Bulletin, Schweizerische Kreditanstalt (laufende Publikation)

Bundesamt für Statistik (BfS): Revidierte Reihen der Nationalen Buchhaltung der Schweiz, 1948–1977

Der Monat, Schweizerischer Bankverein (laufende Publikation)

Die Schweiz in Zahlen, Schweizerische Bankgesellschaft, 1996

Die Volkswirtschaft, monatl. Publikation des Eidg. Volkswirtschaftsdepartements

Jahresberichte, Monatsberichte und Quartalshefte der Schweizerischen Nationalbank

KOF/ETH: Konjunktur, Halbjahresbericht Frühjahr 1996

Neue Zürcher Zeitung Nr. 72 vom 27. März 1997, Informationstechnologie-Abkommen unter Dach, von R. Wartenweiler

New Horizon Economies, Schweizerische Bankgesellschaft (laufende Publikation)

NZZ-Folio: Die EG – Modell und Wirklichkeit, Heft Nr. 10, Oktober 1997.3 Währung und Wechselkurse

Positive Economics, R. Lipsey, Weidenfeld & Nicolson, 1983

Wirtschaftsnotizen, Schweizerische Bankgesellschaft (laufende Publikation)

Wörterbuch der Wirtschaft, Gesellschaft zur Förderung der schweizerischen Wirtschaft, 1992

Zahlenspiegel der Schweiz, Gesellschaft zur Förderung der schweizerischen Wirtschaft, 1996

Literaturverzeichnis

Ansoff	1957	Ansoff, Igor: Strategies for Diversification, Harvard Business Reviews 9/10, Boston
Arnold/Faisst/Härtling/Sieber	1995	Arnold, Oksana/Faisst, Wolfgang/Härtling, Martina/Sieber, Pascal: Virtuelle Unternehmen als Unternehmenstyp der Zukunft? Beitrag aus dem Forschungsprojekt „Informations- und Kommunikationssysteme als Gestaltungselemente Virtueller Unternehmen“ [1)], veröffentlicht in: Handbuch der modernen Datenverarbeitung 32 (1995) 185, S. 8–23
Arnold/Härtling	1995	Arnold, Oksana/Härtling, Martina: Virtuelle Unternehmen: Begriffsbildung und -diskussion, Arbeitspapier der Reihe „Informations- und Kommunikationssysteme als Gestaltungselemente Virtueller Unternehmen“ [1)]
Backhaus/Späth	1995	Backhaus, Klaus/Späth, Georg-Michael: Joint-Marketing auf Telekommunikationsmärkten, in: THEXIS, Fachzeitschrift für Marketing 1/95, Forschungsinstitut für Absatz und Handel an der Hochschule St. Gallen
Bahnmüller	1996	Bahnmüller, Kurt: Wo war denn der Aufschwung?, in: HandelsZeitung, Nr. 26, 27.6.1996
BCG	1988	Boston Consulting Group: Vision, Die 34. Kronberger Konferenz, München
Bellgardt	1991	Bellgardt, Peter: Möglichkeiten flexibler Arbeitszeitgestaltung: Arbeits- und Betriebszeitoptimierung als Managementaufgabe, in: Berthel, J./Groenewald, H. (Hrsg.): Personalmanagement: zukunftsorientierte Personalarbeit, Moderne Industrie, Landberg/Lech
Belser	1995	Belser, Urs: Kommentar zu Art. 11 des Datenschutzgesetzes, in: Kommentar zum Schweizerischen Datenschutzgesetz, Hrsg: U. Maurer, N.P. Vogt, Helbling & Lichtenhahn Verlag AG, Basel und Frankfurt am Main
BfS	1996	Bundesamt für Statistik: Produktions- und Wertschöpfungsstatistik, Buchhaltungsergebnisse schweizerischer Unternehmungen 1994/1995, Bern
Blake/Mouton	1968	Blake, R./Mouton, J.S.: Verhaltenspsychologie im Betrieb, Düsseldorf/Wien
Bleicher	1991	Bleicher, Knut: Das Konzept Integriertes Management, Campus Verlag, Frankfurt/New York
Boemle	1993	Boemle, Max: Unternehmensfinanzierung, 6. Auflage, SKV-Verlag, Zürich
Bürgi	1991	Bürgi, A.: Führen mit Kennzahlen – Ein Leitfaden für den Klein- und Mittelbetrieb, Cosmos-Verlag, Muri/Bern
Clasen	1992	Clasen, Jan P.: Unternehmenskrise – ein hoffnungsloser Fall?, in: Management in KMU, HandelsZeitung, Zürich
Class/Bischofberger	1994	Class, Edi/Bischofberger, Sabine: Das Arbeitszeugnis und seine „Geheimcodes“, 3. Auflage, Verlag des Schweizerischen Kaufmännischen Verbandes, Zürich
Daschmann	1996	Daschmann, Hans-Achim: Erfolg planen, Verlag C.H. Beck, München
Doppler/Lauterburg	1994	Doppler, Klaus/Lauterburg, Christoph: Change Management, Campus, Frankfurt/New York

Dubs	1993	Dubs, Rolf: Einführung in die Betriebswirtschaftslehre, 2. Auflage, Schweizerische Volksbank, Bern
Dunst	1983	Dunst, Klaus H.: Portfolio Management, Konzeption für die strategische Unternehmensplanung, 2. Auflage, Walter de Gruyter, Berlin/New York
Ebeling	1996	Ebeling, Peter: Beraten und verkaufen, 2. Auflage, Gabal, Offenbach
Elbling/Kreuzer	1994	Elbling, Oliver/Kreuzer, Christian: Handbuch der strategischen Instrumente, Ueberreuter, Wien
Faisst	1995	Faisst, Wolfgang: Welche IV-Systeme sollte ein Virtuelles Unternehmen haben, Arbeitspapier der Reihe „Informations- und Kommunikationssysteme als Gestaltungselemente Virtueller Unternehmen“ 1)
Gabler	1997	Gabler-Wirtschaftsinformatik-Lexikon, Gabler, Wiesbaden
Gauch	1983	Gauch, Peter: Zurück zum Geist-Werkvertrag! Anmerkungen zum Bundesgerichtsentscheid vom 15.2.1983, in: RECHT (Zeitschrift für die juristische Ausbildung und Praxis), 1983, S. 132 136
Gauch	1996	Gauch, Peter: Der Werkvertrag, 4. A., Schulthess Polygraphischer Verlag, Zürich 1996
Gauch/Schluep/Jäggi	1995	Gauch, Peter/Schluep, Walter/Jäggi, Peter: Schweizerisches Ogligationenrecht, Allgemeiner Teil, Band I und II, 6. A., Schulthess Polygraphischer Verlag, Zürich 1995
Geml	1992	Geml, Richard: Die betriebliche Marketing-Praxis, 2. Auflage, Taylorix-Fachverlag, Stuttgart
Gomez/Ganz	1992	Gomez, Peter/Ganz, Matthias: Diversifikation mit Konzept den Unternehmenswert steigern, in: Harvard Manager, 1/1992
Govoni	1993	Govoni, Carlo: Der urheberrechtliche Schutz von Computerprogrammen, in: Aktuelle Juristische Praxis (AJP), S 569-575
Grote	1994	Grote, A.: Grüne Rechnung Das Produkt Computer in der Ökobilanz, in: CT, Heft 12, Heise Verlag, Hannover, 1992, S. 92-98
Grünbichler	1996	Grünbichler, A.: Einführung in das Rechnungswesen, Übungsunterlagen, Skriptenkommission der Universität St. Gallen
Guhl/Koller/Druey	1991	Guhl, Theo/Koller, Alfred/Druey, Jean Nicolas: Das Schweizerische Obligationenrecht, 8. A., Schulthess Polygraphischer Verlag, Zürich
Hauser	1996	Hauser, Alfons: Marketing für Generalisten, 2. Auflage, Tobler Verlag, Altstätten
Hentze/Brose	1985	Hentze, Joachim/Brose, Peter: Unternehmungsplanung, Haupt, Bern/Stuttgart
Hersey/Blanchard	1969	Hersey, P./Blanchard, K.H.: Management of Organizational Behavior, 1. Auflage, Englewood Cliffs, N.J.
Herzberg/Mansner/Snyderman	1959	Herzberg, F./Mansner, B./Shyderman, B. S.: The Motivation to Work, John Wiley & Sons, New York
Hill/Rieser	1993	Hill, Wilhelm/Rieser, Ignaz: Marketing-Management; 2. Auflage, Paul Haupt, Bern
Hinterhuber	1982	Hinterhuber, H.H.: Wettbewerbsstrategie, Walter de Gruyter, Berlin/New York
Hinterhuber	1989	Hinterhuber, H.H.: Strategische Unternehmensführung, Band I, 4. Auflage, Walter de Gruyter, Berlin/New York
Hoefert	1989	Hoefert, Hans-Wolfgang: Der Mensch in der Organisation, 2. Auflage, Verlag Dr. Götz Schmidt, Giessen

Hönig 1993 Hönig, Wolf: Zukunftsorientierte Personalbeschaffung, Verlag Organisator, Zürich

Hönig 1994 Hönig, Wolf: Personalabbau, Verlag Organisator, Zürich

Hostettler 1994 Hostettler, Ernst: Die Werbung im Klein- und Mittelbetrieb, 3. Auflage, Cosmos-Verlag AG, Muri bei Bern

Hügli 1997 Hügli, Thomas: Mehr für das obere Kader und die variable Entlöhnung, in: Index 1/97, Marketing Pool AG, Basel

Huldi 1996 Huldi, Christian: Database-Marketing was bringt das überhaupt?, in: Punch, Fachinformation für den Praktiker zum Thema Direktwerbung, Ausgabe 5, November 1996, by Jäggi & Weibel Direct Marketing

Huly/Raake 1995 Huly, Heinz-Rüdiger/Raake, Stefan: Marketing Online Gewinnchancen auf der Datenautobahn, Campus Verlag, Frankfurt/New York

Imai 1992 Imai, Masaaki: Der Schlüssel zum Erfolg der Japaner im Wettbewerb, Laugen-Müller, München

Kamiske 1996 Kamiske, Gerd F.: ABC des Qualitätsmanagements, Carl Hanser Verlag, München/Wien

Kaufmann 1996 Kaufmann, André: Meteoritenhandel auf dem Internet, Arbeitsbericht Nr. 90, Institut für Wirtschaftsinformatik, Universität Bern, zu beziehen via Internet: ftp://www.iwi.unibe.ch/pub

Kaufmann/Sieber 1996 Kaufmann, André/Sieber, Pascal: Schweizer Firmen im Internet II, Arbeitsbericht Nr. 87, Institut für Wirtschaftsinformatik, Universität Bern, zu beziehen via Internet: ftp://www.iwi.unibe.ch/pub

Keller 1997 Keller, Andrea: Cafeteria-Systeme, in: HandelsZeitung, Nr. 8, 20.2.1997

Kieser/Reber/Wunder 1986 Kieser, A./Reber, G./Wunderer, R. (Hrsg.): Handwörterbuch der Führung, Poeschel, Stuttgart

Klein 1994 Klein, Stefan: Virtuelle Organisation Informations- und kommunikationstechnische Infrastrukturen ermöglichen neue Formen der Zusammenarbeit, Institut für Wirtschaftsinformatik, Hochschule St. Gallen, zu beziehen via Internet: http//www-iwi.unisg.ch/iw4/cc/genpubs/vrtorg.html

Kompa 1989 Kompa, Ain: Personalbeschaffung und Personalauswahl, Ferdinand Enke Verlag, Stuttgart

Kotler/Bliemel 1995 Kotler, Philip/Bliemel, Friedhelm: Marketing-Management Analyse, Planung, Umsetzung und Steuerung, 8. Auflage, Schäffer-Poeschel Verlag, Stuttgart

Kotter 1990 Kotter, John P.: What Leaders Really Do, in: Harvard Business Review, May-June

Kühn 1995 Kühn, Richard: Marketing Analyse und Strategie, 2. Auflage, TA-Media AG, Zürich

Kytzia 1995 Kytzia, S.: Die Ökobilanz als Bestandteil des betrieblichen Informationsmanagements, Verlag Rüegger, Chur/Zürich

Lang 1993 Lang, Franz: Unternehmenspraxis Marketing: Anspruchsvoll werben und erfolgreich verkaufen, 1. Auflage, Bayerische Verlagsanstalt GmbH, Bamberg

Lettau 1992 Lettau, Hans-Georg: Basiswissen Marketing, 2. Auflage, Heyne, München

Levinson/Rubin	1996	Levinson, Jay Conrad/Rubin, Charles: Guerilla-Marketing online, Campus Verlag, Frankfurt/New York
Lynch	1997	Lynch, Richard: Corporate Strategy, Pitman Publishing, London
Magyar	1989	Magyar, Kasimir: Visionen schaffen neue Qualitätsdimensionen, in: THEXIS, 6/1989
Magyar	1991	Magyar, Kasimir M.: Marketingweisheiten und Marketingbosheiten, 3. Auflage, Verlag moderne industrie, Landsberg am Lech
Maslow	1954	Maslow, Abraham H.: Motivation and Personality, Harper & Row Publishers, New York u.a.
Meffert	1986	Meffert, Heribert: Marketing – Grundlagen der Absatzpolitik, 7. Auflage, Gabler, Wiesbaden
Meier-Hayoz/Forstmoser	1993	Meier-Hayoz, Arthur/Forstmoser, Peter: Grundriss des schweizerischen Gesellschaftsrechts, 7. Aufl., Verlag Stämpfli & Cie AG, Bern
Mertens/Faisst	1995	Mertens, Peter/Faisst, Wolfgang: Virtuelle Unternehmen – eine Organisationsstruktur für die Zukunft?, in: technologie & management 44 (1995) 2, S.61-68
Müller	1991	Müller, Cornel: Image von Outplacement-Beratung in der Schweiz, Diplomarbeit an der Universität St. Gallen
Müller-Stewens	1991	Müller-Stewens, Günter: Personalwirtschaftliche und organisationstheoretische Problemfelder bei Mergers & Acquisitions, in: Ackermann, K-F./ Scholz, H. (Hrsg.): Neue Entwicklungen – Neues Denken – Neue Strategien, G. Fischer, Stuttgart
Müller-Stewens	1993	Müller-Stewens, Günter: Sachgebietsartikel, Strategische Partnerschaften, in: Wittmann, W./Kern, W./Köhler, R./Küpper, H.-U./Wysocki, K. von (Hrsg.): Handwörterbuch der Betriebswirtschaft, Band 3, G. Fischer, Stuttgart
Neges/Neges	1993	Neges, Gertrud/Neges, Richard: Management-Training, Ueberreuter, Wien
Neuhaus	1992	Neuhaus, Hélène: Small is beautiful, in: Management in KMU, Handels-Zeitung, Zürich
Notger/Kiesel	1996	Notger, Carl/Kiesel, Manfred: Unternehmensführung, mi, Landsberg/ Lech
Oenicke	1996	Oenicke, Jens: Online-Marketing, Schäffer-Poeschel, Stuttgart
Page/Hilty	1994	Page, B./Hilty, L. M.: Umweltinformatik, Informatikmethode für Umweltschutz und Umweltforschung, Handbuch der Informatik, Band 13.3, Oldenbourg-Verlag, München
Pälike/Schütz	1996	Pälike, Friedhelm/Schütz, Peter: Marketingpraxis 96, Verlag Handelsblatt GmbH, Düsseldorf
Paulus	1996	Paulus, J.: Ökologie und Wettbewerbsfähigkeit in der Computerindustrie – Perspektiven für eine ökologieverträgliche Informationsgesellschaft, Dissertation, IWÖ-HSG, Universität St. Gallen, Bamberg
Pedrazzini/Oberholzer	1993	Pedrazzini, Mario M./Oberholzer, Niklaus: Grundriss des Personenrechts, 4. A., Verlag Stämpfli & Cie AG, Bern
Picot/Reichwald	1996	Picot, Arnold/Reichwald, Ralf: Die grenzenlose Unternehmung, Gabler, Wiesbaden

Pipp 1990 Pipp, Günther: Zukunftssicherung durch Strategisches Management, Führungshilfen für Klein- und Mittelbetriebe, Heft 79, Schweizerische Kreditanstalt

Plüskow 1996 Plüskow, Hans-Joachim von: Was taugt das Assessment Center?, in: Impulse Nr. 8/96

Porter 1980 Porter, Michael E.: Competitive Strategy, The Free Press, Boston

Porter 1986 Porter, Michael E.: Wettbewerbsvorteile, Campus, Frankfurt

Porter 1987 Porter, Michael E.: Diversifikation – Konzern ohne Konzept, in: Harvard Manager, Nr. 4, S.30-49

Porter 1990 Porter, Michael E.: Wettbewerbsstrategie, 6. Auflage, Campus, Frankfurt

Pümpin/Geilinger 1988 Pümpin, Cuno/Geilinger, Ulrich W.: Strategische Führung, Die Orientierung, Schweizerische Volksbank, Bern

Pümpin/Imboden 1991 Pümpin, Cuno/Imboden, Carlo: Unternehmungs-Dynamik, Die Orientierung, Schweizerische Volksbank, Bern

Rehbinder 1996 Rehbinder, Manfred: Schweizerisches Urheberrecht, 2. Aufl., Verlag Stämpfli & Cie AG, Bern

Reimers 1996 Reimers, Eckart: Haustarifvertrag „Telearbeiter“; Referat, gehalten auf dem Handelsblatt-Personalkongress am 18./19. September 1996 in München

Rietmann 1996 Rietmann, Mélanie: HandelsZeitung, Nr. 30, 25.7.96, Zürich

Rinderknecht 1984 Rinderknecht, Thomas: Leasing von Mobilien, Band 15 der Schriftenreihe zum Konsumentenschutzrecht (Hrsg.: H. Giger und W.R. Schluep), Schulthess Polygraphischer Verlag AG, Zürich

Rischar 1991 Rischar, Klaus: Schwierige Mitarbeitergespräche erfolgreich führen, mvg, Landsberg am Lech

Rohner 1996 Rohner, Kurt: Cyber Marketing – Paradigmen, Perspektiven, Praxis, Orell Füssli Verlag, Zürich

Rühli 1994 Rühli, Edwin: Neue Ideen und Impulse im strategischen Management, in: Zukunftsorientierte Management-Ausbildung, Versus Verlag, Zürich

Rükgauer 1995 Rükgauer, Oliver: Konzeption elektronischer Produktkataloge auf CD-ROM, Arbeitsbericht Nr. 70, Institut für Wirtschaftsinformatik, Universität Bern, zu beziehen via Internet: ftp://www.iwi.unibe.ch/pub

Schellenberg 1995 Schellenberg, Aldo C.: Rechnungswesen, Versus Verlag, Zürich

Schluep 1992 Schluep, Walter R.: Innominatverträge, in: Kommentar zum Schweizerischen Privatrecht, Obligationenrecht I (Art. 1–529 OR), Hrsg.: H. Honsell, N.P. Vogt, W. Wiegand, Helbling & Lichtenhahn Verlag AG, Basel und Frankfurt am Main

Schnyder 1995 Schnyder, Sebastian: Die Schweiz als Vereinsland und Verbändestaat, NZZ, Nr. 241, 17.10.95

Schulz von Thun 1993 Schulz von Thun, Friedemann: Miteinander reden 1, Rowohlt, Hamburg

Schürer 1995 Schürer, Hans Ueli: Arbeitsrecht in der Gerichtspraxis, Band 1 Der Arbeitsvertrag, Verlag des Schweizerischen Kaufmännischen Verbandes, Zürich

Schwan/Seipel 1994 Schwan, K./Seipel, K.G.: Personalmarketing für Klein- und Mittelbetriebe, Verlag C.H. Beck, München

Schwarz	1992	Schwarz, Peter: Management in Nonprofit Organisationen, Haupt, Bern/ Stuttgart
Schweitzer	1994	Schweitzer, Jutta: Methodenvielfalt in der betrieblichen Führungskräfte-Weiterbildung, in: Personal, Nr. 11/94
Schweiz. Treuhand- und Revisionskammer	1975	Abschlussprüfung und Unternehmensberatung, Zürich
Sieber	1996/1	Sieber, Pascal: Die Internet-Unterstützung Virtueller Unternehmen, Arbeitspapier der Reihe „Informations- und Kommunikationssysteme als Gestaltungselemente Virtueller Unternehmen“ [1)], Arbeitsbericht Nr. 81
Sieber	1996/2	Sieber, Pascal: Virtuelle Unternehmen in der Wirtschaftsprüfungs- und Informationstechnologiebranche, Arbeitspapier der Reihe „Informations- und Kommunikationssysteme als Gestaltungselemente Virtueller Unternehmen“ [1)], Arbeitsbericht Nr. 89
Siegenthaler	1996	Siegenthaler, C.: Softwareunterstütztes Umweltmanagement, in: Alijiah, R./Heuvels, K.: Betriebliches Umweltmanagement, WEKA-Praxishandbuch, WEKA-Verlag, Augsburg
Siegenthaler/Steiger	1996	Siegenthaler, C./Steiger H.: Kosten und Nutzen eines UMS – Umfrage bei den zertifizierten Unternehmen in der Schweiz, in: Umwelt Focus, Nr. 2, Secumedia, Zürich, S. 17–19
Siegwart	1991	Siegwart, Hans: Das betriebswirtschaftliche Rechnungswesen als Führungsinstrument, 2. Auflage, Schäffer Verlag, Stuttgart/Verlag NZZ, Zürich
Silberer	1995	Silberer, Günther (Hrsg.): Marketing mit Multimedia, Schäffer-Poeschel, Stuttgart
SJZ	1990	Schweizerische Juristen-Zeitung (SJZ), erscheint jeweils am 1. und 15. jedes Monats, Polygraphischer Verlag, Zürich
Steinbuch	1990	Steinbuch, Pitter A.: Organisation, 8. Auflage, Friedrich Kiehl Verlag GmbH, Ludwigshafen
Steinlin/Seethaler	1995	Steinlin, Christoph/Seethaler, Frank: Entstehungsgeschichte des Datenschutzgesetzes, in: Kommentar zum Schweizerischen Datenschutzgesetz, Hrsg: U. Maurer, N.P. Vogt, Helbling & Lichtenhahn Verlag AG, Basel und Frankfurt am Main
STG	1994	STG Coopers & Lybrand Consulting: Benchmarking-Umfrage Schweiz 1994, Zürich
Stopp	1990	Stopp, Udo: Betriebliche Personalwirtschaft, 16. Auflage, Expert Verlag, Stuttgart
Stroebe	1994	Stroebe, Rainer W.: Grundlagen der Führung, 8. Auflage, Sauer Verlag, Heidelberg
SWICO	1997	SWICO: SWICO-Recycling-Garantie – Eine Branchenlösung setzt sich durch, Tätigkeitsbericht 1995/96, Eigenverlag, Zürich
Swoboda	1996	Swoboda, Bernhard: Akzeptanzmessung bei modernen Informations- und Kommunikationstechnologien – theoretische und empirische Ergebnisse am Beispiel multimedialer Kundeninformationssysteme, THEXIS-Verlag, St. Gallen
Tannenbaum/Schmidt	1958	Tannenbaum, R./Schmidt, W.: How to choose a leadership pattern, in: Harvard Business Review, Vol. 36, 2/58

Thommen	1996	Thommen, Jean-Paul: Managementorientierte Betriebswirtschaftslehre, 5. Auflage, Treuhand-Kammer, Zürich
Ulrich	1987	Ulrich, Peter: Wirtschaftsethik und ökonomische Rationalität, Institut für Wirtschaftsethik, Universität St. Gallen
Ulrich	1996	Ulrich, Peter: Die Unternehmung in der sozialen und ökologischen Umwelt, Vorlesungs- und Übungsunterlagen, Skriptenkommission, St. Gallen
Ulrich/Fluri	1988	Ulrich, Peter/Fluri, Edgar: Management, 5. Auflage, Haupt, Bern/Stuttgart
Ulrich/Krieg	1974	Ulrich, Hans/Krieg, Walter: St. Galler Management-Modell, Haupt, Bern
Vahlens	1993	Vahlens Grosses Wirtschaftslexikon, 2. Auflage, Verlag C.H. Beck und Verlag Franz Vahlen, München
Vester	1983	Vester, Frederic: Unsere Welt – ein vernetztes System, dtv, München
Von Büren	1995	Von Büren, Roland: Rechtsübergang und Zwangsvollstreckung, in: Schweizerisches Immaterialgüter- und Wettbewerbsrecht, 2. Band Urheberrecht, Hrsg: R. von Büren, D. Lucas, Helbling & Lichtenhahn Verlag AG, Basel und Frankfurt am Main
Wehrli	1995	Wehrli, Hans Peter: Marketing, 3. Auflage, WWC AG, Wetzikon
Weis	1993	Weis, Hans Christian: Marketing, 8. Auflage, Friedrich Kiehl Verlag, Ludwigshafen
Wittenzellner	1996	Wittenzellner, Christine: Auf der Suche nach dem gewissen Etwas, in: HandelsZeitung, Nr. 22, 30.5.1996
Wolf	1994	Wolf, Maili: Benutzergerechtes Controlling – Referat gehalten am 27.9.1994 an der SKV-Herbsttagung
Wunderer	1991	Wunderer, Rolf: Personalmarketing, in: Die Unternehmung, Nr. 2/91
Wunderer/Grundwald	1980	Wunderer, R./Grundwald, W.: Führungslehre Band I.: Grundlagen der Führung, Walter de Gruyter, Berlin/New York
Zahn	1987	Zahn, E.: Marketing- und Vertriebscontrolling, mi, Landsberg am Lech
Zimmermann	1996	Zimmermann, Frank: Konzeptionelle Aspekte virtueller Unternehmen, Universität Siegen, zu beziehen via Internet: http://www.uni-siegen.de/others/student/vwi/vision.htm
Zjiderveldt	1990	Zjiderveldt, Ch.: Schwieriger Umgang mit ‚erzwungener Mobilität': Outplacement als Instrument einer modernen Personalpolitik, Separatdruck aus der NZZ, 139, S. 1–3
Zwicker	1996	Zwicker, Hansruedi: Die virtuelle Firma, ein Firmenmodell für das 21. Jahrhundert? in: Computer Forum 11/96

1) Beteiligte Partner des Forschungsprojekts „Informations- und Kommunikationssysteme als Gestaltungselemente Virtueller Unternehmen" sind das Betriebswirtschaftliche Institut, Bereich Wirtschaftsinformatik 1 der Universität Erlangen-Nürnberg (Prof. Dr. Dr. h.c. mult. Peter Mertens), das Institut für Wirtschaftsinformatik der Universität Leipzig (Prof. Dr. Dieter Ehrenberg) und das Institut für Wirtschaftsinformatik der Universität Bern (Prof. Dr. Joachim Griese). Die Arbeitsberichte sind zu beziehen via Internet: ftp://www.iwi.unibe.ch/pub.

Stichwortverzeichnis

Konjunkturaufschwung 501, 537
konjunkturelle Arbeitslosigkeit 489
konjunkturelle Erholung 462
konjunkturelle Erwartungen 461
konjunkturelle Ursachenkette 497
Konjunkturforschung 452
Konjunkturindikatoren 486
Konjunkturpolitik 526
Konjunkturschwankungen 500
Konjunkturverlauf 486
Konjunkturzyklen 500